아동과 청소년을 위한
인지치료 제2판

Robert D. Friedberg · Jessica M. McClure 지음

정현희 · 김미리혜 옮김

ΣΣ시그마프레스

아동과 청소년을 위한 인지치료, 제2판

발행일 | 2018년 3월 20일 1쇄 발행
　　　　2021년 3월 25일 2쇄 발행

저　자 | Robert D. Friedberg, Jessica M. McClure
역　자 | 정현희, 김미리혜
발행인 | 강학경
발행처 | (주)시그마프레스
디자인 | 우주연
편　집 | 이호선

등록번호 | 제10-2642호
주소 | 서울시 영등포구 양평로 22길 21 선유도코오롱디지털타워 A401~403호
전자우편 | sigma@spress.co.kr
홈페이지 | http://www.sigmapress.co.kr
전화 | (02)323-4845, (02)2062-5184~8
팩스 | (02)323-4197

ISBN | 979-11-6226-054-8

＊ 책값은 책 뒤표지에 있습니다.

이 도서의 국립중앙도서관 출판예정도서목록(CIP)은 서지정보유통지원시스템 홈페이지(http://seoji.nl.go.kr)와 국가자료공동목록시스템(http://www.nl.go.kr/kolisnet)에서 이용하실 수 있습니다.(CIP제어번호: CIP2018007613)

인지치료는 흔히 성인에게 더 적합하며, 인지적으로 미성숙한 아동과 청소년에게는 적용하기 어렵다고 생각하는 사람들이 많다. 그러나 인지치료는 아동과 청소년에게도 충분히 적용할 수 있고, 또 효과 면에서도 매우 우수한 것으로 평가받고 있는 상담 및 심리치료 접근의 하나이다. 이는 여러 학자들의 다양한 경험과 연구에 의해 분명하게 입증되었으며, 실제로 심리적 문제나 장애를 겪고 있는 아동과 청소년들을 상담하는 현장에서도 인지치료의 원리와 기법들이 변화를 이끌어내는 데 중요한 역할을 한다는 것을 쉽게 확인할 수 있다.

이 책은 Friedberg와 McClure 박사가 2002년에 출간하여 미국에서뿐만 아니라 여러 나라에서 큰 반향을 일으켰던 *Clinical Practice of Cognitive Therapy with Children and Adolescents*의 개정판이다. 10여 년 전, 역자들은 교재의 부족으로 인해 아동과 청소년에게도 유용한 인지치료가 국내에서 잘 활용되지 않고 있는 점을 매우 안타깝게 여기며 초판을 번역하였다. 2015년에 출간된 개정판을 다시 번역하면서 그동안 이 분야가 얼마나 발전되고 확장되었는지를 절감하였다. 특히 저자들의 탁월한 전문성에 지혜까지 더해져 책의 내용이 더욱 깊어지고 다양해졌음을 확인할 수 있었다.

개정판은 초판과 마찬가지로 이론적 기반을 분명하게 유지하면서도 매우 실제적인 내용으로 구성되어 있다. 특히 저자들의 풍부한 임상경험과 이에 기초한 다양한 사례들, 그리고 치료에 곧바로 적용할 수 있는 활동자료들은 읽는 재미와 함께 마치 저자들로부터 직접 강의를 듣는 듯한 생생한 느낌을 전해주고 있다. 이 책에서 저자들은 사례개념화와 치료계획 같은 가장 기본적인 것으로부터 실제적인 절차와 전략, 기법 등을 구체적으로 다루고 있다. 또한 전통적인 인지치료 기법뿐 아니라 다양한 창의적 개입방법들을 소개하고 있으며, 아울러 우울과 불안, 파괴적 행동 등의 문제를 다루기 위한 특수한 기법들도 안내하고 있다.

마지막으로 저자들은 다문화 쟁점을 포함하여 치료 중에 당면할 수 있는 다양한 문제 상황들에 어떻게 대처해야 하는지와 가족 및 부모 상담에 적용할 수 있는 개입방법 등에 대해서도 자세히 다루고 있다.

번역을 하다 보니 문화의 차이로 인해 우리말로 옮기는 데 어려움이 많았다. 가능한 원문에 충실하고자 최선을 다했으나, 번역이 잘못되었거나 매끄럽지 못한 부분이 보일 수 있다. 부족한 부분은 앞으로 계속 보완해 나가고자 한다. 모쪼록 이 책이 상담 및 심리치료를 공부하는 대학원생들뿐만 아니라, 현장에서 아동과 청소년의 심리적 문제를 다루는 전문가들에게도 조금이나마 도움이 되었으면 한다. 좋은 책의 번역을 맡겨주신 (주)시그마프레스의 강학경 사장님과 책이 만들어지기까지 수고를 아끼지 않으신 편집부 여러분들께 진심으로 감사드린다.

20018년 2월 역자 씀

2002년에 출간된 이 책의 초판을 개정하면서 우리는 이전과 마찬가지로 독자들에게 우리 자신에 대해 그리고 책의 목적과 내용 및 형식을 소개하기 위해 일련의 질문으로 시작하기로 했다.

우리는 누구인가?

간단히 말해 우리는 더 성숙하고 더 지혜로워졌다! 이번 판은 우리의 성숙과정을 담고 있다. 전문직 중후반 단계에 놓여 있는 임상심리학자인 Robert D. Friedberg는 다양한 외래 및 병동 장면과 예방 프로그램에서 일을 해왔다. 그의 작업은 Aaron T. Beck과 Martin E. P. Seligman, 그리고 그의 멘토인 Christine A. Padesky와 Raymond A. Fidaleo의 영향을 받아 지속적으로 발전해왔다. 그는 2003년부터 2011년까지 펜실베이니아주립대학교 Milton S. Hershey 병원의 교수로서 아동과 청소년을 위한 인지행동치료 클리닉을 맡아 이끌었다. 현재는 팔로알토대학교의 교수로 재직하며 불안한 아동과 청소년을 위한 연구 및 치료센터의 디렉터를 맡고 있다.

　Jessica M. McClure는 신시내티 아동병원에서 임상심리학자로 재직하면서 다양한 외래 프로그램에서 아동과 청소년, 그리고 그들의 가족들을 치료해왔다. 현재는 행동의학 및 임상심리부의 임상 디렉터를 맡고 있다.

왜 초판을 개정하는가?

우리는 아동과 청소년을 위한 CBT의 새로운 발전을 알리고 다양한 쟁점들에 대해 달라진 우리의 견해를 공유하기 위해 2002년에 출간된 초판을 개정하기로 결정했다. 그렇다면 무엇이 달라졌으며, 지난 10년 동안 우리가 배운 것은 무엇인가? 세 가지 중요한 교훈이 우리에게 영향을 미쳤다. 이는 개별화된 치료에서 다문화적 각성이 중요하며, 경험을 통한 학습이 필수적이고, 내담자들로부터 배울 수 있다는 점을 과소평가해서는 안 된다는 것이다.

치료를 개별화할 때 다문화적 각성이 중요하다

"임상실무에서 다문화적 쟁점을 언제 고려해야 하는가?"는 수련생들이 공통적으로 던지는 질문이다. 답변은 "항상"이다. 인종과 종교, 성별, 성적 지향은 임상적으로 매우 중요한 변인들이다. 이러한 변인들이 미치는 영향을 고려하는 것은 임상실무를 효과적으로 만든다. Huey와 Polo(2008)는 인지행동 접근이 소수인종 집단의 아동과 청소년들에게 성공적으로 적용될 수 있다는 고무적인 결론을 내렸다. 우리는 다양한 배경의 여러 내담자들을 치료해 왔으며, 이 개정판에 실린 우리의 임상 사례들은 이러한 관점을 반영하고 있다.

　Silverman, Pina 그리고 Viswesvaran(2008)는 치료적 접근을 문화에 맞게 수정하는 데 성공하려면 단순히 겉만 바꾸는 것을 넘어서야 한다고 강조했다. Hays(2009)는 CBT를 문화에 맞게 적용하는 데 도움이 되는 지침을 제공했다. 첫째, 문화에 반응하는 입장을 취하는 것이 핵심이며 이것은 태도의 변화를 요구한다. Hays는 라포를 수립하는 것과 문화를 존중하는 것 사이의 차이점을 구분하는 것이 중요하다고 강조했다. 문화를 존중한다는 것을 적극적으로 전달하는 수단은 아동이 사용하는 문화적 관용구와 행동에 주의를 기울이고 더 민감해지며, 이러한 것을 임상적 작업에 기꺼이 포함시키는 것이다.

　두 번째 권고 사항은 문화와 관련된 강점과 지지체계에 맞추라는 것이다. 이를 위한 기본 전략으로는 실제 생활기술, 편견과 차별에 대한 대처전략, 그리고 종교적, 영적, 예술적 및 언어적 관습에 관심을 기울이는 것 등이 있다. 문화별 기념행사나 사회적 · 정치적 단체와 같은 대인관계 지지체계를 염두에 두는 것도 좋은 생각이다. 문화에 반응하기 위한 세 번째 방법은 환경과 개인이 미치는 영향의 상대적 기여도를 알아차리는 것이다.

　Sanders-Phillips(2009)는 유색인 아동들이 인종차별의 도전을 받고 있다고 주장했다. 자기개념과 대처기술의 발달은 특히 이러한 특수한 스트레스원에 취약하다. Cardemil과 Battle(2003)은 임상가들이 어렵더라도 이러한 쟁점에 대한 대화에 참여해야 한다고 촉구했다. 가장 중요한 점은 내담자가 보고한 문화적 박해 경험을 입증하는 것이다. 우리는 초기에는 상황을 축소하거나 대안적 설명을 찾는 것보다 그것이 발생했다고 가정하는 것이 더 좋은 전략이라고 했던 Hays(2009)의 의견에 동의한다. 이것이 많은 백인 치료자들을 불안하게 하고 불편하게 만들 수 있지만, 반면 치료는 보다 실제적이고 적합하며 맥락적으로도 더 타당하게 된다.

내담자에게는 경험적 학습이 매우 중요하다

A. T. Beck(1976)은 초기 저서에서 "경험적 접근이란 잘못된 개념을 변화시킬 만큼 힘을 갖고 있는 경험에 내담자들을 노출시키는 것"이라고 설명했다(p. 214). Carey(2011)는 내담자가 회피하고자 하는 것을 직면하고 경험하며 대처하도록 돕는 것이 심리치료에서 중요하다고 역설했다. 경험적 학습은 아동과 청소년을 대상으로 하는 인지치료의 임상 실제에서도 매우 중요하다. 행동실연은 새로운 행동 경향성을 창출한다. 뿐만 아니라 경험적 학습은 한 맥락으로부터 다른 맥락으로의 일반화를 촉진한다. 행동실연은 변화에 대해 단순히 말로만 하는 것이 아니라 실제로 변화를 가져오는 데 초점을 맞춘다. 경험적 학습은 학습이 행동을 통해 발생한다는 것을 강조한다. 일부 심리치료 수련생들은 가족들과 행동 및 변화에 대해 대화를 나누는 것으로부터 실제 경험의 기회를 계획하고 만드는 것으로 도약하는 것을 어렵게 느낀다. 이것은 행동하는 데 저항하는 아동 또는 행동을 위한 단계를 논의할 때 감정을 나타내는 아동을 도울 때 특히 도전이 된다. 그러나 이러한 도약에 성공할 때 수련생들은 아동의 기능이 향상되고 치료목표를 향한 진전이 일어난다는 것을 알게 된다. 가족들과 수련생들이 경험과제에 참여하는 것을 편하게 느끼도록 돕기 위해서는 가족들에게 경험할 부분을 설명해주는 것이 매우 중요하다.

내담자로부터 배울 수 있다는 점을 과소평가해서는 안 된다

어떤 내담자에게는 도움을 주어야 하고, 어떤 내담자로부터는 배우게 된다는 옛 격언에는 진실이 담겨 있다. Skovolt와 Starkey(2010)는 "치료자는 자신이 다른 사람에게 도움을 제공할 수 있는 사람이라고 생각하는 것과 아울러, 내담자들도 다른 사람을 가르칠 수 있으며 때로는 치료자보다 더 잘 가르칠 수 있다는 것을 받아들여야 한다."고 주장했다(p. 128). 우리는 Skovolt와 Starkey의 주장에 동의한다! 지난 10년 동안 우리는 성공과 실패 경험을 통해 임상적 지혜를 갖게 되었으며 그로 인해 우리도 강해졌다. 이 기간 동안 내담자들은 우리에게 중요한 교훈을 얻게 해주었으며, 우리는 이러한 새로운 배움의 경험을 독자들과 나눌 수 있게 되어 기쁘게 생각한다.

축어록과 사례에 대하여

이 책에 포함된 모든 사례와 축어록은 각색되었다. 이들은 우리가 실제로 다루었던 사례와 경험에 근거하고 있으며, 주요 개념의 사례를 간단하게 보여주기 위해 제시된다. 실제 임상 장면에서는 이렇게 단순하고 명확한 사례가 드물다. 그리고 대부분의 경험적 · 이론적 연구는 유럽계 미국 아동들을 대상으로 이루어졌다. 따라서 인지치료의 개념과 기법을 다른 인종의 아동에게 일반화시키고자 할 때는 주의가 요구된다. 이 책의 곳곳에는 문화적 맥락 문제가 포함되어 있는데, 이는 독자들이 인종과 문화의 문제를 인식하도록 돕고 또 필요할 경우 문화에 맞게 수정할 필요가 있다는 것을 알려주기 위함이다.

차례

에필로그

{ 서론 }

이 책은 학령기 아동과 청소년에게 인지치료를 어떻게 적용해야 하는지를 자세히 안내하고 있다. 이 책은 다양한 기법들을 안내할 뿐만 아니라, Beck의 인지치료를 형성하고 있는 기본원리를 강조한다. 그리고 책 전체를 통해 발달적 및 다문화적 쟁점들을 고려하고 있다. 발달적 민감성은 아동을 위한 인지행동치료를 성공적으로 수행하는 데 있어서 매우 중요하다(Ronen, 1997; Silverman & Ollendick, 1999). 따라서 이번 장의 후반부에서는 사회적 발달에 대한 쟁점들을 논의할 것이다.

임상장면에서 사례개념화(case conceptualization)를 하지 않은 채 인지행동 기법을 적용하는 것은 치명적 오류이다(J. S. Beck, 2011). 이론에서 이탈된 기법은 깊이가 없다. 사례개념화는 인지치료를 성공으로 이끌기 위한 청사진 역할을 한다(J. S. Beck, 2011; Persons, 1989). 사례개념화를 할 때 유의해야 할 기본적 사항들은 제2장에 제시되어 있다.

제3장에서는 인지치료의 핵심 주제인 협력적 경험주의(collaborative empiricism)와 안내된 발견(guided discovery)을 정의하고 예를 들어 설명할 것이다. 제4장에서는 인지치료를 특징 짓는 치료시간의 구조에 대해 설명하고 있다.

제5~14장에는 문제 파악에서부터 소크라테스식 대화법을 아동에게 적용하는 방법에 이르기까지 다양한 인지행동치료 전략들이 제시되어 있다. 각 장에서는 이러한 방법들을 아동과 청소년에게 어떻게 적용하는지를 다루고 있다. 또한 우울하거나 불안한 아동과 청소년, 혹은 파괴적인 아동과 청소년, 그리고 자폐스펙트럼장애로 진단받은 아동과 청소년을 위한 인지행동 접근에 대해서도 별도의 장을 마련하였다. 제15장은 부모가 자녀를 위해 코치나 자문가 또는 치료 도우미 역할을 할 수 있도록 돕는 방법들을 상세히 제시하고 있다. 제16장에서는 인지행동적 가족치료에 관한 내용을 다루고 있는데, 이때 부모나 양육자는 자녀와 함께 내담자가 된다. 이 책은 실무능력 향상과 임상적 지혜 습득에 대한 조언을 제시하는 것으로 마무리된다. 책 전체를 통해 핵심 포인트를 글상자에 요약·제시하여 기억할 수 있도록 돕고 있다.

인지치료란 무엇인가?

인지치료(cognitive therapy)는 사회학습 이론에 기반을 두고 있으며, 고전적 조건형성과 조작적 조건형성 이론에 기초한 다양한 기법들을 활용한다(Hart & Morgan, 1993). 사회학습 이론(Bandura, 1977; Rotter, 1982)은 개인의 특성과 환경, 행동이 상호 연관되어 있으며, 행동은 지속적으로 변화하는 역동적 현상이라는 가정에 기초하고 있다. 환경적 맥락은 행동에 영향을 미치며 행동은 다시 맥락을 형성한다. 맥락은 개인의 행동에 가장 강력한 영향을 미치지만 개인의 선호와 성향, 특성 또한 행동을 결정한다.

어떤 아동이 기악반에서 연주할 악기를 하나 선택해야 한다고 가정해보자. 만약 이 아동이 모든 종류의 악기 중에서 자유롭게 하나를 선택할 수 있다면, 그 선택(예 : 색소폰)은 전적으로 아동 개인의 특성에 달려 있다. 그러나 아동이 선택할 수 있는 악기가 몇 가지밖에 없다면(예 : 트럼펫, 플룻, 클라리넷), 아동들이 서로 경쟁을 하게 되어 맥락 요인의 지배를 받을 것이다. 상황에 대한 아동의 평가는 아동의 이후 행동에 영향을 미친다. 가령 학교에서 음악활동에 대한 아동의 참여가 증가하거나 감소할 수도 있다(예 : "이 학교에는 색소폰도 없다니 정말 말도 안 돼." 혹은 "야, 그럼 트럼펫을 불어야겠네!"). 이 행동은 결과적으로 악기가 제시되는 맥락에 영향을 미친다. 사회학습 이론을 통해 임상가는 명시적이건 암묵적이건 개인을 둘러싼 맥락과 개인 간의 역동적 상호영향을 생각해보며, 또한 행동이 현재의 상황에 어떤 영향을 미치는지도 생각해본다.

인지치료는 인간의 심리적 문제를 개념화할 때 서로 연관된 다섯 요소들을 포함해야 한다고 주장한다(A. T. Beck, 1985; J. S. Beck, 2011; Padesky & Greenberger, 1995). 이 다섯 요소란 (1) 대인관계/환경적 맥락, (2) 개인의 생리적 특성, (3) 정서적 기능, (4) 행동, (5) 인지를 말한다. 각각의 요소들은 변화하고 상호작용하면서 역동적이고 복합적인 체계를 만든다.

인지적, 행동적, 정서적 및 생리적 증상은 대인관계/환경적 맥락 속에서 발생한다. 따라서 인지모형에는 아동 심리치료에 있어서 매우 중요한 환경체계와 대인관계, 문화적 맥락의 문제가 분명하게 포함된다. 증상은 항상 환경적 맥락 속에서 발생하기 때문에, 아동을 평가하고 치료할 때는 아동이 처해 있는 특수한 상황을 반드시 고려해야 한다. 일반적으로 인지치료자는 맥락을 고려하면서 동시에 인지행동적으로 개입하여 사고와 행동, 감정, 신체반응에 영향을 미치고자 한다(Alford & Beck, 1997).

예를 들어보자. 앨리스는 16세의 백인 소녀로 학군이 변변치 않은 빈곤 지역에서 친어머니, 의붓아버지와 함께 살고 있다. 그녀는 원치 않은 임신의 결과로 태어났으며, 부모는 앨리스를 심하게 거부하고 희생양으로 만들었다. 이러한 맥락 속에서 앨리스는 생리적 증상(배앓이, 수면과다), 정서적 증상(우울, 무망감), 행동적 증상(수동적 행동, 회피하기, 철회하기), 인지적 증상('너는 쓸모없는 사람이야.')을 경험하고 있다. 조금 심각한 예이긴 하지만 이 예는 아동의 증상을 이해하기 위해 환경적 상황(맥락)과 아동 개인의 특성을 함께 고려해야 한다는 것을 보여주고 있다. 또한 맥락과 개인의 특성이 아동의 심리적 문제를 일으킬 뿐만 아니라 문제를 악화시키며 유지시킬 수 있다는 것도 잘 보여주고 있다.

아동이 자신의 경험을 어떻게 해석하는지는 정서적 기능에 영향을 미친다. 따라서 인지치료는 아동의 관점 혹은 생각에 초점을 맞춘다. 자신에 대해, 다른 사람들과의 관계에 대해, 현재의 경험에 대해, 그리고 미래에 대해 인지적으로 어떻게 구성하느냐에 따라 아동의 정서반응이 달라질 수 있기 때문이다. 아동은 환경의 자극에 반응하기만 하는 수동적인 존재가 아니며, 오히려 자신과 다른 사람들에게 일어난 일들을 선택하고 부호화하고 해석함으로써 정보를 구성하는 적극적인 존재다.

인간의 정보처리 체계는 위계적 층으로 이루어져 있으며, 인지적 산물과 인지적 조작(또는 과정), 인지적 구조로 이루어져 있다(A. T. Beck & Clark, 1988; Dattilio & Padesky, 1990; Ingram & Kendall, 1986; Padesky, 1994). 인지모형에 따르면 자동적 사고(automatic thoughts)는 인지적 산물이다(A. T. Beck & Clark, 1988). 자동적 사고는 기분이 바뀌는 동안 사람의 마음속에 스쳐 지나가는 생각으로, 상황에 따라 달라지는 매우 구체적인 의식의 흐름 혹은 심상을 말한다. 가령 바버라가 친구 주디에게 같이 놀자고 했는데 주디는 다른 친구와 놀고 싶다며 거절한다고 가정해보자(상황). 이때 바버라는 슬픈 기분을 느끼고(정서), '주디는 더 이상 내 친구가 아니야. 걔는 나를 좋아하지 않아.'라고 생각한다(자동적 사고). 자동적 사고는 비교적 쉽게 파악되며 인지치료 연구에서 많은 관심을 받아왔다. 그러나 자동적 사고는 인지모형의 한 요소를 대표할 뿐이다.

인지왜곡(cognitive distortions)도 많은 관심을 받아왔다(J. S. Beck, 2011; Burns, 1980). 인지모형에서 인지왜곡은 인지적 과정에 해당되며, 인지도식(cognitive schema)이 손상되지 않도록 들어오는 정보를 변형하는 것을 말한다. 인지왜곡은 동화과정을 통해 항상성을 유지한다. 예컨대 수잔의 인지도식에 유능감 부족이라는 자기지각이 들어 있다고 하자. 수잔은 자신이 잘하거나 제대로 하는 것이 하나도 없다고 믿으며 그 결과로 수행이 요구되는 상황에서 불안한 정서를 경험한다. 따라서 수학시험에서 높은 점수를 받아도(상황) 시험이 너무 쉬웠기 때문에 점수는 중요하지 않다고 믿는다(자동적 사고). 이 아동은 자신의 성공을 깎아 내리고 있는 것이다(인지왜곡). 다시 말해 핵심신념과 일치하지 않는 정보는 받아들이지 않는다. 그렇기 때문에 인지도식은 손상되지 않으며 계속 보존된다. 수잔은 인지도식과 일치하지 않는 자료를 환경으로부터 추출할 수 없다. 따라서 학교는 수행압력을 가하고 자신의 가치를 형편없다고 느끼게 만드는 상황으로 계속 남아 있게 된다. 결국 수잔은 지속적으로 수행압력을 느끼며 두려워하게 된다.

인지도식은 주의집중과 부호화, 재생에 영향을 미치는 핵심적 의미구조를 대표하며(Fiske & Taylor, 1991; Guidano & Liotti, 1983, 1985; Hammen, 1988; Hammen & Zupan, 1984), 인지적 산물과 조작을 조정한다. 인지도식에는 개인의 가장 기본적인 믿음이 들어 있다. Kagan(1986)은 인지도식에 대해 "경험을 생생한 형태로 저장하여 개인이 과거 사건을 재인하도록 해주는 인지적 단위"라고 기술하고 있다(p. 121).

예를 들어보자. 6세 때 보이스카웃에서 창피당한 경험을 생생하게 기억하는 15세의 사회불안 청소년이 있다. 그는 인지도식으로 인해 새로운 사회적 상황에 들어갈 때마다 처음 느꼈던 수치감을 다시 떠올린다. 따라서 그는 예전의 상황을 다시 경험하는 듯한 느낌을 갖는다. 이것은 임상장면에서 내담자들이 심한 고통을 느낄 때마다 퇴행적이며 미성숙한 모습을 보이게 되는 현상과 같은 것이다. 이 청소년 사례의 경우, 그는 인지도식의 단추가 눌러질 때마다 수치심으로 가득한 6세 아동의 눈으로 자신과 세상을 바라보는 것이다.

인지도식은 비교적 접근이 어려우며, 잠재되어 있다가 스트레스원에 의해 활성화된다(Hammen Goodman-Brown, 1990; Zupan, Hammen, & Jaenicke, 1987). 인지이론에서는 인지도식을 정서적 고통을 느끼게 만드는 취약성 요인(vulnerability factor)으로 본다(A. T. Beck et al., 1979; Young, 1990). 비관적 귀인양식은 아동기 우울증의 병적 소인(diathesis)으로 간주된다(Gillham, Reivich, Jaycox, & Seligman, 1995; Jaycox, Reivich, Gillham, & Seligman, 1994; Nolen-Hoeksema & Girgus, 1995; Nolen-Hoeksema, Girgus, & Seligman, 1996; Seligman, Reivich, Jaycox, & Gillham, 1995). 인지도식은 인생 초기에 형성되어 자라면서 강화를 받게 된다. 그리고 청소년기와 성인 초기가 되면 반복학습과 경험의 결과로 더욱 공고화된다(Guidano & Liotti, 1983; Hammen & Zupan, 1984; Young, 1990). 인생 초기의 인지도식 자료는 전 언어 수준에서 부호화되기 때문에 언어적 자료뿐 아니라 비언어적 심상도 포함하고 있다(Guidano & Liotti, 1983; Young, 1990). 아동의 인지도식은 성인의 인지도식만큼 공고하지는 않다. Nolen-Hoeksema와 Girgus(1995)에 따르면, 비관적 귀인양식은 9세경에 형성되지만 이것의 영향은 몇 년 후에 나타난다고 한다. 실제로 Turner와 Cole(1994)은 연구를 통해 인지적 소인이 4학년이나 6학년 아동보다 8학년 아동에게서 더 두드러진다는 것을 발견했다.

모든 심리치료자들이 알고 있듯이, 의미 있는 인지를 확인하는 것은 생각처럼 그리 간단하지 않다. 이러한 인지를 확인하기 위해서는 지침이 필요하다. 인지치료는 내용-특수성 가설(content-specificity hypothesis)이라는 유용한 지침을 제공하고 있다. 이 가설에서는 서로 다른 정서 상태는 서로 다른 인지에 의해 특징지어진다고 가정한다(Alford & Beck, 1997; A. T. Beck, 1976; Clark & Beck, 1988; Clark, Beck, & Alford, 1999; Laurent & Stark, 1993). 내용-특수성 가설은 경험적 탐구의 대상이 되어 왔다(Jolly, 1993; Jolly & Dykman, 1994; Jolly & Kramer, 1994; Laurent & Stark, 1993; Messer, Kempton, Van Hasselt, Null, & Bukstein, 1994).

내용-특수성 가설에 따르면, 우울은 부정적 인지삼제(negative cognitive triad)를 특징으로 한다(A. T. Beck et al., 1979). 우울한 사람은 좋지 않은 사건이 발생했을 때 자신에 대해 비판적 관점에서('나는 바보야.'), 자신의 경험/다른 사람에 대해 부정적 관점에서('모든 것을 망쳤어. 이젠 아무도 나를 좋아하지 않을 거야.'), 그리고 미래에 대해 비관적 관점에서("나는 앞으로도 계속, 영원히 이럴 거야.") 해석하는 경향이 있다. 우울한 사람의 생각은 과거-지향적이며 상실(loss)과 관련된 주제를 담고 있다(A. T. Beck, 1976; Clark et al., 1999).

불안은 우울과는 다른 인지에 의해 특징지어진다(A. T. Beck & Clark, 1988; Bell-Dolan & Wessler, 1994; Kendall, Chansky, Friedman, & Siquenland, 1991). 불안에서는 파국화(catastrophizing)가 자주 발견된다. 불안한 사람들의 생각은 미래지향적이며 위험에 대한 예측이 주요 특징이다(A. T. Beck, 1976). 제6장에서는 내용-특수성 가설과 그것의 임상적 적용에 대해 상세히 설명할 것이다.

인지치료는 연구가 잘 이루어져 있으며 이론적 기반도 탄탄하다. 따라서 인지이론은 아동을 치료하는 데 견고한 기초를 제공해주며, 이론에 입각한 사례개념화에 기초하여 개입할 수 있도록 안내해준다. 예를 들어보자. 인지치료자는 아동의 자동적 사고와 인지도식을 파악하기 위한 하나의 방법으로 아동의 정보처리 체계에 초점을 맞춘다. 내용-특수성 가설은 부적응적 인지도식을 유지하고 지속시키는 자동적 사고의 파악을 돕는 개념적 틀을 제공한다. 또한 이 가설은 자동적 사고와 인지도식이 아동의 부정적 정서각성과 관련이 있는지 결정할 때 도움을 준다. 따라서 아동을 위한 인지치료를 효과적으로 수행하는 데 필요한 기본지식과 기술을 갖추기 위해서는 인지이론과 인지과정, 그리고 적절한 개입전략들에 대해 이해해야 한다.

성인을 위한 인지치료와 아동 및 청소년을 위한 인지치료 간에는 어떤 유사점이 있는가?

성인 치료를 통해 개발된 인지치료 전략 중에서 어떤 것은 아동의 특성에 맞게 수정되어야 하지만, 그대로 적용될 수 있는 것들도 있다(Knell, 1993). 예컨대 협력적 경험주의와 안내된 발견은 아동에게도 잘 적용되며, 치료시간의 구조도 아동에 맞추어 융통성 있게 적용될 수 있다. 안건 설정과 피드백 이끌어내기는 아동을 위한 인지치료를 이끌어가는 데 있어서 중심 전략이다. Spiegler와 Guevremont(1995)는 숙제야말로 아동을 위한 인지행동 치료의 핵심 전략이라고 하였다. 그 이유는 치료에서 배운 기술을 실제 생활의 맥락 속에서 실험해 볼 수 있게 해주기 때문이다. 아동을 위한 인지치료는 성인 대상의 인지치료와 마찬가지로 문제에 초점이 맞추어지며 적극적이고 목표지향적이다(Knell, 1993).

성인을 위한 인지치료와 아동 및 청소년을 위한 인지치료 간에는 어떤 차이점이 있는가?

아동을 위한 인지치료는 성인을 위한 인지치료와 다르다. 먼저 아동은 성인과 달리 스스로 치료를 받으러 오지 않는다(Leve, 1995). 아동은 자신의 문제를 인정하든 인정하지 않든 대개 보호자에 의해 의뢰된다. 임상 경험을 통해 볼 때, 아동이 치료에 의뢰되는 이유는 심리적 어려움 때문에 환경(예 : 가정, 학교)에서 문제를 일으키기 때문이다.

아동은 치료의 시작뿐 아니라 종결에 대해서도 선택권이 없다. 어떤 경우에는 아동이 치료를 좋아하고 바람직한 변화를 보임에도 불구하고 부모가 여러 이유로 치료를 종결한다. 반면, 아동이 치료를 회피하거나 심지어 두려워함에도 불구하고 외부적 상황 때문에(예 : 소년법원의 규정, 학교의 요구, 부모의 희망) 치료를 계속 받아야 할 때도 있다. 따라서 아동은 어떤 경우에도 치료과정을 통제하지 못한다. 아동이 아무리 자신의 생각과 감정을 어른에게 개방하길 좋아한다 해도, 권위 있는 어른에게 심리치료를 받는 경험은 불안을 유발한다. 실제로 아동이 치료 중에 통제권이 없다는 느낌을 호소하는 것은 놀랄 일이 아니다. 따라서 치료자는 아동을 치료에 적극적으로 참여시키고 치료동기를 높이기 위해 노력해야 한다.

아동을 위한 인지치료는 일반적으로 경험적 접근과 여기-그리고-지금의 접근에 근거한다(Knell, 1993). 아동은 활동 지향적이기 때문에 행동을 통해 학습한다. 따라서 치료자는 가르치고자 하는 대처기술을 실제 생활 속의 행동과 연결시킴으로써 아동이 바람직한 행동에 흥미를 갖고 수행하도록 해야 한다. 아동의 동기는 즐거움을 느낄 때 증가한다.

아동은 가정이나 학교와 같은 환경체계 속에서 기능한다(Ronen, 1998). Ronen은 "CBT

(cognitive-behavioral therapy)는 가정이나 학교, 또는 또래집단 같은 자연스러운 환경 안에서 아동을 치료하는 데 초점을 두고 있다"(p. 3)고 하였다. 따라서 치료자는 아동이 속해 있는 복잡한 환경체계가 갖고 있는 문제를 평가하고 그것에 따라 치료를 설계해야 한다. 환경체계의 문제를 고려하지 않는 것은 '안개 속에서 계기판만 보고 비행기를 조정하는 것'과 같다. 환경체계는 아동의 적응적 대처기술을 강화할 수도 혹은 소멸시킬 수도 있다. 가족들을 참여시키고 학교에 자문을 제공하는 것은 치료효과를 이끌어내고 유지하며 일반화시키는 데 있어서 매우 중요하다.

아동은 성인과 나른 능력과 한계, 신요, 흥미를 지니고 있다. 의지에 앉아 성인을 마주 보고 심리적 문제를 이야기하는 것은 아동과 청소년에게 낯설고 불편한 느낌을 준다. 아동을 위한 인지치료는 언어능력과 인지능력에 달려 있기 때문에, 치료자는 아동의 연령과 함께 사회인지 기술을 신중하게 고려해야 한다. 그리고 개입의 수준도 아동의 연령과 발달수준에 맞추도록 노력해야 한다(Kimball, Nelson, & Politano, 1993; Ronen, 1997). 나이가 어린 아동에게는 자기지시나 행동수정 같은 단순한 기법이 효과적인 반면, 청소년에게는 합리적 분석을 요구하는 보다 정교한 기법이 효과적이다(Ronen, 1998).

연령은 중요하긴 하지만 구체적이지 않은 변인이다(Daleiden, Vasey, & Brown, 1999). 다시 말해 치료자는 연령과 함께 언어능력, 조망능력, 추리능력, 언어규칙 같은 다양한 사회인지 변인들을 고려해야 한다는 말이다(Hart & Morgan, 1993; Kimball et al., 1993; Ronen, 1997, 1998). 치료자가 아동의 사회인지 능력을 넘어서는 것을 요구하면, 자칫 아동이 저항하거나 회피하는 것처럼 보이거나 심지어 무능하게 보일 수 있다(Friedberg & Dalenberg, 1991). Mischel(1981)은 "아동은 오류를 범할 때도 있지만, 잠재적으로 매우 세련된 직관적 심리학자이다. 아동은 심리학의 원리를 이용해 사회적 행동을 이해하고, 자신의 행위를 조절하고 성취하며 자신을 둘러싼 환경을 통제하는 능력을 갖고 있다."고 하였다(p. 240). 발달단계를 고려한, 그리고 단순하지만 의미 있는 치료과제들을 사용한다면 나이 어린 아동도 인지행동치료에 끌어들이는 데 성공할 수 있다(Friedberg & Dalenberg, 1991; Knell, 1993; Ronen, 1997). 예컨대 생각풍선을 이용한 생각일기는 어린 아동도 쉽게 이해할 수 있다(Wellman, Hollaner, & Schult, 1996). 따라서 사회인지 변인에 따라 어떤 인지행동 기법을 언세, 어떻게 사용할지가 결정된다.

아동이 언어적 개입을 통해 얼마나 도움을 받을 수 있는지는 아동의 언어능력에 달려 있다(Ronen, 1997, 1998). 언어가 유창하지 않은 아동에게는 언어적 개입이 덜 요구되는 그림이나 인형놀이, 장난감 놀이, 게임, 미술활동 등을 사용하는 것이 좋다. 아동의 언어적 정교성을 증진시키기 위해서는 읽기나 이야기 들려주기가 도움이 된다. 아동의 언어능력에 맞추어 치료적 활동을 적용하는 것은 중요면서도 어려운 도전이다.

몇몇 연구자들이 인지치료를 할 때 고려해야 할 주요 발달변인과 발달과업을 제시하였다 (Kimball et al., 1993; Ronen, 1997). Ronen(1998)은 아동의 행동에 문제가 있는지 결정하기 위해서는 아동의 필수적 발달과업을 이해해야 한다고 하였다.

> 어른들은 아동이 성장함에 따라 오줌을 가릴 수 있게 되고, 부모가 다시 돌아온다는 것을 알게 되며, 부모가 밖에 나간 후에는 울음을 그치길 기대한다. 또한 어른들은 아동이 자기통제 기술을 습득하고, 자기주장을 하며, 자기 자신을 평가할 수 있게 되고, 갖고 싶은 것이 있을 때 울기보다 언어로 의사소통하고 협상하는 방법을 배우길 기대한다."(p. 7)

아동의 행동이 이러한 기대에서 이탈할 때, 치료자는 이탈된 발달과정을 교정하기 위해 노력한다. 실제로 치료는 아동과 그의 가족들이 이러한 발달적 이탈을 벗어나 제 길로 갈 수 있도록 안내하는 데 초점을 맞춘다.

이 책에서 저자들은 아동이 즐거워하는 방법들을 소개하고자 노력하였다. 심리적 문제는 분명 아동에게 고통스러운 도전이다. 그러나 불편한 주제라 할지라도 상상력과 창의성을 활용한 방법들을 사용하면 그러한 불편한 주제를 훨씬 쉽게 다룰 수 있다. 저자들의 경험에 의하면, 아동이 치료에 더 많이 참여하고 몰입할수록 치료를 어렵게 느끼지 않게 된다.

명시적 강화(explicit reinforcement)는 나이 어린 아동의 치료에 있어서 중요한 부분이다 (Knell, 1993). 아동은 장난감을 정리하거나 숙제를 마쳤을 때, 그리고 자신의 생각과 감정을 표현할 때 강화를 받는다. 보상은 아동에게 어른의 기대를 전달해주며 동기와 주의집중, 기억 유지를 촉진한다(Bandura, 1977; Rotter, 1982). 간단히 말해 보상은 아동을 치료에 참여시키며 중요한 것이 무엇인지 그리고 무엇을 기억해야 하는지 알려준다.

02

사례개념화

사례개념화는 아동을 치료할 때 가장 먼저 하는 일로, 개별 아동의 상황에 따라 치료기법을 맞추어 적용하는 데 도움을 준다. 사례개념화는 또한 기법을 선택하고 실행하며 속도를 조절할 때, 그리고 치료경과를 평가할 때 지침 역할을 한다. 치료자가 접하게 되는 사례는 각기 다르기 마련이다. 따라서 치료자는 보편적이면서도 융통성을 허용하는 개념적 틀을 필요로 한다. 이번 장에서는 사례개념화를 정의한 후 사례개념화와 진단 및 치료계획을 비교하여 논의하며, 사례개념화의 여러 영역들을 탐색하고 이러한 영역들 간의 관계에 대해 살펴보고자 한다.

실습생들을 지도 감독해온 저자들의 경험에 비추어볼 때 사례개념화는 매우 어려운 부분이다. 그러나 치료경험이 많지 않은 초심자들은 대개 '비법 보따리(bag of tricks)'를 원하며, 사례개념화를 그리 중요하지 않은 추상적 활동쯤으로 여긴다. 그러나 사례개념화는 초심자들이 도구상자 안에 넣을 수 있는 가장 실용적인 도구 중 하나이다. 이는 사례개념화가 많은 도구들을 언제, 그리고 어떻게 사용해야 할지 안내해주기 때문이다.

사례개념화 : 한 번으로는 어림도 없다

사례개념학(case conceptualization) 혹은 사례공식화(case formulation)는 가설의 생성과 검증을 요구하는 역동적이며 유동적인 과정이다(J. S. Beck, 2011; Persons & Tomkins, 2007). 치료자는 치료의 전 과정을 통해 아동에 대한 그림을 끊임없이 수정하고 다듬어야 한다.

사례개념화에 대한 가설 검증적 태도는 다음과 같은 분석기술을 필요로 한다. 첫째, 사례개념화는 단순하게 하는 것이 좋다(Persons & Tompkins, 2007). 일반적으로 치료자는 객관적 검사 점수에서부터 문화적 배경에 이르기까지 다양한 변인들 중에서 어떤 것이 더 중요한지 고민하다가 결국 복잡한 사례개념화를 하게 된다. 그러나 사례개념화는 가능한 한 단순하게 해야 한다.

둘째, 개방적인 마음과 태도는 효과적인 사례개념화를 촉진한다. 한 가지 관점에 얽매이기보다, '수집된 자료에 대해 다르게 설명할 수는 없는가?'를 끊임없이 생각해보아야 한다. 또한 내담자로부터 얻어진 자료가 지지하는 설명은 그냥 두지만, 지지하지 않는 가설에 대해서는 기꺼이 버리는 자세를 취해야 한다. 내담자와의 협력은 사례개념화를 쉽게 해준다. 사례개념화를 아동과 그의 가족들에게 이야기해주면 그들이 반응하게 되는데, 이는 치료자에게 유용한 자료가 된다.

사례개념화와 치료계획

치료계획은 방향을 제시하며 장차 어떤 경로로 나아갈 것인지를 구체적으로 알려준다. 그리고 개입의 순서와 시기에 대해서도 상세하게 안내한다. 효과적인 치료계획이 사례개념화에 근거한다는 것은 놀라운 일이 아니다. Persons(1989)도 말했듯이, 사례개념화는 개입전략을 이끌며, 치료의 방해요인들을 예측하는 데 도움을 준다. 그리고 치료자가 딜레마에 빠졌을 때 협상할 수 있는 방법을 제공해주며, 치료적 노력이 실패할 때 문제를 찾아 해결할 수 있도록 도와준다.

Shirk(1999)는 치료 패키지들이 때로는 요리법 없이 재료들만 잔뜩 나열한 것 같다고 한탄했다. 사례개념화 과정은 치료계획에 포함된 여러 재료들을 통합하는 요리법을 제공한다. 예컨대 자기모니터링(self-monitoring)과 자기지시 기법은 공격적인 아동을 치료하는 데 효과적이다. 사례개념화는 치료자에게 어떤 기법이 어떤 시점에서 사용되어야 하는지 알려줄 뿐만 아니라, 이 기법들을 개별 아동에 맞추어 수정하도록 안내해준다. 아동의 사고가 구체적일 때에는 분노 온도계 같은 시각적 보조도구를 활용해야 하며, 추상적 사고가 가능한 아동이라면 일반 평정척도를 사용할 수 있다. 치료에 사용될 교육자료도 사례개념화에 근거해 선택해야 한다. 읽기에 어려움이 없는 아동에게는 인쇄물을 사용할 수 있지만, 읽기에 문제가 있는 아동에게는 영상자료가 유용할 것이다.

사례개념화와 진단

사례개념화와 진단은 분명 다르다. 진단적 분류체계는 내담자의 증상을 보편적 용어로 요약해주지만, 사례개념화는 개인의 심리에 대한 초상화와 같다. 또한 진단적 분류는 이론과 무관하지만, 사례개념화는 이론에 근거한다. 사례개념화는 증상이 왜 일어나는지, 다양한 환경요인, 대인관계 및 개인 내적 요인들이 어떻게 증상에 영향을 미치는지, 겉으로는 일치하지 않는 증상들이 서로 어떤 관련성을 갖는지 등을 설명하는 가설을 제공한다. 반면, 진단체계는 설명하기보다 기술한다. 따라서 사례개념화는 진단에 비해 매우 포괄적인 임상 과제이다. 실제로 사례개념화는 진단을 포함하는데, 과도하게 비중을 두는 것이 아니라 하나의 요소로서 포함한다.

사례개념화 : 내담자의 그림에 '옷 입히기'

다음은 사례개념화에 포함되는 여러 요소들에 대한 것이다. 만약 치료자가 부분만을 바라본다면 전체 그림을 보지 못하게 된다. 사례개념화 과정을 쉽게 설명하기 위해 우리는 '복장'에 비유하고자 한다. 사례개념화 속의 각 요소들은 옷을 입을 때 필요한 옷가지와 같다. 옷가지로는 양말도 있고, 셔츠, 바지, 모자, 신발 등 여러 가지가 있다. 옷을 입을 때 사람들은 모자는 머리에 쓰고, 신발은 발에 신으며, 각 옷가지들이 서로 조화를 이루도록 입는다. 사례개념화 과정에서 다양한 요소들을 통합하는 것은 옷 입을 때 옷가지들을 조화시키는 것과 같은 것으로, 각 요소들을 잘 맞추어 하나의 조화로운 전체를 형성하는 것이다.

 일단 필요한 요소들을 분류하고 난 후에는, 이 요소들을 통합하기 위한 체계가 필요하다. 옷을 입을 때 어떻게 옷을 입어야 하는지 알아야 하는 것처럼, 사례개념화에도 이론적 모형이 필요하다.

 사례개념화에 포함되는 다양한 요소들은 서로 관련된다. 인지치료에서는 정보처리 변인들이 주축을 이룬다. 인지모형에서는 아동의 행동패턴이 학습된 반응이며, 환경요인과 개인요인, 대인관계 요인, 생물학적 요인들의 상호작용에 의해 형성된다고 설명한다. 또한 행동은 문화적 · 발달적 맥락 속에서 일어난다.

 사례개념화는 이 모든 측면들을 고려하기 때문에 여러 요소들을 하나로 통합하는 것은 어려운 일이다. 아동과 청소년은 복잡한 존재이며, 그들의 행동은 다양한 요인에 의해 결정된다. 그림 2.1에는 사례개념화에 포함되는 요소들이 제시되어 있다. 그림 속의 요소들은 서로 관련된다. 사례개념화의 중앙에는 호소문제가 자리 잡고 있다. 사례개념화는 호소문제로부터 시작된다. 인지모형에는 다섯 가지 증후군(생리적 반응, 기분, 행동, 인지, 대인관

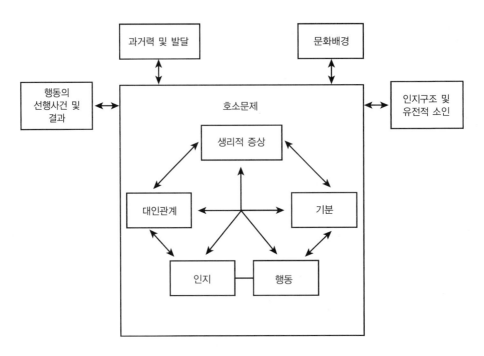

그림 2.1 ⋮ 사례개념화의 구성요소들 간의 관계

계)이 포함된다. 핵심 문제를 둘러싸고 있는 네 변인(과거력/발달, 문화배경, 인지구조, 행동의 선행사건 및 결과)은 관련되어 있기 때문에 서로 영향을 주고받는다.

예를 들어보자. 발달사와 학교력(school history)은 아동의 호소문제에 영향을 미치며, 이것은 다시 아동의 발달사를 형성한다. 앤디는 수줍음이 많고 불안한 아동으로, 친구들과 잘 어울리지 않으며 학교에서도 집단활동을 회피한다. 그는 다른 사람들로부터 거부당하는 것을 두려워하며 부모 곁에 있을 때에만 안전하다고 믿는다. 유아기에 앤디는 행동적으로 억제된 아이였으며 유아원에서도 잘 적응하지 못했다. 유치원에 입학하자 앤디의 부모는 몹시 불안해졌다. 이러한 과거의 모든 요인들이 앤디의 현재 문제에 기여하고 있다. 앤디는 불안과 회피 때문에 친구 생일파티에 초대를 받거나 또래들과 어울리는 중요한 기회를 놓치고 있다. 이처럼 아동의 호소문제는 발달사와 관련된다.

다른 요인들(문화배경, 인지구조, 행동의 선행사건/결과)도 호소문제와 상호작용한다. 앤디의 회피반응은 불안회피에 의해 부적 강화를 받고 있다. 나아가 지속적인 회피는 앤디로 하여금 불안은 위험한 것이며, 어머니의 도움 없이는 대처할 수 없으며 회피가 불안에 대한 일종의 해독제라는 믿음을 갖게 한다. 앤디가 속해 있는 가정의 문화배경과 환경도 그의 불안을 뒷받침해준다. 앤디가 폭력이 난무하는 지역에 살고 있어서 부모와 가정에 애착되어야만 안전이 보장된다고 가정해보라. 또한 양육에 대한 문화적 신념(예 : 부모의 역할은 아동의 안전을 보장해주는 것이다. 아동의 안전은 부모 곁에 두고 보호해야만 성취될 수 있다)도 아동의 행동을 결정하는 요인으로 작용한다.

사례공식화의 요소

호소문제

사례공식화의 첫 단계는 호소문제를 정의하는 것이다. 호소문제를 정의할 때는 아동과 그의 가족이 처해 있는 특수한 상황을 반영해야 하며, 가능한 구체적으로 정의하는 것이 좋다. Persons(1989)는 내담자의 문제를 보다 분명한 문제로 바꾸기 위해 인지와 생리, 행동, 정서, 대인관계 요소로 구분하라고 제안하였다. 이렇게 하면 개별화된 그림이 그려진다.

낮은 자존감 문제를 보이는 8세 여아의 예를 들어보자. '낮은 자존감'은 매우 모호하고 일반적인 용어이다. 따라서 아동이 당면하고 있는 구체적인 어려움을 이해하기 어렵게 한다. 면접과 자기보고식 측정도구를 사용하면 아동의 낮은 자존감 문제가 좀 더 분명해진다. 행동 측면에는 새로운 과제나 사람들을 피하고 잘 울며, 어려운 과제를 지속하는 데 어려움을 보이고 수동적 행동을 보이는 것 등이 포함된다. 정서 측면에는 슬픔과 불안, 짜증 등이 포함된다. 친구가 거의 없다든지 아버지한테 반복적으로 야단을 맞는 것은 낮은 자존감의 대인관계 측면이다. 아동이 이러한 상황들을 경험하게 되면 배가 아프다거나 머리가 아프다 하며, 땀을 흘리는 등의 생리적 반응을 보이게 된다. 인지 요소에는 '나는 잘하는 게 아무것도 없어.', '사람들은 나를 바보로 생각해.', '아빠는 내가 신통치 않다고 생각해.' 등의 생각들이 포함된다. 그림 2.2는 모호한 현재의 호소문제를 어떻게 보다 분명한 치료적 문제로 전환하는지 보여주고 있다. 이제 치료자는 구체적인 문제 영역에 초점을 맞출 수 있게 된다.

심리검사 자료

인지치료에 있어서 평가는 중요하다. 인지치료자들은 대부분 면접과 평가도구로부터 얻은 정보를 활용한다. 인지치료자들은 객관적 자기보고식 도구와 체크리스트를 주로 사용한다. 이런 측정도구들은 증상의 존재 여부뿐만 아니라, 증상의 빈도와 강도, 지속기간 등에 대한 자료까지 제공해준다. 검사 결과에서 얻어진 정보는 내담자의 언어적 보고, 치료자의 임상적 인상과 함께 통합된다.

인지치료에서 자주 사용되는 자기보고식 측정도구로는 CDI(Children' Depression Inventory, 아동용 우울척도; Kovacs, 1992), SCARED(Screen for Child Anxiety Related

---

일반적인 호소문제

낮은 자존감

구체적인 요소

행동 : 새로운 과제나 사람들을 피함, 잘 욺, 어려운 과제를 지속하는 데 어려움을 보임, 수동적인
행동을 보임
정서 : 슬픔, 불안, 짜증
대인관계 : 친구가 거의 없음, 아버지한테 반복적으로 야단을 맞음
생리 : 배나 머리가 아프다고 함, 땀을 흘림
인지 : '나는 잘하는 게 아무것도 없어.', '사람들은 나를 바보로 생각해.', '아빠는 내가 신통치 않다고
생각해.'

그림 2.2 : 낮은 자존감의 조작적 정의

Emotional Disorders, 아동 불안 관련 감정 장애 스크린; Birmaher et al., 1997), RCMAS(Revised Manifest Anxiety Scale for Children, 개정판 아동표출불안척도; Reynolds & Richmond, 1985), MASC(Multidimensional Anxiety Scale for Children, 아동용 다면불안 척도; March, 1997), BYI-II(Beck Youth Inventories-Second Edition; J.S. Beck, A.T. Beck, Jolly, & Steer, 2005), Hopelessness Scale for Children(아동용 무망감 척도 Kazdin, Rodgers, & Colbus, 1986), FSSR(Fear Survey Schedule, 불안조사목록; Scherer & Nakamura, 1968) 등이 있다. 청소년에게 사용될 수 있는 척도로는 BDI-II(Beck Depression Inventory-II, Beck 우울척도; Beck, 1996), BHS(Beck Hopelessness Scales, 벡 무망감 척도; Beck, 1978), BAI(Beck Anxiety Inventory, Beck 불안척도; Beck, 1990) 등이 있다. 마지막으로 외현화장애를 위한 부모 및 교사 평정척도로는 ASCBA(Achenbach Scales, Achenbach 척도; Achenbach, 1991a, 1991b, 1991c), CRS-R(Conners Parent Teacher Rating Scales-Revised, 코너스 부모 · 교사 평정척도; Connors, 2000), BASC(Behavior Assessment Scale for Children-2, 아동을 위한 행동 평가척도; Reynolds & Kamphaus, 2004), 그리고 SNAP-IV(Swanson, Nolan, and Pelham 평정척도; Swanson, Sandman, Deutch, & Baren, 1983) 등이 있다.

성격평가를 위해서는 MMPI-A(Minnesota Multiphasic Personality Inventory for Adolescents, 청소년용 미네소타 다면적 인성검사; Butcher et al., 1992)가 사용되기도 한다. 일부 인지행동치료자들은 TAT(Thematic Apperception Test, 주제통각검사; Murray, 1943), CAT(Children's Apperception Test, 아동용 주제통각검사; Bellak & Bellak, 1949), RATC(Roberts Apperception Test for Children, 아동용 로버츠 통각검사; McArthur &

Roberts, 1982), 로르샤흐 잉크반점 검사(Rorschach Inkblot Test; Exner, 1986) 같은 투사적
검사를 사용하기도 한다.

어떤 도구이든 치료 초기에 사용되는 심리검사들은 모두 치료를 위한 기준선을 제공해
준다. 자기보고식 도구들은 치료경과를 평가하기 위해 주기적으로 다시 사용될 수 있으며
검사점수는 문제의 심각성과 강도, 기능 등을 나타낸다. 따라서 심리검사 자료는 면접 자료
와 임상적 소견에 가치를 더해주며 치료목표와 개입전략을 결정할 때도 도움을 준다.

문화배경 변인

인종 및 문화배경은 가족의 관습에 큰 영향을 미친다(Cartledge & Feng, 1996b). 인종 및 문
화배경은 가족의 사회화 과정에 영향을 미치고, 가족의 관습은 증상표현에 영향을 미친다.
따라서 치료자는 문화배경이 아동의 임상증상, 치료에 대한 반응에 영향을 준다고 보아야
한다(Sue, 1998). Carter, Sbrocco 그리고 Carter(1996)는 인종변인이 증상표현과 치료에 대
한 반응, 도움을 구하는 행동에 미치는 영향을 이해하는 데 유용한 이론적 틀을 제공하였다.
불안장애를 가진 아프리카계 미국 성인들을 위해 만들어진 이 모형은 아동과 청소년에게도
시사하는 바가 크다.

Carter 등(1996)은 인종 정체성(ethnic identity)과 문화수용(acculturation) 수준의 차원에서
내담자들을 이해하고자 했다. 높은 수준의 인종 정체성과 문화수용을 보이는 아프리카계
미국인들은 자신의 인종 정체성을 분명히 의식하고는 있지만 동시에 주류문화의 가치를 수
용하는 경향을 갖고 있다. 이런 사람들은 임상장면에서도 자신의 통제력을 높게 지각하고
적극적인 문제해결 자세를 보인다. 이들의 증상표현은 백인들이 보이는 증상과 유사할 가
능성이 크다. Carter 등(1996)의 가설에 의하면, 이런 유형의 사람들은 자신의 증상을 이해
해주고 인종적 특성을 존중해주는 치료자와 연결만 되면 치료를 계속 받고 임상적으로도 호
전될 가능성이 크다.

한편 인종 정체성은 높지만 낮은 수준의 문화수용을 보이는 아프리카계 미국 내담자들은
다른 반응을 보인다. 이런 사람들은 잘 발달된 인종 정체성을 갖고 있지만 주류문화의 가치
를 잘 받아들이지 않는다. Carter와 동료들(1996)에 의하면, 이런 내담자들은 증상을 다르게
인식하고 증상을 신체적 혹은 영적 원인으로 기인하며, 불안한 백인 내담자들이 보이는 증
상과는 다른 증상을 보이는 경향이 있다. 따라서 이런 내담자들이 도움을 구하는 첫 대상은
가정이나 목사일 가능성이 크다. Carter 등(1996)에 의하면, 이런 유형의 내담자들은 자신의
증상을 정신이상의 표시로 지각하며 백인 정신건강 전문가들을 신뢰하지 않는다. 따라서
이런 사람들은 치료과정의 초반에 탈락할 가능성이 크다.

Cartledge와 Feng(1996b)은 "문화란 삶의 여러 측면들이 상호 연결되어 있는 망 조직과

같다. 문화의 여러 요소들은 별개가 아니며 상호작용한다. 예컨대 친족관계, 경제적·종교적 하위체계들은 서로 영향을 주고받기 때문에 독립적인 것으로 간주될 수 없다"(p. 14)라고 하였다. 과거력 및 발달변인과 마찬가지로 문화의 경우에도 사례개념화를 할 때 반드시 알아보아야 할 영역들이 있다(Brems, 1993; Sue, 1998). 먼저 아동과 그의 가족이 갖고 있는 인종 정체성과 문화수용 수준을 고려하는 것이 중요하다. 정서표현에 대한 태도 역시 임상적으로 중요한 변인이다(Brems, 1993).

문화배경이 다른 아동들이 처해 있는 특수한 환경은 그들의 삶에 방해가 되기도 한다. 소수인종 집단의 아동들은 빈곤과 탄압, 소외, 편견, 제도화된 인종차별, 성차별 등의 영향을 받고 있다(Sanders, Merrell, & Cobb, 1999). 제도화된 편견은 아동의 교육에도 영향을 미친다. 이런 태도와 관행은 낮은 수준의 교육과 낮은 기대를 초래하며 아동의 권익을 방해한다 (Bernal, Saenz, & Knight, 1991). 사실 소수집단이라는 지위 자체가 스트레스원으로 작용할 수 있다(Carter et al., 1996; Tharp, 1991). 이러한 조건은 아동의 문제 속에 내재된 특정 생각과 감정, 행동을 야기한다. Forehand와 Kotchick(1996)은 "사회경제적으로 낮은 계층에 놓여 있는 소수인종 가정은 중산층 가정과 다른 스트레스원을 경험하기 때문에 기존의 치료기법에 대해서도 중산층 가정과 다른 반응을 보인다"(p. 200)고 하였다. 예컨대 상점에서 직원들이 소수인종 아동의 뒤를 따라다니는 것은 안타깝지만 흔히 발생하는 일이다. 이러한 경험은 소수인종 아동을 불안하고 과민하게 만든다. Zayas와 Solari(1994)에 따르면 "소수인종 아동과 가족은 사회경제적 불이익과 편견을 지속적으로 경험하면서 '소수인종 집단에 속한다는 것이 어떻다.'는 식의 신념을 갖게 되고, 그로 인해 부적응적 전략을 사용하게 된다"(p. 201).

다음의 예를 생각해보자. 알렉스는 주로 중산층이 거주하는 교외에 위치한 한 학교에 다니고 있다. 6학년인 알렉스는 자신의 학급에서 유일한 라틴계 소년이다. 따라서 늘 소외감과 불편감을 느끼곤 했는데, 어느 날 학급에서 한 학생이 비싼 펜을 잃어버리는 사건이 발생했다. 많은 아동들이 뚜렷한 이유 없이 알렉스를 의심했다. 나중에 결백하다는 것이 증명되긴 했지만, 알렉스는 차츰 대인관계를 기피하게 되었으며 학업에서도 어려움을 보여 결국 심리치료를 받게 되었다. 알렉스를 처음 만났을 때 그는 조용하고 침울해 보였다. 정서적으로도 억제되어 있고 사람 만나기를 꺼리는 것으로 보였다. 눈맞춤도 피하고 다른 사람을 경계하였으며, 금방 시비라도 걸 듯한 모습이었다. 알렉스의 모습으로 보아서는 반항적 아동이라는 명칭이 어울릴 정도였다. 그러나 알렉스가 학교에서 겪었던 일들을 생각하면 그의 행동은 모두 이해할 만하다. 어쩌면 알렉스는 심리치료를 처벌로 받아들이고 있는지도 모른다. 치료자도 다른 사람들과 마찬가지로 자신을 비난하고 거부하며, 편견을 가지고 있다고 생각할 것이다.

표 2.1 문화배경에 관한 질문들

- 가정의 문화수용 수준은 어떠한가?
- 문화수용 수준이 증상표현에 어떤 영향을 미치는가?
- 아동의 인종 정체성을 특징짓는 것은 무엇인가?
- 정체성이 증상표현에 어떤 영향을 미치는가?
- 특정 문화의 구성원으로서 아동과 가족이 어떤 생각과 감정을 갖고 있는가?
- 인종-문화적 신념과 가치, 행동방식이 문제표현에 어떤 영향을 미치는가?
- 이 가정이 문화를 얼마나 대표하며 전형적인가?
- 금기시되어 있는 생각과 감성으로는 어떤 것이 있는가?
- 인종-문화적 배경 속에서 권장되는 생각과 감정으로는 어떤 것이 있는가?
- 어떤 인종-문화적 사회화 과정이 생각과 감정, 행동을 강화하고 있는가?
- 아동/가족이 어떤 유형의 인종편견과 소외에 당면해 있는가?
- 이런 경험이 증상표현에 어떤 영향을 미치고 있는가?
- 이런 경험의 결과로서 자신과 세계, 그리고 미래에 대해 어떤 믿음을 갖게 되었는가?

언어는 태도와 행동, 감정표현을 중재한다. Tharp(1991)는 언어예절과 관습이 문화에 의해 형성된다고 하였다. 즉 말하는 도중에 잠시 멈추는 시간의 길이와 말할 때의 리듬, 대화를 주고받는 방식 등은 문화에 의해 결정된다는 것이다. 예컨대 백인 아동들은 대화할 때 주제 중심적이며 시간의 흐름에 맞게 주제를 전개하는 편이다(Michaels, 1984; Tharp, 1991에서 재인용). 반면 아프리카계 미국인 아동들의 이야기는 일화 중심적이며 주제에 대해 연상되는 내용으로 구성된다. 흥미롭게도 백인 청취자들은 흑인 아동들의 이야기에 일관성이 부족하다고 느끼는 반면, 흑인 청취자들은 그들의 이야기가 재미있고 구체적이라고 본다. 이러한 연구결과는 아동들의 다양한 대화방식을 고려하여 개입을 진행할 필요가 있다는 것을 시사한다.

권위에 복종하는 것에 대한 믿음도 문화권마다 다르다(Johnson, 1993). 치료자의 '권위'에 반응하는 방식은 치료에 대한 반응에 영향을 미친다. 가령 권위적 인물에 대해 경의를 표해야 하는 문화권의 사람들은 치료자에게 부정적으로 피드백하는 것을 불편하게 생각한다. 따라서 이들은 치료자가 지시해주는 것을 좋아하며 또한 그러길 기대한다. 부모들도 자녀가 부모의 모든 요청에 충실하게 복종하길 기대한다.

이처럼 문화배경은 아동의 임상증상 및 치료에 대한 반응에 영향을 미친다. 표 2.1에는 문화배경의 중요성을 강조하기 위한 질문들의 목록이 제시되어 있다. 이 목록이 완벽한 것은 아니지만, 지금까지 간과되어온 영역들에 대해 관심을 갖고 주의를 기울이는 데 도움을 줄 것이다. 어떤 질문을 사용하든지, 아동과 청소년의 문화배경에 대한 이해가 사례개념화에 반드시 통합되어야 한다.

과거력과 발달적 주요사건

개인의 발달력에 대한 정보수집은 정신건강 전문가로서 당연히 해야 하는 임상활동이다. 발달력과 배경에 대한 정보는 아동과 청소년의 과거 학습에 관한 자료를 제공한다. 과거력에 관한 자료는 현재의 호소문제를 적절한 맥락 속에서 이해할 수 있게 해준다. 또한 아동이 보이는 문제의 빈도, 지속기간, 정도를 좀 더 분명히 알게 한다.

아동이 발달적 주요사건들을 어떻게 겪어왔는지 알아보는 것은 사례개념화에 핵심적인 정보를 제공한다. 일반적으로 발달지체는 아동을 비판에 취약하게 만들며, 부정적 정서상태에 대한 과민성이나 우울을 갖게 만든다. 발달지체가 인지적 · 정서적 · 행동적 정보처리 과정에 영향을 미친다면 치료 접근도 이에 맞추어 수정되어야 한다. 예컨대 언어와 읽기에서 심각한 문제를 보이는 아동은 어려운 읽기자료를 소화하지 못한다. 따라서 읽기자료를 단순하게 만들어주어야 한다. 발달적 사건들과 학습의 역사를 고려하면 아동의 정서 및 행동 조절문제의 유형을 이해할 수 있다. 가령 정서 및 행동 조절문제의 유형은 만성적인 수면, 식사, 배변문제의 형태로 나타날 수 있다. 또는 또래와의 관계에서 보이는 공격적 행동으로, 혹은 일상의 변화에 부적응하는 형태로 나타날 수도 있다. 아동의 행동은 기질적 취약성 요인과 환경적 요인 간의 상호작용으로 형성된다.

발달과 과거력에 대한 자료는 아동 자신에 대한 정보뿐 아니라 보호자에 대한 정보도 제공해준다. 보호자가 아동의 발달에 관해 얼마나 정확하고 완벽하게 기억하고 있는지 많은 것을 말해준다. 만약 어머니가 아동의 발달적 성취에 대해 아무것도 모른다면 그것은 무엇을 의미할까? 어머니가 과거의 사건들을 잘 기억하지 못하기 때문일 수도 있고, 혹은 아동에 대해 관심이 전혀 없거나 부족하기 때문일 수도 있다. 따라서 치료자는 그 시기에 일어난 일들에 대해 알아보아야 한다. 그 당시 아동의 어머니가 우울했거나 음주문제를 갖고 있었나? 남편과의 불화로 힘들어했는가? 또한 치료자는 아동의 생활에 대해 지나치리만큼 상세하게(예 : 대소변을 처음 가린 연도와 날짜, 시간 등) 기억하는 부모에 대해서도 가설을 세울 수 있다. 이 부모는 단순히 세부지향적인 사람인가 아니면 지나친 관심으로 아동에게 심리적 부담을 주고 있는 사람인가?

학교 및 또래관계

성인면접에서 과거력을 수집할 때는 보통 일과 인간관계에 초점이 맞추어진다. 아동에게 있어서 일이란 놀이와 학교생활이다. 아동의 놀이, 소속해 있는 집단, 운동, 취미 등은 많은 것을 말해준다. 아동이 혼자 노는 것을 좋아하는가, 혹은 함께 어울려 노는 것을 좋아하는가? 경쟁적인 게임을 좋아하는가? 상상놀이를 좋아하는가? 등, 아동의 또래관계를 살펴보는 것은 대단히 유익하다. 아동의 친구들은 어떤 아동들인가? 아동이 비슷한 연령의 아동들과 어울리는가? 아니면 더 어리거나 나이 많은 아동들과 어울리는가? 친구관계가 얼마나 지속되는가? 애써 친구를 만들지만 금방 잃게 되는가?

학교생활에 대한 아동의 적응과 수행을 알아보는 것 역시 중요한 과제이다. 왜냐하면 아동에게 있어서 학교는 시키는 것을 해야 하고 무엇인가를 보여주어야 하고, 다른 아동들과 상호작용해야 하는 장소이기 때문이다. 아동의 학업수행은 어떠한가? 어떤 요인들이 아동의 학업기능을 방해하는가? 학업수행이 낮아지고 있는가? 다른 아동들과 잘 어울리는가? 교실에서 행동을 얼마나 잘 조절하는가? 교사의 지시나 명령에 어떻게 반응하는가? 정학이나 퇴학을 당한 적은 없는가?

가족관계

가족관계와 애착발달 과정도 의미 있는 정보를 제공해준다. 가족 구성원들이 어떻게 상호작용하고 어울리는지에 대한 정보는 아동의 기능을 이해하는 데 도움이 된다. 아울러 아동의 행동을 가족이라는 맥락 안에서 이해함으로써, 아동이 여러 상황에서 비슷한 행동을 하는지 그렇지 않은지를 생각해보게 한다. 아동이 학교에서는 공격적이지만 집에서는 그렇지 않은가? 집에서는 떼를 쓰고 매달리지만 학교에서는 그렇지 않은가? 아버지의 명령보다 어머니의 지시에 더 순종하는가?

부모의 훈육방식에 대한 정보수집은 치료자에게 매우 중요한 과제이다. 치료자는 바람직한 행동을 증가시키고 바람직하지 않은 행동을 감소시키려면 어떻게 하는 것이 좋은지 알아야 한다. 아동의 행동을 관리하기 위해 부모가 어떤 양육방법과 전략을 사용하고 있는가? 부모의 스타일은 어떠한가? 자녀를 지나치게 통제하려 하는가? 혹은 지나치게 관대한가? 부모가 권위적인가, 허용적인가, 아동에게 잘 맞추어주지 못하는가, 관심이 없는가? 아동의 행동에 대해 얼마나 일관성 있게 반응하는가? 증진시켜야 할 행동과 감소시켜야 할 행동에 대해 부모 간에 혹은 양육자들 간에 일치된 입장을 갖고 있는가? 서로의 훈육방식에 대해 동의하는가?

과거의 치료경험

치료자는 또한 아동의 과거 치료경험을 확인해보아야 한다. 치료의 유형과 지속기간, 치료에 대한 아동의 반응 등은 유용한 자료이다. 아동과 가족의 병력도 심리적 문제나 장애가 의학적 상태에 의해 악화된 것인지를 파악하는 데 있어서 중요하다. 예를 들어 만성질환은 아동과 그의 가족들에게 중요한 스트레스원으로 작용할 수 있다. 통제 및 자율과 관련된 심리적 문제도 치료에 대한 복종에 영향을 미칠 수 있다. 또한 가족의 질병은 아동에게 심각한 문제이다. 아동이 건강하지 않은 보호자를 걱정하는 것은 당연하다. 이런 경우에는 의사에게 자문을 구하는 것이 좋다.

약물사용

약물사용도 과거력 수집의 중요한 한 영역이다. 불법약물, 처방약품, 약국에서 구할 수 있는 약품, 술, 본드나 가스, 담배, 변비약, 심지어는 일부 식품도 약물남용의 잠재적 원인이 될 수 있다. 약물사용과 남용은 확실히 증상을 악화시킨다. 아동과 청소년은 자신의 약물사용에 대해 솔직하지 않을 때가 많다. 그러나 치료자는 아동 및 청소년 내담자의 약물남용 가능성에 대해 반드시 검토해보아야 한다.

법적 체계

아동이 법적 문제와 관련되어 있는지도 고려해야 한다. 특히 소년법원 혹은 법집행 기관과 관련이 있는지는 반드시 검토되어야 한다. 법과 관련된 문제가 있다는 것은 문제가 매우 심각하다는 것을 반영한다. 때로는 법 전문가의 자문이 필요할 때도 있다.

　지금까지 치료자가 고려해야 할 주요사항에 대해 살펴보았다. 표 2.2에는 과거력에 대한 정보를 수집할 때 반드시 물어보아야 할 질문들이 요약되어 있다.

인지변인

사례개념화에 포함되어야 할 인지변인들은 제1장에서 간략히 논의되었다. 사례개념화는 인지과정과 구조, 내용을 포함하고 있어야 한다. 따라서 사례개념화에서는 자동적 사고, 기본가정, 인지도식, 그리고 인지왜곡 등이 언급된다.

자동적 사고

자동적 사고는 상황에 대한 설명이나 예측으로, 인지내용을 대표한다. 자동적 사고는 비교적 접근이 용이하며, 일반적인 개입을 통해 쉽게 파악될 수 있다. 자동적 사고의 내용은 종종 치료의 첫 표적이 되며, 핵심적 인지도식에 대한 실마리를 제공해준다.

인지도식

인지도식은 핵심신념 혹은 개인적 의미구조를 대표하며 인지구조로 간주된다(A. T. Beck et al., 1979; A. T. Beck, Davis, & Freeman, 2015). 인지도식은 의식되지는 않지만 인지과정과 내용에도 영향을 미친다. 아동의 인지도식에 대한 이해는 다양한 임상변인들에 대한 통찰을 제공해준다. 이러한 임상변인들이란 자동적 사고의 변화 가능성, 대인관계 행동, 치료에

표 2.2 과거력에 포함되어야 할 주요 영역

발달적 주요사건들

- 발달적 주요사건들을 달성하는 데 있어서 현저한 지체가 있었는가?
- 언어 이해나 말하기에 문제가 있는가?
- 아동의 읽기는 어떠한가?
- 아동의 쓰기는 어떠한가?
- 밤에 잘 자는가? 아동의 수면형태나 습관은 어떤 특징을 갖고 있는가?
- 아동의 배변훈련이 언제 이루어졌는가? 어떻게 이루어졌는가? 어떤 어려움이 있었는가? 배변과 관련하여 사고가 많았는가?
- 아동의 식사습관은 어떠한가?
- 일상적인 변화에 대해 아동이 어떻게 반응하는가?
- 아동은 어떤 아기였는가? 까다로운 아기였는가? 순한 아기였는가?
- 누가 아동을 양육하였는가? 양육과정에서 방해를 받거나 일관성이 깨진 적이 있었나?
- 아동이 성적 혹은 신체적 학대의 피해를 당한 적이 있는가?

학교

- 아동의 학업수행은 어떠한가? 학업수행이 떨어진 적이 있는가?
- 급우들과는 잘 어울리는가? 교사와의 관계는 어떠한가?
- 학교에 적응할 때 어떠했는가? 아침에 등교 전에 어떤 모습인가? 방과 후에는 어떠한가?
- 학교에서 정학이나 퇴학을 당한 적이 있는가?
- 아동의 학교 출석은 어떠한가?

또래관계 및 활동

- 어떤 활동을 하는가?
- 어떤 친구들과 노는가?
- 친구관계가 얼마나 지속되는가?
- 친구를 쉽게 사귀지만 곧 잃게 되는가?

가족관계

- 아동과 부모의 관계는 어떠한가? 형제들과의 관계는 어떠한가?
- 가정의 분위기는 어떠한가? 갈등이 심한가, 따뜻한가, 허용적인가?
- 보호자들 간의 관계는 어떠한가?
- 아동이 가정 내 폭력을 목격한 적이 있는가?
- 아동의 행동은 가족 구성원의 행동과 유사한가 혹은 다른가?
- 가족들과의 관계가 다른 사람들과의 관계와 유사한가 혹은 다른가?

(계속)

표 2.2 과거력에 포함되어야 할 주요 영역(계속)

훈육방식

- 어떤 훈육방식이 사용되는가?
- 효과가 있는 방식은 무엇이고, 효과가 없는 방식은 무엇인가?
- 부모의 스타일은 어떠한가?
- 부모는 훈육에 대해 서로 동의하는가?

의학적 조건과 과거의 치료경험

- 어떤 의학적/신체적 조건이 존재하는가?
- 이러한 의학적 조건이 심리적 기능에 어떤 영향을 미치는가?
- 심리적 조건이 의학적 조건에 어떤 영향을 미치는가?
- 과거의 치료에 대해 아동과 가족들의 반응은 어떠했는가?

약물사용과 법적 연루

- 아동이 어떤 약물을 사용하고 있는가?
- 아동이 변비약, 음식, 약국에서 판매되는 약물을 사용하고 있는가? 가스나 본드를 사용하는가?
- 법과 관련된 일에 연루되어 있는가?

대한 반응, 재발 가능성 등을 말한다.

인지도식은 평형을 유지하는 방향으로 작용한다(Guidano & Liotti, 1983; Padesky, 1994). 의미구조와 일치하는 정보는 동화되는 반면 불일치하는 정보는 거부되거나 변형된다. 이렇게 함으로써 정보는 인지도식과 일치하게 되는데, 이러한 과정에 대해 Liotti(1987)는 "새로운 것이 이미 알고 있는 것으로 환원된다."(p. 93)고 하였다.

인지과정

인지도식은 자기영속적이다. Young(1990)은 이러한 자기영속적 경향성에 대해 세 가지 기제가 작용한다고 하였다. 인지도식은 인지왜곡과 자기파괴적 행동을 통해 유지된다. 아동의 자동적 사고에 내포되어 있는 인지왜곡을 인식하는 것은 사례개념화와 개입을 성공으로 이끄는 데 도움이 된다. 가령 개인화라는 인지왜곡은 제8장과 제9장에서 살펴보게 될 책임 파이 개입에 잘 들어맞는다. 시간 조망은 정서적 추론과 잘 맞는 개입활동이다. 또한 인지왜곡은 치료와 치료자에 대한 아동의 태도에도 영향을 미친다. 예컨대 평가절하라는 인지왜곡을 자주 하는 아동은 치료가 성공적임에도 불구하고 치료적 이득을 내면화하는 데 어려움을 느끼기 쉽다.

Young(1990)은 인지도식이 인지도식 회피를 통해 작용한다는 가설을 세웠다. 인지도식 회피는 인지적 회피, 정서적 회피, 행동적 회피의 세 형태로 일어날 수 있다. 인지도식 회피의 목적은 인지도식이 틀리다는 것을 확인하지 못하도록 막는 것이다. 인지적 회피에서는 인지도식을 유발하는 생각이 차단된다. 급격한 감정변화가 일어난 순간에 마음속에 무엇이 스치고 지나갔는지 물었을 때, "잘 모르겠어요."라고 대답하는 것이 좋은 예이다. 때로는 인지적 회피가 마음이 텅 빈 듯한 느낌으로 나타날 수도 있다(예 : "아무런 생각도 떠오르지 않았어요."). 이런 경우 내담자들은 자신에게 떠오른 생각이 너무 고통스럽거나 당황스럽고 수치스러워서 그것을 직접 확인하기 어려운 것이다. **정서적 회피**에서는 인지도식과 연결된 사고가 차단되는 대신, 생각과 연결된 감정이 차단된다. Young(1990)에 의하면, 정서적 회피의 작용으로 인해 자기 상해(예 : 칼로 자르거나 분신하는 것)가 일어나는 경우가 있다고 한다. 가령 분노 같은 허용되지 않는 감정을 경험하는 아동이 담배 라이터로 자신의 살을 태움으로써 분노 감정을 회피하는 경우이다. **행동적 회피**의 예로는 사회적 고립, 광장공포증, 미루기 등이 있다(Young, 1990). 행동적 회피의 경우, 아동은 인지도식의 내용과 관련된 행동을 수행하지 않는다. 그러한 행동을 회피함으로써 인지도식의 내용을 그대로 유지하는 것이다.

인지도식의 마지막 과정으로 인지도식 보상(schema compensation)이 있다. 인지도식 보상의 경우, 아동은 인지도식의 내용과 정반대되는 행동을 한다. 예컨대 자신의 나약한 모습이 반영된 인지도식을 보상하기 위해 다른 아동을 괴롭히거나 심하게 놀린다. 이때 이 아동은 남을 위협하는 행동 덕분에 자신이 나약하고 모자라다는 느낌을 느끼지 않는다. 그러나 남을 괴롭히고 놀리는 행동이 실패할 때는 자신의 나약함에 대해 어떻게 해야 할지 몰라 당황하게 된다.

Taylor와 Ingram(1999)은 부정적 인지도식이 8세밖에 되지 않은 어린 아동의 우울에도 영향을 미칠 수 있다고 했다. 이들은 "고위험 아동은 부정적 정서상태를 경험할 때마다 역기능적 자기참조 인지구조(dysfunctional self-referent cognitive structure) 안에다 정보저장고를 만들고 쌓으며 강화하고 공고화한다. 이 인지구조는 자신에 대한 아동의 생각에 영향을 미친다. 또한 이 인지구조가 부정적 사건에 의해 자극을 받게 되면 아동의 정보처리 방식에도 영향을 미친다."(p. 208)고 하였다. 따라서 초등학생의 경우에도 인지도식이 아동의 심리적 기능에 영향을 미칠 수 있다. 그러나 인지도식은 청소년기가 되어서야 공고해진다(Hammen & Zupan, 1984). 그러므로 인지도식의 과정에 대한 평가는 청소년을 위한 인지치료에서 더욱 중요하다.

행동의 선행사건과 결과

행동반응은 행동이 일어나기 전의 자극과 일어난 후에 따르는 자극에 의해 형성된다

(Bandura, 1977, 1986). 고전적인 A(선행사건), B(행동), C(결과)의 행동 패러다임은 이 과정을 잘 보여준다(Barkley, Edwards, & Robin, 1999; Feindler & Ecton, 1986). 행동에 선행하는 결정요인과 후속하는 결정요인은 직접경험에 의해서도 학습될 수 있지만 관찰과 같은 대리경험에 의해서도 학습된다(Bandura, 1977, 1986).

선행사건

선행자극은 학습이 일어나는 상황에 따라 직접적으로 행동을 유발할 수도 있지만 행동이 일어나도록 준비만 해줄 수도 있다. 고전적 조건형성을 통해 학습되는 경우라면 특정 자극은 정서가 포함된 행동을 유발시킨다. 이때 자극은 아동으로부터 정서 반응을 끌어내는 능력을 획득한다. 가령 학생들에게 요구를 많이 하는 5학년 교사가 예고되지 않은 쪽지시험을 실시할 때마다 소리 내어 책을 덮는다고 가정해보자. 또 모든 시험은 종류에 관계없이 아동들에게 혐오스러운 생리적·정서적·인지적 자극을 유발시킨다고 가정해보자. 교사의 책 덮는 소리는 머지 않아 시험 볼 때와 똑같은 불안을 유발시키게 될 것이다.

선행자극은 아동의 행동을 '유발한다'. 아동이 생활 속에서 느끼는 '스트레스원'은 일반적으로 선행자극이다(예 : 부모의 이혼, 교사의 비판, 또래의 조롱). 선행자극은 제6장에서 논의될 생각일기의 사건 칸에 기록되거나, 제12장에서 논의될 걱정척도의 주관적 평가로 기록되거나, 혹은 제13장에서 언급될 ABC 활동지에 기록된다.

부모의 명령도 선행자극의 하나이다. 애매하고 간접적이며, 적대적이고 혼란스러운 부모의 지시는 아동의 바람직한 행동을 유발하기 힘들다. 그러한 지시는 오히려 불복종 행동을 유발하며 강압적 힘겨루기를 촉진한다. 행동을 하도록 만드는 선행단서를 흔히 변별자극이라 부른다. 변별자극은 상황이 강화받기에 적합하다는 신호를 아동에게 보낸다. 변별자극이 있을 때는 반응을 보이고 없을 때는 반응을 보이지 않는다면 행동은 자극의 통제하에 놓이게 된다.

결과

행동의 결과(consequences)는 행동에 수반되는 자극을 의미한다. 결과는 특정 행동을 강화시키기도 하고 약화시키기도 한다. 행동의 강도를 증가시키거나, 보다 자주 혹은 지속적으로 일어나도록 하는 결과를 강화자라 한다. 기본적인 강화과정으로는 두 가지가 있는데, 정적 강화(유쾌한 무엇인가를 제공함으로써 행동의 발생비율을 증가시키는 것)와 부적 강화(불쾌한 무엇인가를 제거함으로써 행동의 발생비율을 증가시키는 것)가 그것이다. 아들이 좋은 성적을 받았을 때 칭찬해주고 안아주는 아버지는 정적 강화를 사용하고 있는 것이며, 성적 향상을 보인 학생에게 숙제나 벌을 면해주는 교사는 학생의 공부 습관을 변화시키기 위해 부적 강화를 사용하고 있는 것이다.

처벌은 행동의 발생비율을 감소시킨다. 가령 떼쓰는 아들에게 타임아웃을 주거나 보상이나 특권을 취소하고, 아들을 무시하는 아버지는 처벌을 사용하고 있는 것이다. 딸의 감정표현을 무시함으로써 감정표현을 하지 못하도록 하는 어머니도 마찬가지로 처벌을 사용하고 있는 것이다. 이때 아동은 감정이 좋지 않은 것이라는 것을 학습하게 되고 정서적으로 움츠리게 된다. 기본적인 강화 및 처벌 절차는 제15장에 상세하게 기술되어 있다.

강화와 처벌은 계획에 따라 제시된다. 강화계획은 행동의 결과를 언제 제시할지 미리 준비하는 것이다. 즉 강화를 받기 위해서는 얼마나 많은 행동이 요구되는지, 얼마나 오랫동안 행동이 지속되어야 하는지, 얼마나 자주 행동이 일어나야 하는지를 분명하게 적어 놓는 것이다. 간헐적 강화계획으로 형성된 행동이 오래 지속된다는 것은 잘 알려져 있다.

계획하고 미리 생각하기 : 잠정적 공식화, 치료계획, 예상되는 장애요인

잠정적 공식화

잠정적 공식화(provisional formulation)는 다양한 요소들을 역동적 · 상호작용적 방식으로 통합한다. 공식화는 아동의 외부환경과 내면세계에 대해 그림을 그리는 것과 같다. 호소문제와 검사결과, 문화배경, 과거력과 발달에 관한 자료, 행동과 관련된 변인들, 그리고 인지변인들을 분석하고 통합한다. 이렇게 함으로써 치료자는 아동에 대한 개별화된 심리적 초상화를 만든다. 이것은 치료자로 하여금 각 아동의 고유한 상황과 스타일에 맞추어 개입할 수 있도록 도와준다. 잠정적 공식화의 주요 단계는 글상자 2.1에 제시되어 있다.

글상자 2.1 **잠정적 사례공식화의 주요 단계**

- 호소문제를 서로 구분되는 개별 요소들로 정의한다.
- 심리검사 자료를 통합한다.
- 문화배경 요인들을 통합한다.
- 의미 있는 과거력과 발달적 주요사건들을 포함한다.
- 인지구조(도식)와 도식의 과정(보상, 유지, 회피)을 언급한다.
- 행동의 선행사건(변별자극)과 결과(정적 강화, 부적 강화, 반응 대가 절차)를 주의 깊게 파악한다.

예상되는 치료계획

잠정적 공식화는 치료자의 치료계획을 이끌어준다. 치료계획은 각 아동의 고유한 특성과 상황을 고려해야 하기 때문에 아동에 따라 다르게 세워진다. 예컨대 얼굴이 붉어지고 땀을 흘리며 심한 근육긴장을 보이는 불안한 아동에게는 이완훈련이 효과적일 것이다. 반면 걱정이 많고 자기비판적 사고를 하는 아동에게 이완훈련은 도움이 되지 않는다. 공식화는 치료자가 언제 전통적 인지행동 기법을 사용해야 하며 언제 전통적 절차를 창의적으로 수정해야 하는지 알려준다. 가령 언어기술이 뛰어난 우울 아동에게는 쓰기를 통한 재귀인 기법이 효과적인 반면, 언어기술이 미숙한 아동에게는 미술과 공작을 통한 재귀인 기법이 효과적일 것이다.

예상되는 장애요인

치료적 진전을 향해 나아가는 길은 고르지 않을 때가 많다. 길에서 만날 장애물과 웅덩이를 예상할 수 있다면 그러한 장애를 피해가고 충격을 받지 않도록 미리 준비할 수 있다. 공식화는 앞으로 나아갈 길을 바라보고 장애요인을 예측하도록 도와준다. 이렇듯 치료자는 공식화에 근거하여 치료계획을 세운다. 그리고 치료계획을 세움으로써 치료과정에서 생길 수 있는 교착상태를 타결해 나갈 수 있게 된다.

여기 완벽주의 아동이 있다고 가정해보자. 우리는 이 아동이 실패에 대한 두려움 때문에 숙제를 회피하거나 미루는 행동을 할 가능성이 있다고 예측할 수 있다. 또 다른 예로 양육방식에 일관성이 없는 부모의 반항적 아동을 치료한다고 가정해보자. 이 아동은 매우 불규칙적으로 치료를 받으러 온다. 이때 치료자는 부모가 일관성이 없다는 것을 이미 알고 있기 때문에 앞으로 다가올 어려움에 대처하기 위한 계획을 미리 세울 수 있다.

사례개념화의 예 : 테사

호소문제

테사는 9세의 흑인 소녀로 어머니, 이모와 함께 살고 있다. 테사는 행동 면에서는 문제가 없으나 정서적으로 두려움과 슬픔이 많은 아이다. 테사의 학교 성적은 항상 A와 B에 머물고 있다. 그러나 담임교사는 테사가 과제를 완수하는 데 시간이 오래 걸리며 항상 교사가 안심시켜주길 요구한다고 말한다. 테사는 수업시간에 새로운 과제를 할 때나 집단과제를 할 때 울음을 터뜨리기도 한다. 점심시간이나 휴식시간에는 운동장을 배회하며, 혼자 앉아 있거나 친구들과 놀기보다 교실에 남아 선생님과 함께 책 읽기를 좋아한다. 좀 더 구체적으로 말해보자. 테사가 갖고 있는 생리적 문제는 복통과 땀 흘리기, 두통이다. 정서적 증상은 두려움, 불안, 슬픔이다. 행동 면에서는 잘 울고 불안해하며, 과제 제출이 늦고 양호실에 자주 간다. 대인관계 면에서는 수줍음이 많고 친구들과 잘 어울리지 않는다. 인지요인에는 '나는 실수를 할 거야. 그리고 모든 사람들이 알아챌 거야.', '모든 사람들이 내가 실수하길 기다리고 있어', '엄마 없이는 학교 공부를 잘할 수 없을 거야.', '우리 반 친구들은 나를 좋아하지 않아.' 같은 자동적 사고가 포함되어 있다.

검사결과

테사에게 CDI와 RCMAS를 실시하였다. 그 결과 테사는 CDI 검사에서 18점을 받아 중간 수준의 우울증을 갖고 있는 것으로 나타났다. RCMAS에서도 18점을 받아 중간 수준의 불안이 시사되었다. 테사는 걱정과 대인관계에 대한 고민을 측정하는 하위척도에서 상대적으로 높은 점수를 보였다.

문화배경 변인

테사의 어머니는 수입이 부족하여 경제적으로 어려움을 겪고 있다. 생활은 빈곤선을 약간 넘어선 정도이다. 테사와 어머니, 이모는 모두 침례교회에 다닌다. 교회는 테사의 가족에게 사회적으로 큰 힘이 되고 있다. 테사의 가족은 가끔씩 방문을 하거나 테사를 돌봐줄 수 있는 친척이 주위에 없다. 테사는 대다수가 백인 학생인 학교에 다니며, 같은 학년에는 흑인 아동이 몇 명 되지 않는다. 테사와 어머니는 학교에서 테사가 겪었던 인종편견이나 차별경험에 대해서는 언급하지 않았다. 어머니는 "테사에게 백인 친구들과 경쟁하려면 두 배 이상 착하게 행동하고 똑똑해야 한다고 말하곤 하지요."라고 말했다. 어머니는 교사들이 "친절하고 협조적"이라고 하였다. 그러나 학교직원들이 너무도 조심스럽게 대하는 느낌이 든다고 하였다. "그들이 나를 대하는 게 두렵고 불편해 보여요. 왜 그런지 모르겠어요. 아마도 나 같은 사람한테 익숙하지 않아서 그런가 봐요."

어머니는 테사에게 여러 가지 '생존방법'에 대해 가르쳐준다고 한다. 테사에게 버스 정류장에 내려서 집으로 걸어올 때 조심하라고 말하며, 집 근처의 가게에는 어떻게 가야 하는지도 자세히 가르쳐 준다. "나는 테사가 그 누구한테도 괴롭힘을 당하지 않길 원해요. 내가 걔 나이였을 때는 나 자신을 보호했었는데 테사는 그러질 못해요. 걔는 소심해서 모든 일을 자기 탓으로 받아들여요."

과거력과 발달적 주요사건

테사는 발달적 주요사건들을 모두 정상적으로 달성하였다. 테사는 어렸을 때부터 진지하고 불안한 아동으로 묘사되곤 했다. 그러나 지난 몇 주 사이에 기분과 관련된 증상이 더욱 악화 되었다. 테사의 어머니는 주요우울장애로 진단받고 프로작이라는 약을 복용하고 있다. 어머 니는 자신의 우울증도 지난 몇 달 전부터 더 나빠진 것 같다고 털어놓았다.

테사는 항상 모범생이다. 성적은 늘 좋은 편이었으며 행동 면에서도 아무런 문제가 없었 다. 유아기 때 유아원과 유치원에 다니면서 약간의 분리불안을 보였지만 이후의 학교생활 에는 잘 적응하였다. 테사는 새 학년이 시작되기 1주일 전에 매우 불안해지곤 하며, 월요일 아침에는 걱정이 많아 보인다. 테사는 학교 버스를 기다리는 것이 싫고 버스 타는 것도 싫 다고 말한다. 때로는 이모가 버스 정류장으로 마중을 나오지 않을까 봐 걱정한다. 테사에게 학교에서 가장 당황스러웠던 순간이 언제였느냐고 묻자, 크리스마스 선물을 교환할 때 자 기가 준비한 선물을 보고 다른 아이들이 놀렸을 때라고 기억한다("이건 너무 작고 싸구려 야!").

테사는 축구와 야구를 하며 플루트 레슨을 받고 있다. 여가 시간에는 책 읽기와 TV 보기 를 좋아한다. 이웃에 친구가 몇 명 있는데, 함께 놀 때는 전형적인 아동기 놀이를 하며 논다. 테사는 자기 나이보다 어린 아이들과 놀며 그들을 돌보아주기를 좋아한다. 친구들과 싸우 거나 말다툼을 하는 일은 거의 없다. 학교 친구들의 생일파티에 초대받기는 하지만 잘 가지 않는다. 그 결과 테사가 초대받은 생일파티의 수는 줄고 있다.

테사의 아버지는 테사가 9개월 때 집을 나갔으며, 테사는 한 번도 아버지를 본 적이 없다. 테사의 어머니와 이모는 사이가 좋으며 훈육방식에 있어서도 대체로 일치하는 편이다. 이 모는 어머니가 테사를 아기처럼 취급한다고 생각한다. 테사의 어머니는 자기가 집안의 '권 위자'라고 말하지만, 최근 우울증이 심해지면서 훈육에 있어 느슨해졌다고 생각한다. 어머 니가 주로 사용하는 훈육방식은 칭찬하기, 안아주기, 타임아웃, 보상과 특권 빼앗기 등이 다. 테사의 어머니는 자신이 어린 시절에 많이 맞고 자랐기 때문에 신체적 처벌은 옳지 않다 고 믿는다. 어머니는 테사의 엉덩이를 때리는 것조차 하지 않았다. 또한 테사와 함께 놀아줄 기운이 없어 어머니는 이에 대해 죄책감을 느끼고 있으며, 피곤한 일과와 심해진 우울증 때 문에 에너지 수준이 낮아졌다고 생각한다.

테사는 약물을 사용하거나 술을 마시지 않으며 법과 관련된 문제에도 연루되어 있지 않 다. 테사에게 심리치료는 이번이 처음이며, 어머니도 처방을 위해 가정의를 만나 왔을 뿐 심 리치료를 받은 적은 없다. 어머니는 테사가 심리치료를 통해 누군가에게 말을 하고 속을 털 어놓게 되기를 바라고 있다. 그러나 테사는 심리치료를 받으러 오는 것에 대해 아직 잘 이해 하지 못하고 있다.

인지변인

테사의 자동적 사고에는 '나는 실수를 할 것이고, 모든 사람들이 알아챌 거야', '모든 사람들이 내가 실수하기만을 기다리고 있어', '엄마의 도움 없이는 학교생활을 잘 해낼 수 없을 거야.', '학급의 다른 친구들은 나를 좋아하지 않아.', '엄마를 피곤하지 않게 하려면 착하게 행동해야 해.', '세상은 끔찍한 위험으로 가득 차 있어.', '나는 나 자신을 보호할 수 없어.', '나는 다른 아이들처럼 똑똑하거나 강하지 못해.', '겁이 난다는 것은 뭔가 나쁜 일이 일어날 것을 의미하는 거야.', '나는 적응을 잘하지 못해.' 등을 포함하고 있다. 테사의 특징적인 인지왜곡은 흑백 사고, 개인화, 과잉일반화, 긍정적 추론, 명명화 등이다. 테사는 9세밖에 되지 않았기 때문에 아직 인지도식이 완전히 형성되지 않았다. 그러나 '나는 이 거칠고 흠잡기 좋아하는 세상에서 약하고 상처받기 쉬운 사람이야.', '다른 사람과 다르다는 것은 나보다 더 똑똑하고 강한 사람들이 많은 세상에서 따돌림받게 만들어.', '나는 위험에 항상 대비하고 있어야 해. 그래야만 위험을 피할 수 있어.', '다른 사람들은 비판적이고 나는 그들보다 약하기 때문에 이런 곳에서 실수를 하면 큰일 나.'와 같은 핵심신념을 발전시킬 가능성이 있다.

행동의 선행사건 및 결과

가정에서 학교로 이동하는 상황, 특히 월요일 아침은 테사에게 증상을 일으키는 주요 촉발인자 혹은 선행사건이다. 또한 새로운 과제나 집단과제, 비판적 피드백, 휴식시간 같은 모호한 시간은 테사의 불안과 우울을 자극한다. 어른들(어머니, 이모, 교사)이 보이는 무반응은 테사에게 '그들은 나에게 관심이 없어.' 혹은 '그들은 나를 좋아하지 않아.' 같은 믿음을 촉발시킨다. 테사의 회피, 철회, 과제점검 행동 등은 이러한 자극상황에서 발생하며, 다시 불안감소에 의해 강화를 받는다. 점검행동은 좋은 성적과 어머니의 칭찬에 의해 정적 강화를 받는다. 그리고 테사의 확인 추구는 간헐적으로 정적 및 부적 강화를 받는다. 테사는 때로 권위적 대상으로부터 위안을 받기도 한다. 따라서 어른의 확인을 구하는 단순한 행동 자체가 불안을 감소시킨다. 테사의 조용한 행동은 교실에서 강화를 받는다. 테사의 신체화 증상 또한 기능적으로 유용하다. 이런 증상들은 어른들로부터 보살핌 받도록 해주며, 테사는 이에 대해 만족을 느낀다. 남을 기쁘게 하려는 테사의 열성 또한 다른 사람들의 인정에 의해 정적 강화를 받는다.

잠정적 공식화

테사는 일차적으로 불안과 우울 증상을 경험하고 있는 흑인 여자아이다. 테사의 인지는 부정적 평가와 자기비판에 대한 두려움을 특징으로 한다. 행동 면에서 테사는 이러한 위험에 대해 지나친 경계와 확인, 승인 구하기, 또래관계의 회피 등으로 반응한다. 테사의 심리적 증상은 대부분 신체증상으로 나타나고 있으며, 테사는 자신의 감정을 표현했을 때 다른 사람들로부터 받게 되는 부정적 평가를 두려워한다.

테사가 처해 있는 환경요인도 심리적 어려움의 시작과 유지, 악화에 영향을 미치고 있다. 테사와 어머니는 테사가 친구들과 인종이 다르다는 것을 의식하고 있다. 테사는 "백인 친구들보다 두 배 이상 열심히 하라."는 어머니의 격려를 내면화해온 것으로 보인다. 따라서 테사는 다른 사람들 앞에서 수행하고 경쟁하며 적응하는 것을 어렵게 느낀다. '모든 사람들이 내가 실수하기를 기다린다.'는 생각에는 남들이 자신을 관찰하고 있다는 느낌이 반영되어 있다. 이것은 테사의 사회적 불안을 촉진한다. 주위의 모든 사람들이 조심스럽게 대하는 것 같은 압력을 느끼는 아이가 재확인하려고 하는 것은 당연한 일이다. 테사에게는 재확인이야말로 자신이 잘하고 있는지를 확인할 수 있는 유일한 방법이기 때문이다.

테사는 비판적이고 위협적인 세상에서 자신을 약하다고 보기 때문에 상처받지 않기 위해 자신을 철수시키고 극도로 조심스럽게 행동한다. 테사의 조심스러운 행동은 동네에서 전혀 문제가 되지 않는다. 그러나 이 행동은 괜찮을 때도 있지만 친구들의 놀림거리가 되기도 한다. 어머니는 테사를 과잉보호하는 경향이 있는데, 어머니의 과잉보호와 친구들의 놀림은 테사의 부정적 자기지각을 더욱 강화시킨다.

예상되는 치료계획

1. 테사의 신체화 호소 수준이 높기 때문에 먼저 이완훈련부터 시작해야 한다(제8장, 제12장 기법 참조).
2. 정적 강화의 수준을 높이기 위해 즐거운 활동 계획하기를 시도할 필요가 있다(제1장 참조).
3. 부정적 평가에 대한 테사의 두려움을 감소시키기 위해 인지적 개입과 자기지시 접근을 먼저 시작한 후에 점차 합리적 분석을 늘려가는 방식으로 진행한다(제8장, 제11장 참조).
4. 친구들과 인종이 다른 것에 대한 테사의 귀인에 관심을 기울여야 한다. 테사가 자신에게 상처를 주는 귀인을 한다면 재귀인 같은 인지적 기법이 적용되어야 한다(제11장 참조).
5. 치료과정 전체를 통해 테사에게 문제해결 전략을 가르쳐야 한다(제11장 참조).
6. 자신을 약하다고 보는 테사의 관점을 변화시키기 위해 인지기법을 적용해야 한다(제8장 참조).
7. 테사의 어머니를 아동중심 부모훈련에 참여시키고, 테사의 치료과제 완수를 돕기 위

한 행동수정 프로그램을 실시한다. 또한 테사의 어머니가 과잉보호를 줄이고 테사의 요구에 일관성 있게 반응하도록 도와주어야 한다(제15장 참조). 테사의 어머니와 이모 사이의 일관성과 의사소통을 증진하는 데도 관심을 기울일 필요가 있다.

8. 테사의 사회기술 수준이 낮을 경우, 친구들의 놀림에 대처하도록 돕기 위한 사회기술 훈련을 시행한다(제8장, 제11장 참조).

9. 테사가 필요한 기술을 충분히 습득하고 연습하고 적용한 후에는, 테사의 부정확한 예측을 검증하기 위한 행동실험을 실시한다.

10. 교사와 학교 직원들과 지속적인 협력을 유지한다.

예상되는 방해요인

테사는 열성적이며 동기화된 어린 내담자이다. 따라서 불복종은 문제가 되지 않을 것으로 보인다. 그러나 테사는 '지나치게 노력하는' 경향을 갖고 있다. 따라서 치료자는 테사가 숙제를 완수하기 위해 완벽주의적으로 노력하는지에 관심과 주의를 기울여야 한다. 또한 테사는 남을 기쁘게 하려고 노력하며 부정적 평가를 두려워한다. 따라서 자신의 증상을 줄여서 말하거나 심리치료에 대한 불만을 나타내지 않으려고 애쓰는지도 관찰해야 한다. 마지막으로 테사는 우수한 읽기 및 쓰기 기술을 갖고 있기 때문에 처음에는 정서적 반응보다 인지적 반응을 보일 가능성이 있음에 주의를 기울여야 한다.

인종 차이에 대한 테사의 귀인을 다루는 것은 중요하지만 이 문제에 대한 생각과 감정들을 테사가 자유롭게 탐색하도록 돕는 것은 어려울 수 있다. 치료의 내용과 과정에 관한 쟁점(예 : 이러한 생각과 감정들에 대해 이야기하는 것이 어떠한가? 이러한 생각과 감정에 대해 이야기할 때 어떤 위험이 있는가?)에 초점을 맞추는 것이 중요하다.

부모상담 또한 치료자에게는 도전일 것이다. 어머니의 우울 수준을 잘 관찰하여 우울 수준이 높을 경우에는 어머니에게 개인 심리치료를 권유할 필요가 있다. 이때 치료비에 대해 신경을 써야 한다. 아동에게 초점을 둔 부모상담이긴 하지만 어머니의 우울 상태를 고려할 필요가 있다. 예컨대 어머니가 우울할 때는 즐거운 활동계획을 시행하기 어렵다. 어머니의 우울 문제 때문에 우울에 대한 테사의 취약성이 지나친 관심을 받게 될 수도 있기 때문이다. 마지막으로, 어머니가 우울 때문에 테사에게 반응하고 동생과의 의사소통을 증진하는 데 심리적 에너지를 쓰지 못할 수도 있다.

학교에 자문을 제공할 때도 장애에 부딪힐 수 있으므로 테사의 교사와 협력관계를 수립하는 것은 좋은 생각이다. 테사의 재확인 행동과 회피행동을 감소시키기 위한 방법들을 교사에게 가르쳐줄 수 있다. 테사의 불안에 대한 교사의 민감성을 증가시키는 것 역시 적절한 전략이다.

사례개념화 예 : 타티아나

호소문제

타티아나는 9세의 유럽계 미국인 소녀로 어머니와 2명의 동생과 함께 살고 있다. 학교에서 타티아나는 모범생이다. 우등생 명단에도 올라 있어 영재학생을 위한 수업을 몇 개 듣고 있다. 그녀는 학생회 회장을 맡고 있으며 축구와 체조, 체스클럽, 합창단, 오케스트라에도 참여하고 있다. 그러나 집에서의 행동은 완전히 다르다. 어머니는 "집에서는 타티아나에게 아무것도 시킬 수가 없어요. 시키려 하면 폭발하며 제게 버럭 화를 내요."라고 말한다. 그리고 타티아나가 극단적으로 말을 듣지 않고 반항적 행동을 한다고 말한다. 타티아나는 어머니한테 화가 날 때면 어머니를 주먹으로 때리고 발로 차거나 침을 뱉는다. 그녀는 어머니를 향해 깨지기 쉬운 물건(예 : 접시, 유리잔)을 던지기도 한다. 어머니에게 심한 욕설을 할 때도 있다(예 : '멍청하고 추잡한 여자", '비참한 창녀'). 타티아나의 공격성은 어머니에 머물지 않으며, 둘째 여동생을 향해서도 언어적 · 신체적 공격행동을 보인다(예 : 동생의 장난감 부수기, 동생을 멍청하고 정신지체라고 말함).

검사결과

타티아나는 자기보고 검사인 SCARED에서 원점수 41점을 받아 높은 불안 수준을 보였다. 구체적으로는 범불안 요인과 분리불안 요인에서 역치보다 높은 점수를 보였다. 타티아나는 CDI에서도 원점수 12점을 받아 우울 증상을 나타냈다. 특히 부정적 정서 요인이 상승되어 있었다. 자살 생각은 확인되지 않았다. 최근 실시된 WISC-IV에서 타티아나의 IQ는 145로 나타났다.

타티아나의 어머니도 SCARED의 부모용 버전을 작성했으나, 검사 결과는 임상 수준보다 낮은 것으로 나타났다. 그러나 SNAP-IV 검사의 적대적 반항장애 척도에서 어머니는 타티아나를 임상수준보다 높은 것으로 평가했다.

문화배경 변인

타티아나 어머니의 수입은 딱 중산층에 해당하는 정도였다. 그녀는 15세에 부모와 함께 크로아티아에서 미국으로 이주하였다. 그녀는 몇 가지 언어가 가능하며 현재는 법무사로 일하고 있다. 부유한 사업가인 타티아나의 외조부모는 딸의 가정을 정서적 · 재정적으로 지원해주고 있다.

과거력과 발달적 주요사건

어머니는 타티아나가 모든 발달과업을 정상적으로 달성했다고 보고했다. 어머니는 타티아나를 '항상 잘 흥분하며', '자신의 이익에 대해 매우 투지가 있는' 아이로 묘사했다. 가족력은 대단했다. 타티아나의 어머니와 아버지는 타티아나가 6세 때 이혼했다. 아버지는 현재 다른 주에 살고 있으며 코카인 남용으로 인해 양극성 장애를 겪고 있다. 별거와 이혼 이전에도 부부관계는 극심한 갈등과 가정 내 폭력으로 손상되었었다. 타티아나는 아버지가 어머니를 때리거나 신체적으로 위협하는 장면을 몇 차례 목격했다. 면접에서 타티아나와 어머니는 둘 다 타티아나가 어머니를 보호하기 위해 부모 사이에 끼어들곤 했있다고 말했다(예 : "그 얼간이가 방해하지 않도록 밀쳐내려고 했지만 할 수 없었어요."). 어머니는 타티아나가 구조하려 하면 비키라고 말하면서 침대 밑에 숨으라고 경고하곤 했다. 타티아나는 어머니의 이러한 행동을 권위적이며 자신을 무시하는 것으로 해석했다(예 : "엄마는 자신이 상황을 해결할 수 있는 유일한 사람이라고 생각해요. 너무도 어리석어요. 그 얼간이와 결혼한 사람은 바로 엄마예요. 엄마는 모든 걸 자신이 통제해야 해야 한다고 생각하지만 나도 문제를 해결할 수 있어요. 나는 아기가 아니라고요.")

어머니는 타티아나가 동생들에게도 '좋은 언니'가 아니라고 말했다. 어머니는 "타티아나는 동생들을 싫어하고 관심을 끌기 위해 그들과 경쟁한다."고 하였다. 타티아나는 동생들을 '성가신' 존재로 보며, "엄마는 개네들이 천사라고 생각하지만 그 아이들은 천사가 아니에요. 동생들은 나를 존중하지 않고 뭐든지 멋대로 해요."라고 주장했다. 타티아나는 여러 가지 인형과 우표, 동전을 수집한다. 그녀는 낡은 리본과 포장지도 버리지 않고 간직하며, 유치원 시절의 시험지와 작품들도 아직 보관하고 있다. 그리고 타티아나는 책과 CD를 알파벳순으로 정리한다. 타티아나는 막내 여동생이 자신의 물건에 '손을 대기만' 해도 분노한다. 마찬가지로, 자신이 정리한 것을 동생이 헝클어뜨리면 화를 내곤 한다.

타티아나는 우수한 학생으로, 항상 전과목에서 최고 점수를 받으며 영재반 수업을 듣고 있다. 그녀는 여러 가지 악기를 연주하며 친구들 사이에서도 인기가 많다. 그리고 축구팀에서 선수로 뛰고 있으며 뛰어난 체조선수이다.

타티아나에게 심리치료 경험은 이번이 처음이다. 어머니는 '폭발 행동' 문제로 타티아나를 소아과 의사에게 데려갔었는데, 의사는 먼저 6개월긴 CBT를 시도해보고 나서 약물치료를 고려해볼 것을 권유하였다.

인지변인

타티아나는 '내가 통제해야 한다.', '내가 제일 잘하는 것은 다른 사람을 통제하는 것이다.',

'절대적 완벽주의는 통제 상태를 유지하는 나만의 방식이다.', '나는 항상 최고여야 한다.', '나는 모든 사람들로부터 항상 긍정적인 관심을 받아야 한다.', '정서는 위험한 것이다.', '감정을 갖고 있다는 것은 통제할 수 없음을 의미한다.', '다른 사람들은 예측할 수 없다.', '다른 사람들은 부당하게 처벌한다.', '다른 사람들이 나를 공격할 계획을 세우기 전에 내가 먼저 다른 사람들에 맞서 행동해야 한다.', '나는 절대 희생자가 되어서는 안 된다.', '희생자는 약하며 멍청하다.', '세상은 무서운 곳이다.', '나는 혼란이 싫다.', '세상은 내 규칙에 따라 움직여야 한다.'와 같은 자동적 사고를 드러냈다.

행동의 선행사건 및 결과

타티아나의 행동 촉발요인에는 경쟁적 상황, 비판, 지각된 혹은 실제의 강압 등이 포함되어 있었다. 그녀의 공격행동은 압력에 대한 불편한 내적 경험을 덜어주는 역할을 했다. 타티아나의 정서적 회피는 불편한 정서 상태로부터 그녀를 보호해주었기 때문에 꽤 만족스러웠다. 자신의 불순종, 공격성 또는 과잉통제 행동이 부정적인 결과를 가져올 때 타티아나는 다른 사람들이 자신을 처벌한다는 생각을 확신하였다.

잠정적 공식화

타티아나의 정서 상태는 불안을 특징으로 한다. 그녀는 자신의 감정에 전부 아니면 전무의 방식으로 반응하며 투쟁과 도주 반응 사이에서 왔다 갔다 한다. 타티아나에게 있어서 정서는 통제 상실을 의미하는 신호이기 때문에 매우 두려운 경험이다. 그녀는 '사람들이 속이고 공격하고 강압하는 세상, 적대적이며 혼란스럽고 위험한 세상에서 모든 사람과 사물을 완벽하게 그리고 절대적으로 통제해야 한다.'는 핵심신념을 갖고 있었다.

타티아나는 조금도 방심하지 않고 모든 위험 신호를 주시한다. 그녀의 공격성이 문제 수준이긴 하지만 불안에 비해서는 이차적인 문제일 가능성이 크다. 그녀는 공격성을 역제어(counter control) 전략으로서 도구적으로 이용하고 있다. 실제의 또는 지각된 피해자 상태에 놓여 있는 것은 매우 혐오스럽기 때문에, 타티아나는 그 상태로부터 벗어나기 위해 자신의 방식으로 투쟁하는 것이다. 규칙과 판에 박힌 일상은 예측할 수 없는 세상에 질서를 가져오는 방식인 것이다.

예상되는 치료계획

1. 타티아나의 취약한 통제감을 손상시키지 않기 위해서는 협력과 치료적 동맹이 반드시 확보되어야 한다. 타티아나는 다른 사람들이 자신을 속이려 하고 강압한다고 보는 경향이 있기 때문에 치료자는 치료과정을 투명하게 유지해야 한다.

2. 타티아나는 강한 정서적 회피 경향성을 갖고 있으므로 사소한 정서적 폭발일지라도 그 것을 파악하고 감내하도록 돕기 위해 정서교육을 점진적으로 실시한다(제6장의 기법 참조).

3. 타티아나의 '투쟁' 반응에 대해서는 좌절 감내와 분노관리 기법을 증가시키기 위해 행 동개입을 적용한다.

4. 통제에 대한 타티아나의 절대적 요구를 다루고 진정한 통제감을 촉진하기 위해 인지개 입을 실시한다(제8장 참조).

5. 치료시간의 구조를 충실하게 적용함으로써 타티아나가 세상을 좀 더 예측 가능한 곳으 로 믿도록 돕는다.

6. 타티아나의 어머니와 동생들을 치료에 체계적으로 참여시킴으로써 치료자는 어머니 에게 보다 건설적인 자녀관리 기법을 가르칠 수 있다. 타티아나에게는 동생들이 자극 할 때 치료에서 배운 대처기술을 연습할 수 있는 기회를 제공할 수 있다(제15장 참조).

7. 이와 같은 기술을 습득하고 적용한 후에는 가정 내 폭력을 목격한 경험과 관련된 심리 적 후유증(과잉경계, 피해자 역할에 대한 반응)을 다루어야 한다.

8. 치료의 후반부에는 어머니와 타티아나가 함께하는 치료시간을 갖는 것이 좋을 것이다 (제15장 참조).

예상되는 방해요인

1. 타티아나의 지나친 통제감으로 인해 상당한 수준의 행동적 · 정서적 회피가 예상된다.

2. 다른 사람들이 거짓되고 강압적이라고 보는 타티아나의 관점은 치료 자체와 치료자에 대한 지각에 영향을 미칠 것이다. 치료자는 협력과 투명성을 유지하기 위해 주의를 기 울여야 한다. 그리고 치료적 작업에 대한 타티아나의 지각을 예민하게 다루어야 한다.

3. 가족상담을 실시할 때 어머니에게 자녀관리 전략을 가르치는 것과 타티아나의 지나친 통제감을 감소시키기 위한 노력 간의 균형이 필요하다. 핵심은 타티아나와 어머니의 자기효능감을 높이는 데 있다.

사례개념화 예 : 빅터

호소문제

빅터는 13세의 라틴계 소년으로 학교에서의 불안 및 가정에서의 불순종 문제로 의뢰되었 다. 빅터는 대부분의 학생들이 유럽계 미국인인 사립 가톨릭학교의 8학년 학생이다. 그는 학업도 양호하고(평점=89) 운동도 잘하는 편이었지만(미식축구, 라크로스), 학교생활에 대해 높은 불안을 겪고 있었다. 그는 수업 중에 발표하고 참여하는 것에 대해 걱정하였고 아침마다 학교에 가기 전에 복통을 호소하며 등교준비를 꾸물거리곤 했다. 빅터는 학교에 있을 때 손에 땀이 나고 입이 마르다고 호소하였고 식욕이 없다며 학교에서 주는 점심을 잘 먹지도 않았다. 빅터는 학교에서 느끼는 불안과 관련된 몇 가지 자동적 사고에 대해 이야기하였다.

검사결과

빅터는 CDI 검사에서 낮은 점수를 받았다. 그러나 SCARED 검사에서는 매우 높은 점수(원점수=45)를 받았는데, 특히 범불안장애, 사회불안, 분리불안, 학교불안 요인에서 임상적으로 높은 점수를 보였다.

문화배경 변인

빅터의 가족은 푸에르토리코에서 이주해온 2세대 이민자들이다. 교회는 그들의 삶에서 매우 중요한 부분이다. 빅터는 교회의 청소년 반과 푸에르토리코계 미국인 집단의 지역사회 모임에 적극적으로 참여하고 있다. 그의 가족은 유럽계 미국인들이 가장 많고 아시아계와 아프리카계, 라틴계 미국인들이 보통 수준으로 포함된 지역에 거주하고 있다.

과거력과 발달적 주요사건

빅터는 어머니가 두 번의 유산을 겪은 후에 태어났다. 그는 신생아기에 약간의 배앓이를 했을 뿐 태내기와 신생아기를 큰 문제 없이 보냈다.

빅터의 가족력에서는 어머니가 GAD(general anxiety disorder) 진단을 받았던 사실이 두드러진다. 그녀는 자신이 끊임없이 걱정하는 사람이며 '과보호적인' 부모라고 밝혔다. 빅터에게는 6살짜리 여동생이 있는데 동생과는 좋은 관계를 갖고 있다. 빅터의 아버지는 대기업에서 중간관리자로 일하고 있다. 그는 자신이 가정과 직장에서 '문제해결사' 역할을 한다고 생각한다. 그는 "나는 일을 효율적으로, 그리고 잘 처리하는 것을 좋아해요. 집에서는 그럴 수 없는 때가 있어요. 빅터가 자기 맘대로 하려 하기 때문이죠. 빅터 엄마는 걔가 하고 싶은 대로 하게 놔둬요."

빅터는 학교에서 항상 모범적인 학생이었다. 그러나 매년 학년 초가 되면 어머니와 떨어지는 것을 힘들어 한다. 교사들과 교우들은 빅터를 좋아한다. 빅터와 어머니는 지난 몇 년동안 학교에서 그리고 학교 버스에서 인종과 관련된 놀림이 지속적으로 있다가 없어지곤 했다고 말했다. 빅터의 어머니는 이것을 학교에 알렸다. 학교에서는 다양한 노력을 기울였고 중

간 정도의 성공을 거두었다고 한다. 아버지는 빅터에게 '사람들의 무지'에 '남자답게' 대처
하라고 말한다. 때로는 빅터에게 신체적으로 대항할 것을 권유한다("엉덩이를 걷어차면 걔
들의 입을 막을 수 있을 거야."). 그러나 빅터는 싸우고 싶지 않다('나는 생각하는 사람이지
싸움꾼이 아니야.', '나는 다른 사람을 상처받게 하고 싶지 않아.'). 빅터는 아버지가 이런 말
을 할 때면 수치감을 느낀다고 말한다.

가정에서 빅터가 보이는 불순종과 갈등은 주로 아버지를 향한 것이다. 그는 "나는 절대로
아버지가 원하는 만큼 일을 빨리 할 수도 없고 잘할 수도 없어요."라고 말한다. 빅터는 아버
지를 '혹평가이며 야비한 사람'이라고 표현한다. 어머니도 빅터의 아버지는 요구가 많고 때
론 언어적으로 거칠다는 점에서 빅터의 생각에 동의한다(예 : "빅터 아빠는 빅터가 쉽게 상
처받는다는 것을 인식하지 못해요. 빅터는 나를 닮았어요. 걔는 예민한 아이예요."). 빅터
의 아버지는 자신이 빅터를 비하하며 때론 비판적이라는 점을 인정하면서도 "마마보이가
살기에는 세상이 냉혹하다는 점을 빅터가 배워야 해요. 걔는 더 뻔뻔해져야 해요."라고 덧
붙였다.

인지변인

빅터는 '위험에 대비해 항상 주위를 살펴보아야 해.', '나는 불청객이야.', '아무도 나를 좋아
하지 않아.', '다른 애들은 나를 이상하다고 생각해.', '내가 있을 자리가 없어.', '나는 다른
애들과 너무도 다르므로 내게 문제가 있음에 틀림이 없어.', '집이 가장 안전한 장소야.', '아
무도 나를 보호할 수 없어.', '선생님들은 나에게 관심이 없어.', '내 의견을 솔직히 말하면
곤경에 빠질 거야.'와 같은 자동적 사고를 갖고 있다.

행동의 선행사건 및 결과

학기의 첫날은 빅터에게 불안한 감정과 생각을 촉발시킨다. 그리고 학교나 놀림, 학교 버스
에 대해 단지 얘기하는 것만으로도 빅터에게 걱정과 짜증을 일으킨다. 집에서 어머니는 빅
터의 불안에 대해 차분하고 과보호적 입장을 취하나, 아버지는 그의 불안을 용납하지 않는
다. 학교에서 빅터가 불안을 나타내면 그를 놀리는 친구들이 그를 더욱 강하게 공격한다.

아버지의 명령과 비판은 빅터의 짜증과 불순종을 자극한다. 빅터가 아버지의 말에 순종
하지 않거나 무례하게 굴 때면 아버지는 더 강하게 비판하고 요구한다. 물론 악순환이 계속
된다.

잠정적 공식화

빅터는 심각한 불안과 자기불신에 직면해 있다. 그는 '나는 다른 애들과 다르고 거부당하고

불청객이기 때문에 표적이 되고 있어. 나를 괴롭히고 위협적이며 적대적인 이 세상에 나는 맞지 않아. 다른 사람들은 내가 약하고 나 자신을 보호할 수 없다고 생각해.'와 같은 몹시 부정적인 생각들을 갖고 있다. 또한 빅터는 다르다는 것과 정상이 아니라는 것을 동일시하고 있다. 학교에서 놀림의 표적이 되고 있고 놀림에 대한 빅터의 반응을 아버지가 낮게 평가하기 때문에 빅터에게 학교는 위협으로 여겨진다. 비판은 아버지를 혐오자극으로 만들며 동시에 낙오자이며 불청객이라는 빅터의 생각을 강화시키고 있다.

예상되는 치료계획

1. 가장 중심적인 치료 선택은 인지행동적 가족치료인 것으로 보인다. 치료의 초점은 아버지가 빅터의 경험을 이해하고 자신이 빅터의 증상 악화에 있어서 중요한 역할을 한다는 것을 인식하도록 돕는 데 맞추어져야 한다. 빅터가 스스로를 약하고 불청객이며 있을 자리가 없다고 보는 생각을 수정하는 데 관심을 기울여야 한다(제15장 참조).
2. 빅터의 어머니가 보이는 과보호적 행동을 감소시키는 데도 관심을 기울여야 한다. 과잉통제 행동은 빅터의 취약한 자기효능감을 악화시키기 쉽다. 아버지의 행동이 덜 거칠고 덜 비판적이게 된다면 어머니의 행동도 좀 더 유연해질 수 있을 것이다(제15장 참조).
3. 학교 자문을 통해 먼저 빅터를 놀리는 가해학생들을 파악하고 학교에서 괴롭힘을 허용되지 않는 무관용 규칙을 시행할 수 있을 것이다.
4. 빅터를 위한 개인상담은 괴롭힘의 해로운 영향으로부터 그를 보호해줄 수 있는 사회기술, 불안과 우울을 관리할 수 있는 전통적 CBT 개입을 포함해야 할 것이다(제8장, 제11장, 제12장 참조).

예상되는 방해요인

1. 빅터는 다른 사람의 기대에 미칠 수 있을지에 대해 의심을 갖고 있을 뿐만 아니라, 자신이 다른 아이들과 근본적으로 다르다는 신념을 갖고 있다. 성공을 통한 자기효능감 증진을 경험하도록 돕기 위해서는 치료적 과제를 단계적으로 제시할 필요가 있다.
2. 빅터의 부모가 갖고 있는 신념들을 파악하여 가족체계 맥락에서 수정할 필요가 있다.
3. 치료자는 빅터를 위한 사회기술 훈련을 정서적으로 의미 있게 만드는 데 주의를 기울여야 할 것이다. 사회기술 증진을 위해서는 집단 CBT를 고려하는 것이 좋을 것이다.
4. 학교자문을 할 때 빅터를 위한 옹호자 역할을 분명하게 취해야 하며, 학교 교직원들이 괴롭힘을 근절하도록 지원해주어야 한다.

사례개념화 예 : 잭슨

호소문제

잭슨은 14세의 유럽계 미국인 소년으로, 아스퍼거 증후군과 ADHD 진단을 받고 치료에 의뢰되었다. 그는 항우울 및 불안제인 콘서타와 ADHD 치료제인 설트랄린 처방을 받았다. 잭슨은 학교에서 종종 또래들로부터 놀림을 받곤 한다. 그는 사회기술 부족, 독특하고 틀에 박힌 행동과 규칙, 그리고 기이한 행동을 보이고 있다. 잭슨은 외롭다고 느끼며 더 많은 친구를 사귀기를 원한다. 잭슨은 잘 발달된 운동기술을 갖고 있으나, 부정적 평가에 대한 두려운 때문에 팀에 들어가기를 꺼려한다. 그는 다양한 감각민감성을 갖고 있으며 이러한 감각민감성이 높아지면 불안도 증가한다.

검사결과

잭슨은 CDI와 SCARED 검사에서 매우 낮은 점수를 받았다. 잭슨의 부모도 별도의 SCARED 검사를 작성했다. 어머니의 보고에서 잭슨의 사회불안 척도 점수는 28점으로 임상적으로 높은 역치를 나타냈다. 아버지의 보고에서 잭슨의 사회불안과 범불안장애 요인 점수는 32점으로 임상적으로 유의미한 수준을 보였다. 잭슨의 부모는 또한 길리엄 아스퍼거장애 척도(Campbell, 2005; Gilliam, 2001)를 완성하였다. 잭슨은 아스퍼거장애 지표에서 전반적으로 높은 점수를 보였으며, 특히 사회적 상호작용과 인지적 패턴 척도에서 높은 점수를 나타냈다.

문화배경 변인

잭슨은 중산층의 유럽계 미국인 가정에서 살고 있다. 잭슨의 가족은 '소위 크리스마스와 부활절에만 교회에 가는 가톨릭신자'로, 그리 종교적인 편은 아니다. 잭슨의 아버지는 대학에서 과학을 전공하였으며, 학교 행정가가 되기 위해 현재 석사학위 과정을 밟고 있다. 잭슨의 어머니는 지역의 전문대학을 졸업하였으며, 공부를 계속하지 않은 것을 후회하고 있다. 잭슨의 부모는 둘 다 교육을 중요하게 생각하고 있다.

과거력과 발달적 주요사건

잭슨의 발달적 주요사건은 정상범위에 있었다. 잭슨의 언어발달은 약간 독특하고 변덕스러운 단어 사용을 제외하고는 특별한 점이 없었다.

잭슨은 어머니와 아버지, 그리고 여동생과 함께 살고 있다. 아버지는 고등학교 물리교사이며, 어머니는 변호사 사무실에서 비서로 일하고 있다. 잭슨의 아버지는 정기적으로 술을 마시며 우울증과 싸우고 있다. 잭슨의 어머니는 그가 "내성적이며 사람들과 어울리기를 싫어한다."고 보고 있다. 잭슨은 어머니를 매우 온정적이며 도움을 주는 사람으로 보는 반면, 아버지에 대해서는 무관심하며 '자신만의 세계에 갇혀 있는 사람'이라고 생각한다. 잭슨은 여동생과 '좋은' 관계이지만, 동생의 명랑하고 태평스러운 태도가 "신경을 건드린다."고 말한다. 그는 동생이 인형놀이를 하면서 노래를 부르고 여러 가지 소리를 내는 것이 "짜증스럽다."고 하였다.

잭슨의 아버지는 이러한 모습이 잭슨의 '거만함' 때문이라고 생각한다. 잭슨의 어머니는 좀 더 수용적이며, 잭슨은 학교나 또래문제에 관해 어머니에게 털어놓는 편이다.

잭슨은 교외에 위치한 큰 학교의 8학년에 재학하고 있다. 학업적으로는 우수한 편이지만, 그의 행동은 종종 수업을 방해한다. 그리고 부족한 사회기술로 인해 그에게 학교환경은 늘 불안을 일으키는 곳이다. 학교에서 잭슨은 행동문제로 자주 지적받으며, 친구들로부터 놀림을 받곤 한다. 친구들과 어울리고 싶은 생각은 간절하나, 이러한 간절함이 기이한 과시적 행동을 하게 만든다. 예를 들어 잭슨은 교실을 이동할 때 계단 난간 위에 올라가 균형을 잡으며 올라간다(대단한 재간이다!). 또한 그는 교사들의 실수를 재빨리 지적한다. 잭슨은 이에 대해 "모든 사람들이 나를 아는 체 하는 사람이라고 말해요. 하지만 나는 항상 옳기 때문에 이것이 문제가 된다고 생각하지 않아요. 나는 선생님이 역할을 잘 해내길 원해요."라고 설명했다. 마지막으로, 잭슨은 또래들의 잘못된 행동이나 실패를 지적하며 자칭 학급의 감시자처럼 행동한다.

잭슨은 보통 자전거를 타고 동네를 돌거나, 뒷마당에서 축구공을 차거나, 피칭연습 기계를 가지고 놀거나, TV를 보거나, 비디오게임과 같은 활동을 하면서 혼자 시간을 보낸다. 그는 열렬한 독서광으로, 특히 프로야구팀의 역사나 천문학 분야의 책을 좋아한다. 그는 집단 활동을 회피하며 이웃의 또래들과도 어울리기를 꺼려한다.

인지변인

잭슨은 '규칙은 따르라고 있는 것이다.', '내 방식이 항상 옳다.', '사람들은 항상 최선을 다해야 한다.', '감정은 이상한 것이다.', '나에게 나쁜 기분을 허용해서는 안 된다.', '나는 불편한 기분을 참을 수 없다.', '내가 책임자이다.', '변화는 나쁜 것이다.', '다른 애들은 결코 나를 좋아하지 않을 것이다.', '나는 어울릴 수 없다.'와 같은 다양한 신념들을 갖고 있다.

행동의 선행사건 및 결과

다른 사람들이 잘못된 정보를 제공한다고 생각할 때 잭슨은 그들을 바로잡아주고 싶은 충동을 경험한다. 이런 충동은 혐오적인 상태이며 교정행동을 통해 감소된다. 따라서 그의 '교정행동'은 부적으로 강화를 받는다. 사회적 상호작용은 불안정하며 불안을 유발시킨다. 회피는 불쾌한 정서 상태를 완화시켜주므로, 이 역시 부적 강화에 의해 조건형성 된다. 단독적이며 자신에게만 몰두하는 좁은 관심으로의 후퇴는 잭슨에게 통제감과 쾌감을 제공한다.

잠정적 공식화

잭슨은 사회적 상호작용의 어려움과 함께 심각한 불안을 겪고 있는 소년이다. 자기중심성과 융통성 없는 개인적 명령들에 대한 집착은 그의 또래관계를 훼손시키고 있다. 그는 '나는 옳아야 하고 나를 결코 수용하거나 인정하지 않는 낯설고 혼란스러운 세상에서 인정받고 성공하기 위해서는 내가 통제권을 가져야 해.'와 같은 핵심 원칙들의 지배를 받고 있다.

예상되는 치료계획

1. 잭슨의 대인관계 문제를 다루기 위해서는 사회기술 훈련부터 시작해야 한다(제8장, 제14장 참조).
2. 인지재구성은 잭슨이 지나치게 중시하는 통제감과 완벽주의를 겨냥해야 한다(제8장, 제12장, 제14장 참조).
3. 잭슨은 다양한 좌절과 고통을 감내하는 기술을 습득해야 한다(제8장, 제11장, 제12장, 제13장, 제14장 참조).

예상되는 방해요인

1. 잭슨에게는 자기모니터링이 어려울 수 있다. 숙제를 완수하도록 하기 위해서는 다양한 단서와 부모의 도움이 필요할 것이다.
2. 잭슨은 매우 구체적으로 생각하기 때문에 추상적인 과제를 단순화시킬 필요가 있을 것이다.
3. 잭슨의 구체성 때문에 모든 개입은 경험적이고, 지금-그리고-여기기 강조되이야 하며, 건설적인 행동전략을 발달시키는 데 초점이 맞추어져야 할 것이다.

맺음말

사례개념화는 다음 장부터 설명하게 될 과정과 절차들을 함께 모아놓은 것이다. 모든 사례는 독특하기 때문에, 이러한 독특성을 고려하여 임상기법을 적용해야 한다. 사례개념화에 주의를 기울일 때 치료자는 한 가지 방법으로 모든 사람을 치료하려는 사고방식에서 벗어날 수 있다. 사례를 다루다가 막힐 때는 이 장으로 돌아와 치료에 대해 다시 개념화하고 설계하며 치료에 대한 생각을 새롭게 하는 것이 좋을 것이다.

03

협력적 경험주의와
안내된 발견

인지행동 기법은 협력적 경험주의(collaborative empiricism)와 안내된 발견(guided discovery)을 통해 개별 아동에게 맞추어진다. 협력적 경험주의와 안내된 발견은 아동이 갖고 있는 역동적 요구에 인지치료를 맞출 수 있게 해준다. 이 장에서는 먼저 협력적 경험주의와 안내된 발견의 개념을 정의한 후, 협력적 경험주의와 안내된 발견에 영향을 미치는 다양한 쟁점들(예 : 연령, 동기, 인종, 치료의 단계)에 대해 논의할 것이다.

협력의 정의

인지치료자는 치료적 관계를 경시한다고 비판하는 사람들이 있다(Gluhoski, 1995; Wright & Davis, 1994). 그러나 이러한 주장은 근거가 약하며 인지치료의 실제 모습과 다르다. 실제로 대표적인 인지치료 지침서들에서는 치료자가 공감과 배려, 따뜻함, 그리고 진솔함을 가지고 내담자와 의사소통해야 한다고 분명하게 진술되어 있다(A. T. Beck et al., 1979). 그리고 '치료적 관계를 가볍게 취급하는 것'(p. 27)은 치료자가 빠지지 않도록 조심해야 할 함정이라고 기술하고 있다. 보다 최근에 Leahy(2008)는 CBT에서 치료적 관계의 역할을 강조했다. 협력적 경험주의와 안내된 발견은 단순한 라포 형성을 넘어 생산적인 치료적 관계를 수립하는 데 도움을 준다.

A. T. Beck 등(1979)은 "인지치료를 적용하는 치료자는 항상 적극적이어야 하며 신중하게 내담자와 교류해야 한다"(p. 6)고 진술하고 있다. 인지치료에서는 치료적 관계라는 의미

속에 내담자와 치료자 간의 협력과 균형이 반영되어 있다고 본다. Creed와 Kendall(2005)은 협력에 대한 아동의 지각이 작업동맹을 향상시킨다고 강조했다. 치료자와 아동은 치료라는 여행을 함께 하는 파트너이다. 물론 협력이 평등함을 의미하는 것은 아니다. 인지치료자는 내담자에게 치료를 위해 함께 노력하는 동지라고 말해주며, 치료적 관계를 '팀워크'라는 용어로 표현한다. 어떤 아동과 청소년은 이런 접근에 대해 놀라는 모습을 보인다. '권위를 갖고 있는 어른이 나에게 치료를 구성할 수 있는 기회를 주다니!'. 아동과 청소년들은 이러한 자세를 환영하며 좋아한다. 아동과 청소년들은 협력적 접근이 그들에게 참여의 기회를 주는 한편 책임감을 갖게 한다는 것을 깨닫게 된다. 다음의 대화는 이러한 협력과정을 보여주고 있다.

> 치료자 : 우리가 만나서 함께 이야기할 것을 목록으로 적어보면 도움이 될 것 같은데, 어떻게 생각하니?
> 제이크 : 목록이 왜 필요하죠?
> 치료자 : 목록은 중요한 일을 잊어버리지 않고 잘 기억하도록 도와준단다.
> 제이크 : 목록이 꼭 필요한지 잘 모르겠어요.
> 치료자 : 그렇다면 이 점에 대해 먼저 이야기해보자. 목록을 만드는 것의 어떤 점이 맘에 걸리니?

이 예는 가장 사소한 치료적 과제조차 협력이 중요하다는 것을 보여주고 있다. 제이크는 목록 만들기를 꺼리고 있다. 만약 치료자가 제이크의 속마음을 확인하지 않는다면 아마도 치료기법을 밀고 나가게 될 것이며, 결국 제이크의 회피반응을 유발하게 될 것이다. 제이크의 꺼리는 마음을 초기에 그리고 분명히 다루어줌으로써, 치료자가 그를 존중하고 그의 마음을 이해한다는 것을 전달하고 제이크를 치료과정에 참여시킬 수 있게 된다.

경험주의의 정의

협력적 경험주의라는 용어에서 '경험주의'는 인지치료가 데이터에 근거한다는 것을 의미한다. 데이터는 내담자로부터 직접 얻어지며, 이는 인지치료가 현상학에 기초하고 있음을 잘 보여준다(Alford & Beck, 1997; Pretzer & Beck, 1996). "현재의 문제에 일반적인 원리를 어떻게 적용할 것인지를 결정하는 것은 내담자의 경험이다"(Padesky & Greenberger, 1995, p. 6). 아동의 믿음이나 신념은 검증되어야 할 가설로 간주된다. 경험을 통하지 않고 아동의 생각을 왜곡되었거나 부정확한 것으로 간주해서는 안 된다(Alford & Beck, 1997; A. T. Beck & Dozois, 2011). 아동의 생각이 얼마나 정확한지 그리고 어떤 기능을 하는지는 경험적 과정을 통해 평가되며, 이러한 경험적 과정에서 아동과 치료자는 여러 가지 실마리를 살펴보는 형사 역할을 한다(Kendall et al., 1992).

　Dattilio와 Padesky(1990)는 다음과 같이 기술하고 있다. "인지치료는 협력적 측면을 강조한다. 그 이유는 내담자가 변화의 필요성을 통찰해야 생각을 변화시키는 방법을 더욱 쉽게 학습할 수 있기 때문이다"(p. 5).

안내된 발견의 정의

안내된 발견은 아동과 청소년이 합리적 분석을 위한 데이터베이스를 구축하도록 돕는다. 안내된 발견이라는 요리법에는 공감, 소크라테스식 질문법, 행동실험, 숙제 같은 여러 가지 재료들이 포함되며, 요리법과 마찬가지로 치료의 경우에도 사례마다 재료가 달라진다. 즉 치료가 무엇을 '요리하기 위해' 계획되었는지에 따라 재료가 달라지는 것이다.

　안내된 발견은 내담자가 갖고 있는 믿음이 얼마나 확실한지 알아보기 위한 과정이다(A. T. Beck et al., 1979; Padesky, 1988). 치료자는 아동에게 자신의 생각에 대해 생각해보라고 압력을 주지 않는다. 대신 안내된 발견을 적용하여 아동 스스로 좀 더 적응적이고 기능적인 생각을 하도록 격려한다. 이 원리는 단순하고 간단해 보이지만 사실 그리 간단하지 않다. 저자들의 수련시절을 되돌아볼 때, 안내된 발견은 가장 배우기 어려운 것 중의 하나였다. 치료자는 아동이나 청소년에게 답변이나 새로운 해석을 제공해주고 싶은 충동을 느낀다. "네가 어떤 생각을 해야 할지 알려 줄게."라고 말하고 싶어질 때가 수없이 많다. 안내된 발견은 많은 인내심과 기교 있는 질문을 요구한다. 안내된 발견을 통해 아동과 청소년은 자기 스스로 새롭게 평가하고 해석할 수 있게 된다. 저자들의 경험에 의하면, 안내된 발견에 충실할 때 치료자는 아동의 내면세계 속으로 조심스럽게 들어갈 수 있다.

호기심의 자세

안내된 발견과 협력적 경험주의는 호기심의 분위기를 만들어준다(Padesky & Grennberger, 1995). 치료자는 아동의 생각에 흥미를 보이며 궁금해 하고 더 많은 것을 알고 싶어 한다(A. T. Beck et al., 1979). 호기심을 유지함으로써 치료자는 문제를 여러 각도에서 생각해보는 유연한 사고를 촉진하며 그러한 사고의 모델이 되어줄 수 있다. 아동의 경험이 갖고 있는 모든 측면을 살펴보기 위해 치료자는 문제를 뒤집어 보기도 하는데, 그렇게 함으로써 다른 관점을 가질 수 있게 된다. 저자들은 이것을 바로 인지치료의 가장 흥미로운 부분으로 생각한다. 바로 이것이 아동과의 작업을 신선하고 새롭게 유지해준다. 예를 들어보자. 심리치료 시간에 만든 것을 부모에게 보여주길 망설이는 한 아동이 있었다. 처음에 저자들은 아동이 자신의 생각과 감정에 대해 부끄러워하거나 부모의 반응을 염려하기 때문일 것이라고 생각했다. 그러나 부모님께 보여드리는 게 어떠냐고 물었을 때 아동은 다음과 같은 뜻밖의 반응을 보였다. "이 시간은 나만의 특별한 시간이에요. 그래서 나 혼자 간직하고 싶어요."

또 다른 예를 들어보자. 14세 된 흑인 학생이 있었다. 이 학생은 매우 우수하였으며, 흑인 학생이 대다수인 학교에 다니다가 최근 백인 학생이 많은 학교로 전학왔다. 전학 오기 전에는 아무런 문제가 없었으며 오히려 반장을 하거나 인기 있는 운동선수로 활약하는 등 활발하고 우수한 학생이었다. 그러나 전학 후 몇 달이 지나자 여러 가지 불안과 우울 증상을 보이기 시작했다. 이 학생이 갖고 있던 인지의 일부는 증상과 연관이 있었지만(예 : '나의 나쁜 성적이 우리 가족들을 실망시키고 있어. 앞으로 잘되는 일이 없을 거야.'), 당면 문제와 직접적으로 관련된 것은 아니었다. 이 학생은 백인 또래들이 인종 차이를 이유로 자신을 배척한다고, 흑인 친구들은 자기가 공부를 잘하기 때문에 거부한다고 지각하고 있었다. 협력적 경험주의와 안내된 발견을 통해 이 학생은 마침내 자신의 진짜 생각을 인정하게 되었다. 이러한 생각의 예는 다음과 같다. '나는 혼자야. 아무 데도 낄 수가 없어. 흑인 아이들은 내가 백인처럼 군다고 생각하고, 백인 아이들은 나와 어울리려고 하질 않아. 걔들은 나를 두려워하는 것 같아.' 협력적 경험주의와 안내된 발견을 통해 이 학생의 핵심적인 주관적 경험이 드러났으며, 이에 대해 훈습(worked-through)이 이루어졌다. 글상자 3.1은 핵심적 사항들을 요약하고 있다.

협력과 안내된 발견의 연속성

협력적 경험주의와 안내된 발견은 이것 아니면 저것의 개념이 아니다. 그림 3.1은 안내된 발견과 협력의 연속성을 보여주고 있다. 치료자는 치료를 진행해 나가면서 협력과 안내된 발견의 수준을 조절한다. 어떤 경우에는 내담자가 매우 협력적인 태도를 취하지만(예 : 예

글상자 3.1   협력적 경험주의와 안내된 발견

- 협력이란 함께 작업하는 파트너십과 팀워크를 의미한다.
- 경험주의란 CBT가 데이터에 근거한 가설검증 과정임을 의미한다.
- 경험주의는 치료를 신비롭게 보지 않도록 만드는 투명성을 촉진하며, 치료에 대한 사전 동의와 참여를 증진한다.
- 안내된 발견은 신념을 논박하기보다는 의문을 던질 것을 강조한다.

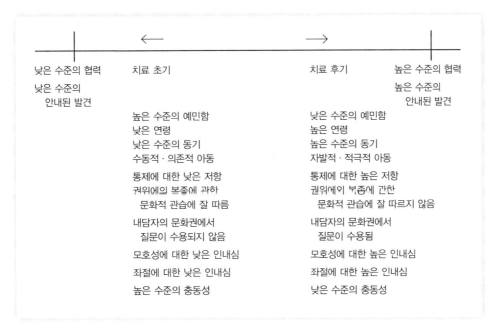

그림 3.1 ː 협력적 경험주의와 안내된 발견의 연속성

민하지 않고 높은 동기를 지닌 자발적 내담자), 낮은 수준의 협력적 태도(예 : 예민하고 낮은 동기를 지닌 수동적 내담자)를 보이는 때도 있다. 치료자가 좌절하게 되면 권위적인 협력관계를 유지하기보다 권위주의적인 역할에 빠지게 될 때가 있다. 이런 경우 치료적 관계는 점차 힘들어지며 서로 따지고 말싸움을 하게 된다. 그리고 치료자도 내담자를 옹호하는 입장에서 멀어지게 된다. 물론 무조건 내담자의 비위를 맞추거나 내담자를 편하게 해주는 것도 치료에 도움이 되지는 않는다. 이 두 입장은 치료자의 임상적 선택을 점차 좁힌다. 협력과 안내된 발견의 수준을 결정할 때는 다음의 사항들을 고려해야 한다.

치료단계

치료단계는 협력과 안내된 발견의 수준을 결정함에 있어서 중요한 고려사항이다. 치료 초기에는 치료자가 좀 더 적극적인 역할을 한다. 아동과 청소년은 치료의 규칙이나 역할, 책임에 대해 아직 잘 알지 못하고, 가족들도 치료자를 전문가로 보기 때문에 자연히 수동적 행동을 보이게 된다. 제5장에 기술되어 있는 치료에 대한 교육을 시키려면 치료자가 보다 적극적이고 직접적인 역할을 해야 한다. 그러나 치료 후기에는 아동과 가족들이 인지치료의 구조에 대해 잘 알고 있기 때문에 더 높은 수준의 협력이 촉진된다. 이때는 아동과 가족이 치료를 이끌어간다.

안내된 발견의 성격은 아동에 따라 다르다. 어떤 아동의 경우에는(예 : 연령이 높거나 심리학적으로 생각하는 성향을 지닌 아동, 자기지시 기술이 발달되어 있는 아동), 자발적 탐색과 합리적 분석으로 인해 안내된 발견이 쉽게 이루어진다. 14세의 우울한 소녀 에이미는 오리가 물 위를 헤엄치듯 능숙하게 합리적 분석을 해냈다. 그녀는 생각과 기분 사이의 관계를 쉽게 이해하였고, 자동적 사고도 쉽게 발견했으며, 새로운 생각도 빨리 구성할 수 있었다. 그러나 어떤 내담자들(예 : 연령이 낮거나 충동적인 내담자, 모호성에 대해 낮은 인내심을 가진 아동들)은 보다 많은 자기지시/자기통제 방법을 필요로 한다. 8세의 엘리스는 마치 트럭처럼 잠시 멈추고 생각하는 것을 매우 낯설어하는 아동이었다. 이 아동은 나이키 선전문구인 "그냥 해보는 거야."의 신조에 따라 행동하였다. 엘리스에게는 구조(structure)가 필요했다. 또한 엘리스는 자신의 생각과 감정을 파악하는 데 어려움을 느꼈다. 따라서 이 사례에 접근할 때 치료자는 좀 더 자기지시적인 도구들을 가지고 시작해야 한다.

호소문제

호소문제의 성격도 협력과 안내된 발견의 수준에 영향을 미친다. 자살시도를 할 가능성이 있거나 다른 사람을 해칠 의도를 갖고 있는 경우, 그리고 아동학대가 지속적으로 일어나고 있는 상황과 같은 위기상황에서는 치료자가 상황에 책임을 져야 한다. 심각하고 위급한 자살의도를 갖고 있는 아동이나 청소년의 경우에는 비밀보장을 깨거나 병원에 입원을 시키는 것이 최선의 선택이다(예 : "나는 너의 안전을 우려하고 있어. 네가 자신을 스스로 보호하고 안전을 유지할 수 없기 때문에, 네가 위험에 놓이지 않도록 도우려고 해."). 일반적으로 긴급한 위기상황에서는 높은 수준의 상호협력을 기대하기 힘들기 때문이다.

발달적 능력

발달적 능력도 협력과 안내된 발견의 정도에 영향을 미친다. 나이 어린 아동은 주의집중 지속시간이 짧고 모호성을 잘 참지 못하며, 논리적 추론과정도 매우 구체적이다. 또한 나이가 많은 아동들에 비해 충동적이며 자기 자신에 대해 생각하는 것을 힘들어한다. 따라서 아동의 연령이 높을수록 치료자는 아동의 협력에 더 많이 의존하게 된다.

저자들의 경험을 통해 볼 때 협력과 안내된 발견의 수준을 적정하게 정하는 것은 어려운 일로 흔히 아동의 능력을 과대평가하거나 과소평가하는 오류가 일어난다. 다음의 대화는 치료자가 9세 된 아동에게 안내된 발견을 너무 지나치게 강조한 예를 보여주고 있다.

소녀 : 아빠에게 학교에 대해 말할 때면 아빠가 이런 표정을 지어서 기분이 나빠져요.

치료자 : 아빠의 그런 표정이 무엇을 의미하는데?

소녀 : 모르겠어요.

치료자 : 아빠의 표정에 대해 어떤 생각이 떠오르지?

소녀 : 아빠가 나를 좋아하지 않는다는 생각이요.

치료자 : 무엇이 그런 생각을 확인시켜주지?

소녀 : 아빠의 얼굴이요.

치료자 : 아빠의 얼굴이 어떤데?

소녀 : 찌푸려요.

치료자 : 찌푸린다는 게 무슨 뜻인데?

소녀 : 모르겠어요.

이 예에서 치료자가 질문을 보다 구체적인 것으로 바꿈으로써 소녀도 더욱 구체적으로 반응할 수 있었다. 이러한 구체적인 질문과 반응을 통해 치료자와 소녀는 "아빠가 나를 좋아하지 않는다."는 소녀의 생각 검증을 위해 협력적으로 작업할 수 있게 되었다.

연령

아동의 연령도 기대되는 협력과 안내된 발견수준에 영향을 미친다. 일반적으로 초등학생에 비해 청소년들은 협력과 합리적 분석에 있어서 훨씬 더 낫다. 나이 어린 아동은 치료과정에 익숙해짐에 따라 협력수준도 높아진다.

동기

아동의 동기 또한 협력적 경험주의와 안내된 발견에 영향을 미친다. 회피적이고 동기가 낮은 아동이나 청소년은 일반적으로 타인에 의해 통제된다고 느낄 때 강한 반응을 보이며, 이들에게 지나치게 지시적인 접근으로 다가가면 어려움에 부딪힐 수 있다. 예컨대 반항적인 아동에게 너무 강압적으로 접근하면 아동이 철회하기 쉽다. 그러나 치료자가 협력하도록 안내한다면 아동도 노력을 기울이게 된다. 다음의 대화는 동기가 낮은 아동에게 적용할 수 있는 접근방법을 보여주고 있다.

클라우디아 : 잘 들으세요. 난 절대로 말 안 할 거예요.

치료자 : 그래. 그런데 난 네가 왜 말을 하고 싶지 않은지 궁금하구나.

클라우디아 : (시무룩한 표정으로 침묵함)

치료자 : 이것 참. 오늘은 50분이 무척 긴 시간이 되겠는걸.

클라우디아 : (쓴웃음을 짓는다)

치료자 : 내가 보기엔 네가 치료를 받기보다 나와 싸우는 데 더 관심이 있는 것 같구나. 나는 어떻게 하면 우리가 함께 이야기를 할 수 있을지 그 방법을 찾고 싶은데 말이야. 너는 어떻게 생각하니?

클라우디아 : (치료자를 바라본다)

치료자 : (잠시 멈춘다) 이제부터 무얼 해야 할지 모르겠네. 우리 여기에서 끝낼까?

클라우디아 : (웃으며 어깨를 으쓱한다)

치료자 : (웃는다) 난 그걸 '잘 모르겠어요.' 또는 '상관없어요.'의 의미로 받아들이고 싶은데.

클라우디아 : (다시 어깨를 으쓱한다)

치료자 : (잠시 멈춘다) 난 우리가 여기서 한 걸음 더 나아갈 필요가 있다고 생각해.

클라우디아 : (한숨을 쉬며 눈동자를 굴린다)

치료자 : 이 시간이 너를 힘들게 한다는 의미로 받아들여야 할 것 같아. 이거 정말 힘이 드네. 네가 정말 날 어렵게 만들고 있는걸. 지금까지 내가 잘하고 있는 건가?

클라우디아 : (어깨를 으쓱한다)

치료자 : 우리에게 다른 신호가 필요한 것 같구나. 지금부터 간단히 '네.' 또는 '아니요.'로 대답해주겠니?

클라우디아 : (어깨를 으쓱한다)

치료자 : 좋아. 잘 모르겠다는 얘기구나. 나에게 신호를 보내는 건 어떨까? '네.'라고 생각하면 고개를 끄덕이고 '아니요.'라고 생각하면 고개를 흔드는 것처럼 말이야. 그렇게 해볼래?

클라우디아 : (어깨를 으쓱하며 바라본다)

치료자 : 잘 모르겠다는 뜻이구나. 우리 일주일에 한 번 더 만나는 건 어떨까?

클라우디아 : (고개를 강하게 흔든다)

치료자 : 그래, 이제 명확해졌네. 만약 내가 말하는 것을 멈추길 바랄 때는 어떤 신호를 사용하고 싶니?

클라우디아 : (잠시 멈추고, 웃으며 가운뎃손가락을 위로 올린다.)

치료자 : 그래 기억하도록 할게. 좋아. 이제 우리는 '잘 모르겠어요', '아니요.', '네.', '그만 말하세요.'에 대한 신호를 갖게 되었구나. 그 밖에 더 필요한 신호는 무엇일까?

　　결국 이 아동은 손신호로 의사표현을 하게 되었고, 나중에는 자신의 생각과 감정을 언어로 표현할 수 있게 되었다. 이 대화는 생산적인 협력관계가 힘은 들지만 궁극적으로 내담자의 동기를 유발하는 데 도움이 된다는 것을 보여주고 있다. 이 단계에서 치료자는 치료시간의 방향에 대해 좀 더 많은 책임감을 갖고 있음이 분명하다. 그러나 치료자는 아동의 협력을 얻기 위해 직접적인 접근을 피하고 아동의 참여를 늘려나갔다. 치료자는 클라우디아가 보인 회피행동을 비난하거나 깎아내리지 않았다. 오히려 호기심을 유지하면서 아동의 회피행동을 존중하지만 부드럽게 자극하는 문제해결 전략을 사용하였다.

대인관계 양식

아동의 대인관계 양식도 협력적 경험주의와 안내된 발견에 영향을 미친다. 어떤 아동은 다른 아동에 비해 수동적으로 행동하며, 다른 사람들의 지시와 지지에 의존한다. 15세의 오스카는 수줍음이 많고 조용하며, 다른 사람들에게 요구가 많은 아이 혹은 제멋대로인 아이로 비칠까 봐 겁을 낸다. 오스카는 치료자가 이끌어주기를 기대한다. 그리고 자신이 잘하고 있는지 끊임없이 확인하려고 애쓴다. 반면 어떤 아동은 좀 더 주도적이며 자율적으로 행동한다. 12세의 리키는 삶을 주도하며 자신의 고유영역을 지키기 위해 많은 에너지를 쏟는다. 아동의 이러한 다양한 대인관계 양식은 치료자로 하여금 치료를 개별화시키고 협력적 경험주의와 안내된 발견을 수정하게 만든다. 수동적인 내담자에게서 처음부터 협력을 이끌어내기는 쉽지 않다. 따라서 치료자는 아동과의 협력관계 수립을 목표로 삼고 이를 위해 점진적으로 접근해 나가며, 부드럽게 협력적 자세를 취하면서 아동의 수줍음과 침묵, 행동철회 문제를 다루어 나가야 한다. 다음의 대화는 협력에 익숙하지 않은 아동과의 대화를 치료자가 어떻게 이끌어 나가야 하는지 보여주고 있다.

> 치료자 : 오늘은 무엇에 대해 이야기하고 무슨 놀이를 할까?
>
> 미아 : 모르겠어요. 선생님이 결정하세요.
>
> 치료자 : 무슨 놀이를 할지 결정하는 데는 약간의 모험이 따르지. 왜 내가 이끌어주기를 바라는지 궁금하구나.
>
> 미아 : 뭘 해야 하는지는 선생님이 잘 알고 계시잖아요.
>
> 치료자 : 그렇구나. 그런데 너는 네 마음속에서 일어나고 있는 일들을 잘 알고 있다고 생각하니?
>
> 미아 : 네.
>
> 치료자 : 우리 한번 함께 팀이 되어 어떻게 하면 너를 도와줄 수 있는지 생각해보면 어떨까?
>
> 미아 : 좋아요. 해보죠 뭐.
>
> 치료자 : 그럼 우리 함께 이렇게 해보자. 만약 내가 네 마음을 헛짚으면 네가 말해주는 거야.
>
> 미아 : 그리고 내가 헛짚으면 선생님이 말해주시고요.
>
> 치료자 : 그래 맞아.

이 대화는 몇 가지 중요한 점을 보여주고 있다. 첫째, 치료자는 말하기를 꺼리는 아동의 협력을 이끌어내기 위해 점진적으로 그리고 부드럽게 접근하였다. 둘째, 치료자의 체계적 질문을 통해 아동은 치료과정에 대해 새로운 생각을 갖게 되었다. 즉, 치료자가 이끌어주길 기대하는 의존적 입장으로부터 치료자와 함께 팀을 형성하는 새로운 입장으로 바뀌었다.

셋째, 치료자는 전 과정을 통해 아동에게 권한을 부여하고자 노력했다.

어떤 아동은 통제 이슈에 특히 민감하다. 이런 아동은 누군가로부터 지시받는 것을 좋아하지 않는다. 이런 아동은 자신의 자율성에 대한 실제적이거나 지각된 위협에 대해 강한 반응을 보이기 때문에, 이들의 반항을 감소시키기 위해서는 협력이 매우 중요하다. 협력과 안내된 발견의 과정은 아동의 회피반응과 싸우기보다 회피를 '보듬어 안고 가도록' 돕는다. 다음의 대화는 15세의 에드가에게 이것을 어떻게 적용하는지 보여주고 있다.

> 에드가 : 치료시간이 지루해요. 멍청한 게임과 활동지 작성하기가 정말 짜증나요.
>
> 치료자 : 이런 것들의 어떤 점이 지루하게 느껴지니?
>
> 에드가 : 뭐든지요. 여기 오는 것도 싫어요. 선생님은 바보 같은 질문을 너무 많이 물어봐요.
>
> 치료자 : 네가 나에게, 그리고 이곳에서 하는 것들에 대해 화가 나 있구나.
>
> 에드가 : 나는 화가 난 게 아니에요. 단지 지루한 것뿐이에요.
>
> 치료자 : 그래. 그렇지만 나한테 화난 것처럼 들리는 걸. 활동지의 어떤 점이 그렇게 맘에 들지 않았는지 궁금하구나.
>
> 에드가 : 이 활동지는 정말 지겨워요.
>
> 치료자 : 너는 네가 느끼는 기분에 대해 말하는 것이 얼마나 쉽니?
>
> 에드가 : 힘들어요. 기분에 대한 얘기는 잘 안 해요. 제 기분에 대해 얘기하는 것은 별로예요.
>
> 치료자 : 이제 알겠다. 네가 힘들어하는 것을 하게 해서 이 활동지가 싫게 느껴졌나 보구나.

처음에 에드가는 말도 하지 않고 치료자를 멀리하였다. 그는 치료를 비난하고 혹평하였다. 치료자는 에드가가 느끼는 불편한 감정을 인정하고 그의 회피반응에 동조하였다. 치료자가 내담자의 표현에 동조하고 부정적인 감정을 잘 참아주자 에드가의 반항은 감소되었다. 안내된 발견 과정을 통해 에드가는 자신의 생각과 감정을 말로 표현하는 방법을 배우게 되었다.

문화적 요인

문화적 요인은 협력적 경험주의와 안내된 발견을 위한 지침을 제공한다. Hays(1995, 2001)는 문화적으로 민감한 CBT를 수행할 때 협력이 특히 중요하다고 강조했다. 이러한 협력적 자세를 취할 때 치료자가 민족성이나 문화에 대한 자신의 지식이 제한되어 있다는 것을 인식하는 것은 매우 중요하다. Harper와 Iwamasa(2000)에 따르면, 아동과 청소년은 자신의 삶과 문화적 배경에 대해 성인들에게 '알려주는' 것을 좋아한다. 실제로 이것은 매우 강력할 수 있다. Harper와 Iwamasa(2000)는 "소수인종 청소년은 성인들, 특히 백인 성인들이 자신의 말을 듣지 않거나 존중받지 못한다고 느끼기 때문에 그들에게 자기개방 하는 것을 꺼릴 수 있음을 기억해야 한다."고 하였다(p. 51).

Canino와 Spurlock(2000)의 글에 인용된 Rotheram과 Phinney(1986)에 따르면, 아동 심리치료의 주요 차원으로 상호의존 대 의존, 적극적 성취 대 소극적 수용, 권위주의 대 평등주의, 그리고 표현하는/인간적 의사소통 대 자제하는/형식적/비인간적 의사소통이 있다. 아동이나 그의 가족들이 치료자와의 협력적 모험에 참여하는 방식은 그들의 문화배경에 의해 매개된다. 예컨대 어떤 가정에서는 치료자를 절대적 권위자로 지각한다. 따라서 그들의 문화배경은 치료자에 대한 맹목적 순종을 지시한다. 이렇듯 가족들은 문화적으로 결정된 방식으로 상호작용한다. 이 경우 치료자는 협력에 대한 기대를 문화에 맞춰 조절해야 한다.

또한 가족들은 문화적으로 허용되는 의사소통 양식을 사용한다. 어떤 가족은 자제하며 형식적이어서 치료자를 '선생님'이나 '박사님'으로 칭하며, 치료자로부터도 이런 방식으로 대접받기를 기대한다. 만약 치료자가 이를 알아채지 못하고 부모의 이름을 부른다면 협력적 관계를 해치게 된다(역자 주 : 미국 문화에서는 성을 빼고 이름을 부르면 친근한 관계로 여겨짐). 가장 좋은 방법은 내담자나 가족에게 호칭을 어떻게 부르면 좋을지 물어보는 것이다. 또한 치료자는 부모에게 "저를 어떻게 부르시는 게 편하시겠어요?"라고 물어볼 수 있다.

소수문화권 내담자들은 언어를 지각할 때도 주류문화 사람들과 다르다(Johnson, 1993). 예컨대 미국 주류 문화권의 사람들에게는 평범하게 받아들여지는 질문이 인디언이나 아시아계 사람들에게는 무례하게 느껴질 수 있다(Johnson, 1993; Sommers-Flannagan & Sommers-Flannagan, 1995). 따라서 소크라테스식 질문법을 사용할 때 내담자의 이러한 요구에 맞추어 일부 요소들을 수정할 필요가 있다. 때에 따라서는 간접적으로 질문하는 것이 좋다. 또한 어떤 문화에서는 침묵과 눈맞춤의 부족이 회피나 저항의 표현이라기보다 존경의 표현으로 받아들여진다.

예를 들어보자. 산토시는 고기능 자폐증 진단을 받은 13세 인도 남아이다. 그의 가정은 매우 규율 중심적이며 권위를 존중하는 자세를 중시한다. 따라서 전문가들과의 관계에서도 협력보다는 지정해주는 접근을 더 편하게 여긴다. 따라서 이들이 치료에서 진행된 것에 대해 거의 모두 동의하는 것은 놀랍지 않다. 피드백을 하라고 유도하자 산토시와 그의 가족들은 매우 불편해 했다. 다음의 대화는 치료과정을 어떻게 진행해야 하는지를 보여준다.

치료자 : 산토시, 오늘 치료시간 중에서 도움이 되었던 점과 그렇지 않았던 점은 무엇이었니?

산토시 : 모든 것이 매우 도움이 되었어요.

치료자 : 지금까지 우리가 했던 것 중에서 가장 좋지 않았던 것은 무엇이었니?

산토시 : 아무것도 없었어요. 모두 다 좋았어요.

부모 : 맞아요. 우리는 당신의 모든 조언에 감사해요. 집에서도 매우 도움이 되고 있어요.

치료자 : 만약 도움이 되지 않는 것을 제가 여러분께 말씀드리면 어떤 일이 일어날까요?

아버지 : 무슨 말씀이시죠?

치료자 : 그러니까 만약 제가 여러분께 전혀 도움이 되지 않는 제안을 한다면 어떨까요? 부모님의 양육 방식이나 가치에 맞지도 않고 집에서 실행하기에도 너무 비현실적인 제안을 한다면 말이지요.

어머니 : 우리는 선생님의 전문적인 견해에 대해 의문을 제기하고 싶지 않아요.

치료자 : 제 목표 중의 하나는 단지 효과적이기만 한 것이 아니라 여러분의 가정에 잘 맞는 개입방안을 여러분과 함께 협력하여 계획하는 것입니다. 실제로 만약 전략이 여러분의 가정에 맞지 않는다면 효과도 없을 거예요. 이해가 되시나요?

부모 : 음, 네. 알겠습니다.

치료자 : 만약 무엇인가가 덜 도움이 되거나 잘 들어맞지 않는다면 그것에 대해 이야기를 나누는 겁니다. 그러면 그것을 더 의미 있게 만들고, 여러분의 가정에도 도움이 되고, 더 효과적일 수 있도록 함께 만들어 나가는 기회를 갖게 되는 것이지요.

부모 : 맞는 말씀이네요.

치료자 : 그렇다면, 개입전략이 산토시의 요구에 더 잘 맞게 만들기 위해 도움이 덜 되었던 점에 대해 함께 논의하실 의향이 있으신지요?

어머니 : 저에게는 매우 힘든 일입니다. 선생님은 박사이시고 우리는 당연히 선생님을 존중해야 해요.

아버지 : 맞아요. 존중은 매우 중요합니다. 저는 선생님께 무례하게 할 수가 없어요.

치료자 : 그러시군요. 만약 무례하지 않은 건설적인 피드백을 솔직하게 하실 수 있는 방법을 찾아보면 어떠실까요?

어머니 : 그게 뭔데요?

치료자 : 여러분은 다른 사람들이 뭔가를 다르게 하기를 원할 때 어떻게 그들에게 무례하지 않게 알려주시나요?

아버지 : 제안을 하지요.

치료자 : 만약 제가 다르게 할 수 있는 것에 대한 제안을 요청한다면 어떠신가요?

아버지 : 그것은 할 수 있을 겁니다.

치료자 : 좋아요. 그럼 한번 시도해보지요. 만약 그것이 여전히 무례하게 느껴진다면 더 잘 맞는 다른 것을 시도해보도록 하지요.

이 대화에서 치료자는 가족들이 피드백 하기를 꺼려하는 이유를 드러냈다. 부모는 피드백이 무례함을 전달한다고 생각하였기 때문에 그것을 불편하게 여겼던 것이다. 따라서 협력적 문제해결을 시행하여 잠재적으로 수용할만한 대안을 이끌어내었다. 글상자 3.2는 협

> **글상자 3.2** **협력과 안내된 발견의 수준 결정하기**
>
> - 치료단계를 염두에 둔다.
> - 아동과 청소년이 갖고 있는 강점과 취약점의 독특한 형태를 평가한다.
> - 호소문제가 얼마나 예민하며 만성적인지를 존중한다.
> - 아동의 발달적 역량과 연령, 동기를 고려한다.
> - 아동의 대인관계 양식에 관심을 기울인다.
> - 아동과 청소년, 그리고 가족들이 협력적 경험주의와 안내된 발견을 편하게 여기는 정도에 영향을 미치는 문화적 요인들을 중요하게 생각한다.

력과 안내된 발견의 수준을 결정할 때 고려할 주요 요인들을 요약하고 있다.

맺음말

협력적 경험주의와 안내된 발견을 통해 치료자는 아동 개인의 고유한 특성을 존중해준다. 인지치료 기법을 아동에게 어떻게 적용하는지 배우는 것을 색칠하기에 비유한다면 기법은 그림의 윤곽에 해당된다. 협력적 경험주의와 안내된 발견은 치료자가 그림 윤곽 안에 칠하는 색깔과 같다. 여러 색깔이 들어 있는 크레파스 상자처럼 협력적 경험주의와 안내된 발견의 색조는 다양하다.

이번 장에서 저자들은 협력과 안내된 발견에 대해 소개하였다. 아동을 치료할 때 치료자는 치료의 각 단계에서 협력의 수준을 어떻게 맞출지 결정해야 한다. 아동의 예민함과 문제의 심각성, 아동의 발달수준, 문화배경, 아동의 개인적 스타일이 치료자의 의사결정을 이끌어줄 것이다. 협력적 경험주의와 안내된 발견은 임상적 행위와 결정 안에 두루 포함되어 있다. 앞으로 배우게 될 치료시간의 구조, 문제 확인, 치료모형의 소개, 감정과 사고 파악, 전통적 인지행동 개입, 기법의 창의적 수정 등, 이 모든 것은 협력적 경험주의와 안내된 발견을 필요로 한다. 요약하면, 이제 당신은 협력적 경험주의와 안내된 발견에 대해 알고 있기 때문에 인지치료의 구체적인 과정과 기법에 뛰어들 준비가 된 셈이다. 치료가 갈 길을 잃었다고 느껴질 때, 그리고 현재 진행하고 있는 개입을 새롭게 하고자 할 때 언제든 이 장으로 되돌아올 수 있다는 것을 기억하기 바란다.

치료시간의 구조

저글링(던지기 곡예)을 할 수 있는가? 저글링은 치료시간을 이끌어갈 때 치료자가 해야 할 일을 묘사하는 적절한 비유이다. 치료시간의 구조에는 여섯 가지 요소가 포함되는데, 이들은 기분 점검, 숙제 검토, 안건 정하기, 치료시간의 내용, 숙제 내주기, 피드백 이끌어내기를 말한다. 마술사가 놀라운 방식으로 공을 던지고 잡듯이, 치료자도 이 여섯 요소들을 계속 움직여야 하며 각각의 요소에 대해 온 마음을 다해 깊이 생각해야 한다. 그래야만 치료가 유지될 수 있다.

인지치료자는 항상 6개의 공을 손에 들고 있다. 그러나 이 여섯 요소를 어떻게 던지고 받는지는 아동에 따라 다르다. 어떤 때는 다른 때보다 빨리 저글링을 할 수 있다. 또 어떤 때는 저글링의 패턴이 다양하다. 치료자가 여섯 요소를 저글링하는 방법에 익숙해짐에 따라 치료시간을 보다 융통성 있게, 창의적으로 구조화할 수 있게 된다. 이번 장에서는 치료시간의 구조에 대해 알아보고, 그것이 왜 중요한지 살펴보고자 한다. 또한 아동 및 청소년과 함께 치료시간을 구조화할 때 적용할 수 있는 구체적인 방법을 소개할 것이다.

'치료시간의 구조'란 무엇을 의미하는가?

치료시간의 구조(session structure)는 인지치료의 수행을 위한 일반적인 틀을 의미한다. 치료시간의 구조에 포함되는 요소들은 치료시간 중에 '치료자가 해야 할 일들'을 말하며, 치료시간의 구조에는 연속적인 논리적 단계들이 포함된다. 그러나 이 과정은 고정된 것이 아니며,

치료자가 융통성을 가지고 적용할 경우에는 개별 내담자에게 맞춰진 접근이 가능하다.

인지치료를 위한 치료시간의 구조에 포함된 여섯 요소들은 서로 관련되어 있으며, 하나의 응집된 치료접근을 형성한다. 치료시간은 기분 점검으로 시작되며, 곧 숙제 검토로 이어진다. 그런 다음 치료자는 내담자와 함께 치료시간의 안건을 정하는데, 이 안건 설정에 기초하여 치료시간의 내용이 모습을 드러낸다. 숙제 내주기는 치료시간의 내용으로부터 자연스럽게 나온다. 마지막으로 피드백 단계에서는 치료시간에 대한 내담자의 지각을 살펴본다.

치료시간의 구조가 왜 그렇게 중요한가?

치료시간의 구조는 치료의 방향과 초점, 그리고 내용을 제공한다. 치료시간의 구조는 아동과 치료자가 문제에 보다 분명하게 초점을 맞추도록 해주며, 조직화된 정보의 흐름을 제공한다. 예를 들어보자. 내담자는 대부분 치료를 시작할 때 자신이 처해 있는 상황이나 여러 가지 사건들에 대해 목적 없이 이야기한다. 그들은 자기 내면의 경험들을 어떻게 조직해야 하는지 아직 알지 못한다. 따라서 치료시간의 구조는 내담자에게 자신의 혼란스러운 경험을 명료화하는 방법을 가르쳐준다. 간단히 말해 치료시간의 구조는 자기통제와 자기조절을 증진할 수 있는 하나의 방법이다.

치료시간의 구조는 아동과 청소년에게 예측할 수 있다는 느낌을 주기 때문에 치료를 받을 때 '훨씬 안전하다.'는 느낌을 갖게 한다. 내담자는 대개 치료에 대해 무엇을 기대할 수 있는지 알 때 편안한 느낌을 갖는다(J. S. Beck, 2011). 치료시간의 구조는 아동에게 불편한 생각과 기분을 표현하고 조절하는 방법과 형식을 제공함으로써 아동을 보호하는 기능을 한다. 아동과 청소년은 생활 속에서 자주 무엇을 하라는 얘기를 듣는다. 그들에게 삶은 예측 불가능한 것으로 보이기 쉽다. 따라서 치료시간의 구조는 아동에게 자신의 삶을 통제할 수 있으며 예측이 가능하다는 느낌을 갖게 한다. 그렇게 함으로써 치료에 대한 관심과 참여를 이끌어낼 수 있다.

예를 들어 보자. 행동문제를 보이는 8세 소년이 부모에 의해 치료에 의뢰되었다. 행동문제로 인해 주위 어른들과의 상호작용은 꾸짖음, 잔소리, 비난, 처벌이 주를 이루었다. 부모와 교사는 빈번하게 아동의 행동을 교정해주고 무엇을 하라고 지시하곤 했다("뛰지 마!", "네 방을 치워."). 그가 스스로 결정하도록 허용된 경우는 거의 없었다. 치료자는 부모상담을 통해 이 문제를 다룰 수도 있지만, 치료시간의 구조를 통해 아동이 자신의 삶과 기분 및 치료에 대해 통제할 수 있다는 느낌을 갖도록 도와줄 수 있다. 아동은 안건 정하기와 숙제 내주기, 피드백 이끌어내기 등에 협력적으로 참여함으로써 스스로 결정할 수 있는 권한을 부여받게 되고, 자신의 생각과 기분에 대해 개방하고 검토하는 것을 더욱 편하게 느끼게 된

> **글상자 4.1** **치료시간의 구조에 관한 핵심 포인트**
>
> - 치료시간의 구조를 과정으로 생각한다.
> - 치료시간의 구조에 대한 반응은 아동마다 다르다. 호기심을 유지하며, 모든 것이 데이터라는 점을 기억한다. 그리고 치료시간의 구조에 대한 아동의 반응을 다룬다.
> - 치료시간의 구조는 일반적이지만 개별 아동 및 청소년에 대한 임상적 적용은 항상 특수하다.
> - 치료시간의 구조에 친숙해질수록 안전에 대한 지각을 증진하고 통제의 내면화를 강화시킨다는 점을 기억한다.

다. 치료시간의 예측 가능성과 지각된 통제는 어른들의 한계를 테스트하려는 행동을 감소시킨다. 또한 구조는 치료자에 대한 신뢰와 라포 형성을 증진하며, 나아가 치료적 관계와 구체적인 변화과정을 촉진한다.

글상자 4.1은 치료시간의 구조에 관한 핵심 포인트를 요약하고 있다.

기분 또는 증상 점검

저글링을 할 때 치료자가 던져야 할 첫 번째 공은 기분 또는 증상 점검이다(J. S. Beck, 2011). 이 점검은 몇 가지 목적을 갖는다. 첫째, 기분 점검은 치료자에게 아동의 정서와 증상에 대한 기본정보를 제공해주며, 아동의 심리상태를 살펴보는 기회를 준다. 둘째, 척도를 사용해 아동에게 자신의 기분을 구체적으로 평가하도록 함으로써 자신의 기분 상태와 행동을 살펴보게 한다(예 : 슬픈 기분, 8점). 기분 점검은 또한 지난 치료시간을 떠올려보거나 현재 기분을 지난 치료시간과 비교하는 것을 포함한다. 이때 치료자는 아동의 증상 변화를 파악하기 위해 아동의 자기보고와 부모의 관찰을 활용한다. 그러나 부모의 보고에만 의존하는 것은 바람직하지 않다. 왜냐하면 아동이 기분을 스스로 보고하는 것이 더 정확하기 때문이다(Achenbach, McConaughy, & Howell, 1987).

기분과 증상을 평가하는 방법은 아동에 따라 다르다. 평정척도를 이용해 아동이 자신의 기분을 언어로 보고하게 할 수도 있고, 또는 "그 기분이 얼마나 강한지 어떻게 알 수 있을까?", "그 기분이 얼마나 강한지를 알아보기 위해 무엇을 사용하면 좋을까?"와 같은 질문을할 수 있다. 대부분의 아동들은 기분 파악을 위해 안내를 필요로 한다. 치료자는 "1점에서 10점 사이의 점수로 표시해보자. 어떤 점수가 가장 강한 기분을 나타낼까?"와 같은 질문을 던짐으로써 아동의 기분 파악을 도울 수 있다.

아동과 함께하는 기분 점검

아동의 언어 유창성과 표현력에 따라 창의적으로 기분을 점검해볼 수 있다. 저자들의 경험에 의하면, 아동은 자신의 기분을 얼굴 그림으로 표현하길 좋아한다(제6장에 예시되어 있음). 아동에게 매주 얼굴 그림을 그리게 하면 기분 변화의 추이를 알아볼 수 있다. 아동은 이렇듯 단순한 자기모니터링 활동을 좋아한다. 이와 더불어 치료자의 감정표현 모델링을 병행하면 좋다.

다음의 대화는 언어 보고를 통해 아동의 기분 상태에 대한 정보를 수집하는 방법을 보여주고 있다.

> 치료자 : 지난 한 주간 기분이 어땠는지 궁금하구나. 네 기분을 얼굴 그림으로 나타내볼래?
>
> 세레나 : 좋아요(감정 얼굴을 그린다).
>
> 치료자 : 네가 그린 그림을 보니 얼굴이 찡그려져 있고 눈물을 흘리고 있구나. 이 감정은 화가 난 것일까, 슬픈 것일까, 기쁜 것일까, 아니면 무서워하는 것일까?
>
> 세레나 : 슬픈 감정이요.
>
> 치료자 : 그래. 슬픈 감정이구나. 지난주에는 어떤 얼굴 그림을 그렸었지?
>
> 세레나 : 그때도 슬픈 얼굴이었어요(지난주의 그림을 꺼내 보여준다).
>
> 치료자 : 그때 감정이 얼마나 강했는지를 어떻게 알 수 있을까?
>
> 세레나 : 얼마나 큰지를 보면 알 수 있어요. 지난주에는 정말 슬펐어요. 이만큼요(종이를 꽉 채우는 원을 그린다).
>
> 세레나 : 이번 주에는 조금 덜 슬퍼요. 이만큼만요(종이의 3/4만 채우는 원을 그린다).
>
> 치료자 : 같은 감정이라도 강할 수도 있고, 약하거나 그 중간일 수도 있다고 말했던 것 기억나지? 이 원들처럼 말이야. 오늘은 덜 슬픈 것 같은데 그 이유가 뭘까?
>
> 세레나 : 이번 주엔 배가 덜 아팠어요. 그리고 학교에서 울지도 않았어요.
>
> 치료자 : 그래, 네가 몇 가지 변화를 알아차렸구나. 네가 달라졌다는 것이 뭘 의미한다고 생각하니?

기분 점검은 지난주의 증상에 대해 중요한 정보를 제공한다. 그리고 감정을 파악하는 능력, 감정과 생리적 증상 및 행동적 증상과의 관련성을 파악하는 능력을 키워준다(예 : "이번 주엔 배가 덜 아팠어요. 그리고 학교에서 울지도 않았어요."). 치료자는 아동이 느끼는 감정의 강도를 매주 비교함으로써 변화의 추이를 파악할 수 있다. 따라서 아동의 감정상태에 영향을 미치는 선행사건, 상황이나 환경의 영향, 그리고 기분에 수반되는 인지를 확인할 수 있다. 또한 강도의 변화에 대해 이야기를 나눔으로써 세레나에게 부정적인 감정이 변할 수 있으며, 결과적으로 자신의 절망감을 감소시킬 수 있음을 분명하게 보여준다.

아동은 자신의 정서에 관심을 기울이게 됨으로써 여러 가지 감정상태의 차이를 구분하기 시작한다. 가령 치료를 시작할 무렵 대부분의 아동은 기분이 "좋다." 혹은 "나쁘다."는 말밖에 하지 못한다. 기분 점검을 통해 아동은 점차 다양한 감정을 표현하는 방법을 배우게 되고, 어휘력도 증가하여 "외롭다.", "슬프다.", "창피하다.", 혹은 "화난다." 등 다양한 감정 표현을 할 수 있게 된다. 또한 기분 점검은 감정의 강도를 파악하고 관찰하는 데도 도움을 준다. 이를 위해 10점 척도 혹은 100점 척도 등 다양한 척도를 사용할 수 있으며, 온도계나 신호등을 사용할 수도 있다. 아동은 여러 가지 감정상태를 구분하는 방법을 배움으로써 자신의 감정을 더욱 섬세하게 표현할 수 있게 된다.

치료자는 또한 기분 점검을 통해 증상이 완화되었는지 확인할 수 있다. 매 치료시간의 내용과 그 후에 이어지는 치료의 초점은 기분과 증상 변화에 의해 결정된다. 예를 들어보자. 아이삭은 최근 우울 증상의 점진적 감소와 긍정 정서의 증가를 보였다. 그러나 치료자는 기분 점검을 통해 아이삭의 기분이 갑자기 나빠졌음을 알아챘다. 다음의 대화는 치료자가 기분 점검을 이용하여 아이삭의 치료경과를 모니터하는 방법을 보여주고 있다.

치료자 : 지난 한 주간 어땠니?

아이삭 : 오늘은 기분이 별로예요. 사실 지난주보다 더 우울해요.

치료자 : 지난주에는 5점 정도로 우울을 느낀다고 했었지.

아이삭 : 예, 어제까지는 괜찮았어요. 그런데 어제와 오늘은 8점 이상으로 우울했어요.

치료자 : 그래 어제 기분의 변화를 느꼈구나. 그 변화가 정확히 언제 일어났지?

아이삭 : 아마도 점심시간 무렵이었을 거예요. 친구들이 토요일에 공원에 가자고 이야기하는 것을 엿들었어요. 저는 아무도 나에게 같이 가자는 말을 하지 않을 거란 걸 알기 때문에 기분이 나빠졌어요.

치료자 : 그래, 상황은 다른 아이들이 토요일 계획에 대해 이야기하는 것을 네가 엿들었던 것이었구나. 너는 '아무도 나에게 같이 가자고 하지 않을 거야.'라고 생각했고, 그때 우울한 기분을 느끼기 시작한 것이고. 그때 네 몸은 어땠지?

아이삭 : 정말 힘이 빠졌어요.

치료자는 질문을 통해 아이삭이 감정변화를 가져온 상황을 확인할 수 있도록 돕고 있다. 치료자는 인지모형을 사용해 인지모형의 여러 요소들(생리, 기분, 행동, 인지, 대인관계) 간의 관계를 연결하도록 돕고 있다. 치료자는 감정상태를 확인하고, 감정에 수반된 인지와 행동·생리적 반응에 대해 이야기를 나눈다. 이어 인지왜곡을 확인하고, 인지와 감정상태 간의 관계, 문제해결 등을 시작하게 된다.

아동의 정서적 기능을 파악하고 관찰하기 위한 도구로 흔히 CDI-2(Kovacs, 2010), SCARED(Birmaher et al., 1997), RCMAS(Reynolds & Richmond, 1985), MASC(March, 1997)와 같은 자기보고식 측정도구가 사용된다. 아동은 다음의 이유로 자신의 감정을 언어로 표현하기보다 자기보고척도에 체크하는 것을 더 편하게 느낀다. 첫째, 자기보고척도에는 감정에 관한 문항들이 이미 나열되어 있다. 따라서 아동이 애써 떠올릴 필요가 없다. 둘째, 자기보고척도의 문항에 체크하거나 동그라미 치는 것이 자신의 내적 경험을 말로 전달하는 것보다 훨씬 간단하다. 셋째, 자기보고척도에 체크하는 것은 어른에게 감정을 직접 표현하는 것에 비해 심리적 거리감을 준다. 따라서 감정을 파악하고 이야기하는 것에 부담을 덜 느낀다. 이밖에도 자기보고척도는 치료기간 중에 증상 감소를 확인할 때 보다 객관적인 수치를 제공한다.

청소년과 함께하는 기분 점검

일반적으로 청소년은 아동에 비해 자신의 감정을 좀 더 잘 파악하는 편이다. 그러나 일부 청소년은 이 과정에 그리 능숙하지 못하다. 따라서 기분 점검을 할 때 모든 청소년이 다양한 감정상태를 분명히 이해하고 있다고 가정해서는 안 된다. 감정표현에 대한 가치와 기대는 청소년의 성별과 문화배경, 가족관계, 기질에 따라 큰 차이가 있다. 다음의 대화는 15세 소녀와 함께 기분을 점검하는 과정을 보여주고 있다.

치료자 : 지난 한 주간 기분이 어땠니?

티나 : (어깨를 들썩이며) 별로 좋지 않았어요.

치료자 : '별로 좋지 않았던' 기분에 대해 좀 더 말해줄 수 있겠니?

티나 : 그냥 기분이 나빴어요.

치료자 : 들어보니 네가 힘든 한 주간을 보낸 것 같구나. 기분이 나빴을 때 그것은 화가 난 느낌이었을까, 아니면 슬프거나 겁이 나는 기분이었을까?

티나 : 슬픈 기분이었어요. 정말로 슬픈 기분이요.

치료자 : 네가 화가 나거나 겁이 났던 게 아니라 슬펐다는 것을 어떻게 알 수 있지?

티나 : 글쎄요. 많이 울었고요, 되는 일이 아무것도 없었어요.

치료자 : 네가 느낀 슬픈 기분을 점수로 나타낸다면 얼마쯤 될까?

티나 : 아마 10점 만점 중에서 8점 정도 되었을 거예요.

이 대화는 치료자가 티나에게 여러 가지 부정적 감정상태를 구분하도록 돕는 과정을 보여주고 있다. 어떤 청소년은 자신의 감정을 파악하는 데 능숙하지만, 어떤 청소년은 도움을

> **글상자 4.2** **기분 점검**
>
> - 단순하게 한다.
> - 창의적으로 한다.
> - 내담자가 정서를 절대적으로 평가하기보다 측정을 통해 정도를 평가하도록 돕는다.
> - CDI-2, MASC, BDI, SCARED 등과 같은 공식적 자기보고 측정도구의 사용을 고려한다.
> - 문화적 배경에 주의를 기울인다.

필요로 한다. 치료자의 역할은 지나치게 지시적이지 않으면서 청소년이 감정을 파악할 수 있도록 안내하는 것이다. 앞의 예에서 치료자는 티나에게 선택할 수 있게 해주고, 스스로 감정을 표현할 기회를 주었다(예 : "'별로 좋지 않았던' 기분에 대해 좀 더 말해줄 수 있겠니? … 기분이 나빴을 때 그것은 화가 난 느낌이었을까, 아니면 슬프거나 겁이 나는 기분이었을까?"). 자신의 기분을 확인한 뒤, 티나는 자신이 느낀 슬픔의 정도를 점수로 표현할 수 있었다.

청소년은 대개 부정적 정서를 모두 '나쁘다.'라는 한 가지 명칭으로 묶어서 표현한다. 서로 다른 부정적 감정상태를 구분하는 것은 그러한 감정에 수반된 인지의 파악을 준비시키는 데 도움이 된다. 그리고 정서반응을 좀 더 자주 하게 되고, 파악하기도 쉬워지며 정도를 평가할 수 있게 된다. 자신의 감정을 파악하는 데 어려움을 보이는 청소년의 경우에는, 이것을 안건으로 올려서 감정파악 기술을 향상시키는 데 좀 더 많은 시간을 할애할 수 있다. 글상자 4.2에는 기분 점검에 대한 팁이 제시되어 있다.

숙제 검토

매 치료시간에서 던져야 할 두 번째 공은 숙제 검토이다. 치료자는 아동이 숙제를 해왔는지의 여부, 숙제의 내용, 숙제에 대한 아동의 반응을 검토한다. 숙제에 대한 아동의 반응과 숙제의 내용은 아동의 내면세계를 엿볼 수 있는 의미 있는 자료이다. 숙제 검토는 치료과정에서 숙제가 갖는 역할과 그 중요성을 다음의 세 가지 차원에서 강조해준다. 첫째, 숙제는 증상을 감소시키고 기분을 향상시키는 데 필요한 기술을 연습하도록 해준다. 둘째, 숙제를 검토하는 과정은 치료자가 아동의 기분과 생각, 그리고 숙제에 대한 반응에 관심을 갖고 있다는 것을 전달해준다. 셋째, 숙제 검토는 숙제가 치료에 필수적이라는 메시지를 전달해주며, 내담자의 노력에 강화를 제공한다(A. T. Beck et al., 1979; J. S. Beck, 2011; Burns, 1989).

숙제를 치료과정 속에 포함시키고, 매주 숙제에 관해 이야기를 나누며, 앞의 치료시간에서 배운 기술을 다른 치료시간 속에 통합시킴으로써, 치료자는 숙제가 가치 있다는 것을 보여주는 것이다. 다음의 대화는 숙제를 어떻게 검토하는지 보여주고 있다.

> 치료자 : 활동계획지를 이번 주에 다시 가져왔구나.
>
> 닉 : 지난주에 말했던 것처럼 친구랑 함께 영화 보러가는 계획을 세웠구요. 이번 주에 야구를 한 번 했어요.
>
> 치료자 : 지난 한 주간 숙제를 하면서 기분이 어땠니?
>
> 닉 : 처음에는 힘들었어요. 정말 하고 싶지 않았거든요. 그런데 한번 해보고 기분이 좋아지는지 알아보자고 생각하며 해보기로 마음먹었어요.
>
> 치료자 : 숙제에 대해 어떤 생각이 들었었는데?
>
> 닉 : 너무 피곤했고요. 해봤자 별 도움이 되지 않을 거라고 생각했어요.
>
> 치료자 : 그런데도 왜 하기로 마음 먹었을까?
>
> 닉 : 글쎄요, 그냥 선생님하고 했던 이야기를 생각해봤어요. 그리고 도움이 되는지 아닌지 실험 삼아 한번 해보자고 생각했어요.
>
> 치료자 : 활동을 하기 전에는 기분이 어땠니?
>
> 닉 : 슬픈 기분이 들었어요. 한 7점쯤 되었어요. 정말 아무것도 하고 싶지 않았어요.
>
> 치료자 : 그럼 활동을 하고난 후에는?
>
> 닉 : 영화를 보고 난 후에는 3점쯤 되었어요. 정말 즐거운 시간이었어요. 그리고 영화는 정말 재미있었어요. 야구를 하고 난 후에는 5점쯤 되었어요. 영화만큼 그렇게 재미있지는 않았지만 그런대로 도움이 되었어요.
>
> 치료자 : 네 기분이 달라진 것에 대해 어떻게 생각하니?
>
> 닉 : 뭔가를 하니까 기분이 달라졌어요. 아마도 실험이 성공한 것 같아요.

이 대화에서 치료자는 닉과 숙제의 내용뿐 아니라 숙제를 하는 과정에 대해서도 이야기하고 있다. 숙제에 대한 닉의 감정과 생각(예 : "너무 피곤했고요. 해봤자 별 도움이 되지 않을 거라고 생각했어요.")에 주의를 기울이는 치료자의 모습이 인상적이다. 또 치료자는 활동을 하면 기분이 달라질 것인지에 대한 닉의 생각을 검증하였다. 그리고 소크라테스식 질문을 이용해 부드럽게 대화를 이끌어갔다.

숙제 검토는 내담자가 숙제를 완수하지 않았을 때에도 효과적이다. 치료자는 숙제를 완수하지 않았다는 점을 직접 언급하면서 완수를 방해한 요인들을 파악하는 것에 대한 관심을 전달한다. 완수를 방해한 요인들을 검토함으로써 중요한 정보를 얻을 수 있다. 숙제가 아동에게 너무 도전적이거나 혼란스러웠을 수도 있고, 당황스러웠을 수도 있다. 또는 아동이 숙제와 자신의 현재 증상 간의 관계를 이해하지 못했을 수도 있다. 완성하지 못한 숙제를 검토함으로써 얻어지는 결과로는 방해요인을 더 잘 이해할 수 있게 되고, 앞으로의 치료과제에 대한 순응을 향상시킬 수 있으며, 숙제를 설정할 때 내담자와의 협력을 증가시킬 수 있다. 다음의 예는 숙제가 완수되지 않았음을 치료자가 어떻게 언급하는지를 보여준다. 이때 치료자는 숙제의 중요성을 강조하며 내담자가 수치감을 느끼거나 벌을 받는 것처럼 느끼지 않도록 한다.

치료자 : 네가 해야 했던 숙제는 감정기록지를 3개 적어보는 것이었어. 숙제장을 손에 들고 있구나.

요나 : 그런데요, 사실 숙제를 하지 못했어요.

치료자 : 그렇구나. 무엇 때문에 숙제를 하지 못했다고 생각하니?

요나 : 정말로 시간이 없었어요. 이번 주에는 축구 연습을 두 번이나 가야 했고요, 하루는 아빠와 저녁을 먹었어요. 그리고 다른 날 저녁에는 해야 할 학교 숙제가 엄청 많았어요. 정말이지 시간이 부족했어요.

치료자 : 와, 정말 바쁜 한 주를 보낸 것 같구나. 이 점에 대해 좀 더 얘기해보고, 우리가 함께 문제를 해결할 수 있는지 알아보자. 어때?

요나 : 좋아요, 아마도요.

치료자 : 자, 방금 네가 정말로 바쁜 한 주를 보냈다고 말했었지. 학교 숙제가 엄청 많았던 날에 만약 감정기록지를 하나 작성했다면 시간이 얼마나 걸렸을까?

요나 : 아마도 10분 내지 15분이요.

치료자 : 그렇구나. 좋아, 만약 네가 감정기록지를 하나 작성했더라면 너에게 얼마나 도움이 되었을 거라고 생각하니?

요나 : 별로 도움이 되지는 않았을 거예요. 나의 감정을 이미 알고 있는데 그것을 왜 꼭 기록지에 적어야 하는지 이해가 안 돼요.

이 사례에서 치료자는 숙제 검토를 통해 요나의 두 가지 예측(과제의 양과 과제의 유용성)을 확인하도록 도와주었다. 이러한 예측은 검증될 수 있으며, 만약 검증 결과가 요나의 예측과 차이를 보인다면 이 자료를 통해 미래의 치료숙제 문제를 해결할 수 있고 숙제 완수를 향상시킬 수 있을 것이다.

아동과 함께하는 숙제 검토

어린 아동과 함께 숙제를 검토하는 것은 쉽지 않다. 나이 어린 아동은 발달수준이 낮기 때문에 보다 구체적인 사고과정을 활용해야 한다. 숙제 검토는 어린 아동에게 추상적인 치료 원리를 구체적인 실제로 바꾸어 전달해주는 역할을 한다. 놀랄 것도 없이 어린 아동의 주의 집중 시간은 짧다. 따라서 어린 아동과 함께 숙제를 검토할 때는 재미있게 해야 한다. 숙제 검토는 기술을 연습할 수 있는 기회를 제공한다. 기술은 연습을 많이 할수록 습득도 잘되고 재생도 잘된다. 다음의 짧은 대화는 어린 아동과 함께 숙제를 어떻게 검토하는지 보여주고 있다.

> 치료자 : 얼굴에 기분을 그려보는 숙제를 해왔네. 숙제를 잊지 않고 해오다니 참 잘했구나. 어떤 그림에 대해 먼저 말해보겠니?
> 더그 : 화난 그림이요.
> 치료자 : 그래. 먼저 화난 그림을 보자. 너도 화난 표정을 한번 지어 보겠니?
> 더그 : (화난 표정을 지으며 웃는다)
> 치료자 : 와, 정말 무섭다! 네가 화난 표정을 지을 때, 화가 났다는 걸 어떻게 알 수 있지?

이 예는 치료자가 단순히 숙제를 검사할 뿐만 아니라, 숙제 검토에 아동을 참여시키는 방법을 보여주고 있다. 치료자는 놀이를 하듯 아동과 상호작용을 하며(예 : "와, 정말 무섭다!"), 또한 숙제를 해온 더그에게 강화를 제공한다(예 : "숙제를 잊지 않고 해오다니 참 잘했구나."). 아마도 치료자의 유쾌하고 흥미로운 태도 덕분에 더그가 숙제를 기억할 수 있었을지도 모른다.

학교 공부에 어려움이 있거나 숙제를 완수하는 데 어려움이 있는 아동은 특히 '숙제'라는 표현을 부정적으로 받아들이기 쉽다. '주간 프로젝트'나 '도움 용지' 같은 창의적 명칭을 사용할 수도 있고, 숙제 대신 새로운 이름을 사용하면 학교 공부와 연결된 부정적 느낌을 피할 수 있다. Kendall과 동료들(1992)은 숙제 대신 "할 수 있다는 것을 보여줘(Show That I Can, STIC)" 활동이란 명칭을 사용했다. 따라서 "이게 바로 숙제란다."라고 말하는 대신 "할 수 있다는 것을 보여주겠니?"라는 말로 아동을 독려할 수 있다. 또한 학교에서 내주는 숙제와 치료 중에 내주는 숙제가 다르다는 것을 아동과 함께 이야기해보는 것이 좋다. 치료 중에 내주는 숙제에는 맞고 틀린 답이 없으며, 기분과 생각의 파악을 돕고 기분이 좋아지는 데 도움이 되는 활동을 하는 기회를 제공해준다.

청소년과 함께하는 숙제 검토

청소년은 어른들의 한계를 테스트하길 좋아한다. 숙제에 대한 불순종과 회피, 저항에는 청소년의 자연스러운 반항심과 독립에 대한 욕구가 반영되어 있다. 또한 청소년은 실험하기를 좋아한다. 따라서 치료자는 '숙제'라는 표현 대신 '실험해보아야 할 가설'이란 표현을 사용함으로써 청소년에게 지시하는 역할로부터 벗어날 수 있다. 청소년은 지시를 받는 대신 경험을 통해 스스로 자신에게 어떤 개입방법이 가장 효과적인지를 배우게 된다. 청소년과 대치하는 입장을 취하기보다는 숙제가 얼마나 가치 있는지를 청소년과 함께 협력적으로 결정하는 것이 좋다. 다음의 예는 청소년의 숙제 검토를 어떻게 하는지 보여주고 있다.

치료자 : 숙제를 해왔구나.

마커스 : 네. 생각기록지 3개를 모두 다 했어요.

치료자 : 생각기록지를 작성해오는 숙제를 잊지 않고 해오다니 정말 대단하네. 숙제에 대해 어떤 생각이 들었는지 궁금하구나.

마커스 : 이번 숙제는 단순히 내가 느낀 감정을 적어오는 지난주 숙제보다 좋았어요. 이번 숙제는 내가 기분이 나빴을 때 마음속에 스쳐 지나간 것에 주의를 기울임으로써 왜 기분이 나빠졌는지를 알 수 있었기 때문에 훨씬 도움이 되었어요.

치료자 : 그럼 다시 해볼 만한 가치가 하다고 생각하니?

마커스 : 네. 쓰는 걸 좋아하진 않지만 저한테 도움이 되는 것 같아요.

치료자는 숙제를 지시만 하기보다는 마커스 스스로 숙제의 효과를 평가해보게 하였다(예 : "숙제에 대해 어떤 생각이 들었는지 궁금하구나."). 따라서 마커스는 지난주 숙제와 이번 주 숙제를 비교해보고 자신에게 어떤 게 더 효과적인지 결정할 수 있었다(예 : "이번 숙제는 내가 기분이 나빴을 때 마음속에 스쳐 지나간 것들에 주의를 기울임으로써 내가 왜 기분이 나빠졌는지를 알 수 있었기 때문에 훨씬 도움이 되었어요."). 또한 치료자는 마커스에게 숙제를 계속 할 것인지에 대해서도 결정하게 하였다(예 : "그럼 다시 해볼 만한 가치가 하다고 생각하니?"). 치료자는 숙제를 완수하지 않은 청소년과도 이와 유사하게 협력할 수 있다.

치료자 : 지난 주간에는 즐거운 일 계획하기 과제를 두 번 작성한 것 같구나.

칼 : 네. 그 이틀은 정말 잘 보냈어요. 하지만 다른 날들은 고약했어요. 그래서 계획한 일들을 하고 싶지 않았어요.

치료자 : 그것 참 흥미롭구나. 네가 잘 보낸 이틀은 네가 계획을 세웠던 날들이네. 만약 즐거운 계획하기를 계속 했더라면 힘들었던 날들이 어떻게 달라졌을지 궁금하구나.

이런 방식으로 치료자는 청소년에게 숙제를 매일 해야 한다고 설득하는 대신 자료수집과

'실험'의 기회를 안내할 수 있다. 이 연습은 청소년이 다음 주에 기꺼이 가설을 '검증'해 보고 한 주 동안 어떤 변화가 있는지 알아보도록 촉진할 수 있다.

안건 정하기

안건 정하기는 치료시간의 구조 중 세 번째 요소로, 치료를 준비시켜주며 치료의 방향을 정해준다(Freeman & Dattilio, 1992). 안건 정하기는 피드백 이끌어내기와 더불어 성공적인 치료에 있어서 매우 중요하다(Burns, 1989). 안건 정하기란 치료시간 중에 언급될 항목 혹은 주제를 확인하는 것을 말한다. 먼저 모든 항목을 나열한 후에 각 항목별로 시간을 얼마나 할애할 것인지 대략적으로 정한다. 이렇게 하면 항목들의 우선순위가 정해진다. 안건으로 올리는 항목은 치료의 단계, 내담자의 진전, 가장 힘든 문제, 증상의 정도, 이전 치료시간에 남겨진 항목 등에 따라 달라진다(A. T. Beck et al., 1979). 안건을 정할 때 가장 중요한 열쇠는 치료자와 내담자의 협력이다. 만약 치료자와 내담자가 안건에 대해 협력할 수 없다면 치료의 진전을 기대하기 어렵다.

안건 정하기는 아동과 청소년에게 친숙하지 않은 과제이다. 따라서 아동과 청소년에게 안건 정하기의 과정과 절차를 설명하는 것이 도움이 된다(J. S. Beck, 2011). 치료자는 보통 소크라테스식 대화법을 적용하여 아동에게 안건 정하기의 장점과 단점을 생각해보게 한다. 그런 다음 안건 정하기 뒤에 숨겨져 있는 의미와 이유를 설명함으로써 생각을 넓혀나간다. 또한 치료자는 안건의 항목들을 간략히 언급함으로써 아동과 청소년에게 안건을 정하는 과정을 보여준다. 다음의 예에서 청소년은 지난 치료시간 이후에 일어났던 문제를 안건으로 덧붙일 것인지를 묻는 치료자에게 다음과 같이 반응하고 있다.

> 치료자 : 오늘 이야기할 안건을 만들어보자. 안건으로 올리고 싶은 게 있니?
>
> 엘리자베스 : 엄마랑 크게 다퉜어요. 엄마는 친구들을 만나러 나가지 못하게 했어요. 우리 엄만 정말 이상해요. 다른 애들은 모두 나갔거든요. 정말 화가 났어요! 결국 엄마는 내가 말대꾸를 했다는 이유로 3일간 외출을 금지했어요.
>
> 치료자 : 그럼 엄마와 다투었던 얘기를 하고 싶겠구나.
>
> 엘리자베스 : 예, 우리 엄마는 상식이 통하질 않아요. 항상 나한테 먼저 소리를 지르고는 외출금지를 한다니까요.
>
> 치료자 : 네가 정말 화가 났고 또 이것에 대해 자세히 이야기하고 싶다는 걸 알겠구나. 이것이 오늘 가장 먼저 이야기하고 싶은 안건이니?
>
> 엘리자베스 : 맞아요.

치료자 : 좋아. 그럼 이것을 첫 번째 안건으로 적어볼까?

위의 대화는 치료자가 내담자의 장황한 이야기를 하나의 안건항목으로 돌리는 예를 보여준다. 안건항목을 적으면 치료시간의 초점을 유지하는 데 도움이 된다. 또한 각 치료시간에서 다룬 내용을 검토하기 위한 기록을 제공해준다. 정서적 각성이 일어났을 때 아동과 청소년은 각성을 회피하고 스트레스를 받지 않기 위해 주제를 바꾸려할 때가 많다. 이때 치료자는 부드럽게 미리 정한 안건을 상기시켜줌으로써 내담자가 회피하려 했던 주제로 되돌아오게 할 수 있다.

안건 정하기를 힘들어하는 아동에게는 그 자체를 하나의 안건으로 이용하기를 권고한다. 이렇게 하면 안건 정하기에 대한 아동의 문제나 어려움을 해결할 수 있다. 다음의 질문들은 안건 정하기와 관련된 아동의 문제를 살펴보는 과정을 도와줄 것이다.

- 안건을 정하는 것의 장점과 단점은 무엇인가?
- 안건을 정함으로써 얻을 수 있는 것은 무엇인가?
- 안건을 정하지 않음으로써 얻을 수 있는 것은 무엇인가?
- 안건을 정함으로써 잃게 되는 것은 무엇인가?
- 안건을 정하지 않음으로써 잃게 되는 것은 무엇인가?
- 안건을 정하는 것이 내담자에게 어떤 의미가 있는가?
- 안건을 정할 경우 어떠한 위험이 따르는가?

아동과 함께 안건 정하기

아동은 부모나 교사가 대신 목표를 세워주는 것에 익숙하다. 안건 정하기는 아동 스스로 자신의 문제를 꺼내놓도록 해준다. 어린 아동에게는 '안건 정하기'라는 표현을 쓰지 않는 것이 좋다. 대신 "오늘은 무엇에 대해 이야기를 하면 좋을까?"라고 물어본다. 어린 아동에게는 1~3개 정도의 안건을 다루는 것이 적당하다. 아동이 안건을 말하기 어려워할 경우에는 하고 싶은 이야기를 영화나 책, TV 프로그램의 제목처럼 말해보게 한다. 다음의 대화는 이 과정을 잘 보여주고 있다.

치료자 : 오늘 함께 이야기해볼 것들을 적어볼까?

마일로 : 동생 때문에 화가 나요. 걔는 정말 말썽쟁이고, 언제나 날 골탕 먹여요. 어제 저녁에는 내가 갖고 놀던 게임을 뺏어서 내가 다시 뺏으려 했거든요. 그런데 걔가 엄마한테 일러서 나는 저녁 내내 게임을 하지 못했어요.

> 치료자 : 정말 네가 화가 났었나 보구나. 네가 말할 때 목소리가 커지고 눈도 정말 커졌었거든. 좋아, 그럼 오늘 이것에 대해 이야기해보자. 여기에 어떤 제목으로 적으면 좋을까?
>
> 마일로 : '불공평'이라고 적으면 좋을 것 같아요. 왜냐하면 동생 때문에 내가 골탕을 먹은 것은 공평하지가 않거든요.

이 대화는 안건에 올릴 주제를 아동으로부터 끌어내는 방법을 보여주고 있다(예 : "오늘 함께 이야기해볼 것들을 적어볼까?). 치료자는 마일로의 이야기를 잘 들어주면서 동시에 마일로가 스스로 문제를 확인하도록 안내한다(예 : "여기에 어떤 제목으로 적으면 좋을까?"). 또한 치료자는 아동의 경험을 공감하고 존중해주는 모습을 보여주고 있다. 아동은 자신의 걱정거리에 대해 표현했고 치료자는 아동의 문제를 공감해주었다. 따라서 안건 정하기는 아동의 걱정거리를 끌어내어 공감해줌으로써 치료가 정점을 향해 나아가는 것을 촉진해주었다.

청소년과 함께 안건 정하기

청소년 내담자는 다른 사람의 통제나 지시를 받는 것에 특히 민감하다. 치료자는 안건을 정하는 과정에 청소년을 참여시킴으로써 청소년이 치료과정에서 적극적인 역할을 한다고 느끼게 만든다. 안건 정하기는 청소년에게 통제감을 느끼도록 하고 적극적인 참여를 돕는다. 예를 들어보자. 치료자는 "우리는 지금까지 부모님이 왜 너를 이곳에 데리고 오셨는지 이야기를 나눴어. 그런데 나는 네가 무엇에 대해 이야기하고 싶은지 듣고 싶단다. 네가 향상시키거나 변화시키고 싶어 하는 것이 무엇인지 궁금해." 청소년은 치료를 받지 않아도 되는 것이라고 답변할 수 있다. 그러면 치료자는 청소년과 함께 좀 더 구체적인 하위 목표를 정한다. 구체적인 하위 목표의 예로는 '형제들과의 싸움을 줄여 부모님이 화를 내지 않도록 하기'이다. 이런 식으로 치료자는 청소년과 공동의 안건(예 : 치료의 종결)을 만들어 나가는 것이다.

안건 정하기는 청소년에게도 어렵다. 말할 것이 너무 많아 어떤 것부터 시작해야 할지 모르는 경우가 많기 때문이다. 이럴 때는 "우리가 오늘 한 가지에 대해서만 이야기할 수 있다면 무엇에 대해 이야기하면 좋을까?"라고 질문한다. 청소년에게 다루고 싶은 것을 생각해보게 하면 치료에 대한 만족도를 높이는 데도 도움이 된다(예 : "네가 이야기하고 싶은 것 중에서 가장 중요한 것은 무엇이지? 왜 이것이 중요할까?"). 청소년은 자기 스스로 설정한 목표를 다룰 때 더 동기화된다.

구조를 싫어하고 치료자의 한계를 테스트하기 좋아하는 청소년은 안건 정하기를 힘들어한다. 청소년이 치료자의 한계를 테스트하려 할 때는 치료시간의 구조를 일관성 있게 유지하는 것이 중요하다. 치료자가 치료시간의 구조를 일관성 있게 유지하지 못한다는 것을 청소년이 알게 되면, 치료자가 치료의 다른 영역에서도 열의를 다하지 않을 거라고 의심하게 된다. 일관성이야말로 청소년이 치료를 계속 받도록 만드는 중요한 요인이다. 일관성은 청소년이 겪어온 혼돈과 대비되는 것이기 때문이다. 원칙과 한계를 분명히 하는 것은 치료자가 약속을 지킬 것이란 메시지를 전달해주며 신뢰 형성을 촉진한다.

치료자 : 오늘은 무엇을 안건에 올려 얘기하고 싶니?

멜리사 : 지난주에도 물으셨잖아요. 이번에는 선생님이 정하세요.

치료자 : 하지만 나는 너한테 중요한 것을 가장 얘기하고 싶단다.

멜리사 : 선생님이 전문가시니까 뭐가 중요한지 말씀해주세요.

치료자 : 멜리사야, 사실은 너에 대해서는 네가 가장 전문가란다. 너에게 중요한 것이 무엇이고 너를 힘들게 하는 게 무엇인지는 네가 선택해야 해. 만약 나와 함께 선택하길 원한다면 네가 쉽게 선택할 수 있는 방법을 함께 찾아볼 수는 있을 거야.

멜리사 : 알았어요. 어떻게 하면 되죠?

치료자 : 우선 오늘 네가 가장 도움받고 싶은 것이 무엇인지 생각해보자.

멜리사 : 이번 주의 가장 큰 문제는 부모님이 항상 나에게 뭘 하라고 명령하시는 거예요.

치료자 : 좋아. 그걸 안건으로 적어보자. 그 밖에 얘기하거나 해결하고 싶은 다른 문제는 없니?

멜리사는 자신의 생활에 대해 통제감을 상실했다고 생각하기 때문에 치료자에게 협조하기를 거부하며 통제감을 찾으려 애쓰고 있다. 청소년은 일반적으로 독립을 주장하고 싶은 바람과 자신에게 주어진 독립을 어떻게 해야 할지 모르는 기분 사이에서 방황한다. 멜리사는 최선의 안건을 선택하는 방법을 모르는 것으로 보이며 또한 불확실성을 받아들이지 못하기 때문에 반항적인 입장을 취하고 있는 것이다. 멜리사에게 안건 정하기의 목적을 상기시켜주고 안내함으로써 치료자는 멜리사가 중요한 문제에 초점을 유지하면서 안건을 정할 수

글상자 4.3   안건 정하기를 위한 팁

• 아동과 청소년에게는 안건 정하기가 새롭고 익숙하지 않은 과정임을 기억한다.
• 어린 아동에게는 1~3가지 안건이 현실적이다.
• 안건 항목들을 기록하는 것은 유용한 전략이다.
• 안건 정하기를 힘들어할 때는 그 문제를 하나의 안건으로 활용한다.

있도록 돕고 있다. 또한 치료자는 독립에 대한 멜리사의 욕구를 인정하면서 멜리사가 스스로 통제하도록 허용하고 있다(즉, "너에게 중요한 것이 무엇이고 너를 힘들게 하는 게 무엇인지는 네가 선택해야 해."). 글상자 4.3은 안건 정하기의 요소들을 보여주고 있다.

치료시간의 내용

구체적인 안건 항목은 치료시간의 내용에서 다룬다. 치료의 내용은 공감, 소크라테스식 질문법, 문제해결, 행동실험 등의 다양한 기법을 통해 다루어진다. 치료시간의 내용에는 라포의 형성 및 유지, 인지모형의 설명, 문제해결, 치료목표의 설정, 자동적 사고 확인, 증상 감소 등의 목표들이 포함된다(J. S. Beck, 2011). 치료시간의 내용을 진행하는 동안 치료자는 내담자가 특정 영역에 주의를 기울이도록 질문을 던지고 문제해결 방법을 소개하며, 내담자의 기능과 대처능력을 평가하고 특정 생각과 감정을 불러일으키기도 한다(A. T. Beck et al., 1979).

　아동을 대상으로 인지치료를 수행할 때 치료의 내용과 과정, 그리고 구조 사이의 균형을 이루는 것은 매우 중요하다(Friedberg, 1995). **치료구조**(therapeutic structure)란 생각일기, 게임, 숙제 등과 같이 치료에 포함되는 과제들을 포괄하는 용어이며, **치료내용**(therapeutic content)은 다양한 치료절차에 의해 유발되는 생각과 기분, 행동을 말한다. 예컨대 생각일기(혹은 생각기록지)는 치료구조의 한 형태이며 생각일기에 기록된 생각과 기분, 사건은 치료내용이다. **치료과정**(therapeutic process)이란 치료 중에 아동이 과제를 수행하고 질문에 응답하며, 문제를 해결하는 방식을 나타내는 용어이다. 어떤 아동은 생각기록지를 열심히 작성하고 치료자에게 솔직한 답변을 제공하는 반면, 어떤 아동은 정서적으로 그다지 의미 없는 평범한 내용으로 응답한다. 또 어떤 아동은 과제 자체를 거부하는 모습을 보인다. 따라서 치료구조는 일정하게 유지되지만 내용과 과정은 개별 아동에 따라 달라질 수밖에 없다. 치료의 구조와 내용, 과정에 주의를 기울이고 융통성 있게 진행함으로써 개별 아동을 존중하는 마음을 전달하게 된다.

아동과 함께하는 치료시간의 내용

치료자가 선택하는 단어나 문장의 길이는 어린 아동이 이해하는 데 영향을 미친다(예 : "화가 정말로 끓어오르는구나."). 따라서 치료자는 아동의 발달수준에 맞는 언어를 사용해야 한다. 가령 어린 아동과 대화를 나눌 때는 쉬운 단어와 짧은 문장을 사용하는 것이 좋다. 어린 아동은 동시에 여러 과제에 주의를 기울이는 것에 어려움을 보인다. 따라서 아동의 특성에 맞게 지시하고 중간에 아동이 잘 이해하고 있는지도 확인해보아야 한다.

치료시간의 내용은 또한 아동의 동기수준에 의해 영향을 받는다. 동기수준이 낮은 아동들은 치료시간 활동에 참여하기를 꺼린다. 치료자는 활동을 재미있게 하고 협력을 격려함으로써 아동의 동기를 증가시켜야 한다. 치료자는 아동의 흥미를 끌기 위해 창의적으로 접근할 수 있다. 아동의 반응을 높일 수 있는 한 가지 방법은 치료자가 열정적으로 활동에 몰입하는 것이다. 장난감이나 이야기책, 그림, 공예활동 등을 이용하면 치료활동에 대한 흥미를 증진시킬 수 있다. 다음의 대화는 치료자가 아동의 동기를 어떻게 높일 수 있는지 보여주고 있다.

제니퍼 : 오늘은 말하고 싶지 않아요. 여기서는 말하고 기록지 작성하는 것밖에 하지 않아요. 너무 지루하고 재미없어요. 오늘은 아무것도 하지 않을 거예요.

치료자 : 오늘은 함께 할 게임을 준비했단다. 네가 게임에서 이기면 줄 선물까지 준비했어.

제니퍼 : 아마 속임수일 거예요. 여전히 지루할 거예요.

치료자 : 그게 너에게 지루할지 어떨지 모르겠다만, 해보기 전에는 알 수 없으니 한번 해보는 게 어떨까?

제니퍼 : 뭘 하는 건데요?

치료자 : 이 카드들 보이지? 이 카드들은 한 면은 백지이고 반대 면에는 질문이 적혀 있단다. 카드들에는 네가 좋아하는 것과 싫어하는 것, 너의 기분, 그 밖의 다른 것을 물어보는 질문이 적혀 있어. 이제 질문이 적힌 면이 보이지 않게 바닥에 이 카드들을 뿌릴 거야.

제니퍼 : 뿌리는 걸 제가 도와드릴까요?

치료자 : 이제 토큰을 던져서 어떤 카드 위에 떨어지는지 보자. 토큰이 카드 위에 떨어지면 그 카드를 집어서 질문을 읽는 거야. 네가 질문에 답변할 때마다 칩을 하나씩 줄게. 만약 토큰이 카드를 맞추지 못하고 바닥에 떨어지면 내 차례야. 준비됐니?

제니퍼는 처음에는 낮은 동기를 보이며 참여하기 싫어했다. 말하거나 쓰기 같은 치료시간 활동에는 반응하지 않겠다고 말했다. 그러나 치료자는 아동과 함께할 수 있는 게임을 통해 기분과 생각을 확인하는 창의적인 방법을 제안하였다. 치료자는 참여를 강요하거나 확실히 재미있을 거라고 말하지 않으면서도 자연스럽게 제니퍼의 흥미를 이끌어냈다(예 : "그게 너에게 지루할지 어떨지 모르겠다만, 해보기 전에는 알 수 없으니 한번 해보는 게 어떨까?"). 제니퍼가 게임을 좋아할 경우에는 제니퍼의 '추측'(예 : "아마 속임수일 거예요. 여전히 지루할 거예요.")이 때로는 틀릴 수도 있다는 것을 보여주는 기회를 가질 수 있다.

청소년과 함께하는 치료시간의 내용

치료자는 창의성과 융통성을 발휘해 청소년과 함께 하는 치료시간의 내용을 효과적으로 변형시킬 수 있다. 청소년의 관심거리를 치료시간 내용에 통합시키면 청소년의 흥미를 유발할 수 있다. 예컨대 글쓰기를 좋아하는 청소년은 정서를 기록하는 일기를 쓰게 하면 좋아할 것이다. 청소년이 치료에 대해 통제감이나 선택권을 느낄 수 있도록 하는 것이 특히 중요하다. 치료자는 청소년에게 통제와 선택이 가능하다는 것을 인식하게 함으로써 청소년 내담자의 역량을 강화시키고 동기를 증진시킬 수 있다.

> 치료자 : 오늘 가장 먼저 얘기하고 싶은 안건은 여동생과의 문제라고 했지?
>
> 켈시 : 네. 여동생은 저보다 두 살 어려요. 그런데 걔는 내 친구들이 집에 올 때마다 주변을 맴돌아서 짜증나요. 걔는 어린애고, 우리는 개인적인 이야기를 하거든요. 그런데 자꾸 와서 얼쩡거려요. 해볼 수 있는 건 다 해보았지만 걔를 어떻게 할 수가 없어요.
>
> 치료자 : 때론 네가 해볼 수 있는 모든 것들을 나열해보면 도움이 된단다. 그런 다음 어떤 것이 도움이 될지 결정하는 거야.
>
> 켈시 : 적으라고요?
>
> 치료자 : 적으면 어떻게 도움이 될 것 같니?
>
> 켈시 : 글쎄요. 적어 놓으면 동생이 짜증나게 할 때 무엇을 해볼 수 있을지 찾기 쉽겠네요. 매일 가지고 다니는 수첩에 적어놓으면 더 좋겠어요.
>
> 치료자 : 그렇다면 이 문제를 해결하기 위해 지금까지 어떤 노력을 해보았지?

이 예에서 치료자는 치료시간의 내용을 켈시가 가장 중요한 안건으로 삼은 문제로 시작하고 있다. 치료자는 문제해결 전략을 알려주기 위해 켈시의 문제를 활용하고 있다. 그렇게 함으로써 치료시간의 내용을 의미 있게 하고 내담자의 흥미를 유지할 수 있다. 또한 이 예에서 치료자는 문제해결 기술이 켈시의 상황에 적용될 수 있도록 치료시간의 활동을 개별화하였다. 그리고 켈시는 자신의 수첩에 기록하기로 선택함으로써 치료활동을 자신의 것으로 만들고 있다.

치료시간의 내용에 대해 이야기하는 동안 치료자는 청소년에게 필기하게 하거나 기술을 연습하게 하거나, 또는 기술의 일반화를 돕기 위한 숙제를 적게 할 수 있다(J. S. Beck, 2011). 청소년이 좋아하는 스포츠팀이나 영화배우 사진이 붙여진 수첩에다 치료시간에 이야기된 정보를 적게 하면 좋다. 그렇게 하면 수첩이 문제아동용이라는 표시가 나지 않기 때문에, 치료시간 활동에 대한 청소년의 관심과 협조를 증가시킬 수 있다. 또한 특별한 펜을 상으로 주고 그 펜으로 숙제를 하도록 할 수도 있다. 십 대 청소년들의 테크놀로지 사용 증가로 인해 약속이나 일정관리, 메모를 핸드폰으로 하는 청소년들이 많다. 이들은 자신의 생각과 감정을 핸드폰에 기록하기를 더 좋아한다. 이들은 거의 항상 핸드폰을 가지고 있기 때

글상자 4.4 **치료시간의 내용을 위한 팁**

- 치료의 구조와 내용, 과정 간의 균형을 유지한다.
- 치료자는 자신의 단어 선택, 언어, 진술 및 질문의 길이 등에 유념한다.
- 특히 어린 아동에게는 생동감 있고 재미있게 한다.
- 아동과 청소년의 흥미를 통합함으로써 절차 및 기법을 개별화시킨다.

문에, 핸드폰을 사용한다면 자신이 무엇을 해야 할지 친구들에게도 물어보지 않아도 되므로 걱정하지 않아도 된다(공책을 꺼내 무엇인가를 적는 것과 비교해보라). 글상자 4.4는 치료시간의 내용을 다룰 때 중요한 점들을 보여주고 있다.

숙제 내주기

숙제 내주기는 제10장에서 상세히 논의될 것이다. 여기에서 주목해야 할 것은 숙제가 매 치료시간에서 중요한 위치를 차지하며, 숙제는 치료시간의 내용으로부터 나온다는 점이다. 치료자는 숙제를 의미 있게 만듦으로써 치료에 대한 아동의 동기를 높여야 한다. 다음의 예는 어떻게 동기가 낮은 청소년에게 숙제를 하도록 돕는지 보여주고 있다.

조이 : 그 재미없는 숙제는 하고 싶지 않아요.

치료자 : 이거 헷갈리는 걸. 방금 전에 너는 걱정을 너무 많이 하지 않는 방법을 배우고 싶다고 말했거든. 그런데 지금은 네가 방금 말한 것을 하지 않겠다고 말하니 말이야.

조이 : 이건 도움이 되지 않을 거예요. 이 기록지는 재미없어요. 정말 하고 싶지 않아요.

치료자 : 이 숙제는 너의 걱정에 도움이 될 수도 있고 그렇지 않을 수도 있어. 나도 잘 모른단다. 우리 한 번 실험을 해보면 어떨까? 기록지를 작성하고 치료시간에 배운 기술을 연습하는 것이 너의 걱정에 영향을 미치는지 한번 알아보는 거야.

조이 : 말도 안 돼요! 저는 이 멍청한 기록지를 절대로 하지 않을 거예요.

치료자 : 한번 해보면 어떤 일이 일어날까?

조이 : 도움이 되지 않을 거라고 이미 말했잖아요. 저는 아무런 효과도 없는 멍청한 숙제를 하고 싶지 않아요. 이 숙제는 내게 희망이 없다는 것을 확인시켜줄 뿐이에요.

치료자 : 정말 숙제가 너의 걱정에 도움이 되지 않을 것인지 한번 알아보는 것에 대해서는 어떻게 생각하니?

조이 : 몰라요.

치료자 : 내가 전에 숙제는 마치 실험하기와 같다고 말했던 것 기억하니?

조이 : (고개를 끄덕인다)

치료자 : 만약 숙제가 너의 걱정에 아무런 도움을 주지 못한다는 것이 이 실험에서 밝혀진다면 우리가 앞으로 어떤 계획을 세울 수 있을까?

조이 : 또 다른 실험을 하나요?

치료자 : 맞아. 네가 걱정을 덜하게 될 때까지 우리는 새로운 것들을 계속 시도해볼 거야. 그러기 위해서는 네가 노력을 해야겠지. 한번 해보지 않을래?

조이 : 뭐 손해 볼 건 없겠네요.

이 예에서 처음에는 조이가 숙제하기를 거부했다(예 : "그 재미없는 숙제는 하고 싶지 않아요."). 치료자는 조이와 논쟁을 하는 대신 충분한 시간을 갖고 조이의 저항을 다루었으며, 그 결과로 조이의 왜곡된 인지가 드러났다. 결과적으로 조이에게 숙제를 내주고 완수하도록 하는 데 성공했다. 조이의 저항은 숙제에서 실패한다면 자신에게 희망이 없다는 것을 의미한다는 믿음과 걱정으로부터 생긴 것이다. 치료자는 소크라테스식 질문법을 사용하여 만약 숙제가 도움이 되지 않을 경우 어떻게 할 것인지 조이와 함께 계획을 세웠다("만약 숙제가 너의 걱정에 아무런 도움을 주지 못한다는 것이 이 실험에서 밝혀진다면 우리가 앞으로 어떤 계획을 세울 수 있을까?").

피드백 이끌어내기

치료시간의 구조 중 마지막 요소인 피드백 이끌어내기는 아동과 함께하는 인지치료에 있어서 가장 치료적인 전략이며 관계형성에 도움이 되는 요소이다. 치료자는 최소한 매 치료시간마다 후반부에 피드백을 이끌어내야 한다. 그러나 치료시간 중에도 언제든지 피드백을 구할 수 있다(A. T. Beck et al., 1979; J. S. Beck, 2011). 치료자는 아동에게 무엇이 도움이 되었고 무엇이 도움이 되지 않았는지, 치료시간이나 치료자에 대해 불편한 점은 없었는지 물어본다. 치료시간 초반에는 다음과 같이 질문할 수 있다.

- "지난 치료시간에 대해 어떤 생각이 떠오르니?"
- "지난 치료시간에 대한 생각이나 기분에 대해 나에게 말하고 싶은 게 있니?"
- "지난 치료시간에 대해 더 하고 싶은 말이 있니?"
- "지난 치료시간은 어땠어?"

- "지난 치료시간에 가장 좋았던 점은 무엇이었니?"
- "좋아하지 않았던 점은 무엇이었니?"

피드백 이끌어내기는 치료시간 후반부에도 이루어진다. 치료자는 치료시간이 끝나기 전 10~12분 정도를 할애하여 다음과 같이 질문할 수 있다.

- "이번 치료시간에 도움이 되었던 점은 무엇이었니?"
- "이번 치료시간에 도움이 되지 않았던 점은 무엇이었니?"
- "재미있었던 것은 무엇이었니?"
- "재미없었던 것은 무엇이었니?"
- "오늘 내가 했던 말이나 행동 중에서 맘에 들지 않았던 것이 있었니?"
- "오늘 우리가 함께했던 것 중에서 너에게 맞지 않았던 것이 있었니?"

치료자는 피드백을 이끌어냄으로써 내담자의 잘못된 지각, 불만족을 막을 수 있다. 그리고 치료, 치료자, 내담자-치료자 관계에 대한 내담자의 왜곡이 치료의 진전을 방해하는 것을 예방할 수 있다.

피드백하기를 어려워하는 아동들이 있다는 것은 놀랄 일이 아니다. 어떤 아동은 치료자를 실망시키거나 화나게 할까 봐 두려워하는 반면, 어떤 아동은 너무 복종적이고 협조적이다. 또한 문화의 영향으로 피드백하기를 억제하는 아동도 있고, 수동적이어서 자신의 생각을 마음에 담아두는 아동도 있다. 피드백을 꺼리는 태도의 저변에 깔린 동기와 신념이 무엇이든지 간에 치료자는 아동이 피드백하기를 왜 어려워하는지 탐색해보아야 한다.

아동에게서 피드백을 이끌어내는 방법은 다양하지만 저자들은 직접적인 방법을 제안하고자 한다. 즉, 아동과 청소년에게 직접적으로 치료과정을 되돌아보게 하는 것이다. 그러나 권위 있는 어른에게 피드백하는 것에 대해 대부분의 아동들은 낯설고 불편해하므로, 만약 아동이 불편해할 경우 치료자는 아동과 함께 이 점부터 문제해결을 해야 한다. 다음의 대화는 아동과 함께 피드백을 어떻게 진행하는지 보여주고 있다.

치료자 : 오늘 함께 한 시간 중에서 도움이 되었던 점은 무엇이었니?
제임스 : 일어난 일에 대해 누군가에게 얘기할 수 있었던 점이 좋았던 것 같아요.
치료자 : 그럼 오늘 너의 생각과 감정을 표현할 수 있었던 점이 도움이 되었다고 생각하니?
제임스 : 네.
치료자 : 그렇구나. 나도 네가 너의 감정과 생각을 표현해주어서 매우 기뻤단다. 정말 용기가 필요했을

거야. 그렇다면 오늘 치료시간에 대해 도움이 되지 않았거나 마음에 들지 않았던 점은 무엇이었니?

제임스 : 생각나는 게 없어요. 모든 게 좋았어요.

치료자 : 만약 그런 게 있었다면 나에게 말해줄 수 있을 것 같니?

제임스 : (머뭇거린다) 잘 모르겠어요. 아마도 그럴 거예요.

치료자 : 내가 네 신경을 건드렸다고 치자. 만약 네가 나에게 그 점을 말해준다면 무슨 일이 일어날 것 같니?

제임스 : 선생님이 화가 나서 나를 더 이상 좋아하지 않게 될 거예요.

이 대화가 주는 교훈은 무엇인가? 첫째, 치료자는 치료시간 중에 제임스가 기울인 노력을 칭찬해주었다(예 : "나도 네가 너의 감정과 생각을 표현해주어서 매우 기뻤단다. 정말 용기가 필요했을 거야."). 그런 다음 치료자는 부정적인 피드백하기를 꺼리는 아동의 마음과 연결된 자동적 사고를 드러냈다(예 : 내가 네 신경을 건드렸다고 치자. 만약 네가 나에게 그 점을 말해준다면 무슨 일이 일어날 것 같니?"). 아동의 자동적 사고를 파악했기 때문에 이제 치료자와 내담자는 그 생각이 정확한지 함께 검증해볼 수 있게 되었다.

피드백은 왜곡된 지각을 바로잡고, 나아가 치료적 관계를 단단하게 하는 데 도움을 준다(J. S. Beck, 2011). 내담자는 종종 치료자가 한 말을 잘못 해석한다. 따라서 그러한 잘못된 해석을 교정해주는 것이 중요하다(A. T Beck et al., 1979). 만약 치료자가 정기적으로 피드백을 구하고 이 피드백을 존중해준다면, 아동의 정직한 반응이 강화를 받게 된다. 따라서 표현되지 않은 불만족으로 인해 치료시간에 오지 않게 되는 것을 사전에 막을 수 있다.

피드백 이끌어내기는 치료자에게 쉽지 않은 일이다. 저자 중의 한 명도 처음에는 다음의 이유로 이 문제와 씨름을 해야 했다. 첫째, 치료자가 자신의 치료기술에 자신감이 없었을 때 내담자로부터 부정적 피드백을 받으면 자신이 잘하고 있지 못하다는 불안감을 정당화시켜줄 뿐이라고 생각했다. 둘째, 아동으로부터 받은 피드백에 대해 어떻게 반응해야 할지 잘 몰랐다. 만약 치료자로서 달라질 수 없다면 어떡하나? 피드백이 긍정적이든 부정적이든 어떻게 반응하나? 한편으로는 아동의 지각과 경험을 인정해주면서 피드백 속에 담겨 있는 왜곡된 인지를 어떻게 교정해줄 것인가? 이러한 불안에 직면하여 저자는 아동에게 시켰던 것을 직접 해볼 필요가 있다고 생각했다. 이것은 자료를 수집하고 불안을 검증하는 일이었다. 저자는 내담자가 보일 수 있는 최악의 반응들과 그러한 피드백을 처리할 수 있는 방법들을 나열해보았다. 그렇게 하자 아동의 피드백을 치료시간에 쉽게 통합할 수 있음을 깨달았다. 게다가 어떤 피드백은 사례개념화에 도움이 되기도 했다. 그때부터 저자는 아동에게서 피드백을 이끌어내기 시작했으며, 그렇게 함으로써 피드백을 이끌어내고 처리하는 데 한층 준비가 되어 있음을 느꼈다. 결과적으로 저자는 피드백을 구하지 않았더라면 발견하지 못했을 의미 있는 신념과 반응들을 얻을 수 있었고, 따라서 피드백을 통해 문제도 쉽게 확인하고 해결할 수 있게 되었다.

아동으로부터 피드백 이끌어내기

어린 아동들은 치료자가 피드백에 어떤 반응을 보일 것인지 잘 알지 못한다. 따라서 치료자는 피드백하는 과정을 아동에게 설명해주어야 한다. 아동이 부정적인 피드백을 하지 못할 때 치료자는 다음과 같이 물어볼 수 있다. "혹시 내가 네 신경을 건드리거나 불편하게 만든 게 있었다면 그게 무엇인지 얘기해줄래? 네가 말하면 내가 어떻게 할지 한번 맞춰볼게?" 피드백에 대해 아동이 좀 더 편안해지도록 하기 위해 치료자는 일부러 실수를 저지르고 나서 그것에 대해 부정적으로 반응하지 않는 모습을 보여줄 수 있다. 예를 들어, 저자 중 한 사람이 집단을 운영할 때의 일이다. 그때 저자는 종이에 구멍 뚫는 펀치를 2주간 연속해서 가져오지 않은 일이 있었다. 집단에 참여하는 아동들의 활동지에 구멍을 뚫어서 각 아동의 공책에 끼워 넣기 위해서는 펀치가 필요했다. 두 번째 잊어버렸을 때 저자는 아동들 앞에서 "구멍 뚫는 펀치를 또 잊어버리다니, 벌써 두 번째야! 맙소사! 다음에 잊어버리지 않고 기억하기 위해서 어떻게 하면 좋지?"라고 말했다. 집단의 아동들이 몇 가지 방법들을 제안하였다 (예 : 집단에 가져올 다른 물건들과 함께 두기, 쪽지에 적어놓기, 집단을 함께 이끄는 동료 리더에게 부탁하기). 그런 다음 저자는 아동들에게 돌아가며 생활 속에서 당면하는 문제들을 해결하기 위한 방법들을 생각해보게 하였다. "너희들이 때때로 잊어버리는 것들로는 어떤 것들이 있을까? 생활 속에서 잊지 말고 꼭 기억해야 할 것들을 기억하는 방법으로는 어떤 것들이 있을까?" 이렇게 함으로써 저자는 실수에 적절하게 대처하는 방법의 본보기를 보여주고, 아울러 실수를 당당히 인정하고 실수에 대해 부정적으로 반응하지 않는 모습을 보여줄 수 있었다.

피드백을 주저하는 아동이 가질 수 있는 신념들은 다양하다. 어린 아동은 피드백을 하는 것이 공손하지 못하다고 생각한다. 그들은 권위 있는 어른에게 피드백을 했을 때 미움을 받거나 야단을 맞을까 봐 두려워한다. 또 어떤 아동은 부정적인 피드백을 했을 때 치료자의 기분을 상하게 할 것이라 믿는다. 다음의 예는 피드백을 주저하는 아동을 치료자가 어떻게 다루며, 피드백하기와 관련된 아동의 신념을 어떻게 파악하는지 보여주고 있다.

치료자 : 오늘 했던 것 중에서 좋았던 점은 무엇이지?

킴벌리 : 인형놀이가 좋았어요. 저는 거북이 인형이 제일 좋아요.

치료자 : 인형놀이는 재미있지! 오늘 했던 것 중에서 싫었던 점은 없었니?

킴벌리 : 모두 좋았어요.

치료자 : 오늘 했던 것 중에서 신경에 거슬렸던 것은 없었어?

킴벌리 : 아니요. 모두 좋았어요.

치료자 : 만약 싫거나 불편한 게 있었다면 나한테 말해줄 수 있니?

킴벌리 : 음… 네.

치료자 : 확실하지 않은 것 같구나. 신경에 거슬렸던 점을 말하기가 무엇 때문에 어려울까?

킴벌리 : 선생님이 기분 나빠하실까 봐서요.

치료자 : 내가 기분 나빠하면 무슨 일이 일어나는데?

킴벌리 : 선생님이 더 이상 저를 좋아하지 않으실 거예요.

이 예로부터 무엇을 배울 수 있는가? 첫째, 치료자는 킴벌리가 치료시간의 어떤 부분에 만족했는지 확인했다. 둘째, 치료자는 질문을 통해 피드백하기를 꺼리게 만드는 킴벌리의 신념을 확인했다. 셋째, 치료자는 감추어진 아동의 두려움을 드러냄으로써, 아동의 부정적인 예측을 검증하기 위한 기초를 마련할 수 있었다.

청소년으로부터 피드백 이끌어내기

어린 아동과 마찬가지로, 청소년도 부정적인 피드백의 결과를 두려워한다. 가령 자신이 난처한 입장에 빠지게 되거나 혹은 치료자로부터 거부당할까 봐 두려워한다. 이러한 염려를 완화시키기 위해 치료자는 "내가 너를 화나게 하거나 불편하게 만들었다고 말해준다면, 내가 어떤 반응을 보일 것 같니?, 내가 무슨 말을 하고 어떤 행동을 할 것 같은데?"라고 물어볼 수 있다. 이런 방식으로 접근하면 피드백하기를 방해하는 청소년의 신념을 드러낼 수 있다. 가령 청소년은 거부당할 것을 예측하고, 치료자의 기분을 상하게 할까 봐 두려워하고, 부정적인 것을 말했을 때 처벌을 받을 것으로 믿고 있을 수 있다. 그러나 청소년은 피드백하기를 꺼리는 이유를 언어로 표현할 수 있기 때문에 대화를 통해 꺼리는 이유를 보다 쉽게 파악할 수 있다.

한편 피드백을 치료자를 비판하는 절호의 기회로 이용하는 청소년도 있다. 예컨대 어떤 청소년은 치료자에게 "모든 게 별로였어요. 당신은 내가 만났던 치료자 중에서 최악이었어요."라고 피드백한다. 이런 경우에는 사례개념화를 고려하는 것이 중요하다. 피드백에 대한 청소년의 반응에는 치료자가 어려운 문제를 다룰 수 있는 능력을 갖고 있는지 테스트하려는 마음이 들어 있다. 또 어떤 청소년은 부모나 교사에 의해 의뢰되었기 때문에 치료에 대해 저항을 보일 수 있다. 따라서 치료자를 비판하는 진정한 이유가 무엇인지 밝히는 것이 중요하다. 그렇게 하면 치료시간 중에 다루어야 할 생각이나 신념의 오류에 대해서도 통찰을 얻을 수 있다. 나아가 치료자는 청소년이 제공한 피드백에 대해 의견을 나누고, 필요할 경우에는

> **글상자 4.5 피드백 이끌어내기**
>
> - 피드백을 중요한 관계수립 과제로 생각한다.
> - 피드백을 이끌어내는 것에 대한 두려움에 직면하고, 치료자로서 자신의 불완전함을 받아들인다.
> - 피드백을 이끌어내기 위한 질문과 방법들을 다양화시킨다.
> - 아동과 청소년의 회피를 치료시간에 다룬다.
> - 치료자에 대한 비난 또는 찬사가 어떤 기능을 하는지 드러낸다.
> - 피드백하기에 대한 아동의 반응을 다룬다.
> - 피드백을 주고받는 건설적인 과정을 위해 충분한 시간을 할당한다.

치료에 구체적인 변화를 가져오기 위한 문제해결을 할 수도 있다.

다음의 대화를 살펴보자. 이 대화에서 치료자는 치료에 대한 자크의 생각과 두려움을 드러내기 위해 사례공식화와 토론을 사용하였다.

> 자크 : 모든 게 싫어요. 당신은 최악의 치료자예요!
>
> 치료자 : 네 말을 들으니 오늘 우리가 함께 한 것이 너에게 전혀 도움이 되지 않았다고 생각하는 것 같구나.
>
> 자크 : 물론 전혀 도움이 되지 않았어요. 어떻게 도움이 될 수 있겠어요? 여기서 선생님과 하는 것이 결코 학교생활을 나아지게 할 수 없을 거예요. 선생님은 심지어 학교에 계시지도 않잖아요.

치료자는 자크로부터 중요한 정보를 끌어낼 수 있었다. 이런 정보는 이후의 문제해결과 치료기법을 치료시간으로부터 학교로 일반화시키는 작업을 위해 활용될 수 있다. 또한 이런 정보는 치료자에게 치료전략을 학교에 적용하기 위한 보다 구체적인 방법들을 파악하기 위해 자크와 협력할 필요가 있음을 알려준다. 아울러 다음 몇 시간에 걸쳐 무망감이 반영되어 있는 자크의 자동적 사고("여기서 선생님과 하는 것이 결코 학교생활을 나아지게 할 수 없을 거예요.")를 검증할 필요가 있음을 알게 되었다. 글상자 4.5는 피드백을 이끌어내기 위한 팁을 제공하고 있나.

맺음말

노련하게 저글링 하면서 6개의 공을 놓치지 않으면 효과적이고 효율적인 개입이 촉진된다.

치료시간의 각 요소는 모두 중요하며 필수적이다. 치료시간의 모든 요소가 다 중요하지만, 치료시간의 구조를 운영하는 저글링 과정 또한 기술 습득과 변화를 촉진한다. 치료시간의 구조를 융통성 있게 운영함으로써 치료자는 치료시간의 기본요소를 유지하면서 다양한 내담자의 요구에 맞추어 치료시간을 변형시킬 수 있다. 또한 치료에 대한 내담자의 참여를 촉진하여 내담자의 협력을 극대화시킬 수 있다.

6개의 공을 동시에 저글링을 하는 것이 처음에는 당황스러울 것이다. 그러나 치료시간의 구조도 저글링과 마찬가지로 연습하면 할수록 쉬워진다. 연습과 함께 치료자는 더 빨리 저글링할 수 있게 되며, 또한 개별 내담자의 요구에 맞추어 저글링 방법을 바꿀 수도 있다. 이번 장에서는 치료시간의 구조가 아동 및 청소년을 위한 인지치료와 어떤 관련성이 있는지 살펴보았다. 그리고 치료시간의 각 요소를 어떻게 실시하는지에 대해서도 살펴보았다. 이것을 바탕으로 앞으로의 장에서는 치료자가 직접 적용하게 될 개입방법과 기법들에 대해 살펴볼 것이다.

치료모형의
소개 및 문제 파악

치료모형에 대한 교육은 매우 중요한 단계로, 이 단계를 통해 내담자와 부모는 치료에 대한 환상을 깨고 협력하는 태도를 취하게 된다(A. T. Beck et al., 1979). 내담자와 부모에게 치료에 대해 설명할 때는 단순하고 이해하기 쉽게, 그리고 발달단계에 맞게 해야 한다. 이번 장에서는 아동과 청소년, 그리고 부모들에게 치료를 소개하는 방법을 살펴볼 것이다.

먼저 치료자는 아동, 부모와 함께 치료 중에 다룰 문제에 대해 어느 정도 합의를 이루어야 한다. 이 첫 단계가 매우 어렵다. 일반적으로 부모나 치료자, 혹은 기타의 어른들이 이미 아동을 대신해서 멋대로 '아동의 문제가 이것이다.'라고 규정해놓기 마련이다. 따라서 아동의 문제에 대해 아동과 합의를 이루기 위해서는 아동 본인의 의견도 잘 들어야 한다. 치료자와 내담자가 문제에 대해 협력적으로 정의하지 않고 치료를 진행할 경우 치료적 걸림돌에 부딪히게 될 수 있다. 아동이 문제에 대해 동의하지 않을 때는 치료를 받으려는 동기가 유발되기 어렵기 때문이다. 이번 장에서는 아동 및 청소년과 함께 문제를 파악하는 데 사용할 수 있는 방법들을 살펴볼 것이다.

아동에게 치료모형 소개하기

치료에 대해 어떻게 소개하면 초등학생이 충분히 이해하고 관심을 갖도록 할 수 있을까? 아동에게는 단순하고 구체적으로 정보가 제공되어야 한다. 치료자가 일방적으로 가르치려 한

그림 5.1 : 치료자가 그린, 풍선을 들고 있는 소녀 그림

다고 느끼면 아동은 치료자의 말을 귀담아 듣지 않을 것이다. 간단해 보일지 몰라도 이것은 임상적으로 매우 어려운 일이다. 저자들은 이 문제를 최소화하기 위한 전략과 이야기, 게임, 그리고 비유 등을 개발하였다.

나이 어린 아동의 경우, 이야기나 그림책을 사용하여 사건과 생각, 감정 간의 관련성을 이해시키는 것이 좋다. 치료자는 이야기하기를 지도하기 위해 아동에게 질문을 던지고, 아동은 치료자의 추임새에 따라 답변한다. 때로는 아동에게 그림을 그리게 하는데, 이 절차는 치료자가 풍선을 들고 있는 아이를 그리는 것으로 시작된다(그림 5.1). 그림 속 아동의 성별은 내담자 아동의 성별과 일치시키는 것이 좋다. 그림 속에 생각 구름(thought cloud)을 넣는다. 그림 속의 아동은 표정이 없고, 생각 구름도 비어 있다. 이제 치료자가 첫 번째 지시를 준다. 다음의 대화는 이 과정을 보여주고 있다.

치료자 : 이제부터 이 여자아이에 대한 이야기를 들려주려고 해. 그런데 네 도움이 필요하단다. 날 도와줄 수 있지?

힐러리 : 네.

치료자 : 좋아. 그럼 먼저 이 아이의 이름부터 정해보자. 이 아이의 이름을 무엇이라 할까?

힐러리 : 리나라고 해요.

치료자 : 좋아. 이 아이의 이름은 리나야. 그런데 이 아이는 풍선을 좋아한단다. 리나는 풍선 하나만 있으면 이 세상에서 가장 행복한 어린이가 될 거라고 생각했단다. 그러던 어느날 리나의 엄마는 리나에게 풍선을 하나 사주셨어. 이 그림 속에 있는 풍선 말이야. 리나는 이제 풍선을 갖게 되었단다. 이때 리나는 어떤 기분이 들었을까?

힐러리 : 아주 행복한 기분요.

치료자 : 그래. 리나는 정말 행복했어. 그럼 리나가 느낀 기분을 어떻게 나타낼 수 있는지 생각해보자. 리나가 느낀 기분을 그림의 어디에 나타내면 좋을까?

힐러리 : (고개를 끄덕이며) 네, 여기요. (그림의 얼굴을 가리킨다)

치료자 : 리나의 얼굴에 아무런 표정이 없구나. 어떤 얼굴을 그리면 좋을까?

힐러리 : 행복한 얼굴이요.

치료자 : 리나의 얼굴에 행복한 표정을 그려볼래?

힐러리 : (표정을 그린다)

치료자 : 리나가 행복하다고 느끼고 있구나. 그런데 리나의 머리 위를 한번 보자. 그게 뭔지 아니?

힐러리 : (고개를 끄덕인다)

치료자 : 그건 생각풍선이란다. 그 속에 무엇이 들어가야 하는지 아니?

힐러리 : 리나가 생각하고 있는 것이요.

치료자 : 맞아. 그럼 리나가 지금 무엇을 생각하는지 우리가 함께 생각해보자. 리나는 지금 행복한데 그 이유는 갖고 싶었던 풍선을 가졌기 때문이야. 지금 리나의 마음속에 무엇이 스쳐 지나가고 있을까?

힐러리 : 나는 행복하다. 나는 풍선을 가졌다.

치료자 : 그래. 그런데 리나가 풍선을 가졌기 때문에 행복하다고 할 때, 이건 리나가 어떤 생각을 한다는 걸 말해줄까?

힐러리 : 나는 운이 좋다.

치료자 : 그럼 그 생각을 풍선 속에 넣어보자. 지금까지 우리가 완성한 걸 한번 살펴볼까? 리나는 풍선을 좋아하는 여자아이인데, 엄마가 풍선을 사주셔서 행복하다고 느끼고 있어. 그리고 자기가 운이 좋다고 생각하고 있어. 잘되었다고 생각하니?

힐러리 : 네.

그림 5.2는 완성된 그림이다. 위의 대화 내용은 몇 가지 중요한 점을 보여주고 있다. 첫째, 치료자는 이야기의 모든 과정에 힐러리를 참여시키려 노력하고 있다. 둘째, 치료자는 이야기에 포함된 상황, 인지, 정서 요인을 매우 단순하고 구체적인 용어로 구분하고 있다. 셋째, 사용된 그림과 용어는 치료의 성격을 나타내주는 단서 역할을 한다. 마지막으로, 치료자는 상황과 인지, 정서 요인을 연결시키면서 이야기를 요약하고 있다.

그림 5.2 : 첫 단계에서 완성된 그림

이야기의 두 번째 단계에서 치료자는 상황을 바꾼다. 치료자는 그림 5.1, 그림 5.2와 유사한 그림을 하나 더 그린다. 이 활동을 통해 아동은 상황이 달라지면 생각과 감정도 변한다는 것을 배우게 된다.

치료자 : 다음에는 무슨 일이 일어나는지 알고 싶지 않니?

힐러리 : 알고 싶어요.

치료자 : 그래. 리나가 풍선을 들고 걸어가고 있었단다. 그때 갑자기 자동차가 지나갔는데 그만 돌이 튀어 풍선을 터뜨리고 말았단다. 이제 리나의 풍선이 사라졌어. 리나가 여전히 행복한 표정을 지을까?

힐러리 : 아니요.

치료자 : 맞아. 상황이 달라졌어. 지금은 리나가 어떤 표정을 지을까?

힐러리 : 슬픈 표정이요.

치료자 : 이 그림에 슬픈 표정을 그려볼 수 있겠니? 이제 풍선은 없어졌고 리나의 기분도 슬픈 기분으로 변했어. 리나의 생각풍선 속에 아까와 같은 생각이 들어가야 할까?

힐러리 : 아니요.

치료자 : 그래. 풍선이 터져서 리나가 슬픈 기분을 갖게 되었는데도 운이 좋다고 생각한다면 이상할 거야. 리나의 기분과 지금 일어난 일과 맞지 않고 말이야. 그렇다면 이제 리나의 마음속에 무엇이 스치고 지나가는지 생각해보자. 리나의 생각풍선에다 어떻게 쓰면 좋을까?

힐러리 : 풍선을 잃어버렸다.

치료자 : 리나가 풍선을 잃어버려 슬픈 기분이 들었을 때 자기 자신에게 무슨 말을 했을까?

힐러리 : 다시는 풍선을 갖지 못하게 될 거야.

치료자 : 그 생각은 리나의 슬픈 기분과 잘 맞을 것 같구나. 그것을 생각풍선 속에 써보자. 그리고 지금 까지 우리가 만든 것을 살펴보자. 풍선이 터져서 리나는 슬퍼졌고, '다시는 풍선을 갖지 못하게 될 거 야.'라고 지금 생각하고 있구나. 아까 그렸던 그림과 지금 그린 그림을 함께 보면서 이야기 해보자. 두 번째 이야기에서 달라진 것은 뭐지?

힐러리 : 모두 달라졌어요.

치료자 : 모든 것이 달라졌다니?

힐러리 : 풍선이 터져서 리나는 슬퍼졌고 다시는 풍선을 갖지 못하게 될 거라고 생각했어요.

치료자 : 맞아. 리나에게 일어난 일이 달라져서 리나의 기분이 변했고, 리나의 생각도 달라졌어. 리나의 상황이 어떻게 달라진거지?

힐러리 : 풍선이 터졌어요.

치료자 : 그럼 어떤 것이 리나의 기분이고, 어떤 것이 생각인지 말해보겠니?

힐러리 : 잘 모르겠어요.

치료자 : 너에게 일어나는 일들 말이야, 그 일들은 다 네가 생기게 만든거니? 아니면 네 생각과 기분만 너에게 달려 있다고 생각하니?

힐러리 : 제 생각과 기분만 저한테 달려 있어요.

치료자 : 이 점이 바로 오늘 우리가 함께 이야기하려고 하는 것이란다. 지금부터 너에게 일어난 일들에 대해 어떻게 생각할지 그 생각하는 방법에 대해서 새로 배울 거야. 그리고 기분이 나쁠 때 무얼 해야 하는지도 배울 거야. 어때?

  그림 5.3은 두 번째 단계에서 완성된 그림을 보여주고 있다. 위의 대화에서 치료자가 달 성한 것은 무엇인가? 첫째, 치료자는 힐러리가 상황과 감정, 생각 간의 차이에 대해 이해할 수 있도록 분명하게 설명해주었다. 둘째, 치료자는 힐러리가 상황, 생각 간의 관련성을 볼 수 있도록 도와주었다. 또한 치료자는 질문을 부드럽게 함으로써 힐러리가 주어진 상황 속 에서 정서와 관련된 의미 있는 생각을 스스로 찾아내두록 하였다. 이 질문 괴정은 앞으로 사 용하게 될 소크라테스식 질문법과 사고검증 절차에 대해 준비시키고 있는 것이다. 그런 다 음 치료자는 힐러리에게 상황과 기분, 생각의 세 요인 중에서 어떤 것을 자신이 가장 잘 통 제할 수 있는지 물었다. 힐러리가 생각과 기분이라고 답변을 하자, 치료자는 앞으로 새로운 인지적 · 행동적 대처기술을 배우게 될 것임을 강조하면서 정리하고 있다.

  생각과 기분, 행동, 상황에 대해 가르치는 또 다른 접근으로 '다이아몬드 커넥션(Diamond

그림 5.3 : 두 번째 단계에서의 그림

Connections)'이라 불리는 방법이 있다(Friedberg, Friedberg, & Friedberg, 2001). 다이아몬드 커넥션은 인지치료 모형을 야구 경기장의 다이아몬드에 비유하여 설명한다. 인지모형의 인지적, 행동적, 정서적 및 생리적 요인들은 다이아몬드의 베이스로 비유된다. 치료자는 먼저 감정을 확인한 후 슬프거나 불안한 감정과 관련된 신체감각, 행동, 생각을 기록해 나간다. 그런 다음, 앞으로 치료에서 이 모든 베이스를 다 '커버하게(다루게)' 될 것이라고 설명해준다.

저자들의 임상경험에 따르면, 아동들은 '다이아몬드 커넥션' 활동지에 제시된 인지모형을 쉽게 이해한다. 아동들은 대부분 야구 경기의 다이아몬드에 친숙하기 때문에 4개의 베이스가 없이는 다이아몬드를 완성할 수 없다는 것을 금방 알아챈다. 따라서 4개의 요인들이 상호작용하는 관계라는 것도 쉽게 이해할 수 있다. 야구 비유는 다른 여러 경험적 연습에도 적용할 수 있다. 치료자는 아동에게 도화지를 주고 야구 경기 베이스를 만들게 한 후 각 베이스에 '생각', '기분', '행동', '몸'이라 쓰도록 한다. 그런 다음 각 베이스로 서서 자신의 경험이나 증상을 표현하도록 한다. 치료자는 아동이 다음 베이스로 옮겨갈 때마다 장난감 공을 던져 재미를 더할 수 있다.

청소년에게 치료모형 설명하기

청소년에게는 성인에게 사용하는 방법과 같은 방식으로 치료모형을 제시하면 된다(J. S. Beck, 1995; Padesky & Greenberger, 1995). 인지모형은 대개 평가과정이 거의 혹은 완전히 끝난 후 제시된다. 다음의 대화는 우울한 청소년에게 인지모형을 어떻게 소개하는지 보여주고 있다.

치료자 : 자, 켄들. 지금까지 너 자신과 주변 사람들에 대해 많은 이야기를 해주었어. 지금부터는 내가 너와 같은 청소년들을 어떻게 도와주는지 말해주고 싶은데 괜찮겠니?

켄들 : 좋아요.

치료자 : 글을 쓰거나 그림을 사용하면 도움이 된단다. 네가 말하는 동안 내가 받아 적었던 것을 눈치 챘을 거야. 여기에서 볼 수 있듯이(모형 그림을 보여준다), 네가 우울할 때 바꿀 수 있는 게 네 가지가 있어. 이 네 가지는 너의 환경 안에서 일어나고, 우울 증상이나 징후는 이러한 상황 속에서 일어난단다. 지금까지 이야기한 것 이해가 되니?

켄들 : 잘 모르겠어요. '환경'이란 게 무슨 뜻인데요?

치료자 : 너에게 우울한 기분이 생기도록 만든 일이 무엇이었던 것 같니?

켄들 : 글쎄요. 남자친구랑 헤어졌고 아빠가 집을 나가셨어요.

치료자 : 그래, 상처받았겠다. 아빠도 남자친구도 모두 너를 떠났으니 말이야. 바로 이런 일들이 모두 너의 주변 환경에서 일어난 일이란다. (종이에 적는다)

켄들 : (눈물을 머금으며) 한 사람에게 일어나기에는 너무 많은 잔인한 일이에요.

치료자 : 그래. 네가 이런 상황에서 슬프고 화가 나고 걱정되는 기분을 느끼고 있구나. 그런 것들이 기분 혹은 정서란다. (모형 그림에 있는 기분 요소를 가리킨다)

켄들 : 저는 지금 배가 아프고 머리도 지끈지끈해요.

치료자 : 그건 바로 기분이 몸과 연결되어 있기 때문이란다.

켄들 : 기분이 정말 나빠요.

치료자 : 알아. 기분이 너무도 나빠서 과거에 재미있었던 것도 이제는 더 이상 재미가 없지. 너는 힘들 때 다른 사람들에게 표현하기보다 너 혼자 간직하고 밖에도 잘 나오지 않는 경향이 있는 것 같아. 이런 것들이 행동이란다.

켄들 : 방 안에 있어야 안전하다고 느껴요.

치료자 : 여길 보면(인지 영역을 가리키며) 너는 모든 게 네 탓이라 생각하고 네가 경험한 모든 것들을 대단히 부정적으로 보고 있구나. 뭐랄까, 좀 비관적으로 본다고 할까. 이런 것들이 네 생각들이란다. 인지라고도 하는.

켄들 : 선생님이라도 그러지 않으시겠어요?

치료자 : 네게 그런 나쁜 일이 일어나도 싸다, 당연하다, 앞으로 더 나쁜 일이 일어날 것이다…그런 식으로 생각한다면 네가 우울하고 슬픈 기분이 드는 게 당연해. 이제 지금까지 일어났던 모든 힘든 일들에 대해 네가 얼마나 정확하게 생각하고 있는지 한번 확인해보도록 하자. 이해가 되니?

켄들 : 네.

치료자 : 자, 그럼 인지모형에 대해 내가 조금 더 설명해 볼게(모형을 가리킨다). 이 선 보이니? 이 선은 이 원들을 연결해주고 있어. 네 몸, 감정, 행동, 그리고 생각은 모두 연결되어 있단다. 따라서 한 곳에 변화가 오면 다른 세 곳에도 변화가 오게 된단다. 이 원들 중에서(가리키며) 어떤 것이 가장 바꾸기 쉬울 것 같니?

켄들 : 생각과 행동 부분이요.

치료자 : 맞아. 그런데 왜 그렇게 생각하는지 궁금한데?

이 대화는 몇 가지 중요한 점을 보여주고 있다. 치료자는 켄들의 문제를 구체적으로 언급해줌으로써 켄들이 치료에 관심을 가질 수 있도록 도와주고 있다. 또한 치료의 인지적·행동적 초점이 켄들에게 쉽게 전달되고 있다("이 중에서 어떤 것이 가장 바꾸기 쉬울 것 같니?").

또 다른 방법은 전통적인 인지치료 과정을 변형시켜 사용하는 것이다. 치료자는 먼저 생각기록지 혹은 생각일기에 상황, 기분, 생각 칸을 그리고 나서 내담자에게 다음 상황을 제시한다. "네가 집에 있는데 전화벨이 울린다고 가정해보자." 전화를 기다리는 것은 십 대 청소년들에게 매우 평범한 상황이다. 때로는 전화가 그들의 생활에서 중심 역할을 하기도 한다. 이 상황을 기록한 다음 치료자는 청소년에게 전화벨에 대한 반응으로 생길 수 있는 기분들 (예 : 흥분, 화, 슬픔, 긴장, 침착)을 모두 말해보라고 한다. 청소년이 모든 기분들을 표현하고 난 후 치료자는 누가 전화를 걸었을 것 같은지 물어보고 생각 칸에다 기록한다. 누구(예 : 남자친구/여자친구, 어머니/아버지, 형제, 상담자, 판매원, 어머니/아버지의 친구, 형제의 친구)로부터 온 전화일지 아동이 모든 가능성을 생각해보도록 하려면 치료자가 많은 노력을 기울여야 한다. 그림 5.4는 완성된 표의 예를 보여주고 있다.

이 표가 완성되면 치료자는 내담자에게 생각과 기분을 연결시켜 보게 한다(예 : "만약 선생님으로부터 걸려온 전화일거라 생각한다면 어떤 기분이 들까?"). 치료자는 이 시점에서 각 생각은 고유한 감정을 일으킨다고 설명해준다. 치료자는 선을 그리면서 서로 다른 생각과 기분을 각각 연결시켜준다. 또한 같은 상황이나 그 상황과 관련된 기분에 대해서도 다른 식의 해석이나 생각이 여럿 있을 수 있다는 점을 주목하게 한다. 치료자는 소크라테스식 질문법을 사용하여 설명할 수도 있다(예 : "지금까지 몇 가지 기분을 나열했지?", "몇 가지 생

상황	기분	생각
집에 있는데 전화벨이 울린다.	흥분됨 기쁨	남자/여자친구가 걸었을 거야.
	슬픔	의사 선생님이 할머니에 관한 나쁜 소식을 전해주려고 걸었을 거야.
	화남	내 여동생의 멍청한 친구일 거야. 판매원한테서 걸려왔을 거야.
	걱정	선생님에게서 온 전화일 거야. 킹칠 이 길있을 서야.
	차분함	학교 친구가 내게 물어볼 것이 있어서 걸었을 거야.

그림 5.4 : 인지모형을 소개하기 위한 생각기록지의 예

각을 나열했지?", "상황은 몇 가지지?", "상황이 전적으로 네 기분을 결정한다는 것은 무엇을 의미할까?").

다음 단계에서 치료자는 청소년에게 모든 생각이나 해석이 다 정확한 것은 아니라는 것을 알려준다. 예를 들어 치료자는 "만약 담임 선생님이 전화를 걸어 너에 대해 좋지 않은 이야기를 하실 것이라 생각했는데, 사실은 그 전화가 판매원으로부터 걸려온 것이라면 어떨까?"라고 물어볼 수 있다. 이 경우 청소년은 쓸데없이 걱정한 것이다. 이어 청소년에게 "만약 판매원일 거라고 생각했는데 담임 선생님이었다면 어떨까?"라고 물어볼 수도 있다. 이 경우 청소년은 생각도 하지 않고 있다가 걸린 셈이다. 이때 치료자는 다음과 같이 인지치료의 유용성을 설명하며 결론을 맺는다. 즉, 인지치료는 일상생활에서 일어나는 상황에 대해 스스로 질문하는 방법을 가르쳐줌으로써, 불필요하게 속상해 하거나 준비 안 된 채 있다가 그대로 당하고 당황해하지 않도록 돕는 것이다.

이 활동의 마지막 단계는 가설형성과 생각검증, 그리고 행동실험의 기초작업을 하는 것이다. 이 단계에서 치료자는 청소년에게 생각이 정확한지 알아보려면 자료 수집을 통해 검증해야 한다고(예 : 전화를 들고 누구냐고 물어본다) 가르친다. 치료자는 청소년에게 "전화를 건 사람에 대한 네 추측이 맞는지 어떻게 알 수 있을까?", 그리고 "누구인지를 알아내기 위해서는 어떻게 해야 할까?"라고 묻는다. 마지막으로 치료자는 인지치료에서 하게 될 구체적인 과제들을 비유와 연결시킴으로써 마무리한다(예 : "우리는 네가 내린 결론 중에서 어떤 것이 가장 정확하며 도움이 되는지 상담 중에 함께 확인을 해볼 거야. 어떤 판단이 네게 일어난 일을 가장 잘 설명하는지 알아내기 위해서는 여러 가지 방법들을 생각해봐야 한

글상자 5.1 **아동과 청소년에게 치료모형을 제시하기**

- 나이가 어리면 그림과 은유를 활용하라.
- 은유는 소극적이고 회피적인 나이 많은 아동과 청소년의 관심을 끌 수 있을 것이다.
- 구체성을 확보하라. 그리고 내담자가 말한 문제와 근심거리를 다루어줌으로써 관련성을 담보하라.
- 상호작용과 대화를 이어가라(일방적 강의를 피하라).

단다. ").

어떤 방법을 사용할지 어떻게 결정할 것인가? 나이 어린 청소년들에게는 보다 구체적인 예가 도움이 되기 때문에 위에서 본 전화 예가 자주 사용된다. 특히 치료에 대한 동기와 관심이 낮은 청소년에게 전화 예를 사용하면 좋다. 또한 전화 예는 집단치료에도 적용될 수 있다. 글상자 5.1에 아동이나 청소년에게 인지치료의 이론모형을 제시할 때의 지침을 정리해 두었다.

아동 및 청소년과 함께 문제 파악하기

아동, 청소년과 함께 문제를 파악하는 일은 노련한 치료자에게조차도 도전적인 과정이다. 그러나 이 과정은 다음과 같은 이유에서 중요한 첫 단계이다. 첫째, 아동은 자신이 왜 치료를 받으러 오게 되었는지 잘 모르는 경우가 많다. 또 치료자를 만나는 것에 화가 나 있을 수도 있다. 둘째, 문제를 효과적으로 다루고 협력관계를 수립하기 위해서는 상담자와 아동, 그리고 부모가 문제에 대해 서로 합의를 해야 한다.

문제 파악 과정에 아동과 청소년을 참여시키려면 창의성을 발휘할 필요가 있다. 어떤 아동은 이 과정을 지루하고 재미없다고 느낀다. 다른 아동은 고통스럽게 받아들인다. 사실 치료자들도 그렇게 느낄 수 있다. 그러나 이 과정이 굳이 고통스럽거나 지루할 필요는 없다. 치료자는 문제 파악이 아동의 고백처럼 되지 않도록 주의해야 한다. 만약 치료자가 자기를 비판하고 비난한다고 느낀다면 아동은 수치감과 분노감을 느낄 것이다. 따라서 치료자는 문제 파악에 아동을 참여시키고, 아동을 비난하기보다 역량을 강화하는 방법을 생각해내야 한다. 여기에서는 아동 및 청소년과 함께 문제를 파악하는 방법을 몇 가지 소개하고자 한다.

아동과 함께 문제 파악하기

아동은 자신이 왜 치료를 받으러 오게 되었는지 짐작조차 하지 못하는 경우가 많다. 어떤 아동은 치료자로부터 주사를 맞거나 약 처방을 받게 될 것이라 생각한다. 또 어떤 아동은 치료자를 벌을 주는 교장 선생님이나 생활지도 선생님처럼 보기도 한다. 이러한 잘못된 생각을 바로잡아 주는 것이야말로 아동에게 치료에 대해 소개하고 문제를 파악할 때 거쳐야 하는 첫 번째 과제이다.

'박사님께' 혹은 '선생님께'로 시작하는 편지 쓰기는 아동에게 친숙한 방법이다. 이것은 아동에게 자신에 관해 이야기할 기회를 주기 때문에 문제 파악에 도움이 된다(Pedesky, 1989). 편지 쓰기는 아동으로 하여금 치료자에게 적절한 거리를 두면서 편안함을 느끼게 한다. 따라서 보다 직접적인 자기개방으로 나아가게 할 수 있다. 치료자는 편지 쓰기에 대해 다음과 같이 설명할 수 있겠다.

> "나는 너에 대해 조금 더 알고 싶어. 내가 너에 대해 조금 더 알 수 있는 한 가지 방법은 너에 대한 이야기를 듣는 거야. 혹시 다른 사람에게 편지 써본 적 있니? 다음 주에 네가 그걸 했으면 해서. 나에게 편지를 쓰는 건데, 네가 하고 있는 것들, 너의 가족, 슬프거나 화나거나 걱정하는 것 등…. 너의 기분들, 네가 좋아하는 것들, 너를 힘들게 만드는 것들, 학교, 친구 등등 너에 대해 쓰고 싶은 것을 쓰렴. 너에 대해 나에게 알려주고 싶은 것을 쓰면 좋겠어. 너를 기분 좋게 만드는 것도 쓰고 또 너를 힘들게 만드는 것도 쓰는 거야. 어때?"

편지 쓰기에 대한 안내문을 만들어주는 것도 좋다. 그렇게 하면 그 안내문이 지침이 되어 아동이 편지 쓰기 과제를 완성하는 데 도움이 된다. 편지 쓰기 대신 녹음기에 녹음하거나 부모에게 받아쓰도록 하는 것도 방법이다. 나이 어린 아동에게는 자신을 행복하게 만드는 것, 두렵게 하는 것, 슬프게 하는 것에 대해 그림을 그리게 하는 방법을 적용할 수도 있다. '나에 대한 모든 것'이라는 그림책을 만들어보는 것을 재미있어 하는 아동들이 많다. 이를 위해 우선 치료회기 중에 아동과 치료자가 각 페이지에 감정을 할당한다. 그런 뒤 어떤 것들이 그런 감정을 불러일으키는지 보여주는 그림을 각 페이지에 그리게 한다. 아동이 다음 회기에 '나에 대한 모든 것' 책을 완성해서 가져오면 심도 깊은 치료과정을 진행하는 데 도움이 된다.

치료자 : 지난주에 우리가 만들기 시작했던 책을 가지고 왔네! 감정 그림을 다 그렸나 봐? 잘했어.

TJ : 네. 엄마가 시켰어요.

치료자 : 엄마가 왜 네가 그 책 만드는 걸 원하셨다고 생각해?

TJ : 선생님이 저에 대해 알고 싶어 하신다고 엄마가 말했어요.

치료자 : 맞아, 네 그림들이 너에 대해 말해줄 거야. 너에게도 그림이 말해주는 것이 있을까?

TJ : 무슨 말인지….

치료자 : 자, 한번 보자꾸나. 첫 페이지는 행복이네. 이 페이지에 네가 그린 그림에 대해 말해보렴.

TJ : 이건 제가 이웃집 아이랑 놀고 있는 그림이에요. 걔네 집 뒷마당에 아지트를 만들고 있어요. 그리고 이건 지난주 제 생일파티예요. 레고를 선물로 받았어요.

치료자 : 너에 대해 잘 배우고 있어. 뭔가 만드는 걸 좋아하는구나. 레고나 아지트 같은. 만들기가 어떤 하나의 기분에 연결이 되어 있는 것 같다. 만들기 같은 것을 할 때 너는 뭔가 특별한 기분을 느끼는 것 같아.

TJ : 행복이요! 왜냐하면 재미있고 제가 좋아하고 또 제가 정말 만들기를 잘하거든요.

치료자 : 그건 '생각'이라고 불러. '난 만드는 걸 잘해.'라는 것은 생각이야. 네 머릿속에서 네가 말하는 것이야. 그 생각은 행복한 기분과 만들기에 연결되어 있어. 자, 지금까지 이 페이지에서 만들기라는 행동, 행복이라는 기분, 그리고 '난 만드는 걸 잘해.'라는 생각을 찾아냈어. 이런 식으로 너와 내가 함께 진행하게 되는 거야. 이게 우리가 함께 하는 좋은 예란다. 이런 식의 연결을 함께 찾아가는 거야. 슬픈 기분일 때와 화가 난 기분일 때 어떤 것들이 연결되어 있는지 알아낸다면 그런 상황을 바꾸기 위해 뭔가를 해볼 수 있게 된단다. 그럼 덜 슬프고 덜 화가 나지. 어떻게 생각하니?

TJ : 좋은 것 같아요. 슬프거나 화가 나는 거 싫거든요.

치료자 : 그럼 다음 페이지를 보자꾸나. 다음으로 그린 기분이 뭐니?

TJ : 슬픈 기분을 그렸어요. 이건 지난 여름 제가 키우던 거북이가 죽었을 때의 그림이고 이쪽에 있는 그림은 아빠 집을 떠나는 제 모습이에요.

치료자 : 아빠에게 안녕이라고 할 때, 그리고 네 거북이가 죽어서 안녕이라고 할 때 슬픔을 느끼는구나.

TJ : 네. 아빠가 거북이를 주셨어요. 지금은 한달에 겨우 몇 번밖에 아빠를 못 봐요. 엄마 집에서 아빠 집까지 멀어서요. 그런 게 저를 슬프게 만들어요. 아빠를 보지 못해요!

치료자 : 네가 어떤 기분인지 이 그림들이 잘 보여주고 있어. 정말 잘했어. 여기 네가 그린 얼굴을 보니 네가 말한 일들이 너를 얼마나 슬프게 만드는지 알겠구나. 행복 페이지에서 우리가 했던 것처럼 연결을 찾아보자. 자, 여기서 행동은 무엇일까?

TJ : 슬픈 거요.

치료자 : 슬픈 건 중요한 얘기지만 그게 행동일까, 기분일까?

TJ : 기분이요.

치료자 : 그래 맞아. 슬픈 기분인거지. 그림에서 네가 하고 있는 것, 행동이 무엇이지?

TJ : 아빠 집을 떠나는 거요.

치료자 : 그래. 그럼 이 그림에서 네 머리 위의 생각풍선에 뭐가 들어가 있을까?

TJ : '아빠를 보지 못해.'

치료자 : 연결을 또 찾아냈지? 아빠 집을 떠나는 행동을 할 때 너는 슬픈 기분을 느끼고 '아빠를 보지 못해.'라고 생각해.

TJ : 네, 그런 다음 차를 타면 제가 사고를 쳐요. 울기 시작하죠. 그리고 엄마에게 소리 질러요. 차 타고 집으로 가면서 제가 뒷좌석에 앉아서 엄마가 앉은 운전석을 발로 차면 엄마가 화를 내죠. 제가 여기 와야 하는 이유가 그거예요. 제가 문제를 일으키기 때문이에요.

치료자 : 네 기분과 연결된 것들에 대해 배우고 네가 말한 문제를 해결하기 위해 함께 노력하면 무제를 덜 일으키는 데 도움이 될 거라고 생각하니?

TJ : 어떻게요?

치료자: 우리 함께 네게 맞는 새로운 연결을 찾아보고 어떤 것은 좀 바꿔서 슬픈 기분이 덜 하고 행복한 기분이 더 자주 들도록 해보자꾸나. 나와 함께 노력해볼래?

TJ : 물론이죠.

치료자는 과제를 되짚어 가면서 치료모형을 강화한 뒤 TJ가 파악한 문제들을 파악했다. 이 협력과정은 TJ가 왜 치료받게 되었고 치료가 어떻게 그를 도와줄 수 있는지에 대한 대화에 TJ가 적극 참여하도록 도와주었다. 치료자는 이전에 TJ의 엄마가 말해준 것을 그대로 TJ에게 말해주는 일은 하지 않았다. 치료자는 TJ 자신의 예를 활용해서 TJ가 치료의 잠재적 혜택을 이해하도록 도와주었고 치료과제에 적극적으로 임하도록 동기를 부여했다. 또한 치료가 TJ에게 '가해지는' 어떤 것으로 느끼지 않고 TJ가 치료과정에서 파트너임을 실감하도록 도와주었다.

아동들은 문제에 대해 전반적인 인상을 중심으로 모호하게 생각하는 경향이 있다. 이런 상황에서 치료자가 해야 할 첫 번째 과제는 아동이 문제를 구체적이고 다루기 쉽게, 그리고 이해하기 쉬운 요소로 나누도록 돕는 일이다. Freidberg 등(2001)이 개발한 '쥐덫(The Mouse-Traps)'과 '그것을 고쳐라(Fix-It)' 같은 활동은 아동이 자신의 문제를 구체화할 수 있도록 돕기 위해 고안된 방법들이다. '쥐덫' 활동에서는 아동에게 자신을 함정에 빠뜨리게 만드는 인지적·정서적·행동적 덫을 나열하게 한다. 일반적으로 아동들은 '문제'를 파악하라고 하기보다 '덫'을 찾아보라고 할 때 더 열성을 보인다. 치료자는 아동에게 덫이나 망, 구멍을 그리게 한다. 그런 다음 그려놓은 덫 그림에다 문제를 적도록 한다. 아동이 그림 그리기를 좋아하지 않을 경우에는 덫 그림을 오려 붙여 사용하면 된다.

청소년과 함께 문제 파악하기

청소년과 함께 문제를 파악하는 것 역시 쉽지 않다. 어떤 청소년에게는 전통적 방식이 더 적합하다. 그러나 성인에 대한 불신과 의심 때문에 자신의 마음속에 있는 것을 쉽게 표현하지 않는 청소년이 많다. 따라서 문제파악 과정에서 청소년들의 협력을 이끌어내기 위해서는 많은 노력이 필요하다.

청소년과 함께 문제를 파악하는 가장 전통적인 방법은 문제목록(problem list)이다 (Padesky, 1988; Persons, 1989). 문제목록을 만들 때는 문제를 인지, 정서, 생리, 행동, 대인관계의 요소로(조작적으로) 정의하는 것이 좋다. 저항적인 청소년은 문제로부터 거리를 두거나 사람들이 자신에게 어떤 짓을 하는지를 강조하면서 문제를 기술한다. 다시 말해, 저항적인 청소년에게 자신의 문제에 대해 말해보라고 하면 "우리 엄마는 잔소리가 너무 심해요."라고 답변하곤 한다. 치료자는 문제에 대한 이러한 외현적 정의를 일단 수용하고, 그러한 답변을 무시하기보다 앞으로의 생산적인 작업을 위한 시작으로 받아들이는 것이 좋다.

다음의 대화는 치료자가 반항적인 15세 소년과 함께 문제목록을 어떻게 작성하는지 보여주고 있다.

치료자 : 앤소니, 오늘은 우리 무슨 이야기를 해볼까?

앤소니 : 우리 엄마는 잔소리가 심해요. 항상 내 일에 간섭해요. 나를 마치 5살 아이처럼 취급해요.

치료자 : 그렇구나. 이 종이에 적어보자(적는다). 어머니가 너를 어린애처럼 취급하시고 항상 네 일에 간섭하신다. 너는 그게 싫고 말이야. 그 밖에 또 어떤 문제가 있는지 생각해보자.

앤소니 : 부모님은 제가 숙제를 하지 않고 TV를 너무 많이 본다고 뭐라 하세요. 아버지는 늘 저더러 음악 소리를 낮추라고 하세요.

치료자 : 너는 부모님이 너에게 충분한 자유를 주시지 않는다고 생각하는구나. 부모님은 네가 TV를 얼마나 보아야 하는지 지시하고, 또 네가 숙제를 하는지 안하는지 감시하고 말이야. 짜증 나겠다.

앤소니 : 정말 기분 나빠요.

치료자 : 그건 너의 또 다른 문제인 것 같구나. 그것도 여기에 적어두자(적는다). 이제 다음에 할 일은 네가 원하는 것을 얻으려면 앞으로 어떻게 해야 하는지 생각해보는 거야.

앤소니 : 좋아요.

치료자 : 어머니가 너를 어린애 취급하지 않고 15세 소년으로 보도록 하기 위해서는 어떻게 해야 할까?

앤소니 : 잘 모르겠어요.

치료자 : 여기에서는 네 도움이 필요해. 어머니가 무엇 때문에 너를 어린애 취급을 하신다고 생각하니?

앤소니 : 어머니에게 물어보세요!

치료자 : 그래, 그럴 수도 있겠지. 하지만 그렇게 하면 다시 어머니가 네 일에 나서게 되는 거야. 나는 네가 좀 더 기선을 잡기를 원하는 줄 알았는데. 어머니의 잔소리도 덜 듣고 말이야. 만약 부모님께 네 문제를 말씀해 달라고 부탁한다면, 부모님께서 너를 아이 취급하시는 것으로 돌아가는 거라 생각해. 넌 어떻게 생각하니?

앤소니 : 그럴 수도.

치료자 : 그래. 자, 부모님이 너를 어린애 취급하시는 이유가 뭘까?

앤소니 : 부모님 말씀을 잘 듣지 않아서일 거예요. 때로는 숙제를 완전히 잊어버리거든요.

앤소니 : 그럼 만약 네가 부모님 말씀을 조금 더 잘 듣고 숙제에 주의를 좀 더 기울인다면 네 일에 간섭을 덜하시겠네?

이 대화에서 무엇을 배울 수 있는가? 첫째, 치료자는 문제 파악의 목적에 대해 간략히 설명했다(예 : 내담자에 대해 알고 이해하기 위함). 둘째, 치료자는 앤소니의 관점에서 시작해 안내된 발견을 통해 앤소니가 서서히 협력과정에 참여하고 자신의 책임을 수용하도록 이끌어갔다. 셋째, 치료자는 문제들을 종이에 적었는데, 이것은 치료자가 앤소니의 말을 경청하며 진지하게 받아들이고 있음을 전달해주었다. 마지막으로 치료자는 전 과정을 통해 인내심과 자신감을 보여주고 있다.

치료자는 문제 파악을 위해 제2장과 제4장에서 언급되었던 표준화 검사를 사용할 수도 있다. 예컨대, 치료의 경과를 모니터하고 아동의 정서적 기능수준을 파악하기 위해 CDI나 SCARED, MASC, RCMAS를 사용할 수 있다. 문제 파악 과정을 빨리 진행하기 위해 증상에 대한 아동의 자기보고를 활용하기도 한다. 다음의 대화는 치료자가 13세 여아의 문제 파악을 돕기 위해 CDI를 어떻게 활용할 수 있을지 보여준다.

치료자 : 어떤 것에 대해 네가 어떤 기분인지 체크한 검사지를 보니, 네가 많이 우는 편이라고 한 것이 눈에 뜨이는구나. 많이 우는 편이니?

웬디 : 네.

치료자 : 무엇 때문에 우는지 말해줄 수 있겠니?

웬디 : 여러 가지요. 친구들이 놀릴 때, 아빠가 나한테 화낼 때, 주말에 아빠 집을 방문할 수 없을 때요.

치료자 : 그것들을 종이에 적어도 되겠니?

웬디 : 네. 좋으실 대로 하세요.

치료자 : (적는다) 나는 적고 싶단다. 왜냐하면 네가 말하는 것을 하나도 빠뜨리기 싫으니까. 네가 말하는 것은 다 중요하단다. 너를 울게 만드는 것으로 또 다른 것은 없니?

웬디 : 나는 혼자라고 느낄 때 가장 많이 울어요. 엄마는 내가 울어서는 안 된다고 하세요. 때로는 성적이

글상자 5.2 **아동, 청소년들과 함께 문제 파악하기**

- 협력을 구하라. 고백을 들으려 하지 말라.
- 기발한 방법들을 개발하라.
- 노는 것처럼, 유연성 있게 진행하라. 미술, 꾸미기 등을 활용하라.
- 청소년의 외현적 문제 정의를 첫발 떼기로 받아들이라.

나쁠 때도 울어요.

치료자 : 그렇구나. 또 검사지를 보니 생활이 별로 재미없다고 체크를 한 것 같구나. 그것에 관해 좀 더 말해주겠니?

치료자는 증상에 대한 아동의 보고를 문제 파악의 출발점으로 이용하고 있다. 이 방법은 문제 파악이 아동 자신의 보고에 근거하기 때문에 효율적인 방법이다. 위의 대화는 치료자가 아동의 보고를 얼마나 깊이 탐색하여 전반적인 정보를 얻게 되는지 잘 보여주고 있다. 글상자 5.2에 아동, 청소년들과 함께 문제를 파악하는 지침을 요약했다.

맺음말

아동들과 가족들은 대부분 심리치료 혹은 상담에 대해 잘 모른다. 잘 모르는 영역에 접근할 때 사람들은 대개 심한 불안감과 양가감정을 갖게 된다. 치료모형에 대해 분명하게 소개함으로써 치료자는 치료과정을 이해할 수 있게 해주고 내담자와 가족들을 편안하게 해줄 수 있다. 아동에게 치료를 소개할 때 그림이나 이야기는 좋은 방법이다. 치료자는 아동의 흥미와 발달수준에 맞춰 인지모형을 설명해주어야 한다. 박사님께 편지 쓰기, 문제목록, 표준화된 자기보고 측정도구는 문제를 파악할 때 도움이 되는 방법들이다. 문제 파악과 치료에 대한 소개는 치료의 진행을 촉진하고 자기감찰, 자기지시, 합리적 분석, 수행중심 치료 같은 중요한 치료과정으로 나아가게 한다.

감정과 생각의
파악 및 연결

인지치료에서 감정과 생각을 파악하는 것은 중요한 자기모니터링 과제이다. 이번 장에서는 먼저 아동과 청소년의 감정 파악을 돕는 데 필요한 방법들을 살펴보고, 생각 혹은 인지 파악과 관련된 도전과 어려움을 알아볼 것이다. 이어서 서로 다른 정서는 서로 다른 인지에 의해 특징지어진다는 내용—특수성 가설(content-specificity hypothesis)에 대해 설명하고 임상적 시사점을 제시하고자 한다. 그런 다음 생각기록지를 작성하는 단계를 설명하고 자주 부딪히게 되는 문제점을 피하는 방법에 대해 알아볼 것이다.

아동, 청소년과 함께 감정 파악하기

감정 파악은 다음의 이유로 인해 인지치료의 첫 단계에서 실시된다. 첫째, 치료성과에 대한 평가는 자신의 감정을 파악하는 아동의 능력에 달렸다. 아동이 자신의 정서를 말해주지 않는 한 치료자는 개입을 위한 노력이 긍정적인 정서 변화를 초래하는지 알 도리가 없다. 둘째, 불편한 감정은 사고검증(thought-testing) 기술이 필요하다는 것을 알려주는 단서이다. 따라서 좋지 않은 기분을 인식하는 것은 사고검증 기술의 적용을 촉진한다. 셋째, 내용—특수성 가설은 아동 스스로 자신의 감정을 파악하도록 돕는 과정을 이끌어준다.

자신의 감정을 파악하고 보고하는 것은 아동에게 어려운 일이다. 따라서 치료자는 이러한 어려움을 극복하는 방법을 개발해야 한다. 다음에는 아동과 청소년이 자신의 감정을 파악하도록 돕는 방법들이 제시되어 있다.

아동과 함께 감정 파악하기

정서 표현은 많은 아동과 가족들에게 도전적이고 힘든 일이다. 정서 표현 및 내적 상태를 노출하는 것에 대한 문화적 금지는 흔히 이 과정에 영향을 미친다.

인디라는 9세의 인도계 미국 여아이다. 그녀는 학급에서 고립감, 불안감과 외로움을 느끼고 있다. 대부분의 집단 활동에서도 주변에 머무르며 자신이 또래들로부터 소외되어 있다고 생각한다. 인디라는 부정적인 감정을 개방하는 것을 극도로 꺼려했다. 그녀의 가정적·문화적 배경이 이러한 정서적 억제를 형성하였다. 따라서 그녀의 감정을 끌어내기 위해서는 세심한 주의가 필요했다. 다음의 대화는 이 과정을 보여주고 있다.

치료자 : 인디라는 많은 생각과 감정을 자신의 내면에 간직하고 있어요.

어머니 : 알고 있어요. 하지만 우리 가족 모두가 이런 식이예요.

인디라 : 아빠는 눈물이 아무것도 달라지게 하지 않는다고 말씀하세요. 나는 단지 할 일을 똑바로 하고 친구들에게 친절하고 선생님들께 공손하려고 노력해요.

치료자 : 아버님은 이 점에 대해 어떻게 생각하시나요?

아버지 : 인디라가 말한 그대로예요. 나는 감정이 인디라를 분산시킬 뿐 아무런 도움이 되지 않는다고 생각해요.

치료자 : 그러시군요. 그렇다면 인디라가 자신의 슬픈 감정, 걱정스러운 감정을 어떻게 해야 할까요?

아버지 : 그런 감정들에 대해 불평하는 것은 도움이 되지 않아요.

치료자 : 저도 같은 생각입니다.

어머니 : 이것은 우리의 문화이고 우리 부부가 자라온 방식이에요.

치료자 : 그 점에 대해 좀 더 말씀해주세요.

어머니 : 우리 부부의 가족들은 모두 성취를 매우 강조하고 절대로 자신을 측은하게 생각하지 않지요.

아버지 : 맞아요. 감정을 표현하는 것은 약간 수치스러운 일이에요.

치료자 : 그러시군요. 그러니까 두 분의 경우에는 감정에 대해 말하거나 쓰거나 표현하는 것이 자신을 측은하게 여기는 것인가요?

어머니 : 네.

치료자 : 그렇다면 치료의 과정이 여러분들께는 매우 낯설고 이상할 수밖에 없겠네요. 만약 감정 표현이 수치스럽다면 누가 그렇게 하겠어요? 이 점에 대해 조금 더 분석해보았으면 해요. 감정에 대해 이야기하는 것이 수치스럽지 않고 자신을 측은하게 여기는 것이 아니라고 보는 다른 방법이 있는지 살펴보는 것은 어떨지요?

아버지 : 해보죠…. 그런데 그것이 어떻게 가능할지는 모르겠네요.

치료자 : 제가 대안을 찾을 수 있도록 안내해도 될까요?

위의 대화는 생각과 감정 파악을 방해하는 요인들을 탐색하는 것이 중요함을 보여준다. 치료자는 정서 표현과 관련해 인디라와 부모님이 따르고 있는 암묵적 규칙들에 다가가기 위해 안내된 발견을 부드럽게 적용하였다. 나아가 심리적으로 중요한 부분을 드러내기 위해 생각과 감정, 행동을 연결하였다(그렇다면 치료의 과정이 여러분들께는 매우 낯설고 이상할 수밖에 없겠네요. 만약 감정에 이야기하는 것을 수치스럽다면 누가 그렇게 하겠어요?). 마지막으로, 치료자는 '안내'라는 단어를 의도적으로 사용함으로써 인디라이 가족을 구성하고 있는 문화적 규칙을 수용하는 것과 지시하는 것 사이의 균형을 제공하였다.

어린 아동과 함께 감정을 파악하려면 창의성이 필요하다. 어린 아동들은 자신의 정서 상태를 말로 표현해본 적이 별로 없다. 따라서 치료자는 인지적 개입을 시작하기 전에 아동에게 먼저 자신의 기분 상태를 표현하는 방법부터 가르쳐야 한다.

단순한 정서 분류체계를 채택하여 적용하는 것은 좋은 출발 전략이다. 감정을 세분하길 요구하는 복잡한 체계는 어린 아동을 당황시킨다. 예컨대 어린 아동이 귀찮음과 짜증, 좌절, 혼란 같은 감정들의 차이점을 이해하기란 어려운 일이다. 따라서 어린 아동에게는 화남, 슬픔, 기쁨, 두려움, 걱정 같은 기본 감정들로 구성된 전통적 분류체계를 사용하는 것이 좋다.

감정 얼굴 차트

감정 얼굴 차트는 유용한 도구이다. 이 차트는 다양한 표정의 그림으로 구성되어 있는데, 각 그림 밑에는 그 감정에 해당되는 이름이 붙여져 있다. 이 차트가 아동에게 도움이 되긴 하지만 몇 가지 한계가 있다. 첫째, 어린 아동은 선택할 수 있는 감정의 수가 너무 많은 것에 당황한다. 둘째, 평균 9세 아동이 사용하는 어휘를 고려할 때, 아동의 감정을 표현하는 단어들이 아동들에게 어렵게 느껴질 수 있다(예 : 압도된). 셋째, 사용되는 감정 얼굴 차트가 어떤 버전이냐에 따라 어떤 것은 문화의 차이를 반영하지 못한다.

저자들은 이 문제를 해결하기 위해 차트를 자체적으로 만들어 쓴다. 이것은 아동에게 자신만의 차트를 만들게 하는 것이다. 아동에게 직접 얼굴을 그리고 자신이 원하는 피부색과 표정을 그리게 한 다음, 해당되는 감정을 단어로 표현하게 한다. 그림 6.1은 감정 얼굴 차트의 예를 보여주고 있다. 이 활동은 아동의 말문을 여는 데 유용하며, 아동에게 얼굴을 서너 개 그리게 한 다음 각 얼굴 밑에 감정 단어를 쓰게 한다. 차트를 비닐로 코팅하면 아동들이 차트 위에 수성펜으로 쓰고 지우고를 반복하며 얼마든지 다시 쓸 수 있기 때문에 융통성이 더 커진다.

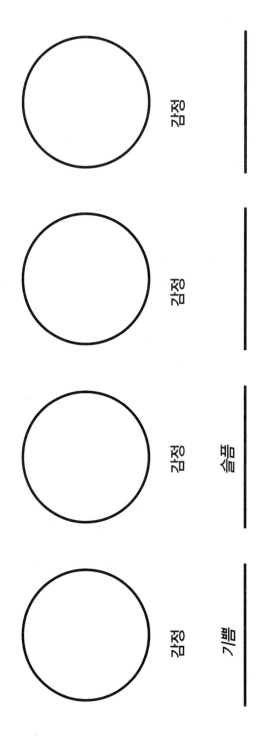

그림 6.1 ∷ 감정 얼굴 차트

저작권은 Guilford 출판사에 있으며, 이 자료의 복사 권한은 이 책의 구매자에게만 주어진다(자세한 내용은 판권 페이지 참조).
구매자는 www.guilford.com/friedberg-forms에서 이 자료의 더 큰 버전을 다운로드할 수 있다. Friedberg와 McClure(2015)에서 인용됨.

아동기 불안 및 우울 예방(Preventing Anxiety and Depression in Youth) 프로그램에서는 변형된 감정 얼굴 차트를 사용한다(Friedberg et al., 2001). 아동에게 '팬디'라 불리는 생쥐 그림에 자신의 감정을 그리게 한 다음, 그 감정에 이름을 붙이게 한다. 팬디 그림 위에 자신의 감정을 표현하게 하면 아동이 생쥐와 동일시하도록 하면서, 동시에 감정 표현을 촉진하는 데 필요한 충분한 거리를 제공해주기 때문에 좋다.

잡지를 활용한 감정 얼굴

잡지에서 오린 사진을 사용하는 것도 좋은 방법이다. 아동에게 잡지를 주고 여러 가지 감정을 나타내고 있는 사람들의 사진을 오리게 한다. 아동은 사진을 도화지에 붙인 다음 사진 밑에 적절한 감정 단어를 적는다.

잡지를 이용해 자기만의 개별화된 감정 얼굴 차트를 만드는 것은 몇 가지 장점이 있다. 첫째, 아동에게 모델이 될 수 있는 사람의 사진을 오려낼 수 있다. 둘째, 아동이 자신을 가장 닮은 사진을 선택할 수도 있다. 이렇게 하면 아동의 문화에 맞는 활동이 되며, 실생활과의 관련성도 더욱 커진다. 셋째, 이 과정을 통해 아동의 감정 표현이 좀 더 정상화된다. 다시 말해 자신이 좋아하거나 존경하는 사람이 다양한 감정을 표현하는 사진을 보면서, 아동은 감정을 표현하는 것이 정상이라고 여기게 된다. 그 결과 감정을 파악하는 활동에 대한 아동의 두려움도 감소된다.

그림책

어린 아동과 함께 그림책을 읽는 것도 정서적 요인을 탐색하기 위한 또 다른 방법이다. 치료자는 감정이 잘 드러나 있는 그림책, 그리고 아동의 문화 배경에 적합한 책을 선정하도록 한다. 예컨대 'Amazing Grace' 시리즈(Hoffman, 1991)는 지혜로운 한 흑인 소녀의 노력을 훌륭하게 그려주고 있다. Bill Cosby(1997)가 저술한 'The Meanest Thing to Say'도 좋은 선택이다. Bunting(1994)의 'Smoky Night'는 LA에서 발생한 폭동을 묘사한 책이다. Tsubakiyama(1999)의 'Mei-Mei Loves Morning'과 Mayer(1999)의 'Shibumi and the Kite-Maker'은 미국에 거주하는 아시아 사람을 주인공으로 한 그림책이다. Joy Berry(1995, 1996)는 유색인종 아동을 포함하면서 정서에 초점을 둔 그림책들을 만들었으며, Cartledge와 Milburn(1996)은 문화배경이 다른 아동에게 사용할 수 있는 풍부한 참고자료를 제공하고 있다.

아동과 함께 책을 읽을 때 치료자는 가끔씩 쉬면서 정서적 요인에 대한 이야기를 나누도록 한다. 이때 아동에게 주인공의 기분이 무엇인지 물어보고 아동이 느끼는 기분과 어떻게 다른지 혹은 같은지 말하게 한다. 다음의 대화는 치료자와 아동이 Viorst(1972)의 'Alexander and the Terrible, Horrible, Very Bad Day'를 읽어나가는 과정을 보여주고 있다.

> 치료자 : 이 책에서 알렉산더는 정말 기분 나쁜 하루를 보냈구나. 만약 너라면 기분이 어땠을 것 같니?
>
> 제나 : 나쁜 기분이요.
>
> 치료자 : 네 얼굴은 어떤 표정일까?
>
> 제나 : (얼굴을 찡그린다)
>
> 치료자 : 그렇구나. 이날 알렉산더에게는 좋지 않은 일이 엄청나게 많이 일어났어. 너는 어떤 일로 기분이 슬퍼지니?
>
> 제나 : 친구들이 나한테 욕하고, 엄마가 나한테 소리 지를 때요. 그리고 선생님이 숙제를 너무 많이 내주실 때요.

영화, 연극, TV 프로그램, 음악

책을 함께 읽는 것은 아동에게 도움이 되는 전략이다. 그러나 책에 별 반응을 보이지 않는 아동도 있다. 이럴 때는 영화나 연극, 텔레비전 드라마, 음악을 사용하면 좋다. 가령 저자들은 자신의 감정을 파악하고 표현하는 데 어려움이 있는 아동에게 '오즈의 마법사'라는 영화의 한 장면을 보여준 적이 있다. 저자들은 아동에게 도로시와 겁쟁이 사자, 깡통로봇, 허수아비가 마법사 오즈를 만나는 장면을 보여주었다. 이 장면에서 등장인물들은 각기 다른 정서를 다양한 강도로 보여주고 있다. 저자들은 아동에게 각 등장인물의 반응, 즉 표정과 언어반응, 행동에 주목하고 각 등장인물이 느끼고 있는 감정을 파악하게 하였다. 그런 다음 아동에게 그 등장인물의 기분과 유사한 감정을 느낀 적이 있는지 물어보았다. 아동이 등장인물의 감정과 유사한 기분을 느낀 적이 있다고 말하면 치료자는 그런 감정이 들었을 때 표정은 어땠는지, 마음속에 스치고 지나간 것이 무엇인지 물어보는 것으로 진행한다.

아동이 감정의 강도를 평가하도록 돕기

아동에게 자신의 감정을 파악하는 방법을 알려준 후에는 감정의 정도를 평가하는 방법을 가르친다. 아동들은 으레 특정 감정을 느낀다 혹은 느끼지 않는다의 범주로만 이해하게 마련이다. 다시 말해 아동은 자신이 경험하는 감정의 강도가 얼마나 되는지 결정하는 데 서툴다. 따라서 감정이 다양한 강도로 경험될 수 있다는 것을 이해하도록 도와주어야 한다. 예를 들어 10세 된 체스터는 자신이 불안하다는 것을 알고 있다. 그러나 언제 더 불안하고 덜 불안한지는 말할 수 없다. 체스터에게는 불안이라는 감정이 돌로 가득 찬 등짐처럼 느껴진다. 그는 그 짐이 무겁다는 것을 알지만 무게를 잴 수 없다. 따라서 치료자는 좀 더 구체적인 활동을 통해 아동이 정도의 개념을 이해할 수 있도록 도와주어야 한다.

감정 얼굴 활동에 기초하여 감정의 정도를 측정하는 것은 직접적이고 쉬운 방법이다. 아동이 감정 얼굴을 그리면 그 감정을 얼마나 강하게 경험하는지 물어본다. 나이 많은 아동에게는 1~5점 척도로 감정의 정도를 평가하게 하고, 어리고 사고가 단순한 아동은 좀 더 많은 도움을 필요로 한다. 이때 치료자는 감정 얼굴 차트에다 박스를 첨가하여 사용할 수 있다. 그림 6.2는 그 예를 보여주고 있다.

이 활동지를 작성할 때 아동은 백지에 자신의 감정 얼굴을 그린 후 감정 단어를 적는다. 감정 단어 밑에는 정도를 나타내는 5개의 박스가 제시되어 있다. 박스는 빈 것부터 중간만 채워진 것, 완전히 채워진 것까지 다양하다. 치료자는 아동에게 자신이 느꼈던 정도를 나타내는 5개의 박스에 표시하게 한다. 이 박스는 추상적인 1~5점 척도를 알기 쉽게 설명해준다. 저자들의 경험에 의하면, 아동은 감정을 파악하고 평가하며 의사소통하는 방법을 좋아한다. 워크시트는 과거의 감정들을 기록하여 보관할 수 있게 해주며, 이것은 이후에 감정의 변화를 평가하기 위한 치료적 개입 시에 활용될 수도 있다.

감정의 정도를 측정하는 과제를 좀 더 구체적 형태로 만들 수도 있다. 직접 손으로 만져볼 수 있는 실험은 아동의 집중을 도와준다. 아동에게 투명한 플라스틱 컵에다 색깔이 섞인 물을 붓게 한 후 한 컵은 비워두고, 다른 컵들에는 각각 1/4, 1/2, 3/4, 그리고 가득 채우라고 한다. 치료자는 컵의 표면에 검은 색연필로 높이를 표시한다. 액체 대신 구슬이나 자갈, 조개껍질 등으로 컵을 채울 수도 있다. 그런 다음 아동에게 자신이 느끼고 있는 감정의 정도를 보여주는 컵을 가리키도록 한다.

감정온도계나 감정기압계도 감정의 정도를 파악할 수 있도록 돕는 데 널리 사용되는 도구이다(Castro-Blanco, 1999; Silverman & Kurtines, 1996). 아동들은 온도계를 어디에 쓰는지 대부분 알고 있다. 또한 온도계는 그 자체가 유용한 비유로 활용될 수 있다. 가령 아동에게 감정온도계를 완성시킨 후, 치료자는 "너의 화가 끓기 시작하는 점이 어딘지 보여줄래?"라고 물어본다.

감정신호등도 감정의 정도를 파악하는 데 사용할 수 있는 또 다른 방법이다(Friedberg et al., 2001). 감정온도계처럼 감정신호등도 감정의 정도를 평가하는 데 도움이 되며 또한 비유로도 사용할 수 있다. 예컨대 강한 감정 경험은 아동의 행동과 인지를 마비시킬 수 있다. 신호등의 빨간불처럼 강한 감정이 진로를 방해할 수 있다는 것을 인식함으로써, 아동은 일상생활 속에서 감정이 갖고 있는 역할을 보다 잘 이해하게 된다.

감정과 신체감각 연결시키기도 아동의 감정 파악을 돕는 방법이다. 아동은 자신의 신체감각을 비교적 쉽게 자각한다. 따라서 이러한 생리적 반응은 아동에게 좋은 시작점이 되어준다. 아동에게 "_____할 때 네 몸은 어떻게 느낄까?"라고 묻는 질문은 감정 표현의 좋은 토대가 된다. 치료자는 구체적인 행동을 질문에 연결시켜야 한다(예 : "엄마와 아빠가 싸우는

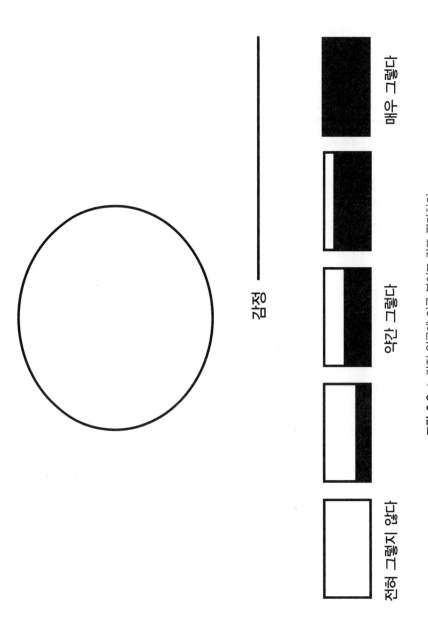

그림 6.2 :: 감정 얼굴에 이름 붙이고 강도 평가하기

소릴 들었을 때 네 몸은 어떻게 느낄까?"). 감정을 신체감각과 연결시킴으로써 아동이 자신의 감정을 구체적으로 파악할 수 있도록 도와주는 것이다. 다음의 대화는 감정과 신체감각을 연결시키는 과정을 보여주고 있다.

> 치료자 : 담임 선생님이 받아쓰기 검사를 볼 거라고 말씀하실 때, 네 몸은 어떻게 느낄까?
>
> 칼리 : 몸이 딱딱하게 돼요.
>
> 치료자 : 네 몸에서 변화가 느껴지는 것은 또 없니?
>
> 칼리 : 배가 아프고 머리도 무거워져요.
>
> 치료자 : 배에서 소리가 날 때 만약 배도 말을 할 수 있다면 어떤 기분이라고 말할 것 같니?
>
> 칼리 : 토할 것 같은 기분이요.
>
> 치료자 : 머리가 무거울 때는 어때? 머리가 뭐라고 말할 것 같니?
>
> 칼리 : 기운이 없어. 감기에 걸린 것처럼.
>
> 치료자 : 들어보니까 받아쓰기 검사가 정말 네 몸을 아프게 만드는 것 같구나. 여기에 네 아픈 배를 그리고 얼굴도 그려보겠니?
>
> 칼리 : (그림을 그린다)
>
> 치료자 : 네 배는 어떤 얼굴을 하고 있니?
>
> 칼리 : 걱정하는 얼굴이요.

이 대화에서 치료자는 칼리에게 매우 구체적으로 질문한다(예 : "담임 선생님이 받아쓰기 검사를 볼 거라고 말씀하실 때, 네 몸은 어떻게 느낄까?"). 치료자는 아동이 신체감각과 연결된 감정을 표현하도록 도와준다(예 : "배에서 소리가 날 때 만약 배도 말을 할 수 있다면 어떤 기분이라고 말할 것 같니?"). 치료자는 또한 칼리에게 '아픈 배'를 그림으로 그려보라고 함으로써 자신의 감정을 구체적으로 표현하도록 하고 있다. 이 예에서 치료자는 개방적 질문으로 칼리를 돕고 있다. 그러나 치료자로부터 더 많은 도움을 필요로 하는 아동도 있다. 이럴 경우 치료자는 아동에게 선택하도록 하는 것이 좋다(예 : "지금 네 기분은 화가 난 걸까, 슬픈 걸까, 무서운 걸까, 걱정이 되는 걸까?"). 만약 아동이 언어로 반응하지 못할 경우에는 치료자가 행복한 얼굴, 슬픈 얼굴, 걱정되는 얼굴, 화가 난 얼굴을 그린 후에 아동의 기분이 어떤 얼굴에 해당되는지 물어본다.

감정 패션쇼는 감정 표현을 촉진하기 위한 또 다른 창의적 방법이다. 감정을 파악하고 표현하는 것은 재미있을 수 있다! 켄지는 9세의 유럽계 미국인 여아로, 자신을 '패션 소녀'로 묘사하지만 감정을 감추는 경향을 갖고 있었다. 자신의 감정을 인정하는 것은 높은 불안을 일으키며, 인정받지 못할 것에 대한 기대와 통제 상실 예측을 수반하였다. 회피를 감소시키

> ### 글상자 6.1 아동과 함께 감정 파악하기
>
> - 문화적 배경을 고려한다.
> - 슬픔, 화남, 기쁨, 무서움, 두려움 등처럼 단순한 분류체계를 사용한다.
> - 잡지에서 그림을 오려 내거나, 그림책을 읽거나, TV 또는 영화를 보는 것과 같은 창의적인 방법을 사용한다.
> - 감정의 강도를 측정해야 한다는 점을 기억한다.
> - 감정의 정도를 측정하기 위해 감정온도계, 자, 감정신호등을 사용한다.

기 위한 방법으로 치료자는 켄지와 함께 '감정 옷장' 놀이를 만들었다.

켄지는 잘라낸 종이조각 위에 서로 다른 감정을 나타내는 옷들을 그렸다(예 : "이것은 행복한 옷이에요.", "이것은 화난 옷이에요."). 오려낸 옷 그림 위쪽에 클립을 테이프로 붙였다. 켄지의 어머니는 미술교사였는데, 치료자는 켄지와 어머니에게 감정들을 보관할 수 있는 장식장을 만들어오는 숙제를 내주었다. 아울러 켄지에게는 몇 가지 감정 옷을 더 만들도록 하였다. 켄지가 다음 치료시간에 클리닉을 방문하자 치료자는 켄지에게 옷장 속을 배열하라고 요청했다. 가장 알기 쉽고 표현하기 쉬운 감정들은 옷장의 앞쪽에 놓고 피하고 싶은 감정들은 옷장의 뒤쪽에 놓게 하였다. 이런 식으로 옷장을 배열함으로써 켄지는 위계를 구성하는 과정을 시작했다. 글상자 6.1은 아동과 함께 감정을 파악할 때 도움이 되는 팁을 제시하고 있다.

청소년과 함께 감정 파악하기

청소년은 아동에 비해 정서적으로 성숙하기 때문에 자신의 감정을 파악하는 능력도 비교적 잘 발달해 있다. 이 능력이 덜 발달한 청소년에게는 아동에게 사용되는 기법을 적용하면 된다. 치료자는 연령에 관계없이 내담자가 자신의 감정을 파악하고 표현하는 데 얼마나 능숙한지부터 파악해야 한다. 지금부터 청소년의 감정 파악을 돕기 위한 몇 가지 방법을 소개하고자 한다.

자기보고 검사는 청소년의 정서상태를 파악하는 손쉬운 방법이다. CDI와 MASC-2, SCARED 등을 이용하면 청소년의 전반적인 정서상태를 측정할 수 있다. 이 검사들은 실시가 간편하며 청소년과 치료자로 하여금 가장 두드러진 감정상태가 무엇인지 주의를 기울이게 한다.

청소년의 감정 표현을 촉진하기 위해 고안된 이야기 활동에서는 청소년에게 슬프거나 화가 났던 또는 우울했던 경험을 이야기로 적어보라고 한다(Friedberg, Fidaleo, & Mason, 1992). 이야기에는 감정과 관련된 상황과 청소년의 생리적 반응, 인지적·행동적 반응 등이 모두 포함되어 있다. 청소년에게 이야기의 제목도 적어보라고 하는데, 제목도 청소년의 정서상태를 드러내주는 경우가 많다.

이야기 활동을 변형하여 청소년에게 시나 노래 또는 랩 가사 만들기를 통해 감정 표현을 하도록 할 수도 있다. 청소년은 시나 랩 가사 짓기 같은 창의적 방법으로 자신의 마음속에 담아두고 있던 감정을 해방시키고 개방할 수 있다. 또한 노래나 랩에는 청소년이 속해 있는 사회적 생태계가 반영된다. 따라서 청소년에게 말로 직접 표현하게 하기보다 시나 랩을 통해 자신의 감정을 표현하도록 하는 것이 훨씬 도움이 된다.

감정어휘 부족의 어려움을 보이는 청소년이 많다. 가령 어떤 청소년은 자신이 겪는 모든 부정적 정서상태를 '나쁘다.' 혹은 '열 받는다.'로 표현한다. 감정어휘가 부족하면 서로 다른 정서 범주들(예 : 화, 슬픔, 걱정) 간의 차이를 구분하지 못할 뿐 아니라, 같은 감정에도 정도의 차이가 있다는 것(예 : 짜증남, 화가 남, 미칠 것같이 화가 남)을 구분하지 못한다. 예컨대 오토는 기분이 어떠냐고 물으면 "나빠요."라며 항상 같은 대답을 한다. 어떤 청소년은 자신의 감정을 매우 특수하게 표현한다(예 : "어떻거나 말거나."). 자신의 감정을 늘 "가렵다."라고 표현하는 줄리안도 이 경우에 해당된다. 따라서 청소년의 감정어휘를 확장시키면 보다 다양하게 반응하게 되고, 개인적으로 사용하는 특수한 표현들도 여기에 통합시킬 수 있다. 청소년이 자신의 감정을 묘사할 때 가능한 많은 감정 단어들을 사용하게 하는 것이 좋다.

'감정 포스터나 감정 콜라주' 같은 방법도 도움이 된다. 감정 포스터 활동의 경우, 청소년은 잡지에서 오려낸 사진들로 다양한 감정을 나타내는 포스터를 만든다. 감정 콜라주는 감정을 언어로 표현하는 데 어려움을 가진 청소년에게 적합하며 점진적으로 진행되는 과제이다. 치료자는 청소년에게 콜라주 과제를 주는 것으로 시작하여 점진적으로 언어 표현을 실험하는 과정으로 나아간다.

감정을 파악하고 표현하는 데 도움이 되는 감정 제스처 게임은 청소년들에게 익숙한 파티 게임을 치료에 맞게 변형한 것이다(Frey & Fitzgerald, 2000). 청소년은 다양한 종류의 감정이 적힌 카드를 뽑은 다음 표정과 행동만으로 카드에 적힌 감정을 표현해야 한다. 이 게임은 참가자들을 팀으로 나누어 진행하기 때문에 집단치료나 가족치료 시에 특히 좋다. 그리고 감정을 정확히 알아맞힐 때마다 점수를 주기 때문에 이 게임을 통해 자신의 감정을 표현하는 연습과 다른 사람의 감정을 인식하는 연습을 함께 할 수 있다. 이 상호작용 게임은 재미있으며 정서상태와 관련된 비언어적 단서에 주의를 기울이게 한다. 감정 단어 목록과 마찬가지로 이 게임을 할 때는 각 문화마다 감정 단어와 표현이 다르다는 점에 주의를 기울여야 한다. 개인별로 자기 고유의 감정명칭을 만들고 이러한 감정을 자신만의 방식으로 표현

> **글상자 6.2**　**청소년과 함께 감정 파악하기**
>
> • 자기보고 검사도구를 활용한다.
> • 청소년의 감정어휘를 확대하기 위해 노력한다.
> • 감정 포스터나 감정 제스처와 같은 게임이나 활동을 고려한다.

해보게 할 수도 있다.

　Deblinger(1997)는 청소년의 정서 표현을 촉진하기 위해 매우 창의적인 **토크쇼** 기법을 제안하고 있다. 그녀는 성학대를 받은 청소년들을 상담하면서 TV나 라디오의 토크쇼처럼 전화를 이용하는 방법을 개발했다. 이 방법을 인지치료에 적용할 때 치료자는 약간 변형하여 말을 잘하지 않는 청소년의 감정 표현을 돕는 데 활용할 수 있다. 대개 치료자가 토크쇼 사회자 역할을 하며, 청소년 내담자는 게스트 역할을 한다. 토크쇼 사회자처럼 치료자는 시청자의 전화를 받는 척하며 청소년이 특정 상황에서 어떻게 느끼는지 구체적으로 질문한다. 청소년은 질문자가 멀리 있는 것을 편하게 느끼기 때문에 자신의 감정을 보다 적극적으로 표현한다. 또한 이 활동은 재미있고 상상력을 자극하기 때문에 청소년의 표현 억제를 감소시키는 데 도움이 된다. 글상자 6.2는 청소년과 함께 감정을 파악할 때의 유의사항을 제시하고 있다.

생각 파악하기 및 생각을 감정과 연결시키기

생각 파악을 위한 가장 전통적인 방법은 "지금 네 마음속에 무엇이 스쳐 지나가고 있니?"라고 묻는 것이다. 이 질문은 내담자의 기분이 변화하는 순간에 사용하는 것이 가장 좋다(J. S. Beck, 2011; Padesky, 1988). 이 연습을 잘 이용하면 인지치료는 진정으로 '경험적인 여기 그리고 지금' 접근이 된다. 치료자는 이 질문을 너무 정형화된 방식으로 사용하지 않도록 노력해야 한다(A. T. Beck et al., 1979). 치료자는 이 질문을 다양하게 수정하여 사용할 수 있으며, 필요하면 자기 자신의 개인적 스타일로 개발할 수도 있다. 그러나 "지금 무슨 생각을 하니?", 혹은 "＿＿＿＿에 대해 어떤 생각을 갖고 있니?"와 같이 질문하는 것은 삼가도록 한다. 이런 질문은 심상(images) 같은 인지과정을 간과함으로써 아동과 청소년의 반응을 제한할 수 있다. 치료자들에게 다음과 같은 개방형 질문을 사용할 것을 권고한다.

"네 마음속에 떠오른 것이 무엇이니??"

"네 마음속으로 날아 들어온 것이 무엇이니?"

"네 마음속에 스쳐 날아간 것이 무엇이니?"

"네 머릿속을 홱 지나친 것이 무엇이니?"

"네 마음속에 확 스치고 지나간 것이 무엇이니?"

"네 자신에게 뭐라고 말했니?"

"네 머릿속을 빠르게 지나간 것이 무엇이니?

생각과 감정을 연결하기 위해 가장 자주 사용되는 방법은 흔히 생각일기라 불리는 일상적 생각기록지(Daily Thought Record, DTR)이다. 성인을 위한 인지치료 문헌에는 생각기록지의 좋은 예들이 제시되어 있다(A. T. Beck et al., 1979; J. S. Beck, 2011; Greenberger & Padesky, 1995). 생각기록지는 일반적으로 내담자에게 자신의 문제 상황, 스트레스를 가져오는 생각과 감정, 대안적 반응, 그리고 역반응에 따른 정서적 결과 등을 기록하게 한다. 전통적인 생각기록지는 나이 많은 청소년들에게 적합하다.

아동과 함께 생각 파악하기

아동에게 적용할 수 있는 몇 가지 생각기록지가 개발되어 있다(Bernard & Joyce, 1984; Friedberg et al., 2001; Kendall, 1990; Seligman et al., 1995). 최근의 연구에 의하면 어린 아동이라 할지라도 생각풍선이 인지내용을 의미한다는 것을 알고 있다(Wellman et al., 1996).

Bernard와 Joyce(1984)는 **생각화원**이라 불리는 생각기록지에 대해 설명하고 있는데, 이것은 매우 창의적이며 아동에게 적합하다. 이 활동에서 치료자는 아동에게 꽃 그림을 그리게 하는데, 꽃송이는 감정을 나타내며 줄기는 생각을, 그리고 흙은 감정과 생각을 유발시킨 선행사건을 상징한다. 아동은 여러 색깔로 자신의 감정과 생각을 표현한다. 저자들의 경험에 의하면, 아동들은 이 활동을 매우 좋아하고 재미있어 한다. 다음의 대화는 어린 아동에게 생각화원 활동을 어떻게 적용하는지 보여주고 있다.

치료자 : 꽃 그림 그려본 적 있니?

켄드라 : 네. 학교에서요.

치료자 : 그럼 쓰고 싶은 색깔을 골라보렴. 생각화원을 어떻게 그리는지 말해줄게.

켄드라 : (크레용을 몇 개 선택한다)

치료자 : 좋아. 그럼 먼저 땅부터 그리자. 땅은 무슨 색으로 칠할까?

켄드라 : 밤색이요. 제가 칠할게요(땅을 그린다).

치료자 : 꽃들은 땅에서 자라나지. 땅은 네가 기분이 나쁠 때 일어난 일과 같은 거란다. 이번 한 주 동안 네 기분을 나쁘게 만든 일들이 있었니?

켄드라 : 네, 엄마와 할머니가 서로 싸웠어요.

치료자 : 그렇구나. 그걸 여기 땅에다 적어보자(적는다). 이젠 이 땅으로부터 어떤 생각과 기분이 자라나는지 생각해보자. 엄마와 할머니가 싸우실 때 네 마음속에 무엇이 떠올랐는지 궁금하구나.

켄드라 : 내가 착한 아이가 아니라는 거요.

치료자 : 그 생각이 줄기란다. 자 줄기를 그려보렴. 내가 네 마음속에 스치고 지나갔던 것을 적어볼게. 그럼 엄마와 할머니가 싸웠고, 네가 착한 아이가 아니라고 생각했을 때 네 기분은 어땠니?

켄드라 : 슬픈 기분이요.

치료자 : 그럼 꽃의 색깔로는 어떤 색이 좋을까?

켄드라 : 회색이요.

이 예는 생각화원 활동이 많은 언어표현을 요구하지 않음을 보여주고 있다. 그림 그리기는 아동에게 위협적이지 않은 활동이다. 화원의 비유를 통해 치료자는 심리교육 자료를 긴 설명 없이 아동에게 제시했다. 켄드라는 색칠을 하면서 자신의 생각과 기분을 파악하였다.

만화로 그린 얼굴이나 사람 그림 위에 떠 있는 **생각풍선**도 사고를 파악하는 데 사용할 수 있는 유용한 방법이다(Padesky, 1986). 이 활동에서 치료자는 감정을 나타내고 있는 사람이나 동물 그림을 그린 다음, 아동에게 생각풍선 속을 채우게 한다(Kendall, 1990; Seligman et al., 1995). Kendall(1990)은 대처하는 **고양이**(Coping Cat)라는 기발한 프로그램을 개발했다. 이 프로그램에서 아동은 평온한 표정의 개 그림과 기진맥진한 표정의 고양이 그림을 이용해 생각 파악하기 과제에 참여한다. Friedberg 등(2001)은 생쥐 그림을 이용해 기분을 파악하게 하고, 신호등 아이콘으로 기분의 정도를 평가하며, 생각과 감정을 파악하기 위해 빈 풍선을 사용한다. 만화 그림은 아동이 치료에 흥미를 갖고 참여할 수 있게 해준다.

좀 더 큰 아동의 경우에는 주의를 끌기 위해 만화를 사용하지 않아도 된다. 이들에게는 표정이 그려져 있지 않은 빈 얼굴 그림 위에 풍선 그림을 그리는 것만으로도 충분하다. 그림 6.3은 이 활동의 기본 형태를 보여주고 있다. 아동은 먼저 감정 얼굴을 그린 다음 감정 단어와 감정의 정도를 적고, 풍선에다 생각을 쓰고 나서 그러한 생각과 감정과 관련된 사건을 기록한다. 다음의 대화는 이 과정을 잘 보여주고 있다.

치료자 : 지금까지 너 자신에 대해 중요한 것들을 잘 말해주었어. 지금부터는 너의 생각을 함께 찾아보고 또 그 생각과 연결된 기분을 찾아보도록 하자. 어떻게 생각하니?

손 : 좋아요. 도움이 된다면 해보죠 뭐.

상황

_____

감정의 종류

_____

감정의 강도

_____

그림 6.3 ∶ 기본적인 생각기록지 그림

치료자: 그래 해보자. 먼저 너를 힘들게 했던 일들에 대해 적어보자.

숀 : (잠시 멈추며 눈물을 머금는다) 아빠가 나보고 게으른 실패자라고 하셨어요. 내가 우리 가족 이름에 먹칠을 한다고 하셨어요.

치료자 : 정말 속상했겠구나. 아빠가 그런 말씀을 하셨을 때 기분이 어땠니?

숀 : (울며) 내가 정말 쓸모없다는 느낌이 들었어요. 나는 아무것도 할 수 없을 거예요. 아빠는 나를 미워

해요.

치료자 : 그런 고통스러운 것들이 네 마음속에 스쳐 지나갔구나. 그것을 여기 생각풍선 안에 적어볼까?

숀 : 좋아요(적는다).

치료자 : 아빠가 너에게 마음 아픈 말씀을 하셨고 '나는 쓸모없는 사람이야. 나는 아무것도 할 수 없고 아빠는 날 미워해.'라는 생각이 네 마음속에 스쳐 지나갔을 때(생각풍선 속에 적힌 것을 손으로 가리킨다), 이때 어떤 기분이 들었니?

숀 : 정말 더러운 기분이었어요.

치료자 : 그걸 여기에 써보자.

숀 : 써도 되나요?

치료자 : 그럼.

숀 : (생각기록지에 적는다)

치료자 : 그때의 네 표정을 어떻게 그리면 좋을까?

숀 : 이렇게요(기록지에 눈물을 흘리는 슬픈 얼굴을 그린다).

치료자 : 그 기분이 얼마나 강했을까?

숀 : 그게 무슨 말씀인데요?

치료자 : 우리가 앞에서 감정 얼굴을 1~10점까지 점수로 나타냈던 것 기억하니?

숀 : 그럼요. 기분이 정말 더러웠거든요. 아마도 9점은 될걸요.

이 대화는 몇 가지 중요한 점들을 보여주고 있다. 첫째, 치료자는 숀의 힘든 경험을 생각 일기로 적게 했다. 그렇게 함으로써 숀에게 심리적인 도움을 주었다. 둘째, 치료자는 숀을 부드럽게 이끌며 치료를 진행해 나갔다. 셋째, 다른 아동들과 마찬가지로 숀도 처음에는 감정과 생각을 혼동하였다. 그러나 치료자는 숀을 비판하지 않으면서 잘못된 것을 교정해주었다. 마지막으로, 치료자는 숀에게 상황과 감정, 그리고 생각을 적어보도록 격려하였다.

제9장에서 소개될 보드게임도 사고와 감정을 파악하는 데 이용할 수 있는 좋은 매체이다. 아동들은 보드게임을 좋아하며 재미있어 한다. Berg(1986, 1989, 1990a, 1990b, 1990c)는 매우 유용한 인지행동 보드게임 시리즈를 개발하였다. 게임의 카드는 아동의 일상생활 영역들을 반영하고 있어서 아동의 생각과 감정 파악을 촉진하는 데 도움이 된다. 또한 대처진술과 문제해결 전략을 산출하도록 유도하는 데도 유용하다. 치료자는 아동에게 게임 카드를 만들어오는 숙제를 내 줄 수도 있다.

청소년과 함께 생각 파악하기

나이 많은 아동 및 청소년과 함께 생각을 파악하는 과정은 다소 평이하다. 기본 절차는 성인의 생각을 파악할 때와 비슷하다. 표준적인 생각기록지가 사용될 수 있는데, 이때 전체를 사용하기보다 일부만 사용하기를 권고한다. 예컨대 처음에는 아동에게 상황과 감정 칸을 완성하도록 한다. 그런 다음 단계에서는 상황, 감정, 생각 칸을 모두 완성하도록 하는 것이다. 과제를 부분으로 나누면 작업이 간단해져서 청소년의 협조가 용이해진다(J. S. Beck, 2011).

생각기록지를 치료시간의 내용에 통합하면 치료효과가 배가 된다. 청소년들은 생각기록지를 왜 작성해야 하는지, 생각기록지가 자신의 문제와 어떤 관련이 있는지, 그리고 그것을 통해 무엇을 얻을 수 있는지 이해해야 한다. 치료시간 중에 청소년이 묘사하고 있는 힘든 상황이 생각, 감정과 연결되어 있을 때 생각기록지를 사용하면 좋다. 지지들의 경험에 의하면, 청소년들은 자신의 생각과 감정을 글로 쓰는 것을 좋아한다. 따라서 청소년에게 직접 생각기록지를 기록하게 하면, 치료자는 청소년의 생생한 표현을 얻게 된다.

다음의 대화는 16세 소녀인 앨리와 가진 치료시간인데, 치료자가 생각기록지를 어떻게 통합하여 적용하는지 보여주고 있다.

앨리 : 엄마가 나에게 뭘 하라고 하면 미칠 것 같아요. 정말 머리끝까지 화가 나요. 엄마는 언제나 내 신경을 건드려요.

치료자 : 네 말을 들어보니 너나 엄마에게 이건 정말 중요한 문제인 것 같구나. 이걸 생각기록지에 적어보면 좋을 것 같은데. 괜찮겠니?

앨리 : 상관없어요.

치료자 : 그 대답을 동의로 받아들일게. 무엇이 네 감정을 불러일으키는 것 같니?

앨리 : 엄마가 동생이 방 치우는 것을 도와주라고 소리 질렀어요. 그리고 주중에는 친구들과 밖에서 지내면 안 된다고 하고요.

치료자 : 이걸 상황 칸에 적어보자. 그때 어떤 기분이 들었지?

앨리 : 짜증이 났어요. 화도 났고요. 미쳐버릴 것 같았죠. 엄마는 항상 이런 식이에요.

치료자 : 정말 강한 기분을 느꼈구나. 그런 기분들을 기분 칸에 적어보자. 그리고 이 기분들이 어느 정도였는지 평가해보자. 어느 정도였다고 생각하니?

앨리 : 모르겠어요.

치료자 : 이 감정들에 대해 네가 얼마나 강하게 느꼈는지 알아보는 방법을 알려줄게. 어떤 사람들은 1~10점으로 평가하기도 하고, 어떤 사람은 1~5점으로 평가한단다. 또 1~100점으로 평가하는 사람도 있고. 너는 어떤 것을 사용하고 싶니?

앨리 : 1~10점이요.

치료자 : 가장 강한 기분을 나타내는 숫자는 무엇이고, 가장 낮은 기분을 나타내는 숫자는 무엇일까?

앨리 : 그야 1점이 가장 낮죠.

치료자 : 좋아. 그럼 얼마나 화가 났었니?

앨리 : 아마도 8점 정도였을 거예요.

치료자 : 정말 화가 많이 났었구나. 무엇을 보고 8점만큼 화난 줄 알 수 있을까?

앨리 : 정말 머리끝까지 화가 치밀어서 소리를 질렀어요. 미칠 것 같았죠. 문을 꽝 닫고 들어가 버렸어요.

치료자 : 그때 맘속에 무엇이 스치고 지나갔을까?

앨리 : 엄마는 공평하지 않아요. 엄마는 심술쟁이에요. 빨리 커서 집을 나갔으면 좋겠어요.

치료자 : 좋아. 그걸 생각 칸에 한번 적어보자.

이 대화는 앨리가 감정적인 내용을 체계적으로 다룰 수 있도록 어떻게 안내하는지를 보여주고 있다. 치료자는 생각기록지를 작성할 때 십 대 소녀가 사용하는 언어를 그대로 사용하였다. 또한 치료자는 내담자가 느끼는 기분의 강도를 점수로 표현하게 했다.

미완성 문장 기법도 청소년이 특정 상황에서 갖는 생각을 알아보는 데 도움이 된다 (Friedberg et al., 1992; Padesky, 1986). 미완성 문장 기법은 생각기록지의 변형으로, 청소년에게 빈칸을 채우기만 하면 된다고 지시한다. 미완성 문장은 점진적 과제이다. 따라서 처음에는 치료자가 내담자와 함께 문제 상황과 그에 따른 기분을 파악한 다음 내담자 스스로 자신의 생각을 찾아보게 한다. 치료자는 청소년과 협력하여 상황의 촉발요인과 기분을 찾아본다. 그렇게 해야만 과제가 그 청소년에 맞게 개별화되는 것이다. 무엇을 해라 혹은 하지 말라고 할 때 화를 내는 청소년에게 적용할 수 있는 미완성 문장의 예는 다음과 같다.

"담임 선생님이 지각하지 말라고 말씀하실 때 나는 화가 나며, 이 순간 마음속을 스치고 지나가는 것은 _____ 이다."

"부모님이 외출시간을 제한하실 때 나는 화가 나며, 이 순간 마음속을 스치고 지나가는 것은 _____ 이다."

"동생이 내 물건을 허락 없이 뒤질 때 나는 화가 나며, 이 순간 마음속을 스치고 지나가는 것은 _____ 이다."

미완성 문장 기법은 융통성과 창의성을 허용한다. 치료자는 미완성 문장을 내담자 청소년이 생활 속에서 겪는 힘든 부분을 다루도록 구성할 수도 있다. 청소년이 과제에 친숙해짐에 따라 내담자가 채워야 하는 빈칸을 더 많이 만들어 사용한다. 미완성 문장 기법을 보다 복잡한 형태로 적용한 예는 다음과 같다.

> **글상자 6.3**   **아동 및 청소년과 함께 생각 파악하기**
>
> - 아동에게 친숙한 생각일기를 사용한다.
> - 치료시간 중에 생각일기를 완성한다.
> - 아동에게는 보드게임도 좋은 선택이 될 수 있다.
> - 미완성 문장은 청소년에게 좋은 전략이 될 수 있다.

"엄마와 아빠가 _____하실 때 내 기분은 _____ 하며, 그 순간 내 마음속을
스치고 지나가는 것은 _____이다. "

앞에서 볼 수 있는 바와 같이, 미완성 문장 기법은 생각기록지의 처음 세 칸과 유사하다.
따라서 미완성 문장 기법은 생각기록지의 축소판이라 할 수 있다. 미완성 문장 기법을 생각
기록지의 전 단계에서 사용하면 도움이 된다. 글상자 6.3은 아동 및 청소년과 함께 생각을
파악할 때의 유의사항을 제시하고 있다.

내용–특수성 가설을 이용해 생각과 감정 파악 안내하기

아동으로부터 의미 있는 인지를 이끌어냈는지 결정하기 위해 치료자는 내용–특수성 가설
을 적용할 수 있다. 다음의 예들은 치료자와 아동이 어떻게 의미 있는 생각을 놓칠 수 있는
지 보여주고 있다. 각각의 예에서 아동이 보고한 생각은 감정의 흐름과 분리되어 있으며 피
상적이고 지엽적인 인지만을 나타내고 있다.

생각기록지 예 1
상황 : 엄마가 아파서 병원에 입원하셨다.
기분 : 걱정(9)
생각 : 엄마가 보고 싶다.

위의 첫 번째 생각기록지에서 '엄마가 보고 싶다.'는 생각은 상황과는 연결되지만 감정의
강도와는 맞지 않는다. 치료자는 엄마를 그리워하는 것이 어떻게 높은 수준의 걱정과 연결
되는지 생각해보아야 한다. 즉, 엄마를 그리워하는 것과 관련해서 무슨 위험이나 위협이 존
재하는가? 무엇 때문에 병원에 있는 엄마가 위험한 것인가? 그러나 생각이 부정확하거나

잘못 표현된 것은 아니다. 오히려 현실을 잘 반영하고 있다. 따라서 치료자는 현실적이지만 중요한 부분이 생략된 아동의 표현 뒤에 숨어 있는 의미 있는 생각을 추론해보아야 한다. 수정된 생각기록지는 생각기록지가 이후의 작업에 어떤 영향을 미칠 수 있는지 보여준다.

수정된 생각기록지 예 1

상황 : 엄마가 아파서 병원에 입원하셨다.

기분 : 걱정(9)

생각 : 나는 혼자서 학교생활을 감당하기 어려울 거야. 이러한 상황이 나를 힘들게 할 거야.

생각기록지 예 2

상황 : 수학시험에서 79점을 받았다.

기분 : 슬픔(8)

생각 : 나는 시험을 잘 보지 못했다.

생각기록지 예 2에서 '나는 시험을 잘 보지 못했다.'는 생각은 표면인지로, 더 고통스러운 생각이 그 안에 감춰져 있다. 치료자는 질문을 통해 아동의 자기비판적 관점(예 : "시험에서 79점을 받고 공부를 잘하지 못하는 것이 너에 대해 무엇을 말해주는데?")과 다른 사람들에 대한 부정적 관점(예 : "다른 사람들은 너에 대해 어떻게 생각할 것 같니?"), 그리고 미래에 대한 비관적 관점(예 : 이번 수학시험 점수가 앞으로 너에게 어떤 영향을 주리라고 기대하니?")을 파악해볼 수 있다. 수정된 생각기록지는 새로운 생각을 보여주고 있다.

수정된 생각기록지 예 2

상황 : 시험에서 79점을 받았다.

기분 : 슬픔(8)

생각 : 나는 멍청이야. 선생님은 이제 더 이상 나를 좋아하지 않으실 거야.

생각기록지 예 3

상황 : 생일파티에 초대를 받지 않았다.

기분 : 슬픔(8)

생각 : 갔더라면 재미있었을 텐데.

생각기록지 예 3에서 아동은 친구의 생일파티에 초대받지 못하고 재미있는 일을 놓친 것의 심리적 중요성에 대한 통찰을 하지 못하고 있다. 치료자는 내용-특수성 가설을 이용해 다음과 같이 질문할 수 있다.

"재미있는 일을 놓친 것이 너에게 어떤 의미가 있는데?"
"가고 싶은 파티에 초대받지 못하면 어떤 기분이 들까?"
"초대받지 않았다는 것이 너 자신에 대해 무얼 말해준다고 생각하니?"
"만약에 다른 아이들이 네가 초대받지 못했다는 걸 알게 된다면 너에 대해 어떻게 생각할까?"

수정된 생각기록지 예 3은 심층적으로 작업한 후에 얻어진 보다 의미 있는 생각일기를 보여주고 있다.

수정된 생각기록지 예 3
상황 : 파티에 초대받지 않았다.
기분 : 슬픔(8)
생각 : 나는 학교에서 제일 인기 없는 아이야.

생각과 감정 혼동하지 않기

저자들은 아동과 가족들에게 생각과 감정을 구분할 수 있는 가장 단순한 방법을 알려준다 (Friedberg et al., 1992). 첫째, 생각은 마음속에 떠오르는 것이며 대개 문장으로 표현할 수 있다고 말해준다(예 : '나에게 나쁜 일이 일어날 것이다.'). 반면 감정은 기분을 말하며 보통 한 단어로 전달된다고 말해준다(예 : '무섭다.'). 생각은 주관적 판단이나 평가, 결론, 설명을 나타낸다(예 : '나는 무능하다.'). 그러나 슬픔, 분노, 좌절, 혼돈 같은 감정들은 아동이 자신의 감정 상태를 보고할 때 사용하는 단순하며 기술적인 명칭이다.

감정은 객관적인 묘사이기 때문에 인지치료자는 아동의 감정에 대해 도전하거나 검증하려 하거나, 의문시해서는 안 된다. 치료자는 다음과 같이 반응하면 좋다. "뭔가 나쁜 일이 생길 것 같고 그 일에 대처할 수 없을 것 같은 생각이 들 때, 두려운 감정이 생기는 것은 당연한단다. 우리가 지금 해야 할 일은 과연 나쁜 일이 일어날 것인지, 그리고 네가 정말로 잘 대처하지 못할 것인지 확인해보는 거야." 다음의 예는 부모와 떨어질 때 느끼는 감정을 적은 8세 여아 미스티의 워크시트를 검토할 때 생각과 감정을 구분할 수 있도록 돕는 과정을 보여준다.

치료자 : 오늘 아침에 엄마가 학교에 데려다주실 때 기분이 어땠니?

미스티 : 여기 종이에다 적었어요. 엄마가 돌아오지 않으실 거라고 느꼈어요.

치료자 : 좋아. 엄마가 학교에 데려다 주셨을 때 일어난 일을 정말 잘 보여주고 있구나. 그런데 감정은 보통 한 단어라는 것을 기억했으면 해. 엄마가 데려다주셨을 때 엄마가 돌아오지 않으실 거라고 너한테 말한 것을 한 단어로 나타낸다면 무엇이 좋을까?

미스티 : 두려움이요.

치료자 : 잘했어. 그것은 두려움이라는 감정이란다. 그리고 네가 두려움을 느꼈을 때 그리고 차에서 내리면서 엄마를 바라보았을 때, 너 스스로에게 뭐라고 말했지?

미스티 : 엄마가 돌아오지 않으실 거라고요.

치료자 : 바로 그게 생각이란다. '엄마는 다시 돌아오지 않으실 거야.' 네가 '엄마는 다시 돌아오지 않으실 거야.'라고 생각할 때 두려운 기분이 드는 것은 당연하단다. 생각과 감정은 서로 연결되어 있어. 이제 우리 함께 그 생각을 살펴보고, 그것이 정확한지 그리고 너에게 도움이 되는지를 결정해보자.

이 예에서 미스티는 생각과 감정을 혼동하고 있었다. 치료자는 감정 파악을 촉진하면서 생각과 감정의 차이를 확인시켜주었다. 그리고 생각과 감정이 연결되어 있음을 알려주었다. 그 후 치료자와 미스티는 인지기법을 이용해 생각에 대한 작업을 시작할 수 있었다.

아동과 청소년의 생각기록지 작성 돕기

아동과 청소년은 생각기록지 작성 방법에 대한 직접적인 지시를 필요로 한다. 아동은 사건 또는 상황 칸을 어떻게 채워야 하는지 알아야 한다. 상황은 일어난 일에 대한 객관적인 기술이다. 사건이란 보통 환경 혹은 외부에서 벌어진 일이나 처지를 말한다(예 : 나는 열쇠를 잃어버렸다). 때로는 특히 불안과 같은 경우에는 내적 자극이 사건이 되기도 한다(예 : 얼굴이 빨개졌다, 땀을 흘리고 있다). 상황이란 아동이 설명을 하거나 판단 혹은 결론을 내린 사건을 말한다. 치료자는 아동이 고통스러운 상황에 대해 객관적으로 기술하고 있는지, 그리고 그 속에 자동적 사고가 숨겨져 있는지 파악해야 한다.

상황	기분	생각
선생님은 고약하시다. 그리고 내가 명청하다고 생각하신다.	슬픔(8)	선생님은 나를 좋아하지 않으신다.

그림 6.4 : 상황 칸에 자동적 사고가 포함된 생각기록지의 예

상황	기분	생각
선생님은 수업 중에 내가 집중하지 않는다고 말씀하셨다.	슬픔(8)	선생님은 나를 좋아하지 않으셔. 나에게 그런 말을 하시다니 정말 고약해. 선생님은 내가 멍청하다고 느끼게 만드셔. 난 공부를 잘 해낼 수 없을 거야. 그리고 선생님은 계속해서 내가 멍청하다고 생각하실 거야.

그림 6.5 : 수정된 생각기록지의 예

그림 6.4는 상황 속에 자동적 사고가 포함된 생각기록지의 예를 보여주고 있다. 이 예에서 상황에 대한 기술은 다소 주관적이며, 교사와 아동에 대해 과잉 일반화된 명명을 내포하고 있다. 아동이 무슨 일 때문에 교사가 자신을 좋아하지 않으며 멍청하다고 생각하는지, 왜 교사를 못됐다고 보는지 분명하지 않다. 더욱이 생각기록지를 살펴보면, '선생님은 나를 좋아하지 않으신다.'라는 믿음이 사실은 상황 칸에 잘못 기록된 결론에서 비롯된 것임을 알 수 있다. 따라서 치료자는 아동과 함께 서로 관련된 믿음들을 구분하는 데 더 많은 시간을 할애해야 하고, 아동이 상황을 명료하게 기술하도록 도와주어야 한다. 그림 6.5는 상황이 객관적으로 파악되고 자동적 사고도 적절한 칸에 적힌 생각기록지의 예를 보여주고 있다.

기분 칸을 채우는 것도 생각보다 어렵다. 첫째, 아동이 감정어휘를 사용할 수 있어야 한다. 둘째, 아동이 자신의 기분을 점수로 평가할 수 있어야 한다. 기분의 정도를 평가하는 것은 아동이 겪고 있는 감정의 본질을 보다 충실하게 이해하기 위해 필요하며, 아동의 인지가 의미 있는지를 평가하는 데도 도움이 된다. 또한 처음 실시한 평가는 이후의 개입이 성공했는지를 결정할 때 중요하다. 성공적 개입은 정서적 강도를 낮추는 결과를 가져와야 하기 때문이다.

생각과 심상은 대개 생각기록지의 세 번째 칸에 기록된다. 아동과 청소년이 이 칸을 작성하려면 스스로 "내 마음속에 무엇이 스쳐 지나가고 있는가?"라는 질문을 하는 방법을 배워야 한다. 나아가 이 장의 앞부분에서 언급되었던 생각과 감정의 차이를 구분하는 방법을 배워야 한다. 마지막으로, 치료자는 내용-특수성 가설에 대해 지속적으로 주의를 기울여야 한다. 그리고 생각 칸에 아동이 기록한 생각이 감정 칸의 정서 강도와 잘 맞는지 평가해야 한다. 이렇게 함으로써 치료자는 현재 가장 중요한 인지 자료를 가지고 작업해 나갈 수 있다. 글상자 6.4는 생각기록지를 작성할 때의 팁을 제공하고 있다.

글상자 6.4 **아동 및 청소년의 생각기록지 작성을 돕기 위한 팁**

- 상황은 일어난 일에 대한 객관적 설명임을 가르친다.
- 상황 또는 기분 칸에 자동적 사고를 적지 않도록 확인한다.
- 기분의 정도를 평가해야 함을 기억한다.
- 내용-특수성 가설을 늘 염두에 두어야 한다.

맺음말

감정과 생각 파악하기는 아동을 위한 인지치료에 있어서 중요한 기초가 된다. 그러므로 치료자는 아동에게 자신의 정서와 내면의 대화에 주의를 기울이도록 가르치고, 연습을 가능한 한 흥미 있게 만들어 아동이 자신의 생각과 기분에 주의를 기울이도록 해야 한다. 이번 장에서는 자기모니터링 과정을 생생하게 만드는 방법을 실험해보았다. 치료자는 여러 가지 다양한 기법들을 시도해보고, 여러 각도에서 아동의 생각과 감정을 파악하도록 접근해야 한다. 창의적인 방법을 사용하며, 아동과 청소년에게 가장 의미 있는 기록이 되도록 그들을 따르도록 한다. 아동과 청소년들은 대부분 전통적인 지필 양식을 선호한다. 그러나 반응을 말로 기록하거나 최신의 전자도구(노트북, 아이패드, 핸드폰 등)에다 쓰기를 좋아하는 아동과 청소년도 있다. 이것은 매우 기초적인 임상 과제이며, 치료자가 많은 시간과 노력을 기울여야 할 부분이다. 이후에 나타날 치료적 성과는 자기지시 개입과 합리적 분석 개입에서 비롯된다는 것을 알게 될 것이다.

{ 치료적 소크라테스식 대화법 }

아동이 갖고 있는 부정확한 신념은 오해의 소지가 있는 모습, 뒤틀린 논리, 편향된 추정, 그리고 잘못된 추론에 기인한다(Bandura, 1986; A. T. Beck, 1976). 임상장면에 적용되는 소크라테스식 대화법은 체계적으로 질문하기, 귀납적으로 추론하기, 보편적 정의 구성하기의 세 가지 기본 특징을 갖는다(Overholser, 1994, 2010).

체계적으로 질문하기

체계적으로 질문하기를 사용할 때, 치료자는 아동의 모든 자동적 사고를 비합리적이거나 역기능적인 것으로 보지 않도록 주의해야 한다(Young, Weingarten, & Beck, 2001). 대신 아동의 믿음과 가정들에 대한 근거자료를 발견하도록 노력해야 한다. 치료자가 호기심을 갖고 부드러운 입장을 취하면 아동은 소크라테스식 대화를 심문하는 것으로 느끼지 않게 된다. Overholser(1993a)는 다음과 같이 말했다.

어떤 면에서 이 과정은 아동의 퍼즐 완성하기를 돕는 것과 같다. 퍼즐 한 조각을 건네주었지만 아동이 맞는 자리를 찾지 못할 때, 우리는 아동에게 계속해서 같은 퍼즐 조각을 건네주지 않는다. 대신 아동에게 몇 가지 다른 조각들을 건네준다. 퍼즐이 완성되어 감에 따라 아동은 앞에서 받았던 어려운 퍼즐 조각의 자리를 쉽게 찾을 수 있을 것이다(p. 72).

질문의 유형

논리적(logical) 질문은 아동의 (비논리적) 신념과 인과적 추론에 도전한다. 경험적 또는 실증적 (empirical) 질문은 새로운 신념을 갖게 하기 위해 데이터와 정보를 사용하라고 요구한다 (예 : "그렇게 생각하는 증거가 무엇인가?"). 기능적(functional) 질문은 생각과 감정, 행동으로 인해 치러야 할 대가와 혜택을 강조한다("자신이 얼간이라고 생각하는 것의 이점은 무엇일까?"). Beal, Kopec 그리고 DiGiuseppe(1996)는 패러다임(인식체계), 합리적 대안신념은 부정확하거나 부적응적인 생각에 대항하는 대처진술이라고 하였다(예 : '설사 나를 좋아하지 않는 애들이 있다 해도 나에게는 여전히 친구들이 있어. 모든 사람이 나를 좋아해야만 인기가 있는 것은 아니야.').

질문이 전달되는 방식은 스타일에 따라 달라진다(Beal et al., 1996). 교훈적 스타일은 직접적으로 가르치는 특징을 갖는다. 소크라테스식 스타일은 아동의 발견을 안내하는 질문들을 특징으로 한다. 비유적 스타일은 비유를 통해 아동의 관점을 넓히는 것을 말한다. 마지막으로 유머러스한 스타일은 아동이 부정확한 자신의 생각을 웃어넘길 수 있도록 격려한다.

저자들은 임상장면에서 논리적 · 경험적 · 기능적 질문들을 자주 사용하며, 소크라테스식 · 비유적 · 유머러스한 양식으로 전달하는 경향이 있다. 청소년의 경우에는 보통 소크라테스식 방법을 강조한다. 어린 아동은 소크라테스식 방법을 매우 어려워한다(Overholser, 1993a). 이들에게는 비유적 접근과 유머러스한 접근을 논리적 · 경험적 · 기능적 질문과 결합하여 사용하는 것이 더 매력적일 것이다.

제8장~13장에 기술되어 있는 많은 기법들은 다음 중 한 가지로 분류될 수 있다.

1. 증거가 무엇인가?
2. 다르게 설명할 수 있는가?
3. 장점과 단점은 무엇인가?
4. 어떻게 문제를 해결할 수 있는가?
5. 파국화하지 않기(J. S. Beck, 2011)

생각을 검증하기 위한 이러한 질문들은 아동으로 하여금 자신의 추론과 판단, 결론에 대해 평가해보도록 이끌어준다.

아동에 맞추어 대화 수정하기

치료적으로 사용되는 소크라테스식 대화법은 아동의 반응에 따라 수정되어야 한다. 아동의

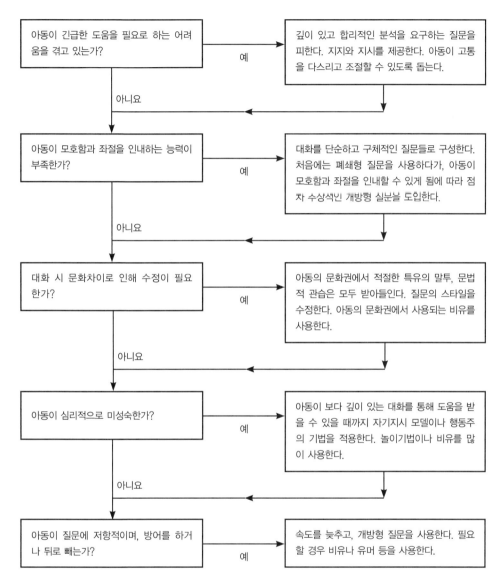

아동이 긴급한 도움을 필요로 하는 어려움을 겪고 있는가? ──예→ 깊이 있고 합리적인 분석을 요구하는 질문을 피한다. 지지와 지시를 제공한다. 아동이 고통을 다스리고 조절할 수 있도록 돕는다.

아니요↓

아동이 모호함과 좌절을 인내하는 능력이 부족한가? ──예→ 대화를 단순하고 구체적인 질문들로 구성한다. 처음에는 폐쇄형 질문을 사용하다가, 아동이 모호함과 좌절을 인내할 수 있게 됨에 따라 점차 수상적인 개방형 실문을 도입한다.

아니요↓

대화 시 문화차이로 인해 수정이 필요한가? ──예→ 아동의 문화권에서 적절한 특유의 말투, 문법적 관습은 모두 받아들인다. 질문의 스타일을 수정한다. 아동의 문화권에서 사용되는 비유를 사용한다.

아니요↓

아동이 심리적으로 미성숙한가? ──예→ 아동이 보다 깊이 있는 대화를 통해 도움을 받을 수 있을 때까지 자기지시 모델이나 행동주의 기법을 적용한다. 놀이기법이나 비유를 많이 사용한다.

아니요↓

아동이 질문에 저항적이며, 방어를 하거나 뒤로 빼는가? ──예→ 속도를 늦추고, 개방형 질문을 사용한다. 필요할 경우 비유나 유머 등을 사용한다.

그림 7.1 : 소크라테스식 대화법의 흐름도

반응은 그가 겪고 있는 고통 수준, 모호힘/좌질에 대한 인내, 문화배경, 심리적 성숙도, 질문과정에 대한 저항 등에 따라 달라진다. '저항(reactance)'이란 용어는 자신이 통제되고 있다고 지각할 때 항거하려는 경향성을 의미한다(Brehm, 1966). 아동이 대화에 어떻게 반응하는지를 평가하지 않고서는 치료자가 자신의 반응을 어떻게 수정해야 할지 알 수 없다. 그림 7.1은 이때 고려해야 할 중요한 사항들을 보여주고 있다.

즉각적으로 이루어지는 비공식적 평가는 까다로운 일이다. 치료자는 종종 질문하기에 급급하여 아동의 반응수준을 간과하기 쉽기 때문이다. 이럴 때는 진도도 느리고 치료를 성공적으로 이끌기도 힘들다. 그러므로 아동이 보이는 외현적 및 내재적 단서에 지속적으로 주의를 기울이는 것이 성공에 필수적이다. 예를 들어, 12세의 조니는 치료시간 중에 자리에서 몸을 이리저리 움직이고 창밖을 내다보며 중요한 순간에 옆길로 새는 반응을 보였다. 치료자는 조니가 나타내는 이러한 미묘한 단서에 주의를 기울였다. 그러다가 조니가 각각의 질문에 대해 한 가지 정답만 있다고 생각하고 있음을 발견하게 되었다. 결국 조니는 치료자가 '틀린' 답변을 받아들이지 않을 것이라고 믿고 모든 질문들에 답변하지 않으려 했던 것이다.

아동의 고통 수준

아동과 대화를 시작하면서 치료자는 '아동의 고통 수준이 어느 정도인가?'를 자문해보아야 한다. 만약 아동이 긴급한 도움을 요구하는 어려움을 겪고 있다면 여러 가지 질문을 이용한 추상적 대화를 선택하는 것은 바람직하지 않다. 이럴 경우에는 일반적으로 깊이 있고 합리적인 분석을 요구하는 질문은 피하는 것이 좋다. 가령 한 소년이 치료시간 중에 흥분하고 화가 났다고 가정해보자. 이때 치료자는 설명이나 탐색, 발견을 요구하기보다 소년에게 지지와 지시를 제공하는 데 초점을 두고 치료를 진행하는 것이 좋다(예 : "너는 지금 물이 끓는 온도에 와 있구나. 무엇이 너를 그렇게 뜨거워지게 만들었을까? 너를 식히고 마음을 안정시키기 위해 내가 무엇을 도와주면 좋을까?").

좌절과 모호함에 대한 아동의 인내심

두 번째 고려해야 할 사항은 모호함과 좌절을 참아내는 아동의 능력이다. 모호함을 잘 견뎌내지 못하는 아동에게는 보다 구체적이며 단순한 질문으로 시작하는 것이 좋다(예 : "제이슨이 모자를 뺏어가 네가 주먹을 불끈 쥐었을 때, 마음속에 무엇이 스쳐 지나갔니?"). 모호함과 좌절을 인내하지 못하는 아동이나 청소년은 개방형 질문을 견디기 힘들어한다. 따라서 처음에는 좁게 정의된 질문으로 시작하여 점차 개방형 질문으로 나아가는 것이 좋다. 예를 들어, 에이프릴이란 아동은 엄마가 자신의 옷차림을 통제하려 하기 때문에 무척 화가 났다. 이 아동은 추상적인 개방형 질문들(예 : "어떤 변화가 왔으면 좋겠니?", "엄마가 어떻게 달라지면 좋겠니?")에 대해서는 반응을 보이지 않았다. 그러나 답변을 좁혀주는 선택형 질문(예 : "엄마가 너에게 소리치는 것이 좋니, 벌을 주는 것이 좋니, 아니면 너를 숙녀처럼 대화로 대해주는 게 좋니?")에 대해서는 반응을 보였다.

아동의 문화배경

언어는 문화배경에 의해 형성된다. 따라서 동일한 질문이라도 문화배경에 따라 다르게 지각된다(Tharp, 1991). 따라서 치료자는 아동이 질문을 어떻게 받아들이는지 파악해야 한다 (예 : "내가 이런 질문을 하는 것을 네가 어떻게 생각하는지 궁금하구나."). 또한 아동의 문화배경에 적합한 비유를 사용해야 한다(Friedberg & Crosby, 2001). 그리고 적절하다면 아동의 사투리나 특유의 표현을 사용하는 것도 좋다. 제9장에 기술되어 있는 이야기 기법은 문화배경이 다른 아동의 생각을 검증할 때 사용할 수 있는 좋은 방법이다. 아동과 대화할 때 아동 특유의 표현이나 언어를 포함시키는 것은 중요하지만 힘든 일이다. 치료자가 아동이 사용하는 특유의 말투를 사용하는 것 역시 중요하면서도 까다로운 문제다. 어떤 아동은 언어를 통해 자신의 세계와 어른의 세계를 구분하고자 한다. 이런 상황에서는 치료자가 그 경계를 침범하지 않는 것이 좋다. 치료자가 청소년처럼 말하고 행동하면 청소년이 황당해 할 수 있기 때문이다.

아동에게 친숙하고 문화배경에 맞는 비유를 사용하면 문화적으로 보다 민감한 치료를 할 수 있다. 제12장에 설명되어 있는 두려움의 기찻길 활동은 대부분의 아동에게는 즐거운 활동이지만, 기차를 한 번도 타본 경험이 없는 아동에게는 아무런 흥미를 주지 못한다. 시카고나 뉴욕에 사는 아동에게는 지하철을 비유로 사용하는 것이 적절하다. 그러나 지하철이 없는 오하이오의 데이튼 같은 곳에서는 기차의 일종인 놀이공원의 롤러코스터를 비유로 사용하도록 한다.

치료시간 중에 비유와 말투를 아동의 문화에 맞게 사용하려면 아동에게 비유의 어떤 점이 끌리고 심리적으로 생생하게 다가오는지 물어보길 두려워하지 말아야 한다. 치료자는 아동의 문화배경과 상황에 대해 알고 싶어 하며 또한 존중한다는 것을 보여주어야 한다. 저자 중의 한 명은 한 청소년이 "phat(예쁜 엉덩이와 허벅지를 의미하는 미국 속어)"이라 말하는 것을 들었을 때, 그 단어가 'fat(살찐)'인 줄 알았다. 저자가 몰랐다고 말하자 청소년은 싱긋 웃으며 친절하게 설명해주었다.

아동의 심리적 성숙도

소크라테스식 대화법을 사용할 때는 아동의 심리적 성숙도에 맞추어야 한다. 미성숙한 아동에게는 재미있으면서 비유를 이용한 전략이 좋다. 이런 아동은 손 인형놀이나 공작, 그리고 비유를 잘 받아들인다. 이번 장에서 나중에 언급될(제9장에서도 언급됨) 생각-기분 시계 활동은 매우 좋은 도구이다. 저자 중 한 명은 학교에서 남을 때리고 깨물고 발로 차는 문제를 보이는 6세 남아를 치료한 적이 있다. 저자는 언어적 설득기법을 사용하지 않고 인형을 가지고 학교놀이를 했다. 한 번은 아동의 인형이 다른 아이들을 계속 깨물다가 결국 고립되고 외로워지게 된 적이 있었다. 이 놀이는 생산적인 대화를 유도해주었고(예 : "그 아이에게 무슨 일이 일어났니?", "이건 좋은 일일까 아니면 안 좋은 일일까?"), 이 대화를 통해 아동은 깨무는 행동이 좋지 않은 결과를 초래했음을 깨닫게 되었다.

소크라테스식 질문법을 치료적으로 만들기 위한 팁

적극적으로 경청하며 심문하지 않도록 하라

저자 중의 한 명인 Friedberg 박사는 아동 및 청소년을 위한 소크라테스식 대화를 구성할 때 빠질 수 있는 공통적인 함정에 대해 경고하였다(Friedber, 인쇄 중). 첫째, 어린 내담자들을 심문하지 않도록 하라. 인지치료의 목표는 자동적 사고를 깨부수는 것이 아니다. Tryon과 Misurell(2008)에 따르면, 인지치료의 일차적 메커니즘이라 할 수 있는 인지재구성의 전 과정은 다양한 인지 및 행동기법을 통해 인지부조화를 유도하고 감소시키는 원리를 실행하는 것으로 이해될 수 있다(p. 1304). 따라서 거칠고 무자비하며 비판적인 질문은 적절하지 않다. 적극적 경청은 소크라테스식 대화법에서 가장 중심적 역할을 한다(Padesky, 1993). 이 과정에서 호전적인 논쟁은 생산적이지 않으므로, 생각을 검증해도 되는지 허락을 구하는 것이 도움이 된다.

자신이 답을 알고 있는 질문은 하지 않도록 하라

Overholser(2010)는 소크라테스식 기법이 치료자 이해의 한계를 드러낸다고 지적했다. 이러한 한계란 지식의 부인과 무지를 말한다. 좀 더 구체적으로, 그는 "소크라테스식 질문법을 사용할 때 치료자는 내담자가 힘겹게 싸우고 있는 문제에 대해 모든 답과 해결책을 갖고 있다고 주장하는 전문가 역할을 피해야 한다."고 설명했다(p. 358). 소크라테스식 대화법을 사용할 때 치료자는 답을 이미 알고 있는 뻔한 질문을 하지 않도록 한다. 소크라테스식 질문법은 내담자를 안내하는 기회일 뿐만 아니라, 치료자가 호기심을 갖고 있다는 것을 보여주는 좋은 기회다. 답변을 이미 알고 있는 질문은 안내된 발견을 진솔하게 이끌어가는 데 방해가 된다. 아동과 청소년은 치료자가 듣고 싶은 답을 듣기 위해 질문한다고 생각한다! 불행히도 치료자들은 때때로 마치 모든 것을 알고 있는 것처럼 행동하며, 잘난 척하려고 소크라테스식 질문법을 사용할 때가 있다(예 : "나는 질문을 통해 네가 얼마나 잘못 생각하고 있는지 보여주고야 말 거야!"). 이처럼 치료자가 교만하게 행동하면 치료의 추진력이 약화된다. 따라서 치료자는 내담자의 생각을 보다 깊이 이해하려는 순수한 자세로 소크라테스식 질문법을 사용해야 한다. 또한 치료자는 아동의 생각이 무엇에 근거해 형성되었는지 이미 알고 있다고 가정하지 않도록 주의해야 한다(Rutter & Friedberg, 1999). 치료자는 내담자가 갖고 있는 신념에 대한 데이터를 내담자와 함께 발견해나가야 한다.

확실한 답변 대신 더 좋은 질문을 추구하라

Overholser(2010b)에 따르면, 훌륭한 소크라테스식 질문은 다양한 잠재적 반응을 독려함으로써 생각과 감정, 자기탐색을 촉진한다. 소크라테스식 질문법 기술을 향상시키기 위해서는 확실한 답변 대신 더 좋은 질문을 추구해야 한다(Padesky, 1993). 실제로 Padesky는 "최고의 인지치료에서는 답이 존재하지 않는다. 단지 다양한 답을 발견하도록 안내하는 질문만 있을 뿐이다."라고 조언하였다(p. 4). 이것은 치료자에게 모호성과 좌절에 대한 상당한 인내심을 요구한다. 치료자가 인내하지 못할 때는 환원주의적이며 성급한 임상적 접근이 초래된다.

소크라테스식 대화 과정의 개요

Rutter와 Friedberg(1999)는 소크라테스식 대화법의 기본 틀을 제시하였다. 이 틀 안에서 대화는 다섯 단계의 과정을 통해 진행된다. 첫째, 자동적 사고를 찾아 파악한다. 둘째, 자동적 사고를 감정 및 행동과 연결시킨다. 셋째, 공감적으로 반응하면서 생각-감정-행동을 연결시킨다. 넷째, 1~3단계에 대한 협력과 앞으로의 진행에 대해 내담자의 동의를 구한다. 다섯째, 소크라테스 방식으로 신념이나 생각을 검증한다.

이 다섯 단계를 어떻게 진행하는지 예를 들어보자. 14세의 수지는 교내 합창단에 가입하기 위해 오디션을 보았다. 수지가 노래를 부르는 동안 청중석에 앉아 있던 몇몇 사람들이 자리를 떴다. 이것을 목격한 수지는 '내 노래가 너무 끔찍해서 사람들이 떠나는 거야.'라고 생각했다. 다음의 대화를 읽고 당신도 치료자로서 유사한 질문을 할 수 있는지 알아보자.

수지 : 합창단 오디션을 괜히 봤나 봐요.

치료자 : 오디션에 대해 마음속에 무엇이 스쳐 지나가니? [1단계 : 자동적 사고 파악하기]

수지 : 내가 바보 같다고요.

치료자 : 그랬구나. 그런데 무엇 때문에 너 자신이 바보 같다고 생각했는지 궁금하구나. [1단계 계속하기]

수지 : 제가 노래를 너무 못 불러서 사람들이 가버렸거든요.

치료자 : 그러니까 네가 노래 부르는 동안 사람들이 자리에서 일어서는 것을 보았고, 너는 네가 노래를 못 불러서 사람들이 가버렸다고 생각했구나.

수지 : 네.

치료자 : 그때 기분이 어땠니? [2단계 : 자동적 사고를 감정 및 행동과 연결하기]

수지 : 우울하고 창피했어요.

치료자 : 이제 이해가 되는 것 같구나. 내가 잘 이해하고 있는지 확인해보자. 만약 네가 노래를 못 불러서

사람들이 자리를 떴다고 생각했다면 당연히 우울하고 창피한 기분이 들었을 거야. 두 번 다시 오디션을 보고 싶지 않을 거고 말이야. [3단계 : 생각, 감정, 행동을 공감하면서 연결하기]

수지 : 네, 맞아요.

치료자 : 이제 우리가 해야 할 일은 네가 무대에서 노래를 너무 못 부르고 바보처럼 보여서 사람들이 자리를 떠난 것인지 알아보는 거야. 한번 알아볼까? [4단계 : 협력과 앞으로의 진행에 대해 동의 구하기]

수지 : 그게 도움이 될 거라고 생각하세요?

치료자 : 한번 해보자. 앞으로 우리는 우리가 잘하고 있는지 알아보기 위해 때때로 점검해볼 거야. 어때, 해볼래?

수지 : 좋아요. 해보죠 뭐.

치료자 : 음… 자, 먼저 너는 네가 노래를 못 불렀기 때문에 사람들이 자리를 떴다고 했는데, 그 생각을 어느 정도 확신하니? [생각 검증을 시작함]

수지 : 확신해요.

치료자 : 10점 만점 중 몇 점 정도인 것 같아?

수지 : 9점이요.

치료자 : 그렇게 확신해? 네가 노래를 못 불러서 사람들이 떠났다고 생각하는 이유가 뭔데?

수지 : 잘 모르겠어요.

치료자 : 어려운 질문이지. 너는 누가 공연하는 도중에 자리에서 일어나 본 적 있니?

수지 : 네. 화장실에 가거나 음료수를 마시려고요.

치료자 : 공연이 재미없어서 자리에서 일어났었니?

수지 : 아니요. 배가 고팠거나 화장실이 급해서 일어난 거예요.

치료자 : 그랬구나. 그럼 자리로 되돌아 왔니?

수지 : 네.

치료자 : 그래, 그럼 다시 네 문제로 돌아가 보자. 네가 무대에 올라간 때가 몇 시였지?

수지 : 오후 5시 30분에서 6시 사이예요.

치료자 : 오디션이 얼마 동안 진행되고 있었지?

수지 : 3시부터 시작되었어요.

치료자 : 중간에 쉬는 시간은 있었니?

수지 : 제가 알기론 없었어요.

치료자 : 점심시간은 언제였는데?

수지 : 낮 12시요.

치료자 : 저녁식사 시간은 보통 몇 시에 시작하지?

수지 : 5시 30분이나 6시요.

치료자 : 그 점에 대해서 어떻게 생각하니?

수지 : 아마도 배가 고파서 자리를 일어난 사람도 있었겠네요.

치료자 : 그것 참 흥미롭구나. 다른 사람들이 오디션 보는 동안 너도 자리를 뜬 적이 있었니?

수지 : 네. 화장실에 한 번 갔었고, 음료수 사 먹으러 한 번 나갔었어요.

치료자 : 그때 노래 부른 사람은 노래를 얼마나 못 불렀니?

수지 : 아니에요. 저는 사실 듣고 있지도 않았어요.

치료자 : 그것 참 흥미롭구나. 그 점에 대해서는 어떻게 생각하니? 네가 자리를 뜬 것과 그 사람이 노래를 못 부른 것과 관련이 있었니?

수지 : 전혀요.

치료자 : 그렇다면 사람들이 자리를 뜬 것과 네가 노래를 못 부른 것이 아무런 관련이 없을 수도 있겠네?

수지 : 잘 모르겠어요(의심하기 시작함).

치료자 : 그럼 계속해보자. 그날 오후 학교에서 다른 행사는 없었니? 농구경기가 있었다든가 동아리 모임이 있다든지 말이야.

수지 : 저녁에 농구경기가 있었어요.

치료자 : 청중 중에 혹시 선수나 치어리더, 혹은 농구 팬도 있었니?

수지 : 에디는 선수고요, 줄리와 에리카는 치어리더예요. 그리곤 잘 모르겠어요. 아마도 일부는 농구 팬이었을 거예요. 그런데 왜 물어보세요?

치료자 : 나는 단지 모든 가능성에 대해 생각해보려고 하는 거란다. 농구 게임은 몇 시에 시작했지?

수지 : 아마도 6시였을 거예요.

치료자 : 그렇다면 농구경기 구경을 가려면 몇 시쯤 자리에서 일어나야 할까?

수지 : 5시 30분이나 45분쯤이요.

치료자 : 그럼 네가 노래 부른 시간하고 거의 일치하는데? 맞니?

수지 : 네, 맞아요. 허(의심이 증가함).

치료자 : 네가 사람들이 일어나는 걸 보았다고 했지. 자리로 되돌아온 사람들도 보았니?

수지 : 글쎄요. 확실치 않아요. 네. 분명 돌아온 사람들이 있었어요.

치료자 : 네가 노래를 끝내기 전에?

수지 : (웃으며) 네.

치료자 : 이젠 내 다음 질문이 무엇인지 너도 알 거야.

수지 : 만약 네가 노래를 그렇게 못 불렀다면, 그 사람들이 돌아왔을까?

치료자 : 지금 너는 그때의 일을 곰곰이 생각해보고 있는 중이야! 마지막 질문 하나만 더 할게. 네가 노래 부르는 동안 사람들이 모두 자리를 떴니? 몽땅 빠져나갔니?

치료자의 질문과정을 잘 따라올 수 있었는가? 사고-검증 단계에서 치료자는 수지가 대안적 결론을 검토해보도록 안내했다. 치료자는 또한 수지의 흑백논리적 사고와 파국화를 감소시키고자 했다. 이 과정을 통해 수지는 곰곰이 생각하는 방법을 배운 것이다. 치료자는 줄곧 호기심을 보이며 협력적인 접근을 유지했다. 이것은 수지로 하여금 질문과정에 참여하도록 만들고, 이 과정에 대해 곤혹스럽게 느끼지 않도록 도움을 주었다.

귀납적 추론과 보편적 정의

아동과 청소년은 종종 고유한 방식으로 자신에 대해 정의를 내린다. Overholser(1994)는 "언어와 정의는 세상에 대한 우리의 지각과 설명, 이해에 영향을 미친다. 따라서 보편적 정의(universal definition)가 중요하다"(p. 286)고 하였다. 치료자라면 학교에서 늘 최고의 성적을 받으면서도 자신의 결점에 대해 우울해하는 아동을 만나본 경험이 있을 것이다. 이런 아동에게 실수란 자신이 완전하지 못하며 바보 같다는 것을 의미한다. 따라서 치료자는 아동이 갖고 있는 좁은 정의를 넓혀주기 위해 노력한다. 이를 위한 중요한 도구 중 하나는 아동 또는 청소년이 증거를 토대로, 다시 말해 귀납적으로 추론하도록 돕는 것이다.

다음의 예를 살펴보자. 그레첸은 16세의 우울한 소녀이다. 그녀의 과거사에는 성폭력이라는 심각한 외상이 포함되어 있다. 그레첸은 자신에 대해 매우 비판적이며 완벽주의적이고 비관적이다. 여덟 번째 치료시간에 치료자는 그레첸으로부터 '나는 아무런 가치가 없는 사람이다.'라는 신념을 이끌어냈다.

치료자 : 네가 "나는 아무런 가치가 없는 사람이에요."라고 말하는 것을 들으니, 너의 우울한 기분이 얼마나 고통스러운지 이해하겠구나.

그레첸 : 저는 정말 그렇게 생각해요. 언제나 그런 생각을 해요.

치료자 : 너 자신을 거의 그런 사람으로 정의하고 있구나.

그레첸 : 그런가요?

치료자 : 너는 네 자신이 얼마나 가치 없다고 보니?

그레첸 : 완전히요. 저는 쓰레기예요.

치료자 : 그렇구나. 그런데 무엇 때문에 너 자신을 그렇게 보는지 궁금하구나.

그레첸 : 모르겠어요. 그냥 그렇게 생각해요.

치료자 : 구체적인 이유를 생각하는 것은 어렵단다. 그것에 대해 생각하는 것도 괴롭고 말이야. 그래도 너에게 조금 더 생각해보라고 말하고 싶은데, 그래도 되겠니?

그레첸 : 좋아요.

치료자 : 너 자신을 가치 없는 사람이라고 생각하는 근거가 무엇일까?

그레첸 : 아마도 제가 굉장히 우울하다는 거겠죠.

치료자 : (적는다) 그 밖에 다른 것은?

그레첸 : 모르겠어요. 나는 친구가 그렇게 많지 않아요. 인기상을 받을 꿈은 꾸지도 못해요.

치료자 : (적는다) 우리는 지난 시간에 아빠가 너를 어떻게 학대했었는지 이야기했었단다. 그 사실이 너
에 대한 정의에 얼마나 들어갈까?

그레첸 : 네. 그것도 들어가요.

치료자 : 그래 그거 힘든 부분이지(적는다) 또 어떤 다른 것들이 있을까?

그레첸 : 제 생각에 저는 참 칠칠맞아요. 뭐든지 잘 떨어뜨리고 잘 넘어지고 그래요.

치료자 : 그렇구나. 그것도 여기에 적어보자(적는다). 그 밖에 더 추가하고 싶은 게 있니?

그레첸 : (적은 것을 본다) 없어요.

치료자 : 좋아. 그럼 한번 살펴보자. 이 중에서 어떤 것이 너를 가장 가치 없는 사람으로 생각하게 만드는
것 같니?

그레첸 : 성학대를 당한 거요.

치료자 : 이것이 너 자신에 대한 생각에 가장 큰 영향을 미치고 있구나. 자신에 대한 네 생각을 좀 더 다
른 각도에서 볼 수 있도록 내가 질문을 하나 해볼게. 너는 정말 완전히 가치 있는 사람을 알고 있니?

그레첸 : 제 가장 친한 친구인 에밀리요.

치료자 : 무엇이 에밀리를 가치 있게 만들까?

그레첸 : 그냥 걔는 그래요.

치료자 : 에밀리를 가치 있어 보이게 만드는 특별한 것을 생각해내기는 쉽지 않을 거야. 그래도 한번 생
각해보면 좋겠구나.

그레첸 : 글쎄요. 걔는 정말 모범생이에요. 에밀리는 항상 A와 B만 받아요. 친구도 굉장히 많고요. 사람
들은 에밀리를 신뢰하고 여러 가지 일들을 털어놓지요. 걔는 정말 좋은 친구예요.

치료자 : (적는다) 그밖에 다른 건 없니?

그레첸 : 에밀리는 방과 후에 부모님의 가게에서 일도 해요. 체조반에 들어가려고 했지만 잘 안 되었어
요. 그런데 그것 때문에 그렇게 힘들어하지 않는 것 같았어요. 그것이 저에게 정말 깊은 인상을 주었
어요.

치료자 : (적는다) 지금까지 네가 이야기한 것들을 종이에 적어보았단다[그림 7.2 참조]. 이제 이 목록을
보면서 몇 가지 물어볼게. 그리고 각각에 대해 1~5점으로 점수를 매겨보도록 하자. 1점은 그 특징을
전혀 갖고 있지 않다는 것을 의미하고, 5점은 많이 갖고 있다는 것을 의미한단다. 한번 해볼까?

그레첸 : 해보죠 뭐.

치료자 : 그래, 좋아. 그럼 제일 위에 있는 것부터 해보자. 우선 너의 학교성적은 어떤지 궁금하구나.

모범생은 A와 B를 받음	5
친구가 많음	2
좋은 친구임-사람들의 신뢰를 받음	4
방과 후에 일을 함	4
힘든 일을 잘 이겨냄	3

그림 7.2 : 그레첸의 정의 범주

그레첸 : (웃는다) 거의 A만 받아요. B는 작년에 딱 한 번 받았어요.

치료자 : 그렇다면 네가 모범생이란 것에 몇 점을 줄 수 있을까?

그레첸 : 5점이요.

치료자 : (적는다) 친구가 많다는 것에는 몇 점 줄 수 있을까?

그레첸 : 아마도 2점이요.

치료자 : (적는다) 너는 네 친한 친구들에게 얼마나 좋은 친구라고 생각하니?

그레첸 : 비교적 좋은 친구라고 생각해요. 아마도 4점이요.

치료자 : (적는다) 너도 방과 후에 일을 하니?

그레첸 : 그런데 돈을 받지는 않아요. 병원에서 자원봉사를 하고 있어요.

치료자 : 그것도 일에 해당되는 거겠지?

그레첸 : (웃는다) 네.

치료자 : 여기에는 몇 점을 주면 좋을까?

그레첸 : 4점이요.

치료자 : (적으며) 힘든 일을 잘 이겨내는 것에는?

그레첸 : 그 점에서는 정말 별로예요. 아마도 1점일걸요.

치료자 : 이것에 대해 조금 더 물어봐도 될까? 너에게 힘든 일이 많이 일어났었니?

그레첸 : 너무도 많이요.

치료자 : 나도 그렇게 생각한단다.

그레첸 : 저는 우울증을 겪었어요. 부모님은 이혼하시고, 아버지한테 학대를 당했어요.

치료자 : 그런 일들은 16세 소녀가 겪기에는 너무도 큰 일이지. 그런 일들이 있었음에도 불구하고 학교 공부를 열심히 하고 봉사활동도 계속했었니?

그레첸 : 네.

치료자 : 아버지에게 학대를 당하고 우울증을 겪는 고통스러운 상황에서도 너는 좋은 딸, 좋은 언니, 좋은 친구였었니?

그레첸 : 그랬을 거예요.

치료자 : 이것은 좋지 않은 일을 견뎌내는 너의 능력에 대해 무엇을 말해주는 걸까?

그레첸 : 글쎄요. 1점은 아닌 것 같고… 그렇다 해도 5점은 아니에요. 아마도 3점쯤이요.

치료자 : 좋아. (적으며) 그럼 지금까지 여기에 적어본 것들을 한번 살펴보자. 이쪽에는 에밀리를 가치 있
는 아이로 만드는 특징들이 적혀 있어. 그리고 이쪽에 있는 점수들은 각각의 특징에 대해 너 스스로
자신을 평가한 결과란다. 이것을 보면서 어떤 생각이 드니?

그레첸 : 잘 모르겠어요.

치료자 : 다시 물어볼게. 전혀 가치 없는 사람이 이런 특징들을 가질 수 있을까?

그레첸 : 아니요.

치료자 : 그런 사람들은 모두 1점으로 평가되겠지?

그레첸 : 네.

치료자 : 너는 1점이 몇 개나 되니?

그레첸 : (웃으며) 하나도 없어요.

치료자 : 그렇다면 네가 가치 없는 사람이란 건 무슨 얘기지?

그레첸 : 아마도 생각했던 것보다 제가 그렇게 가치 없는 사람이 아닌가 보네요.

치료자 : 그런데 그 점에 대해 별로 확신이 없어 보이는구나.

그레첸 : 머리로는 알겠는데 가슴에서 그렇게 느껴지지가 않아요.

치료자 : 그 점이 우리에게 중요한 것을 말해주고 있단다. 네가 자신을 어떻게 생각하는지에 들어가야 할
중요한 부분을 빠뜨리고 있기 때문이지. 그게 무엇일 것 같니?

그레첸 : 제가 학대를 받았다는 점이요?

치료자 : 그 점에 대해 생각해보자. 네가 앞에서 아버지로부터 성학대를 받았다는 것이 너 자신에 대한
생각에 가장 크게 영향을 미쳤다고 이야기한 것 기억하니?

그레첸 : 네, 기억해요.

치료자 : 네가 에밀리를 가치 있다고 정의할 때 사용했던 특징들의 목록을 한번 보자. 여기에서 눈에 띄
는 게 있니?

그레첸 : 잘 모르겠어요.

치료자 : 이 목록에 성학대를 받지 않았다는 것이 있니?

그레첸 : 없어요.

치료자 : 이 점에 대해 어떻게 생각하니?

그레첸 : (잠시 생각하며) 잘 모르겠어요.

치료자 : 만일 성학대를 받았다는 것이 가치 여부를 결정한다면, 이 목록에서 왜 빠져 있을까?

그레첸 : (잠시 생각하며) 아마도 제가 잊어버렸었나 봐요.

치료자 : 그럴 수도 있겠지. 지금 여기에 첨가할까?

그레첸 : 좋아요. 첨가하죠.

치료자 : (목록에 첨가하며) 이제 또 눈에 띄는 게 있니?

그레첸 : 잘 모르겠어요.

치료자 : 네 목록에는 몇 가지가 있지?

그레첸 : 여섯 가지요.

치료자 : 그중 몇 가지가 성학대와 관련이 있니?

그레첸 : 하나요. 아마도 성학대를 받았다는 것이 저를 완전히 가치 없는 사람으로 만드는 것은 아닌가 보네요. 단지 여섯 가지 중의 하나일 뿐이에요. 저를 가치 있게 만드는 다른 것들도 있으니까요.

이제 이 대화의 주요 내용을 체계적으로 살펴보자. 먼저, 치료자는 신념을 이끌어낸 후에 그레첸이 느꼈을 감정에 공감해주었다. 대화는 적절한 속도로 진행되었다. 치료자는 그레첸에게 심문하듯 질문을 퍼붓지 않았다. 그런 다음 치료자는 그레첸이 자신을 얼마나 가치 있는 사람으로 보는지 물었다. 이때 그레첸이 "완전히요."라고 범주적인 답변을 할 수 있도록 질문하였다.

그레첸이 내린 정의의 근원 이해하기

치료자는 이어서 그레첸의 흑백논리적 정의에 대해 소크라테스식 질문법을 사용하였다. 이때 치료자는 그레첸의 고통스러운 자기기술(self-description)의 증거를 찾는 데 초점을 맞추었다("네 정의는 무엇에 근거를 두고 있니?"). 치료자는 이전 치료시간들에 근거해 그레첸의 성학대 경험이 그녀의 부정적인 자기 정의에 기여하였을 것이라고 추측하였다("이 점이 너의 정의에서 얼마나 차지할 것 같니?"). 이런 유형의 질문을 선택할 때 몇 가지 고려해야 할 사항이 있다. 가장 중요한 것은 아동이 성학대도 자기개념의 일부로 개방하는 것을 불편해하지 않도록 해야 한다는 것이다. 또한 '그렇다' 대신 '얼마나'라고 물어봄으로써 성학대가 자기개념의 일부일 수 있음을 인정한다는 것을 암묵적으로 전달한다. 아울러, '얼마나'를 묻는 질문은 내담자의 흑백논리적 사고과정을 저지하기 시작한다. 이것은 이후에 진행될 사고검증의 기초가 된다.

다음 단계는 특히 중요하다. 치료자는 여러 특징들 중에서 어떤 것이 내담자의 자기개념을 가장 강하게 형성하는지를 물었다. 그레첸의 답변은 임상적으로 중요한 과정으로 이끌었다. 내담자가 갖고 있는 믿음의 근원을 알아야 그 근원을 검증하기 위한 대화를 설계할 수 있다.

가치 있음에 대해 객관적으로 조망하기

다음 단계에서 치료자는 그레첸에게 보다 넓은 관점을 고려해보도록 요구했다("너는 이 세상에서 완벽하게 가치 있는 사람을 알고 있니?"). 그레첸이 자신의 친구인 에밀리에 대해 그렇게 생각하고 있는 것을 파악한 후, 치료자는 그레첸에게 에밀리의 어떤 점이 그녀를 그렇게 가치 있게 만드는지 구체적으로 생각해보게 했다. 그런 다음 소크라테스식 대화를 객관적인 제3자의 관점으로부터 그레첸의 주관적 관점으로 바꾸어 진행하였다. 여기서 그레첸은 에밀리의 가치를 결정하기 위해 사용했던 동일한 특징에 대해 자기 자신을 평가하였다. 이것은 전체 대화 중에서 매우 중요한 지점이다. 치료자는 그레첸이 에밀리와 비슷한 특징을 지니고 있는지의 여부만 파악하지 않고, 그러한 특징들의 정도에 대해서도 그레첸이 스스로 평가해보도록 함으로써 그레첸의 흑백논리적 사고를 다루었다. 치료자는 범주적(categorical) 사고보다 차원적(dimensional) 사고를 하도록 촉진한 것이다. 그렇게 함으로써 치료자는 사고검증을 위한 기초를 다진다. 앞 대화의 앞부분에서 그레첸이 자신을 완전히 가치 없는 사람으로 보고 있던 것을 기억해보자. 치료자는 그레첸으로 하여금 각각의 특징들에 대해 자신이 어느 정도인지를 평가하게 함으로써, 자신이 내린 결론에 대해 의문을 제기하도록 도운 것이다(예 : 만일 어떤 사람이 가치 있는 사람의 특징을 어느 정도 갖고 있다면, 그 사람을 어떻게 완전히 가치 없는 사람이라 할 수 있는가?). 치료자는 내담자가 자신을 차원적으로 평가하는 데 어려움을 보일 수도 있음을 예상해야 한다. 앞에서 제시된 소크라테스식 대화의 예에서도 볼 수 있듯이, 치료자는 내담자의 판단을 도와주어야 한다. 그레첸도 자신의 성적과 일, 그리고 대처에 대해 평가할 때 도움이 필요했었다.

데이터에 근거하여 결론 내리기

다음의 중요한 단계에서 치료자는 그레첸으로 하여금 지금까지 수집한 데이터에 기초해 결론을 내리게 하였다. 첫 번째 질문으로는 별다른 결과를 얻지 못했다("이 점에 대해 어떻게 생각하니?"). 이 질문은 너무 추상적이며 그레첸에게 지나치게 많은 통합을 요구하는 질문이다. 따라서 치료자는 좀 더 좁혀서 질문을 했다("전혀 가치 없는 사람이 이런 특징들을 가질 수 있을까?", "너는 1점이 몇 개나 되니?", "이것이 네가 가치 없다는 것에 대해 무엇을 말해주고 있니?"). 그러나 처음의 질문보다 좀 더 성공적이기는 하지만, 이 질문들은 여전히 심리적인 벽에 부딪히고 있다.

 치료자는 중요한 증거의 일부가 아직 거론되지 않았음을 알고 있었다(예 : 성학대). 치료자는 구체적인 질문을 하기 시작했다("이 목록에 성학대를 받지 않았다는 것이 있니?"). 그런 다음 요약을 해주고 다시 통합하는 질문을 던졌다("만일 성학대를 받았다는 것이 가치 여부를 결정한다면, 이 목록에서 빠져야 할까?"). 이 시점에서 그레첸은 잠시 생각을 하다가 목록에 적는 것을 잊었다고 답변했다. 치료자는 이 반응을 수용한 후 목록에다 그것을 첨가했다. 주목해야 할 것은 치료자가 그레첸의 답변에 대해 따지거나 대화가 지지부진하다고 믿지 않았다는 점이다. 대신 치료자는 차원적 사고를 촉진하기 위한 이전의 노력이 결과로 나타나길 바랄 뿐이었다.

치료자는 성학대를 목록에 추가한 후에 그레첸에게 또 다른 질문을 했다("이제 눈에 띄는 게 있니?"). 불행히도 이 추상적인 질문은 너무 성급해서 생산적이지 못했다. 치료자는 한 걸음 물러나 좀 더 체계적으로 질문하였다("이 목록에 몇 가지 항목이 있니?", "이 중 몇 가지가 성학대와 관련이 있니?"). 이것을 검토한 후 그레첸의 의식 속에서 의심이 싹텄다. 이 시점에서 그레첸은 보다 넓은 관점을 가질 수 있었으며, 학대경험에 의해서만 자신의 가치가 결정되는 것이 아님을 생각할 수 있었다. 사실 다른 특징들이 그레첸의 자기개념을 더 강하게 형성하고 있었던 것이다.

이 대화는 비록 치료자가 대화 중에 몇 가지 잘못을 했지만 성공적으로 진행했음을 보여주고 있다. 치료자가 반드시 완벽한 소크라테스식 대화법을 구성해야 하는 것은 아니다! 소크라테스식 대화법의 효과는 제대로 된 사례개념화와 기법에 대한 이해에 의해 촉진된다. 치료자는 그레첸에게 질문공세를 하지 않았다. 전반적으로 대화는 적절한 속도로 진행되었다. 대화의 초점이 논박보다는 의문 던지기에 맞추어졌다. 이것의 예는 치료자가 그레첸의

글상자 7.1 **소크라테스식 대화법의 구성을 위한 팁**

- 공감이 이 과정의 일부임을 기억한다.
- 아동의 고통, 좌절, 모호함에 대한 인내심, 심리적 성숙 수준을 고려한다.
- 문화배경과 발달수준을 고려한다.
- 심문과 논쟁을 피한다.
- 적절하면서 아동의 상황에 적합한 비유나 언어표현을 사용한다.
- 생각을 검증할 때 내담자의 허락을 구한다.
- 추측을 금하고 호기심의 태도를 취한다.
- 서두르지 말고 대화를 적절한 속도로 진행한다.
- 차원적(예 : 얼마나?) 혹은 범주적 질문을 사용한다.
- 내담자가 소크라테스식 대화 과정을 어려워한다는 것을 예상한다.
- 추상적 질문이 효과적이지 않을 때는 구체적 질문을 사용한다.
- 논쟁이 아니라 의심을 갖게 하는 것이 목표이다.
- 완벽하지 않은 소크라테스식 대화법도 성공할 수 있다.

혼동 혹은 생략(예 : "아마도 그냥 잊어버렸겠죠.")을 무시하지 않았다는 것에 잘 나타나 있다. 치료자가 깊이 있는 인지처리를 촉진했음에도 불구하고, 대화 전체를 통해 그레첸은 치료자가 자기 말을 잘 경청하고 있다고 느낀 것으로 보인다. 일부 치료자들은 학대를 당한 후에 스스로를 비난하거나 자신에 대해 부정적인 생각을 갖게 된 내담자들에 대해 처음에는 이와 같은 긴 과정을 수행하기 어렵게 느낀다. 내담자를 직접적으로 안심시키고(예 : "이것은 너의 잘못이 아니니, 너 자신이 무가치하다고 느껴서는 안 돼."), 대처전략으로 나아가고 싶은 생각이 들 것이다. 그러나 내담자가 자신에 대해 결론을 형성한 방식을 먼저 다루는 것이 중요하다. 이 과정에 참여함으로써 그레첸과 치료자는 그레첸이 자신에 대해 어떻게 생각하고 느끼는지, 그리고 어떻게 그러한 결론에 도달했는지를 이해할 수 있었다. 이는 자동적 사고를 다루는 데 도움이 된다. 그레첸의 소크라테스식 대화 경험은 자신의 부정적인 자동적 사고에 의심을 품는 새로운 경험를 시작하도록 도울 것이다. 글상자 7.1은 소크라테스식 질문을 치료적으로 활용하기 위한 주요 사항들을 요약하고 있다.

비유와 유머를 사용해 질문하기

아동과 청소년에게 비유와 유머를 곁들인 질문을 사용하면 도움이 된다. 창의적 적용(제9장)과 우울(제11장), 불안(제12장), 파괴적 행동(제13장), 자폐스펙트럼장애(제14장)에 제시된 대부분의 기법들은 비유와 유머를 자유롭게 사용하고 있다. 비유를 사용할 때 성공의 열쇠는 아동이 속한 세계의 일부를 이용하는 것이다(Beal et al., 1996). 유머를 사용해 논박할 때 절대로 아동을 논박의 대상으로 삼지 않도록 한다. 유머의 대상은 항상 신념 혹은 믿음이 되어야 한다. 여기에서는 아동의 사고를 검증하기 위해 비유와 웃음, 유머를 어떻게 사용하는지 소개할 것이다.

Beal 등(1996)은 귀여운 세 마리 아기 돼지 질문을 통해, 주위 사람들이 항상 자기에게 맞추어주길 바라는 아동의 요구를 감소시킬 수 있음을 보여주었다. 그들이 사용한 질문은 "만일 세 마리 아기 돼지가 늑대에게 다르게 행동해야 한다고 요구한다면 어떤 일이 생길까?"(p. 222). 이 질문은 동생이 자신을 귀찮게 굴지 말아야 하며 친구들과 놀 때도 끼려고 하지 말아야 한다고 믿는 아동에게 사용할 수 있다.

Overholser(1993b)는 임상장면에서 다섯 가지 유형의 비유가 사용될 수 있다고 하였다. 비유는 의학, 기계, 전략, 대인관계, 자연과 관련지어 사용할 수 있다. 제12장에 기술된 두려움의 기찻길 활동은 기계와 관련된 비유의 예이다(예 : "불안이란 기차와 같아서 여러 역들을 통과하는데, 그 역이란 생각, 감정, 대인관계 등이란다."). 행동문제를 보이는 아동을 치료할 때는 스포츠에 관한 비유를 사용하는 것이 좋다. 이 비유에는 멈추고 이완하고, 생각하는 데 도움이 되는 전략들이 포함되어 있기 때문이다(예 : "선생님은 야구경기의 심판과 같다. 심판은 호각을 불고 파울을 선언할 수 있지."). 또한 Kendall 등(1992)처럼 대인관계와 관련된 비유를 사용할 수도 있다. 예컨대 치료자를 운동코치로, 아동을 치료팀의 팀장으로 비유한다. 또는 아동을 단서와 증거를 찾아내는 탐정에 비유하기도 한다.

나비 생각은 자연을 소재로 한 비유 활동이다. 이 활동은 변화의 개념을 설명하기 위해 나비라는 비유를 사용한다. 아동들은 애벌레가 나비로 변한다는 것을 이미 잘 알고 있다. 이 비유는 인간에게도 변화가 일어날 수 있음을 알려주는 좋은 방법이다. 나비 비유와 관련된 활동지는 자기지시 활동을 흥미롭게 해준다. 치료자는 이 비유를 사용함으로써 직접적인 질문을 피할 수 있다. 예컨대 아동에게 "네 자신에게 또 어떤 말을 해줄 수 있을까?"라고 묻는 대신, "어떻게 하면 애벌레 생각을 나비 생각으로 바꿀 수 있을까?"라고 물어본다.

치료자는 아동에게 나비의 개념을 먼저 소개한다. 다음의 예는 '나의 나비 생각'을 어떻게 소개하는지 보여준다.

> "나비 알지? 나비는 말이야 애벌레에서 나온단다. 처음에는 애벌레였는데 나비로 변하는 거야. 참 멋지지 않니? 애벌레가 나비로 변하는 것 말이야. 네게 일어난 일을 설명하는 방법은 변할 수 있거든. 그 사실을 아는 것이 중요해. 네가 기분이 나쁠 때 "나는 형편없어, '아무도 나를 좋아하지 않아', '나는 바보처럼 행동할 거야." 같은 생각을 하는 것이 바로 애벌레 생각이란다. 이 생각들은 아직 나비로 변하지 않은 거야. 이 애벌레 생각을 나비 생각으로 한 번 바꿔볼까?"

치료자는 애벌레나 나비가 들어 있는 그림과 사진, 만화 등을 사용해 아동에게 설명해줄 수도 있다. 그림 7.3과 그림 7.4에는 '나비 생각 활동지'가 제시되어 있다. 첫째 칸과 두 번째 칸에는 상황과 기분을 적게 한다. '애벌레 생각'이라는 제목이 붙여진 세 번째 칸에는 정확하지 않은 혹은 역기능적 생각을 적게 한다. '나비 생각'이라는 제목이 붙여진 네 번째 칸에는 역기능적 생각과 반대되는 대안적 생각을 적게 한다. 9세의 줄리가 이전 치료시간에 배운 나비 생각 기법을 자신의 자동적 사고인 '아무도 나를 좋아하지 않아.'에 적용할 때 치료자와 주고받은 대화를 살펴보자.

줄리 : 오늘 학교는 끔찍했어요. 아무도 나를 좋아하지 않아요.

치료자 : 음, 네가 '아무도 나를 좋아하지 않아.'라는 생각을 갖고 있구나. 이 생각은 지난 시간에 배웠던 나비 생각 활동지를 연습하기에 좋은 생각인 것 같아. 우리 한번 해볼까?

줄리 : 그러죠.

상황	감정		애벌레 생각	이 애벌레 생각이 나비 생각으로 변할 수 있을까?	나비 생각

그림 7.3 ∶ 나비 생각 활동지

상황	기분	애벌레 생각	이 애벌레 생각을 나비 생각으로 바꿀 수 있을까?	나비 생각
내가 해야 할 집안일을 깜박 잊고 하지 않았다. 그래서 엄마와 아빠가 나에게 화가 나셨다.	슬픔	엄마와 아빠는 내가 게으르고 버릇없다고 생각한다. 그래서 나를 미워하신다.	예!!	집안일 하기를 깜박 잊어버렸다. 잊지 않도록 더 잘 기억할 필요가 있다. 엄마와 아빠가 나한테 실망을 하셨지만 그래도 여전히 나를 사랑하신다.

그림 7.4 : 나비 생각 활동지 예

치료자 : 좋아, 그럼 활동지를 한 장 꺼내도록 하자(줄리가 빈 활동지를 한 장 꺼낸다) 첫 번째 칸은 상황이야. 네가 학교에서 '아무도 나를 좋아하지 않아.'라는 생각을 했을 때 무슨 일이 있었니?

줄리 : 카일과 이사벨이 쉬는 시간에 나와 놀지 않으려고 해서 테리에게 놀자고 했는데, 걔도 싫다고 했어요.

치료자 : 그것을 첫 번째 칸에다 적어보자. 다음은 감정 칸이야. 카일과 이사벨이 너와 놀지 않으려고 하고 테리도 싫다고 했을 때 어떤 기분이 들었니?

줄리 : 슬펐어요. 그리고 외롭다고 느꼈어요.

치료자 : 좋아, 그 기분들을 여기 감정 칸에다 적어보자. 다음에는 뭐가 있지?

줄리 : 애벌레 생각이요. 내 생각은 '아무도 나를 좋아하지 않아.'였어요. 이건 정말로 제가 느꼈던 것이에요.

치료자 : 그게 애벌레 생각이야. 그럼 이제 하나씩 살펴보자. 휴식시간에 카일과 이사벨, 그리고 테리가 너와 놀지 않았어. 너는 슬프고 외롭다고 느꼈어. 그리고 너는 '아무도 나를 좋아하지 않아.'라고 생각했어. 지난 시간에 우리가 애벌레 생각을 어떻게 나비 생각으로 바꾸었는지 기억나니? 이 생각을 가지고 그 활동을 해볼 수 있겠니?

줄리 : "단지 ~하기 때문에" 문장을 이용해서 애벌레 생각을 바꿨던 기억이 나요. "단지 걔네들이 나와 놀지 않았다고 해서 아무도 나를 좋아하지 않는 것은 아니야. 만약 다른 애들한테 놀자고 하면 그러자고 할 거야."라고 하면 될까요?

치료자 : 와우! 네가 정말 잘 이해했구나. 나비 생각을 사용하니까 기분이 어떤 것 같아?

줄리 : 슬프지도 않고 외롭지도 않아요. 보통 사라와 노는데, 오늘은 걔가 학교에 오지 않았거든요. 아마 내일은 학교에 올 거예요.

이 대화는 줄리가 어떻게 부정확한 생각을 파악하고 수정하는지를 보여주고 있다. 나비 생각 활동지에 적힌 생각에 의심을 던짐으로써 줄리는 신속하게 자신의 결론을 바꾸고 다음 날을 위한 문제해결로 이동하였다. 이 예는 또한 아동이 일단 전략을 학습하고 연습한 후에는 이후의 치료시간에서도 그 기법을 통해 보다 신속하게 그리고 보다 독립적으로 활동하며, 치료자의 소크라테스식 질문("다음에는 뭐가 있지?", "이 생각을 가지고 해볼 수 있겠니?")에도 더 개방적이게 됨을 보여주고 있다.

생각-감정 시계는 제9장에 소개되어 있는 일종의 공예활동이다. 치료자는 이 활동을 이용해 소크라테스식 대화를 구성할 수 있다. 아동과 함께 시계를 만드는 공예활동을 한 다음, 치료자가 소크라테스식 대화를 시작한다. 아래의 대화를 읽어보고, 당신이라면 소크라테스식 대화를 얼마나 흥미로우면서도 치료적으로 구성할 것인지 생각해보라.

치료자 : 그것 참 멋진 시계로구나. 내가 질문을 하나만 해볼까? 시곗바늘에게 무슨 일이 일어나지?

키라 : 움직여요.

치료자 : 맞아. 시곗바늘은 여기저기로 움직이지. 바늘이 멈출 때도 있니?

키라 : 때로는요. 시계가 고장 나거나 건전지가 나가버리면 멈춰요.

치료자 : 그러니까 시곗바늘이 움직이지 않고 정지해 있는 일은 잘 안 생기겠네.

키라 : 네.

치료자 : 네가 만든 생각-감정 시계의 바늘도 움직이니?

키라 : 네, 움직여요. 보실래요? (시계를 보여준다)

치료자 : 움직이는 게 보이는구나. 움직이는 걸 봐. 네 시곗바늘이 이 감정에서 다른 감정으로 움직이는 건 무얼 말해준다고 생각하니?

키라 : 모르겠어요. 내가 제대로 만들었다는 거요?

치료자 : 그래, 정말 잘 만들었어. 그런데 질문을 하나 더 할게. 시곗바늘이 한 감정에만 멈춰 있니?

키라 : 아니요. 바늘을 움직이게 할 수 있어요.

치료자 : 그러니까 시계가 고장 나지 않았다면 바늘이 한 감정에서 다른 감정으로 움직인다는 거네?

키라 : 네.

치료자 : 그렇다면 감정은 변할 수 있다는 걸 말할까 아니면 변할 수 없다는 걸 말할까?

키라 : 변할 수 있다는 걸 말해요.

치료자 : 네가 기분이 정말로 슬플 때 그 기분이 언젠가는 변할 수 있을 거라고 생각하니?

키라 : 아니요. 그렇지 않아요.

치료자 : 그러니까 네가 정말로 슬플 때는 시계가 한 시에 멈춰 있는 것과 마찬가지구나.

키라 : 네.

치료자 : 그렇다면 너는 실제로 변하지 않는 것은 감정이라고 생각하니, 아니면 네게 일어난 일들에 대한 너의 생각이 변하지 않기 때문에 감정이 변하지 않는 거라고 생각하니?

이 예에서 시계는 기계와 관련된 비유로 아동에게 변화 가능성을 설명할 때 도움이 된다. 이 비유는 공예활동에 의해 더욱 구체화되었다. 비유와 공예활동 덕분에 사고검증을 목표로 한 대화가 아동에게 심문처럼 느껴지지 않았다. 시계는 치료시간 중에 감정 변화에 대해 이야기하는 것을 키라에게 상기시켜주는 시각단서로 사용될 수 있다. 새로운 상황에 대한 치료자의 덜 구체적이고 더 개방적인 소크라테스식 질문에도 키라는 결론에 도달할 수 있게 된다. 예컨대 "그렇다면 감정은 변할 수 있다는 걸 말할까 아니면 변할 수 없다는 걸 말할까?"라는 질문 대신, "그것이 너의 기분에 대해 무엇을 말해줄까?"라는 질문에 반응할 수 있다. 이러한 진전은 앞으로도 그리고 치료실 밖에서도 키라가 보다 독립적으로 기법을 사용하도록 촉진할 것이다.

실수 날려버리기 활동은 실수란 것이 끔찍한 것이 아니라 삶의 일부일 뿐이라는 것을 가르쳐주는 유머이다. 이 활동의 주인공은 안경을 낀 친절한 여성이다. 실수 여사는 아동들에게 실수는 매우 인간적인 것이라는 메시지를 전달한다. 이 활동은 그림 7.5에 제시되어 있다.

실수 날려버리기 활동은 이 활동을 소개하는 글로 시작하며, 그 후 몇 가지 질문이 단계적으로 제시된다. 질문들은 단순하며 미완성 문장이나 선택형, 또는 개방형 형태로 제시된다. 이 활동은 가정에서도 아동이 활동지 형태로 소크라테스식 질문에 반응하는 기회를 갖게 해준다. 또한 기법을 연습할 수 있는 기회를 제공하며 이해와 독립심을 증진한다. 그리고 아동이 기법의 의미를 잘 기억하도록 하기 위해 유머를 사용한다.

Friedberg 등(2001)의 **생각 캐는 사람**은 사고검증과 소크라테스식 질문법을 사용한 재미있는 활동이다. 이 활동에서 치료자는 아동에게 단서를 캐내는 고고학자가 되어보라고 한다. 질문을 할 때마다 아동에게 땅을 캐는 흉내를 내도록 한다. 그리고 치료자는 아동에게 단서를 주기 위한 치료적 줄임말로 '생각 캐는 사람'이란 용어를 사용한다(예 : "네가 생각 캐는 사람 역할을 하고 있는 거니?"). 생각 캐는 사람 일기에는 부정확한 생각을 검증하는 질문들이 적혀 있다. 따라서 소크라테스식 질문 과정을 훨씬 쉽게 만들어준다. 아동은 상황에 가장 잘 맞는 생각과 부정확한 사고에 표시만 하면 된다.

장난감 전화도 소크라테스식 대화법을 촉진해준다(Deblinger, 1997). 전화놀이는 소크라테스식 대화법을 시행하는 데 필요한 아동과 치료자 간의 거리감을 제공한다. 전통적인 소크라테스식 대화법에서 압박감과 심문당하는 느낌을 받는 아동에게 '전화'로 대화를 시도하면 쉽게 참여시킬 수 있다. 치료자와의 대화에 별로 참여하지 않고 주로 "몰라요"로 일관하

안녕하세요? 나는 실수 여사입니다. 나는 실수가 끔찍한 것이 아니라는 것을 어린이 여러분
에게 알려주는 일을 한답니다. 여러분도 알다시피, 실수는 우리 삶의 일부입니다. 사실 실수
는 내 이름의 일부이기도 하답니다(역자 주 : 실수 여사의 이름을 나타내는 Ms. Stakes가
실수를 의미하는 mistake와 중첩됨)!! 만일 실수할까 봐 너무 걱정한다면 새로운 일을 해볼
수 없게 될 것입니다. 또는 해야 할 일, 하고 싶은 일을 계속하기도 힘들어질 것입니다.

어린이들은 실수할 때 자신에게 벌을 주는 때가 많지요. 그리고 부모나 친구들, 선생님들
이 무슨 말을 할까 두려워하지요. 여러분은 실수 때문에 자기 자신에게 벌을 준 적이 있습
니까? 맞는 곳에 표시하세요.

예   이니요

실수에 대해 자기 자신에게 어떻게 벌을 주었는지 쓰세요.

실수에 대해 나 자신에게 벌을 주었던 방법은 _____

_____이다.

실수하면 다른 사람들이 어떻게 생각할지 걱정하나요? 맞는 곳에 표시하세요.

예   아니요

내가 실수하면 부모님이 _____

_____라고 생각하실까 봐 걱정한다.

내가 실수하면 선생님이 _____

_____라고 생각하실까 봐 걱정한다.

내가 실수하면 친구들이 _____

_____라고 생각할까 봐 걱정한다.

자, 여러분은 경기가 무엇인지 알죠? 경기에 나가 본 적이 있나요? 내 이름과 비슷한 실수 날려버리기 경기
가 있어요. 지금부터 내가 실수 날려버리기 경기에 나가서 이길 수 있는 방법을 알려주도록 할게요.

내가 알려줄 방법은 바로 다음과 같은 질문들이랍니다.

실수하면 좋은 점은 무엇인가요? _____

_____

(계속)

그림 7.5 : 실수 날려버리기 활동지

만약 실수해서 좋은 점이 있다면, 실수하는 것이 얼마나 끔찍한가요? 맞는 곳에 표시하세요.

끔찍하지 않다   약간 끔찍하다   정말 끔찍하다

실수로부터 배울 수 있는 것이 있나요?

예   아니요

만약 실수로부터 배울 수 있는 것이 있다면, 실수하는 것이 얼마나 끔찍한가요? 맞는 곳에 표시하세요.

끔찍하지 않다   약간 끔찍하다   정말 끔찍하다

정말 잘하는 일인데도 실수를 할 수 있나요? 맞는 곳에 표시하세요.

예   아니요

만약 정말 잘하는 일인데도 실수를 할 수 있다면, 실수하는 것이 얼마나 끔찍한가요? 맞는 곳에 표시하세요.

끔찍하지 않다   약간 끔찍하다   정말 끔찍하다

정말로 존경하는 사람 중에서 실수를 했던 사람의 이름을 적어보세요.

_____

만약 정말로 존경하는 사람도 실수를 할 수 있다면, 실수를 하는 것이 얼마나 끔찍한가요? 맞는 곳에 표시하세요.

끔찍하지 않다   약간 끔찍하다   정말 끔찍하다

학급에 있는 친구들은 대부분 지우개를 사용하나요? 맞는 곳에 표시하세요.

예   아니요

만약 대부분의 아동들이 지우개를 사용한다면, 실수를 하는 것이 얼마나 끔찍한가요? 맞는 곳에 표시하세요.

끔찍하지 않다   약간 끔찍하다   정말 끔찍하다

그림 7.5 ： 실수 날려버리기 활동지(계속)

던 아동이 있었다. 그러나 아동에게 전화놀이를 소개하자 곧 자신이 치료시간 중에 있다는 것도 잊어버리고 자유로운 반응을 보이기 시작했다. 전화가 심문당하는 듯한 느낌을 감소시킨 것으로 보인다. 전화놀이의 또 다른 장점은 놀이 도중에 언제라도 전화를 끊을 수 있다는 점이다.

맺음말

미국 TV 드라마 '하우스'의 주인공인 그레고리 하우스 박사는 소크라테스식 대화법의 시시자다. Frappier(2009)는 하우스 박사가 소크라테스식 대화법을 사용하는 것에 대해 다음과 같이 역설하였다. "소크라테스식 대화법은 지식이 단지 주어지는 것이 아니라는 생각에 근거한다. 지식은 우리가 발견해야 하는 것이다. 따라서 누군가가 무엇인가를 배우도록 돕는 유일한 방법은 그 사람이 진리에 도달하는 길을 추론하는 데 도움이 되는 질문을 던지는 것이다"(p. 100). 소크라테스식 대화법을 구성하는 것은 단순히 '스무고개' 놀이하는 것과 다르다. 또한 치료자가 생각하고 있는 것을 아동에게 생각해보게 하는 것도 아니다. 아동과 청소년에게 소크라테스식 대화법을 적용할 때 치료자가 이용할 수 있는 디딤돌은 유머와 비유, 재미이다. 치료자는 질문을 통해 지금까지 감춰졌던 '진실'을 발견하도록 이끈다. 이제 이 책의 나머지 부분을 읽어나가면서 창의적이고 역동적인 소크라테스식 대화법을 개발해보기 바란다.

CHAPTER

08

자주 사용되는
인지 및 행동 기법

이번 장에서는 아동과 청소년에게 사용되는 주요 인지 및 행동 기법들을 소개하고자 한다. 기법들은 복잡성, 그리고 아동에게 요구되는 합리적 분석의 수준에 따라 다양하다. 여기에서는 먼저 인지행동 기법에 대한 기본 개념을 제시한 후, 기술 습득과 적용에 대해 살펴볼 것이다. 그런 다음 비교적 단순한 행동기법과 인지기법 및 자기지시 기법에 대해 설명할 것이다. 그리고 마지막으로 보다 복잡한 인지 및 행동 개입방법들에 대해 살펴보고자 한다.

인지행동 기법의 차원

Ellis(1962, 1979)는 치료전략에 포함된 합리적 분석과 처리의 깊이에 따라, 인지행동 개입방법을 세련된 기법과 세련되지 않은 기법으로 분류하였다. 세련되지 않은 기법은 자기지시 개입방법을 통해 사고 내용을 변화시키는 데 초점을 둔다. 반면 세련된 기법은 사고 내용을 변화시키기 위한 보다 정교한 추리과정을 다루며, 보다 깊이 있는 합리적 분석을 가능하게 하는 구조를 말한다. 저자들은 세련된 기법이 세련되지 않은 기법보다 더 우수하다고 보지 않는다. 각 전략의 유용성은 특정 상황에 따라 달라질 수 있다.

세련된 기법과 세련되지 않은 기법은 모두 기능적인 개입방법이다! 세련된 기법과 세련되지 않은 기법은 치료과정 중에 둘 다 필요하다. 세련되지 않은 기법은 일반적으로 치료 초반에 사용하는 것이 좋으며, 긴급한 위기에 놓여 있거나 심한 정서적 고통을 겪고 있는 사람에게 도움이 된다. 나이 어린 아동이나 언어표현이 부족한 아동, 그리고 인지 발달수준이 낮은 아동에게는 세련되지 않은 기법이 자주 적용된다. 반면 세련된 기법은 세련되지 않은 기법이 성공을 거둔 후에 주로 치료 후반부에 적용된다. 언어능력이 발달해 있고 추상적인 기술을 습득하고 적용할 수 있는 아동에게는 세련된 기법이 도움이 된다. 세련된 기법은 좀 더 어려운 인지적·정서적 처리를 요구하기 때문에, 정서적 고통이 심한 상태에 놓여 있거나 위기상황에서는 지나치게 사용하지 않는 것이 좋다. 그러나 세련된 기법은 사고 내용뿐만 아니라 사고 과정을 변화시키는 데 초점을 두고 있기 때문에 일반화 과정에서 도움이 된다.

기술습득과 기술적용 : 심리교육과 심리치료

노련한 인지치료자는 부정적 정서가 각성되는 상황에서 내담자가 습득한 기술을 적용할 수 있도록 돕는다(Robins & Hayes, 1993). 아동과 청소년은 화가 나거나 기분이 나쁠 때 자신이 배운 기술을 적용해야 한다는 사실을 잊어버리기 쉽다. 많은 경우 이들은 "너무 걱정되고 긴장되어 생각일기 적는 것을 할 수 없었어요."라고 말한다. 그러나 사실 인지기법을 적용하기 가장 좋은 때는 바로 이처럼 아동이 긴장하게 될 때이다.

저자들은 심리교육은 **기술습득**을 위해, 심리치료는 **기술적용**을 위해 수행된다고 본다. 심리교육을 통해 아동은 심리에 대한 개념과 정보를 배운다(예 : 분노의 모형, 이완과 재귀인 같은 분노조절 방법 등). 반면 심리치료에서는 내담자가 정서적으로 고통상태에 놓이게 될 때 이러한 기술을 활용할 수 있도록 돕는다. 이번 장에 제시된 모든 기법은 습득되고 또한 적용되어야 한다.

기술습득은 일반적으로 복잡하지 않다. 치료자는 점진적이며 분명한 방식으로 아동과 그의 가족들에게 기술을 가르치며, 내담자들은 대부분 쉽게 구체적인 기술을 습득한다. 그러나 기술적용은 습득에 비해 성취하기 어렵다. 슈퍼비전을 해보면 치료자들이 정서적 각성상태에 놓인 아동에게 인지행동 개입을 적용하기 힘들어한다는 것을 알게 된다. 그러나 정서적으로 각성된 상황에서 대처기술을 연습할 때 아동은 성취감과 완수감을 느끼게 된다. 예를 들면, 한 여자 아동이 눈물을 흘리면서 친아버지가 양아버지만큼 자신을 사랑하지 않는다고 생각하기 때문에 슬프다고 털어놓는다. 치료자는 아동의 슬픔을 덜어주기 위해 대화를 했지만 생각일기를 이용하지는 못했다. 따라서 아동이 그 상황에서 대처하는 데 사용할 수 있는 새로운 생각들을 기록할 수 없었다. 이런 경험은 그 순간에는 내담자에게 도움이 될 수 있지만 치료자는 습득된 기술의 적용을 강화하고 일반화를 촉진할 수 있는 좋은 기회를 놓친 것이다. 아동들은 자신이 습득한 기술들을 실제 상황(in vivo)에 적용할 기회를 가질 필요가 있다.

사례

케이샤는 10세의 아프리카계 미국인 소녀로 어머니와 6살짜리 남동생과 함께 살고 있다. 그녀는 우울 증상으로 인해 학교상담자에 의해 치료에 의뢰되었다. 케이샤는 이전의 치료 시간 중에 생각일기를 통해 인지 파악 및 수정을 위한 기술습득 작업을 하였다. 이후 시간에서 숙제점검을 하던 중에 어머니는 케이샤가 "아무도 나를 좋아하지 않는다."고 울면서 말할 때, 그리고 최근에 수학과목 퀴즈에서 좋은 점수를 받지 못했을 때 생각일기를 사용할 수 없거나 하지 않으려 했다고 보고했다.

케이샤는 처음에는 그 당시 너무 속상해서 생각일기를 작을 수 없었냐고 말했다가 나중에는 잊어버렸다고 하였다. 그녀는 생각일기 작성을 위한 기술을 이미 습득했기 때문에, 이것은 기술습득을 넘어서는 문제였다. 따라서 치료자는 가족과 함께 '힘든 상황에서' 기술을 연습할 필요가 있다는 점에 대해 논의하였다. 논의 중에 케이샤는 눈물을 글썽이며 "엄마는 이것이 모두 내 잘못이고, 내가 게을러서 이것을 할 수 없다고 생각한다."고 말했다. 이런 반응은 단순히 기술을 습득하는 것으로부터 고통스러운 순간에 인지행동 기법을 실제로 적용하는 것으로 나아갈 수 있는 좋은 기회를 제공해주었다. 치료자는 먼저 공감을 해준 후에 이 상황을 개입과 향상을 위한 기회라며 다음과 같이 말했다.

> "케이샤야, 네가 우는 것을 보니 '엄마는 이것이 모두 내 잘못이고, 내가 게을러서 이것을 할 수 없다고 생각한다.'는 생각이 너를 무척 속상하게 한다는 것을 알 수 있구나. 하지만 이것은 네가 속상한 '순간에' 생각일기를 사용해 연습할 수 있는 좋은 기회인 것 같아. 그리고 너와 엄마가 어떻게 하면 집에서도 이 연습을 계속할 수 있는지 방법을 찾도록 도움을 줄 수 있을 거야."

그런 다음 치료자는 어머니에게 생각일기의 단계를 상기시켜주며 안내하였다. 마침내 케이샤는 진정한 완수감을 느꼈고, 어머니도 가정에서 힘든 '순간에' 이 기법을 적용하는 데 자신감을 느꼈다. 이 예는 치료시간에 일어난 자연스러운 상황을 어떻게 치료기법에 적용하는지를 보여준다. 이러한 실제 상황은 기법을 치료로부터 일상생활로 일반화시키는 과정에서 핵심적이다.

행동기법

이완훈련

이완훈련은 불안과 분노조절 같은 다양한 문제에 적용될 수 있는 행동기법이다. Jacobson(1938)의 점진적 근육이완은 근육들을 번갈아가면서 긴장시키고 이완시키는 절차이다. 독자들은 이완훈련을 심층적으로 다룬 교재들(Goldfried & Davison, 1976; Masters, Burish, Hollon, & Rimm, 1987), 그리고 아동과 청소년을 위한 이완훈련 자료들(Koeppen, 1974; Ollendick & Cerny, 1981)을 읽어보기 바란다. Friedberg, McClure와 Hilwig-Garcia(2009)는 진정장비와 단서카드를 포함하여 이완훈련을 창의적으로 적용하는 방법들을 제시했다. 심리치료에서의 이완훈련 사용은 오랜 역사를 갖고 있으며, 여전히 아동과 청소년의 스트레스를 감소시키는 데 유용한 방법이다(Goldbeck & Schmid, 2003). 지금부터 이완훈련과 관련된 중요한 쟁점들에 대해 살펴보고자 한다.

Goldfried와 Davison(1976)은 근육긴장 단계 동안 완전한 긴장상태보다 3/4 정도로만 긴장시켜야 한다고 했다. Beidel과 Turner(1998)는 아동에게 이완훈련을 실시할 때는 짧은 시간 동안, 몇몇 근육에만 실시하라고 권고하였다. Goldfried와 Davison(1976)은 치료자가 목소리를 부드럽게 하고, 선율에 따라 친근하게 하며, 대화할 때보다 느린 속도로 전달하는 것이 좋다고 했다. 단조롭고 다소 지루하게 여겨지는 톤이 아동의 이완을 촉진한다. Goldfried와 Davison(1976)은 5~10초 동안 근육긴장을 실시한 후 20초 정도 근육이완을 실시하라고 제안했다. 이완훈련 각본을 아동의 발달수준에 맞추도록 한다. Koeppen(1974), Ollendick과 Cerny(1981)는 좋은 비유를 담고 있는 창의적이고 발달적으로도 민감한 이완훈련 각본을 개발하였다.

아동들에게는 이완훈련을 재미있게 실시하는 것이 중요하다. Wexler(1991)는 몇 가지 창의적 이완훈련 방법을 제안하였다. 10개의 **촛불**로 불리는 이완훈련에서 Wexler는 내담자에게 촛불 10개가 나란히 켜진 채 놓여 있는 장면을 상상하게 한다. 그런 다음 아동에게 상상 속에서 날숨으로 한 번에 하나씩 차례로 촛불을 끄도록 지시한다. 이 기법이 좋은 이유는 촛불 끄는 방식이 이완할 때 숨을 쉬는 방식과 잘 어울리기 때문이다. 또한 촛불 끄는 장면을 시각화하면 아동이 힘껏 날숨을 내보게 하는 데도 도움을 준다. 그리고 시각화는 아동을 인지적으로 '바쁘게' 만들고 참여를 유지하게 해준다. 촛불을 시각화하기 위해 노력하다 보면 다른 생각을 할 틈이 없다.

불안한 아동들은 꿈틀거리거나 안절부절 못할 수도 있다. 만약 근육이완을 시켰는데도 꿈틀거리고 행동이 차분해지지 않을 경우에는 그 행동이 일어날 때마다 좀 더 깊은 이완이 필요하다는 신호로 이용할 수 있다(예 : "네 발이 흔들리면 너는 좀 더 깊은 이완이 필요

> **글상자 8.1** **이완을 위한 팁**
>
> • 이완 시간은 1회 당 20분 정도로 실시할 것을 권고한다.
> • 치료자의 말투는 부드럽고 선율적이며 따뜻해야 한다.
> • 가만히 있지 못하는 아동에게는 이완절차를 더 짧게 실시하며, 가만히 못 있는 것을 이완이
>   필요하다는 단서로 사용한다.
> • 심상을 사용할 것을 고려한다.
> • 아동의 참여를 위해 비유 및 친숙한 각본을 만들어 사용한다.

해. 네가 의자에서 몸을 움직이면 이완을 더 해야 한다는 것을 알려주는 거란다.”). 이완훈련 시간을 줄이는 것도 도움이 되며 또한 스포츠에 비유하는 것도 도움이 된다(Sommers-Flannagan & Sommers-Flannagan, 1995). 예컨대 농구선수가 자유투를 던지기 전에 자신을 차분하게 하는 모습, 혹은 테니스 선수가 결정적 점수를 얻기 위해 준비하는 모습을 관찰하게 함으로써 아동에게 이완을 위해 어떻게 해야 하는지 가르칠 수 있다. 치료자는 이러한 순간들이 담긴 영상물이나 DVD, 유튜브 동영상 등을 가져와서 아동과 함께 볼 수도 있다. 글상자 8.1은 이완훈련에서의 주요 원리들을 제시하고 있다.

체계적 둔감법

체계적 둔감법은 두려움과 불안을 감소시키기 위해 사용되는 역조건형성 기법이다. Wolpe(1958)에 의해 개발된 체계적 둔감법은 불안을 유발하는 자극과 역조건형성 요인인 이완을 짝짓는 과정을 포함한다. 불안을 억제시키기 위해 불안과 반대되는 이완을 반복적으로 제시한다. 따라서 흔히 상호억제(reciprocal inhibition)란 용어가 사용된다. 체계적 둔감법 절차에는 몇 가지 요소들이 포함된다. 체계적 둔감법에서는 먼저 불안위계를 작성하고, 그 후에 이완훈련을 실시한다.

체계적 둔감법의 첫 단계는 두려움을 작은 구성요소로 나누는 것이다. 그런 다음 두려움의 각 요소에 대해 순위를 매긴다. Goldstein(1973)은 “내담자로부터 얻은 정보를 이용해 불안유발 자극들을 분리하여 위계적인 순서에 따라 배치한다.”(p. 227)고 했다. 불안위계는 주관적 불편감 척도(Subjective Units of Distress, SUD)를 설정함으로써 구성된다(Masters et al., 1987). SUD는 각 걱정거리가 가진 불안강도의 수준을 나타내며, 불안위계는 일반적으로 1~100점까지의 점수로 그 강도가 표시된다. 아동에게는 1~10점의 평정척도를 사용하는 것이 좋다.

치료자는 아동이 느끼는 불안의 모든 측면을 충분히 인식하고 있어야 한다. 그래야 아동이 갖고 있는 불안의 본질을 깊이 이해하고 그에 따라 체계적 둔감법을 효과적으로 실시할 수 있다. 따라서 치료자는 아동의 불안 속에 담겨 있는 대인관계, 인지, 정서, 생리, 행동요인을 모두 끌어내야 한다. 치료자는 아동에게 다음과 같이 질문한다. "무엇이 _____을/를 3점만큼 느끼게 만들까?", "네 마음속을 스치고 지나가는 것이 무엇이지?", "3점일 때 네 몸은 어떻게 느낄까?" 치료자는 각각의 장면을 독서카드에 적는다. 어린 아동들은 장면을 그림으로 그리는 것을 좋아한다. 각각의 장면을 충분히 묘사하거나 그린 후에는 위계적으로 배열한다.

불안을 구성요소로 나누고 위계적으로 배열한 후, 위계에서 가장 낮은 항목을 갖고 체계적 둔감법 절차를 시작한다. 먼저 아동에게 이완을 하도록 지시하고 기분 좋은 장면을 상상하게 한다. 아동이 이완되면 첫 번째 항목을 제시한다. 만일 아동이 불안을 느끼면 조용히 손가락을 들어 표시하라고 지시한다. 불안이 보고되면 그 장면에 대한 상상을 멈추고 기분 좋은 장면으로 되돌아가게 한다. 아동이 한 항목을 완수하면 다음 위계로 진행하며, 가장 높은 불안수준이 약화될 때까지 계속한다.

Morris와 Kratochwill(1998)은 체계적 둔감법에 대한 유용한 지침을 제공하였다. 먼저 불안을 유발하는 장면들을 각각 세 번 내지 네 번 제시한다. 첫 번째 제시는 연습용으로 삼는다. Morris와 Kratochwill(1998)은 불안을 유발하는 장면을 처음 제시할 때는 5~10초간 제시할 것을 제안하였다. 그 이후의 제시부터는 시간을 늘리도록 한다(예 : 10~15초). 또한 이들은 아동이 이완을 경험하는 시간을 15~20초 정도 지속하는 게 좋다고 하였다. 글상자 8.2는 체계적 둔감법의 주요 사항들을 요약하고 있다.

글상자 8.2   체계적 둔감법을 위한 팁

- 심리적 고통의 정도를 측량한다.
- 위계를 만든다.
- 장면들을 독서카드에다 글로 쓰거나 그림으로 그린다.
- 아동에게 이완훈련을 실시한다.
- 위계의 가장 낮은 단계부터 시작한다.
- 장면을 제시한다. 아동이 불안을 느끼면 해당 장면을 제거하고 이완을 실시한다.
- 장면을 5~10초 동안 네 차례 제시한다.
- 해당 장면이 더 이상 불안을 일으키지 않으면 위계의 다음 단계로 옮긴다.

사회기술 훈련

사회기술 훈련은 다음과 같은 인지행동 과정을 따른다(Beidel & Turner, 1998; Kazdin, 1994). 먼저 아동에게 직접적 지시를 통해 기술을 가르친다. 아동에게 특정 기술(예 : 공감)에 대한 모델링과 함께 자료를 제시하기도 한다. 기술을 습득시킨 후에는 점진적 연습을 실시한다. 시연은 적용을 쉽게 만든다. 점진적 연습과 시연에는 종종 역할연기가 포함된다. 아동에게 피드백을 제공함으로써 적절한 기술이 유지될 수 있도록 하며, 잘못된 부분을 교정해준다. 마지막으로, 아동은 자신이 배운 기술을 실제 장면에서 실험해보고 노력에 대해 강화를 받는다.

치료자는 사회기술 훈련이라는 우산 속에서 다양한 내용과 영역들을 다룰 수 있다. 가령 아동에게 친구 사귀는 방법, 공격성을 다스리는 방법, 친구의 놀림에 대처하는 방법, 칭찬을 주고받는 방법, 다른 사람에게 도움을 요청하는 방법 등을 가르칠 수 있다. 아동에게 흔히 가르치는 기술로 공감이 있는데, 아동은 이 기술을 통해 다른 사람의 입장에서 생각하는 능력을 갖게 된다. 치료를 통해 아동은 대인관계 상황에서 필요한 문제해결 기술을 습득할 수 있고, 생각과 감정, 행동에 대한 대안적 기술도 갖게 된다.

공감 및 조망 훈련

공감훈련, 그리고 다른 사람의 입장에서 생각하는 조망훈련은 대부분의 사회기술 훈련 프로그램에 들어 있는 구성요소이다. 일반적으로 **공감훈련**에는 감정 경청하기, 감정 파악하고 명명하기, 감정 수용하기, 감정 수용 전달하기 등이 포함되어 있다(LeCroy, 1994; Wexler, 1991). 공감훈련과 조망훈련을 위해서는 집단치료가 특히 도움이 된다. 집단경험은 공감기술과 조망기술을 실제로 연습해보는 기회를 제공한다. 예컨대 집단 속에서 누군가가 다른 사람의 기분을 상하게 하는 말을 할 때 이를 교육적으로 활용할 수 있다. 공격적인 십 대 소녀와 치료자 사이에 이루어진 다음의 대화를 살펴보자.

안젤라 : 말도 안 되는 캐시의 말을 들어주는 것에 지쳤어요. 걔는 자기가 다른 애들보다 힘든 일이 더 많다고 생각해요. 나 역시 힘든 일이 엄청 많다고요.

치료자 : 안젤라, 네가 얼마나 지치고 힘든지는 잘 알겠어. 하지만 캐시가 자기 집과 이웃에서 일어난 폭력 이야기를 하고 난 후에 네가 방금 한 말을 들으면 어떤 기분일거라고 생각하는지 궁금하구나.

안젤라 : 걔가 어떻게 느끼든 상관없어요.

치료자 : 그래, 바로 그 점이 우리가 집단에서 함께 생각해보아야 할 좋은 예란다.

캐시 : 맞아요. 걔는 말조심을 할 필요가 있어요.

안젤라 : 내가 조심할 건 아무것도 없어.

치료자 : 자, 너희 둘 모두 잠시 멈추도록 해. 안젤라, 심호흡을 한 번 하고 네가 무엇 때문에 치료를 받게 되었는지 한번 생각해보자.

안젤라 : 학교와 집에서 싸움을 많이 해서요.

치료자 : 좋아. 혹시 지금 우리 집단에서 무슨 일이 일어나고 있는지 아는 사람 있나?

제나 : 안젤라가 지금 싸우려고 해요.

치료자 : 제나, 고맙다. 안젤라, 나는 네가 자주 싸우게 된다는 걸 알고 있단다. 네가 싸우지 않기 위해서 는 어떻게 해야 할까?

안젤라 : 나는 캐시가 무섭지 않아요.

캐시 : 무서워해야지.

치료자 : 얘들아, 잠깐만 타임 아웃. 너희들이 해오던 대로 하는 게 얼마나 쉬운지 알겠니? 안젤라, 나는 네가 조금 다르게 해봤으면 좋겠어. 너는 영리하잖니. 나는 네가 캐시의 힘든 일을 듣는 데 지쳤다고 말할 때 캐시가 어떻게 느꼈을지에 대해 말해주면 좋겠어.

안젤라 : 화가 났겠죠. 아마도 나한테 덤빌 준비가 되어 있을 걸요. 하지만 참는 게 좋을 거예요.

캐시 : 난 네가 무섭지 않아.

치료자 : 캐시, 네가 화가 났을 거라고 안젤라가 말하는 것을 들으니 기분이 어땠어?

캐시 : 관심 없어요.

치료자 : 안젤라가 너의 가족 문제에 관해 듣는 데 지쳤다고 말할 때보다 기분이 좋았니? 아님 더 나빠졌 니?

캐시 : 좋았죠, 아마도.

치료자 : 안젤라, 한 가지만 더 해보겠니?

안젤라 : 뭔데요?

치료자 : 캐시에게 참는 게 좋을 거라고 경고하는 말은 빼고, 단지 캐시가 어떻게 느끼는지만 말해볼래?

안젤라 : 내가 자기를 존중하지 않는다고 생각하기 때문에 캐시가 화가 났어요.

치료자 : 캐시, 안젤라 말이 맞니?

캐시 : 걔 말이 맞아요.

치료자 : 안젤라가 그렇게 말하는 것을 들으니까 기분이 어때?

캐시 : 좋아요. 기분이 좋았어요.

치료자 : 그것이 네 화난 기분을 어떻게 만들었지?

캐시 : 줄어들게 만들었어요.

치료자 : 안젤라, 너는 어때?

안젤라 : 화가 덜 나요.

치료자 : 이번에는 다른 사람들이 얘기해볼까? 안젤라와 캐시가 싸움을 피하기 위해 어떻게 했지?

이 대화에서 중요한 점은 무엇인가? 첫째, 치료자는 공감훈련을 위해 내담자들 간의 갈등을 활용하였다. 둘째, 캐시와 안젤라 모두 자신이 습득한 기술을 서로에게 연습해볼 수 있었다. 셋째, 치료자는 중요한 사항들에 대해 짧고 명료한 지시적 표현을 사용하여 설명했다.

주장훈련

주장훈련도 사회기술 훈련의 중요한 한 요소이다. 치료자는 아동들에게 고장난 레코드(broken record), 흐리기(fogging), 공감적 자기주장(empathic assertion) 등의 다양한 기법들을 가르친다(Feindler & Guttman, 1994). 이러한 기술들은 아동들이 서로에게 요청하고 반응할 수 있게 하며, 자극적인 상황을 완화시켜주고, 또래나 형제, 부모, 윗사람들과의 갈등을 다스릴 수 있게 해준다. 또한 주장훈련에서는 초대하고 초대에 응하기, 인사 나누기, 칭찬 주고받기, 도움 청하기 등을 가르친다. 사회기술 훈련의 요소들은 억제된 아동의 사회적 상호작용에 도움을 준다. 공격적인 아동을 위한 프로그램에서는 평화롭게, 자제된 방식으로 갈등을 해결하는 방법이 강조된다. 글상자 8.3은 사회기술 훈련을 위한 주의사항을 제시하고 있다.

역할연기

역할연기는 사회기술 훈련을 용이하게 하고 중요한 사고와 감정을 끌어낼 수 있는 기법이다. 역할연기는 가능한 한 실감나게 하는 것이 좋다. 치료자는 역할연기 할 인물에 관한 배경정보를 충분히 얻기 위해 아동에게 구체적으로 질문해야 한다. 만약 치료자가 아동의 친구, 부모, 혹은 교사의 역할을 연기해야 한다면 그들에 관해 잘 알고 있어야 한다. 이들이 말하는 것들의 예, 반응하는 방식, 자주 사용하는 버릇, 좋아하는 것과 싫어하는 것 등에 대해 아동에게 물어봄으로써 인물에 대한 통찰을 얻을 수 있다. 또한 아동의 문제가 역할연기 개

글상자 8.3　**사회기술 훈련을 위한 팁**

- 가르치고, 연습하고, 피드백을 해주고, 수정하는 것으로 과정이 이루어져 있음을 기억한다.
- 인내심을 강화해준다.
- 아동과 청소년이 단서와 결과에 주의를 기울이도록 한다.
- 실제 세계에서의 점진적인 연습을 촉진한다.

입을 요구하는 경우에는 상황이 아동에게 불편할 수 있으므로 치료자는 역할연기를 통해 아동이 상황 속에서 느끼는 심리적 불편을 다뤄줄 필요가 있다. 아동과 청소년의 참여를 증가시키기 위해서는 비유를 사용하거나 또는 문자와 같은 첨단기술을 포함한 또래관계 활동을 활용한다(Friedberg et al., 2009). 역할연기는 통제된 상황(치료실)에서 사회기술을 반복적으로 연습할 수 있는 기회를 제공해준다. 치료자는 아동이 기술을 어떻게 적용했는지에 대해 피드백을 해줄 수 있다. 이런 연습은 치료실 밖에서도 기술을 사용하는 것에 대한 아동의 자신감을 증가시키고 나아가 적용을 촉진시킨다.

유관성 관리

유관성(contingency)이란 행동과 그에 따르는 결과 간의 관계를 말한다. 유관성 관리에서는 특정 행동반응이 일어남에 따라 주어지는 보상의 유형을 구체화시킨다. 따라서 새롭거나 적응적인 행동은 그 행동이 일어날 때마다 제공되는 보상에 의해 촉진된다. 반면, 문제행동은 이러한 강화를 제공하지 않거나 제거함으로써 감소된다.

유관성 관리는 더 자주 보고 싶은 행동과 자주 보고 싶지 않은 행동을 파악하는 것으로부터 시작된다. 따라서 기대되는 행동의 특성, 그 행동의 빈도와 지속기간 등이 분명하게 표현되어야 한다(예 : "조니는 조용한 방에서 한 번에 20분씩, 일주일에 3일 공부를 할 것이다."). 표적행동이 파악되면, 만약-그렇다면(if-then)의 형태로 유관성을 수립한다. 예컨대 만약 조니가 조용한 방에서 20분 동안 공부한다면, 조니가 좋아하는 것을 제공하는 것이다(예 : 온 가족이 조니가 선택한 영화를 보러 간다).

행동형성은 궁극적으로 성취될 목표를 작은 단계로 나누어 보상하는 과정이다. 예컨대 어른들의 지시에 잘 따르지 않고 주의가 산만한 아동에게 적용할 수 있는 첫 번째 목표행동은 지시할 때 눈맞춤을 유지하는 것이다. 일단 아동이 눈맞춤을 유지하게 되면 다른 행동들을 파악하여 보상을 해준다(예 : 지시 수용하기, 지시를 따르기 위해 움직이기). 행동형성을 실시할 때는 점진적으로 성취될 수 있는 과제들로 구성하는 것이 중요하다. 아동들은 유관성을 만들어놓기만 하고 지키지 않는 어른들을 신뢰하지 않는다. 유관성을 지속적으로 실천하지 않을 경우 아동들은 일종의 무력감을 느낀다.

즐거운 일 계획하기 및 활동 계획하기

즐거운 일 계획하기는 아동의 일상생활 속에서 정적 강화의 수준을 증가시키고, 활발하지 않은 아동을 활동적으로 만들기 위해 사용된다(A. T. Beck et al., 1979; Greenberger & Padesky, 1995; McCarty & Weisz, 2007). 즐거운 일 계획하기는 일과표와 유사한 계획표를 사용한다. 일반적으로 가로에는 일주일 단위로 모든 요일을 나열하고, 세로에는 시간을 배열한다. 이런 형태로 격자표를 만들면 주간 중 해당 날짜의 특정 시간별로 빈칸이 만들어진다.

치료자와 아동은 함께 한 주간 동안 할 수 있는 즐거운 활동들을 계획한다. 이것은 아동의 생활 속에서 강화의 수준을 높이기 위한 것이다. 또한 아동이 한 주간 동안 있었던 즐거운 일들에 대해 인식하도록 함으로써 우울한 기분을 감소하기 위한 것이다. 즐거운 활동을 하는 숙제를 내주고, 한 주간 동안 아동 본인과 가족들이 숙제를 위해 노력하도록 만드는 것이 중요하다. 우울한 아동은 즐거운 활동에 필요한 동기가 부족하다. 따라서 우울한 아동이 이 과제를 완수하도록 돕기 위해서는 상당한 노력이 필요하다.

나이 많은 아동과 청소년의 경우에는 계획표의 해당되는 날짜와 시간에 할 즐거운 활동을 직접 기록하게 한다. 치료자는 아동에게 특정 활동을 하기 전과 후의 기분을 평가하도록 요구할 수도 있다.

즐거움 및 불안 예측

즐거움 및 불안 예측 기법은 활동계획 과정과 더불어 자연스럽게 이루어진다(J. S. Beck, 2011; Persons, 1989). 아동은 활동을 계획하고 그 활동을 통해 얼마나 큰 즐거움을 얻을지 예측하고, 활동을 한 후에 실제로 자신이 경험한 즐거움의 정도를 평가한다. 치료자는 아동이 기대했던 즐거움의 수준과 실제로 경험한 즐거움의 수준을 비교하도록 한다. 우울한 아동의 특징은 자신이 얻을 수 있는 즐거움에 대해 낮게 평가한다. 따라서 기대된 즐거움과 실제로 느낀 즐거움을 비교해봄으로써 아동의 비관적 예측을 검증해볼 수 있다. 비관적 예측이 정확할 가능성이 있더라도 치료에 도움이 된다. 가령 한 우울한 청소년이 낮은 수준의 즐거움을 예측했는데 실제로도 낮은 수준의 즐거움을 느꼈다고 해보자. 이때 치료자는 즐거움에 대한 예측이 행동을 결정한다는 가정을 검증해볼 수 있다(예 : "무엇인가를 실제로 하기 위해서는 그것을 하고 싶다는 마음을 가져야 하는 것 아닐까?"). 또한 어떤 우울한 청소년이 즐겁지 않으리란 것, 불만족하리란 것을 예측하면서도 실제로 그 일을 해낸다는 사실은 그가 자기효능감을 어떻게 지각하고 있는지를 알게 해준다. 다음의 대화는 우울한 청소년과 함께 이 문제를 어떻게 처리해 나가는지 보여주고 있다.

제레미 : 그것 보세요. 친구랑 경기 보러 가는 건 3점쯤 된다고 말씀 드렸잖아요.

치료자 : 그러니까 경기를 보러 가기는 했는데, 네가 예측한 대로 중간 정도로만 좋았다는 거구나.

제레미 : 네.

치료자 : 무엇 때문에 3점으로 느꼈는데?

제레미 : 약간 시시했어요.

치료자 : 시시했다고?

제레미 : 거기서 어떤 남자애들이 여자친구와 치어리더들과 함께 있는 걸 보았어요. 나는 그렇지 못하거 든요. 그 애들을 보니 나는 여자친구가 없다는 것, 그리고 내가 혼자라는 것을 생각하게 되었어요.

치료자 : 그렇구나. 그래서 그런 부정적인 일이 3점으로 내려가게 만들었구나. 거기에서 재미있는 일은 없었니?

제레미 : 글쎄요, 친구랑 농담을 하며 이야기했어요.

치료자 : 만일 경기에 가지 않고 집에서 혼자 지냈다면 기분이 어땠을 것 같니?

제레미 : 모르겠어요.

치료자 : 친구랑 농담을 하며 이야기할 수 있었을까?

제레미 : 확실히 아니죠.

치료자 : 그렇다면 그런 즐거움을 느끼지 못했겠지. 네가 만일 네 방에서 혼자 지냈다면 네가 혼자라는 것을 얼마나 느꼈을까?

제레미 : 모르긴 몰라도 굉장히 그렇게 느꼈겠죠.

이 대화에서 무엇을 배울 수 있는가? 치료자는 먼저 제레미가 활동을 왜 3점으로 평가했는지 탐색했다. 점수가 0점이 아니었기 때문에 치료자는 제레미가 자기 행동의 긍정적인 측면에 주의를 기울이도록 도울 수 있었다("만일 집에서 지냈다면 기분이 어땠을 것 같니?", "네가 만일 네 방에서 혼자 지냈다면 네가 다른 아이들과 다르다는 것을 얼마나 느꼈을까?").

불안 예측도 즐거움 예측과 매우 유사하다. 우울한 아동은 대부분 즐거움을 낮게 평가하는 경향이 있는 반면, 불안한 아동은 심리적 불편의 수준을 높게 평가하는 경향이 있다. 불안한 아동은 상황을 실제보다 더 힘들고 스트레스가 많을 것이라 기대한다. 따라서 치료자는 아동에게 불안의 수준을 예측하게 하고, 과제를 수행하게 한 후, 실제 느꼈던 불안을 평가해보게 한다. 이러한 단순하면서도 효과적인 기법은 아동에게 자신의 예측이 실제 상황보다 부풀려졌음을 깨닫게 한다. 예측된 평가가 실제 평가보다 낮을 경우라 하더라도, 아동은 불안한 기분을 예측하고 또 실제로 경험하지만 그럼에도 불구하고 과제를 피하지 않고 직면할 수 있다는 것을 배우게 된다.

문제해결 개입

문제해결은 보통 5단계로 이루어진다(Barkley et al., 1999; D'Zurilla, 1986). 1단계는 구체적

인 표현으로 문제를 파악하는 과정이다(예 : "그러지 말라고 하는데도 동생이 내 물건을 빼앗는다."). 2단계에서는 다양한 해결방법을 산출하도록 지도한다. 치료자는 브레인스토밍 단계에 끼어들지 않도록 유의한다. 3단계에서는 산출된 해결방법들에 대해 평가한다. 이 단계에서 치료자와 아동은 각 선택의 단기적 결과와 장기적 결과를 신중하게 평가한다. 아동은 각 선택의 장·단기 결과들을 종이에 적는다. 문제해결은 다소 추상적인 과제이기 때문에 그 과정을 종이에 기록하는 것은 문제해결 절차를 구체적으로 만들어준다. 4단계에서는 각 해결책에 대해 신중하게 생각한 후, 치료자와 아동이 최선의 해결책을 선택하고 이를 실행하기 위한 계획을 세운다. 마지막 5단계는 대안적 해결책은 시도하도록 하고 그 노력을 보상해주는 단계이다. 아동이 새로운 해결책을 시도했을 때는 그에 대해 보상을 해준다. 보상은 내재적 자기보상(예 : "축하해! 내가 새로운 것을 해 보았어.")일 수도 있고 혹은 물질적 보상(예 : 작은 선물이나 토큰)일 수도 있다.

Castro-Blanco(1999)는 문제해결을 위한 또 다른 새로운 대안을 제안하였다. 그는 아동에게 문제해결 상황이 포함된 이야기를 들려주라고 권고한다. 이야기 속에는 해결되어야 할 딜레마 상황이 포함되어 있다. 이야기는 아동이 자신의 문제해결 전략과 비교해볼 수 있는 비교대상의 역할을 한다. 또한 이야기는 토론을 위한 자극으로 사용될 수 있으며, 대안적 문제해결 전략을 산출하기 위한 촉진제 역할을 한다.

시간 전망

시간 전망(time projection)은 고통스러운 정서와 그로 인한 반응 사이에 간격이 생기도록 하기 위해 고안된 문제해결 형태의 개입방법이다(Lazarus, 1984). 이 활동은 충동적 행동과 성급하고 감정적인 의사결정/반응을 감소시키는 데 효과적이다. 시간 전망 활동을 할 때 치료자는 동일한 상황에 대해 아동이 다른 시점에서는 어떻게 느끼는지 생각해보게 한다. 시점은 즉각적인 미래로부터 장기적인 미래에 이르기까지 다양하다. 예컨대 "이것에 대해 6시간 후에는 어떤 기분이 들까?", 그때에는 무엇을 다르게 할 것 같니?, 다음 날에는 어떤 기분이 들까?, 1주일 후에는?, 1달 후에는?" 등 1년 혹은 5년 후까지 계속 진행할 수 있다. 치료자는 각각의 시점에서 무엇을 다르게 할 것인지 물어본다. 짐작하겠지만, 아동이 동일한 상황에 대해 오늘 느끼는 것을 5년 후에도 똑같이 느낄 가능성은 매우 적다. 따라서 아동이 기분이 변하는 것이라면, 충동적인 감정에 따른 성급한 의사결정(예 : 자살, 폭력, 가출)이 바람직하지 않다는 것이 분명해진다.

사례

8세의 유럽계 미국인 소년 테리는 집 밖으로 나가는 것에 불안과 복통을 일상적으로 경험하고 있다. 그는 아침마다 등교 준비와 씨름하며 종종 울기도 한다. 치료자는 테리에게 시간 전망을 소개하였다. 그리고 일반 종이와 두꺼운 종이, 그리고 시곗바늘을 돌리기 위한 못을 사용해 테리와 함께 가짜 시계를 만들었다. 그리고 시계 뒷면에는 시간 전망을 촉진하기 위한 질문("1시간 후에는 기분이 어떨까?", "2시간", "3시간" 등)을 적었다. 그런 다음 테리는 가짜 시계를 기상시간에 맞춰 놓았다. 그는 다음 날 아침 자신의 SUD가 얼마나 될지 예측했다. 시계는 테리가 학교버스를 탈 무렵인 1시간 후로 재설정되었고, 테리는 다시 SUD를 예측했다. 이 과정은 학교 일과 중의 몇몇 시간에 대해 예측할 때까지 계속되었다. 데이터를 검토한 결과, 테리의 신체적 · 정서적 고통은 학교에서 수업에 참여하는 동안에는 감소하는 것으로 나타났다. 따라서 그는 다음 날에도 감정은 일시적이며 곧 줄어들 것이라고 자신에게 상기시키기 위해 이 기법을 사용할 수 있게 되었다. 그는 여전히 아침마다 불안해 했지만, SUD 점수는 훨씬 낮아졌다. 따라서 그는 그의 불안 증상을 관리할 수 있었고, 인지수정 기법을 위한 기회도 더 많이 갖게 되었다.

장점과 단점 평가하기

자신의 선택과 행동, 결정에 대한 장단점 평가는 아동이 폭넓은 시각을 갖도록 도움을 주는 직접적 문제해결 개입방법이다. 이 기법은 아동으로 하여금 문제의 양면을 검토해보게 하며, 자신에게 가장 도움이 되는 방식으로 행동하도록 도와준다.

장점과 단점 평가하기는 네 단계로 이루어진다. 1단계에서는 폭넓은 시각에서 생각해볼 필요가 있는 아동의 문제를 정의한다(예 : TV 앞에서 숙제하기). 2단계에서 아동은 생각할 수 있는 모든 장점과 단점을 나열한다. 치료자는 이 과정 내내 아동이 문제의 양면을 충분히 고려할 수 있도록 지도한다. 그림 8.1은 TV 앞에서 숙제하기에 대해 생각해볼 수 있는 모든 장점과 단점이 나열된 예이다.

3단계에서 치료자와 아동은 장점과 단점을 검토한다. 이때 치료자는 "무엇 때문에 이것이 장점일까?", "무엇이 이것을 단점으로 만들까?", "이 장점/단점이 얼마나 오래갈까?", "이 장점/단점이 얼마나 가치 있고 중요할까?" 등의 질문을 한다. 4단계로 넘어가기 전에

TV 앞에서 숙제하기

장점	단점
더 재미있을 것이다.	집중하기가 어렵다.
TV를 더 많이 볼 수 있다.	쉬는 시간이 많아 더 오래 걸린다.
지루하지 않다.	글씨를 쓰거나 책을 놓을 만한 장소가 없다.

그림 8.1 : 장점/단점의 예

각각의 장점과 단점을 깊이 생각해보게 하는 것이 좋다.

4단계에서 아동은 모든 장점과 단점을 생각해본 후 결론에 도달한다. 결론에도 장점과 단점이 있다는 것을 생각해보도록 돕는 것이 좋다. 이 활동의 목표는 아동이 문제의 양면을 깊이 생각하도록 하는 데 있음을 기억하는 것이 중요하다.

자기지시 기법 : 사고 내용의 변화

자기지시/자기통제 개입은 심층적인 합리적 분석 없이 내적 대화 혹은 혼잣말을 변화시키는 개입방법이다. 이 기법의 초점은 부적응적 생각을 보다 적응적이며 생산적인 생각으로 바꾸는 데 있다(Meichenbaum, 1985). 자기지시 기법은 세련되지 않은 방법이지만 그럼에도 불구하고 여러 상황에서 유용하게 활용된다.

자기지시 개입은 준비, 맞닥뜨림, 자기보상의 단계로 이루어진다(Meichenbaum, 1985). 각 단계에서 아동은 새로운 행동지침 또는 규칙을 만들기 위한 지도를 받으며, 이러한 지침이나 규칙은 심리적으로 힘든 상황을 헤쳐 나가는 데 도움을 준다.

준비단계에서 치료자는 고통스러운 상황에 대해 아동을 준비시킨다. 자기지시는 진정시키면서 동시에 전략을 제시하는 진술이다("나는 힘들 걸 알고 있어. 하지만 난 싸우지 않고 피하는 방법을 연습했지. 지금부터 행동을 잘 관리해야 한다는 걸 기억하자."). 자기지시는 과제에 초점을 맞추도록 돕는다. 따라서 치료자는 아동에게 스트레스 요인과 싸워나가는 과정에서 필요한 중요한 과제들에 주의를 기울이도록 가르친다.

맞닥뜨림 단계에서 아동은 불편한 상황에서 느끼는 스트레스를 감소시킬 수 있는 혼잣말을 개발하는 방법을 배운다(예 : "이것은 바로 내가 예측했던 일이야. 나는 흥분하고 화가 나게 될 거야. 그러나 방법이 있어. 이제부터 그것을 사용할 거야. 나는 내 손을 등 뒤에서 꼭 잡고 있을 거야."). 대처전략을 적용한 후에 아동은 자기보상 단계로 들어간다. 치료자는 아동에게 적절한 자기지시를 수행한 데 대해 스스로 내재적 보상을 하도록 지도한다(예

글상자 8.4 **문제해결 및 자기지시 절차**

- 발달적 고려사항에 대한 민감성을 유지한다.
- 재미와 흥미를 유지하기 위해 비유와 이야기를 사용한다.
- 짧고 간단하게 질문한다.
- 자기지시에 행동계획과 대처전략을 포함시킨다.

: "나는 행동을 관리하려고 무척 노력했어. 행동을 잘 관리한 것에 대해 나를 칭찬해주도록 하자."). 글상자 8.4는 자기지시 및 문제해결 개입을 위한 주의사항을 제시하고 있다.

합리적 분석 기법 : 사고 내용과 과정의 변화

탈파국화

탈파국화(decatastrophizing)는 지각된 위험의 강도와 발생 가능성을 과도하게 평가하는 경향을 감소시킴으로써, 파국적 예측을 조절하도록 도움을 주는 기법이다(J. S. Beck, 2011; Kendall et al., 1992; Seligman et al., 1995). 이것은 일련의 질문을 통해 실시된다. 이러한 질문으로는 "일어날 수 있는 최악의 일은 무엇일까", "일어날 수 있는 최선의 일은 무엇일까?" 그리고 "가장 일어날 가능성이 높은 일은 무엇일까?" 등이 있다(J. S. Beck, 2011). 치료자는 이러한 질문에 문제해결 요소를 첨가하기도 한다(예 : "만일 최악의 일이 발생할 경우, 그 일에 어떻게 대처하면 좋을까?").

저자들의 임상경험에 비추어볼 때, 문제해결 요소가 더해지면 탈파국화의 효과가 높아진다. 아동이 최악의 상황을 기대하고 그 상황이 일어날 거라고 확신할 때 문제해결 전략을 적용하여 두 가지 개입이 서로 보완되도록 개입할 수 있다. 만약 아동이 파국적 상황이 일어날 것이라 믿지만 문제해결 전략을 적용할 수 있다면, 소크라테스식 질문법을 적용할 수 있는 창문이 열려 있다고 할 수 있다. 따라서 치료자는 "네가 문제해결 전략을 적용할 수 있다고 가정하자. 그러면 이것이 얼마나 끔찍할까?"라고 질문해볼 수 있다.

증거검증

증거검증(test of evidence, TOE)은 깊이 있는 합리적 정보처리를 요구하는 절차이다. 이 절차는 아동에게 자신의 신념을 지지하는 사실들과 지지하지 않는 사실들을 평가하게 한다. 증거검증은 과잉일반화와 잘못된 결론, 그리고 근거 없는 추론 등을 검증할 때 유용한 전략이다. 그러나 이 절차를 효과적으로 사용하려면 아동이 자신의 신념을 지지하는 사실에 접근할 수 있어야 한다.

증거검증을 실시할 때 치료자가 수행해야 할 첫 번째 과제는 아동이 자신이 내린 결론의 이유를 생각해보도록 돕는 것이다. 이 과정을 촉진하기 위한 질문으로는 "무엇이 너의 생각을 100% 사실이라고 믿게 만들었을까?", "무엇이 너에게 의심조차 하지 않게 만들었을까?", "너의 결론을 절대적으로 지지하는 사실은 무엇일까?", "무엇이 너를 그렇게 확신하게 할까?" 등이 있다.

둘째, 치료자와 아동은 상반되는 증거도 찾아야 한다. 이 단계에서 치료자는 아동이 내린 결론을 의심하게 만드는 사실들을 생각해보도록 돕는다. 아동이 지지하지 않는 증거를 찾을 때 시간이 오래 걸릴 수도 있는데, 특히 우울한 아동일 경우 더 오래 걸린다. "무엇이 너의 결론에 대해 의심하게 만들까?", "어떤 사실들이 네 결론에 대해 덜 확신하게 만들까?", "너의 믿음을 흔드는 것은 무엇일까?" 등의 질문이 도움이 된다.

셋째, 치료자는 아동이 자신의 결론을 절대적으로 지지하는 사실들에 대해 대안적 설명을 생각할 수 있도록 도와야 한다. 결론을 절대적으로 지지했던 사실들에 대해 대안적 설명을 찾게 되면 원래 가졌던 생각의 정확성에 대해 의심을 하게 된다. 이때 활용할 수 있는 질문으로는 "_____에 대해 네가 내린 결론 말고 다르게 볼 수는 없을까?", "너의 결론 외에 _____을/를 다르게 설명할 수는 없을까?", "네가 내린 결론에 더해서 이것의 다른 의미는 무엇일까?" 등이다.

증거검증의 마지막 단계에서 치료자는 아동이 결론을 내리도록 돕는다. 이때 아동이 자신의 생각을 지지하는 사실, 지지하지 않는 사실, 지지하는 사실에 대한 대안적 설명에 근거해 결론을 내리게 한다. 아동이 내린 새로운 결론은 지지하는 증거와 지지하지 않는 증거를 모두 다 설명할 수 있어야 하며, 이러한 새로운 해석에 문제해결 요소가 포함될 수도 있다. 새로운 결론을 내리게 한 후, 치료자는 아동이 자신의 감정을 재평가하도록 돕는다. 그렇게 함으로써 아동은 새로운 해석이 미친 영향에 대해 판단할 수 있다.

Padesky(1988)는 증거검증을 아동에게 맞춰 사용할 때 도움이 되는 몇 가지 지침을 제안했다. 첫째, 생각기록지의 세로 행에 '나의 생각을 전적으로 지지하는 사실들', '나의 생각을 전적으로 지지하지 않는 사실들'이라는 제목을 쓰게 한다. 둘째, 아동이 증거를 나열할 때 치료자는 가르쳐주거나 힌트를 주지 않도록 유의한다. 때로는 결론을 지지하는 이유도 있지만 아직 표현되지 않아 생각기록지가 빈 채로 남아 있는 경우도 생긴다. 셋째, 치료자는 감정이나 생각을 사실처럼 취급한 증거(예 : "나는 바보야.")가 있는지 확인해야 한다. '사실들' 칸에 감정과 사고가 포함되어 있을 때는 그것들을 따로 빼내어 아동과 이야기를 나눈 후, 사실로 잘못 취급된 그 생각이 좀 더 일차적인 자동적 사고인지 결정한다.

재귀인

재귀인(reattribution)은 아동으로 하여금 대안적 설명에 대해 생각해보도록 돕는 방법이다. 재귀인은 아동 스스로 '이것을 다르게 생각해보면 어떨까?'라고 질문하게 한다. 재귀인은 자신이 통제할 수 없는 상황에 대해 지나친 책임감을 느끼거나, 지나치게 일반적인 명칭을 적용하거나, 상이한 상황들에 잘못 일반화하는 경향이 있는 아동에게 유용하다.

책임 파이(Responsibility Pie) 완성하기는 흔히 성인(Greenberger & Padesky, 1995)과 청소

년에게 사용되는 재귀인 기법이다(Friedberg et al., 1992). 이 기법은 모든 것이 100%로 이루어져 있다는 개념에 근거하고 있다. 하나의 사건은 몇 가지 요인들로 설명되며, 각각의 요인은 전체의 한 부분을 차지한다. 치료자와 아동이 해야 할 과제는 파이를 조각들로 나누는 것인데, 이 조각들은 해당 사건을 일어나게 만든 원인에 해당된다. 아동이 해야 할 과제는 각각의 요인이 얼마만큼 결론을 설명하는지 결정하는 것이다.

이 과정은 아동이 힘들어하는 상황에 대한 이유들을 모두 나열하는 것으로 시작된다. 이때 치료자는 지나치게 자기 탓을 하는 아동의 설명을 포함하되, 이것은 가장 나중에 기록하도록 한다. 그러한 설명을 목록에 포함함으로써 아동의 설명을 존중해주되, 그것을 전체 과정의 뒷부분에 포함시킴으로써 아동의 깊은 생각을 촉진하도록 한다. 아동의 모든 설명들을 나열한 후 치료자와 아동은 파이 조각을 각각의 이유에 할당한다. 각 조각은 특정 백분율을 차지하게 되며, 아동은 다른 모든 이유들을 고려해본 후에 각 조각이 얼마만큼 차지하는지 결정한다. 다음의 예는 지나친 죄책감으로 고통을 받고 있는 한 청소년에게 책임 파이가 어떻게 적용될 수 있는지 보여준다.

> 치료자 : 포샤, 이제 네가 갖고 있는 생각을 알게 된 것 같아. 너는 '아빠가 술을 드시는 이유가 모두 네 탓'이라고 믿고 있어. 네 생각이 정확한지 한번 알아볼까?
>
> 포샤 : 그러죠 뭐.
>
> 치료자 : 좋아, 그럼 지금부터 '책임 파이'를 함께 해보도록 하자.
>
> 포샤 : 그게 뭔데요?
>
> 치료자 : 책임 파이는 어떤 일에 대해 네가 얼마나 책임이 있는지 알아보는 활동이란다. 먼저 아빠가 술을 마시는 모든 이유들을 나열해보는 것으로 시작할 거야. 네가 착한 딸이 아니란 것 외에, 아빠가 술을 드시는 이유로 무엇이 있을까?
>
> 포샤 : 직장의 일이 힘드신 것 같아요.
>
> 치료자 : 그렇구나. 또 다른 이유는 없을까?
>
> 포샤 : 할머니와 할아버지도 알코올 중독이셨어요.
>
> 치료자 : 그렇구나. 벌써 두 가지네. 이밖에 또 다른 건 없을까?
>
> 포샤 : 아빠는 가끔 심하게 우울해 하세요.
>
> 치료자 : 그 밖에 생각나는 다른 이유로 또 뭐가 있을까?
>
> 포샤 : 아빠는 술 친구들과 자주 술을 마시러 나가세요.
>
> 치료자 : 그 밖의 다른 이유는?
>
> 포샤 : 이젠 없어요. 그게 제가 생각할 수 있는 전부예요.
>
> 치료자 : 그래. 그럼 지금부터 파이를 나누도록 하자(파이 그림을 그린다, 그림 8.2 참조). 파이나 케이크

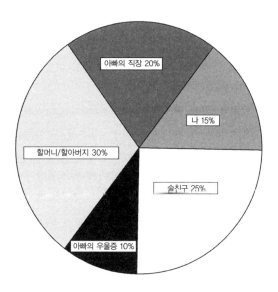

그림 8.2 : 포샤의 책임 파이

를 잘라본 적 있지?

포샤 : 네. 많이 해봤어요.

치료자 : 그럼 파이 전체가 100%란 걸 잘 알고 있겠구나. 이제 파이를 조각들로 나누어보자. 아빠가 직장 때문에 술을 마시는 이유에는 몇 %를 주면 좋을까?

포샤 : 글쎄요. 한 20%쯤요.

치료자 : 좋아. 내가 여기에 적을게. 할머니와 할아버지가 알코올 중독이셨다는 것에는 몇 %를 줄까?

포샤 : 그건 더 큰 이유일 거예요. 아마도 30%쯤 되겠죠.

치료자 : 아빠의 우울증은 어떨까?

포샤 : 음. 한 10%요.

치료자 : 좋아, 내가 적을게. 아빠의 술 친구들은?

포샤 : 그것도 큰 이유예요. 아마도 30%쯤요.

치료자 : 좋아. 이제 너를 포함시켜 보자. 너는 몇 %나 될까?

포샤 : 한 10%요.

치료자 : 좋아, 여기 적을게. 이제 이 파이를 자세히 들여다보렴. 혹시 바꾸고 싶은 조각이 있니?

포샤 : 제 조각에 조금 더 주고 싶어요. 저를 15%로 하고 아빠의 술친구를 25%로 하죠.

치료자 : 그 둘을 바꾸자. 이제 네가 나눈 파이를 보니, 네 책임에 대해 무슨 생각이 드니?

포샤 : 제가 처음에 생각했던 것보다 크지 않네요. 다른 이유들도 많이 있네요.

치료자 : 그 말을 여기에 적을게. 네가 내린 결론을 통해 너의 죄책감이 달라진 것 같니?

글상자 8.5   **합리적 분석 기법을 위한 팁**

- 파국화 기법에 문제해결을 첨가한다.
- 증거검증을 할 때 모든 칸의 명칭이 정확한지 확인한다.
- 생각과 감정은 사실과 다르다는 점을 명확히 한다.
- 책임파이를 완성할 때는 아동의 몫을 가장 나중에 포함시킨다

포샤 : 적어졌어요.

치료자 : 만일 너의 책임이 15%라고 생각하는 것에 대해 우리가 좀 더 이야기해본다면 더 낮아질 수 있
을 거라 생각하니?

포샤 : 아마도요.

치료자 : 그럼 우리 이야기해보고 달라지는지 한번 볼까?

이 대화에는 재귀인의 중요한 요소들이 잘 나타나 있다. 첫째, 포샤는 각각의 원인에 백분율을 할당하였다. 둘째, 치료자는 포샤의 책임을 포함하긴 했지만 가장 나중에 고려했다. 또한 치료자는 결론에 도달하기 전에 포샤에게 비율을 수정할 수 있는 기회를 주었다. 끝으로, 파이를 완성한 후에 포샤가 자신에게 주었던 책임의 몫을 검증하였다. 글상자 8.5는 합리적 분석의 주요사항들을 제시하고 있다.

노출치료 : 수행성취를 통해 자신감 키워주기

저자들의 임상경험은 인지행동치료를 수행할 때 노출과 행동실험이 매우 중요하다는 생각을 뒷받침한다. Friedberg와 Brelsford(2011)가 말했듯이, 아동은 말보다 행동에 초점을 맞춤으로써 완수감을 경험한다. 노출을 통해 아동은 지속가능한 자기효능감을 갖게 되며 자기 자신과 세상에 대한 잘못된 신념들을 무너뜨릴 수 있다. 세균이론(germ theory)은 설득력 있는 비유를 제공한다. 질병에 대한 면역력은 세균에 반복적으로 노출됨으로써 강화된다. 지나치게 보호하고 경험을 제한한다면 병에 걸리기 쉽고, 안녕에 대한 위협이 불가피해진다. 심리적으로 어려운 상황에 대한 노출은 면역에 해당하며 강한 적응유연성(resilience)을 발달시킨다.

노출을 실시하기 위해서는 학습이론과 정보처리이론에 대한 견고한 이해가 필요하다. Bouchard, Mendlowitz, Cites 그리고 Franklin(2004)은 "이론적 밑받침 없이 노출기법을 맹목

적으로 사용하면 실패하기 쉽다."(p. 58)고 강조했다.

노출치료에서 아동은 혐오자극과 맞닥뜨려야 하며, 정서적 각성을 견뎌내고 다양한 대처 기술을 연습함으로써 진정한 자신감을 얻게 된다. 노출기법은 불안장애와 분노문제의 치료에 자주 적용된다. 그러나 노출의 원리는 부정적 정서가 각성되는 장면에서 아동에게 기술을 연습시키고자 하는 모든 치료 상황에 적용될 수 있다. Silverman과 Kurtines(1997)는 노출이야말로 성공적인 심리치료의 공통 요인이라고 하였다.

수행성취를 통해 얻어진 자신감은 견고하며 오래 지속된다(Bandura, 1977). 만약 정서적으로 심한 각성 상황에서 내담자가 자신이 배운 기술을 적용해본 수 있는 기회를 갖지 못한다면, 심리치료는 단순히 지적인 연습과 고립된 경험에 머무르는 위험에 빠지게 된다.

행동치료자들 중에서 노출기법을 임상에 사용하는 사람은 생각보다 많지 않다(Barlow, 1994). 왜 그럴까? 여기에는 몇 가지 요인이 기여하는 것으로 보인다. 첫째, 일부 치료자들은 노출접근에 대한 훈련이나 슈퍼비전을 받아본 적이 없다. 따라서 이들은 노출에 대해 준비가 잘 되어 있지 않다고 느낀다. 둘째, 치료자들 중에는 노출치료가 자신의 임상활동을 제한한다는 잘못된 신념을 갖고 있는 사람도 있다. 이들은 '치료자로서 나의 역할은 아동의 기분을 더 좋게 만드는 것이지, 더 나쁘게 만드는 것이 아니다.'라고 믿는다. 이런 치료자들은 노출이 아동의 기분을 쓸데없이 불편하게 만든다고 생각한다. 실제로 이 개입을 잔인하다고 생각하는 치료자도 있다. 노출을 시도했다는 말을 듣고 한 치료자는 "도대체 당신은 어떻게 아동에게 그런 것을 할 수 있나요?"라고 묻는다. 이런 치료자는 노출이 단기적으로는 불편하지만 장기적으로 도움이 된다는 것을 간과하고 있는 것이다.

치료자들은 거의 모두 심리치료가 '안전한 장소'이길 원한다. 그러나 아이러니하게도 이 원칙이 치료자의 노출치료 사용을 제한한다. 그들은 노출치료를 위험하다고 보기 때문이다. 그러나 이 생각은 전혀 타당하지 않다. 만약 치료자가 구조화되고 매우 지지적인 환경에서 정서표현을 증진하고자 한다면, 노출이나 수행중심 치료는 매우 적절하다. 두려움에 직면했을 때야말로 자신의 감정을 표현하기 좋은 기회이다. 따라서 노출은 치료를 위험한 장소로 만드는 것이 아니라, 내담자의 정서표현과 그에 따르는 어려움에 대한 대처를 증진함으로써 치료가 안전한 장소가 되도록 도와준다.

노출기법의 사용을 막는 또 다른 신념은 노출이 치료적 관계를 손상시킬 수 있다는 것이다. 초보 심리치료자 중에는 아동이 불안해지면 치료자를 더 이상 신뢰하거나 좋아하지 않게 될 것이라고 잘못 생각하는 사람들이 많다. 이러한 신념은 생산적인 치료관계란 치료 안에서 혹은 치료에 대해 긍정적인 감정만을 허용하는 것이라는 입장에 근거하고 있다. 다시 말해, 이 신념은 치료가 항상 편안해야 한다는 것이다. 그러나 치료가 편안하기만 한다면 긍정적인 변화가 일어나기 힘들다. 따라서 내담자들은 치료에서 부정적인 감정과 긍정적인 감정을 모두 자유롭게 경험할 수 있어야 한다.

　노출은 부정적 감정의 경험을 적극적으로 촉진한다. 그렇게 함으로써 부정적 감정을 감소시키고 그로 인한 영향을 약화시키는 것이다. 치료자가 아동에게 부정적 감정을 경험하도록 격려하고 그것을 이겨내는 방법을 가르쳐줄 때, 치료자와 아동 간에는 진정한 신뢰감이 형성된다. 노출은 치료적 관계에 손상을 주기보다 관계를 더욱 강화시켜준다. 예를 들어보자. 또래의 놀림을 받던 한 소년이 있었다. 이 내담자는 학교 가기를 두려워했으며, 학교에 있을 때면 자기를 놀리는 친구들 때문에 심하게 불안하고 과민해졌다. 치료자는 이 아동에게 자기통제 기술을 가르친 후, 놀림을 당하는 인형으로 점진적 노출을 시작했다. 치료자가 친구 역할을 하면서 상처를 주는 말을 하면 아동은 친구의 놀림에 대처하는 연습을 했다. 아동과 치료자 간의 치료적 관계는 인형놀이를 통한 역할연기를 통해 더욱 강해졌다. 시나리오를 정확하게 행동으로 옮김으로써 치료자는 아동의 생활 속에서 무슨 일이 일어나고 있으며, 그것이 아동에게 얼마나 견디기 힘든 일이라는 것을 진정으로 이해하고 있음을 보여주었다.

　어떤 치료자는 자신의 자기효능감과 부정적 정서에 대한 인내문제로 노출기법을 피한다. 수행 중심의 치료는 가장 경험적인 치료 형태이다. 내담자의 순수한, 그리고 있는 그대로의 감정을 다루고자 한다면 노출이 가장 적합하다! 많은 치료자는 자신이 아동의 심리적 불편을 잘 다루지 못할까 봐 두려워한다. 이러한 불안은 때로는 현실에 근거한 불안이다. 치료자가 노출기법을 계획하고 실행하는 데 필요한 기술을 갖고 있지 않다면, 노출기법에 대해 충분히 배우고 슈퍼비전을 받게 될 때까지 시도하지 않는 것이 당연하다.

　어떤 치료자는 노출을 실행할 기술과 경험을 갖고 있음에도 불구하고, 내담자의 정서를 참아낼 수 없기 때문에 노출 사용을 기피한다. 어린 아동이 고통스러워하는 것을 보는 것은 힘든 일이다. 새로운 친구에게 다가가서 인사할 때 벌벌 떨며 눈물을 흘리는 아동을 바라볼 때 치료자의 가슴은 찢어지게 아프다. 그럼에도 불구하고 노출훈련에서는 이러한 반응을 극복하고 치료적 초점을 유지해야 한다. 치료자가 아동의 불안을 참지 못해서 아동에게 불안한 기분을 느낄 기회를 허용하지 않거나 그런 기분을 피하게 한다면, 그 아동이 어떻게 자신의 불안을 인정하고 수용할 수 있게 되길 기대하겠는가?

노출의 기본원리

노출은 기술면에서는 복잡하지만 매우 상식적인 기법이다. 아동이 정글짐에서 떨어진 경험을 한 후에 정글짐에 대해 불안해하면, 부모는 아동에게 부드럽지만 단호하게 다시 시도해 보도록 격려한다. 노출도 이와 동일한 원리에 근거하고 있다. 아동이 두려움을 피하지 않고 직면하게 되면, 그 상황의 두려운 요소는 약화되고 아동의 행동에 융통성이 생기게 된다.

노출에는 세 가지 유형이 있다. 실제 노출은 실제 생활 속에서 직접적으로 혐오상황에 맞닥뜨리는 것을 의미한다. 상상 노출은 심상을 통해 피해온 상황에 접촉하는 것을 말한다. 가상현실 노출은 두려운 자극을 가상공간에서 직면하는 것이다. 이 모든 노출은 점진적으로 이루어질 수도 있고, 전체적으로 이루어질 수도 있다. 점진적 노출은 작은 단계들을 포함하며, 전체적 노출은 급격하게 일어나는 큰 변화를 의미한다. **홍수법**이라는 용어는 전체적 노출의 한 하위유형이다.

노출은 원리에 대한 설명으로 시작된다. 노출에 대한 심리교육은 중요한 첫 단계이다(Bouchard et al., 2004; Richard, Lauterbach, & Gloster, 2007). 이때 치료자는 회피하기보다 접근하는 것이 장기적으로 더 나은 대처전략이라는 개념을 강조한다. 도망가기보다 불편함을 견디면 고통에 직면했을 때 적응할 수 있다는 생각을 증가시킨다. 치료자는 또한 아동이 이 과정을 주도한다는 것을 분명하게 전달해야 한다. 통제하고 있는 사람은 바로 아동과 청소년 자신인 것이다!

노출을 하는 이유는 다양한 방식으로 전달될 수 있다. 인쇄물, 언어적 설명, 비유 등이 사용될 수 있다. 때로는 노출에 대한 교육 방법으로 아동과 가족에게 '배트맨 비긴즈'(Nolan, 2005)와 같은 영화를 보라고 한다. 기억에 남는 한 장면에서 어린 시절에 박쥐를 무서워했던 브루스 웨인(배트맨)이 어른이 되어 어둡고 습기 찬 동굴에 들어가 자신의 두려움이 분출되도록 한다. 박쥐들이 그를 둘러싸자 처음에는 고통을 경험하지만, 두려움을 받아들고 결국에는 극복하게 된다.

노출은 지시적이기보다 협력적인 과정이다. 협력은 사전 동의와 참여를 보장해준다. Friedberg 등(2009)에 따르면, "노출은 치료자와 내담자, 가족이 자발적 연대를 형성할 때 가장 잘 추진된다."(p. 243). 협력은 특히 중요한데, 그 이유는 노출을 원하는 아동이 드물기 때문이다. 치료적 과제는 아동이 자신의 고통에 기꺼이 직면하도록 돕는 것이다(Hayes, Strosahl, & Wilson, 1999; Huppert & Baker-Morissette, 2003). 내담자와 협력하며 이유를 제시하면 자발성이 증가한다.

노출에서 가장 핵심은 새로운 학습이 일어난다는 점이다. 불안과 고통에 대한 인내력이 향상될 때 아동과 청소년의 자기효능감은 증가한다(Craske & Barlow, 2008). 노출에 대한 역사적 지혜는 각성이 50% 감소하면 성공이라는 기준을 보여준다(Podell, Mychailyszyn, Edmunds, Puleo, & Kendall, 2010). 그러나 최근의 연구결과는 대안적 설명을 제시한다. 이러한 새로운 학습이 일어나기 위해서 공포에 대한 습관화 또는 불안의 큰 감소가 필수적이지 않다는 것이다(Craske & Barlow, 2008). Craske와 Barlow는 "주어진 노출 시도의 길이는 공포 감소에 달려 있는 것이 아니라 새로운 학습이 일어나는 데 필수적인 조건에 달려 있으며, 이 경우 공포와 불안은 노출의 시도에 따라 궁극적으로 가라앉는다."(p. 29)고 설명했다.

인지행동치료자는 아동과 청소년이 회피를 문제로 보기보다 해결책으로 본다는 점을 기억해야 한다. 다음의 예를 살펴보자. 에이머스는 15세의 유럽계 미국인 남아로, 매우 엄격한 개신교 교파인 메노파교도 집안에서 성장하였다. 부모에 따르면 에이머스는 하루에도 몇 차례씩 90분 동안 샤워를 하며, 세탁도 하루에 몇 차례씩 하곤 했다. 최초 평가 결과, 에이머스는 강박장애를 겪고 있는 것으로 나타났다. 그는 자위행위를 할 때마다 자신의 정자가 가족들에게 AIDS와 성병을 감염시킬까 봐 두렵다고 했다. 씻지 않은 자신의 몸이나 빨지 않은 옷, 타월, 침구 등에 닿기만 해도 가족들이 감염될 것 같아 두려워했다.

심리교육과 자기모니터링에 초점을 맞춰 진행한 처음 두 시간의 치료 후에 에이머스의 증상은 거의 사라졌다. 샤워는 하루 한 번, 15분으로 줄었으며, 세탁 횟수도 주당 2회로 감소했다. 말할 것도 없이 그의 가족들은 뛸 듯이 기뻐했다. 그렇다면 그 후에는 어떻게 되었을까?

개인상담 시간 중에 치료자는 에이머스에게 무엇이 그처럼 놀라운 회복으로 이끌었는지 물었다. 에이머스는 "더 이상 씻기를 지나치게 하지 않아요."라고 말하며 모호한 반응을 보였다. 치료자는 재빠르게 그러나 부드럽게 "자위행위는 얼마나 자주 하는데?"라고 물었다. 에이머스는 "전혀 하지 않아요."라고 대답했다. 이제 증상이 왜 사라졌는지 이해가 갔다. 그가 정자를 통해 다른 사람에게 '감염시키는' 위험한 행동을 더 이상 하지 않았기 때문에 불안과 강박이 감소하였고, 자신의 불안을 몰아내기 위한 강박적 씻기 행동을 할 필요가 없었다. 따라서 새로운 학습이 발생한 것은 아니었다.

점진적 노출은 SUD 척도를 통해 측정된 위계를 포함한다. 치료자는 보통 위계의 중간 정도에서 출발하여 항목들을 체계적으로 진행한다. 인내심은 필수적이다. 체계적 둔감법과 마찬가지로 "서두르지 말라."는 격언에 따라야 한다.

효과적인 노출은 포괄적이다(Persons, 1989). 노출치료는 아동의 두려움에 내포된 모든 요소들을 다루어야 한다. 노출은 다중양식적(multimodal)이어야 하며, 생리, 인지, 정서, 행동 및 대인관계 요인을 모두 통합해야 한다. 따라서 치료자는 노출을 시행하기 전에 이 모든 요소들을 충분히 다루어야 하며, 이후의 치료 패키지에서도 모두 다루어야 한다.

노출은 반복적으로 이루어져야 한다(Persons, 1989; Craske & Barlow, 2001). 1회의 노출치료로는 변화를 만들어내지 못할 가능성이 크다. 따라서 노출에서는 반복적 연습이 필수적이다. 치료시간과 치료시간 사이에도 노출이 필요하다. 치료자는 부모와 교사 및 그 밖의 다른 보호자들을 대상으로 노출에 대해 교육해야 하며, 유관성 관리 절차에 대해서도 훈련을 시켜서 아동의 노력에 강화를 제공할 수 있도록 해야 한다.

노출은 명쾌하게 진행되어야 한다. Tiwari, Kendall, Hoff, Harrison 그리고 Fizur(2013)는 심층적 인지처리, 촉진적 대처기술 훈련의 습득, 노력에 대한 보상이 노출기법의 성과를 향

글상자 8.6 ## 노출 시행을 위한 팁

- 학습의 원리에 대한 견고한 이해를 획득한다.
- 노출은 실제로, 상상으로, 또는 가상공간에서 이루어질 수 있다.
- 노출을 해야 하는 이유에 대한 설명으로 출발한다.
- 전형적인 노출은 점진적인 방식이다.
- 위계를 체계적으로 진행한다. 서두르지 않는다. 인내심은 필수적이다.
- 핵심은 새로운 학습이 일어나는 것이다.
- 목표는 자기통제와 접근하는 행동이다.
- 노출은 포괄적이어야 한다.
- 노출은 인지적으로 처리되어야 한다.

상시킨다고 주장한다. 아동과 청소년은 이러한 경험적 학습의 기회로부터 자신만의 결론을 끌어내야 한다. 아동과 청소년에게 노출을 시행하기 전에 먼저 앞으로 일어날 가상적인 일에 대해 예측해보라고 한다. 그런 다음 자신이 관찰하거나 경험한 것과 예측한 것을 비교해보라고 한다. 마지막으로, 예상했던 것과 실제 경험의 비교에 근거하여 결론을 내리게 한다. 글상자 8.6은 노출의 시행에 관한 팁을 제시하고 있다.

맺음말

독자는 아마도 인지행동 기법과 방법의 다양성에 깊은 인상을 받았을 것이다. 기법들은 사례개념화(제2장)의 원리에 근거하여 신중하게 선정되어야 한다. 그리고 각각의 기법을 실행할 때는 적절한 수준의 협력적 경험주의(제3장)를 유지해야 한다. 다음 장에서 언급되겠지만 기법들을 창의적으로 수정하여 사용하고, 숙제(제10장)와 더불어 사용하면 효과를 증진할 수 있다. 또한 개입을 내담자의 증상에 맞추어 시행하도록 하며(제11장, 제12장, 제13장, 제14장), 가정의 맥락 안에서 시행하도록 한다(제15장, 제16장).

인지행동치료의
창의적 적용

이번 장에서는 인지행동치료를 창의적으로 적용하는 방법들을 소개하고자 한다. 이러한 적용은 임상가에게 요구되는 융통성과 충실성의 균형에 따른 것이다(Kendall, Gosch, Snood, & Furr, 2008). 이것은 아동을 치료과정에 참여시킬 때 매우 중요하다. 의미 있고 효과적인 개입은 아동이 스스로를 이해할 때, 기법들을 즐겁게 배우고, 배운 기법들을 일상생활에서 사용하려는 동기를 가질 때 더욱 큰 영향력을 가진다. 이번 장에서는 먼저 스토리텔링에 대해 설명한 후 다양한 놀이치료 기법들을 소개할 것이다. 그리고 인지행동이론에 근거한 게임과 이야기책, 워크북 사용에 대해서도 살펴볼 것이다. 또한 문제해결을 변형한 가면 만들기를 소개하고, 미술과 공예활동에 근거한 개입방법도 제안하고자 한다. 마지막으로 지나친 자기비난을 감소시키기 위한 인지행동 활동으로 이번 장을 끝맺고자 한다.

스토리텔링

스토리텔링은 정신역동(Brandell, 1986; Gardner, 1970, 1971, 1975; Trad & Raine, 1995), 아들러 이론(Kottman & Stiles, 1990), 에릭슨 이론(Godin & Oughourlian, 1994; Greenberg, 1993; Kershaw, 1994)의 배경을 가진 임상가들이 긍정적으로 평가하는 치료양식이다. 인지치료는 최근까지도 스토리텔링이 갖고 있는 잠재적 유용성을 무시했었다(Costantino, Malgady, & Rogler, 1994; Friedberg, 1994). 그러나 스토리텔링은 매우 효과적인 내현적 모

델링(covert modeling)이라 할 수 있다. Lazarus(1984)는 스토리텔링이 "기본적인 심리적 현실을 심어준다"(p. 104)고 언급했다.

이야기는 분명히 아동기의 '활동'이다. 아동의 놀이는 자연스러운 이야기 주제를 갖고 있다. 티파티, 전쟁, 인형집 안에서 벌어지는 가족 간의 갈등, 상상의 군중이 지켜보는 가운에 벌어지는 영웅적 9회말 홈런 등은 주제와 주인공, 그리고 대화가 있는 작은 이야기들이다. 흉내 내기와 상상, 그리고 가장놀이에 대한 자연스러운 관심으로 인해 어린 아동은 스토리텔링을 자연스럽게 받아들인다(Trad & Raine, 1995).

정신역동적 접근에서는 스토리텔링을 할 때 상징적 의미와 심리내적 갈등을 해석하는 데 초점을 둔다. 반면 인지행동적 접근에서는 아동의 문제해결, 관계에 대한 지각, 환경에 대한 관점, 자기진술 등을 강조한다. 아동이 만들어낸 주인공의 사고패턴, 문제해결, 정서반응 등은 치료에 도움이 된다(Stirtzinger, 1983; Trad & Raine, 1995). 주인공의 소원, 두려움, 동기 같은 내면상태에 초점을 맞추면 아동의 내면세계가 드러난다(Kershaw, 1994; Trad & Raine, 1995). 아동의 이야기 속에 나오는 주인공이 문제나 갈등을 해결하기 위해 어떤 기술이 필요한지 파악하는 것은 치료자가 앞으로 기울여야 할 노력의 방향을 제시해준다(Kershaw, 1994). 또한 건설적인 해결을 방해하는 요소를 살펴보는 것도 임상적으로 중요하다(Gardner, 1986; Kershaw, 1994). 아동의 이야기 속에는 문제해결에 영향을 미치는 내적 및 외적 제약에 대한 아동의 지각이 반영되어 있다. Kershaw(1994)는 아동의 이야기 속에 해결책이 포함되어 있을 때 치료자는 그 해결책이 효과적이고 적합한지, 얼마나 적절한지 살펴보아야 한다고 했다. 마지막으로, 이야기 속에서 갈등해결이 얼마나 쉽게, 효과적으로 이루어지는지는 아동의 유능감 혹은 통제감과 관련된다(Bellak, 1993; Rotter, 1982).

스토리텔링을 치료적으로 적용할 때는 Gardner(1970, 1971, 1972, 1975, 1986)의 기본절차를 따르는 것이 좋다. 녹음기에다 아동이 지금까지 들어본 적이 없는 이야기를 해보도록 한다. 아동에게 이야기는 처음과 중간, 그리고 끝이 있어야 하며, 교훈이 담긴 것이어야 한다고 말한다. 교훈은 내담자가 당면한 심리적인 주제에 관심을 기울이도록 이끌어준다(Brandell, 1986). 아동이 이야기를 끝낸 후 치료자는 보다 적응적인 대처반응과 건설적인 해결을 담고 있는 이야기를 들려준다.

Gardner(1972)는 이야기를 구성하거나 흐름을 유지하는 데 어려움을 보이는 아동을 위해 몇 가지 제안을 하였다. 그는 '점진적 스토리텔링(graduated storytelling)'을 권유한다. 점진적 스토리텔링에서는 치료자가 먼저 이야기를 시작하고 나서 멈춘다. 그리고 아동에게 이야기를 이어서 하라는 신호를 준다. 아동이 망설이면 치료자가 다시 이어서 이야기를 만들고, 멈추고, 아동에게 신호를 준다. Lawson(1987)은 스토리텔링 기법을 더 흥미롭게 만듦으로써 아동의 참여를 높일 수 있는 몇 가지 아이디어를 제안하였다. Lawson(1987)은 아동의 참여를 높이려면 치료자가 평소보다 느리게 말하고, 목소리의 톤도 낮추는 게 좋다고 조언한다. Lawson은 또한 이야기를 시작하는 도입 부분에서 동작과 소리를 묘사하는 술어를 사용할 것을 제안하고 있다. 다양한 감각양식을 포함시키는 것도 아동의 참여를 돕는다(예 : "숲속에서 바람이 불고 소리가 났어요.").

이야기 속에서 중요한 타인들이 표현되고 묘사되는 방식에 주의를 기울이는 것도 치료에 도움이 된다. 몇몇 전문가들은 아동의 이야기를 탐색할 때 부모나 또래가 묘사된 방식을 생각해볼 수 있는 질문들을 제안했다(Bellak, 1993; Kershaw, 1994; Trad & Raine, 1995). 부모로 등장한 인물이 따뜻하며, 유능하고, 자녀의 곁에 있어 주며, 애정적인가, 혹은 자녀를 서부하거나, 겁을 주는가? 또래는 친절한가, 혹은 적대적이고 경쟁적인가, 혹은 유능한가? 또한 이러한 인물들은 아동의 동기와 관련이 있는가?

이야기의 전반적인 정서적 분위기도 많은 것을 나타내준다. 예컨대 이야기가 적대적인 분위기를 띠고 있는가? 이야기의 분위기는 중요하며 세상에 대한 아동의 개념을 반영하고 있다(Bellak, 1993; Gardner, 1986; Stirtzinger, 1983). 이야기가 어디에서 일어나고 있는가? 황무지나 어두운 열대우림에서 일어나는 사건은 사람들로 붐비는 도시에서 일어나거나 따뜻한 숲속에서 일어나는 사건과 매우 다르다(Bellak, 1993).

치료적으로 대안이 되는 이야기를 구성할 때 도움이 되는 사항은 다음과 같다. 일반적으로 효과적인 이야기는 아동이 만든 시간적 순서의 공간을 메워주며, 재귀인을 촉진하고, 인과적 선행사건에 대한 아동의 부정확한 이해를 교정해준다(Russell, Van den Brock, Adams, Rosenberger, & Essig, 1993). 아동이 치료자의 이야기 속에 포함된 행동과 인지, 감정, 동기를 동일시할 수 있어야 하고, 또한 등장인물의 능력을 자신의 능력이나 기술과 비슷하거나 혹은 비슷할 가능성이 있다고 볼 수 있어야 한다.

이야기에 등장하는 인물에 대한 아동의 동일시는 다음과 같은 방식으로 증진시킬 수 있다. 이야기를 만들 때는 아동이 만든 이야기 속의 갈등과 유사한 갈등을 만드는 것이 좋다. 그러나 치료자의 이야기 속에서 등장인물은 어려움을 극복하거나 대처에 성공해야 한다(Gardner, 1986; Mills, Crowley, & Ryan, 1986). 치료자가 만든 이야기 속의 문제를 아동이 자신의 딜레마로 인식할 때 이야기의 영향력은 증진된다(Mills et al., 1986). 치료자가 만든 이야기 속 주인공은 아동을 위한 비유이거나 내현적 모델이다(Callow & Benson, 1990). 따라서 치료자가 어떤 등장인물들을 선택하느냐는 아동, 문제, 그리고 아동을 둘러싼 환경이나 맥락에 달려 있다고 할 수 있다. Davis(1989)는 학대 아동들이 선천적으로 방어능력이 없는 토끼 같은 동물 이야기를 만든다는 것을 발견했다. 이런 경우에는 치료적 이야기를 만들 때 약간의 방어능력을 가진 등장인물을 제안하는 것이 좋다. 예컨대 거북이는 등에 보호용 껍질을 갖고 있어서 등껍질 속에 들어가거나 밖으로 나오는 선택을 할 수 있기 때문에 특히 좋은 등장인물이다. 또한 거북이는 등껍질을 완전히 벗어던지는 일이 없기 때문에 융통성 있는 추론을 가능하게 한다.

개구리와 생쥐도 선호되는 동물이다. 아동들은 개구리를 수련 잎을 벗어나는 모험을 거의 하지 않는 비활동적 동물로 여긴다. 따라서 개구리는 억제된 아동과 두려움이 많은 아동을 위한 자연스러운 비유이다. 또한 한 수련 잎에서 다른 수련 잎으로 튀어갈 수 있는 개구리의 '감춰진' 능력은 아동의 숨겨진 능력이 평가될 수 있다는 메시지를 전달해준다. 반면 생쥐는 스토리텔링 치료자에게 다른 기회를 제공해준다. 아동들은 생쥐와 쉽게 동일시하는데, 아마도 그 이유는 생쥐가 작고 외양적으로 연약해 보이기 때문일 것이다. 나약한 생쥐는 생명을 위협하는 어려움을 재치로 이겨낸다. 그러므로 생쥐는 아동에게 성공적인 갈등해결이 신체 크기나 힘에 달려 있지 않다는 것을 가르쳐줄 수 있는 내현적 '모델'의 역할을 해준다.

스스로 변화할 수 있는 동물이나 인물은 희망을 주고, 변화를 보여주며, 경직된 사고를 융통성 있게 만들어준다. 예컨대 나비나 백조, 달마시안 개처럼 한 상태에서 다른 상태로 변화하는 등장인물은 매우 도움이 된다. 치료자는 부정적인 상황으로부터 낙관적인 상황으로 변해가는 내용을 담은 이야기 속에다 정서적 성장과 기술습득이 포함된 주제를 자연스럽게 끼어 넣을 수 있다. 예컨대 평범하다고 놀림을 받았으나 결국 몸에 점을 얻게 된 달마시안 개에 관한 이야기는 다양한 치료적 메시지를 전달해준다. 다음은 독립을 두려워하는 어린 아동에게 적응적인 해결방법을 제공하는 이야기의 예이다.

옛날 옛날에, 아주 먼 곳에 한 작은 물개가 살고 있었어요. 이 물개의 이름은 히코리였어요. 히코리는 모든 일을 스스로 할 수 있게 되면 엄마랑 아빠가 더 이상 관심을 보이지 않게 될까 봐 두려워했어요. 그리고 스스로 할 수 있는 일이 많아질수록 부모님이 더 많은 기대를 하게 될 거라고 생각했어요.

히코리는 자기가 할 수 있는데도 아빠에게 물고기를 잡아달라고 부탁하곤 했어요. 히코리가 학교에 가지고 가야 할 것을 잊어버리면 엄마가 항상 가져다 주셨어요. 때로는 옆에 있는 바위로 옮겨갈 때도 자기가 헤엄쳐서 가지 않고 아빠와 엄마에게 데려다 달라고 부탁했어요. 히코리의 아빠와 엄마는 지치고 힘들었지만 어떻게 해야 좋을지 몰랐어요.

히코리는 두려웠어요. 그는 어른이 되어간다는 건 위험한 일이라고 생각했어요. 그는 어린 물개의 생활이 어떻다는 것은 알고 있었지만, 어른 물개로서 살아가는 게 어떨지는 잘 알지 못했거든요. 그러던 어느 날 히코리는 물개학교에서 바다사자를 만났어요. 리지스라 불리는 그 바다사자는 히코리가 스스로 하는 것에 대해 두려워하는 것을 보았어요. 리지스와 히코리는 친구가 되었어요.

어느 맑은 날 오후, 리지스는 히코리에게 왜 혼자 할 수 있는데도 대신 해달라고 부탁하는지 물어보았어요. 히코리는 두려워서 그런다고 대답했어요. 리지스는 한번 해본 후에 어떻게 되는지 보라고 말해주었어요. 그때 바다에는 큰 빙산이 있었어요. 리지스가 "너 저기 빙산까지 혼자서 헤엄쳐서 가볼래?"라고 말했어요. 히코리는 "무서워."라고 대답했어요. "뭐가 무서워?" 리지스가 말했어요. 히코리는 "내가 성공해도 나를 돌봐줄 거니?"라고 했어요. "당연하지.", 리지스는 웃으며 말했어요.

그래서 히코리는 해변가로 가서 바닷물에 뛰어들었어요. 빙산이 있는 곳으로 헤엄쳐 가면서 히코리는 걱정이 되었어요. "내가 빙산까지 간 후에 리지스가 나에게 더 많은 것을 하라고 하며 어떡하지?", "나는 누군가 나를 도와주는 게 좋은데.", "내가 이것을 하지 않으면 리지스가 다시 하라고 하지는 않을 거야." 이런 생각들이 마음속에 떠오르자 히코리는 점점 더 천천히 헤엄을 쳤어요.

그때 히코리는 물가에서 리지스가 큰소리로 외치는 것을 들었어요. "히코리, 넌 할 수 있어. 네가 돌아올 때까지 기다리고 있을게." 이것이 히코리에게 도움이 되었어요. 그는 좀 더 헤엄을 쳤어요. 그때 해변가에서 누군가가 외치는 소리가 들려왔어요. 그건 엄마와 아빠의 목소리였어요. 그들은 히코리를 응원하고 있었어요. "잘한다, 히코리. 네가 여길 바라볼 때마다 우리가 여기 있을게. 네가 아무리 멀리 가도, 아무리 빨리 헤엄쳐도, 우린 여기서 너를 기다리고 있을 거야."

엄마와 아빠의 말을 듣자 히코리는 마음이 따뜻해지고 강해졌어요. 그는 쉽게 빙산에 도착했어요. 그리고 햇빛 아래서 물고기 간식을 먹었어요. 멀리 해변을 바라보자 리지스와 아빠, 엄마가 기다리고 있었어요. 히코리는 빙산에 좀 더 머물면서 간식도 더 먹고 경치도 구경했어요.

이 이야기에서 도움이 되는 요소들은 무엇인가? 첫째, 이 이야기는 독립에 대한 히코리의 신념을 지적해주고 있다(예 : 내가 모든 일들을 스스로 할 수 있게 되면 엄마랑 아빠가 더 이상 나에게 관심을 갖지 않게 될 거야. 나 스스로 할 수 있는 일이 많아질수록, 부모는 더 많은 것들을 기대하게 될 거야). 둘째, 히코리는 대처하기 위해 노력하는 모델이다. 그는 자신의 목표를 쉽게 성취할 수 없었다. 그는 스스로 문제를 해결해내기 위해 발버둥 쳐야 했다. 셋째, 이 이야기는 간단한 교훈, 다시 말해 반대 이미지(예 : 네가 스스로 해낸다면 사람들이 너를 좋아할 것이다. 어른이 된다는 것은 위험한 일이 아니며 그 자체의 보상을 갖고 있다)를 전해주고 있다.

스토리텔링 기법을 적용하여 이야기책을 만들면 도움이 된다(Kestenbaum, 1985). Kestenbaum은 이야기책을 만들 때 페이지를 마음대로 뺐다 끼웠다 할 수 있는 공책이나 고리가 달린 바인더를 사용할 것을 제안하였다. 이렇게 하면 아동이 매주 새로운 이야기를 추가할 수도 있고, 모여진 이야기들을 검토함으로써 아동의 진척을 눈으로 확인할 수 있게 한다. 또한 각각의 이야기로부터 배운 점을 치료자와 아동이 함께 기록하여 추가할 수도 있다. Goncalves(1994)는 이야기에 관한 숙제를 내주면 효과를 높일 수 있다고 했다. 가령 이야기 속에 담긴 전략을 아동에게 실험해보도록 격려하는 것이다. 아동은 바인더 속에 있는 이야기 옆에 나란히 자신의 실험에 대한 기록을 덧붙일 수 있다.

놀이치료의 적용

인지행동 놀이치료에서 치료자는 적극적이고 목표 지향적이며, 문제의 사고와 감정, 행동 패턴을 수정하기 위해 놀이를 사용한다(Knell, 1993). 놀이는 잘못된 내적 대화를 끌어내며 보다 적응적인 대처방법을 가르칠 수 있는 매체이다.

책임 파이(제8장에서 소개됨) 같은 어려운 기술을 아동에게 가르칠 때도 놀이를 사용할 수 있다. 즉 과정을 설명할 때 찰흙을 사용하는 것인데, 찰흙을 여러 조각으로 나눈 후 각각의 조각이 지각된 책임의 부분을 나타내도록 한다. 아동은 책임을 할당하는 과정을 구체적이고, 시각적으로 볼 수 있다. 다음의 대화는 이 과정의 예를 보여주고 있다.

> **치료자** : 지금까지 펄이 너를 무시한다고 생각하게 만드는 이유들을 나열해보았어. 이제 해야 할 일은 이 중에서 어떤 것이 가장 큰 이유인지 알아내는 거야. 이것을 알아내기 위해 찰흙놀이를 해볼까?
>
> **리아** : 저도 찰흙을 만질 수 있어요?
>
> **치료자** : 물론이지.
>
> **리아** : 끈적끈적해요.
>
> **치료자** : 우리가 결정해야 할 것은 펄이 너를 무시하는 이유들에 대해 이 찰흙 덩어리를 떼어 얼마만큼씩 나눠줘야 하는지 결정하는 거야.
>
> **리아** : (찰흙을 큰 덩어리로 굴린다) 좋아요.
>
> **치료자** : 이 플라스틱 칼을 이용하여 조각들을 만들자. 펄이 피곤하다는 이유에 얼마만큼 떼어주면 좋을까?
>
> **리아** : 이만큼요(약 20%를 떼어낸다).
>
> **치료자** : 펄이 수잔과 이야기하느라 네가 하는 말을 듣지 못하는 것에는 얼마만큼 떼어줄까?
>
> **리아** : 이만큼요(약 40%를 잘라낸다).
>
> **치료자** : 그래. 그럼 다음 이유는 무엇이지?
>
> **리아** : 펄이 선생님이 들어오시기 전에 자기 자리로 돌아가느라 서둘렀어요.
>
> **치료자** : 맞아. 그것에는 얼마만큼을 떼어줄까?

리아 : (약 30%를 떼어준다)

치료자 : 여기 남은 이 작은 조각은 뭐지?

리아 : 펄이 나를 좋아하지 않는다는 거요.

찰흙을 좋아하지 않는 치료자는 마분지로 만든 원과 가위를 가지고 비슷한 절차를 시행할 수 있다. 먼저 아동에게 여러 가지 이유들을 생각하게 한 후 목록을 만든다. 그런 다음 원을 잘라 각각의 이유에 해당하는 만큼의 조각을 할당하고 잘라낸 조각들에다 각각의 이유를 적어 넣는다. 이렇게 함으로써 아동이 개기인 과정을 매우 구체적인 방식으로 따라갈 수 있다.

손가락 인형놀이도 인지치료에 훌륭하게 적용될 수 있는데, 특히 소크라테스식 대화법과 자기지시 절차를 실시할 때 도움이 된다. 인형은 구입을 해도 좋고 혹은 치료시간 중에 만들 수도 있다. 아동과 청소년을 위한 불안 및 우울 예방 프로그램에서 저자들은 샌드위치를 담는 얇은 갈색봉투로 인형을 만들어 사용하였다(Friedberg et al., 2001). 봉투인형은 간단하게 만들 수 있다. 아동에게 갈색봉투 위에다 인형 그림을 그리게 하거나 혹은 색지에 그려서 잘라 붙이게 한다. 다음의 대화는 치료자가 어떻게 자기지시 훈련에 인형놀이를 사용하는지 보여주고 있다.

치료자 : 에스텔라, 너는 어느 인형을 갖고 놀래?

에스텔라 : 늑대를 갖고 놀래요.

치료자 : 그래. 그럼 나는 양을 가질게.

에스텔라 : 귀엽게 생겼네요. 나도 집에 비슷한 인형이 있어요.

치료자 : 자 이제 인형놀이를 해보자. 뭘 하고 놀면 좋을까?

에스텔라 : 모르겠어요. 그냥 놀고 싶어요.

치료자 : 우리 화나는 것에 대해 인형놀이를 해보면 어떨까?

에스텔라 : 좋아요. 뭘 해야 하는데요?

치료자 : 늑대와 양이 뭐에 대해 싸운다고 할까?

에스텔라 : 아마도 양이 잘난 척을 해서 늑대가 화가 났을 거예요.

치료자 : 좋아. 그럼 시작하자.

에스텔라 : 으르렁. 나는 너를 잡아먹을 거야. 왜냐면 너는 너무 잘난 척하니까. 나는 네가 미워. 이 바보 같은 양아.

치료자 : 네가 무서워. 나는 도망갈래.

에스텔라 : 나는 힘도 세고 빠르기 때문에 널 따라가서 잡을 거야.

치료자 : 무엇 때문에 나한테 그렇게 화가 났니?

에스텔라 : 몰라. 으르렁(양을 깨물려고 한다).

치료자 : 나는 너무 무섭고 또 뭐가 뭔지 모르겠어.

에스텔라 : 좋아!

치료자 : 에스텔라. 바로 지금이 지금까지 우리가 배워온 방법들을 늑대에게 가르치기 좋은 순간이야. 자 이제 선생님 인형으로 바꿔볼래?

에스텔라 : 이것이 선생님처럼 보이네요(곰 인형을 집어 든다).

치료자 : 네가 곰 역할을 해볼래? 그리고 늑대에게 화난 기분을 다스리는 방법과 친구 사귀는 방법을 가르쳐주겠니?

에스텔라 : 싫어요. 선생님이 하세요. 나는 늑대 할래요.

치료자 : 우리가 함께 하면 어떨까?

에스텔라 : 좋아요.

치료자 : (곰 인형을 손에 씌운다)

에스텔라 : 으르렁. 나는 네가 싫어. 이 바보 같은 양아.

치료자 : 어머나. 또 그러네.

에스텔라 : 너를 따라가서 잡을 거야.

치료자 : (곰이 되어) 안 돼, 잠깐만 기다려 늑대야. 너 지금 기분이 어떤데?

에스텔라 : 화가 났어. 나는 저 양을 잡고야 말 거야.

치료자 : 늑대야, 네가 양에게 보여주고 싶은 게 무엇이지?

에스텔라 : 내가 더 낫다는 것이요. 양은 나보다 나은 게 없어요. 만약 내 친구가 되어주지 않는다면 깨물어 버릴 거예요.

치료자 : 그렇구나, 늑대야. 너는 양과 친구가 되고 싶은데, 양이 너보다 낫다고 생각하고 있다고 믿고 있구나.

에스텔라 : 네, 양을 잡고야 말 거예요.

치료자 : 양은 지금 기분이 어떨 것 같니?

에스텔라 : 무섭겠죠. 으르렁(웃는다)

치료자 : 물론 그럴 거야. 양이 떠는 것 좀 봐. 양은 늑대와 친구가 되고 싶은 생각을 얼마나 갖고 있을까?

에스텔라 : 별로 없겠죠.

치료자 : 에스텔라, 늑대가 자기의 화난 기분을 가라앉히려면 어떡하면 좋을까?

에스텔라 : 잊어버렸어요.

치료자 : 그래, 우리가 배운 것 중에 늑대에게 가르쳐주면 좋을 게 있다면 무엇일까?

에스텔라 : 자기 자신에게 말하는 거요.

치료자 : 한번 해볼래?

에스텔라 : 늑대야. 화가 끓어오르게 하지 마. 화로의 불을 낮추도록 해.

치료자 : 좋았어. 늑대에게 효과가 있을까?

에스텔라 : 별로 없어요. 늑대는 아직도 화가 나 있어요. 으르렁. 양을 잡고야 말 거야.

치료자 : 이제 네가 곰이 되어 늑대를 가라앉게 만들 수 있는 혼잣말을 해보렴.

에스텔라 : 끓어오르게 하지 마. 네 안의 불을 꺼.

이 예에서 에스텔라와 치료자는 부적응적 진술을 앞서 배웠던 대처진술로 바꾸는 연습을 하고 있다. 인형놀이는 새로운 대처진술을 습득하는 데 도움을 주고 있다(예 : "끓어오르게 하지 마. 네 안의 불을 꺼.").

아동들에게 인기 있는 게임도 인지행동 놀이치료에 훌륭하게 적용할 수 있다. 아동용 게임은 보통 문제해결 요소를 포함하고 있기 때문에 좋은 도구가 된다. 또한 수행에 대한 압력이 내포되어 있기 때문에 정서적 각성을 유발시킨다. 기억력 향상에 도움을 주는 게임인 사이먼(Simon), 나무블록을 하나씩 빼서 맨 위층에 쌓아올리는 게임인 젠가(Jenga), 직사각형 판을 위로 세워 말을 떨어뜨려 가로 세로 4개를 만들면 이기는 게임인 입체사목(Connect Four), 룰렛을 돌려 나온 숫자에 따라 직업을 선택하거나 돈을 버는 등 인생의 사건들을 겪어나가는 라이프 게임 등은 유용한 몇 가지 도구들이다. 인지치료자들은 이러한 게임을 사용하여 사고와 감정을 파악하고, 부적응적 사고패턴을 교정해주며 사회기술을 향상시킬 수 있다.

치료자는 또한 게임 중에 자기조절과 좌절 인내를 다룰 수 있다. 다음의 예는 9세의 카라가 한 게임(Don't Spill the Beans)을 하는 동안의 과정을 보여준다. 카라는 가정에서의 우울한 기분, 폭발적 행동, 공격성으로 인해 치료를 받게 되었다. 이 게임은 두 사람이 차례대로 흔들거리는 양동이 안에 플라스틱으로 만든 콩을 흘리지 않고 집어넣는 게임이다. 기술을 습득시키기 위해서는 반복적인 연습의 기회가 필요하다.

치료자 : 와우, 양동이가 흔들거리기 시작하네. 만약 다음 콩이 양동이를 넘어뜨리면 어떻게 하지?

카라 : (자기 차례가 오자 답변하지 않고 던진다) 예스! 넘어뜨리지 않았어요. 선생님 차례예요.

치료자 : (던지지 않고 잠시 멈춘다) 만약 내가 양동이를 넘어뜨려서 좌절하게 되면, 나에게 무슨 말을 해주어야 할까?

카라 : 선생님이 지고 내가 이겼어요!

치료자 : 맞아, 하지만 그 말은 내가 덜 좌절하도록 만들지는 못할 거야. 게임에서 진 것에 대해 내가 나

자신에게 뭐라고 말할 수 있을까… 너 "단지 ~하기 때문에" 기억나니?

카라 : 단지 이 게임에서 졌다고 해서 재미없었던 건 아니야.

치료자 : 다음번에는?

카라 : 다음번에는 이길거야.

치료자 : 좋아. (던진다) 우, 양동이가 넘어지지 않았어! 이제 네 차례인데 양동이가 넘어지면 어떻지?

카라 : 그러면 게임을 다시 할 수 있어요. 지난번에 여기서 우리가 게임을 해서 내가 이긴 것처럼 선생님을 이길지도 몰라요.

치료자 : 그럴 수도 있겠지. 만약 오늘 시간이 다 되어서 더 이상 게임을 할 수 없다면 어떨까?

카라 : 아빠에게 오늘 저녁 엄마가 일을 하는 동안 게임을 하자고 물어볼 수 있어요. 아빠도 보드게임을 좋아해요. 아니면 다음 시간에 여기에서 다시 게임을 할 수도 있어요.

치료자 : 네가 문제를 해결하기 위해 여러 방법들을 침착하게 생각하는 모습을 보니 좋구나. 설사 게임에서 진다 해도 너는 여전히 즐거운 시간을 가질 수 있어!

위의 대화에서 치료자는 아동에게 어려운 내용을 가르치기 위해 게임을 사용했다. 카라는 게임을 하는 비위협적인 분위기에서 자신을 진정시키는 자기지시 전략과 대처방식을 연습하였다.

치료자들은 종종 아동이 게임을 이기게 하는 것이 좋은지 의문을 갖게 된다. 아동을 게임에 이기게 할 것인지의 여부는 치료자가 아동에게 무엇을 가르치고자 하는가에 달렸다. 만약 아동이 인내심이 적고 지는 것을 잘 받아들이지 못한다면 패배를 참아내는 연습을 시킬 필요가 있다. 예를 들면, 서니는 장기 게임에서 졌을 때 책상을 발로 차고 뾰로통해지곤 한다. 이럴 경우 서니를 이기게 하는 것은 도움이 되지 않는 반면, 지게 하면 자기가 배운 대처 기술을 적용해볼 기회를 갖게 되어 도움이 된다. 만약 아동이 겁이 많고 자기효능감도 낮다면 치료자가 '일부러 져줄' 필요가 있다. 예컨대 베니는 자기는 농구를 잘하지 못한다고 생각한다. 그래서 슛을 해보는 것조차 하지 않으려 한다. 치료자는 일부러 여러 차례 슛에 실패함으로써, 베니에게 한번 해보도록 용기를 준다. 그러나 아동에게 의도적으로 이기게 하는 것을 들켜서는 안 된다. 따라서 치료자는 균형을 잘 잡아야 한다. 게임에도 인생의 유관성, 즉 이길 때도 있고 질 때도 있다는 것을 반영해야 한다.

게임 도중에 속이는 것은 치료자가 다뤄야 할 또 하나의 딜레마로, 게임을 하는 동안 아동에게 속임수를 허용해서는 안 된다. 속임수를 허용하면 아동에게 잘못된 메시지가 전달된다. 또한 속이는 행동이 아동의 문제 속에 파묻혀 있는 경우가 종종 있는데, 아동의 속임수를 허용하는 것은 치료자가 아동의 정직하지 않은 행동에 동조하고 있음을 의미한다. 따라서 치료자는 속임수와 관련된 부적응적 신념을 끌어내어 수정하도록 해야 한다. 다음의 대화는 이 과정의 예를 보여주고 있다.

> 치료자 : 데니스, 네가 내 장기를 뒤로 2개나 물리고 네 장기를 한 칸 앞에 놓았구나. 게임 안내문에 이렇게 하라고 쓰여 있었니?
>
> 데니스 : 기억 안 나요.
>
> 치료자 : 그래. 너는 이것이 정정당당하다고 생각하니?
>
> 데니스 : 몰라요(책상 위에 엎드린다).
>
> 치료자 : 친구랑 게임할 때도 가끔 이렇게 하니?
>
> 데니스 : 가끔요.
>
> 치료자 : 네가 내 장기를 움직일 때 마음속에 무엇이 떠오르지?
>
> 데니스 : 몰라요.
>
> 치료자 : 내가 내 장기를 네 앞으로 옮기면 기분이 어때?
>
> 데니스 : 나빠져요.
>
> 치료자 : 기분이 나빠질 때 마음속에 무엇이 스치고 지나가지?
>
> 데니스 : 나는 지기 싫어요.
>
> 치료자 : 지는 게 뭐가 어때서?
>
> 데니스 : 상대방이 나보다 잘한다는 걸 의미하잖아요.
>
> 치료자 : 네가 질 것 같은 생각이 들면 기분이 나빠지고, 그때 네 마음속에 '나는 상대방보다 더 잘한다.'라는 생각이 스쳐 지나가는구나. 그래서 네 장기를 내 것 앞으로 옮긴 거니?
>
> 데니스 : (눈물을 흘리며, 고개를 끄덕인다)
>
> 치료자 : 그래서 그것이 너에게 도움이 되었니?
>
> 데니스 : 아니요.
>
> 치료자 : 게임에 지는 것이 그렇게 끔찍한 일이 아니고, 게임에 질 때 기분을 좋게 하는 방법을 배워볼래? 그렇게 되면 속임수를 쓰지 않아도 된단다.

이 대화 속에는 몇 가지 도움이 되는 단서들이 포함되어 있다. 첫째, 치료자는 속임수를 제한하였다. 둘째, 치료자는 데니스를 처벌하거나 조롱하지 않고, 속임수와 관련된 생각과 감정을 확인하도록 도와주었다. 셋째, 치료자는 치료시간 중에 발견된 속임수와 데니스의 사회기술 문제를 연결시키고자 했다. 넷째, 치료자는 문제해결 과정을 시작했다.

게임, 이야기책, 워크북, 가면 만들기

게임

게임을 선택할 때 치료자는 그 게임이 어떻게 인지기법과 유사하며, 촉진과 사용을 강화시키는지에 주의를 기울여야 한다. 게임을 치료계획에 통합시킬 때 다음의 몇몇 질문이 도움을 줄 것이다.

- 이 게임을 사용하는 것이 사례개념화에 얼마나 적합한가?
- 게임을 하는 동안 기술습득과 기술적용을 증진하기 위해 어떤 단계를 밟아야 하는가?
- 치료시간 중에 게임을 사용하는 것이 치료에 무엇을 더해줄 것인가?
- 이 게임이 아동에게 발달적으로 적합한가?
- 치료목표를 고려할 때 누가(즉 아동과 치료자만, 혹은 아동, 치료자, 그리고 다른 가족)이 게임을 실시해야 하는가?

생각-감정 골대

생각-감정 골대는 생각 및 감정 파악하기와 농구공 슈팅하기를 짝짓는 놀이활동이다. 이 활동은 아동에게 재미있는 경험을 제공하여 기초적인 자기모니터링 기술을 배우게 한다. 생각-감정 골대를 제6장에서 소개했던 생각기록지와 함께 사용하면 좋다.

이 활동을 하기 위해서는 농구공과 골대가 필요하지만 쭈글쭈글하게 만든 종이공과 빈 쓰레기통을 사용해도 된다. 생각-감정 골대 놀이를 할 때 치료자는 아동에게 슈팅을 하기 전후에 자신의 생각과 감정을 말하도록 지시한다. 이 활동은 상황과 생각, 감정을 연결하고 부정확한 아동의 예측을 검증할 수 있게 해준다. 생각-감정 골대는 범불안 및 사회불안과 관련된 부정적 평가와 수행압력에 대한 불안을 탐색할 수 있는 기회를 제공한다. 이 활동을 통해 위험을 감수하는 것에 대한 아동의 불안을 다룰 수 있으며, 좌절이나 실망 같은 부정적 정서에 대한 아동의 인내심도 다룰 수 있다.

생각-감정 골대 놀이를 사용하여 상황과 감정, 생각을 연결시키는 것은 비교적 간단하다. 아동이 슈팅을 하려고 준비할 때 사건 또는 상황("무슨 일이 일어나고 있지?")에 대해 정의하도록 요청한다. 아동은 "나는 공을 던지려고 하고 있어요."라고 대답한다. 그런 다음 아동에게 기분이 어떤지(예 : "불안"), 그리고 마음속에 무엇이 스쳐 지나가는지 물어본다(예 : "공을 넣지 못할 거예요. 그러면 선생님이 내가 잘하지 못한다고 생각하실 거예요."). 아동이 공을 슈팅을 한 후에 제6장에서 소개했던 다양한 형태의 생각일기 중 하나를 사용하여 아동에게 상황, 생각, 감정을 기록하게 한다. 요약하면, 아동이 치료자에게 상황과 감정, 생각을 말한다. 공을 던진다. 그런 다음 생각기록지에 이런 요소들을 기록한다.

생각-감정 골대는 또한 아동의 부정확한 예측을 검증할 때도 사용될 수 있다. 슈팅을 하기 전에 아동은 공을 넣을 것인지 못 넣을 것인지 예측한다. 아동은 슈팅을 함으로써 자신의 예측을 검증하는 것이다. 만약 공을 넣지 못할 것이라 예측했지만 공을 넣었다면, 치료자는 이 경험에 대해 다음과 같이 질문할 수 있다.

“너의 예측이 들어맞지 않은 것을 보니 어때?”
“네가 얼마나 잘하는지에 대해 다르게 추측해보겠니?”
“너의 예측이 얼마나 자주 들어맞니?”
“너의 예측이 얼마나 자주 빗나가니?”
“너의 예측이 다른 일의 경우에도 빗나갈 수 있다고 생각하니?”

만약 아동이 공을 넣지 못할 것이라고 예측했는데 실제로 넣지 못했다 해도 치료자는 여전히 개입할 수 있는 기회를 가질 수 있다. 이때 치료자는 아동에게 한번은 공을 넣지 못했지만 다시 시도해볼 수 있는 기회가 있음을 알게 해준다. 치료자는 또한 아동으로 하여금 공을 넣지 못했을 때 일어난 결과에 대해 탐색해보도록 할 수 있다(예 : “공을 넣지 못해서 놀림을 받거나 비판을 받았는가?”).

생각-감정 골대는 부정적 평가와 수행에 대한 아동의 불안을 다룰 수 있다. 농구골대에 공을 넣는 것은 사회불안 아동들이 두려워하는 활동유형에 해당되므로 이 활동은 점진적 노출로서도 사용될 수 있다. 어떤 아동은 이 과제의 공개된 성격으로 인해 두려움을 느끼며, 또 어떤 아동은 공을 넣지 못하거나 바보처럼 보이는 것에 대해 두려워한다. 치료자는 아동의 부정적 예측을 끌어내어 이 활동을 행동검증의 기회로 활용한다. 다음의 대화는 치료자가 이 활동을 어떻게 진행하는지 보여주고 있다.

치료자 : 지미, 공을 넣는 것에 대해 긴장되어 보이는구나.
지미 : 아니에요.
치료자 : 지금 네 마음속에 무엇이 스쳐지나가고 있니?
지미 : 모르겠어요. 아마도 보드까지 못 미치고 떨어지거나 다시 튀어나올 것 같아요.
치료자 : 그것에 대해 어떤 기분이 드니?
지미 : 긴장된 기분이요.
치료자 : 공이 우스꽝스럽게 튀어나올 것 같고 긴장될 때 너는 어떤 일이 일어날 거라고 생각하니?
지미 : 아마 선생님이 웃으실 거고요, 내가 농구를 잘 못한다고 생각하실 거예요.

치료자 : 만일 내가 웃고 네가 농구를 잘 못한다고 생각하면 어떤 일이 일어나는데?

지미 : 저는 창피해질 거예요.

치료자 : 내가 뭐라고 생각할 것 같니?

지미 : 내가 얼뜨기같이 농구를 할 줄도 모른다고요. 그리고 내가 공을 던질 때 우스꽝스럽다고요.

치료자 : 그래, 그것 참 겁이 나겠구나. 나와 함께 공을 몇 번 던져보고, 이런 생각들이 없어지는지 한번 볼래?

지미 : 좋아요(공을 던지고, 공이 바스켓 안으로 들어간다). 야, 2점이다!

치료자 : 한 번 더 던져 봐.

지미 : (던지지만 이번에는 들어가지 않는다)

치료자 : 운이 없구나. 잠깐만 기다려 봐. 내가 무슨 생각을 했는지 맞춰볼래?

지미 : 내가 얼뜨기 같고, 공을 던질 때 우스꽝스럽다고요.

치료자 : 그게 사실인지 알고 싶다면 나한테 한번 물어볼래?

지미 : 선생님은 어떻게 생각하셨는데요?

이 대화에서 치료자는 게임을 이용해 지미가 자신의 생각과 감정을 파악하도록 도와주었다. 지미는 자신의 부정적 예측과 그와 관련된 감정에 대해 표현하는 것을 편하게 느꼈다. 그리고 자신의 예측을 지금-그리고-여기 맥락에서 확인해볼 수 있었다.

이 활동은 또 다른 치료적 기회를 갖고 있다. 치료자는 지미의 마지막 질문에 대해 그의 부정적인 예상이 빗나갔다고 피드백 해줌으로써 즉각적으로 반응할 수 있다(예 : "아니야. 나는 네가 얼뜨기 같다고 생각하지 않았어."). 또 다른 전략은 부정적 피드백에 대해 지미가 준비할 수 있도록 돕는 것이다(예 : "내가 너를 얼뜨기로 생각했다고 하자. 그게 어때서? 내가 옳다는 것을 네가 어떻게 아는데? 내 의견이 어떻게 너를 네가 어떤 사람이라는 걸 정의할 수 있다는 거니?"). 이런 방식으로 치료자는 지미가 친구들의 놀림에 대처할 수 있는 방법을 찾을 수 있도록 도울 수 있다.

생각-감정 회오리바람

생각-감정 회오리바람은 해즈브로 게임회사에서 개발한 트위스터 게임을 수정한 것으로 아동이 재미있게 참여할 수 있는 게임이다. 이 게임은 생각과 감정의 차이를 가르칠 뿐만 아니라 이 둘 간의 관계를 기억하기 쉽고 재미있게 알려준다. 이 게임을 실시할 때 아동은 한 손과 한 발을 매트 위의 한 지점에 놓지만, 몸이 이 둘을 연결한다. 이것은 다양한 생각과 감정들이 어떻게 서로 연결되어 있는지를 보여준다. 치료자와 아동은 색연필과 마커를 사용해 매트 위에다 '지점'을 표시한다. 약 6개의 '생각'과 6개의 '감정' 지점을 만들어 치료시간 중에 장식을 한 다음 바닥에 펼친다. 치료자와 아동은 미리 독서카드를 만든다. 카드의 한쪽 면에는 보편적인 감정경험(예 : 슬픔)과 관련된 자동적 사고(예 : 아무도 나를 좋아하지 않는다)를 적는다. 치료자는 카드의 다른 면에 감정 위에는 오른손/왼손, 생각 위에는 오른발/왼발을 적는다. 카드들을 작은 가방이나 용기 안에 담은 다음 하나씩 뽑는다. 카드의 각 면에 적힌 힌트는 아동이 무엇을 해야 하는지를 알려준다. 예를 들어 "슬픔 카드에는 오른손, 아무도 나를 좋아하지 않는다는 카드에는 왼발."과 같이 지시한다. 아동은 자신의 오른손을 감정 지점 위에, 왼발을 생각 지점 위에 놓아야 한다. 이 게임은 아동에게 재미있고 매력적이다. 동시에 생각과 감정 간의 관련성을 깨닫게 해주며, 이후에도 아동이 일상생활 속의 예들을 이용하여 생각과 감정 간의 관계에 대해 이야기할 수 있는 기회를 제공해준다.

이야기책

다양한 아동들에게 도움이 될 수 있는 몇몇 인지행동 이야기책들이 있다. *Up and Down the Worry Hill*(Wagner, 2000)과 *Ten Turtles on Tuesday*(Burns, 2014)는 강박장애로 진단받은 아동에게 적합하다. *Worry Wart Wes*(Thompson, 2003), *The Lion Who Lost His Roar*(Nass, 2000), *Mind over Basketball*(Weierbach & Phillips-Hershey, 2008), 그리고 *The Bear Who Lost His Sleep*(Lamb-Shapiro, 2000)은 불안한 아동과 청소년에게 적합하다. *Nobody's Perfect*(Burns, 2008)는 완벽주의자 아동에게 딱 맞으며, *The Hyena Who Lost Her Laugh*(Lamb-Shapiro, 2001)는 비관주의와 부정적 귀인으로 힘들어하는 아동에게 적절하다. *Busy Body Bonita*(Thompson, 2007)는 ADHD 진단을 받은 아동에게 호소력이 있다. 불안한 아동을 위한 더 많은 책들에 관심 있는 독자들은 Friedberg 등(2009)의 저서를 참고하기 바란다.

워크북

아동과 청소년을 위한 몇 가지 인지행동 워크북들이 있다. Vernon(1989a, 1989b, 1998)은 발달단계에 적합하며 연령과 학년별로 구분된 일련의 활동들을 제안하고 있다. 이러한 활동의 범위는 다양한데, 공예와 이야기, 실험하기 등이 포함되어 있고 각 활동에는 치료자의 시행을 돕는 질문들이 들어 있다. 또한 토론과 진행을 위한 질문들도 포함되어 있다. 각 활동은 치료자에게 그 활동을 완수하는 데 필요한 자료들에 관해서도 알려주고 있다.

Kendall과 Hedtke's(2006)의 *Coping Cat Workbook*은 불안한 아동을 치료하는 데 효과적인 기법과 활동들을 모아 놓은 워크북이다. 이 워크북은 아동의 참여를 촉진하는 재미있는 만화 그림과 활동들로 구성되어 있다. 'Coping Cat' 시리즈는 널리 사용되고 있으며, 연구를 통해서도 매우 효과적이라는 평가를 받고 있다(Kendall & Treadwell, 1996; Kendall et al., 1997). 'Coping Cat'은 아동의 심리적 성숙도에 따라 7~13세 아동에게 적용하는 것이 적합하다. *My Anxious Mind*(Tompkins & Martinez, 2009)는 불안한 청소년들을 위한 자기구제 도서(self-help book)로 필수적인 정보와 더불어 대처기술을 제공하고 있다.

Therapeutic Exercises for Children(Friedberg et al., 2001)은 일차적으로 불안과 우울을 경험하고 있는 8~11세 아동을 위한 인지행동 기법과 연습, 활동들이 포함된 워크북 세트이다. 이 워크북에는 치료자를 위한 지침도 들어 있고, 소크라테스식 대화를 아동에게 적용하는 데에도 도움을 준다. 이 워크북은 아동의 참여를 촉진하는 그림과 글로 구성되어 있다.

Stallard(2002)의 *Think Good, Feel Good*은 훌륭한 자기구제 안내서이자 치료적 보조도구이다. 이 워크북은 매우 매력적이며 만화 그림으로 가득 차 있다. 그리고 아동이 자동적 사고뿐만 아니라 핵심신념과 인지오류를 파악하고, 잘못된 생각을 수정하며, 이완을 연습하고 문제해결을 적용하며, 행동 활성화를 수행할 수 있도록 안내한다.

Kendall(1992)의 *Stop and Think Workbook*은 충동적인 아동을 치료하는 데 도움이 되는 창의적인 방법들을 담고 있다. 이 워크북에는 순서 배열하기, 계획하기, 문제해결 기술을 증진하기 등의 다양한 활동들이 들어 있다. *Coping Cat Workbook*에서와 마찬가지로, Kendall은 *Show That I Can(STIC)* 숙제를 포함하고 있다. 역할연기와 다양한 예시는 재미를 더해준다.

Dawn Huebner(예 : 2006, 2007a, 2007b, 2007c)의 *What to Do* 워크북 시리즈는 불안, 분노, 수면 문제 등과 같은 보편적인 문제로 인해 도움을 필요로 하는 6~12세 아동들을 위한 흥미롭고 매력적인 활동들을 제공하고 있다. 아동들은 스스로의 힘으로 과제를 완수하기를 좋아한다. 워크북은 다른 아이들도 비슷한 어려움을 겪는다는 것을 아동이 알게 함으로써 증상으로 인한 고립감을 덜 느끼게 도와준다. 워크북은 또한 거리나 재정적 제약, 또는 직장 스케줄로 인해 정기적으로 치료에 참여할 수 없는 가족들에게도 유용하다. 워크북 활동은 치료시간과 치료시간 사이에 가정에서 치료기법을 적용하는 것을 강화시키는 데도 사용될 수 있다.

Think Confident, Be Confident for Teens(Fox & Sokol, 2011)는 청소년들이 자기효능감에 대한 의심과 위협을 조절하도록 하는 데 도움을 준다. 이 자기구제 워크북은 사회적 관계, 가족관계, 또래압력, 스포츠, 학업 스트레스에 관한 십 대의 이야기들을 포함하고 있다.

진전이 더딘 어린 내담자들에 지친 치료자들이 해결책으로 워크북에 과잉 의존하는 경우가 있는데 이것은 이해가 가는 일이지만, 저자들의 경험에 의하면 이 방법은 효과가 없다. 워크북에 들어 있는 활동은 치료시간의 내용으로부터 자연스럽게 나오고 재미있게 제시되어야 효과가 있다. 다음의 예는 어떻게 워크북 활동이 치료시간의 내용 속에 통합되는지 보여주고 있다.

저스틴 : 모든 게 다 내 잘못이에요. 나는 항상 모든 일에 대해 비난받아 마땅해요.

치료자 : 모든 일이 다 네 잘못이라고 생각할 때 기분이 어떠니?

저스틴 : 정말로 나빠요.

치료자 : 화가 나거나, 무섭거나, 슬프거나, 걱정되거나 중에서 어떤 기분이 들지?

저스틴 : 아마도 아주 슬픈 기분이요.

치료자 : 정말 이해가 가는구나. 네가 모든 일이 다 네 잘못이라고 믿는다면 기분이 정말 슬플 거야. 이제 우리는 모든 일에 대해 얼마나 네가 비난을 받을 만한지 알아볼 필요가 있어. 한번 해볼래?

저스틴 : 그러죠.

치료자 : 자, 이 활동이 도움이 될 거야. 한번 해볼까?

이 예에서 치료자는 저스틴의 자동적 사고와 감정을 끌어냈다. 문제의 사고와 감정을 파악한 후에, 치료자는 워크북 활동을 소개하고 있다. 이 활동은 시간 내용으로부터 자연스럽게 흘러나와 저스틴의 문제에 직접적으로 연결되고 있다.

가면 만들기

가면 만들기는 문제해결을 가르치기 위한 재미있는 방법이다. 자기만의 가면을 만드는 것은 제8장에 소개된 전통적 문제해결 절차의 효과를 증진시킨다. 가면 만들기는 미술활동을 통해 내재적 모델링과 문제해결을 통합한다. 또한 Kendall과 그의 동료들(1992)이 사용했던 슈퍼영웅 모델링과도 유사하다.

치료자는 아동에게 영웅이나 모델(예 : 스포츠 선수, 이야기 속의 주인공, TV 스타, 가족, 교사)을 한 명 선택하라고 한다. 그런 다음 자기가 선택한 영웅의 사진이나 그림을 찾아 오려서 얼굴 모양으로 자른 종이에 붙이라고 한다. 만약 영웅의 사진이나 그림을 찾을 수 없다면, 얼굴 모양의 종이 위에 그림을 그리거나 아니면 단순히 이름을 적도록 하면 된다. 마지막으로 아동은 붓이나 빨대, 긴 막대기 같은 것으로 완성된 가면의 손잡이를 붙이면 된다.

그런 다음 치료자는 아동에게 슈퍼영웅이 되어 문제를 해결해보라고 지시한다. 아동은 마치 그 슈퍼영웅이 문제를 해결하는 것처럼 해야 한다. 다음의 대화는 치료자가 가면 만들기를 어떻게 활용하는지 보여주고 있다.

치료자 : 네 가면에 해리포터의 얼굴을 붙였구나.

카일 : 네. 저는 그 책을 좋아해요.

치료자 : 좋아. 이제 이 가면을 가지고 다른 방식으로 문제해결을 해보도록 하자. 너는 해리포터가 된 것처럼 행동해야 해. 그럼 문제를 풀기 위해 얼마나 많은 전략을 생각해낼 수 있는지 한번 보자.

카일 : 문제가 뭔데요?

치료자 : 너를 힘들게 하는 문제 중에서 하나를 뽑도록 하자.

카일 : 음… 학교에서 내준 과제를 함께 할 짝을 뽑는 거요.

치료자 : 좋아. 이제 가면을 얼굴에 대고 네가 해리포터라고 상상해보렴. 해리, 사회 과목의 프로젝트를 함께 할 짝을 어떻게 뽑겠니?

이 예는 몇 가지 중요한 점을 예시해주고 있다. 첫째, 카일은 자신이 동일시할 수 있는 인물을 선택하였다. 둘째, 카일은 자신이 풀어야 할 중요한 문제를 선택하였다. 셋째, 치료자는 카일에게 대안적 해결책을 찾아보라고 부담을 주는 대신, 가면을 쓰고 해리포터가 되어 주어진 상황에서 무엇을 할 것인지 스스로 발견하도록 했다.

점화 활동

생각-감정 북마크

생각-감정 북마크와 생각-감정 시계는 변화 가능성에 대한 아동의 지각을 향상시키기 위해 고안된 공예활동이다. 생각-감정 북마크는 자기지시 요소를 포함하고 있는 점화기법(priming technique)으로, 이 기법의 요지는 책 속에 북마크를 끼워 놓는 장소가 시간에 따라 또 활동에 따라 달라진다는 것을 인식하도록 돕는 것이다. 생각과 감정도 마찬가지로 시간에 따라 또 활동에 따라 변한다는 것이다. 북마크 비유는 다음에 제시된 예의 방식으로 아동에게 전달된다.

"책 읽기 좋아하니? 나도 좋아해. 너는 책을 읽다가 멈출 때 읽던 곳을 어떻게 표시하니? 나는 북마크를 사용해. 북마크는 참 특별하단다. 책을 읽을 때 페이지를 넘기잖니. 이전 페이지에서 새로운 페이지로 옮겨가는 거야. 그래서 북마크도 네가 책을 읽을 때마다 위치가 바뀌는 거란다. 책의 한 곳에서 다른 곳으로 옮겨가는 거야. 북마크가 너의 생각, 감정과 같은 것 같지 않니? 맞아, 너의 생각과 감정도 변한단다."

북마크를 대처진술로 장식함으로써 자기지시의 기능을 더할 수 있다. 생각-감정 북마크를 만드는 것은 간단하면서도 재미있다. 북마크를 만들기 위해 필요한 재료는 두꺼운 색지/공작용 색판지, 펜, 마커, 크레용, 리본, 반짝이, 풀, 조각 색종이, 구멍 뚫는 가위 등이다. 아동에게 자신이 원하는 대로 마음껏 북마크를 장식하도록 한다. 그런 다음 아동에게 북마크에다 "모든 것은 변한다.", "나는 힘든 일을 이겨낼 수 있다.", "기분은 변한다." 같은 간단한 대처진술을 쓰도록 지시하는 것이다.

생각-감정 시계

생각-감정 시계는 점화기법으로서만 아니라 자기모니터링 기법으로도 활용할 수 있는 공작활동이다. 생각-감정 시계는 아동에게 감정은 변화하며 부적응적 생각을 확인하게 해주는 신호 역할을 한다는 것을 인식하게 해준다. 손목시계 비유는 이 활동에 있어서 가장 중심이 된다. 감정은 손목시계의 바늘과 같다. 따라서 시계 비유는 감정도 시간처럼 항상 변한다는 것을 설득력 있게 전달해준다. 손목시계의 바늘은 '시계의 시간'을 상징하며, 생각-감정 시계의 바늘은 '정서의 시간'을 의미한다. 다음에 제시된 방식과 유사하게 생각-감정 시계 활동을 아동에게 소개한다.

> "나는 시계를 정말 좋아한단다. 너도 그러니? 내가 시계를 좋아하는 이유는 그것이 항상 움직인다는 점이야. 시곗바늘은 절대로 그대로 있지 않지. 너도 본 적 있겠지? 손목시계나 벽시계를 자세히 들여다 봐. 바늘이 움직이지 않는 유일한 순간은 시계가 망가졌을 때뿐이야. 고장 나지 않는 한 시계의 바늘은 계속 움직이지. 오늘 우리는 생각-감정 시계를 함께 만들거야. 이것은 우리에게 생각과 감정이 변한다는 것을 일깨워줄 거야. 시계에는 숫자가 적혀 있지만, 우리는 숫자 대신에 감정 얼굴을 그릴 거란다."

생각-감정 시계는 아동에게 자신의 감정이 생각과 심상의 영향을 받는다는 것을 깨닫게 해준다. 치료자는 시곗바늘이 다른 감정을 가리킬 때마다 아동에게 자신의 생각을 적어보게 할 수 있다. 또한 치료자와 아동이 함께 시곗바늘을 다른 감정으로 옮긴 다음 이 감정이 일어나는 상황을 역할연기로 표현하는 게임을 할 수도 있다. 마지막으로, 시곗바늘을 다른 감정으로 돌린 다음 이런 감정이 생겼을 때 대처하기 위한 생각을 찾아보는 연습을 해볼 수도 있다.

생각-감정 시계를 만드는 것은 쉽다. 치료자와 아동에게 필요한 것은 색지와 펜, 마커, 쇠로 된 버클, 찍찍이 조각, 풀 등이다. 치료자는 색지를 오려 중간 크기이 원으로 된 시계 얼굴과 화살표 모양의 시곗바늘, 그리고 아동의 손목에 맞을 만한 길고 좁은 직사각형 시곗줄을 미리 준비해놓는다. 아동은 시계 얼굴에 표시된 12시, 3시, 6시, 9시 지점에 각각 화난 얼굴, 슬픈 얼굴, 두려운 얼굴, 행복한 얼굴을 그린다. 시곗바늘과 시계 얼굴, 시곗줄은 쇠로 된 버클로 연결한다. 마지막으로 찍찍이 조각을 시곗줄의 양끝에 풀로 붙인다. 그림 9.1은 생각-감정 시계를 만드는 데 필요한 재료와 완성된 시계를 보여주고 있다.

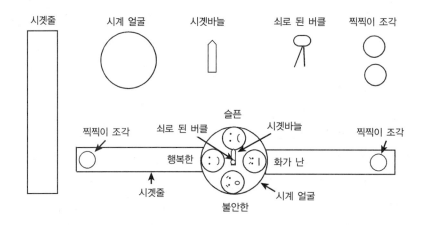

그림 9.1 : 생각-감정 시계 그림

　생각-감정 시계는 비언어적 공작놀이이기 때문에, 자신의 감정을 표현하는 데 주저하는 아동들에게 특히 유용하다. 이런 아동에게는 시계를 완성한 후에 감정을 말로 하는 대신 시계 위의 감정을 손으로 가리키게 할 수 있다. 또한 시계 위의 감정은 아동이 직접 그린 것이기 때문에, 이미 만들어진 감정 얼굴보다 동일시하기가 더 용이하다. 따라서 생각-감정 시계는 표현력이 적은 아동의 반응을 촉진할 수 있다.

책임을 인정할 것인가 아니면 자신을 비난할 것인가 활동지

책임을 인정할 것인가 아니면 자신을 비난할 것인가 활동지는 지나치게 처벌적인 아동의 귀인을 감소시키기 위해 고안된 점화활동이다. 이 활동의 목표는 아동이 자신을 비난하거나 책임을 회피하지 않으면서, 자신의 감정을 통제하거나 다스리는 방법을 배우도록 하는 것이다. 이 활동지는 생각구름 속에 담긴 6개의 자기진술로 이루어져 있다(그림 9.2 참조). 각 생각구름 밑에는 '책임을 인정하기'와 '자기 비난하기'선택이 놓여 있다. 치료자는 아동에게 생각을 두 선택 중의 하나와 선으로 연결하도록 한다. 그렇게 함으로써 그 생각이 책임을 인정하는 생각인지 혹은 자신을 비난하는 생각인지 알 수 있도록 하는 것이다.

　치료자는 아동에게 책임을 인정하기와 자기비난의 차이를 쉽게 설명해주는 것으로 이 활동을 시작한다. 치료자는 아동에게 자신에게 만약 나쁜 일이 일어나면 자신을 비난하는지 물어본다. 그런 다음 아동에게 자신을 비난해본 경험을 예를 들어 말해보게 한다. 자기비난의 예를 끌어낸 다음 치료자는 이런 자기비난 진술에 대해 아동과 함께 이야기한다. 가령 치료자는 다음과 같은 질문들을 사용할 수 있다.

다른 생각이 책임을 인정하는 것인지 아니면 자기를 비난하는 것인지
해당되는 것에 선을 그려라.

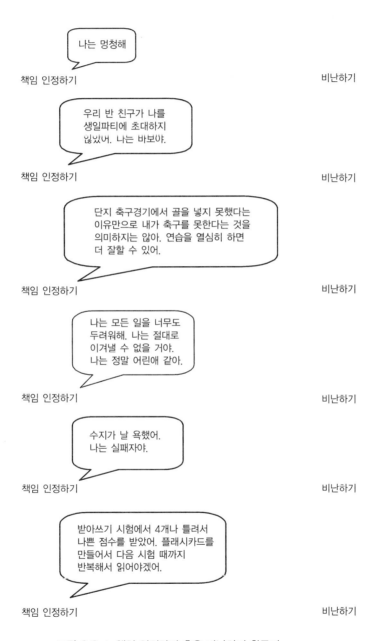

그림 9.2 : 책임 인정하기 혹은 비난하기 활동지

"너 자신을 비난하는 게 너한테 얼마나 도움이 될까?"

"자신을 비난하면 어떤 면에서 너에게 도움이 될까?"

"자신을 비난하는 것이 너에게 얼마나 해가 될까?"

"너 자신을 비난함으로써 무엇을 얻을 수 있을까?"

"너 자신을 비난함으로써 잃게 되는 것은 무엇일까?"

"만일 너 자신을 비난하지 않는다면 그 밖에 무엇을 할 수 있을까?"

"너 자신을 비난하는 대신 해볼 수 있는 게 무엇일까?"

이 과정의 다음 단계는 자신을 비난하지 않는 것과 책임을 회피하는 것의 차이를 구분하는 것이다. 이를 위해 치료자는 책임을 인정한다는 것의 개념을 탐색하고, 아동에게 책임을 인정하기의 개념을 정의해보라고 하면 도움이 된다. 치료자는 아동에게 다음의 질문을 이용하여 물어본다.

"'책임을 인정하기'가 무슨 뜻일까?"

"'자신을 책임진다'는 것은 무슨 뜻일까?"

"너 자신이 책임을 지는 때는 언제일까?"

"너 자신이 책임을 인정하는 때는 언제일까?"

"너는 어떤 일들에 대해 책임을 인정하니?"

"네가 책임을 지거나 인정할 때는 어떤 기분이 들지?"

"책임을 인정하기와 자기 비난하기는 무슨 차이가 있을까?"

치료자와 아동이 용어에 대해 충분히 대화를 하고 난 다음, 치료자는 다음과 같이 활동을 소개한다.

"이 활동지는 너 자신을 비난하는 것과 책임을 인정하는 것의 차이점을 발견하는 데 도움을 줄 거야. 이 활동지를 어떻게 작성하는지 알려줄게. 여기 생각상자 보이지? 생각상자 속에는 생각이 들어 있단다. 그리고 각 생각상자 밑에는 '책임 인정하기' 또는 '자기 비난하기'의 두 가지 선택이 제시되어 있단다. 너는 생각상자 속에 들어 있는 생각이 책임 인정하기와 자기 비난하기 중 어느 쪽인지 결정해야 해. 선택한 다음에는 생각상자와 네 선택을 줄로 이어주면 돼. 어떻게 해야 하는지 이해하겠니?"

치료자와 아동은 각 항목에 대해 충분히 이야기를 나누도록 한다. 그렇게 함으로써 각 문항에 대한 자신의 반응에 대해 아동이 설명할 수 있고, 치료자는 명확하지 않은 점을 분명하게 할 수 있다. 이 활동지를 완성한 후 아동과 치료자는 각각 활동을 요약함으로써 마무리한다. 마무리를 촉진하기 위해 치료자는 아동에게 다음과 같이 질문할 수 있다.

"이 활동지 하기가 어땠니?"
"이 활동지의 어떤 점이 좋았지?"
"이 활동지에서 좋지 않았던 점은 무엇이지?"
"이 활동지를 통해 배운 점은 무엇일까?"

책임을 인정할 것인가 아니면 자신을 비난할 것인가 활동지를 통해 아동은 자신의 통제하에 있는 상황과 그렇지 않은 상황을 구분할 수 있게 된다. 책임을 인정할 것인가 아니면 자신을 비난할 것인가 활동지는 아동에게 생산적 변화를 가져올 교정적 피드백을 채택하는 것과 파괴적으로 자신을 비난하는 것 간에 어떤 차이점이 있는지 알게 된다.

인지재구성 및 행동실험

슈퍼영웅 : 배트맨이 중요해!

슈퍼영웅은 인지행동 접근에서 내재적 모델로 흔히 활용된다(Kendall et al., 1992). Robertie, Weidenbenner, Barrett 그리고 Poole(2007)은 슈퍼영웅 모델링을 통해 새로운 생각과 행동을 발달시킬 수 있다고 주장했다. 아동은 대부분의 슈퍼영웅들이 다양한 도전을 겪기 때문에 영웅들을 자신과 연결시킨다. Robertie 등(2007)은 "슈퍼영웅 이야기가 아동이 과거에 겪었던 장애물이 가장 큰 자산과 강점이 될 수 있다는 것을 믿도록 돕는다."(p. 165)고 하였다.

배트맨은 적응유연성(resilience)을 위한 모델을 제공한다. 예컨대 놀란(2008) 감독의 영화 '다크나이트'에서 브루스 웨인은 엄청난 고난에 직면했을 때 자신이 무엇을 하기를 기대하느냐고 집사 알프레드에게 하소연하며 묻는다. 알프레드는 "견디세요."라고 한 단어로 대답한다. 고통과 장애에도 불구하고 견디는 것은 진정한 대처이다. 배트맨은 고통과 어려움이 무력화시키는 게 아니라, 오히려 우리가 다시 일어날 수 있음을 보여줄 수 있는 기회라는 것을 전달한다.

Livesay(2007)는 배트맨의 매력을 설명하면서 배트맨을 연기한 배우 크리스찬 베일이 한 말을 다음과 같이 인용했다. "우리는 배트맨의 고통과 상실, 불의에 대한 분노, 그리고 분노를 발산할 통로를 찾아 부정적인 감정을 긍정적인 행동으로 바꿀 필요성을 보여주려 했다(p. 124). 이와 유사하게 Brody(2007)는 "슈퍼영웅을 영웅으로 만드는 것은 트라우마의 후유

중이다. 이런 신화적인 인물들이 겪고 또 이겨내는 심리적 트라우마는 역경을 통해 강점을 증가시키는 큰 과정의 일부이다."라고 하였다.

슈퍼영웅은 다양한 방식으로 활용될 수 있다. 어린 아동에게 내재적 모델링을 촉진하기 위해서는 구체적인 연결이 만들어져야 한다. 치료자와 아동은 함께 공예와 미술 작품을 만들 수 있다. 예를 들어 Friedberg 등(2009)은 한 아동의 자기효능감을 발달시키기 위해 슈퍼영웅 망토를 사용한 예를 제시하였다. 이 예에서 치료자와 아동은 두꺼운 마분지를 잘라 망토를 만들었다. 그리고 망토 위에 다양한 건설적 '힘'(예 : 멈추고 생각하기 전략, 문제해결 기법, 사회기술)을 적어 넣었다. 다른 예로 아스퍼거 증후군으로 진단된 한 라틴계 아동은 심리적 고통의 신호를 느끼기 시작할 때 도움을 구하기를 꺼려했다. 그의 치료자는 아동과 그의 어머니와 함께 아동이 당황하기 시작할 때 비출 수 있는 신호조명(배트맨을 호출할 때 사용된 신호조명과 같은 것)을 만들었다.

나이가 더 많은 아동들에게는 슈퍼영웅을 비유적으로 사용할 수 있다. 스파이더맨의 '직감'은 좋은 예이다. 11세의 아프리카계 미국인 남아 디온은 가난하고 폭력적인 마을에 살고 있었다. 그는 다양한 직간접적 외상을 겪었으며, 그로 인해 그만의 특수 레이더 또는 '직감'을 갖게 되었다. 이 기술은 분명 건강한 적응을 촉진하는 정교한 생존기술이었다. 그러나 다른 불안한 아동들과 마찬가지로 그는 자신의 대처능력을 간과하였고(예 : "별것 아니에요."), 이는 그의 약화시켰다. 다음의 대화에서 디온의 치료자는 그의 생존본능을 스파이더맨에 비유하고 있다.

치료자 : 디온, 너는 스파이더맨 같구나.

디온 : (웃는다) 정말요? 어떻게요?

치료자 : 스파이더맨에게는 나쁜 일이 정말 많이 일어났었는데 잘 대처하는 방법을 배웠어. 스파이더맨은 위험한 일이 생겼을 때 어떻게 해야 하는지를 알게 하는 직감을 갖게 되었지. 너도 비슷해. 너의 기술을 스파이디온 직감이라고 부르면 좋겠다.

디온 : 예(웃는다).

이 짧은 대화에서 치료자는 디온을 그가 좋아하는 슈퍼영웅과 연결시켰다. 또한 디온의 감정과 적응유연성을 강화해주었다. 마지막으로, 치료자는 스파이디온의 개념을 사용하여 유머러스하게 접근하였다.

해결책 혹은 환상

많은 아동과 청소년들이 문제해결 전략에 관해 혼동하고 있다. 이들은 해결책에 대한 환상을 갖고 있다. 그리고 문제에 대한 마술적 해결책에 끌린다. 이것은 실제로 수동적 대처 또는 불규칙적인 문제해결로 이끈다. 아동과 청소년들은 소설 속 해리포터처럼 마술 지팡이를 가리키거나 자신의 문제를 망각 속으로 사라지게 하는 마법 주문을 중얼거리기를 원한다.

사실 환상과 해결책은 매우 다르다. 환상은 마법에 근거하고 있는 반면, 해결책은 실제의 선택을 제공한다. 그림 9.3은 어린 내담자들이 환상과 해결책의 차이를 인식하도록 돕기 위한 팁 카드를 제시하고 있다. 이 카드는 그림 9.4의 환상 또는 해결책 활동지와 함께 사용될 수 있다.

키키는 11세의 유럽계 미국인 소녀로 적대적 반항장애와 불안장애로 진단을 받았다. 그녀의 문제해결 전략은 불완전하며 미루기로 이끌고 있었다. 다음의 대화는 해결책 또는 환상 기법을 예시하고 있다.

치료자 : 학교공부를 하기 위해 어떤 계획을 갖고 있니?

키키 : "늘 같죠."… 농땡이 치는 거요.

치료자 : (웃는다) 그게 계획이니?

키키 : 그럼요… 그럼 안 되나요?

치료자 : 그건 해결책이라기보다는 환상처럼 보이는구나.

키키 : 그래서요?

치료자 : 그것이 환상이라면, 네 자신을 속이는 것과 같단다.

키키 : 어떻게요?

해결책	환상
• 긍정적 변화를 가져오는 생산적 행동 • 건설적으로 문제에 접근함 • 다른 사람들에게 해를 주지 않으면서 자신을 강화시킴 • 자신과 다른 사람들을 존중하는 개인적 가치에 기초함 • 자기반성을 수용함 • 상황을 나아지게 함 • 장점이 분명함	• 상황이 나아지지 않거나 악화시키는 파괴적 행동 • 옳지 않고 거짓된 진술 • 검토하면 무너짐 • 상황을 후진시킴 • 다른 문제를 야기함 • 장점을 발견하기 어려움

그림 9.3 : 환상 혹은 해결책 카드

문제해결 전략	환상?	해결책?	무엇이 그렇게 만드는가?

그림 9.4 :: 환상 혹은 해결책 활동지

저작권은 Guilford 출판사에 있으며, 이 자료의 복사 권한은 이 책의 구매자에게만 주어진다(자세한 내용은 판권 페이지 참조).
구매자는 www.guilford.com/friedberg-forms에서 이 자료의 더 큰 버전을 다운로드할 수 있다. Friedberg와 McClure(2015)에서 인용됨.

치료자 : 환상은 실제가 아니지만 해결책은 실제란다. 이 카드를 보렴[그림 9.3]. 농땡이 치는 것이 해결
    책인지 또는 환상인지 한번 확인해보자꾸나.

키키 : 무엇이든지요.

치료자 : 네가 동의한 것으로 받아들일게. 농땡이 치는 것이 상황을 유지시키는 것 같니 아니면 더 나쁘
    게 만드는 것 같니?

키키 : 무슨 뜻이죠?

치료자 : 좋아. 그것이 엄마가 너를 괴롭히는 것을 그만두게 하니? 그것이 나를 덜 자주 보게 만드니?

키키 : 아니요!!

치료자 : 그러면 그것 옆에 표시를 하자… 그것이 다른 문제를 만들고 있니?

키키 : 나한테는 만들지 않아요.

치료자 : 정말? 핸드폰을 압수당한 것은 뭐고? 또는 축구게임에 가지 못하게 된 것은? 아니면 학교에서
    정학 받은 것은?

키키 : (마지못해 하며) 뭐, 그렇게 말씀하신다면야.

치료자 : 너도 그렇게 보는 거니?

키키 : 좋아요… 좋아요… 그렇게 똑똑하게 행동하실 필요 없으세요!

치료자 : 이것은 어때? 장점을 찾기 어렵다는?

키키 : 잘 모르겠어요.

치료자 : 만약 네가 잘 모르겠다면 장점을 찾기 어렵다는 것 같네.

키키 : 그렇네요.

치료자 : 그럼 실제로 해결책이 될 수 있는 계획을 함께 짜보도록 하자.

이 대화에서 치료자는 문제해결에 대한 키키의 동기를 높이기 위해 열심히 노력했다. 그
는 해결책 또는 환상 활동을 키키에게 소개하였고, 그녀의 회피를 능숙하게 다루었다.

즉흥연기 활동

Wiener(1994)는 "즉흥연기란 창의성을 도입한 연극예술을 통해 치료적 노력의 핵심에 다가
가는 것"이라고 하였다(p. 247). Friedberg 등(2009, 2011)은 즉흥연기를 아동과 청소년을 위
한 CBT에 적용하는 것의 가치에 대해 역설하였다. 이 활동은 협력과 문제해결, 불완전성
에 대한 감내, 유연성, 조망, 자기표현, 사회기술훈련 등과 같은 다양한 기술들을 가르칠 수
있어 유용하다(Bedore, 2004; Rooyackers, 1998). 심리치료에서 사용하는 즉흥연기 활동은
즉시적 반응, 자발성, 그리고 대인관계에 진솔하게 직면하기 등이 요구된다(Ruby & Ruby,
2009).

Karnezi와 Tierney(2009)는 아동의 강점을 토대로 한 즉흥연기 기법인 '인지행동 연극치료'로 불리는 접근을 개발했다. 아동은 스트레스에 직면할 때 마치 자신이 다른 사람인 것처럼 행동한다. 두려운 자극에 대한 점진적 노출이 이 모델에 포함될 수 있다. Ehrenreich-May와 Bilek(2012)도 그들의 '정서 탐정 예방 프로그램(Emotional Detective Prevention Program)'에서 연극 활동에 대해 기술하였다. '정서 탐정 연극'에서 치료자는 아동들에게 자신의 감정을 파악하고 이해하는 데 도움이 되는 촌극을 수행하도록 한다.

즉흥연기 게임은 협력을 일으키는 데 좋은 방법이다. Ruby와 Ruby(2009)는 McInerney(2008)가 개발한 '모든 것을 다 아는 박사님(Dr. Know-It-All)'에 대해 소개하였다. 이 게임은 협력적 문제해결에 초점을 맞춘 가족치료 및 집단치료에 적합하다. 집단에게 주어지는 과제는 치료자의 질문(예 : "지금이 몇 월인가?")에 완전한 문장으로 답변하는 것이다. 이때 모든 구성원이 한 단어씩 말해야 한다(예 : "지금은… 11월… 입니다."). 만약 구성원들이 하고자 한다면 그리고 필요하다면 답변을 할 때 모두 손을 잡거나 팔짱을 끼도록 한다. Ruby와 Ruby는 집단이 연습을 통해 편해지면 치료자가 좀 더 어려운 그리고 심리적으로 두드러진 이슈(예 : "분노에 대해 말하는 것이 왜 어려울까?")를 진행할 수 있다.

맺음말

전통적 기법에는 아동과 청소년이 즉각적으로 참여하지 않을 수도 있다. 이번 장에서 저자들은 전통적 인지접근을 수정한 다양한 기법들을 소개하였다. 이러한 기법들을 시도해보고 자기 자신에게 맞게 수정하여 사용하기 바란다. 스토리텔링, 놀이치료, 공작활동, 인형놀이, 보드게임 등은 심리치료를 즐겁게 만들 수 있는 몇 가지 방법에 불과하다. 중요한 점은 치료를 재미있게 만드는 것이다. 치료자는 힘들고 고통스러운 정서를 경험하고 있는 아동을 치료하고 있지만, 그렇다고 해서 치료가 침울하고 딱딱할 필요는 없다. 저자들의 경험에

글상자 9.1   **창의적 CBT를 위한 팁**

- 놀이, 스토리텔링, 게임, 워크북, 연극 활동은 모두 아동을 위한 CBT에서 중요한 역할을 한다.
- 개인 아동에 맞춘 접근을 위해 모든 창의적 기법들을 사례개념화 안에 포함시킨다.
- 아동의 호소문제와 관련이 있는 창의적 개입방법을 선택한다.
- 창의적 개입을 실험적이며 흥미롭게 만드는 것이 핵심이다.

비추어볼 때 아동과 청소년이 치료시간을 임상적이라고 지각할수록 치료시간의 효과는 낮아진다. 따라서 독자는 이번 장에 제시된 기술들을 사례개념화와 치료시간 구조에 적용함으로써 창조적인 개입전략을 구성할 수 있기 바란다. 그리고 다양한 기법들을 즐겁게 실험해보기 바란다. 모험정신은 전염성이 있기 때문에, 이러한 치료자의 노력에 아동도 동참하게 될 것이다. 글상자 9.1은 기본적 주의사항을 요약하고 있다.

숙제

아동들은 새로 배운 기술을 치료 장면 밖에서 연습할 필요가 있다. 숙제(homework) 는 실제 생활 속에서 기술을 습득하고 적용하는 데 도움을 준다(Spiegler & Guevrememont, 1998). Kazantizis 등이 지적했듯, CBT에서 숙제를 내주는 경우가 그렇지 않은 경우보다 환자들에게 훨씬 유익하다는 것을 연구자들이 거듭 입증했다(Kazantizis, Deane, Ronan, & L'Abate, 2005).

숙제는 연습이기도 하고 과정이기도 하다. 치료자는 어떤 과제를, 어떻게 내줄 것인지 신경을 많이 써야 한다. 제4장에서 언급했듯이 아동들은 '숙제' 같은 용어에 대해 매우 부정적인 반응을 보이는 경우가 많다. 어떤 아동은 숙제의 '숙'자만 들어도 진저리를 친다. 이 문제를 극복하기 위해서는 숙제를 내줄 때 치밀하게 계획을 짜야 한다.

이번 장에서는 숙제를 효과적으로 내주는 방법들을 제시하고자 한다. '숙제를 그냥 내주면 되지 않나' 하고 생각할지 모르지만 대다수의 치료자들에게는 매우 신경 쓰이는 과업이다. 숙제를 내줄 때는 그때그때 아동의 반응에 따라 대처하고 대응하기보다, 미리 계획하고 대비할 필요가 있기 때문이다. 물론 그렇게 미리 준비하더라도 치료 중 예기치 못한 일이 발생하기도 하고 계획대로 치료가 흘러가지 않을 수도 있다. 저자들이 치료했던 사례를 예로 들어보겠다. 불안 증상을 보이는 어린 여아를 치료하고 있었는데, 처음에는 시험 불안과 인정받지 못하는 것에 대한 두려움을 둘러싼 아동의 생각을 파악해보려고 계획했다. 그러나 치료가 진행되면서 여동생을 향한 분노와 관련된 더욱 중요한 문제가 튀어 나왔다. 저자들은 급히 계획을 바꾸어 새롭게 떠오른 문제를 다루기 위한 숙제를 고안해내야만 했다. 숙제를 잘 내주면 치료의 진도가 빨라지고 치료 효과가 배가된다.

숙제를 내줄 때 일반적으로 고려할 사항

숙제를 내줄 때 고려해야 할 몇 가지 사항들이 있다(J. S. Beck, 2011). 우선 아동들이 '숙제'라는 말에 대해 부정적인 반응을 보일 수 있으므로 그것을 무엇으로 바꿔 부를 것인가가 있다. Kendall 등(1992)은 기발한 용어를 사용했다. '내가 할 수 있다는 걸 보여주기(Show That I Can, STIC)'가 바로 그것이다. 청소년의 불안과 우울 예방 프로그램(Prevention Anxiety and Depression in Youth program)에서는 '팬디'라는 생쥐 캐릭터를 사용하는데, 그것을 이용해서 숙제를 '생쥐가 해야 할 일(mousework)'이라 부른다. 또한 숙제를 '도구세트 쌓기(building your tool kit)'로 부르기도 한다. Burns(1989)는 숙제를 '스스로 돕기 과제(self-help assignment)'라고 부르라고 충고한다. 어떻든 치료자는 숙제에 대한 아동의 동기를 높일 수 있는 용어를 사용해야 한다.

공조해서 숙제를 정하라

숙제는 아동과의 협의를 통해 정해지고 부과되어야 한다. 그래야만 숙제가 아동 자신의 과제가 되어 아동의 책임감과 실행 가능성을 높인다. 다음의 대화는 숙제 부과에 대한 협력적 접근을 예시해주고 있다.

> 데스먼드 : 그대로 멈추고 상황을 생각해보게 되질 않아요.
>
> 치료자 : 반응이 바로 나와버리고 그냥 느낌 가는대로 행동하게 된다는 거니?
>
> 데스먼드 : 맞아요. 내 감정들이 멋대로 나를 조종해요.
>
> 치료자 : 네 감정보다 더 큰 힘을 갖게 되는 법을 배우고 싶니?
>
> 데스먼드 : 물론이죠. 어떻게요?
>
> 치료자 : 자, 우리 함께 계획을 세워보자. 네가 기분이 나빠졌을 때 네 생각과 감정들을 적는 방법을 가르쳐줄테니, 이번 주 동안 그 기술을 연습해보면 어떨까?
>
> 데스먼드 : 그게 어떻게 도움이 되는데요?
>
> 치료자 : 이런 것들이 어떻게 효과를 발휘하는지 앞으로 지켜봐야 하긴 하겠지만, 많은 아동들이 자신의 생각과 감정을 적어봄으로써 잠시 멈추고 상황을 잘 생각해볼 수 있게 되었단다.
>
> 데스먼드 : 얼마나 적어야 하는데요?
>
> 치료자 : 그건 우리가 정하고 계획하면 돼.
>
> 데스먼드 : 일주일에 몇 번이나 이걸 해야 하는데요?

치료자 : 생각일기를 보여줄 테니 함께 결정하자꾸나.

이 대화에서 데스먼드와 치료자는 함께 숙제를 계획했다. 치료자는 데스먼드가 자신의 문제를 확인한 뒤 숙제의 개념을 도입했다. 치료자는 데스먼드를 과제 부과(예 : 얼마나 적어야 하는지? 몇 번이나 해야 하는지?)에 참여시키려고 노력했다. 또한 치료자는 아동을 참여시키기 위해 '숙제'란 말 대신 '연습'이란 용어를 사용했다.

호소문제와 숙제를 연계하라

고려 사항의 두 번째는 숙제 부과를 아동의 호소문제와 연결시키는 것이다. 현재 아동이 호소하는 문제와 숙제 사이의 관계가 가까울수록 숙제는 아동에게 더욱 의미가 생긴다. 따라서 아동과 가족이 숙제와 문제 사이의 관련성을 이해할 수 있도록 잘 설명해주어야 한다. 또한 숙제를 현 문제와 연결시키는 것은 치료자를 '성실하게' 만든다. 숙제와 문제의 연결을 염두에 두다 보면 숙제를 구태의연하게 혹은 기계적으로 매뉴얼 그대로 적용하지 않게 된다. 아동의 가족에게 숙제 완수가 치료 효과를 높인다고 알려주면 도움이 된다. 가족의 동기가 고취되어 적극적으로 숙제에 관여할 것이다. 가족들도 숙제를 기억하고 숙제를 완수하기 위해 문제해결 방식을 동원할 것이다. 다음 예는 치료자가 사회 공포증을 앓는 8세 여자아이 켄드라의 엄마와 숙제에 대해 어떠한 방식으로 의논하는지 보여준다.

치료자 : 지금 학교, 운동 연습, 직장 일 등으로 켄드라 어머님이 매우 바쁘다는 거 압니다. 그렇지만 우리의 주요 치료 목표는 불안 감소입니다. 우리가 오늘 배운 기술은 아이들의 불안 감소에 굉장히 효과적이었다는 것을 보여주는 연구들이 많습니다. 흥미로운 사실은 우리가 배운 걸 치료받으러 오는 사이 사이에 집에서 연습한 아이들이 그렇지 않은 아이들에 비해 개선을 보였다는 것입니다. 그리고 많은 가족들이 바쁜 일정 속에 연습시간을 어찌어찌 끼어 넣느라고 애를 쓴다는 거지요. 그러니까 지금부터 몇 분간 켄드라와 켄드라 가족의 바쁜 일정을 어떻게 조정해서 오늘 배운 것을 끼워 넣을 수 있을지 고민해봅시다.

엄마 : 가능할 것 같기는 한데 잊어먹지 않을까 모르겠어요. 그리고 제가 일을 하러 나가는 밤에는 제가 집에 없어서 더 어렵겠네요.

치료자 : 켄드라, 언제 연습하는 게 좋을까?

켄드라 : 플래시카드를 볼 때가 좋을까요?

엄마 : 그게 좋겠다. 매일 밤 켄드라가 수학 플래시카드를 연습하거든요. 플래시카드 옆에 치료폴더를 두면 생각이 나겠네요.

치료자 : 둘 다 정말 좋은 계획을 생각해내었네요. 자 그러면 켄드라 너의 엄마가 학교 강의 들으러 간 날

에는 어떻게 할까?

바쁜 일정 때문에 숙제 완수가 어렵다는 것을 직접적으로 인정함으로써 치료자는 가족과 협력해서 예상되는 장애물에 대해 문제해결방식으로 접근할 수 있었다. 그래서 켄드라의 엄마가 숙제 완수에 '실패'할 것 같다는 생각을 하지 않도록 도울 수 있었다. 또한 치료자는 숙제와 최종 치료 목표 간 연관성을 설명함으로써 가족에게 과제의 의미를 부각시켰다. 과제가 치료의 중요한 부분이라는 것을 알리고, 장애물을 직접적으로 제시하고 문제해결방식으로 접근해주면 숙제 완수의 가능성은 커진다.

아동에게 과제를 확실히 이해시키라

말을 듣게 하려면 먼저 무엇을 해야 하는지 제대로 알려주어야 한다. 아동이 숙제를 완수하려면 먼저 숙제에 대해 이해부터 해야 한다. 아동이 시행을 못하는 것은 주로 무엇을 해야 하는지 잘 이해하지 못해서이다. 따라서 숙제를 내줄 때는 구체적일 필요가 있다. 그럼에도 불구하고 숙제를 모호하고 알기 힘든 방식으로 내주는 치료자가 많다(예 : "네 생각을 적어 보자꾸나."). 아동들은 이것이 무엇을 하라는 건지 몰라서 자신에게 많은 질문을 던진다. 어떻게 내 생각을 적지? 어떤 생각을 적어야 하나? 언제 적어야 하나? 얼마나 자주? 도대체 내가 왜 이걸 해야 하지? 만약 아동이 무엇을 해야 하는지 잘 알지 못한다면 아무래도 과제를 잘 하지 않으려 들 것이다. 따라서 숙제를 할 때 무엇을 해야 하는지 상세하게 설명해주는 것이 중요하다.

다음의 대화는 아동에게 숙제에 대해 구체적으로 설명해주는 방법을 보여준다.

치료자 : 방금 우리는 '모든 사람들이 날 좋아해야 해. 그렇지 않다면 난 무가치한 인간이야.'라는 너의 생각을 짚어 냈단다. 다음에는 우리가 무엇을 해야 할까?

메이 : 모든 사람이 날 좋아하게 만드는 거요? (웃는다) 아니요. 모르겠어요.

치료자 : 네가 굉장한 압박감을 느끼고 있는 게 이해가 가는구나. 너의 가치가 모든 사람이 너를 좋아하는지에 의해 결정된다고 믿으니 말이야.

메이 : 네. 그래요. 끔찍해요.

치료자 : 그럼, 정말로 네 가치가 모든 사람이 널 좋아하는 것에 달려 있는지 한번 알아보는 것이 좋을 것 같지 않니? 너의 그 생각이 맞는지 검증해볼 방법을 한번 궁리해 보자. 우리가 해야 할 일은 너의 가치를 정의하는 것이야. 음, 학교에서 공부하다가 뭔가를 정의할 필요가 있을 때는 뭘 하지?

메이 : 책에서 찾아보든가 해요.

치료자 : 그래, 맞아. 전문가에게 묻지. 네 자신의 가치에 관해서는 누가 전문가지?

메이 : 저겠지요.

치료자 : 그리고 또?

메이 : 제 친구들과 부모님이요. 그런데 그들이 내가 가치 있다고 생각하는지 물어보고 싶지 않아요. 쑥스러운 짓이에요.

치료자 : 그들에게 "무엇이 사람을 가치 있게 만들까?"라고 질문하는 것은 어떨까?

메이 : 좋아요.

치료자 : 누구에게 물어볼래?

메이 : 엄마, 아빠, 이모. 그리고 내 친구 테사, 메리, 브라이언, 기실이요.

치료자 : 쓰면 도움이 될 거야. 그러니까 가족, 친구들에게 물어본 뒤에 그들이 얘기한 것을 적어보도록 해. 그러면 그들이 한 말들을 기억하는 데 도움이 될 거야… 그런 뒤 네 자신의 목록을 만들도록 해. 네 자신이 '가치 있음'을 정의해보는 거야. '가치 있음'을 정의하는 모든 것을 다 적어보도록 해. 그럼 지금 하나 해보자. 무엇이 사람을 가치 있게 만들지? 어떻게 하면 가치 있는 사람이 될까?

메이 : 친절하면요

치료자 : 그걸 적어보렴.

메이 : (적는다) 그러면… 다음 주에 이걸 가지고 뭘 하는데요?

치료자 : 모든 정의를 다 비교해보고 네가 개개 특성을 얼마나 갖고 있는지 살펴볼 거야. 그런 뒤 모든 사람이 널 좋아한다는 것이 절대적으로 네 가치를 결정하는지 결론을 내려보도록 하자.

이 대화는 몇 가지 중요한 사항들을 예시해준다. 첫째, 치료자는 처방전 내리듯 숙제를 단순히 일방적으로 내준 것이 아니라 아동의 동의를 구했다! 둘째, 행동실험과 관련된 과제가 분명하게 제시되었다(예 : "네 자신의 가치에 관해서는 누가 전문가지?", "쓰면 도움이 될 거야."). 마지막으로, 치료자는 과제를 메이의 문제 신념('모두가 나를 좋아하지 않는다면 난 무가치한 인간이야.')과 연관 지었다.

단순한 과제를 부과하라. 그리고 치료시간 중에 숙제를 시작하라

숙제를 실제로 완수하게 만들려면, 목표를 향해 점진적으로 다가가는 여러 단계들로 나누어야 한다(J. S. Beck, 2011; Spiegler & Guevremont, 1998). 작은 괴제리 힐지라도 처음에는 아동에게 엄청나 보일 수 있기 때문이다. 이 전략을 따른다면 과제가 '할 만하다'고 느끼는 데 도움이 될 것이다. 당연히 단순한 과제가 복잡한 과제보다 선호된다. 그리고 치료시간 중에 숙제를 시작하여 점진적으로 과제에 접근하게 한다.

첫째, 먼저 치료자가 과제를 설명하고 시연한다. 아동에게 모델을 제시함으로써, 자기 혼자 어떻게 해야 할지 고민하는 짐을 아동에게 지우지 않도록 한다. 둘째, 치료시간 중에 과제를 시작하는 것은 숙제 과정에 시동을 거는 것과 같다. 아동은 무엇을 해야 하는지 알게 되어 숙제 완수를 향해 한 걸음을 내딛게 된다. 아무래도 이미 시작해놓은 숙제를 마치는 것이 새 과제를 처음부터 혼자 시작하는 것보다 훨씬 쉽다. 치료시간의 일부를 숙제 내주기와 숙제의 첫 단계에 필요한 협력에 투자하면 아동에게 숙제의 중요성을 확실하게 알려주게 된다. 마지막으로, 치료시간 중에 과제를 시작함으로써 아동이 과제를 완수하는 데 부딪칠 수 있는 어려움을 치료자가 미리 엿볼 수 있다.

다음 대화는 한 청소년과 치료시간 중에 숙제를 시작하면서 진행하는 방법을 보여준다.

> 치료자 : 지금부터 네 맘속을 스쳐가는 생각들 중에 신경 쓰이는 것들을 검증해볼 수 있도록 도와주는 질문들을 나열해보자꾸나. 생각일기에 이미 몇 가지 생각들을 적어보았는데, 첫 번째로 적은 게 뭐지?
>
> 안드레 : "내가 하는 건 뭐든지 완벽하지 않기 때문에 아예 아무것도 안 하는 게 낫다."
>
> 치료자 : 그 믿음을 검증해보기 위해 너 자신에게 어떤 질문을 던질 수 있을까?
>
> 안드레 : 아무 생각도 안 나요.
>
> 치료자 : 그래, 그럴 수 있지. 네 마음속에 생각이 떠올랐는데, 너는 그 생각에 대해 아무런 의문점이 생기지 않는 거야. 그래서 이 실험을 해보자는 거란다. 네 자동적 생각에 의문점을 던질 수 있다는 걸 너 자신에게 보여줄 수 있는 질문들을 생각해보는 거야. 네가 무엇을 해야 할지 함께 생각해보자. 우선 전에 도움이 되었던 질문들을 적어보는 거야. 그런 다음 네 치료공책에 적어놓자. 오늘 네가 했던 질문 중 어떤 것이 도움이 되었던 것 같니?
>
> 안드레 : "다르게 바라볼 수는 없나?"라는 질문이 맘에 들었어요.
>
> 치료자 : 좋아. 멋진 시작이네. 그걸 적어보자. 또 다른 질문은?
>
> 안드레 : 음. "증거가 무엇인가?"요.
>
> 치료자 : 벌써 2개 적었구나. 이번 주에 얼마나 많이 적을 수 있을 것 같니?
>
> 안드레 : 아마 3개 정도 더요.

이 대화는 몇 가지 치료적 전략들을 강조해주고 있다. 첫째, 치료자가 치료시간 중에 안드레에게 숙제를 하는 데 필요한 기술을 가르친다. 둘째, 안드레가 처음에 어려워하는 것을 비난하지 않고 당연히 그럴 수 있다고 이해해준다(예 : "그래, 그럴 수 있지"). 셋째, 치료시간 중에 2개의 질문을 완성함으로써 안드레는 과제를 점진적으로, 쉽게 접근할 수 있게 되었다.

과제 부과를 자세히 다루라

치료시간 중 숙제를 부과하는 동안 치료자는 아동과 함께 공을 들여 과제를 완전하게 소화시켜야 한다. 우선, 과제를 완수하는 데 장애가 될 수 있는 문제들을 다루어야 한다(예 : "네가 이 과제를 하는 데 방해가 될 만한 것이 무엇일까?", "네가 이걸 안하려고 어떤 식으로 꾀를 피울 것 같니?"). 덧붙여서 과제가 도움이 될 것인지에 관한 아동의 기대도 탐색해보아야 한다(예 : "이것이 어떤 도움을 줄 거라고 생각하니?"). 마지막으로, 숙제를 할 수 있는 능력에 대한 아동의 지각을 확인해보는 기회를 가지는 것이 좋다(예 : "어려운 부분이 있다면 어떤 게 있을까?", "이 중에서 네가 얼마만큼 할 수 있을까?").

치료시간 마지막 몇 분만 남겨두고 과제 부과를 시작해서는 안 된다. 치료시간 중에 과제부과에 대해 아동과 충분히 논의하고 협진적으로 집근해야 하기 때문이다. 시간을 충분히 할애하면 숙제 실행의 가능성이 높아진다. 치료시간의 마지막 순간에 숙제를 급하게 할당하면 시간에 쫓겨 효과적으로 소화할 수 없다. 급하게 숙제를 던져주면(예 : "그런데 말이지, 우리가 만나는 다음 주 목요일까지 생각기록지를 세 장 써올래?"), 숙제가 중요한 치료 부분이 아니라 일종의 '부록'이라는 메시지를 주게 된다. 또한 '그냥 던져진 과제'는 아동의 시급한 문제와 유리될 가능성이 크다. 마지막으로, 협력관계가 훼손된다.

후속조치를 취하라

숙제는 다음 치료시간에 반드시 점검하라! 그 이유는 첫째, 치료자가 숙제 점검을 잊으면 아동은 숙제가 중요하지 않다는 메시지를 받게 된다. 아동은 '치료자가 이 과제를 별로 신경 쓰지 않는데 내가 왜 해야 해?'라고 생각한다. 둘째, 숙제 점검은 치료시간 외의 노력이 치료 과정에 중요하다는 점을 강조해준다. 셋째, 숙제를 점검할 때 숙제 실행 및 비실행과 관련된 생각과 감정을 엿볼 수 있다. 이는 아동의 현 문제를 반영하는 표본행동이 될 수 있다. 예를 들어 아동이 숙제를 완성하지 못한 것은 그 아이의 완벽주의적 믿음(예 : '완벽하게 못

글상자 10.1   숙제 부과 시의 일반적 고려사항

- 아동의 문제와 숙제를 분명하게 연계하라.
- 협력해서 과제를 고안하라.
- 과제를 잘 이해했는지 체크하라.
- 점진적 접근을 취하라.
- 치료시간 중에 숙제를 시작하라.
- 예상되는 장애물과 어려운 점에 대비하라.
- 반드시 숙제 부과에 대한 후속 조치를 취하라.

한다면 아예 시도도 하지 마.') 탓일 수 있다. 이러한 믿음은 다른 영역의 기능에도 이미 침투되어 있을 것이고 따라서 치료과정에서 활용할 수도 있다.

글상자 10.1은 숙제 부과 시의 일반적 고려 사항을 요약한다.

숙제를 해오지 않는 경우

숙제를 해오지 않는 행동(noncompliance)은 아동의 행동 저변에 깔린 동기와 이유를 탐색할 수 있는 기회를 제공한다. 따라서 치료자는 과제를 하는 데 방해한 것이 무엇인지 알아본다. 대부분 아동에게 그냥 "치료숙제를 안 해왔는데, 뭔가 일이 있니?"라고 물어보면 된다. 실습생들에게 '숙제 안하기 다루는 법'을 가르치다 보면 그들이 과제에 대해 캐묻기를 꺼려하는 걸 보게 된다. 왜 그러느냐고 물으면 아동이 비판받는다고 느낄까 봐 혹은 비하되고 있다고 느낄까 봐 두려워서라고 답한다. 이러한 믿음은, '아동을 대상으로 숙제에 관해 작업할 때는 당연히 무서운 교사처럼 행동해야 한다.'는 생각에서 비롯된 것이다. 숙제를 해오지 않는 행동을 다루는 목적은 아동을 벌주거나 비하하기 위함이 아니다. 이것은 문제해결, 생각 검증하기, 행동 개입 등의 다른 치료 방법들을 도입할 길을 마련해주기 위한 것이다.

아동이 숙제를 해오지 않는 것에는 다양한 요인이 작용한다. 대표적인 요인으로 숙제가 너무 어려워서, 치료자가 제대로 숙제를 내주지 못해서, 아동 자신이나 가족의 심리적 어려움이 있어서 등을 꼽을 수 있다(J. S. Beck, 2011; Burns, 1989). 이유가 무엇이든 숙제를 안 해오는 것은 치료의 주안점이 되어야 한다. 그림 10.1을 보면 숙제를 해오지 않는 이유들을 이해하는 데 도움이 될 것이다.

단계를 밟아 적극적으로 개입하면 숙제를 해오지 않는 문제를 감소시킬 수 있다. 숙제를 점진적으로 내주고 치료시간에 시작을 하면 아동이 과제를 이해했는지 파악할 수 있다. 과제가 무엇인지 아동이 이해하고 있는가? 무엇을 해야 하는지 아동이 알고 있는가? 치료자가 기대하는 바는 무엇인가? 과제가 어린 아동에게 너무 복잡하거나 추상적인가? 과제가 아동의 해당 기술 수준을 넘어서는가? 과제가 쓰기나 읽기를 요구하는데 아동이 숙제를 해오지 않는다면, 그것은 그 아동의 읽기/쓰기 기술 부족을 반영한 것일 수 있다. 또는 자신의 기술 부족에 대해 창피함과 수치감을 느끼게 될까 봐 회피하는 것일 수도 있다. 감정과 사고를 파악하는 법을 아직 배우지 못한 아동에게 문제 사고에 대한 대안적 대처 반응을 요구하는 과제를 내주는 것은 너무 이르다. 아동이 과제를 완수하는 데 필요한 기술을 갖추지 못했기 때문이다. 이러한 상황에서 치료자가 할 일은 과제를 단순하게 만들거나, 필요한 기술을 먼저 가르치거나, 아니면 아동의 역량에 맞는 과제를 다시 기획하는 것이다.

과제가 심정적으로 의미를 갖고 있는가, 문제와 관련이 있는가, 그리고 적절한가? 이때

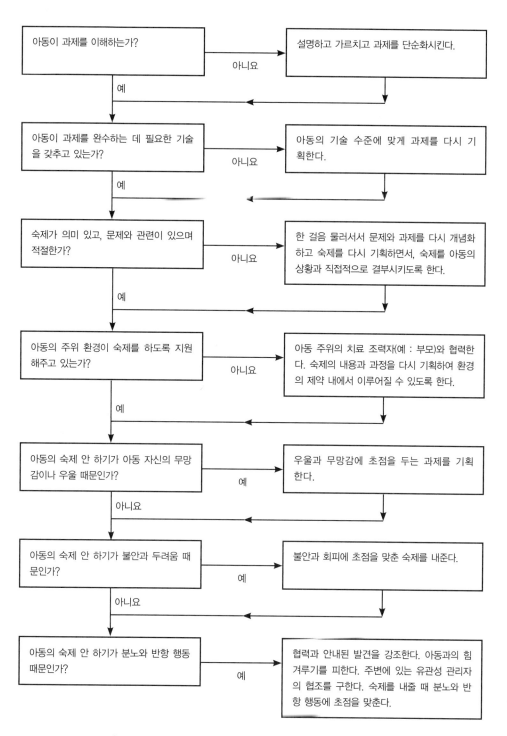

그림 10.1 : 숙제를 해오지 않는 행동을 다루기 위한 의사결정 과정

다문화 요인을 고려해보아야 할 수도 있다. 예를 들어, 숙제에서 사용된 언어로 인해 아동이 문화적 장벽을 느끼지는 않는가? 행동 과제가 아동이 속한 문화의 규범에 어긋나는 것은 아닌가? 가령 자율성을 촉진하는 쪽으로 치료를 진행하고 있는데, 아동이 속한 문화에서는 낮은 자율성이 바람직한 것은 아닌가?

부모/양육자가 아동이 숙제를 하도록 북돋우는가? 어떤 부모들은 적극적으로 치료숙제를 독려하고 강화하는 반면, 또 어떤 부모들은 별로 관여하지 않는다. 따라서 치료자는 무엇보다 먼저 아동이 치료숙제를 열심히 하는 것을 강화해주고 칭찬해주도록 부모를 가르쳐야 한다. 가령 부모와 함께 유관성(contingency) 계획을 설계하면 숙제 행동을 촉진시킬 수 있다(예 : "만약 카일이 죄책감을 느낄 때 생각일기의 세 쪽을 채운다면, 그 대가로 뭘 해주실 수 있겠습니까?"). 이렇게 해서 치료숙제가 가족 일과의 한 부분이 되는 것이다.

그러나 부모/양육자가 아동의 치료숙제를 지원해주지 않는 경우가 있다. 이럴 때 치료자로서 여러 가지 질문을 생각해볼 것을 권한다. 무엇이 가족의 숙제 지원을 방해하는가? 이것이 문화적 규범인가? 가족들이 아동의 문제로부터 이익을 얻고 있는가? 부모/양육자가 아동의 노력에 관심을 갖고 있는가?

다음 예를 생각해보자. 11세 아동 맨디는 3회 동안 치료를 받으면서 진전을 보이고 있었다. 자신을 부모의 부부갈등으로부터 분리시킬 수 있게 되었고, 아버지를 정서적으로 지원해주어야 한다는 책임감을 억누르는 법도 배웠다. 치료에 정기적으로 잘 오고 숙제도 잘 해왔다. 그러다가 치료는 갑자기 예측치 못한 국면을 맞게 되었다. 맨디의 상태가 나빠지면서 숙제를 해오지 않는 행동을 보였다. 부모와의 유관성 계획도 실패했다. 우리는 이 문제를 다루기 시작했고 그 과정에서 이유를 알게 되었다. 맨디의 문제가 부모에게 중요한 기능을 담당하고 있음이 분명해졌다. 맨디가 문제에 빠져 허우적대고 있는 한, 엄마와 아빠는 부부 문제를 회피할 수 있었던 것이다.

다음의 예도 좋은 예시가 될 것이다. 미가는 매우 불안해하는 아동으로, 자신의 감정을 제어하지 못하게 될까 봐 두려워했다. 학교버스나 비행기 안에서 공황 발작을 겪게 될까봐 걱정했다. 치료 초기에는 빠른 호전을 보였다. 자기감찰과 자기지시 과제를 열심히 해왔다. 그러나 맨디처럼 미가 역시 치료가 진전되지 않고 숙제해오는 것이 부실해졌다. 미가의 아버지도 심한 불안장애를 겪고 있었으며, 자신과 미가가 같은 취약점을 갖고 있다는 사실에서 위안을 얻고 있는 것으로 보였다. 치료가 진행되면서 미가의 아버지는 자신도 모르게 미가의 호전을 방해했던 것이다. 치료자는 이 문제를 가족에게 이야기했다. 그러자 아버지가 고백했다. "나 혼자 불안을 겪게 되어 정말 외로움을 느끼기 시작했습니다. 미가가 자신의 공포를 극복하기 시작하면서 나 자신이 비참하게 여겨졌습니다. 나 자신에게만 초점을 맞추고 나는 공포를 결코 극복하지 못하리라고 생각했습니다."

숙제 내주기가 효과적이려면 심정적으로 의미가 있어야 한다. 아동과 가족들이 숙제를 진부하고 자신들의 상황과 무관하다고 지각한다면 숙제를 안 해올 가능성이 커질 것이다. 이전에 언급한 대로, 과제를 현재 호소하는 문제에 결부시킨다면 정서적 관련성이 더 커진다. 예를 들어 반항적이고 비협조적인 아동이 엄마가 잔소리를 그만하기를 바란다면 그 목적을 달성해주는 숙제를 내주어야 한다. 문제해결법을 잘 활용하면 자유를 얻을 수 있음을 아동이 깨닫게 된다면 숙제를 더 열심히 해올 것이다. 만약 숙제가 치료시간에 다룬 문제와 연관성이 별로 없어 보인다면 아동이 그 과제를 '날려버리는' 것은 당연하다고 하겠다.

개개 아동의 욕구에 맞추어진 숙제는 일반적인 과제보다 훨씬 설득력이 있다. 가령 개별 아동에게 맞춤식으로 생각일기를 만들 수 있다. 치료자는 생각일기 숙제를 내줄 때 다음과 같이 말하면 좋다. "네가 슬픔을 느낄 때마다 이 일기의 한쪽을 채워 보렴. 네가 학교에서 말다툼하게 될 때마다 생각일기를 써 봐." 이 지시문은 자신의 개인적 문제에 주의를 기울이도록 아동을 유도해서 과제의 관련성을 높인다.

타마라라는 12세 소녀는 우울증 진단을 받았고 분노 폭발을 보였지만 치료에 오지 않으려 했다. 치료실 밖에서는 치료기술을 연습하지 않겠노라고 선언했다. 타마라는 전자제품들을 좋아했는데 문제행동 때문에 전자제품 사용을 금지당하기 일쑤였다. 치료자는 그러한 타마라의 동기를 북돋워서 치료기술을 사용하고 연습하도록 하는 숙제를 고안하였다. 자기조절, 대처, 문제해결 전략들을 타마라에게 가르친 후 치료기술 체크목록을 만들었다. 타마라가 체크목록에 있는 사항들을 모두 완수하는 날에는 전자제품을 사용하게 했다. 이 계획은 가정에서의 갈등을 줄였고 분노 폭발 감소라는 치료 목적에도 부합되었다.

숙제를 해오지 않는 행동은 또한 아동의 무망감 및 우울과 관련된 것일 수 있다. 숙제를 해오지 않는 행동은 매우 우울하고 무망감을 느끼는 아동들에게 비교적 흔하게 나타난다. 우울과 무망감이 심각한 탓으로, 그 어느 것도 도움이 되지 않을 것이라고 믿는 것이다. 더군다나 아동의 비관주의, 수동성, 낮은 자아효능감이 대처 노력을 기울이는 것을 힘들게 한다. 우울증 탓으로 숙제를 안 해오는 것은 정말 그들의 비관주의, 무기력 그리고 도움이 안 될 것이라는 지각이 작용하고 있는 것이다. 이럴 때 좋은 전략은, 점진적이면서 자아효능감 증진을 강조하는 숙제를 내주는 것이다. 예를 들어 즐거운 사건 계획하기(pleasant event scheduling) 숙제를 내줄 때, 쓰라고 하는 대신 간단히 스티커를 치트에 붙이게 하면 우울한 아동에게 훨씬 수월할 것이다.

회피는 불안한 아동의 특징이다. 우울한 아동과 마찬가지로, 불안 문제의 심각성이 아동의 숙제하기 행동에 영향을 미친다. 만약 과제가 상당한 불안을 일으킨다면 아동은 단지 불안을 느끼기 때문에 그 과제를 회피할 것이다. 우울한 아동의 경우와 마찬가지로 숙제를 하지 않는 행동은 아동의 문제와 관계가 있다. 따라서 과제에 관한 아동의 생각과 감정을 파악하고 수정하도록 돕는 것이 치료의 열쇠가 된다. 예를 들어 불안한 아동이 부정적 평가에 대한 두려움 때문에 자신의 감정에 관해 부모와 대화하는 것을 거부한다면, 그러한 두려움에 대한 대처가 숙제의 근간을 이루어야 한다.

숙제를 해오지 않는 아동의 행동이 반항심과 심리적 저항(reactance) 때문인지 생각해볼 필요가 있다. 심리적 저항이란 사람들이 통제당하고 있다고 생각할 때 자유를 되찾으려고 애쓰는 경향을 설명하기 위해 사용되는 구성개념이다(Brehm, 1966). 따라서 아동이 과제를 자신을 통제하기 위한 것이라고 보는지 확인하는 것이 도움이 된다. 만약 아동이 지각된 통제에 상당히 예민하다면 숙제를 내줄 때 협력이 더욱 중요해진다. 다음 대화는 지각된 통제에 저항하는 청소년이 숙제를 하도록 이끄는 과정을 예시해주고 있다.

치료자 : 화가 날 때 마음속에 무엇이 스치고 지나가는지 파악해보는 것이 어떨 것 같니?

스테이시 : 왜 화가 났는지 난 이미 아는 걸요.

치료자 : 이것이 어떻게 도움이 될 수 있을지 정말 모르겠니?

스테이시 : 도움이 안 될 거예요. 바보 같아요. 왜 내가 선생님이 내준 숙제를 해야 돼요?

치료자 : 너는 상대를 꺾는 일을 즐기는 것 같구나.

스테이시 : (어깨를 으쓱함)

치료자 : 그게 뭐가 재미있는데?

스테이시 : 선생님이 좌절하는 걸 보는 거요. 그러면 내가 이 상황의 주도권을 잡는 거죠.

치료자 : 네가 주도권을 잡지 않으면 어떤 일이 일어나는데?

스테이시 : 선생님은 머리가 좋으시잖아요. 알아맞혀보세요.

치료자 : 좋아. 내가 생각하기엔 네 뜻대로 일이 돌아가지 않을 때 상대방을 꺾으려 하고 또 심통을 부리는 것 같아. 어때?

스테이시 : 그래서요?

치료자 : 그게 어떻게 네게 도움이 되지?

스테이시 : 꽤 많아요. 숙제를 안 하게 되잖아요.

치료자 : 맞아. 그렇지만 이렇게 나와 얘기하는 것 말고 다른 걸 하고 싶지는 않니?

스테이시 : 말하는 거 빼고 딴 것은 거의 다 하고 싶죠.

치료자 : 그러니까 네가 치료에 덜 오도록 만들고 네 생각과 감정을 스스로 다스리는 주인이 되는 방법을 찾아낸다면, 그게 도움이 될 것 같니?

스테이시 : 그럴 것 같은데요.

치료자 : 나도 그렇게 생각해. 그렇다면 네가 주인이 되어서 네 마음속에 스쳐가는 것을 파악해보면 어떨까? 그런 식으로 자기가 주도권을 잡고 스스로 관리하는 청소년들을 보면 대개 치료를 통해 많은 진

전을 보이더라. 너도 그럴지는 모르겠다만 한번쯤 시도해보면 좋을 것 같아.

첫째, 이 대화에서 치료자가 어떤 식으로 직접적이고 구체적인 질문을 했는지 주목하라. 둘째, 치료자는 지각된 통제를 주요 이슈로 개념화하고, 치료자가 전적으로 주도권을 장악하는 것으로 보이지 않도록 주의를 기울였다. 마지막으로, 치료자는 스테이시에게 숙제가 주도권을 장악하는 방법이라고 설명하였다.

협력적인 문제해결은 숙제 실행을 촉진한다. 숙제가 잘 실행되도록 치료자와 아동이 함께 여러모로 방법을 강구해볼 수 있을 것이다. 숙제공책을 가지고 다니기, 치료숙제를 하기 위해 특정 시간을 정해서 비워두기, 잘 보이는 곳에 메모 붙이기 등은 아동의 숙제 실행을 촉진한다. 다음 대화는 치료자와 아동의 협력적 문제해결 과정을 보여주고 있다.

치료자 : 이번 주에 생각일기를 적지 못하게 방해한 게 뭐지?

이사벨 : 진짜 바빠서 깜빡했어요.

치료자 : 이번 주에 학교에서는 무슨 숙제가 있었니?

이사벨 : 철자법 시험이 있었어요.

치료자 : 그럼 철자법 숙제는 했니?

이사벨 : 네.

치료자 : 철자법 숙제를 기억나게 하는 데 도움이 된 게 뭐였을까?

이사벨 : 숙제는 항상 저녁 식사 전에 해요. 그래야 저녁 먹고 TV를 볼 수 있거든요.

치료자 : 야, 거참 좋은 생각이네!! 철자법 숙제를 하려고 시간을 정해서 비워둔 거구나?

이사벨 : 네. 그게 도움이 되더라구요.

치료자 : 철자법 숙제를 기억나게 한 것처럼, 생각일기 숙제를 기억나게 도울 만한 방법이 없을까?

이사벨 : 철자법이랑 과학 숙제를 한 다음에 할 수 있을 거예요.

치료자 : 과학 숙제와 철자법 숙제를 할 때 어떻게 하면 생각일기 쓰는 것을 기억나게 할까?

이사벨 : 치료실을 떠나 집에 도착할 때 내 책상 위 학용품 옆에다가 일기를 놓으면 될 것 같아요.

치료자 : 또 좋은 생각을 해냈구나! 모든 숙제를 함께 두면 나중에 한꺼번에 할 수 있겠지. 그런데 다음 시간에 생각일기를 가져와야하는데 확실하게 가져오게끔 하려면 어떻게 하면 좋을까?

이사벨 : 그냥 기억할게요.

치료자 : 그것 참 좋은 목표구나. 기억하는 데 도움이 될 만한 방법이 있을까?

이사벨 : 메모를 써서 냉장고에 붙여놓을게요.

치료자 : 뭐라고 메모할 건데?

이사벨 : 박사님을 만날 때 일기를 가지고 갈 것.

위의 대화는 중요한 과정과 기술을 보여주고 있다. 우선 치료자는 이사벨의 철자법 숙제 성공을 치료숙제의 성공을 위한 발판으로 삼았다. 둘째, 이사벨이 말에만 의존하지 않도록 숙제 실행 계획을 세웠다. 마지막으로, 치료자는 숙제를 해오지 않은 이사벨의 행동을 비하하는 것으로 들리지 않도록 조심하였다.

청소년의 경우 스마트폰 같은 도구를 이용하면 치료숙제를 잘 기억한다. 강박충동장애를 겪는 미카는 15세 소녀인데 불쾌한 강박사고를 자주 경험한다고 호소했다. 그녀는 인지치료 기법을 잘 이해했고 치료회기 중 치료기법을 연습하여 불안 감소에 성공했다. 그러나 집에서는 노출과제 실행을 힘들어했다.

미카 : 연습을 더하면 도움이 되리란 걸 알지만 잊어버려요.

치료자 : 지난 치료회기 때 네가 아이디어를 냈었잖아? 매일 같은 시간에 연습하겠다고 했었지?

미카 : 두어 번 기억했어요. 그런데 숙제하느라 바쁘거나 친구와 얘기하고 있을 때는 시간 가는 것을 완전히 잊어요. 게다가 어떤 날 밤엔 집에 없었고요.

치료자 : 연습을 더 하려고 노력한 걸 들으니 기쁘구나. 네 일정이 어떻게 되든 쉽게 기억할 수 있게 도울 만한 것을 생각해보자.

미카 : 치료 폴더를, 다른 학용품들과 함께 제 방 책상 위에 두었었는데요. 제가 거기 없을 때는 폴더가 눈에 안보이거든요.

치료자 : 그래 생각 잘해냈네. 네가 방에 없다면 폴더가 안 보이겠지. 그렇다고 폴더를 내내 가지고 다니는 건 현실적이지 않고.

미카 : 네, 못 그러죠.

치료자 : 그렇지만 네가 항상 가지고 다니는 것들 중에 도움이 될 만한 게 있지.

미카 : 휴대폰요?

치료자 : 알람 같은 걸 맞춰 놓으면 어떨까?

미카 : 아, 쉬워요. 매일 같은 시각에 "연습해"라는 알람이 울리도록 설정할 수 있어요.

치료자 : 좋은 생각! 한번 해보고 어떤지 봐. 자 그런데 알람이 울렸는데 네가 다른 걸 하는 중이라 바로 연습을 할 수 없다면 어떻게 하지?

미카 : 그러면 한 시간 이후쯤으로 알람을 다시 재설정하면 다시 저에게 상기시켜주죠.

치료자 : 좋아. 이번 주 한번 해보자. 지금 휴대폰 있지? 지금 알람을 설정해볼까?

치료자와 미카는 협력해서 청소년의 관심거리, 일정, 매일의 일상에 적합한 계획을 생각해냈다. 그들은 함께 잠재적 장애물(알람이 울렸을 때 집에 있지 않음)을 파악해서 문제해결법을 동원해서 상황을 다룰 수 있는 길(알람 재설정)을 찾았다. 이러한 접근을 통해 주변 환

글상자 10.2 **숙제를 해오지 않는 행동을 최소화시키기**

- 심정적으로 의미 있는 과제를 꾸며보라.
- 개인에게 맞춤 숙제를 내라.
- 숙제 안 해오는 행동에 대해 단도직입적으로 다루라. 그것도 하나의 치료 이슈이다.
- 과제와 과제 안 해오기 행동과 연관된 생각과 느낌을 다루라.
- 협력적 문제해결 자세를 고수하고 숙제 안 해오는 행동을 비난하는 것을 자제하라.

경의 큐(알람)를 활용해서 미카의 연습을 촉발해줄 수 있게 되었고 결과적으로 미카가 치료 과제의 완수를 기억해낼 가능성을 높였다.

글상자 10.2에서는 숙제를 해오지 않는 행동을 관리하는 요령을 정리했다.

맺음말

숙제를 하면서 아동은 대처기술을 적용할 수 있음을 깨닫게 된다. 구체적이고 관련 있는 숙제를 내주고 꾸준히 이끌어주면 기술 적용을 촉진시킨다. 숙제를 해오지 않는 행동은 아동의 문제와 관련된, 심정적으로 의미가 있는 숙제를 내주면 감소하기 마련이다. 숙제를 성공적으로 활용하기 위해서는 치료의 초점을 분명하게 유지해야 한다. 치료자가 숙제에 대해 명확하지 않으면 아동은 혼동되기 마련이다. 치료자가 숙제를 부차적이고 지루한 일로 본다면 아동도 그런 식으로 볼 것이다. 따라서 치료자들은 이번 장을 이용하여 숙제에 관한 치료자 자신의 숙제를 하기 바란다.

11

우울한 아동과 청소년의 치료

우울증은 아동과 청소년들에게 매우 흔한 문제다(Clark, Jansen, & Cloy, 2012; Costello, Erklanli, & Angold, 2006; Kessler, 2002). 아동과 청소년의 우울증 징후와 증상들을 인식하는 것은 효과적인 치료계획을 세우는 데 중요하다. 그러나 우울증은 다양한 형태를 취하기 때문에 알아차리기란 쉽지 않다. 이번 장은 단극성 우울증에 초점을 맞추고 있는데, 주요우울장애(major depressive disorder), 기분부전장애(dysthymia) 및 우울한 기분을 보이는 적응장애를 포함해서 다룰 것이다.

인지치료는 우울한 아동과 청소년을 치료하는 데 효과적인 치료 접근법이다[Brent & Birmaher, 2002; Clark et al., 1999; Treatment for Adolescents with Depression Study(TADS) Team, 2003, 2004, 2005, 2007]. 경험적으로 검증된 인지기법들을 발달단계에 맞추어 적절한 방식으로 적용함으로써 아동과 청소년의 우울 증상을 경감하는 데 도움을 줄 수 있다. 인지치료에서는 우울한 아동과 청소년들이 가지고 있는, 자신, 타인들, 환경 그리고 미래에 대한 부정적 견해에 이의를 제기함으로써 보다 정확하고 균형 잡힌 시각을 갖도록 한다.

우울증의 증상

아동기의 증상

우울증을 겪는 아동들은 대인관계는 물론이고, 인지 모형에 있는 모든 네 가지 영역에서 증상을 보일 수 있다.

기분 증상

정서적 증상들은 '우울한' 혹은 '슬픈' 기분을 포함하는 경우가 많다. 그러나 슬프거나 우울한 기분이 아니라 짜증을 겪는 우울증 아동도 있는데, 이런 경우 우울증을 알아채기 어렵다. 이런 아동의 부모나 교사들은 아동이 화나 있고 예민하고 짜증을 잘 내며 '변덕스러운' 상태라고 묘사한다. 또한 우울한 아동은 무망감을 느끼고, 자신의 기분이 좋아지거나 삶이 결코 나아지지 않으리라고 믿는다. 무망감은 자살사고나 죽고 싶다는 바램으로 이어지는 수가 많다.

우울한 아동은 또한 무쾌감증(anhedonia), 다시 말해 쾌락이나 활동에 대한 관심의 감소를 경험한다. 이 증상은 행동상으로도, 또 정서적으로도 나타난다. 이전에 즐겼던 게임이나 텔레비전 프로, 취미들에 더 이상 흥미를 보이지 않는다. 아동은 항상 심심하다고 보고하든지 "이제는 재미있는 게 하나도 없어요."라고 고백한다. 무감동(apathy), 또래와 시간을 보내는 데 흥미가 없음, 타인으로부터의 철수 또한 무쾌감증에 흔히 동반되는 증상이다. 따라서 친구로부터 초대를 받아도 거절하는 경우가 많다. 더군다나 우울한 아동은 사회적으로 철수된 행동 때문에 그러한 초대를 받는 일도 드물다. 따라서 아동의 사회적 접촉은 심하게 위축되고 이는 외로움을 심화시킨다. 12살 된 에릭은 관심거리나 취미에 대해 묻자, "전엔 미니 골프를 즐겼지만 이젠 그냥 가기가 싫어요."라고 말했다. 이와 유사하게, 우울한 아동들은 '명랑성의 결여(lack of mirth)' 반응을 보인다(Stark, 1990). 다시 말해 우울한 아동들은 보통 아동이라면 의례 열광하는 활동이나 텔레비전 프로, 웃기는 이야기에 대해 흥분을 보이지 않는다.

인지적 증상

부정적 인지양식과 부정적 귀인 또한 우울한 아동들에게서 많이 나타난다(Kendall & MacDonald, 1993). 사례를 들어보겠다. 10세인 크리스티는 축구팀 멤버였다. 크리스티는 자기 팀이 시합에서 지자 그 패배를 자신의 행동, 다시 말해 골을 못 넣었다든지 공을 밖으로 차버린 탓으로 돌렸다. 그리고 시합에서 이겼을 때도 "내가 잘못해서 공을 상대편 팀에 빼앗겼을 때 메건이 그 공을 다시 빼앗은 덕에 이겼어."라는 등 여전히 부정적 인지를 보였다. Krackow와 Rudolph(2008)는 우울한 아동이 실제 사건이 주는 스트레스를 과대평가할 뿐 아니라 나쁜 사건에서 자신이 한 역할도 과대평가하는 경향을 보인다고 보고한다. 우울 인지양식은 패배에 대한 내적이고 안정적이며 전반적인 귀인과 승리에 대한 외적이고 일시적이며 구체적인 귀인이 특징이다(Abramson, Seligman, & Teasdale, 1978). 이러한 아동들은 일반적으로 비관적인 시각을 견지하며 '잘못될 것들은 결국 잘못된다.'고 믿는다. 아동용 TV프로그램인 '세서미 스트리트'에 나오는 불평쟁이 오스카처럼 최악의 상황을 예상한다.

부정적 인지양식과 일관되게, 우울한 아동들은 부정적 사건들을 일반화하기 일쑤이며 반증이 있음에도 부정적 결과를 예상한다. 더군다나 타인의 행동, 환경, 혹은 자신의 경험에 대한 부정적 해석은 자신의 낮은 가치와 관련된 믿음을 강화하는 역할을 한다. 긍정적인 사건은 금방 무시되거나 잊혀지고 부정적 경험은 오래 기억되어 자신의 불비(不備, inadequacy)에 대한 증거로 사용된다. '아무도 나를 좋아하지 않아.'라고 믿는 11세의 우울한 소녀 메리는 '사라가 안녕이라고 인사하지 않았어. 다른 사람들처럼 사라도 날 미워하는 거야.'라고 생각한다. 그리고 자신이 교실에 들어갔을 때 제레미와 엘리자베스가 인사했던 사실은 무시한다. 이와 관련하여 우울은 종종 낮은 자존감을 동반한다 주위 사람들과 잘 어울리지 못하는 것과 관련된 생각이나 자신의 불비함에 관한 믿음을 종종 보게 된다. 우울한 아동은 자신의 장점을 말하는 것이 거의 불가능하다. 가령 12세 아동 에드나는 반 친구들이 왜 자신과 친구가 되고 싶어 할지 그 이유를 단 하나도 말할 수 없었다. 또 다른 우울한 아동인 허브는 자신에 관해 변화시키고 싶은 점은 여러 개를 쉽게 댈 수 있었지만 마음에 드는 점은 하나도 찾을 수 없었다.

우울한 어떤 아동들은 내면의 대화로 인해 정신이 산만해지는 듯하다. 주의와 집중력은 아동기 우울증에 의해 영향을 받는 또 다른 인지 영역이다. 예를 들면 우울한 아동은 치료시간 중의 내용에 초점을 맞추거나 과제를 완수하는 데 어려움을 겪는 경우가 많다. 이들은 단순해 보이는 의사결정조차도 힘들어한다. 아동이 자기보고 설문지에 답하는 것을 관찰해 보면 의사결정을 힘들어한다는 것을 알게 된다. 가령 11살 된 사브리나는 적절한 답을 정하는 데 많은 시간을 들였다. 사브리나는 CDI-2(Kovacs, 2010)를 실시하면서 어떻게 답해야 할지 고민하면서 개개 문항에 답하기 위해 수분 이상씩 할애했다. 답을 표시하고도 고치기 일쑤였고 상자 속이 아닌 상자 사이에 답을 표시하기도 했다. 또 치료시간 끝에 상으로 받을 선물을 고르라고 할 때, 우울한 아동은 이걸 고를까 저걸 고를까 오랫동안 망설인다. 이들은 옳은 선택을 해야 한다는 압박감에 시달리는 것 같다.

행동 증상

우기기, 형제들과 싸우기, 어른에게 말대꾸하기 등의 행동 문제로 의뢰된 아동들을 보면 기분부전(mood disturbance)을 겪고 있는 경우가 많다. 어린 아동들은 자신들이 무엇을 느끼는지 말로 표현하기가 어렵거나 불편할 수 있다. 따라서 9세 이하의 우울한 아동이 품행문제나 외현화 문제로 불편한 감정을 표현하는 것은 흔히 있는 일이다(Schwartz, Gladstone, & Kaslow, 1998). 이러한 아동은 또래나 형제를 포함해서 다른 사람들과 잘 지내지 못한다. 공격적이고 파괴적인 행동으로 의뢰되었던 로날드는 7세의 우울 아동으로, 학교에서 말대꾸를 하고 친구들과 싸우곤 했다. 나이 든 아동들은 자신의 우울한 감정이나 믿음을 의식할 수 있기 때문에, 슬픈 기분이나 자기비판적인 인지 같은 보다 전형적인 우울 증상들을 보인다 (Schwartz et al., 1998). 어떤 우울 아동은 심리운동이 불안정하고 안절부절못하는 행동을 보이기도 한다. 이러한 아동들은 가만히 앉아 있지 못하고 꼼지락거린다. 또 정반대 현상이 일어나기도 한다. 이런 아동들은 가능한 한 움직이지 않으려 하며, 대부분의 다른 아동들과 달리 뛰어다니지도 않는다. 이들은 피곤해보이고 움직임이 적으며 느리게 움직인다. 어린 아동들은 자신이 느끼는 바를 말로 표현하지 못거나 혹은 말로 표현하는 것이 익숙하지 않을 수 있다.

이에 더해서 대인관계로부터의 철수(위축된 사회생활)는 우울증의 또 다른 행동적 징후이다. 사회적 상호작용의 빈도를 파악하는 것은 친구의 수를 세는 것보다 의미가 크다. 11세 아동 브리는 최근 쉽게 짜증을 내고 피로와 울음, 성적 저하 등의 문제를 보여 어머니가 치료센터에 데리고 왔다. 어머니는 브리를 친구가 많은 사교적인 아동으로 묘사했다. 그러나 지난 2주간 친구를 얼마나 자주 만났느냐고 물었더니, 사회적 상호작용이 전보다 줄었다고 답했다. 따라서 이전의 기능 수준으로부터 변화가 생겼던 것이다. 또래와 시간을 보내는 기회나 초대를 거절하는 것은 대인관계로부터 철수했다는 징후이다. 우울한 아동은 휴식 시간이나 사교 모임 같은 또래와의 상황에서 다른 아동들과 어울리지 않고 멀리서 바라보기만 한다. 이 증상은 9세 아동 니콜에게도 나타난다. 니콜은 놀이터 울타리 밖에서 혼자 걸으며 또래친구들이 공놀이 하는 모습을 바라본다. 우울한 아동들은 어떤 활동을 해도 지루할 것이라고 예상하곤 하는데, 이는 위축과 관련된 것으로 보인다. 동시에, 즐거운 활동에 잘 참가하지 않는 것은 우울한 아동의 고립감과 우울을 지속시키는 데 한몫을 한다.

생리적 증상

우울증의 미묘한 증후는 탐지하기 어려운 경우가 많은데, 주로 신체적인 문제로 비추어지기 때문이다. 자신의 감정 상태를 말로 표현할 수 없거나 표현하기 꺼려하는 아동들은 반복적인 신체적 호소를 통해 자신이 심리적으로 힘들어한다는 것을 전달한다. 나이 어린 아동들은 자신의 심리적 어려움을 언어로 표현하는 능력이 부족하기 때문에, 청소년에 비해 신체적 호소를 더 많이 하는 경향이 있다(Birmaher et al., 1996). 이들은 원인 없는 두통과 복통의 신체 문제를 자주 호소한다(Stark, Rouse, & Livingston, 1991). 이런 아동들은 신체적 호소로 양호교사를 자주 찾아가거나 학교에 결석하는 경우가 많다. Saps 등(2009)은 학령기 아동의 복통은 다른 공존 질병보다도 우울과 관련된다는 결론을 내렸다.

섭식이나 수면 문제 또한 우울한 아동들에게 일어난다(예 : Chorney, Detweiler, Morris, & Kuhn, 2008; Reeves, Postolache, & Snitker, 2006). 식욕이 줄고 체중 증가나 감소 혹은 또래에 비해 체중이 늘지 않는 문제를 보인다. 우울증을 앓는 아동들은 잠들기 어렵고 한밤중에 깨거나 새벽에 깨어 다시 잠이 오지 않는다고 호소하기도 한다. 반대로 어떤 아동은 과도하게 잔다. 에드워드는 9세 된 초등 4년생인데, 수업 중에 자주 자고 지속적 피로를 호소하며 아무것도 하고 싶지 않다고 말한다.

대인관계 증상

또래 문제와 또래 거부는 우울한 아동에게서 자주 볼 수 있는 대인관계 스트레스 요인이다. 대인관계 문제에는 여러 요인이 관여한다(Kovacs & Goldston, 1991). 우울한 아동은 사회적으로 위축되어 있고 수줍어하는 경우가 많다. 따라서 사회적 상호작용에서 자발성을 보이지 않거나 참여하지 않으며, 그 결과 또래 관계가 더 줄어든다. 어떤 우울 아동은 사회기술이 결여되어 있거나 사회적 상호작용의 기회가 부족하다. 이들은 더 심한 고립감을 느끼게 되며, 그 결과 더욱 깊은 우울감에 빠져든다. 특히 나이 든 아동의 경우 눈물을 흘리거나 울면 또래들의 놀림을 받게 되고 더 심하게 고립된다. 쉽게 짜증을 내는 것도 또래 관계에 영향을 미칠 수 있다. 쉽게 짜증내거나 비관적인 아동은 주위 아동들이 견디기 힘들어하며 피하기 때문이다(Kovacs & Goldston, 1991). 짜증을 쉽게 내는 나이 든 우울 아동의 경우, 어린 아동들에 비해 공격성과 부정성을 띠는 또래 상호작용을 보인다(Speier, Sherak, Hirsch, & Cantwell, 1995). 우울증을 평가하고 치료할 때 아동의 친구관계에 주의를 기울여야 할 것이, 친구관계의 부족은 우울 증상의 위험요인이고 친구가 있는 것은 보호요인인 것으로 나타났기 때문이다(Bukowski, Laursen, & Hoza, 2010).

우울증을 보이는 학령기 아동은 종종 학업과 관련된 문제를 보인다. 성적 저하, 낮은 동기, 실패에 대한 두려움, 교실에서의 외현화 문제행동 등이 그것이다(Speir, et al, 1995). 이들은 종종 자기비판적이고 죄책감을 겪으며 언어 발달이 지연되기도 한다. 우울한 아동들은 여러 다양한 모습으로 여러분의 치료실을 찾아올 것이다.

청소년기의 증상

청소년기 우울에서도 여러 유사한 증상들을 볼 수 있다. 신체적 호소, 사회적 위축, 절망감, 짜증은 우울한 아동의 경우와 마찬가지로 우울한 청소년에게도 나타난다(Schwartz et al., 1998). 그러나 차이 또한 있다. 청소년은 어린 아동보다 자신의 증상을 언어로 더 잘 표현할수가 있기 때문에 임상가들이 쉽게 증상을 파악할 수 있다. 다른 차이로는 청소년들이 아동에 비해 자살 시도와 약물 사용 및 학교 중퇴 위험이 더 높다는 점이다.

우울한 청소년들은 공존질병(comorbidity)을 가지는 경향이 있는데, 주로 불안장애와 약물 남용을 함께 보인다(Asarnow et al., 2005; Goodyer, Herbert, Secher, & Pearson, 1997; Gotlib & Hammen, 1992; Kovacs, Feinberg, Crouse-Novak, Paulauskas, & Finkelstein, 1984;

> **글상자 11.1** **아동과 청소년의 우울 증상**
>
> - 부정적 인지 스타일이 만연하다(예 : 자신, 타인, 경험 및 미래에 대한 부정적 견해)
> - 우울한 아동들은 나쁜 결과에 대한 자신의 책임을 과대평가한다.
> - 어린 아동들은 쉽게 짜증내는 모습을 보일 수 있다.
> - 주의집중이 잘 안 된다.
> - 자신들이 힘들어 하는 것을 말로 표현하기 어려워하는 아동들은 행동 문제를 보이거나 신체적 문제를 호소한다.
> - 또래 문제들과 대인관계 위축도 보일 수 있다.

Kovacs, Gatsonis, Paulauskas, & Richards, 1989). 낮은 자존감, 부정적 신체상, 지나친 자의식(self-consciousness), 부적절한 대처는 우울한 청소년들에게 공통적이다. 체중과 식욕 변화도 흔한 우울 증상이지만 사춘기 체중/식욕 변화는 정상적인 현상이기 때문에 이 증상들을 평가하기가 복잡하다(Maxwell & Cole, 2009). 이와 더불어 청소년들은 부적절한 사회적 지지망 및 부모와의 갈등 증가를 보고한다(Lewinsohn, Clarke, Rohde, Hops, & Seeley, 1996). 청소년들은 종종 자율성의 문제를 가지고 씨름하기도 한다. 이 때문에 우울감을 느껴도 부모에게 도움을 청할 가능성이 적고 더욱 심한 고립에 빠질 수 있다.

우울한 청소년들도 나이 어린 아동들처럼 학업 문제를 보인다. 단지, 결석, 중퇴 등 그 문제가 더 심각하다(Speier et al., 1995). 우울한 청소년들은 시비를 잘 걸게 되고 사춘기의 시작이 지연되기도 하며, 추상적 사고의 개시도 늦어지고 기분 급변을 보일 수 있다. 약물 남용, 기물 손상, 안전하지 않은 성행동, 사고나 교통 위반 등의 위험한 짓을 하거나 반사회적 행동이 증가할 수도 있다. 글상자 11.1에 아동과 청소년의 우울 증상에 대해 기억해둘 사항을 나열했다.

문화와 성별에 대한 고려사항

문화적 쟁점

어떤 내담자든 사회적 맥락에서 내담자를 평가하는 것이 중요하다. 그렇기 때문에 가족 구성원들과의 임상면접이나 자문이 필요한 경우가 많다. 우울한 아프리카계 미국인, 인디언계 미국인, 아시아계 미국인, 히스패닉계 미국인 및 여성 내담자와 관련된 문화적 이슈에 대한 연구는 많지 않다. 이제부터 이러한 제한된 연구 결과들을 기술하겠다.

아프리카계 미국인

지역사회를 기반으로 이루어진 연구 중에서 아프리카계와 백인계 미국 아동들이 나타내는 증상이 다르다고 보고한 연구가 있다. 가령 9~13세 아동을 대상으로 이루어진 한 연구에서, 아프리카계 아동들에 비해 백인계 미국 아동들이 더 부적응적 귀인양식을 보인다는 것이 시사되었다(Thompson, Kaslow, Weiss, & Nolen-Hoeksema, 1998). 아프리카계 미국 아동들에 비해 백인계 아동들은 부정적 결과에 대해 자신을 더 책망하고, 사건을 더 비관적인 관점에서 보며, 또 이 부정적 결과가 계속적으로 자신의 삶 내내 고통을 야기할 것으로 보는 경향이 있었다

DeRoos와 Allen-Measures(1998)의 연구에서는 우울한 아프리카계 미국 아동이 낮은 자기가치와 고립을 겪는 경향이 있는 반면, 백인계 우울 아동은 부정적 기분 상태와 죄책감을 보이는 경향이 크다고 시사했다. 5학년생을 대상으로 한 또 다른 연구에서는 백인계 아동보다 아프리카계 미국 아동이 자기보고척도에서 더 높은 우울과 불안을, 교사평정척도에서 더 높은 우울을 보였다(Cole, Martin, Peeke, Henderson, & Harwell, 1998). 이러한 연구 결과는 연령이 인종 차이 유무와 관련이 있음을 시사한다. 왜냐하면 나이 많은 아동 집단에서는 유사한 차이를 발견할 수 없었기 때문이다. 치료센터에 의뢰된 아동을 대상으로 한 대부분의 연구에서는 백인계와 아프리카계 아동 간에 유의한 차이를 보이지 않는 것으로 보고되고 있다(Nettles & Pleck, 1994).

최근 문헌연구에서 Anderson과 Mayes(2010)는 아프리카계 미국 남자 청소년들이 유럽계보다 더 많은 우울 증상을 자기보고했다고 밝혔다.

Gibbs(1998)는 아프리카계 미국 청소년의 자살률이 급증하고 있음을 경고했다. Gibbs는 1996년도 미국 보건성(U. S. Department of Health and Human Services)의 통계치를 인용하면서 아프리카계 미국 남아들의 자살률이 1980년과 1992년 사이에 네 배로 뛰었음을 지적했다. 아프리카계 미국 여아들은 같은 시기에 두 배로 뛰었다. Gibbs가 언급한 내용 중에 중요한 것이 있다. 그것은 아프리카계 미국 청소년의 자살 경향을 파악하기가 어려운데, 그 이유가 이들이 백인계 청소년들과는 다른 방식으로 자살 경향성을 표현하기 때문이라는 것이다. 아프리카계 미국인의 자살 경향성은 높은 수준의 분노, 외현화 문제, 고위험 행동의 모습으로 드러난다.

최근 자료에 따르면 아프리카계 미국 아동의 자살 위험이 계속 높아지고 있다(Balis & Postoloche, 2008; Colucci & Nartin, 2007). 자살률의 등락이 있지만 자살은 아프리카계 미국 청소년의 사망 원인 3위를 유지해왔다(Goldston et al., 2008). 종교, 교회 출석, 사회적 지지는 자살위험을 완화시키고(Balis & Postoloche, 2008; Goldston et. al., 2008) 가족 갈등은 악화시킨다(Groves, Stantley, & Sher, 2007). 불행히도 자살위험이 있는 아프리카계 미국인

청소년에 대한 치료 비율은 낮은 듯하다(Balis & Postolache, 2008).

인디언계 미국인

비록 연구가 부족해서 결론을 내릴 수 있는 단계는 아니지만 인디언계 미국인 십 대들의 높은 자살률과 약물 및 알코올 남용(Ho, 1992; LaFramboise & Low, 1998)은 이들의 정서장애를 보여준다. 실제로 미국 연방보건성 장관(1999)은 1979년과 1992년 사이에 인디언계 미국인 남자 청소년의 자살률이 전국 최고라고 보고했다. Allen(1998)은 인디언계 미국인 아동에게 서구문화의 진단분류를 적용할 수가 없기 때문에 이들의 우울증에 관한 문헌이 적다고 했다.

Dorgan(2010)의 최근 연구에서 인디언계 미국인의 자살율이 다른 인종보다 2.2배나 높다고 보고했다. 나이 어린 인디언계 미국인의 자살율 역시 다른 인종들보다도 높다(Dorgan, 2010; Goldston et al., 2008). 높은 범죄율, 범죄 피해율, 마약 사용률은 자살위험을 악화시킨다.

아시아계 미국인

아시아계 아동은 백인계, 아프리카계, 라틴계보다 우울을 적게 보고하지만(Anderson & Mayes, 2010) 슬픈 기분과 신체 증상들을 호소하는 경향이 있다(Anderson & Mayes, 2010; Choi & Park, 2006). Ho(1992)는 아시아계 이민자 가정의 아동들이 심리적 문제를 내면화(internalization)하기 때문에 신체적 문제를 많이 호소한다고 주장한다. 신체적 호소는 아시아 문화에서 내면의 문제를 표출하는 방법으로 더 잘 수용되는 경향이 있다(Ho, 1992). Nagata(1998)는 아시아계 미국 아동들의 우울증에 관한 문헌이 드문 것을 두고 이 집단이 심리적 문제가 없음을 나타내는 것으로 보아서는 안 되며, 아마도 심리건강 서비스를 요청하는 것을 꺼리는 문화를 반영하는 것이라고 지적했다. 최근 연구에서 아시아계 미국 청소년들은 네 번째로 높은 자살 시도율을 보였다(Goldston et al., 2008).

라틴계/히스패닉계 미국인

미국 청소년들(백인계, 아프리카계, 라틴계)을 대상으로 실시한 연구를 보면 라틴계 여자 청소년들이 가장 높은 수준의 우울 증상을 보고했다(McLaughlin, Hilt, & Nolen-Hoeksema, 2007). 또한 라틴계 청소년들이 가장 높은 자살 사고를 보고했다. Mikoljczyk, Bredehorst, Khelaifort, Maier 그리고 Maxwell(2007)의 연구에서는 라틴 청소년들이 비라틴계 백인들보다 우울 위험이 두 배나 더 높았다.

위험은 라틴계 소녀들에게 특히 심각했다. 또한 초기 메타 분석에서 Twenge 및 Nolen-Hoeksema(2002)은 310명의 표본들을 검토하였는데, 히스패닉계 아동이 유럽계나 아프리카계 미국 아동들에 비해 CDI(Kovacs, 2010)상의 우울 증상에 더 빈번히 반응했다. 이에 더해 최근 연구에서는 히스패닉계 아동들의 지각된 젠더 역할의 괴리 정도와 가족 기능 장애, 그리고 우울 증상 간 상관을 보여주었다(Céspedes & Huey, 2008). Choi와 Park(2006)는 우울한 라틴계 청소년들이 특정 신체적 위장 증상을 더 많이 보고했다고 언급했다.

Roberts(2000)는 개관논문에서 멕시코계 미국 아동들이 우울증에 걸릴 위험이 크다고 결론지었다. 미국 연방보건성 장관(1999)도 미국 질병통제센터(Center for Disease Control and Prevention, CDC)의 통계를 인용하면서 히스패닉계 아동들의 자살위험이 높다고 보고했다. Roberts(1992)는 역학연구센터의 우울증척도(Center for Epidemiologic Studies Depression Scale)의 항목들에 대한 청소년의 반응을 이용하여 다양한 문화집단의 우울 증상에 대해 연구했다. 히스패닉계 백인, 아프리카계 미국인, 멕시코계 사람들, 그리고 그 외 히스패닉계 사람들을 비교했다. 그 결과 Roberts는 이들 청소년 집단 간에 반응의 차이보다는 유사점이 더 많다고 시사했다. 그러나 항목에 대한 반응 유형의 차이를 분석한 결과, 두 히스패닉계 집단이 신체적 증상과 기분 증상을 함께 보고하는 경향이 있는 것으로 나타났다. 그러나 Roberts는 이러한 결과를 히스패닉계 미국인들이 신체적 호소를 통해 우울증을 표현한다는 증거로 해석하거나, 신체적 문제와 심리적 문제를 구별하지 않는다는 증거로 해석하지 말라고 했다. 이러한 종류의 연구를 해석할 때는 신중해야 한다. 저자들은 Roberts(2000)가 주장했듯이 "이러한 연구에 근거해서 인종과 우울 위험과 관련된 그 어떤 결론도 내리기가 어려운데, 그 이유는 이들 연구에서 상이한 우울 측정 도구를 사용하고 상이한 소수인종 내담자들에 초점을 맞추기 때문이다"(p. 362)라는 의견에 동의한다.

성차

우울증의 성차는 연령, 발달, 문화적 차이와 기대에 따라 달라진다. Nolen-Hoeksema와 Girgus(1995)는 사춘기 전 소년과 소녀 간의 우울증 유병률이 유사하다고 보고했다. 그러나 12~15세 사이를 보면 소녀들이 소년들보다 더 높은 비율의 우울증을 보인다. 인지양식 역시 연령 수준에 따라 성별 차이가 존재한다(Nolen-Hoeksema & Girgus, 1995; Rood, Roelofs, Bögels, Nolen-Hoeksema, & Schouten, 2009). 반추 같은 인지양식은 우울 증상과 연관을 보이는데, 소녀들이 더 많이 반추한다는 연구들이 있다(Rood et al., 2009). 사춘기 전 소녀들은 소년들보다 더 낙관적인 사고양식을 보인다. 사춘기 초기에는 일반적으로 소년과 소녀 모두 비관적이 된다. 그러나 후기 사춘기 때 소년들은 소녀들보다 더 낙관적인 사고를 보인다. 따라서 소년들에 비해 소녀들은 나이가 들면서 비관적이 되고 우울해지는 경향이 있다. 이러한 차이를 가져오는 요인들에 관해서 고찰한 문헌이 있다(Nolen-Hoeksema & Girgus, 1995). 문화적 기대와 사회적 규준 및 성차별 모두 이 차이를 만들어낼 수 있다. 호르몬의 변화, 신체 발달, 신체 불만족 또한 소년과 소녀 간 우울증 비율의 차이와 관련이 있을 수 있다.

우울증의 평가

아동을 종합적으로 평가하기 위해서는 여러 정보원으로부터 정보를 수집해야 한다. 따라서 아동, 부모, 교사, 그 밖에 아동을 돌보는 사람들부터 정보를 모으고 이를 고려해야 한다. 이를 위해 다양한 평가도구와 구조화된 면접법을 활용할 수 있다. 또한 의사에게 자문을 구해서 증상에 대한 신체적 원인이 있을 가능성을 배제하고 혹시 필요하다면 의학적 치료와 약물을 제공할 것을 추천한다.

자기보고척도, 면접법, 관찰자 평정, 또래 지명, 투사기법 등 다양한 평가도구를 이용해서 우울증 여부와 심각도를 평가한다(Kaslow & Racusin, 1990). 특히 CDI(Children's Depression Inventory, 아동우울척도)는 가장 인기 있는 도구인데, 개정판(CDI-2; Kovacs, 2010)이 나왔고 축약본도 있다. 그리고 교사용과 부모용이 있다. 실제로 CDI는 아동에게 가장 빈번히 쓰이는 우울증 자기보고척도이다(Fristad, Emery, & Beck, 1997). CDI는 치료 전 아동이나 청소년에게 작성하도록 할 수 있으며, 치료가 진행되면서 증상 보고에 변화가 있는지 모니터하기 위해 정기적으로 사용될 수도 있다.

CDRS-R(Revised Children's Depression Rating Scale, 개정판 아동우울평정척도) 역시 우울 증상과 전체적 우울을 평가하는 자기보고식 평가척도이다(Poznanski et al., 1984). CDRS-R에는 부모, 교사, 형제용 양식이 있어서 주위 사람들이 관찰한 바를 통합할 수 있게 되어 있다. CDRS-R은 9~16세용 규준이 마련되어 있어서 아동과 청소년 모두에게 유용하다.

또 다른 자기보고척도로 Birleson(1981)의 DSRS(Depression Self-Rating Scale, 우울증자기보고척도), Sokoloff와 Lubin(1983)이 개발한 C-DACL(Depression Adjective Checklist, 우울증형용사척도), Reynolds, Anderson 그리고 Bartell(1985)의 CDS-R(Children's Depression Scale-Revised, 개정판 아동우울척도) 등이 있다. BYI-II(Beck Youth Inventories-Second Edition, BYI-II 우울척도; J. S. Beck et al., 2005)는 비교적 새로 개발된 척도인데 7~18세용이다. 청소년에게는 BDI-II(Beck Depression Inventory-II, Beck 우울척도-2; A. T. Beck, 1996)를 추천한다. 수많은 구조화된 면접법 또한 개발되어 아동의 우울을 평가하는 데 쓰이고 있다. 꼼꼼한 임상면접을 통해 증상뿐 아니라, 강도와 지속시간, 선행사건 및 맥락 등에 관한 중요한 자료를 얻을 수 있다.

우울증을 측정하기 위해 자기보고척도와 면접법을 함께 사용할 것을 권한다. 지필도구로 자신의 문제를 쉽게 의사소통하는 아동들이 있다. 자신의 정서 문제를 부모나 치료자에게 언어로 표현할 수 없는 아동들이 자신의 CDI를 부모에게 보이라고 요청하는 경우를 자주 보게 된다. 예를 들어, 테일러는 10세 소년인데, '엄마는 테일러 자신을 위한 시간이 하나도 없다.'고 믿었다. CDI를 작성하고 임상적으로 심각한 수준의 증상들을 시인한 뒤 테일러는 그것을 어머니에게 보여줄 것을 요구했다. 테일러는 자신의 정서적 문제를 말로 표현할 수는 없었지만 그의 반응을 보여줌으로써 자신이 얼마나 힘든가를 어머니에게 알리고 싶었던 것이다.

평가와 치료의 매끄러운 통합

우리는 평가와 치료를 깔끔하게 통합하고자 한다. 그러나 불행히도 평가도구를 실시한 뒤에는 다시는 쳐다보지도 않는, 그런 기계적인 방식에 빠지기 쉽다. 하지만 아동들과 자기보고도구를 작성하는 과정에 대해 얘기할 때면, 정서적 표현에 대한 중요한 신념을 드러내는 경우를 보게 된다. 예컨대, 어떤 아동은 생각과 감정에 대한 잘못된 신념을 드러내는 경우가 있는데, 바로 이러한 신념으로 인해 아동은 자신의 증상을 과장해서 보고하거나 줄여서 보고하게 된다. 치료자가 자기보고 검사도구의 결과를 치료 시간 중에 통합하면, 아동의 언어적 자기보고, 부모의 보고, 치료자의 행동관찰 간에 불일치를 손쉽게 다룰 수 있게 된다.

9살 된 아만다는 몇 가지 우울과 불안 증상을 겪고 있는 것으로 보였다(어머니도 아만다가 슬퍼하고 위축되어 있다고 보고했다). 그러나 아만다는 CDI상에서 그러한 증상을 부인했다. 도구를 작성하는 것이 어땠는지 물어봤더니 아만다는 그녀가 답을 '잘못' 쓸까 봐 두려웠다고 고백했다. 치료자는 이런 수준의 분석으로 만족하지 않고 더 깊이 탐색해보았다. 그리고 결국 '내가 슬프다거나 속상하다고 말하는 것은 잘못이다.'라는 생각을 발견했다. 아만다는 이전에 부정적인 정서나 비관적인 생각을 표현했을 때 다른 사람들로부터 받은 반응 때문에 이러한 믿음을 갖게 되었다. 아버지는 아만다가 감정이나 생각을 표현할 때면 "그렇게 말하지 마라, 애야. 네가 생각하는 것처럼 상황이 그렇게 나쁘지는 않단다." 혹은 "슬퍼하지 마라."와 같은 말로 반응을 하곤 했다. 따라서 아만다의 아버지는 본의 아니게 아만다의 감정이나 생각이 '잘못되었다.'라고 가르쳤고, 결국 부정적인 사고나 감정을 표현하지 않도록 강화했던 것이다.

자기보고도구의 하위척도들을 살펴보면 아동이 겪고 있는 신체적 호소나 사회적 위축 같은 특정 우울 반응을 추출해내는 데 도움이 된다. 예를 들어 8세 된 빌리의 CDI 점수는 언뜻 보기에 접수면접 때와 4회 치료 때가 차이가 없는 것처럼 보였다. 그러나 두 CDI 점수를 자세히 보면 접수면접 이후 신체적 호소가 유의미하게 줄었고, 더욱 많은 부정적 감정을 표현하고 있음을 알 수 있었다. 이 자료는 빌리가 부정적인 정서를 표현하기 위해 보다 적응적인 방식을 사용하고 있다는 설명과 부합한다. 빌리는 이제 자신의 심리적 고통을 구체적으로 파악할 수 있게 되었고, 그 결과 CDI상에서 증상을 더 많이 나타내게 된 것이다. 동시에 그는 신체 증상을 더 적게 보이고 있었다. 이제 그는 자신의 감정을 말로 표현하는 기술을 갖게 되었고, 신체 호소만을 통해 자신의 심리적 고통을 표현하지 않게 된 것이다.

이러한 유형의 자료를 가족과 공유하는 것 또한 의미 있다. 그렇게 하면 증상 경험에 대해 청소년들과 강력한 토론을 유도할 수도 있다. 그러한 토론을 통해 우울 증상의 직접적인 인지와 이름 붙이기를 촉진하고 치료계획을 수립하면서 환아인 자신의 경험을 중시한다는 느낌을 갖게 한다. 자기보고척도의 결과를 직접 알려주는 것은 또한 아동의 자기감찰기술을 증진시켜주는 데 도움이 된다. 관찰과 자기보고 사이의 불일치가 해결된다면, 그 아동은 자신의 감정 상태를 더 객관적으로 평가할 수 있는 방법을 배울 기회를 얻은 것이다. 또한 치료 내내 변화를 추적해야 하는 경우가 많다. 이때 어떤 아동은 자신의 점수 변화 그래프를 보여 달라고 요청하는데, 그에 화답해주면서 점수를 낮추기 위해 무엇을 어떻게 해야 하는지 혹은 점수를 어떻게 예측할 수 있을지 함께 의논해볼 수 있다. 또한 이러한 토론을 통해 재발 방지를 돕게 된다. 우리 저자들은 치료과정 동안 점수 변화를 시각적 그래프에 담는다. 그래서 그래프를 보여주며 점수가 악화되었을 때를 지적하고 아동이 언제 미래의 점수 악화를 예측할 수 있을지 함께 이야기한다. 언제 아동이 더 우울함을 느끼는지 예측할 수 있으면 악화된 증상들에 대처하고 개선시키기 위한 전향적 계획을 아동이 수립하는 데 도움이 된다.

어떤 우울증 아동은 항우울제 치료를 결정하기 위해 평가가 필요하다. 심한 우울증을 보이거나 심리치료만으로 우울증 증상이 개선되지 않으면 약물 처방을 위한 평가 의뢰를 고려해 볼 수 있다. 필요하다면 소아정신과 의사나 가족 주치의에게 의뢰한다. 의사와 정보를 공유함으로써 치료자는 아동에 대한 우려와 임상 증상, 가능한 치료 방법 등에 관해 의사와 의

글상자 11.2　**평가에 유용한 팁**

- 다양한 정보 제공자(아동, 부모, 교사 및 다른 돌보는 이)로부터 정보를 얻어라
- CDI-2, BDI-II, Beck 청소년 척도, CDRS 와 DSRS를 선택하면 좋다.
- 어떤 아동이나 청소년은 자신의 고통을 글로 쓰는 것이 수월한 소통 방법일 수 있다는 것을 기억하라.
- 총점뿐 아니라 요인척도와 개별 문항에 대한 반응을 구체적으로 분석하라.
- 자기보고척도의 결과를 치료회기와 통합하라.
- 획득한 정보를 치료에 활용하라.
- 점수를 그래프로 그린 후 아동 및 부모와 공유할 것을 고려해보라.

사소통을 분명히 할 수 있다. 나아가 효과적인 중재 방안을 계획하는 데도 도움이 된다. 의뢰 전에 가족에게 항우울제의 사용에 관해 얘기한다면, 불안을 줄이고 잘못된 생각을 바로잡는 데 도움이 되며 권유한 대로 따를 가능성을 높인다. 글상자 11.2에 평가에 유용한 정보를 담았다.

우울증의 치료 : 개입전략 선택하기

이번 장에 제시된 모든 개입전략들은 우울한 아동과 청소년에게 적합하다. 어떤 개입방법을 선택하여 시작할 것인지는 아동의 연령, 인지 발달 수준, 우울증의 심각도, 사전에 갖춰

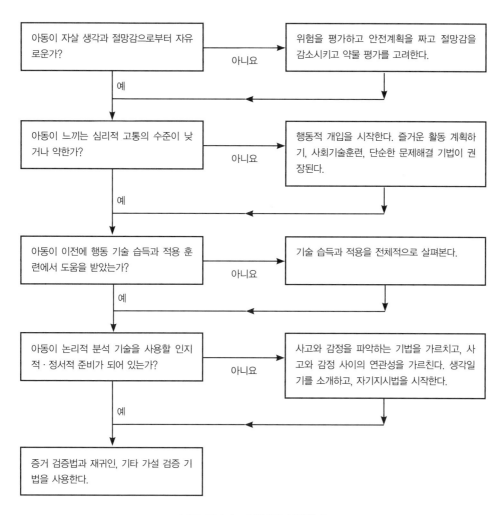

그림 11.1 : 개입전략 선택하기

둘 기술 등의 요인들에 의해 결정된다. 첫째, 필요하다면 내담자의 자살 가능성을 평가하고 다루어주어 안전성을 확보해야 한다. 이 과정에서 자기 자신에게 해를 가할 위험성이 있는지 평가하고, 안전 방안을 만들고, 내담자의 절망감을 경감시키도록 하며, 자살 사고와 관련된 잘못된 생각들을 검증해야 한다. 둘째, 아동의 인지 수준을 평가해서 인지적 개입이 얼마나 유용할지 결정한다. 인지 기법이 도움이 될지 결정하기 위해서는 아동의 언어 발달과 인지적 성숙을 고려하도록 한다. 셋째, 일반적으로 기본 기법부터 시작하는 것이 좋은데, 이는 우울 상태에서는 흔히 동기와 활동 수준이 낮고 문제해결 능력이 결여되어 있으며 절망감이 동반되기 때문이다. 행동 활성화 기법(behavioral activation techniques)이 사회적 상호작용을 늘리고 위축 행동을 줄일 것이다. 따라서 우울 증상을 물리칠 초기 개입방법으로 즐거운 사건 계획하기와 사회기술훈련이 우선적으로 권장된다. 덧붙이자면, 작고 점진적인 과제로 개입을 시작하도록 한다. 내담자가 초기 성공을 맛보게 되면 자기효능감과 동기가 증진되기 때문이다. 그림 11.1에는 특정 개입전략을 선택하는 데 필요한 의사결정 지침이 제시되어 있다.

우울한 아동과 청소년의 자살성향

우울한 아동이나 청소년은 종종 자신을 해칠 생각을 하거나 그 생각을 행동에 옮긴다. 따라서 치료자는 이 문제에 능동적으로 대처해야 한다. 미국의 보건성 장관(1999)은 자살위험이 중기 청소년기에 가장 고조되며 그 연령대 사망 원인 중 세 번째라고 경고했다. 이로부터 9년이 흐른 2008년에도 CDC 보고에 따르면 자살이 청소년 사망 원인 중 세 번째였다. 더 세밀히 살펴보자면, 청소년의 평생 자살생각 유병률은 12.1%, 자살계획의 경우 4%, 시도의 경우 4.1%였다(Nock et al., 2013).

Tischler, Reiss, 그리고 Rhodes(2007)의 개관연구에서 자살은 12세 아동 사망 원인 중 4위였다. 나이가 어린 아동들의 자살은 드물지만 발생하므로 염두에 두어야 한다. 가령 Kovacs, Goldston 그리고 Gatsonis(1993)가 보고한 43가지 사례의 자살시도 중 한 아동의 나이가 8.3세였다. 내담자의 구두보고나 CDI를 보면 놀랄 정도로 많은 수의 아동과 청소년들이 과거에 자살생각을 경험했거나 현재 하고 있음을 알 수 있다.

과거나 현재 자살생각을 보이는 우울한 아동들을 치료할 때, 저자 중의 한 사람(Jesica M. McClure)은 처음에 '너무 심하게 압력을 주는 것은 아닐까.', 그리고 아동이 '자살 문제를 다룰 수 있을 것인지' 걱정했었다. 그래서 소크라테스식 질문을 할 때나 숙제를 열심히 해오지 않을 때 내담자가 "잘 모르겠어요."라고 하는 말을 쉽게 받아들이고 뒤로 물러나는 경향이 있었다. 그들의 자살생각을 악화시킬까 봐 겁났던 것이다. 자살생각이 부적응적 문제해결 전략이라고 이해하자, 이렇게 주저하는 경향을 극복하는 데 도움이 되었다. 그 이후부터 아동에게 자극을 주지 않을까 두려워하지 않게 되었고, 아동이 다른 전략들을 모색하도록 돕는 것이 쉬워졌다. 자살생각을 다룰 때는 아동의 심리적 고통을 공감하면서, 동시에 보다 적절한 대처기술을 가르쳐야 한다. 아동과 말씨름을 하거나 아동에게 수치감을 주지 않으면서 자해에 대해 의문을 갖게 한다면 자살을 효과적으로 다룰 수 있게 된 것이다. 이런 방식으로 아동을 치료하면서 아동의 생각에 대해 도전하는 것이 자살성향(suicidality)을 증폭시키는 것이 아니라 실제로는 감소시킨다는 것을 깨달았다.

미국의 보건성 장관(1999)은 자살행동과 관련된 몇 가지 위험요인들을 지적했다. 구체적으로, 소녀들의 경우에는 우울증 여부와 이전 자살시도 경험이 대표적인 위험요인이다. 소년들에게는 이전 자살시도 경험과 파괴적 행동, 그리고 물질 남용이 주된 위험요인이다. 이에 더해 Speier 등(1995)은 절망감, 또래 거부, 사회적 고립, 임신 확인, 그리고 법적인 문제를 위험요인으로 꼽았다. 충동성, 공격성, 완벽주의도 자살위험을 높일 수 있다(Bridge, Goldstein, & Brent, 2006; Tischler et al., 2007). Tischler 등(2007)은 약물 중독, 정신병 증상, 사회적 고립, 왕따가 자살시도 위험을 증폭시킨다고 보고했다. 마지막으로 미국 보건성 장관(1999)은 다양한 연구를 인용하면서 실제건 혹은 가상이건 간에 자살보고에 노출되면 아동의 자살위험을 증폭시킨다고 경고했다.

자살성향의 평가

접수면접 때 항상 자살생각을 평가해야 한다. 치료자는 아동에게 자살생각이나 행동에 관한 질문을 하는 것을 불편해 해서는 안 된다. 자살 주제에 관해 치료자 자신이 불안이나 불편감을 갖고 있으면 아동에게 전달되어, 아동이 그러한 생각이 있음을 인정하는 것을 꺼려하게 만든다. 자살생각을 평가할 때는 아동에게 생각과 행동에 관해 직접적으로 물어보는 것이 좋다.

"자신을 해칠 생각을 언제 해보았니?"
"죽어버렸으면 하고 바란 적은 언제 있었니?"
"일부러 네 몸을 찌르거나 목을 조르거나 한 적이 언제 있었니?"

자살의도는 위험 평가 시 핵심 요인이다. 진실로 자살하려는 의도가 있는 아동은 체크한 자살방법이 실제로 치명적인지에 무관하게 위험하다(Speier et al., 1995). Bridge 등(2006)은 발견 당하는 것을 막기 위해 치밀하게 계획하고 준비하는 청소년은 고위험군이라는 결론을 내렸다. 가령 4, 5알의 비타민 C 알약을 삼킨 아동을 생각해보자. 이 아동이 사용한 방법이 치명적이지는 않지만, 이 행동의 목표가 진실을 말해준다. 만약 이 아동이 비타민이 자신을 죽일 것이라고 생각했다면, 비타민이 사탕이라고 잘못 알고 먹은 경우보다 훨씬 더 심각한 행동을 한 것이다. 따라서 치료자는 의도를 방법의 치명성이나 방법의 가용성, 이전 시도 경험보다 훨씬 더 심각한 변인으로 고려해야 한다.

아동들은 다양한 언어와 비유로 자살을 표현한다. 따라서 치료자는 그러한 차이를 염두에 두고 자살을 평가해야 한다. 어떤 아동은 대놓고 "죽고 싶어요."라고 선언할 것이다. 또 어떤 아동의 경우에는 "잠이 들고는 영원히 깨지 않았으면 좋겠어요." "태어나지 말았어야 했어요." "그냥 영원히 구덩이 속에 파묻혀 있고 싶어요." "차에 치면 좋겠어요." "차라리 죽는 게 낫겠어요."라고 말을 하는데, 이러한 말 속에 혹시라도 '숨겨진' 자살생각이 있는지 알아보아야 한다. 물론 단순히 부정적 정서를 표현하기 위해, 진짜로 자살할 의도가 없는데도 "죽어버릴 거야."라고 말하는 경우도 있다. 위의 모든 말들 속의 숨은 의미를 평가하기 위해서는 아동에게 "그게 어떤 뜻이지?", "그게 사실이라면 어떨 것 같니?", "그런 생각을 얼마나 자주 하지?", "혹시 그런 일이 실제로 일어나도록 뭘 해본 적이 있니?" 등의 질문을 해야 한다.

자살행동 계획과 과거의 시도 경험에 대해 자세하게 평가하는 것이 필요하다. 성인들과 마찬가지로 아동의 자살시도 및 제스처 경험은 그 아동이 앞으로 자살행동을 할 위험을 증가시킨다. Kovacs 등(1993)은 한 번 자살을 시도한 경험이 있는 아동들 중 50% 이상이 재시도를 한다고 보고했다. 또한 치료센터에 의뢰된 아동 중 자살생각을 했던 아동의 16~30%가 실제로 자살을 시도한 것으로 나타났다. 청소년기는 특히 자살시도 위험이 큰 시기인 것으로 밝혀졌고, 17세 이후에야 그 위험이 감소한다(Kovacs et al., 1993). 남자아이들이 여자아이들보다 자살성공 위험이 더 높다(Speier et al., 1995).

아동의 경우 접수면접에서 자기보고척도가 사용되는 경우가 많은데, 자기보고척도는 자살을 평가하는 초기 방법으로 유용하다. CDI의 경우 9번 문항에서 자살생각을 평가한다. 자살생각과 빈번히 상관을 보이는 절망감은 2번 문항에서 평가된다. 아동을 직접 만나기 전에 전체 척도를 채점해볼 것이 권장되지만, 여의치 않을 경우 2번과 9번 문항만이라도 체크해봐야 한다. 또한 CDI에 대한 아동의 반응과 관계없이 구술로 자살생각을 평가해볼 것을 강력히 권한다. 그렇게 함으로써 아동이 그러한 질문에 어떻게 답하는지 관찰해볼 수 있고, 자살생각을 인정하길 꺼리는 경향이 드러날 수도 있다. 10세 된 다니엘의 사례에서 그러한 면을 볼 수 있다. 다니엘은 CDI의 2, 9번 문항을 포함해서 대부분의 증상을 부인했다.

치료자 : 자신을 해치거나 자살하려는 생각을 해본 적이 있니?

다니엘 : 아니요.

치료자 : 죽었으면 좋겠다고 바란 적이 있니?

다니엘 : 아니요.

치료자 : 혹시 네가 자신을 해칠 생각이 있다면 나에게 말해줄 수 있겠니?

다니엘 : 아마 아닐 걸요.

치료자 : 내게 말해주는 것이 뭐가 어렵지?

다니엘 : 그런 생각들은 나쁜 것이고 그런 생각하는 사람은 나쁘니까요.

치료자 : 그런 생각들이 나쁘다고?

다니엘 : 일부러 자신을 해치면 안 되는 거니까요.

치료자 : 실제로 자신을 해치지 않더라도 그런 생각을 품을 수는 있니?

다니엘 : 네.

치료자 : 사실은, 그런 생각에 관해 얘길하면 문제를 해결하는 데 도움이 되고 더 이상 자신을 해치고 싶
　　　지 않게 된단다.

다니엘 : 진짜요?

치료자 : 있지, 그런 생각에 대해 얘기하는 게 때로는 두려울 수 있어. 그렇지만 얘기를 하면 자신을 해치
　　　는 걸 막는 방법을 찾는 데 도움을 주거든. 자, 네 자신을 해칠 생각을 한 적이 있었니?

다니엘 : 음, 어떤 때 제가 진짜 화날 때, 나 자신을 해치고 싶어질 때가 있어요.

치료자 : 그런 생각에 대해 얘기하는 것, 지금은 괜찮니?

다니엘 : 그런 것 같아요.

치료자는 다니엘이 자신의 생각을 드러내는 것을 편안해 하도록 노력했다. 이 예에서 치료자가 어떤 식으로 소크라테스식 질문을 통해 다니엘이 자살생각에 관해 말하는 것을 방해했던 믿음을 확인했는지 볼 수 있다. 그런 뒤 치료자는 추론과정을 통해 다니엘을 이끌어서말하는 것이 도움이 된다는 결론에 이르게끔 도왔다. 더군다나 치료자는 다니엘의 경험이 이상한 게 아니고 누구나 그럴 수 있다고 설명했다. 치료자는 이런 방향으로 계속 진행하면서 자살 계획이나 의도를 평가해야 한다(예 : "자신을 해치기 위해 무엇을 하려고 생각해보았니?", "전에 자신을 해치기 위해서 뭘 해봤니?", "만일 이런 생각을 하고 있다면 자신을 해치기 위해 무엇을 하고 싶니?", "이런 생각이 들 때는 네가 어떻게 자신을 해칠 것 같니?").

최근에 Nock(2012)은 아동의 외현적 인지 표현(예 : 어떻게 자살할 거니?)에 과도하게 의존해서 자살생각을 평가하는 것에 대해 반대하면서 내현적인 인지처리과정을 평가할 것을 촉구했다. Wenzel, Brown 그리고 Beck(2008)이 명명한 '편협한 인지처리(cognitive narrowing)' 다시 말해 터널 시야(tunnel vision)야말로 심각한 자살생각의 밑에 깔린 내현적

과정이다. Wenzel과 Beck은 자살위험이 있는 사람의 주의과정은 자살로 차 있다고 주장한다. 따라서 자살과 죽음을 곱씹는 것은 경고 단계이다.

자살생각을 공개적으로 인정하는 아동을 대상으로 자살생각을 평가하는 것 역시 힘들기는 마찬가지다. 우선 아동의 안전을 확보하는 것이 목표다. 그러기 위해 부모나 다른 돌보는 사람의 참여가 필요하다. 부모들에게 자원(예 : 비상시 필요한 전화번호)을 제공하고, 문제해결 전략으로 부모를 무장시켜서 아동의 자살생각을 파악하고 아동이 자살생각을 극복하고 대안적 문제해결 방법을 내놓도록 도울 수 있게 해야 한다. 다음의 대화에서는 공개적으로 자살생각을 인정한 청소년의 자살생각을 평가하는 것을 보여주고 있다.

> 치료자 : 네가 작성한 설문지에서 '자살하고 싶다.'에 체크한 걸 봤어. 그 생각에 대해 좀 더 말해줄 수 있겠니?
>
> 지나 : 어떤 때는, 정말 힘든 하루를 보내고 나 혼자뿐이라고 느낄 때는, 내가 죽더라도 아무도 나를 보고 싶어 하지 않을 거란 생각이 들어요.
>
> 치료자 : 그런 생각을 할 때 어떤 기분이 드니?
>
> 지나 : 그냥 진짜 슬프구요, 잠들면 결코 깨지 말았으면 좋겠다는 느낌이요.
>
> 치료자 : 그래, 네가 정말 슬프게 느끼고 "내가 죽어도 아무도 나를 보고 싶어 하지 않을 거야."라고 생각할 때, 그럴 때는 뭘 하지?
>
> 지나 : 아무것도 하지 않아요. 그냥 침대에 누워서 울어요.
>
> 치료자 : 그 밖에 뭘 하니?
>
> 지나 : 음, 어떤 때는 약 상자 안에 있는 우리 엄마 수면제를 한 줌 먹을까 생각해요.
>
> 치료자 : 그래서, 약을 먹은 적이 있니?
>
> 지나 : 아니요. 그렇지만 진짜 상황이 너무 안 좋으면 그런 생각을 해요.
>
> 치료자 : 그 생각을 얼마나 자주 하니?
>
> 지나 : 글쎄요, 가장 최근에는 한 1주일 전쯤이었어요. 일주일에 한 번 정도인 거 같아요.

이 예에서 치료자는 상황을 파악하면서 지나의 자살생각을 둘러싼 사고, 감정 및 행동을 함께 알아보았다. 이어 치료자는 질문을 통해 구체적인 자살계획, 방법, 및 과거 시도를 파악했다. 이제 치료자는 자살사고의 선행 사건, 다른 자해행동 경험, 그리고 지금까지 지나가 자살을 하지 못하도록 방해한 것이 무엇인지 등에 대한 자세한 정보를 얻고 싶어 할 것이다. 마지막으로 치료자는 안전계획을 도입하고 지나와 함께 대안적이고 보다 적응적인 문제 해결전략을 논의해야 한다.

자살을 생각하고 있는 아동들을 치료할 때 협력은 매우 중요하다. 물론 협력이란 것이 연속선상에서 일어나기 때문에, 아동이 자해하려는 의도가 있는 경우에는 아무래도 협력이 잘 이루어지지 않는 것이 보통이다. 그래도 문제해결 과정에서는 어느 정도의 협력이 유지될 수 있다. 가령 11세 아동 에린은 자신을 해칠 생각을 품고 있었다. 자신의 목을 조를 생각을 한 적이 여러 번 있으며 한 번은 실제로 시도한 적도 있다고 치료자에게 얘기했다. 치료자와 에린은 에린의 안전을 보장하기 위해 엄마에게 얘기하는 것이 좋을 것 같다고 함께 결정했다. 치료자는 에린에게 "우리가 지금까지 얘기한 것들과 안전을 보장하기 위한 계획에 대해 어떤 식으로 엄마에게 알려야 할까?"라고 물었다. 이 질문은 치료자가 부모에게 알릴 의향이 있지만, 어머니에게 어떻게 알릴지는 에린이 선택하게 한다는 것을 분명히게 보여준다.

아동의 자기통제 수준을 체크하는 것도 도움이 된다. 가령 13세 아동 스탠은 구두로 자살생각을 보고했고 CDI의 2번, 9번 문항에 체크했다. 치료자는 스탠에게 "1~10점 척도에서 10점이 확실히 자살하려 한다는 것을 의미하고 1점이 자살을 시도할 가능성이 없다는 것을 뜻한다면 넌 몇 점이니?"라고 물어볼 수 있다. 이러한 질문에 대한 답변을 깊이 탐색하는 것이 중요하다(예 : "6점이라고 답했는데 왜 그런 거지?", "6점에서는 그런대로 안전하고 자신을 통제하고 있다고 느끼니?", "어떤 점수에서 안전하지 않고 통제 불가능하다고 느낄까?"). 마지막으로 척도에 영향을 미치는 요인들을 평가해보는 것도 좋은 전략이다(예 : "어떤 일이 일어난다면 9점까지 올라갈 것 같니?", "그러면 넌 어떻게 할래?", "2점이 되려면 어떤 일이 일어나야 할까?").

아동의 자살생각을 빠짐없이 종합적으로 평가하기 위해서는 생각의 빈도, 강도 및 지속

글상자 11.3   **자살성향의 평가**

- 직접적으로, 명확하게 그리고 체계적으로 평가하라.
- 자살생각의 빈도, 강도 및 지속 시간에 관해 질문하라.
- 의도가 방법보다 더 강력하다는 것을 기억하라.
- 시도 이력과 자해행동의 존재는 위험신호다.
- 외현적 인지에만 의존하지 밀라.
- 내현적 인지 평가를 고려해보고 정신상태(mental status)에 유의하라.
- "얼마나 통제가 되는지?", "얼마나 안전한지?", "얼마나 정직한지?"를 묻는 것에 대해 생각해보라.
- 수단의 접근성을 평가하라.

시간에 관해 물어봐야 한다(예 : "자신을 해칠 생각을 얼마나 자주 하니?", "그런 생각이 얼마나 오래 지속되니?"). 이런 모든 요인들은 위험 수준을 판단할 때 고려해야 할 사항들이며, 개입을 설계할 때 도움이 될 것이다. 또한 아동이 과거에 자살시도를 멈추게 한 요인을 평가하면 앞으로의 시도를 예측하는 데도 도움이 될 것이다. 자살방법이나 수단의 접근성 역시 중요하다. 가령 아동이 수면제 한 통을 다 먹을 생각을 하고 있다면 어떻게 그 약을 구할 것인지 알아보는 것이 중요하다(예 : 그런 약을 집에서 쉽게 구할 수 있는지?). 마지막으로 우울 아동의 경우 안부 인사를 자주 하는 것도 중요하다. 글상자 11.3은 자살성향을 평가할 때 유의해야 할 핵심 요점을 강조한다.

NSSI

Nock과 동료들의 최근 연구(Nock, Joiner, Gordon, Llyod-Richardson, & Prinstein, 2006; Nock & Prinstein, 2004)는 청소년들이 보이는, NSSI(nonsuicidal self-injury, 비자살성 자해)를 다루었다. 경험적 연구와 임상 경험에 의하면 NSSI와 이후의 자살시도 간에 상관이 있다. Nock 등(2006)은 청소년의 70%가 적어도 한 건의 자살 시도를 저질렀음을 밝혀냈다. 이 70% 청소년의 55%는 자살을 두 번 이상 시도했다. 마지막으로 Nock과 동료들은 자해에 사용되는 방법이 많을수록 이후의 자살 시도 가능성이 높다고 결론을 내렸다.

왜 NSSI가 자살시도로 이어질 수 있는지에 관한 몇 가지 가설들이 있다(Joiner, 2005). 우선 반복된 자해는 환아가 결국 자살할 의지를 증가시킬 수 있다. NSSI가 일종의 점진적 과제로 되어 그것을 디딤돌 삼아 결국 자살에 이르게 된다는 것이다. 또한 NSSI가 진통 효과를 발휘하여 자신을 아프게 하는 것에 대한 두려움이 자신을 보호해주는 효과를 제한하기 때문이라는 것이다.

자해 사고는 청소년이 혼자 있고 화가 나 있으며 자기증오, 부정적 기억에 시달릴 때, 무감각에 빠질 때 가장 자주 발생하는 것 같다(Nock, 2010). 추가적으로 과도한 자기비판과 자기처벌도 핵심 역할을 한다(Nock & Prinstein, 2004; Nock, Prinstein, & Sterba, 2009). Ougrin, Tranah, Leigh, Taylor 그리고 Asarnow(2012)는 연인과의 이별, 가족 불화, 학교 관련 스트레스, 따돌림 피해, 성폭력 피해 등이 자해를 촉발할 수 있다고 경고했다. Nock(2010)은 종합적 개관논문에서 자해자들은 공통적으로 '패자', '실패', '불명예' 같은 강력한 단어를 자신의 피부에 새겨 넣는다고 언급했다.

Nock과 동료들은 NSSI를 이해하는 데 유용한 원칙을 제안했다(Nock & Prinstein, 2004; Nock, Teper, & Hollander, 2007). 그들은 참을 수 없는 심리적 경험으로부터 도피 혹은 회피, 내적 자극의 쾌락을 추구, 불쾌한 외부 사건으로부터 도피 혹은 회피, 주위로부터 긍정적 보상 획득이라는 자해의 네 가지 주요 기능을 파악했다. Klonsky와 Muehlkamp(2007)는

NSSI가 정서 조절, 자기 처벌, 대인관계 영향 전략, 감각 추구 및 경계 표시의 한 형태일 수 있다고 덧붙였다.

NSSI는 쾌적한 내부 상태와 연관되어 있을 수 있다. Nock과 Prinstein(2005)에 따르면 자해자들이 자신에게 심각한 조직 손상을 입히더라도 거의 고통을 느끼지 않는다고 보고했다고 한다. Nock(2010)은 이 기능을 Joiner(2005)가 옹호한 진통제 가설과 통합시켰다. 예를 들어, Nock은 손상 후 방출되는 엔돌핀이 과도한 것이 진통효과와 관련되는 것 같다고 했다. 엔돌핀의 방출은 고통을 감소시키고 강력한 긍정적 감정을 불러일으킬 수 있다. Nock에 따르면, 바로 이 사실 때문에 자해 후 청소년들이 더 치분하고 느긋하게 느낀다고 보고한다.

NSSI의 치료

NSSI를 치료하는 첫 번째 단계는 자기감찰이다. 앞에서 기술한 내용(Klonsky & Muehlenkamp, 2007; Nock, 2010)을 토대로 개인 맞춤식 자기감찰 양식을 만들 수 있다. 일반적인 자기감찰 도구를 사용하고자 한다면 Walsh(2007)의 종합적 방법을 참조하라.

자기감찰 후 문제해결법, 인지 재구조화, 기능적 대체행동 개발을 실시한다. NSSI를 치료할 때는 치료에 사용할 수 있는 시설이나 자원이 풍부해야 하고 융통성이 발휘될 필요가 있다. 가령 유산소 운동을 효과적으로 치료에 포함시킬 수도 있다(Wallenstein & Nock, 2007).

다음의 예를 생각해보자. 브리아나는 15세의 히스패닉계 소녀인데 오랫동안 PTSD와 기분 저조를 포함한 여러 공병을 앓고 있었다. 이러한 극심한 증상은 또한 매우 낮은 고통 감내 기술로 인해 악화된 상태였다. 브리아나가 힘들어 할 때면, 혐오적 감정상태를 경감시키기 위해 자해에 의존했다. 창의성은 브리아나의 강점이었다. 우선 얼음 잡고 있기나 레몬 빨기 등 몇 가지 전형적 고통 감내 절차를 시도해보았다. 핫소스를 손가락에 짜낸 뒤 혀에 올려 놓는 것을 자기가 제안했다. 이 기법은 효과가 있었다. 핫소스의 색깔, 텍스처, 혐오적 자극이 효과적인 대체물이 될 수 있었던 것이다.

조슈아는 16세의 유럽계 미국 소년으로, 매우 심각한 자살기도로 10일간 입원 후 외래 환자로 CBT 치료를 받게 되었다. 조슈아는 영재 학생으로서, 급우들에게 놀림과 따돌림을 당했다. 같은 고교 남자 급우와의 연인관계가 끝난 2주 후 자살을 시도했다. 서로에게 쓴 쪽지를 다른 학생들이 발견하는 바람에 슬프게도 놀림과 따돌림은 늘었다.

조쉬는 약속 시간에 나와 자살의도를 부인했고 수동적 자살사고만을 보고했다. 그러나 그는 자해행동(예 : 태우기)을 했다. 다음의 대화는 그의 태우기 행동과 관련된 문제 해결 과정을 보여준다.

치료자 : 조쉬, 오늘 제일 첫 번째 안건은 너 자신을 태우는 걸 다뤄주는 거야. 어떻니?

조쉬 : 괜찮을 것 같아요. 별거 아니예요. 나는 한동안 그래왔는 걸요.

치료자 : 큰일이 아니라고 생각하는 것이 의아하구나. 무엇에 대해 말하고 싶니?

조쉬 : 엄마가 항상 나를 지켜보고 있어요. 마치 제가 엄마 시야에서 벗어날까 봐 두려워하는 것 같아요.

치료자 : 두려워하고 계신 게 맞아. 엄마는 너를 거의 잃을 뻔 했잖니.

조쉬 : 네

치료자 : 우리가 태우는 걸 다룬다면 엄마가 덜 걱정하시도록 도움도 될 거라고 생각하니?

조쉬 : 아마도요.

치료자 : 너는 원하지 않겠지만 그래도 기꺼이 참여하겠지?

조쉬 : 네, 기꺼이 해요.

　

대화의 첫 번째 부분은 조쉬의 협력, 참여 및 동기화의 증가에 초점을 두고 있다. 조쉬 자신이 태우는 것을 안건으로 올리지는 않았지만 치료사는 그것을 의제의 일부로 삼았다. 대화가 진행되면서 치료자는 태우는 것을 줄이는 것과 조쉬가 말한 엄마의 감시로부터 보다 자유로워지고자 하는 마음을 연결시켰다. 다음으로 대화는 태우기의 기능 분석과 문제해결 대체재에 초점을 맞춘다.

　

치료자 : 조쉬, 너 수학, 그래프, 다이어그램을 좋아하는 거 잘 알고 있어. 자신을 태우는 다이어그램을 작성할 수 있을지 보자.

조쉬 : 다이어그램요?

치료자 : 응. 때로는 물건을 흑백으로 보는 것이 도움이 된단다. 어떻게 생각해?

조쉬 : 재미있을 것 같네요.

치료자 : 좋아. 태우기 행동을 촉발하는 것이 뭔지부터 시작하자.

조쉬 : 시발(욕) 감정요.

치료자 : (미소지음) 구체적으로 말해줄래? 시발 감정이 무엇이지?

조쉬 : 흔한 … 외로움, 슬픔, 분노.

치료자 : 좋아. 그것들을 쓰자. 그러면 네 자신을 태워버리는구나. 네게 뭘 가져다주니?

조쉬 : 선생님과의 약속요? (웃음)

치료자 : 웃긴다. 그래, 너 아직도 유머 감각을 가지고 있구나. 시발 감정은 어떻게 되니?

조쉬 : 음, 시발 감정들을 잊게 되죠. 멀리 가버리죠.

치료자 : 얼마나 오랫동안?

조쉬 : 꽤 오래지만….

치료자 : 하지만 무엇?

조쉬 : 그담에는 기분이 바닥을 쳐요. 스스로를 태웠기 때문이죠.

치료자 : 좋아, 그럼 무엇이 너의 마음을 스치고 지나가니?

조쉬 : 나는… 나는 정말로 똥 같은 놈이다.

치료자 : 그런 다음 뭘 하니?

조쉬 : 엄마가 보지 못하도록 흉터를 숨기려고 하죠… 또는 거짓말하죠.

치료사 : 그럼 너는 또 어떤 기분이…

조쉬 : 불안하고… 부끄럽고… 죄책감이요.

치료자 : 나쁜 감정만 더 느낄 뿐이구나. 무엇이 너의 마음을 스치고 지나가니?

조쉬 : 나는 통제 불능이다… 그리고 나서 태우는 것이 다시 시작되요.

치료자 : 그래 맞아. 어떻게 생각해?

조쉬 : 거지 같아요.

치료자 : 그래서 우리가 이 모든 거지 같은 걸 줄이기 위해 뭔가 계획을 세운다면?

조쉬 : 계획이 뭔대요?

치료자 : 말하기엔 너무 일러. 함께 생각해 내야지. 시작 준비됐어?

조쉬 : 네.

치료사 : 그래. 여기가 우리가 현재 있는 지점이야 … 너는 다양한 이유로 똥처럼 느끼지. 너무도 끔찍하게 느껴져서 그 느낌을 없애기 위해 네 자신을 태우는 것에 의존하지. 그것은 단기적으로는 효과를 발휘하지만 그 뒤 죄책감과 수치감을 느껴서, 다시 너 자신을 태우고 싶게 만들지.

조쉬 : 선생님께 브라보!

치료자 : 이렇게 한번 생각해보자. 나쁜 기분에 대처하도록 도울 수 있는 방법을 우리가 생각해낼 수 있다면 어떨까?

조쉬 : 뭐가 있을까요?

치료자 : 글쎄, 네가 나쁜 기분을 느낄 때 너의 마음을 스치고 지나가는 것이 뭐지?

조쉬 : 아까 말했듯이 '거지 같아'. '나는 무기력하다.' … '이걸 고치기 위해 뭘 어떻게 해야 할지 모르겠다. 제기랄.'

치료사 : 우리가 무력감 부분을 바꿀 수 있을지 한번 보자.

조쉬 : 어떻게요?

치료사 : 만약 네가 자해하는 것 대신 스스로를 돕기 위한 계획을 세우고 있다면 어떻게 될까?

조쉬 : 좋겠죠. 그 계획은 무엇일까요?

치료사 : 그렇게 빨리 말고. 그렇게 참을성 없이 굴지 말고. 자신에게 '인내심을 가져. … 나 자신을 도와줄 계획을 생각해내고 있어.'라고 말해주는 것은 어떨까?

조쉬 : 이상해요.

치료자 : 어떤 면에서?

조쉬 : 나 자신에게 인내심을 발휘한 적이 없거든요.

치료자 : 네가 태우고 싶을 때 인내심이 높다면 … 너에게 도움이 될까 아니면 상처가 될까?

조쉬 : 도움이 되겠죠.

치료자 : 좋아, 그것도 적자 … 무력감은 종종 통제력 상실감과 관련이 있지. 너는 네가 통제하고 책임을 지는 부류지?

조쉬 : 나는 통제 불능인 것을 싫어해요!

치료자 : 물론. 그래서 네가 통제감을 느끼도록 도와서 태우는 행동으로 이끌지 않도록 네 자신에게 무엇을 말할 수 있을까?

조쉬 : 몰라요.

치료자 : 지금 너를 도울 수 있을지 보자 … 진실 또는 거짓? 태우는 것이 네 부정적인 감정에 도움이 될까?

조쉬 : … 거짓

치료자 : 그래. 태우는 것은 잘못된 해결책이야. 우울한 뇌가 너를 속이는 방식 중 하나일 뿐이야.

조쉬 : 네. 계속요.

치료사 : 태우는 것이 잘못된 해결책이라면 무엇이 더 진실된 것일까?

조쉬 : … 우리가 말했던 것처럼 인내심을 가지는 것 … 어쩌면 내 기분이 나아질 것이라는 믿음.

치료자 : 시작이 좋다 … 계속 해봐.

조쉬 : 어쩌면 나는 감정을 없애기 위해 더 나은 것을 할 수 있을지도요. 달리기와 자전거를 즐겼었는데. … 차를 마시면 때로는 기분이 좋아져요. 나 참! 할머니 같은 얘기를 하다니.

치료자 : 그렇게 나쁘지 않아!(미소) 그런 것들을 여기다 적어 두자. 만약 네가 네 자신에게 그런 말들을 해주고 방금 열거한 것들, 달리기, 자전거 타기, 좋아하는 차 마시기, 그런 걸 한다면 네 무력감이 좀 달라질까?

조쉬 : 도움이 될지도요.

치료자 : 시도할 의사가 있어?

대화의 두 번째 부분은 조쉬의 태우는 행동의 선행사건과 결과를 파악하는 과정이다. 치료자는 간단하고 구체적인 소크라테스식 질문을 던졌다. 치료자는 행동의 다이어그램을 그리면서 요약 진술을 제공했다. 조쉬는 자신과의 내부 대화를 바꾸는 것과 대안적 문제해결 전략을 생성하는 데 약간의 어려움을 나타냈고 이에 치료자는 그 과정을 안내하며 이끌어주었다.

글상자 11.4 **NSSI 평가 및 치료**

- NSSI는 자살의 중요한 위험 요인이다.
- NSSI를 이해하기 위한 기능적 분석을 실시하라.
- 치료에 대한 모듈식 접근법을 채택하라.
- 자신의 치료 자원과 창의력을 활용하라.

글상자 11.4에서는 NSSI를 평가하고 치료할 때 유념해야 할 핵심사항을 상기시켜준다.

자살의 치료

자살위험이 있는 청소년의 인지치료는 평가로 시작된다. 아동 및 그 가족들과 함께 안전계획서를 만들어두는 것은 좋은 전략이다. 안전계획서는 자살 안하기 계약서와는 다르다. 자살 안하기 계약서는 임상문헌에서 지지를 잃어가고 있다(Wenzel et al., 2008).

안전계획서에는 위기경고신호, 대처 전략, 사회적 지지를 동원하는 방법, 치명적인 방법을 줄이는 방법 및 비상시 책임자/기관에 연락하는 방법이 포함된다(Stanley & Brown, 2012; Wenzel et al., 2008). Wenzel 등(2008)은 여러 가지 훌륭한 안전계획서에 대해 기술하였다.

안전계획서는 그 유용성을 극대화하기 위해 구체적이어야 하며 대안적 문제해결 전략을 포함해야 한다. 또한 아동과 안전계획서에 대해 충분히 다루어주고 안전 유지에 만전을 기하는 마음 태세를 확립시킨다. 아동이 동의서를 작성하도록 하면 더 생생하게 그 내용을 기억하는 데 도움이 될 것이다. 아동에게 안전계획서 사본 1부를 주고 가지고 다니도록 하고 대처카드로 사용하라고 지시한다. 비상번호, 이야기 나눌 사람, 자신을 해치지 말아야 하는

자신을 해치고 싶을 때는 다음 중 하나 이상을 한다.

1. 나의 감정에 관해 엄마에게 이야기한다.
2. 감정일기를 쓴다.
3. 나를 해치는 것은 일시적인 문제에 대한 영구적인 해결 방법임을 기억한다.
4. '이 밖에 내가 해볼 수 있는 게 무엇인가?'라고 나 자신에게 묻는다.
5. 위기의 전화(555-5555)에 전화를 걸어 나의 감정에 관해 속시원히 이야기한다.

그림 11.2 : 대처 카드

이유 등을 이 안전계획서에 포함시킨다. 그림 11.2를 참조하라.

부모의 참여와 협력은 결정적인 요소이다. 부모에게 집에 있는 약이나 총, 칼, 면도칼 혹은 다른 잠정적인 자해도구를 없애라고 충고하는 것이 첫걸음이다. 부모의 관심과 협조를 구하는 것이 아동의 안전을 유지하는 데 있어서 매우 중요하다. 치료자는 무엇을 없애야 하고 어떻게 아동을 위한 적정의 안전 수준을 확보할 것인지 부모들과 상세히 의논해야 한다. 안전을 확보하기 위해 부모에게 그런 물건들을 단지 '숨길' 것이 아니라 상자에 넣고 잠그라고 말하는 것이 좋다. 처방전 약이나 처방 없이 살 수 있는 약은 둘 다 과용하면 위험하기 때문에, 아동의 손이 닿지 않는 곳에 치우는 것이 중요하다. 또한 보호자가 안전계획서대로 따를 수 있는지 임상가는 면밀히 평가해야 한다. 만약 보호자가 자신의 문제를 안고 있거나 집에서의 치료를 제대로 따르지 못하고 있다면 치료자는 더욱 면밀히 안전계획서가 실천에 옮겨질 수 있도록 조처를 취해야 한다. 안전계획서를 제대로 따를지, 집이 안전한지 여부가 확실치 않다면 입원이나 대체환경(예 : 친척집)을 고려해봐야 한다.

노아는 14세의 아시아계 미국 소년으로서 우울증과 자살 충동을 보였다. 노아의 여자친구가 결별을 선언한 후 파티에서 새 남자친구와 애정 행각을 벌이는 것을 목격한 노아의 우울한 기분은 악화되었다.

그는 개인치료 시간에 자살사고 증가를 호소했다. 신중한 평가 결과 노아와 치료자는 안전계획서를 만들었다.

> **치료자** : 노아, 이 안전계획서를 함께 작성하자.
>
> **노아** : 좋아요.
>
> **치료자** : 우리가 해야 할 첫 번째 일은 네 우울증과 자살 충동이 점점 악화될 때의 경고 신호를 알아내는 거야. 경고신호로 뭐가 있을까?
>
> **노아** : 케이시에 대해, 그리고 그 애가 너겟 자식에게 키스하는 모습을 생각하기 시작하는 거요.
>
> **치료자** : 좋아. 그걸 여기 쓰도록 하자. 다른 경고신호는 무엇이지?
>
> **노아** : 아픈 거요.
>
> **치료자** : 무슨 뜻이지?
>
> **노아** : 머리가 아프고 … 배가 아프고. 힘이 없고 … 땀이 나는 거요. 힘드는.
>
> **치료자** : 케이시 독감의 증상처럼 들리는구나. (노아와 치료사 미소)
>
> **노아** : 그렇다고 할 수 있어요.
>
> **치료자** : 그래. 이러한 것들을 케이시 독감의 증상으로 기록하자. 기분은 어떻게 변해?
>
> **노아** : 더 나빠져요 … 정말로 아래로 꺼져요 … 허무하고 외로워요.
>
> **치료자** : 좋아. 좋은 경고 신호를 모았네 … 그럼 자살사고는?

노아 : 그런 일들이 일어날 때는 '무슨 의미가 있어?' 뭐 그런 생각이 들기 시작해요. 케이시와 같은 사랑을 결코 다시는 발견하지 못할 거예요. 그녀 덕에 라틴어 수업을 견딜 수 있었는데.

치료자 : 좋아. 그러한 생각들도 적어둘게. 경고신호들이 꽤 되는구나. 자 이제 대처전략이 필요해.

노아 : 어떤 대처전략이요?

치료자 : 음, 우리가 여기서 이야기하는 것에 대해 생각해보자. 생각일기가 얼마나 도움이 될까?

노아 : 해보죠.

치료자 : 좋아. 여기다 적긴 하겠지만 뭐가 더 좋을까?

노아 : 내 친구들과 이야기하는 거요, , 커트 … 에이미, 걔는 제가 아는 여자아이에요. 오리이니, 걔는 치어리더구요 … 앰버는 상냥하니까… 걔한테 전화하면 되요.

치료자 : 좋아, 걔네들 번호 있니?

노아 : 바로 여기 제 전화기에요.

치료자 : 여기 쓰자. 그 밖에 또 무엇을 할 수 있을까?

노아 : 모르겠어요.

치료자 : 경고표시 몇 가지는 케이시 독감이라고 부르기로 했었지? 진짜 독감에 걸렸을 때 자신을 돌보기 위해 무엇을 하지?

노아 : TV 보기요 … 도움이 되요 . 음악 듣기 … 컴퓨터 게임하기와 온라인 채팅하기. 또 엄마에게 아프다고 말해요. 제가 아플 때 엄마가 최고죠.

치료자 : 그것 적을게. 좋아 … 엄마에게 말해주는 것은 좋은 생각이야. 그런데 엄마가 집에 없으면 어떻게 연락하지?

노아 : 엄마 휴대전화로 걸든지 아빠에게 전화하면 되죠.

치료자 : 그 번호들도 여기 적자. 그리고 네가 정말로 안 좋게 느끼면 주중에 9시부터 6시까지 여기에 전화하거나 근무 시간 외라면 레지던트에게 걸어도 돼. 또 핫라인 번호 2개 정도 여기다 적자. 또 다른 사람은?

노아 : 제 담당 의사 번호. 그리고 우리 학교 카운슬러인 Z 선생님요.

치료자 : 훌륭해. 그 번호들도 적자.

노아 : 주치의 전화번호를 몰라요. 우리 엄마는 알 거예요.

치료자 : 좋아 … 이 안전계획서를 엄마에게도 설명해드리자. 그래야 엄마도 도와주실 수 있고 너의 안전 유지를 위해 우리가 뭘 하고 있었는지 아시게 되겠지?

노아 : 좋아요.

치료자는 노아에 대한 경고표시를 파악하는 것으로 시작했다. 그런 뒤, 대처 전략을 개발하는 쪽으로 진도를 나갔다. 중요한 것은 그 과정에서 치료자가 노아와 머리를 맞대고 노아의 적극적 참여를 이끌어내면서 작업했다는 점이다.

제8장에서 설명된 시간 전망(time projection)은 자살위험이 있는 아동들에게 유용한 개입 방법이다. 자살위험이 있는 아동들은 좁고 근시안적인 시간 감각을 가지고 있다. 무망감이 아동의 눈을 멀게 해서 시간이 지나면 상황이 달라진다는 것을 보지 못한다. 시간 전망은 생각, 감정, 사건들이 1일 후, 1주일 후, 1달 후, 1년 후 등, 시간이 지난 뒤 어떻게 달라질지 예측함으로써 미래에 대한 시야를 넓혀준다. 자살위험이 있는 아동들에게 미래에 어떻게 그들이 생각하고 느낄지 예측해보라고 함으로써 자살이 일시적 문제에 대한 **영구적 해결법**임을 깨달을 수 있도록 돕는 것이다.

14세의 드루는 심각한 자살시도 후 병원에 입원하게 되었다. 여기서 치료자가 시간 전망 기법을 사용한다고 가정해보자. 드루는 토미와의 결별로 인한 자신의 아픔이 결코 끝나지 않을 것이기 때문에 죽는 것이 낫다고 믿는다. 시간 전망 기법은 드루의 시간 감각을 넓혀준다("1주 후… 3주 후… 3달 후… 6달 후에는 어떤 기분이 들까?"). 시간이 흐름에 따라 자신의 감정이 변한다는 것을 보기 시작하면, 드루는 순간적인 감정에 이끌려 하게 되는 충동적인 결정을 뒤로 미루거나 연기할 필요가 있다는 것을 깨닫기 시작한다(예 : "토미에 관한 네 감정이 6개월 후, 1년 아니면 2년 후엔 변할지 모른다고 말했지. 너는 얼마나 오래 죽어 있을 건데? 그게 너에게 어떻게 도움이 될까? 일시적인 문제에 대해 영구한 해결법을 생각해 내려 한 것 같구나.").

Persons(1989)는 자살위험이 있는 아동들을 치료할 때 유용한 여러 가지 조언을 제공하고 있다. 가령 드루의 자살시도 동기가 토미를 되찾기 위한 것이라고 치자. Persons는 "네 자신을 죽이는 걸로 어떻게 토미를 되찾을 수 있다는 거지?"라며 노련한 질문을 던진다. 또한 드루의 동기가 복수라면, 다시 말해 남자친구가 후회하면서 결별에 대한 대가를 치르게 하는 것이라면, Persons는 "좋아, 토미가 죄책감을 느끼며 후회한다고 치자. 넌 죽어 있을 텐데 그걸 어떻게 즐길 수 있을 것 같니?"라고 질문할 것을 권한다.

죽고 싶다는 것과 관련된 생각이 정확한지 다루어주는 것도 도움이 된다. 우울할 때는 상황이 절대로 좋아지지 않을 것이라고 믿는 경우가 많다. 다음에 제시된 리아의 사례는 이 점을 잘 보여주고 있다.

치료자 : 더 이상 견딜 수 없다고 느낀다고 했는데, 얼마나 자주 그런 기분이 들지?

리아 : 항상요.

치료자 : 자살하고 싶고 아무도 널 보고 싶어 하지 않을 거라는 생각이 항상 드니?

리아 : 아니요, 어쩌다 한 번요.

치료자 : 죽고 싶다는 기분이 들지 않는 날은 뭐가 다른 거지?

리아 : 음. 그런 날은 좀 나은 날이에요. 아무도 나를 괴롭히지 않구요. 지난 주 켈리랑 백화점에 갔을 때 같은 때요.

치료자 : 그러니까 모든 날이 100% 끔찍한 건 아니구나.

리아 : 네. 그냥 어쩌다 한 번, 진짜 나빠질 때 더 이상 견딜 수 없다고 생각해요.

치료자 : 그런 날, 그래도 이겨내기 위해 네 자신에게 뭐라고 말하면 좋을까?

리아 : 상황이 보통은 좋아진다, 문제가 무엇이든 내가 해결할 수 있다, 그런 식으로 나 자신을 상기시킬 수 있겠지요.

치료자 : 좋은 생각인 거 같구나. 네가 그렇게 할 수 있도록 도울 수 있는 계획을 찾아보자.

치료자는 항상 죽고 싶다고 생각한다는 리아의 왜곡에 도전함으로써 우울감정이 일시적임을 객관적으로 확인하도록 도왔다. 생각을 대처카드에 써서 가지고 다니면 좋다. 리아가 자해할 생각을 할 때마다 카드를 꺼내어 대처기술 목록 중 고르면 된다.

자살은 또한 화난 감정을 다루는 것과 관련된 무기력감을 반영하는 것일 수 있다(Persons, 1989). 화가 났는데 이 감정에 대처하는 기술이 없다는 것은 아동에게 정말 힘든 일이다. 에이미는 17세 소녀로, 우울증으로 입원했다. 입원해 있는 동안 그녀의 우울한 기분은 호전되었고 자살생각은 감소했다. 그러나 퇴원을 앞두고 에이미는 부모를 향해 분노를 터뜨리게 되었고 다시 자살위험에 처하게 되었다. 그녀의 사례에서 자살생각은 가정의 갈등을 피하는 방식으로 작용했다. 자살위험에 처해 있는 동안은 병원에 머무를 수 있었고 부모들을 향한 분노감을 다룰 필요가 없었던 것이다.

트레버는 16세 우울증 소년으로, 자신의 자살생각을 사용해서 분노를 표현했다. 화가 날 때마다 부모에게 죽어버리겠다고 말하곤 했다. 치료자는 트레버가 대안적 문제해결 방법을 찾을 수 있도록 도왔다(예 : "화날 때 그 밖에 부모님께 뭐라고 말할 수 있을까?", "자해하지 않고도 네가 얼마나 상처받았는지 부모님께 알리는 방법으로 뭐가 있을까?", "그 밖에 어떤 방법으로 부모님이 네 말을 들으시게 할 수 있겠니?").

아동이 품고 있는 자살생각의 심각성을 부모에게 분명히 이해시키는 것이 중요하다. 특히 어린 아동의 경우 부모가 아동의 위협을 심각하게 받아들이기가 어렵다. 그레도 부모는 그러한 위협에 주의를 기울여서 위험행동의 주요 신호들을 식별할 수 있어야 한다. 아동의 위협이 처음에 무시되거나 부정적인 반응을 얻는다면 그다음부터 자살생각을 다른 사람에게 말하지 않을 것이다. 또한 아무도 자신에게 신경 써주지 않는다는 아동의 믿음이 강화되고 그 결과 자살생각이 증대될 것이다. 마지막으로 만약 아동이 도움이나 관심을 얻으려하는 것이라면 위협만 하기보다 더 심각한 방법(예 : 자해를 실행하기)을 선택하게 될지도 모

글상자 11.5 **자살 행동의 치료**

- 자살하지 않기 계약보다는 안전계획에 의존하라.
- 안전계획은 구체적이고 잘 쓸 수 있게 짜라.
- 안전계획에 부모를 끌어들여서 아동의 안전을 위해 가정에서 무엇을 제거해야 할지, 긴급상황에서 누구에게 연락해야 할지 세세하게 의논하라.
- 시간 전망법의 사용을 고려하라(제8장 참조).

른다.

만약 아동의 안전이 적절히 보장될 수 없다면 입원을 고려해야 한다. 가령 청소년이 자해할 의도를 인정하면서도 안전계약을 맺으려 하지 않는다면 치료자와 부모는 그를 보호해줄 수 없는 상황에 처할 것이다.

우울증의 행동적 개입

즐거운 활동 계획하기

'즐거운 활동 계획하기'는 무쾌감증(anhedonia), 대인관계 위축 및 피로에 대한 유용한 일차 방어책이다. 우울한 아동은 자신이 전에 재미있어 했던 활동들을 더 이상 재미있어 하지 않는다는 점을 명심하라! 그렇기 때문에 즐거운 활동이 무엇인지 알아내기 위해 노력이 필요하다. 치료자는 아동에게 "네가 우울해지기 전에 좋아했던 게 뭐지?"라고 물어볼 수 있다. 다른 아동이나 형제, 텔레비전 캐릭터가 뭘 하면서 지내는지 물어보는 것도 아이디어를 줄 것이다. 또한 활동을 얼마나 오랫동안, 얼마나 자주 할 것인지 얘기를 나누어본다. 그리고 숙제를 어떻게 기억할 수 있을지도 다루어야 한다.

다음 대화는 활동계획표를 작성하기 위해 치료자가 8세 우울증 아동과 어떤 식으로 협력 작업을 펼칠 수 있을지 예시해주고 있다.

> 치료자 : 재미나게 할만한 일들을 생각해보자. 너는 어떤 걸 좋아하니?
>
> 칼라 : 아무것도 재미있는 게 없어요. 그냥 내 방에 앉아 TV를 보긴 하지만 지루해요.
>
> 치료자 : 전에 재미있었던 걸 생각해낼 수는 있겠니?
>
> 칼라 : 아니요.
>
> 치료자 : 네 방에 그냥 앉아 있거나 TV 보는 것 말고 다른 거 생각나는 것 없을까?

칼라 : 아니요.

치료자 : 네가 알고 있는 아이들 중에서 TV 보는 것 말고 다른 걸 하는 아이들이 있니?

칼라 : 나 말고는 다들 뭔가 재미있는 일들을 하죠.

치료자 : 가령 누구?

칼라 : 제 여동생, 이웃 아이들, 사촌들이요.

치료자 : 걔네들을 TV 보는 것 말고 어떤 일들을 하는데?

칼라 : 글쎄요, 내 동생 조지는 맨날 자전거를 타요.

치료자 : 혹시 조지랑 자전거 탄 적이 있니?

칼라 : 네. 아주 오래 전에요.

치료자 : 조지랑 자전거 탈 때 어땠니?

칼라 : 음, 그때는 재미있었어요. 그렇지만 지금은 아마 재미없을 거예요.

치료자 : 그게 재미없으리라는 걸 어떻게 아니?

칼라 : 지금은 모든 게 재미없으니까요.

치료자 : 그게 재미있을 수도 있다는 건 어떻게 아니?

칼라 : 오래 전에는 재미있었으니까요.

치료자 : 그러니까, 자전거 타는 것이 아주 조금은 재미있을지도 모른다는 말이니?

칼라 : 어쩌면요.

치료자 : 자전거 타보면 어떨지 한 번 해볼래?

칼라 : 그러죠 뭐.

이 대화가 보여주듯 치료자는 좋아하는 활동을 파악하는 힘든 도전에 부딪히자, 칼라가 우울증 전에 했던 활동들에 초점을 맞추었다. 칼라는 활동을 잘 끌어내지 못했다. 이때 칼라가 저항이나 반항하고 있다고 단정 짓기 쉽다. 그러나 실제로 칼라의 무쾌감증은 '아무것도 재미나는 게 없어.'라는 믿음을 반영할 뿐이다. 따라서 즐거운 활동의 목록을 만드는 것이 도전일 수밖에 없는 것이다. 치료자는 칼라를 비난하지 않으면서 노련하게 해야 할 일을 끝까지 밀어붙였다. 그래서 결국 칼라가 활동을 해보기로 동의한 것이다.

다음의 그림 시간표(picture schedule) 만들기는 재미있는 접근이다. 우선 치료자가 아동을 도와 주간 달력을 만들게 한다. 그런 뒤 선택한 활동에 관한 사진이나 그림들, 예를 들어 잡지에서 오린 그림이나 아동 자신의 그림들을 달력의 특정 날짜에 붙인다. 가령 만약 칼라가 수요일과 토요일에 자전거를 타기로 했다면 달력의 수요일과 토요일에 자전거 그림을 그리거나 붙인다. 이 활동에 변화를 주기 위해, 치료자가 아동이 활동을 하고 있는 모습을 사진으로 찍어서 그대로 따라야 할 실제 모델로 삼게 할 수 있다. 이 경우 달력에 그림을 그리거

월요일	화요일	수요일	목요일	금요일	토요일	일요일

그림 11.3 : 즐거운 활동 계획표의 예

나 붙이는 대신 아동이 치료자 앞에서 활동을 시연해야 한다. 그러면 치료자가 폴라로이드 카메라로 아동이 활동을 시연하는 모습을 찍는다. 이 절차는 아동이 활동을 연습하는 기회를 제공해주며, 또한 숙제를 혼자 할 수 있도록 하기 위한 점진적 단계 중 첫걸음의 역할도 한다. 예를 들어, 8세 아동 토미는 토요일에 농구를 하기로 계획을 하고 농구공을 들고 포즈를 취한 사진을 찍었다. 화요일에는 엄마와 책을 읽기로 계획을 짰기 때문에 책을 들고 있는 포즈를 취했다. 그런 뒤 사진들을 즐거운 활동 계획표에 테이프로 붙였다. 또한 토미는 자신의 기분을 날씨에 비유했다. 맑은 날은 행복한 기분이었다. 구름이 많을수록 슬픈 기분을 나타냈고 폭풍우치는 날씨는 가장 슬프다는 표시였다. 토미는 활동그림 밑에 '날씨'를 그려서 그날의 감정을 표시했다(그림 11.3).

아동 자신이 스스로 시작할 수 있는 활동을 선택하면 그 활동의 실행을 촉진하는 데 효과적이다. 어떤 아동들은 자신이 통제할 수 있는 항목들을 실행에 옮길 가능성이 더 크고, 또한 더 큰 성취감을 안겨준다. 그런 활동으로는 놀이 활동, 만화책 읽기, 친구들과 얘기하기 등을 들 수 있다. 치료에 부모를 포함시키는 것은 필수다. 부모들은 아동이 치료시간 외 활동들을 완수하도록 도와줄 수 있다. 예를 들어 만약 아동의 즐거운 활동 계획표에 밖에 나가 놀기가 포함되어 있다면 부모들이 아동을 데리고 공원으로 간다든지 해서 활동을 촉진할 수 있을 것이다.

계획된 활동을 하기 전과 후에 평가를 해보는 것은 우울한 아동들에게 특히 중요하다. 평가는 아동의 기분, 가장 성공적인 활동, 평가의 변화에 관해 귀중한 정보를 제공해준다. 또한 평가는 아동에게 우울한 기분이 일시적이며 변할 수 있다는 증거를 제공해줄 것이다. 그러한 증거는 사고 검증 시 "재미있는 게 아무것도 없어요." 혹은 "모든 게 지루해요." 등과 같은 생각에 도전할 때도 도움이 된다.

청소년들은 보통 어린 아동보다는 독립심이 강하므로 부모의 조력 없이도 계획한 활동을 실행할 수 있다. 어떤 면에서 그러한 점은 성공 가능성을 높일 수 있다. 그러나 동시에, 우울한 청소년들은 할만한 '즐거운 활동'을 생각해내기가 어려울 정도로 고립된 상태에 놓여 있을 수도 있다. 이들 청소년들은 동아리에 가입되어 있지도 않고 친구도 거의 없으며 스포츠 팀 활동도 하지 않을지 모른다. 따라서 치료자는 창의적인 방법으로 활동을 파악해야 한다. '필수적인' 활동이나 가족 이벤트에서 보다 적극적인 역할을 하는 것이 하나의 아이디어다. 예를 들어 15세 우울증 소년 카일은 체육시간 동안 소프트볼이나 킥볼게임에 거의 참여하지 않고 보통 그냥 앉아 있곤 했다. 따라서 카일과 치료자는 치료 숙제를 게임에 적극적으로 참여하는 것으로 정했다. 우선 카일은 공과의 접촉이 거의 없는 외야수 같은 포지션을 신택했다. 게임 참여에 성공하고 치료기술을 사용해서 게임 참여와 관련된 불편감에 대처하게 되자, 카일은 점차 포지션을 바꿔 1루수를 자원하게 되었다.

　지금까지 청소년이 활동을 즐기지 않을 것이라고 예상할 때 그러한 예측을 검증하는 것이 도움이 된다는 것을 알게 되었다. 다음 대화는 이 과정을 예시해주고 있다.

치료자 : 감정후프 게임을 하면 얼마나 재미있을 것 같니?

브렌다 : 아마 3점 정도요.

치료자 : 내가 너에게 게임하자고 말했을 때 무슨 생각이 들었니?

브란다 : 난 그런 거 하고 싶지 않아. 유치하고 바보 같아.

치료자 : 뭣 때문에 감정후프 게임하는 것이 힘이 들까?

브렌다 : 난 게임 못해요. 진짜 한심한 걸요. 재미있을 수가 없어요.

치료자 : 그런 생각을 할 때 어떤 느낌이 드니?

브렌다 : 진짜 슬퍼요.

치료자 : 그래. 너는 '난 진짜 한심하다.'라고 생각하고, 슬프다고 느끼고, 그리고 재미척도에서 감정후프 게임이 단지 3점밖에 안 될 것이라고 추측하고 있는 거구나.

브렌다 : 네. 맞아요.

치료자 : 그래. 우리 실험을 하나 해보면 어떻겠니? 네가 감정후프 게임을 몇 분간 하고 네 추측이 맞는지 알아보는 거야. 해볼래?

브렌다 : 그러죠 뭐(브렌다가 감정후프 게임을 하기 시작한다).

치료자 : 브렌다, 방금 공이 후프 언저리에 튕겨져 나올 때 웃더라. 네 맘속에 뭐가 스치고 지나갔니?

브렌다 : 그냥 이렇게 생각하고 있었어요. '좋아, 저건 골인에 가까웠어.'

치료자 : 그래, 공이 공중에 떠가는 것을 보고 서 있었구나. 후프에 점점 가까이 가더니 언저리를 맞추었지. 네 맘속에 뭐가 스치고 지나갔지?

브렌다 : 내가 생각했던 것보다 잘하고 있네.

치료자 : 그런 생각을 할 때 어떤 느낌이 들었지?

브렌다 : 약간 흥분되었어요.

치료자 : 1~10점 척도에서, 지금 얼마나 재미가 있니?

브렌다 : 5점 정도요.

치료자 : 너 아까 얼마나 재미있을지 예측했던 것 기억하니?

브렌다 : 3점요.

치료자 : 그래, 3점을 예측했었지. 그런데 지금 재미척도에 5점을 주었어. 이게 무슨 얘기지?

브렌다 : 제가 틀렸어요. 제가 생각했던 것보다 더 재미있어요.

치료자 : 네가 처음에 생각했던 것보다 재미있을 가능성이 있는 게 이것 말고 다른 것도 있을까?

브렌다 : 네. 내가 재미없을 거라고 생각하지만 실제로는 괜찮은 것들이 있을 것 같아요.

이 대화는 우울한 청소년과 예측을 어떻게 검증해볼 수 있는지에 대한 예를 제공한다. 앞으로 이 청소년은 즐거운 일들을 성공적으로 해낼 것이다. 또한 이 예에는 활동 전과 후의 생각과 감정을 파악하는 것도 포함되어 있다. 치료자는 이 정보를 활용해서 브렌다가 자신의 자동적 사고('나는 진짜 한심하다.')와 슬픈 감정 간의 연관성을 파악하도록 해야 한다. 이 실험은 또한 우울한 기분이 일시적이고 변화 가능하다는 것을 보여주며, 따라서 상황이 결코 좋아지지 않을 것이라는 믿음, 무망감과 싸우는 데 도움이 된다.

행동 활성화

행동 활성화(BA)는 즐거운 활동계획에 대한 필연적 귀결이다. BA는 두 가지 주요 개념 전제에 근거한다(Dimidjian, Barrera, Martell, Munoz, & Lewinsohn, 2011; McCauley, Schlordedt, Gudmudsen, Martell, & Dimidjian, 2011). 우울증 환자는 긍정적인 강화를 더 많이 경험하고 회피를 줄일 필요가 있다. Dimidjian 등(2011)은 BA를 체계적이고 간단한 심

글상자 11.6 **즐거운 활동계획 및 BA**

- "우울하게 되기 전에 재미로 무엇을 했었니?"라고 물어보라.
- 어린 아동을 위해 그림 일정표를 고려해보라.
- 활동을 마치기 전과 후에 아동이 감정을 평가하게 하라.
- 나이가 많은 아동은 새로운 활동에 참여하거나 참여하지 않는 경우 모두의 장단점 워크시트를 채워넣도록 하라(결정균형 분석).

리치료 패러다임으로 정의한다. 일반적으로 BA는 즐거운 활동 계획, 동기 부여 인터뷰, 문제해결의 요소들을 통합하였다. 즐거운 활동계획은 즐거운 활동의 빈도 증진, 즐거움과 성취감 강화하기에 초점을 맞춘다. 동기 부여 인터뷰(Miller & Rollnick, 2013)에는 결정 균형 분석이 통합되어 있다. 결정 균형 분석을 수행하는 것은 동기 부여 인터뷰의 근본적인 부분이기도 하고 BA의 중심을 차지한다. 결정 균형 분석은 행동변화의 장단점으로 2×2 워크시트를 채우는 것이 포함된다. 행동 유지의 장단점 또한 나열하고 차근차근 따지게 된다.

글상자 11.6은 즐거운 활동계획을 위한 지침을 요약해준다.

사회기술 훈련

우울한 아동에게 친구 사귀기와 사회적 상호작용 시작하기는 커다란 도전으로 다가온다. 우울한 아동에게 사회기술을 가르치는 것은 또래와 상호작용을 시작하는 데 필요한 기술과 자신감을 선물하는 것과 같다. 사회기술을 가르칠 때 치료자는 아동의 발달수준에 적합한 행동을 고려해야 한다. 만약 아동이 또래와 성공적으로 상호작용하는 기술을 가지고 있지 않다면, 그러한 상호작용은 또래 거부와 우울 증상을 심화시키는 결과를 가져올 것이다. 그러한 경험은 낮은 자존감에 관한 믿음을 강화하며 더 심한 사회적 위축을 초래할 것이다.

기본적으로 치료자는 아동에게 다른 사람들과의 상호작용을 시작하고 반응하는 의사소통 기술을 가르친다. 따라서 질문하기, 다른 사람의 질문에 답하기, 또래와 관심거리에 관해 얘기하기 등의 기술을 가르칠 필요가 있다. 그리고 자기 주장, 눈맞춤, 적절한 표정, 칭찬하기, 대화 나누기, 갈등 해소, 다른 사람에게 성가신 행동을 중지하도록 요청하기 등도 모두 사회기술 증진 프로그램에서 가르쳐야 할 기술들이다(Stark et al., 1991).

기술을 가르칠 때는 직접적 지시, 모델링, 역할연기, 그리고 이야기나 책을 활용한다. 집단장면은 현실적인 경험을 제공하며 사회기술을 파악하고 연습하는 데 적합하다. 또한 집단은 사회기술에 대해 모델링과 피드백을 제공한다. 어린 아동들은 기술과 연습에 관한 구체적 지시가 도움이 된다. 또래집단에 접근하는 방법, 게임에 끼거나 시작하는 법, 장난감을 양보하는 법을 가르칠 때는 역할연기와 손 인형극을 통해 연습시킨다. 긍정적·부정적 상호작용을 시연한 뒤 아동에게 문제영역을 파악해보도록 하는 것도 유익하다. 가령 치료자가 다른 아이들을 못살게 굴거나 게임할 때 속임수를 쓰는 못된 아이 역할을 하는 것이다. 그런 다음 아동에게 문제행동을 파악하고 대안적인 행동을 제안하도록 한다.

우울한 아동이 또래와의 상호작용을 유발하는 상황에서 역할 연기를 해보는 것 또한 유익하다. 치료자가 아동이 말을 걸어야 하는 반 친구의 역할을 연기한다. 종이나 연필 빌리기, 숙제에 관해 물어보기, 수업에 관해 말하기, 다른 학생을 칭찬하기 등이 모두 상호작용의 예다. 다음 대화는 사회기술 훈련을 어떻게 치료에 통합하는지 보여주고 있다.

치료자 : 자, 켈리, 얘기했던 대로 역할연기를 해볼 거야. 그동안 배웠던 기술들을 사용하는 것 기억하도록 하고.

켈리 : 해볼게요.

치료자 : 좋아. 오늘은 개학날이고, 우리는 교실에 앉아 있어. 나는 네 옆에 앉은 새로 온 학생이고. 난 잡지를 뒤적이고 있어.

켈리 : 안녕.

치료자 : (마치 켈리의 말을 못 들은 양 잡지를 계속 본다)

켈리 : (자리에서 약간 꿈틀하면서 얼굴이 붉어지기 시작한다) 저, 안녕. 내 이름은 켈리야. 네 이름은 뭐니?

치료자 : (쳐다본다) 아, 미안. 이걸 읽고 있었어. 내 이름은 제시카야.

켈리 : 뭐에 관한 건데?

치료자 : 미국 여자 축구팀에 관한 기사야. 나도 학교 팀에 들어가고 싶어서. 너도 축구하니?

켈리 : (보다 이완된 모습을 보인다) 나 축구 정말 좋아해! 저, (아래를 본다) 다음에 학교 끝나고 함께 연습할까?

치료자 : 좋아. 자, 켈리, 역할연기 하는 동안 기분이 어땠어?

역할연기를 활용한 이유는 켈리에게 또래와의 대화를 끌어내는 연습을 하는 기회를 주기 위해서였다. 치료자는 켈리가 처음 시도했을 때 무시함으로써 도전이 되도록 했다. 그러나 결국은 켈리가 성공을 경험하게 함으로써 균형을 잡았다. 이후의 역할연기에서는 보다 도전적인 상호작용을 포함시켜서 켈리가 자신의 기술을 '최악의 상황'에 적용하는 걸 배우게 해야 한다. 치료자는 역할연기의 전, 중, 후에 켈리의 생각과 감정을 계속 다루어야 한다. 또한 역할연기 중 가장 쉬웠던 것, 힘들었던 것 그리고 가장 놀랐던 것을 파악한다면 부정확한 예측을 비롯한 부적응적 생각과 믿음을 다루는 데 도움이 될 것이다.

트레버는 특히 치료에서 배운 기술을 학교에서의 또래 상호작용에 적용하는 것을 주저했다. 사실, 많은 토론과 문제해결에도 불구하고 그는 이전의 두 가지 치료과제를 끝내지 못했다. 트레버의 인지는 트레버의 시도에 대한 급우의 반응에 대한 부정적 예측이 주를 이루었다. 트레버는 미소, 무시, 건드리지 말라는 신경질이라는 반응범위를 생각해내었다. 각 가능성을 파악한 뒤 트레버와 치료자는 회기 중 함께 머리를 맞대고 작업하여 가장 가능성이 낮은 경우부터 가능성이 큰 경우까지 시나리오를 설정했다. 각 결과반응에 영향을 줄 요인들도 파악해서 시나리오에 함께 나열했다. 예를 들어 트레버는 급우가 독서 같은 활동에 집중하고 있을 때는 트레버를 무시할 가능성이 크다고 예측했다. 그런 뒤 치료자와 트레버는 나열한 요인들 중 트레버가 통제할 수 있는 것들을 파악하는 작업을 하고 각 상황에서 반응하는 방식들을 계획했다. 이 부가적 과정에 치료회기의 대부분이 할애되긴 했지만 보람이 있었다. 세밀하게 계획을 세우고 문제해결법을 다루어주느라 신경이 더 쓰이긴 했지만 덕분에 트레버는 기술을 시도해보려는, 이전에 없던 자신감을 느낄 수 있었다. 그다음 주 트레버는 기술을 적용해볼 수 있었고 긍정적인 상호작용을 경험하기도 했다. 이 결과는 그의 이전 예측이었던 '아무도 나와 말하고 싶지 않을 것이다.'에 대한 반증 증거가 되었고 이것이 계기가 되어 트레버의 행동이 더욱 변화되었고 그 결과 기분도 개선되는 효과를 봤다.

우울한 청소년에게도 아동과 마찬가지로 사회기술훈련이 유용할 것이다. 청소년은 아동보다 사회적 기술을 더 잘 알고 있더라도 어색해 하거나 시행할 자신감이 부족할 수도 있기 때문이다. 하지만 청소년들은 어린 아동들보다 더 미묘한 사회적 단서에 주의를 기울여야 한다. 따라서 청소년들은 구체적 기술 외에도 비언어적 신호를 보내는 것과 같은 사회행동에 대해 교육을 받을 필요가 있다. 몸짓이나 시선 마주침, 그리고 언어 단서들을 제대로 읽는 기술이 유용하다. 청소년들은 발달 과정에서 더 성숙하기 때문에, 타인의 사회적 신호를 관찰하고 알아채는 연습을 하면 도움이 될 것이다. 청소년에게 사회에서 기대하는 사회적 규준에 대해 불편하거나 확신이 없는 상황에서 또래들을 관찰하고 그들의 사회적 행동을 모방하는 방법을 가르칠 수도 있다.

우울한 청소년을 위한 사회기술 훈련을 시작할 때, 먼저 학교에서 또래가 사용하는 긍정적 사회행동과 이에 대해 다른 사람들이 어떻게 반응하는지 살펴보게 한다. 일단 기술이 파악되면 치료자와의 역할연기를 통해 치료실에서 연습하면 된다. 그리고 청소년이 점차로 다른 상황에서 사회기술을 사용해보도록 한다. 인기 있는 영화나 TV 프로그램을 활용해서 사회행동과 단서의 예를 보여주는 것도 재미난 전략이다. 이 방법을 쓰려면 청소년에게 자신이 좋아하는 프로그램이나 영화를 말하라고 한 뒤 관람하거나 시청하라고 지시한다. 관람하는 동안 표적행동이 되는 사회기술을 녹화하라고 말한다. 치료 중에 TV 프로그램이나 영화의 일부를 담은 비디오테이프를 함께 보면서 기술을 파악해보게 할 수 있다.

문제해결

문제해결 또한 우울한 아동들이 힘들어하는 부분이다. 의사결정의 어려움과 무망감 때문에 우울 아동에게 문제해결은 마치 넘을 수 없는 산처럼 느껴진다. 어떤 우울 아동에게는 문제해결 단계를 직접적으로 가르칠 필요가 있다. 또 어떤 우울 아동의 경우에는 역기능적 사고가 문제해결 능력이나 찾아낸 해결책을 시행하는 것을 방해할 것이다. 자신이 문제를 해결할 수 없다고 믿거나 실패하리라고 생각하는 것이 역기능적 신념(dysfunctional belief)의 예다. 문제해결의 장애물을 파악하고 역기능적 신념에 도전하면 문제해결을 촉진할 것이다.

우울한 아동의 문제해결을 도울 때 처음에는 아동이 상황으로부터 거리를 두도록 하는 것이 도움이 된다. 아동에게 영웅이나 역할 모델을 생각해보라고 한 뒤, 그런 사람들이 문제를 어떻게 해결할지 물어본다. 다른 사람을 위해 문제를 해결해주는 입장이라고 가정하는 것도 더 많은 아이디어를 가져다준다.

> 치료자 : 만약 친한 친구 제프가 철자법 시험을 못 봐서 굉장히 우울해 하고 있다면, 문제를 해결하도록 돕기 위해 그 애가 할 수 있는 일이 뭐가 있을까?
>
> 매튜 : 다음 시험에 대비할 연습문제를 더 많이 내달라고 선생님께 부탁할 수 있겠지요.
>
> 치료자 : 그게 어떻게 도움이 될 수 있지?
>
> 매튜 : 음, 더 연습하고 단어를 더 잘 외우게 되겠지요.
>
> 치료자 : 좋은 계획인 것 같구나. 그 애가 또 뭘 할 수 있을까?
>
> 매튜 : 시험 보기 전에 엄마에게 모의시험 문제를 내달라고 할 수 있을 거 같아요.
>
> 치료자 : 그래, 다음엔 제프가 연습을 더 많이 하고, 엄마에게 모의시험을 치게 해달라고 할 수 있겠구나. 매튜야, 너도 수학시험에서 D를 맞고 우울해하고 있다고 말했었지? 제프를 위해 네가 생각해낸 아이디어 중에 네 문제를 해결하는 데 도움이 될 만한 게 있을까?

처음의 상황으로부터 거리를 두게 하면 문제를 해결하는 단계를 생각해내게 하는 데 도움이 되고, 그런 다음 그러한 단계를 자신의 상황에 적용할 수 있게 된다. 이러한 접근방법은 우울한 아동이 자신의 문제에 대한 대안적 해결방법을 생각하는 데 방해가 되는 장애물을 치워준다.

문제에 대한 해결방법을 파악하는 것은 우울한 아동들에게 더 큰 벽이다. 여러 우울아동의 특징인 비관주의가 효과적으로 문제를 해결하고 해결방법을 찾는 데 방해가 된다. 우울한 아동은 한 문제에 대해 하나의 해결방법만을 생각하게 되며, 그 해결방법이라는 것이 보통 부정적인 결과를 불러오기 십상이다. 대안적 해결방법을 찾는 기술을 가르치는 것이 우울 아동이 성공적으로 문제해결 기술을 활용하도록 하는 데 중요하다.

자기감찰

감정과 생각을 파악하는 것은 자기지시 기술과 논리적 분석기법의 기본이다. 그러나 어떤 우울 아동의 경우에는 우울감이 너무도 깊어서 자신의 사고나 감정을 파악하는 데 어려움을 보인다. 이런 상황에서는 자기감찰 과정에서 치료자가 보다 적극적이고 지시적이 될 필요가 있다.

우울 아동이 자신의 생각을 보고하는 것을 힘들어하는 데는 여러 가지 이유가 있다 (Fennell, 1989; Padesky, 1988). 어떤 아동은 자신의 생각을 부끄러워한다. 이런 경우 치료자는 자신의 얘기를 하지 않는 비노출(nondisclosure)의 밑에 깔린 믿음들을 추적해야 한다 (예 : "네 마음속을 스쳐 지나가는 것을 나에게 말한다는 것이 너에게 어떤 의미를 갖는데?, 내가 어떻게 반응하리라고 생각하니?"). 또 어떤 아동들은 강렬한 감정과 생각에 압도당할 것이라고 걱정할 수도 있다. 이러한 아동들은 자신이 더 우울해지고 자신의 감정을 통제하지 못하게 될 것이라고 예측한다. 이런 경우 좋은 전략은 그러한 믿음을 탐색한 뒤(예 : "네 마음속을 스치고 지나가는 것들을 내게 말한다면 어떤 일이 일어날까 봐 두려운 거니?"), 점차로 생각과 감정을 표현하도록 도와주어서 자기통제에 대해 자신감을 가질 수 있게 하는 것이다.

어떤 우울 아동들은 우울감 때문에 지쳐 있는 상태일 수도 있다. 이런 경우에는 CDI 같은 자기보고척도가 유용하다. CDI에서 아동이 체크한 항목들을 활용할 수 있다(예 : "자신이 못생겼다고 생각한다는 항목에 체크했구나. 네가 바꾸고 싶어 하는 믿음이 이거니?"). 마지막으로 비관주의와 무망감 때문에 생각과 감정을 보고하기 힘들 수도 있다. 다시 말해 생각과 감정을 파악할 수 없는 것이 우울한 혼잣말 때문일 수 있다. 이러한 아동의 경우에는 즉시, 그리고 직접적으로 그러한 비관주의와 무망감을 표적으로 삼아야 한다(예 : "무엇이 상황을 변화시킬까?", "무엇이 변화를 일으킬까?", "생각과 감정을 파악하지 않는 것이 어떻게 네게 도움이 될까?").

아동이 회기 사이에 자신의 기분을 추적해보도록 지시했다면 여러분은 이미 자기감찰을 장려하고 있는 것이다. 기분 상태와 자신의 강점에 대한 인식 증가는 인지수정기술을 적용하고 그 효과를 평가하는 데 도움이 된다. 다양한 종류의 감정로그, 일기, 일지 등을 아동이 사용해서 일주일 내내 기분의 추이를 기록하면 된다. 십대나 나이든 아동이라면 기분을 추적하는 수단으로 전자기기를 선호할 수도 있다. 가령 휴대전화의 달력에 기록하든지 휴대전화기나 다른 전자기기에 목록을 생성하게 할 수도 있다. 아동과 어떠한 방식으로 자기감찰할 것인지 협력해서 결정하고 작업한다면 자기감찰을 실제 실시할 가능성을 높일 것이다.

인지왜곡에 이름 붙이기

인지왜곡에 이름을 붙이는 것은 간단한 기법으로서, 아동이 자기지시법과 합리적 분석으로 진행할 수 있도록 준비시켜준다(Burns, 1980; Persons, 1989). 여기서는 트레이시의 예를 들어 왜곡을 파악하는 방법을 보여줄 것이다. 트레이시는 완벽주의자의 성향을 지닌 15세의 소녀인데, 흑백논리적 사고와 파국화를 자주 사용한다.

트레이시 : 생물학 시험을 망쳤어요. 전 결국 생물학을 패스하지 못할 것이고, 좋은 대학에 들어갈 수 없을 거예요.

치료자 : 그 생각은 우리가 배운 왜곡 중에서 어느 것에 해당될까?

트레이시 : 다 잊어버렸어요. 치료공책에 끼워둔 목록을 봐도 되나요?

치료자 : 물론이지. 목록을 보면 생각날 거야. 목록을 자주 보면서 네 자신을 체크해보고 그중에서 어떤 왜곡을 사용하는지 알아봐야 하는 거야.

트레이시 : 아, 이건 제가 일을 말도 안 되게 부풀려서 생각하기 때문에 모든 게 나빠 보이는 바로 그 왜곡이네요. 파국화요?

치료자 : 맞아. 어려운 단어지. '어떤 일에 대해 상당히 부풀려서 생각하기 때문에 모든 것이 나빠 보인다.'라는 뜻이지. 이건 마치 네가 앞으로 어떤 일이 생길지 생각해보지도 않고 정말로 운이 없다고 말하는 것과 같은 거란다.

트레이시 : 제가 그런 생각 많이 하는 거 같아요.

치료자 : 그런 예측을 할 때면 어떤 기분이 드니?

트레이시 : 안절부절 못해요.

치료자 : "전 결국 생물학을 패스하지 못할 것이고, 좋은 대학에 들어갈 수 없을 거예요."라고 네가 한 말에 대해 어떻게 생각해?

트레이시 : 음. 전 학교 숙제를 잘해온 것 같구요. 이건 그냥 작은 시험에 불과하다는 것, 따라서 성적이 많이 내려가지는 않을 거라는 거예요. 그리고 보너스 점수를 받을 기회가 항상 있어요.

치료자는 인지왜곡이 트레이시의 감정에 어떻게 영향을 끼치는지 보게 해주었다(예 : "그런 예측을 할 때면 어떤 기분이 드니?"). 그런 뒤 화제를 생물학 시험과 관련된 트레이시의 말로 돌렸다("'전 결국 생물학을 패스하지 못할 것이고 좋은 대학에 들어갈 수 없을 거예요.'라는 너의 말에 대해 어떻게 생각하니"). 그런 다음에는 생각일지를 작성하는 숙제를 내줄 때 인지왜곡에 이름 붙이기 기술을 첨가할 수 있다. 다시 말해 자동적 사고를 기록한 뒤 그 사고에 깃든 인지왜곡을 파악하게 할 수 있을 것이다.

자기지시 접근법

보물 상자(Treasure Chest)는 자기지시 접근법의 한 유형이다. 보물 상자는 잊어버린/잃어버린 대처사고(coping thought)를 파묻은 보물로 비유한다. 절차는 다음과 같다. 치료시간에 치료자와 아동이 '보물 상자'를 그리거나 만든다. 그런 뒤 긍정적인 대처문장들("내가 실수를 한다고 해서 나쁜 사람이 되는 건 아니야. 나는 그냥 정상적인 사람일 뿐이야.")을 보물 상자 그림이나 카드에 써서 상자 속에 집어넣는다. 그다음에 아동에게 기분이 가라 앉아 있을 때마다 보물 상자로 가서 긍정적인 '보물'을 꺼내라고 지시한다. 자신의 좋은 점 다섯 가지를 써서 보물 상자를 채우는 것을 숙제로 내줄 수도 있겠다. 그림 11.4에 보물 상자의 예가 제시되어 있다.

화폐 반환소(Replace Mint)도 아동들에게 자기지시법을 가르치기 위한 또 다른 창의적 방법이다. 보물 상자처럼 화폐 반환소 역시 비유를 사용한다. 이 활동에서는 긍정적인 대처생각들을 빛나는 새 동전이나 빳빳한 새 지폐라고 간주한다. 우선 아동들에게 화폐를 만드는 주조소로 가서 새로운 정서 돈을 만들라고 지시한다. 비유를 더 확대해서, 아동에게 자신의 낡은 지폐들(부정적 생각들)을 찢어버리도록 할 수도 있다. 가령 부정적 생각을 오래된 낡은 종이에 쓰게 한 뒤 화폐 반환소에 가지고 간다. 그런 다음 낡은 돈을 찢어 버리고 새 돈(즉 빳빳한 새 종이에 쓴 긍정적 대처생각)으로 바꾼다.

화폐 반환소를 어떻게 사용하는지 예시하기 위해 11세 아동 매트와의 대화를 다음에 제시하였다. 매트는 고통스러운 자기비판으로 힘들어하고 있다. 치료자가 어떻게 화폐 반환소에 대해 설명하고, 매트가 돈을 바꾸도록 돕는지 살펴보자.

치료자 : 너 어떻게 돈이 만들어지는지 아니?

매트 : 큰 은행에서 만들어지는 것 같은데요.

치료자 : 뭐, 큰 은행이랄 수 있지. 화폐 주조소라는 데서 만들어져.

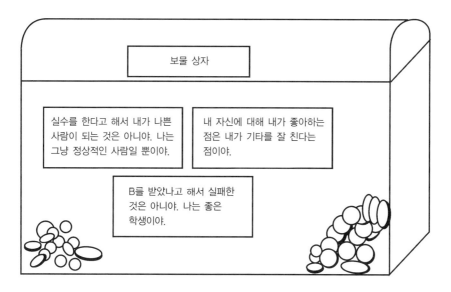

그림 11.4 : 보물 상자의 예

매트 : 화폐 주조소요?

치료자 : 화폐 주조소라는 곳은 돈이 인쇄되는 곳이지. 너 빳빳한 새 지폐 본 적 있니?

매트 : 네. 삼촌이 새 1달러 지폐를 준 적이 한 번 있어요. 깨끗하고 빳빳했어요.

치료자 : 너도 알지만, 화폐 주조소에서 낡고 오래 된 지폐를 버리고 새 지폐를 인쇄하지. 생각도 마찬가 지야. 네 자신에 대해 네가 가진 생각 중 오래되고 낡은 생각이 어떤 거지?

매트 : '난 쓸모없어. 아무도 날 좋아하지 않아.'

치료자 : 그 생각들을 이 꾸깃꾸깃한 녹색 종이에 적어보자. 낡은 지폐 같은 거지(매트가 종이에 생각들 을 적는다). 빳빳한 새 돈이 뭘 뜻한다고 생각해?

매트 : 내 자신에 대해 말할 수 있는 다른 것이요.

치료자 : 맞았어. 자, 이제 우리가 새 생각을 만드는 화폐 주조소가 되는 거야. 지겨운 부정적 생각을 새 롭고 신선한 생각들로 바꾸고, 넌 이 새롭고 신선한 생각들을 지닐 수 있게 될 거야. 우리 이 게임을 화폐 반환소라고 부르자.

이 활동에서 매트는 낡은 생각을 새롭고 보다 적응적인 생각들로 바꿀 수 있다는 것을 알게 되었다. 새 생각들을 종이에 적어서 대처카드로 사용할 수 있었다. 카드를 가지고 다니면 되는 것이다! 마지막으로, 이 활동의 경험적 특성이 추상적인 과정을 보다 구체적으로 만들어주고 있다. 이제 매트는 어떻게 자신의 낡은 생각을 더 이상 '유통되지 않게' 하는 방법을 기억할 수 있게 된다.

합리적 분석 기법

재귀인

제8장에서 자세히 논의한 책임 파이(Responsibility Pie)는 아동이 자신의 책임을 보다 정확한 관점에서 볼 수 있게 도와주고, 대안적 설명을 검토해보도록 해준다(Padesky, 1988; Seligman et al., 1995). 책임 파이에서는 우선 사건에 영향을 미치는 모든 요인들을 나열하게 한다. 그런 뒤 아동은 전체 결과에 대해 각 요인이 가지는 책임의 양만큼 파이의 부분을 해당 요인에 할당한다. 어린 아동들은 분수나 백분율의 개념을 이해하지 못할지 몰라도 치료자가 시각적으로 잘 제시한다면 이 기법을 이해할 것이다. 가령 책임량을 나타내는 파이 조각의 사이즈를 강조하고 아동이 파이의 부분을 색칠하든지 떼어내게 할 수 있다. 재귀인 피자(Reattribution Pizza)는 책임 파이의 변형으로, 이 방법은 아동들이 좋아하는 이미지를 활용한 활동이다. 이 활동에서 아동은 먼저 종이와 크레용, 가위를 이용해서 피자를 만든다.

피자 메뉴

버섯(그녀와 싸움을 한 나의 잘못) ·································· 1/8

페퍼로니(비가 오고 있었다) ·································· 1/8

토마토(상대방 차가 빨리 달리고 있었다) ························· 2/8

그림 11.5 : 피자 메뉴

그런 뒤 '토핑' 메뉴를 만드는데, 이때 토핑이란 문제나 상황에 영향을 미친다고 아동이 믿는 요인들을 뜻한다. 따라서 메뉴는 요인이나 귀인이며, '가격'은 책임의 양을 뜻한다(그림 11.5 참조). 그다음, 아동은 피자를 각기 다른 사이즈로 자르는데, 각 조각은 각 요인에 할당된 책임의 양을 나타낸다. 버섯이나 페퍼로니 같은 '토핑'은 여러 가지 다양한 귀인의 이름으로 불릴 수 있다. 그림 11.6은 토핑의 이름이 붙여진 피자를 보여주고 있다.

우울한 아동과 마찬가지로 청소년들도 종종 자신이 통제할 수 없는 일들에 책임감을 느끼곤 한다. 가령 스테파니는 부모의 별거를 유발한 요인들을 나열했고, 이제 각 요인별로 비

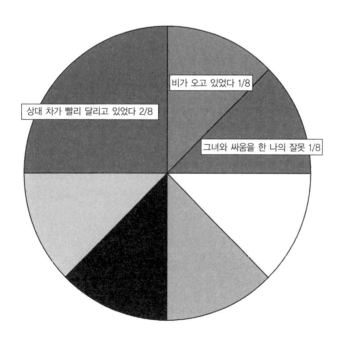

그림 11.6 : 재귀인 피자

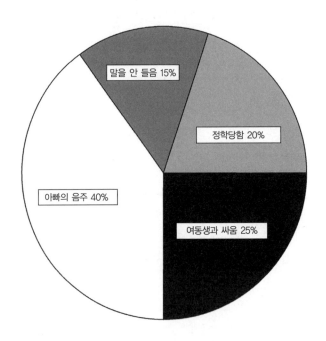

그림 11.7 : 책임 파이

율을 할당하고 있다(그림 11.7 참조).

> **치료자** : 그러니까 네가 이미 결정한 것을 보면, 학교에서 정학당한 것이 20%, 부모님의 말을 듣지 않은 것이 20%, 여동생과 싸운 것이 50%이구나. 그리고 아빠의 음주도 있고.
>
> **스테파니** : 네. 아빠는 술을 너무 드세요. 술을 마시면 우리와 엄마에게 진짜 못되게 구셨죠. 아마 40%일 거예요.
>
> **치료자** : 좋아. 그런데 네가 나열한 항목들을 다 합치면 130%네. 이게 뭘 뜻할까?
>
> **스테파니**: 처음 몇 항목을 과대평가한 것 같아요. 동생과의 싸움은 25%가 맞는 것 같고요, 부모님 말씀 을 안 듣는 것은 15%가 맞는 거 같아요. 그러면 100%가 되네요.
>
> **치료자** : 그래. 그렇지만 아직도 몇 가지 남은 항목이 있는걸. 다음 항목이 뭐지?

치료자와 스테파니는 모든 항목에 비율을 할당할 때까지 과정을 계속했다. 다른 우울한 청소년들처럼 스테파니도 처음엔 부정적 사건이 주로 자신의 탓이라고 믿었다. 그러나 모 든 가능한 원인들과 증거를 검토한 결과, 무엇이 그녀의 책임이고 무엇이 아닌지 정확하게 깨닫게 되었다. 따라서 자신의 책임을 보다 정확하게 재할당할 수 있게 되었다.

가설 검증

예측을 검증하기 위한 실험을 실시함으로써 결론을 내리기 전에 증거를 검토해야 한다는 것을 아동에게 가르칠 수 있다. 실험에는 자동적 사고를 지지하는 증거와 반증하는 증거 모으기, 관찰기록, 생각과 느낌의 변화 검토하기 등이 포함된다. 이러한 실험을 통해 아동은 '학교에서 사람들이 나를 미워한다.' 혹은 '읽기시험에서 낙제할 것이다.' 같은 자동적 사고를 반박하게 된다.

리포터(Reporter)라는 게임은 치료자와 아동이 기삿거리를 찾는 리포터 역할을 하는 것이다. 인지왜곡은 기삿거리에서 '틀린 단서'로, 아동이 '진실'을 발견하지 못하고 헤매게 할 수 있다. 따라서 틀린 단서 때문에 곁길로 새지 않고 사실을 알아낼 수 있도록 실험과 증거 검증을 설계해야 한다.

치료자는 아동에게 **탐정** 혹은 형사처럼 증거를 확인하도록 가르칠 수 있다. 탐정은 진실을 밝히기 위해, 그리고 "내 기대/추측이 맞는가?"라는 질문의 답을 얻기 위해 일을 한다. 증거를 검증하기 위한 탐정 기법을 아동에게 다음과 같이 소개한다.

> "탐정, 혹은 형사가 무슨 일을 하는 사람인지 아니? 탐정은 질문의 답을 얻기 위해 단서나 증거를 찾는단다. 탐정은 가끔 미스테리를 풀거나 혹은 잃어버린 물건이나 사람을 찾기 위해 질문을 던지고 답을 찾는단다. 탐정은 무슨 일이 일어났는지에 대해 추측을 하고, 사실을 수집하고, 모든 사실을 종합한 후, 답을 찾아낸다. 우리도 탐정처럼 단서를 모으고 '내 가설/추측이 맞나?'라는 질문에 답해볼 거야. 그렇게 하면 네 문제에 대한 질문의 답을 찾고 증거를 확인하고 모든 것이 잘 들어맞는지 알아보는 데 도움이 될 거야. 자, 이제 탐정이 되어 네 자신에게 네가 말하는 것들이 진실인지 밝혀보자."

탐정 기법을 소개한 뒤에 아동의 생활 속에서 일어난 예를 가지고 그 기법을 예시해주어야 한다(그림 11.8 참조). 그렇게 하면 아동이 스스로 할 수 있도록 준비시켜주는 점진적 과제의 역할을 할 것이다.

청소년에게는 자신의 가설을 지지하고 반증하는 증거를 차트로 작성하는 법을 가르칠 수 있다. 차트의 한쪽에는 가설을 100% 지지하는 증거를 나열하고, 다른 쪽에는 가설을 지지하지 않는 사실들을 나열하게 한다. 오직 사실(의견이 아니라)만을 나열하도록 한다. 15세 청소년 존이 파악한 가설은 '나는 바보다.'였고, 그 가설을 지지하는 증거로 '나는 실패자다.'라는 믿음을 들었다. 치료자는 존이 사실과 의견을 구별하도록 도왔다. 그 한 가지 방법은 '다른 사람들도 그 말에 동의할까?'라고 묻는 것이다. 그런 뒤 차트를 만들어 '나는 바보다.'

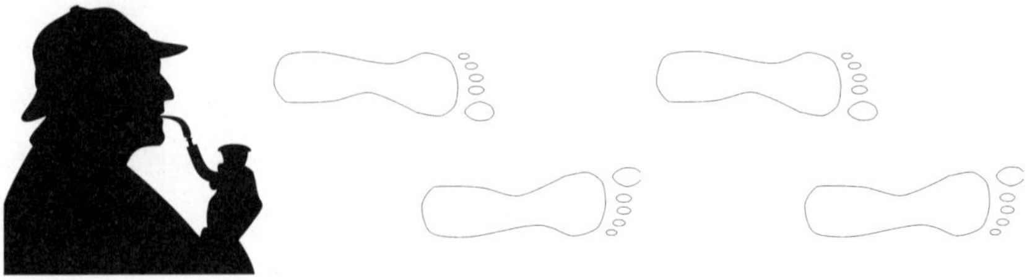

탐정은 주위 사람들과 사물들을 주의 깊게 살펴서 자신이 짐작하는 바에 관한 단서를 얻습니다. 여러분도 탐정 역할을 하면서 여러분을 괴롭히는 것들에 관한 단서를 찾아볼 수 있습니다.

자신을 괴롭히는 것(조사해볼 것)에 대해 쓰세요(나의 짐작은?).

____

____

____

____

____

무엇이 단서인가요?(단서란 보고, 듣고, 알게 되고, 하는 것을 뜻한다는 것을 기억하세요)

____

____

____

____

____

이제 단서를 모두 모아보세요. 자신이 발견한 단서에 의하면 짐작이 맞았는지, 아니면 틀렸는지 써보세요. 어떤 결론을 내릴 수 있나요?

____

____

____

____

____

그림 11.8 : 탐정 워크시트

Friedberg와 McClure(2015)에서 인용됨.

라는 것을 지지하는 증거와 반증하는 증거를 쓰게 했다. 차트를 다 작성한 뒤 소크라테스식 대화를 통해 존은 다음과 같은 결론을 내렸다. '증거에 의하면 나는 완전히 바보는 아니다. 비록 내가 실수를 할 때 가끔 내 자신에게 그런 말을 하긴 하지만 말이다.'

연속선 기법

연속선 기법(continuum technique)(J. S. Beck, 2011; Padesky, 1988)은 아동의 흑백논리 사고를 줄이는 데 유용한 방법이다. 우울한 아동은 자신을 이것/아니면 저것 범주에 집어넣는다. 예를 들어 14세 제니는 성적표에 B를 받았기 때문에 자신이 완전 실패자라고 생각한다. 16세 청소년 알버트는 자신이 '운동선수'가 아니기 때문에 인기가 하나도 없다고 생각한다. 마지막으로 12세 아동 그레타는 다른 애들이 자신의 머리와 옷을 가지고 놀렸기 때문에 자신이 완전 실패자라고 믿는다. 연속선 기법은 이렇게 이것 아니면 저것으로 명칭을 붙이는 것에 대해 논리적 분석을 통해 의심해보도록 한다. 일반적으로 연속선 기법은 나이 든 초등학교 아동과 청소년에게 권장된다.

우선 일반적인 설명을 하고 나서 다양한 변형을 제시하겠다. 그레타의 예를 들어보자. 우선 선을 하나 그린다(그림 11.9 참조). 양쪽 끝에 그레타가 붙인 명칭을 적는다. 한쪽 끝에는 '완전 실패자'라는 명칭을, 다른 쪽 끝에는 '완전 완벽한 사람'이라는 명칭을 붙이면 된다. 그런 뒤 그레타에게 각 명칭을 규정짓는 기준을 구체적으로 나열하라고 한다. 그다음 단계에서는 선 위에 그레타가 아는 사람들을 올려놓게 한다. 마지막으로 자신을 연속선 위에 올려놓고 결론지어 보라고 한다.

그림에서 보듯 모든 기준은 이것 아니면 저것이다. 아주 극소수의 사람만이 끝에 위치할 것이다. 그레타가 자신을 어디에 놓았는지 보자. 그녀는 자신을 '평균 이상'에 두었다. 여기

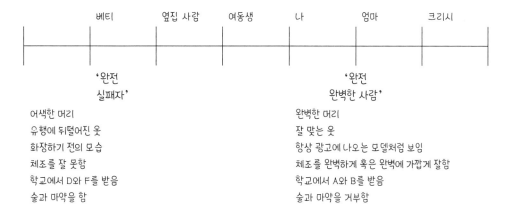

그림 11.9 : 그레타의 연속선

> **글상자 11.7** **인지 및 합리적 분석 기법**
>
> • 발달 수준과 역량에 유의하라.
> • 명확하고 구체적인 방법으로 기술을 가르치라.
> • 보물 상자, 탐정 기법 등의 창조적인 활동을 재미있게 활용하라.

서 드러나는 흥미로운 사실은 그레타가 오직 엄마와 체육팀의 스타인 크리시에게만 '뒤져' 있다는 점이다. 이 주관적인 자료를 들고 치료자는 그레타에게 다음과 같이 물어볼 수 있다. "만약 어떤 사람이 완전 실패자라고 한다면 이 선상에서 어디 위치해야 하지? 네 마음의 눈으로 볼 때 넌 엄마와 크리시에게만 약간 뒤쳐졌을 뿐이구나. 그게 설사 사실이라고 해도 그렇지, 어떻게 네가 완전 실패자라고 할 수 있다는 거니?"

어떤 아동에게는 선 그리기가 너무 추상적일 수 있다. 이럴 때는 연속선의 양 끝을 나타내는 상자를 사용할 수도 있다. 가령 2개의 구두상자를 구해서 하나에는 '완전 실패자', 또 다른 상자에는 '완전 완벽한 사람'이라는 명칭을 붙인다. 그런 뒤 카드나 종이에 기준을 쓴 뒤 상자 안에 넣는다. 책상의 양 끝에 상자를 떨어뜨려 놓는다. 각 상자의 기준카드에 얼마나 가까운지를 기준으로 책상 위에 사람의 이름을 배치한다. 상자 비유는 개념을 구체적으로 설명하도록 돕고 비유에 의미를 더해준다. 가령 이들 범주 혹은 명칭이 어떻게 '상자 속에 가두어지는' 결과를 만드는지 아동에게 얘기해줄 수 있다. 또한 이 활동을 통해 아동이 '상자에서 벗어나' 넓은 관점에서 사고할 수 있게 되었는지 이야기할 수 있다. 글상자 11.7은 인지 재구조화와 합리적 분석과정에 대한 일반적인 팁을 제공한다.

맺음말

인지치료는 내담자의 특정 증상과 발달수준에 맞추어서 활용할 수 있는 다양한 개입방법들을 제공해준다. 우울 증상은 아동의 기질, 연령, 성별, 문화 혹은 발달수준에 따라 다양한 형태로 나타난다. 이 장에서는 우울 아동과 청소년들에게 적용할 수 있는 다양하고 창의적인 인지기법들을 보여주었다. 우울 아동들에게는 특히 그들이 재미있어 하면서 적극 참여할 수 있도록 개입을 이끌어가는 것이 중요하다는 점을 기억하라! 그리고 이 장에서 제공된 개입방법을 개별 내담자의 욕구에 맞춰 변형해서 사용하기 바란다. 또한 항상 자신의 창의성을 발휘해서 새롭고 재미난 방식으로 인지기법을 적용하라!

불안한 아동과
청소년의 치료

아동과 청소년기의 불안 증상

불안, 공포, 걱정은 어린 시절에 흔히 겪게 마련이다. 게다가 현대에는 학업, 마약, 폭력, 성병 같은 스트레스원(stressor)들이 아동과 청소년을 압박한다. 이러한 피할 수 없는 아동기의 압력을 극복하는 것은 사실 꽤 어렵다.

인지 모형에 의하면, 아동이 불안할 때 기능의 다섯 가지 측면에서 변화가 생긴다. 다시 말해 아동은 생리, 기분, 행동, 인지, 대인관계에서 변화를 경험한다. 치료의 초점은 대처기술을 증진시켜서 고통을 주는 증상들을 감소시키는 데 맞추어진다.

생리적 증상

불안 아동들 중에는 신체 문제를 겪는 경우가 많다. 이들은 불편해 보이며 몸속에 뭔가 문제가 있는 것처럼 보인다. 땀을 줄줄 흘리고, 어지러워하고, 근육 긴장이나 위장장애, 심장박동 증가, 숨이 차거나 불규칙적인 배변을 호소하는 경우가 많다. 혹시 이러한 다양한 신체문제를 호소하는네도 소아과 의사에게 데리고 간 적이 없다면, 부모에게 일단 의학적 평가를 먼저 받아볼 것을 권유해야 한다.

기분 증상

Weems와 Silverman(2013)은 근심, 공포, 불안을 그럴 듯하게 구분지었다. 근심은 위협 상황을 회피하는 행동을 이끄는 정신 활동을 말한다. 공포는 개인이 얼어붙거나 도피하는 반응을 준비시킨다. 불안은 심리적으로 손상된 근심으로서, 실제로는 위험이 예측되지 않는 상황이다. 따라서 인지치료자들(A. T. Beck, Emery, & Greenberg, 1985)은 불안한 사람을 "경고가 실제 화재보다 더 심각하다."고 믿는다고 묘사했다.

근심, 두려움, 공포, 공황, 쉽게 짜증내기는 불안의 정서적 요소이다. 그러나 어떤 아동이나 청소년들은 매우 시적이고 다채로운 표현으로 불안을 보고하기도 한다. 가령 '부들부들 떨리는', '안절부절 못하는', '갑자기 흠칫하는' 기분을 느낀다고 말할 수도 있다. 불안을 '욱 하고 토할 것 같은' 속이 '요상한' 느낌이라고 표현하는 아이도 있다. Francis와 Gragg(1995)의 연구에서는 감염공포가 있는 아동들이 '균이 우글우글한' 느낌을 보고한 것으로 나타났다.

행동 증상

일반적으로 불안의 외현적 증후를 보다 잘 나타내는 것은 행동 증상들이다. 회피(avoidance)는 불안 증상의 대표적인 특징이다. 보통 아동들이 임상장면에 의뢰될 때는 그들이 두려워하는 상황을 더 이상 회피할 수 없게 되었거나 회피로 인해 엄청난 대가(예 : 학업, 건강 문제, 또래 문제, 가족 갈등)를 치루고 있기 때문이다. 또 다른 행동 증상으로는 손톱 물어뜯기, 손가락 빨기, 강박충동, 과잉경계를 들 수 있다. 그러한 행동을 하는 것은 아동들이 자신을 진정시키기 위해, 혹은 위협상황에 대처하기 위해서이다. 불안한 아동들은 대개 부주의하고 산만하며, 가만히 있지를 못한다. 쉴 새 없이 주위를 둘러보며 위험을 찾고 예상한다. 그러다 보니 주의를 집중하고 가만히 앉아 있는 것이 힘들다. 이들 중에는 생존하기 위해서는 끊임없이 움직여야 한다고 믿는 아이들이 많다.

인지 증상

인지 증상은 아동이 정보를 처리하는 양식을 반영한다. 불안한 아동의 내면 대화는 재앙의 예측(catastrophic prediction)과 대처 실패의 예상(예 : '어떤 나쁜 일이 일어날 것인데 나로서는 어쩔 도리가 없다.')으로 점철된다. 그들의 마음은 위협적일 가능성이 있는 측면에 집착한다(예 : "만약 __이/가 일어나면 어떻게 하지?"). 그들은 최악의 상황이 닥칠 것을 예상하고 자신의 대처능력을 걱정한다.

불안한 아동들은 위협 관련 자극을 과잉경계한다. 이들이 위협을 지각하면 정보처리 과정이 삐거덕거리고 처리속도가 느려진다(Hannesdottir & Ollendick, 2007 ; Mathews & MacLeod, 1985). Hannesdottir과 Ollendick(2007)은 이러한 인지 부진이 인지 과부하 탓이라고 설명했다. 불안한 아동의 주의가 위협자극 쪽으로 배당되어 다른 자극으로 돌릴 주의가 별로 남아 있지 않게 된다는 것이다.

다음 예를 생각해보자. 6학년생 제이크는 매우 유능하지만 엄격한 완벽주의자다. 과제를 잘못 이해하거나 잊어버릴 것이라는 끔찍한 예상 때문에 괴로워한다. 그 결과 자신의 공책을 자주 열어보고 교사에게 확인하는 질문을 끝없이 한다. 자신이 준비되지 않았다는 사실을 들킬 것이며 다른 사람들을 몹시 실망시킬 것이라고 예상한다. 그런데 사실 제이크는 중요한 과제를 놓친 적이 거의 없다. 그런데도 이 사실은 제이크의 고통을 덜어주는 데 도움이 되지 않는다.

Kashani와 Orvaschel(1990)은 "불안은 기능이 대인관계 측면에 끼칠 치명적인 영향을 비친다"(p. 318)라고 말했다. 불안한 아동에게는 수업시간에 소리 내어 읽거나 발표해야 하는 것이 시련으로 지각된다(Kendall et al., 1992). 이에 더해 과제 때문에 조를 짜는 것, 팀에 선택되는 것, 쉬는 시간 같은 비구조적인 사회적 상황, 시험 치루기 등은 불안한 아동과 청소년들이 흔히 힘들어하는 상황들이다(Beidel & Turner, 1998). 이들은 남의 이목을 꺼리며 다른 사람들이 행여나 자신을 부정적으로 평가할까 봐 날카롭게 신경을 곤두세운다.

케이시는 10세 소녀로, 비구조적인 사회적 상황과 소집단 과제를 위협적으로 지각한다. 어느 날 사회 수업시간에 교사가 학생들에게 미국 초기의 식민지를 지도에 각기 다른 색깔로 칠하라고 지시한다. 교사는 학생들에게 짝을 지어 작업하게 될 것이라고 얘기한다. 이 얘기를 듣고 케이시는 누구와 짝이 될 것인지 생각하기 시작했고, 그 결과 교사의 말을 듣지 못한다. 그녀의 내면 대화는 '나는 누구를 선택해야 하지? 다른 애들이 나를 선택할까? 만약 다른 애들이 나랑 하기 싫어하면 어쩌지? 다들 고르고 내가 맨 마지막으로 남으면 어떻게 하지? 나 혼자 남으면 어떻게 하지?' 같은 생각으로 가득 차 있다. 이러한 생각들이 그녀의 마음속을 스쳐 지나가자 케이시는 당황하기 시작한다. 케이시가 정신을 차리기도 전에 교사는 "자, 애들아, 짝 지어봐."라고 말한다. 화들짝 놀란 케이시는 자신이 교사의 지시에 주의를 기울이지 않았다는 것을 깨닫는다. 그 사실을 깨닫자 케이시는 순간적으로 몸이 마비됨을 느낀다. 이 잠깐의 망설임으로 짝을 선택하는 일이 늦어진다. 그리고 이 동안 모든 아이들이 이미 짝을 지었고, 결국 케이시 혼자 남게 된다. 케이시는 교사에게 가서, 자기는 짝이 없고 과제가 무엇인지 잘 모르겠다고 털어 놓는다. 교사의 반응은 그리 우호적이지 않고, 케이시의 부정적 평가와 조소에 대한 공포를 부추긴다. 케이시는 짝도 없이 혼자 남겨지고, 자신을 따돌림받는 아이로 보는 생각이 강화된다.

불안한 아동의 부모는 아동의 생활에 과잉 참견하거나 반대로 과소 참견하는 경향이 있다(Chorpita & Barlow, 1998; Kendall et al., 1991). 아동의 생활에 거의 참견하지 않는 부모들은 자녀와의 사이가 멀고 동떨어져 있으며 또 위축되어 있다. 이들은 자녀를 치료자에게 '고쳐달라'고 맡겨놓고는 치료자의 '고치는' 작업이 끝난 뒤에야 돌아온다. 그 결과 부모들

글상자 12.1 **불안 증상 이해하기**

- 불안 증상을 인지적, 행동적, 정서적, 생리적 및 대인관계 증상으로 분해하라.
- 맥락-특이적 특징들을 평가하라.
- 측정도구를 선별하라.
- 혹시 모를 신체 문제를 평가하는 것을 잊지 말고 필요시 소아과 의사의 자문을 받아라.

을 위한 치료시간을 빼먹게 되고 유관성 관리(contingency management) 숙제를 제대로 완수하지 못한다.

과잉 참견, 과잉 보호하는 부모들의 특징은 삶의 피할 수 없는 스트레스원으로부터 자녀를 차단하고자 한다는 점이다. 자녀가 갖고 있는 대처자원을 신뢰하지 않으며, 자녀가 매우 취약하다고 본다. 과잉 보호의 예로 학교의 구내식당 음식을 좋아하지 않는 딸을 둔 어머니를 생각해보자. 어느 날 이 어머니는 딸이 학교에 점심 가져가는 것을 잊었다는 사실을 깨닫는다. 그래서 그녀는 따뜻한 샌드위치를 보온가방에 넣어 학교로 달려간다. 딸이 점심시간에 속상해 하지 않도록 하기 위해서 말이다.

글상자 12.1에 불안 증상의 이해와 관련된 핵심적 이슈들을 정리했다.

증상 표현의 문화적 차이와 성차

불안장애의 인종 변인과 문화적 변인에 대한 연구가 증가하고 있는 것은 바람직하다(Anderson & Mayes, 2010). Silverman, LaGreca 그리고 Wasserstein(1995)은 2~6학년까지의 백인, 흑인 및 히스패닉계 미국 아동들의 불안에 대해 연구했다. 연구 결과, 흑인 아동들은 전쟁과 개인적 상해, 가족들에 대해 더 많이 걱정했다. Beidel, Turner 그리고 Trager(1994)는 시험불안 척도에서 백인 아동들과 흑인 아동들 간에 아무런 차이를 발견하지 못했다. 그러나 많은 흑인 아동들이 사회 불안의 기준을 만족시키는 것으로 드러났다. Beidas 등(2012)은 소수인종 아동(주로 아프리카계와 라틴계 미국인 아동)이 지닌 차이를 발견했다. 자기보고 측정도구인 MASC(Multidimensional Anxiety Scale for Children, 아동용 다면불안척도)에서 소수인종 아동들은 사회 불안과 신체 증상을 더 많이 보고했다. Treadwell, Flannery-Schroeder 그리고 Kendall(1995)은 Reynolds와 Richmond(1985)의 RCMAS(Revised Manifest Anxiety Scale for Children, 개정판 아동표출불안척도)에서 백인 아동과 흑인 아동이 유사한 반응을 보였으나 분노 문항에서 흑인 아동들이 더 많이 반응했음을 발견했다. Neal, Lilly 그리고 Zakis(1993)는 흑인 아동들과 백인 아동들이 대부분의 공포를 비슷하게 체크했음을 보고했다. 그러나 학교공포 요인의 경우에는 흑인 아동들보다 백인 아동들에게서 더 중요한 것으로 나타났다. 또한 머리카락을 자르는 공포는 백인 아동들보다 흑인 아동들에게 더 큰 근심거리인 것으로 밝혀졌다.

Ginsburg, Becker, Kingery 그리고 Nichols(2008)는 아프리카계 미국인 아동이 치료연구의 대상인 경우가 많지 않다는 것을 지적하면서 가난과 폭력으로 얼룩진 도심지 취약계층에 사는 경우 더욱 불안에 취약하다고 강조했다. 또한 Gaylord-Harden, Elmore, Campbell 그리고 Wtherington(2011)은 아프리카계 미국 아동이 지역사회 폭력과 인종차별을 경험하면 불안이 증가한다는 것을 발견했다. Beidas 등(2012)은 폭력이 난무한 곳에 사는 불안증 아동을 치료할 때는 안전 보장을 위한 문제해결이 인지 재구조화보다 임상적 의미에서 더 급하다고 했다.

여러 연구자들(Hicks et al., 1996; Ginsburg & Silverman, 1996; Silverman et al., 1995)이 불안한 백인 아동들과 히스패닉계 아동들 간에 상당한 유사점이 있음을 보고했다. 그러나 히스패닉 아동들은 분리불안 문제를 더 호소하는 것으로 나타났다. 또한 히스패닉계 아동들은 백인 아동들보다 건강 문제를 더 많이 걱정했다(Silverman et al., 1995). Silverman 등은 히스패닉계 소녀들이 소년들에 비해 학교와 관련된 근심과 수행불안이 더 많았다고 보고했다. Pina와 Silverman(2004)은 히스패닉계 아동이 유럽계 아동보다 더 불안해한다는 연구 결과를 발표했다. McLaughlin 등(2007)은 히스패닉계 아동이 신체화, 피해 회피, 분리불안 지수의 점수가 높았다고 지적했다. Martinez, Polo 그리고 Carter(2012)는 불안한 히스패닉계의 청소년들의 신체화가 상당히 팽배해 있다는 점에 동의했다. 또한 히스패닉계 아동의 분리불안 점수는 인종 중에 가장 높았다(McLaughlin et al., 2007).

미국 원주민 아동들의 불안에 관한 논문은 거의 찾아볼 수가 없다. Munn, Sullivan 그리고 Romero(1999)는 미국 원주민과 백인아동이 RCMAS상에서 유사한 증상을 보였다고 보고했다. 그러나 Munn 등(1999)은 이 결과가 이미 미국 문화에 깊게 동화된 체로키족 아동에게만 한정될 것이라고 주장했다.

불안장애의 성차는 환경에 따라 다른 것으로 보인다. 지역사회 연구에서는 불안한 소녀들의 숫자가 불안한 소년들보다 많은 것으로 나타났다(Beidel & Turner, 1998). 그러나 클리닉에서 이루어진 연구에서는 유의한 성차가 발견되지 않았다(Treadwell et al., 1995). 이는 흥미로우나 잘 납득할 수 없는 결과이다(Castellanos & Hunter, 1999). Treadwell 등(1995)이 제안한 하나의 가능한 가설은 불안증상이 일단 클리닉의 개입을 필요로 할 정도가 되면 성차가 덜 나타난다는 것이다. 보완적 가설로는, 지역사회 연구에서 불안한 소녀가 불안한 소년보다 수가 많은 것은 소녀들이 감정을 표현하도록 사회화되었기 때문이라는 것이다. 즉

(1) 소녀들이 소년들보다 정서적 표현을 더 많이 하도록 사회화되었고 (2) 불안은 소녀들에게 더 용인되며 (3) 소녀들의 불안 증상에 대해 사회가 더 관대하기 때문에, (4) 따라서 소녀들이 치료에 의뢰되려면 더 극단적인 불안 증상들을 보여야 한다는 것이다.

연구가 한정되어 있고 이러한 분야의 연구에 인구통계학적 구분과 인종 문화의 차이가 혼재되어 있기 때문에(Beutler, Brown, Crothers, Booker, & Seabrook, 1996; Cuellar, 1998), 결과를 해석할 때는 조심해야 한다. 이러한 결과를 이해할 때는 유사점과 차이점을 함께 검토하는 것이 유용하다. 가령 유사점이 시사하는 바가 무엇인가? 우선, 성차와 인종 차를 넘어선 공통적 불안 요소가 있을 수 있다. 둘째, 유사점은 측정기술의 산물일 수 있다. 서구의 진단/개념 차원에서 개발된 측정도구를 사용할 경우에는 어느 정도의 유사점이 나타나게 마련이다. 셋째, 연구에 참가하는 인종의 아동과 클리닉에 의뢰된 아동들은 연구에 참가하지 않는 아동이나 전통적 심리건강서비스를 찾지 않는 아동들보다 문화 적응이 더 잘된 상태일 수 있다. 증상 표현의 차이는 문화적 배경에 따라 다른 공포와 불안(예 : 머리카락 자르기, 학교, 동네 폭력)을 드러낸다. 이러한 구체적인 배경 요소들을 다룰 필요가 있다. 또한 치료자는 불안 증상 표현에 나타난 차이(예 : 더욱 짜증을 냄, 신체화)를 주의 깊게 살펴보아야 하며, 치료계획을 세울 때도 고려해야 한다.

불안의 평가

의학적 평가에 대한 한마디

불안장애를 겪는 아동들은 여러 신체적 증상들을 호소하는 경우가 많다. 또한 여러 의학적 문제들은 불안장애 아동들이 호소하는 바와 유사하다. 따라서 평가 과정의 일부로서 소아과 의사가 아동을 의학적으로 면밀히 평가할 것을 권한다. 첫째, 의학적 평가로 불안장애의 가면을 쓰고 있는 신체적 문제를 감별할 수 있다. 둘째, 의학적 평가는 혹시라도 공존하는 신체 문제가 불안을 악화시키는 경우를 밝혀낼 것이다. 셋째, 치료자는 내담자의 불안이 의학적 문제를 악화시키는지의 여부를 알 필요가 있다. 넷째, 만약 아동이 의학적 문제로 약을 먹고 있다면 이 약이 아동의 불안 증상에 미치는 영향을 알고 싶을 것이다. 다섯째, 심한 불안의 경우, 아동이 심리치료의 효과를 보도록 하기 위해서는 약이 필요할 수도 있을 것이다. 여섯째, 의학적 평가에서 얻어진 자료는 아동의 건강 관련 공포와 불안을 측정하는 데 유용할 것이다. 마지막으로, 노출치료를 하는 데 의학적 문제가 없음을 확인할 필요가 있을 것이다.

RCMAS-2

RCMAS-2(개정판 아동표출불안척도, Reynes & Richmond, 2008)는 임상장면에서 선택권과 다양한 민족의 규범을 제공해준다. 6~19세용으로 설계되었고, 49개의 문항으로 구성되었다. 단순한 네/아니요 응답 형식으로 아동이 쉽게 답할 수 있어서 10~15분 안에 끝낼 수 있다. 총점과 네 가지 하위요인(생리적 불안, 걱정, 사회 불안, 방어) 점수, 비일관적 응답 지표를 산출한다. 또한 CD 판도 있어서 읽기나 주의력 문제가 있는 아동에게 실시하기가 용이하다. RCMAS-2는 10개의 항목으로 구성된 축약본도 있다.

MASC-2

MASC-2(개정판 아동용 다면불안척도, 2007년 3월)는 부모와 아동 둘 다의 자기보고척도를 제공한다. 50문항으로 구성되었고 하위척도로 분리 불안/공포(Separation/Anxiety), GAD 지수, 사회불안, 강박사고와 강박행동, 신체 증상, 피해 회피, 비일관성 점수가 있다. 대표성이 좋은 큰 표본에서 규준(norm)이 추출되었고 부모척도는 가족과 작업하는 데 유용한 정보를 담고 있다. MASC-2는 8~19세용이고 지필식과 온라인식 둘 다 사용 가능하다.

SCARED

SCARED(Screen for Child Anxiety Related Disorders, 아동 불안 관련 감성 장애 스크린; Birmaheretal., 1997)는 답하고 채점하고 해석하기 쉬운 41문항짜리 도구로서 아동의 불안 증상을 가늠하는 데 쓰인다. SCARED는 총불안점수와 공황/신체, 일반불안, 분리불안, 사회불안 및 등교거부 증상 하위척도 점수를 제공한다. 또한 아동 보고와 부모 보고용 양식이 따로 있다.

SCARED-R(개정 및 확장판 SCARED; Muris, Merckel-bach, Van Brakel, & Mayer, 1999)은 66개의 항목으로 이루어졌고, 공황장애, 분리불안장애, 사회 공포증, 특정 공포증, 강박장애, 외상적 스트레스 장애, 학교 공포증의 요인들을 포함한다. 임상 장면에서 나(Robert D. Friedberg, 이하 RDF)는 짧은 버전인 SCARED를 선호한다. 그러나 특정 요인(예 : 외상후 스트레스장애)에 관한 정보가 필요하다면 우선 아동에게 SCARED를 실시한 후 추가적으로 질문히기나 SCARED R의 해당 문항에만 답하리고 힌다.

BYAS-2

BYAS-2(Beck Youth Anxiety Scale-2, 벡 아동불안척도-2; J. S. Beck et al., 2005)는 두려움, 걱정 및 신체 증상을 측정한다. 이 척도는 DSM-IV 준거에 민감하다(Bose-Deakins & Floyd, 2004; Steer, Kumar, Beck, & Beck, 2005).

SPAI-C

SPAI-C(Social Phobia and Anxiety Inventory for Children, 아동용 사회공포증/불안 척도; Beidel, Turner, & Morris, 1995)는 특히 사회공포증과 관련된 증상들을 측정한다. 심리적 고통의 정도를 3점 척도로 평정하게 되어 있다. 이 척도는 부모용과 아동용이 따로 있다. Beidel과 Turner(1998)는 높은 신뢰도와 타당도를 보고했다. 또한 그들은 SPAI-C가 8~14세 아동에게 가장 잘 맞는다고 주장한다. 14세 이상에게는 성인용을 사용할 것을 권한다. 8세 미만에게는 부모용을 추천한다.

펜스테이트 아동용 걱정질문지

펜스테이트 아동용 걱정질문지(The Penn State Worry Questionnaire for Children; Chorpita, Tracey, Brown, Collica, & Barlow, 1997)는 일반화된 불안을 측정한다. 타당도, 신뢰도 등 심리측정학적 지표가 좋으며 14문항밖에 안 되므로 1차적 선별검사로도 유용하다.

CY-BOCS SR 및 PR

CY-BOCS SR 및 PR(The Children's Yale-Brown Obsessive-Compulsive Scale-Self-Report and Parent-Report Versions, 아동용 예일-브라운 강박사고-강박행동 척도-자기보고 및 부모보고 버전; Storch et al., 2004, 2006) 또한 유용한 도구이다. CY-BOCS SR과 PR은 10문항이며 강박사고와 강박행동 증상을 측정한다. CY-BOCS SR은 일반적으로 임상가나 부모보고 버전보다 점수가 낮은데 그 이유는 많은 아동들이 자신의 고통을 축소하기 때문이다(Storch et al., 2004, 2006). 이 척도의 임상가 버전은 반구조적인 면접으로 실시된다 (Goodman et al., 1989).

FSSC-R

FSSC-R(개정판 아동용 공포 척도; Ollendick, 1983)은 80문항으로 구성된 척도로, 다양한 아동기 공포를 체크한다. 이 척도는 신뢰도와 타당도가 높으며, 7~16세에게 적합하다 (Ollendick et al., 1989). FSSC-R은 전체 공포 점수와 다섯 가지 요인 점수를 산출한다. 5요인은 실패와 비난에 대한 공포, 미지의 공포, 상해와 작은 동물에 대한 공포, 위험과 죽음에 대한 공포, 의학적 공포 등이다.

불안장애를 위한 개입방법 선택하기

Padesky(1988)는 성인들을 치료할 때 내담자의 고통 수준에 따라서 개입형태를 조절할 것을 제안했다. 이에 따르면, 가령 불안한 아동이 낮은 각성 상태인 경우 시간관리 기술을 가르치거나 카페인 섭취를 줄이도록 하고, 부모와 협조하여 무섭거나 폭력적인 영화를 덜 보도록 할 것이다. 그런 다음 이완을 추가할 것이다. 마지막으로 문제해결 접근을 시작할 것이다.

이 절에서는 점진적이고 순차적인 방식으로 기법들이 제시될 것이다. 우선 자기감찰 기법을 도입한 뒤 비교적 간단한 인지-행동 개입을 다룬다. 그리고 마지막으로 보다 복잡한 인지-행동 개입으로 진행해나간다(그림 12.1 참조). 개별 아동에게 모든 개입방법이 필요할 가능성은 거의 없다.

개입방법을 선택할 때는 치료의 단계를 염두에 두도록 한다. 치료 초반에는 자기감찰과

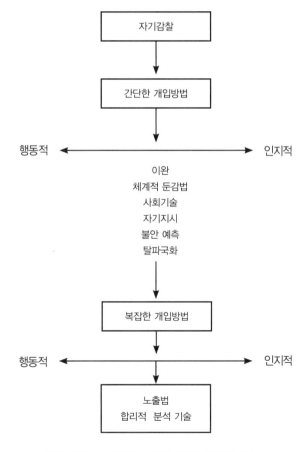

그림 12.1 : 추천되는 인지-행동 전략의 순서

표 12.1 치료과정, 도구 및 목적

치료과정	특정도구	목적
자기감찰	거품 세기	고통의 주관적 단위를 결정함. 불안/공포 위계 설정의 초석이 됨
	두려움의 기찻길	공포의 인지, 정서, 대인관계, 생리 · 행동적 요소를 파악함. 이후의 개입에 대한 기초를 형성함
	두려움 온도계	공포와 불안의 '정도'를 평가함. 개입의 기초가 됨
	자기보고척도	공포/불안의 구체적 요소에 대한 양적 및 질적 평가를 가능하게 함. 치료의 목표를 제공함
이완	점진적 근육 이완	근육 긴장과 신체적 호소의 감소
	호흡 통제	긴장 감소와 호흡의 정상화
역조건화	체계적 둔감화	불안을 야기하는 단서와 공포 반응 간의 연합을 깸
사회기술 훈련	인형 역할극	점진적이고 재미있는 방식으로 사회기술을 연습하게 함
	흐리기	놀림을 완화시키는 언어기술을 제공함
	무시하기	놀림당하는 상황에서 '도피하는' 간단한 방법을 제공함
	관찰	선택할 수 있는 사회기술에 관한 자료와 모델을 제공함
인지적 자기통제 기법	불안 반박하기	보다 적응적인 내적 대화 습득과 적용을 촉진. 아동(8~11세)들에게 적합함
	끔찍한 만약이	파국화 사고 패턴의 감소(8~11세 아동에게 좋음)
	진짜 경보와 가짜 경보	자신의 근심이 정확한지 여부를 체크하는 방법 제공(8~11세 아동에게 좋음)
	단지 그렇다고 해서	다른 사람의 의견을 사실과 분리하는 방법 제공
	행동실험	실제 시행을 통해 예측을 검증할 기회를 줌
	증거검증	자신의 불안과 관련된 믿음을 확인시켜주거나 반박하는 행위들을 고려하게 함
수행에 기반을 둔 절차	노출	수행에 관한 자료 제공, 아동이 공포에 익숙해지도록, 또 믿음을 검증하도록 도움
	빨간불/파란불	노출을 즐겁게 연습하는 방법 : 노출을 연습하기 위해 아동은 '그대로 멈춘다.'
자기보상	용기의 배지	성공에 대해 보상을 제공함

단순한 기법을 사용하는 것이 좋다. 또한 다른 개입방법을 사용하기 전에 아동이 자기감찰을 통해 자신의 생각, 감정, 행동을 파악할 수 있도록 도와야 한다. 마지막으로, 치료자가 무엇을 성취하고자 하느냐에 따라 개입방법이 달라진다. 표 12.1에는 치료자에게 지침이 될

수 있도록 만들어진 개입방법의 목록과 목적이 제시되어 있다.

자기감찰

아동의 자기감찰

자기감찰에서는 보통 고통의 주관적 단위(Subjective Units of Distress, SUDs)가 사용된다(Masters et al., 1987). SUDs 평정은 공포나 근심 각각의 수준을 나타낸다. SUDs 평정을 위해 아동이 할 일은 공포의 강도를 판단해서 점수를 부여하는 것이나. 공포/근심이 강할수록 주관적 고통의 수준이 높게 표시된다.

Friedberg 등(2001)은 SUDs 평정을 변형해서 거품 세기(Bubble-Up)라는 절차를 개발했다. 평정척도는 일련의 거품으로 이루어지며, 아동이 할 일은 단순히 공포에 해당하는 거품의 수대로 색칠하는 것이다.

두려움의 기찻길(Tracks of My Fears)(그림 12.2 참조)은 아동을 위한 재미있는 자기감찰 활동으로, 다양한 상황, 생각, 감정, 행동 간의 관계를 인식하는 법을 배우게 된다. 이 활동은 기차, 기찻길, 역의 비유를 활용한 비교적 단순명료한 방법이다. 두려움의 기찻길은 치료자에게 아동의 공포에 관한 보다 구체적인 자료를 제공해준다. 이는 아동이 자신의 공포와 관련된 각각의 요소들을 언급하게 되어 있기 때문이다.

두려움의 기찻길은 아동에게 기차를 그리게 하는 것으로 시작된다. 이렇게 해서 아동은 자연스레 활동에 발을 들여놓게 된다. 다음 단계는 아동이 자신이 지닌 공포의 길을 그리는 것이다. 그림 12.2에서 보여주듯 기차가 서는 역이 6개가 있다('누구' 역, '마음' 역, '어디' 역, '행동' 역, '몸' 역, '감정' 역). 아동이 모든 역을 하나하나 방문하는 것이 중요하다. 그렇지만 방문 순서는 무관하다.

기차가 한 역에 정차하면 아동이 그 건물에 색칠한다. 그런 뒤 그 역에서 질문에 답한다. 치료자는 아동이 각 질문에 대해 가능한 한 구체적으로 답하도록 격려한다. 아동은 역에 놓인 공간에 자신의 답을 적는다. 그림 12.3에 있는 활동지 샘플을 예로 사용할 수 있다.

두려움의 기찻길 활동을 도입할 때는 신나고 활기찬 방식을 견지할 것을 권한다. 다음의 대화는 아동에게 성공적이라고 입증된 도입방법을 보여주고 있다.

> 치료자 : 장소나 사람, 네 주위의 물건들에 주의를 기울여보는 것은 네 두려움의 길을 찾는 데 도움이 되는 중요한 방법이란다. 두려움의 기찻길 활동지는 네 두려움을 이겨낼 수 있는 또 하나의 방법이지. 너는 기차나 롤러코스터를 좋아하니?

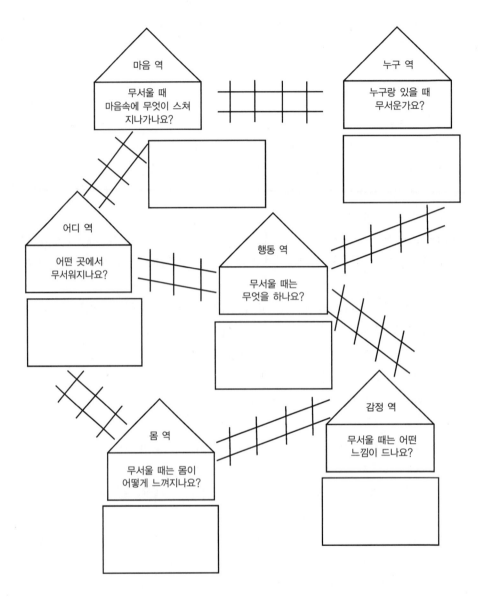

그림 12.2 : 두려움의 기찻길 활동지

홀리 : 네.

치료자 : 어떤 점이 좋은데?

홀리 : 재미있어요.

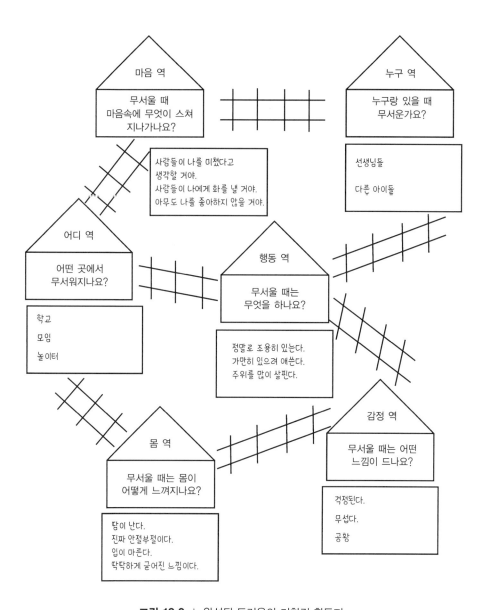

그림 12.3 ː 완성된 두려움의 기찻길 활동지

치료자 : 난 기차들이 여러 곳에 서기 때문에 좋단다. 두려움과 걱정이 마치 기차와 같다는 것에 대해 너
는 어떻게 생각하니?

홀리 : 몰라요.

치료자 : 왜냐하면 걱정할 때면 마음이 기차처럼 달리기 때문이야. 그래서 두려움이나 걱정이 기차나 롤
러코스터 같다고 하는 거야. 심장이 빨리 뛰고 땀이 나지 않니? 그리고 걱정을 많이 하면 걱정기차가

기찻길을 벗어나게 되고, 그러면 가고 싶은 곳에 가기가 더 어렵게 된단다.

기차 비유는 아동들에게 매우 도움이 된다. 지하철이나 롤러코스터로 대신 할 수도 있다. 가령 기차가 급커브를 틀면서 걷잡을 수 없게 달리는 개념은 아동이 경험하는 현상학적인 불안과 맞아 떨어진다. 또한 기차 비유를 써서 탈선한다든지 다른 길로 간다든지 하는 것에 대해 말하면 아동들이 쉽게 이해한다. 마지막으로 기차역은 불안의 각기 다른 요소들을 강조해준다. 가령 아동들은 두려움의 생리적 요소(신체 역)나 행동적 요소(행동 역)는 쉽게 인식하는 데 비해, 불안을 유발하는 생각 요소(마음 역)는 잘 의식하지 못한다. 따라서 치료자는 기찻길, 역, 기차의 비유를 통해 이러한 과정을 아동에게 예시할 수 있다. 다음 대화는 기차 비유를 확대하고 즐거운 태도를 유지하는 데 도움이 되는 점들을 보여주고 있다.

치료자 : 기차나 롤러코스터 타본 적 있니?

레이 : 네. 놀이공원에 가면 롤러코스터 있잖아요. 어떤 때는 그거 탈 때 겁이 나요. 우리 아빠는 어지럽대요.

치료자 : 롤러코스터는 마구 커브를 틀면서 빨리 달리지.

레이 : 올라갔다 내려갔다 하면서도 달려요.

치료자 : 제멋대로 막 가듯이 달리지, 그렇지 않니?

레이 : 그래서 무서워요.

치료자 : 맞아. 네 두려움과 걱정도 롤러코스터랑 마찬가지란다. 롤러코스터처럼 너를 싣고 여기저기 달리면서 널 놀라게 하지. 만약 롤러코스터가 어디서 멈추고 어디서 속도를 내는지 미리 알 수 있다면, 그래도 그렇게 무서울까?

레이 : 잘 모르겠어요.

치료자 : 한번 알아보면 어떨까?

레이 : 좋을 거 같아요.

치료자 : 자, 한번 같이 알아보자. 우선, 활동지를 함께 읽어보자꾸나(레이와 함께 읽는다). 그럼 먼저 너의 두려움을 나타내는 기차를 그려보도록 하자.

레이 : 색깔을 칠해도 돼요?

치료자 : 네 두려움이니까 네 마음대로 하렴.

레이 : 좋아요. 아주 밝은 빨간색으로 그려야지(기차를 그린다).

치료자 : 네 근심과 두려움을 승객이라고 하자. 네 기차에는 어떤 걱정과 두려움이 타고 있을까?

레이 : 딴 애들이 나를 좋아하지 않는다는 걱정, 또는 선생님이 저를 미워하신다는 걱정이요.

치료자 : 좋아. 이 기차가 어디로 가는지 보자. 기차를 움직여서 기찻길을 따라 역으로 가는 거야. 각 역

에는 이름이 적혀 있단다. 자, 역의 이름들을 읽어보자.

이 예에서는 은유를 소개하고 그 개념을 이해시키기 위해 치료자가 레이 자신의 롤러코스터 경험을 활용했다. 결과적으로 레이는 대화에 참여하게 되고, 나중에 다른 두려움을 대처할 때 이 대화를 더 잘 떠올릴 수 있을 것이다. 다음으로, 치료자와 레이는 워크시트의 각 역에서 함께 작업했다.

청소년의 자기감찰

나이가 든 아동과 청소년의 자기감찰은 보다 직접적이다. Silverman과 Kurtines(1996)은 유용한 자기감찰 도구로 두려움 온도계(Fear Thermometer)를 개발했다. 두려움 온도계는 여러 다양한 정도의 두려움을 그림으로 표시한 것이다. 아동 자신만의 온도계를 그릴 수도 있고 그냥 비어 있는 온도계 그림을 사용할 수도 있다. 두려움 온도계를 어떻게 그리든 관계없이 청소년 스스로 자신만의 평정척도 혹은 두려움의 정도를 결정하게 하는 것이 중요하다. 어떤 청소년은 1~5점 척도면 충분하고, 또 어떤 청소년은 1~100점 척도를 만들고 싶어 할 수도 있다. 청소년들에게 자신이 원하는 방식으로 두려움 온도계를 완성하라고 지시한다. 가령 어떤 청소년은 온도계에 표시된 두려움 수치에 단지 동그라미 표시를 하고 싶어 할 수도 있고, 또 어떤 청소년은 자신의 두려움 정도만큼 온도계의 수은주에 색칠을 하고 싶어 할 수도 있다.

SCARED나 MASC-2 같은 자기보고 도구 또한 청소년에게 유용한 자기감찰 도구이다. 청소년들에게 정기적으로 이 척도를 작성하게 할 수 있다(4주간 매주 한 번 실시할 것을 권한다). 그런 뒤 점수를 그래프로 그려 청소년에게 자기감찰 도구로 준다. 이 점수를 대처와 문제해결에 대한 실마리로 이용할 수도 있다(예 : "3점 정도의 부끄러움을 느꼈을 때 어떻게 해야 할까?").

이완훈련

이완훈련은 신체 증상을 호소하는 불안 아동에게 가장 도움이 되는 것으로 보인다(Eisen & Silverman, 1993). 이완훈련을 하는 동안 아동들은 자신의 호흡과 근육 긴장에 집중하게 된다. 자꾸 되씹어 생각하는 경향이 있는 아동들은 자신의 신체 단서에 주의를 집중하기 어려워한다. 이런 경우에는 되씹는 인지를 먼저 다룬 후에 혹은 동시에 다루면서 이완훈련을 시작한다. 이완훈련은 자세한 지시문을 요한다. 특히 어린 아동이 잘 이해할 수 있도록 구체적인 지시를 준비해야 한다.

심하게 안절부절 못하는 불안 아동에게 이완기법을 가르치는 것은 치료자에게 도전이다. 아동이 가만히 앉아 있지 못하는데 이완하게 하는 것은 어려울 수밖에 없다. 이러한 아동들에게는 스포츠 비유가 유용하다(Sommers-Flannagan & Sommers-Flannagan, 1995). 가령 운동선수가 이완하고 있는 비디오를 아동에게 보여주면 사전준비 효과가 있다. 아동과 치료자가 농구나 야구, 테니스 선수들이 공을 던지기 전 중요한 순간에 자신을 준비시키는 장면을 함께 본다. 비디오 테이프를 사용하면 좋은데, 그 이유는 아동의 흥미나 성별, 인종에 적합한 모델을 보여줄 수 있기 때문이다. 그리고 비디오를 보다가 장면을 정지시키고 아동과 얘기를 나눌 수도 있다(예 : "지금 저 선수가 이완하기 위해서 무엇을 하고 있지? 꼼짝도 하지 않네?").

절차를 단순하게 만드는 것이 도움이 된다. 이완을 여러 단계로 나누어 점진적인 과제로 만들면 된다. 가령 처음에는 1~2개의 근육군만 가지고 근육 이완을 시작한다(Kendall et al., 1992). 그런 뒤 아동의 기술이 좋아지면 다른 근육군을 더하면 된다. 때로 아동이 근육이완의 긴장-이완 단계 개념을 잘 이해하지 못하는 것을 보게 된다. 이때는 바람을 넣었다 뺄 수 있는 장난감이나 호루라기를 사용하면 유용하고 재미를 더할 수 있다(Cautela & Groden, 1978, Morris & Kratochwill, 1998에서 재인용). 아동이 제대로 근육군을 긴장시키면 그 기술을 잘하고 있다는 것을 말해주는 반응을 얻게 된다(예 : 오리인형을 꽥 소리가 나도록 누름). 마찬가지로, 호루라기를 불거나 비누방울 만들기를 통해 아동에게 호흡 조절의 기본 원리를 가르칠 수 있다(Warfield, 1999).

어떤 아동에게는 신체 감각에 집중하게 하는 것 자체가 불안을 일으킬 수 있다. 불안에 예민한 아동은 신체가 느끼는 불편의 신호를 찾아보라고 하면 그 과정에서 정상적인 신체 반응인데도 마치 큰일이 일어난 것처럼 부정적으로 해석한다(Kendall et al., 1991; Vasey, 1993). 따라서 그러한 아동에게는 점진적 근육 이완과 호흡 조절이 위협적으로 지각될 수 있다. 이럴 때는 이완을 하나의 실험으로 취급하는 것이 도움이 될 수 있다(예 : "어떤 일이 일어날지 예측해볼래?"). 또한 아동들은 통제력을 잃을까 봐 두려워하기도 한다. 이런 아동에게는 아동의 예측을 검증하기 위한 인지적 기술을 활용하는 것이 도움이 된다. 다음의 대화는 아동이 이완절차와 관련된 감각을 두렵게 느낄 때 어떻게 다루어야 하는지 보여주고 있다.

치료자 : 너 지금 불편해 보이는구나.

얼마 : 제대로 숨을 쉴 수 없게 될까 봐 걱정돼요. 제대로 조절이 안 될 것 같아요.

치료자 : 알겠다. 정말 그렇게 될지 시험해보면 어떨까? 호흡을 연습하면서 어떤 일이 일어나는지 한번 볼까?

얼마 : 글쎄요. 만약 조절이 안돼서 숨을 제대로 쉴 수 없게 되면 멈추어도 되는 거지요?

치료자 : 물론이지. 이완연습을 얼마나 오래 할지는 네가 결정하는 거야. 조절할 수 없을 거라고 걱정하기 시작할 때까지 얼마나 오래 연습할 수 있을 것 같니?

얼마 : 아마 2분이요.

치료자 : 그래 2분을 목표로 해보자. 네가 원하면 그 전에 멈출 수 있어. 또 만약 걱정되지 않으면 좀 더 오래 해보고. 어때?

이 대화기 무엇을 보여주는기? 이완절차와 얼마의 두려움이 점진적 실험으로 설정되있다. 만약 얼마가 이완을 2분 이상 견디면 다음번 이완절차는 조금 길어진다. 만약 2분이 너무 길게 느껴지면 이완절차를 짧게 줄인다. 만일 아동이 이완이나 신체 감각에 집중하는 것과 관련하여 다른 추가적인 두려움과 믿음을 보인다면 그것을 다루어줄 필요가 있다.

체계적 둔감법

이 절에서는 9학년 진급시험을 매우 두려워하는 14세 소년의 예를 제시하고자 한다. 이 예는 효과적인 체계적 둔감화를 구성하는 중요 단계들을 예시해준다. 내담자의 이름은 허먼이다. 허먼은 먼저 SUDs를 10개의 상황에 배당함으로써 위계목록을 작성했다(그림 12.4 참조). 여기서 볼 수 있듯 허먼의 위계는 시간-공간 위계로서, 각 상황은 허먼이 시간과 공간 상으로 시험에 가까운 정도를 반영한다.

다음 단계는 허먼이 자신의 두려움에 대해 가능한 한 상세하게 생리적, 기분, 행동, 인지적, 대인관계 측면에서 기술하는 것이다. 대부분의 14세 아이들처럼 허먼도 이러한 요소들에 대해 다 보고하지 않을 것이다. 생생한 심상을 만들기 위해서는 허먼이 자세히 쓰도록 치료자가 도와주어야 한다. 그에게 "주변에 누가 있니?", "그 사람들이 어떻게 보이니?", "그 사람들이 너에 대해 어떤 생각을 하고 있다고 생각해?", "방은 어떻게 생겼니?", "네 몸은 어떻게 느껴지니?" 등을 계속 물어서 아주 생생한 심상이 생기도록 한다. 또한 심상이 다감각적(multisensorial)일 필요가 있다(Padesky, 1988). 다시 말해 허먼이 상황에 대해 시각, 청각, 냄새, 촉감을 동원해 상상해보게 한다. 그렇게 하면 허먼과 치료자가 모두 그 상황에 대해 '감(feel)'을 잡을 수 있게 된다. 그림 12.5는 생생한 장면의 예를 보여주고 있다.

체계적 둔감법을 정식으로 시작하기 전에 이완 심상을 떠올리는 데 익숙해질 필요가 있다. 이 심상훈련은 바로 전 절과 제8장에서 소개된 신체 이완 절차와 함께 실시되어야 한다. 아동에게 긍정적 심상기법을 소개할 때면 영화 '해피 길모어(Happy Gilmore)'가 생각난다. 이 영화에서 야심 찬 골퍼 주인공 해피는 걷잡을 수 없이 치밀어 오르는 분노감 때문에 자신

SUDS	장면
10	시험 날. 교실에 앉아 있음. 교사가 시험지를 나누어줌. 공황이 시작됨.
9	시험 날 아침. 시험에 붙을지 걱정하며 학교로 걸어감. 다른 아이들이 시험에 관해 얘기하고 있음.
8	시험 전날. 시험에 실패할까 봐 걱정하며 침대에 누워 있음.
7	시험 3일 전. 선생님들이 스트레스 받고 계신 듯함. 마지막 복습을 함. 감기 기운이 있는 것 같음
6	시험 5~6일 전. 공부한 것들이 생각나지 않음. 걱정됨. 선생님들의 잔소리가 심해짐. 부모님이 걱정하심.
5	시험 1주일 전. 모의고사를 여러 번 봄. 부모님이 시험에 관해 많이 얘기하심.
4	시험 1달 전. 시험에 관해 다른 애들과 얘기함. 모의고사 점수를 비교함. 복습을 위한 수업에 들어감.
3	시험 2개월 전. 시험에 관한 오리엔테이션을 들으러 강의실에 앉아 있음. 시험 준비를 하지 않은 학생들에 관한 '끔찍한' 이야기를 선생님들로부터 들음.
2	6개월쯤. 학기 시작. 내가 어느 집단에 속할지 궁금해 함.
1	학기 시작 전 여름. 시험에 관한 기사를 신문에서 읽음. 이에 관해 친구들에게 얘기함.

그림 12.4 : 허먼의 위계목록

의 '행복한 장소(happy place)'를 상상하도록 훈련받는다. 행복한 곳이라는 간단한 어구로 아동들에게 즐거운 심상의 의미를 설명해줄 수 있다. 치료자는 아동에게 마음속에 행복하고 안전한 심리적 공간을 만들라고 지시한다. 이 공간에서 아동은 자신이 평온과 편안함, 만족감을 느낀다고 상상한다. 그리고 자기가 좋아하는 활동을 하면서 모든 일이 자기 뜻대로 될

> 진급시험을 보는 날이다. 손바닥이 땀투성이다. 심장이 정말로 빨리 뛴다. 두근거린다. 머리가 약간 아프려 한다. 집중할 수 없을 것 같다. 현기증이 난다. 소음이 나를 산만하게 만든다. 다른 아이들의 목소리가 귀에서 윙윙거린다. 사람들이 꿈틀꿈틀하면서 어색하게 책상 앞에 있다. 그들은 안절부절못하고 있다. 가만히 앉아 있질 못한다. 그러다가 뭘 떨어뜨리곤 한다. 연필깎이 옆에 아이들이 줄을 서 있다. 나는 내 연필과 연필깎이를 확인하고 또 확인한다. 내 손에 땀이 하도 많이 나서 책상과 연필깎이에도 묻었다. 시험지를 나눠 주기 시작했고 다른 아이들의 신음 소리가 들린다. 종이 소리가 난다. 등을 받치고 있는 의자가 딱딱하게 느껴지고 셔츠 칼라가 딱딱하고 목에 꽉 끼는 것 같다. 올가미처럼 느껴진다. 교실에서는 젖은 책 같은 냄새가 난다. 시험지를 집으니 종이가 손에 달라붙는다. 지시사항을 읽는 동안 조금 어지럽고 속이 메슥거린다. 아무 생각도 안날까 봐 걱정된다. 소리 지르며 교실을 뛰쳐나갈 뻔 했다. 아이들이 놀라고 웃을 것이다. 이 모든 것이 헛된 일이라고 생각한다.

그림 12.5 : 허먼이 쓴 장면의 예. SUDS : 10.

거라고 상상한다. 일단 아동이 행복한 공간을 만들면, 불안을 야기하는 상황과 행복한 공간 심상, 신체이완 기법이 모두 준비된 것이다.

제8장에서 언급했듯이, 위계목록에서 불안 수준이 가장 낮은 항목부터 시작해서 가장 높은 항목으로 올라간다. 장면을 제시하는 동안 아동이 불안을 보고하면 그 장면을 중지하고 행복한 공간으로 돌아가라고 말한다. 다음 대화는 허먼과 치료자가 여덟 번째 항목을 다루는 장면을 보여주고 있다. 허먼은 방금 이완과 긍정적 상상 유도를 마쳤다.

치료자 : 허먼, 평온과 편안함, 그리고 자신감이 느껴지는 상태가 되면 손가락을 올리도록.

허먼 : (손가락을 올린다)

치료자 : 이제 손가락을 가만히 내려놓아라. 너는 지금 깊은 이완상태에 있다. 너는 평온함과 자신감을 느낀다. 이제 네 마음의 눈으로 진급시험 당일에 학교로 가는 장면을 상상해보자. 등 뒤에서 문이 닫히는 큰 소리를 들으면서 너는 집을 떠난다. 머리가 욱신욱신하고 뱃속이 니글니글하다. 마치 슬로 모션으로 걷고 있는 것 같고 다리가 무겁다. 시험에 통과할 것인지에 대한 걱정, 시험을 치룬 뒤 다시 한 번 시험을 봐야할지 모른다는 걱정이 네 머릿속을 스쳐 지나간다. 자, 이 장면이 상상되면 손가락을 들어보렴.

허먼 : (천천히 손가락을 든다)

치료자 : 이제 손가락을 가만히 내리도록.

허먼 : (손가락을 내린다)

치료자 : 방금 그 장면에 계속 머물도록 하자. 마치 지금 여기에서 일어나고 있는 것처럼 상상해보렴. 마치 TV 화면이 잘 나오게 조절하는 것처럼 초점을 잘 맞춰봐. 장면이 정말 분명하게 보이게 되면, 네 몸에서 느껴지는 불안 신호를 찾아보아라. 그런 다음 두려움을 없애기 위한 호흡법을 사용하는 거야.

허먼 : (잠시 후 호흡 기법을 사용한다)

치료자 : 다시 평온해진 기분이라면 손가락을 올려봐.

허먼 : (손가락을 올린다)

치료자 : 이제 장면을 조금 바꿔보자. 학교로 걸어가다가 다른 아이들을 만난다. 그 애들의 표정에서도 불안과 두려움을 읽을 수 있다. 그 애들 목소리가 무척 빠르게 들린다. 그 애들이 어떤 문제가 나올지 이야기하는 것을 듣고 너는 공황을 느낀다. 심장이 두근거리고 숨이 찬 느낌이다. 답이 생각나지 않을까 봐 걱정한다. 이 장면을 분명하게 마음의 눈으로 볼 수 있다면 천천히 손가락을 올려보렴.

허먼 : (손가락을 올린다)

치료자 : 불안을 느끼면 다시 손가락을 올려봐.

허먼 : (손가락을 올린다.)

치료자 : 이 장면을 좀 더 상상해보도록 해라. 좀 더 머물도록 해. 이제, 이 장면을 보면서 호흡법과 상상

글상자 12.2   **이완과 체계적 둔감화 절차 진행 요령**

- 구체적으로, 이해하기 쉽게 이완 각본을 작성하라.
- 이완을 점진적 과제로 만들어볼 것을 고려해보라.
- 재미난 보조도구를 활용하라. 거품, 솜, 손으로 쥐는 장난감, 호루라기 같은 것은 이완하는 동안 피드백을 제공해준다.
- 이완 이미지를 만들 때는 다양한 감각을 사용할 수 있게 하고 체계적 둔감법 절차를 시작하기 전 아동이 그러한 이미지를 마스터하게 하라.
- 위계의 가장 밑에 있는 항목부터 시작해서 점점 위 항목으로 천천히 진도를 나가라.
- 위계 항목이 불안을 유발하면 아동이 근육 이완 및 이완 이미지로 불안에 대항하도록 한다.

기술의 힘을 빌려서 불안을 감소시킬 수 있는지 보거라.

    이 대화가 무엇을 가르쳐주는가? 우선, 심상에 여러 다양한 감각 양식이 동원되어야 한다는 것이다. 둘째, 치료자는 허먼의 이완을 "좋아." 혹은 "잘했어."등의 말로 강화해주지 않으려고 조심했다. 셋째, 치료자는 일부러 천천히 진행했다. 그 이유는 허먼이 마음의 눈으로 장면을 볼 수 있도록, 그리고 수반되는 불안을 충분히 경험하도록 하기 위해서였다.
    글상자 12.2에 이완과 체계적 둔감화에 대한 가이드라인을 제시하였다.

사회기술 훈련

이 절에서는 반 친구들에게 놀림을 받고 있는 11세 아동 다니카를 예로 들어 여러 가지 사회기술 기법에 대한 실례를 보여줄 것이다. 다니카는 똑똑하지만 사회적 상황에서 어색하게 행동하는 소녀이다. 그녀는 반 친구들이 놀릴 때 무슨 말을 어떻게 해야 할지, 또 무슨 행동을 해야 할지 몰랐다. 이러한 상호작용 상황에서 다니카는 자세가 뻣뻣해지고 말로 표현을 잘 못하며 생각이 경직되어 버린다.
    치료자가 다니카에게 가르친 첫 번째 사회기술은 무시하고 지나치는 것이었다. 치료자는 먼저 다니카에게 이완하는 방법과 심호흡 기법을 가르쳤다. 그리고 자신에게 "쟤네들이 날 멍청이라고 부른다고 해서 내가 멍청이는 아니야."라고 말하라고 가르쳤다. 아이들이 놀리면 아무 대꾸도 하지 말고 그냥 조용히 그 자리를 떠나라고 말해주었다. 이런 전략들을 독서카드에 적게 했다. 또한 관심을 다른 곳에 돌리기 위해 다른 일(예 : 수학 연습문제 풀기)에

열중하라고 가르쳤다.

무시하기 기법은 처음엔 성공적이었다. 그러나 시간이 흐르자 그것이 다니카를 괴롭히는 짐이 되었다. 무시하기는 수동적인 해결방법이기 때문에 결과적으로 불안과 좌절이 쌓여서 다니카가 수업에 집중하는 것을 방해할 지경이었다. 다니카는 자신이 보다 많은 통제력을 갖고 싶어 했다. 무시하는 것으로는 자신이 피해자에 불과하다는 생각을 바꿀 수 없었다.

그다음에 치료자는 다니카에게 '흐리기(fogging)' 기법을 가르쳤다. 흐리기는 상대방을 무장 해제시키는 주장기법이다(Feindler & Guttman, 1994). 놀리는 친구에게 '흐리기' 기법을 사용할 때는 우선 그 아이의 말에 동의해준다. 놀림을 당한 아이는 당황하지 않은 것처럼 행동하고 유머로 반응함으로써, 강한 부정적 반응을 기대하는 상대방을 실망시킨다. 치료자는 먼저 다니카에게 손 인형극을 통해 흐리기 기법을 가르쳤다. 다음의 대화는 이것을 보여주고 있다.

치료자 : 자, 다니카, 이 인형들을 이용해서 다른 애들이 놀릴 때 어떻게 해야 할지 배워보자.

다니카 : 어떻게요?

치료자 : 음, 어떤 인형을 갖고 해볼지 네가 결정해봐. 이 인형들이 널 놀리는 아이들이라고 하자. 너는 누구의 역할을 하고 싶니?

다니카 : 그냥 나 자신의 역할을 할래요.

치료자 : 아이들이 널 놀리면 어떻게 할 계획인데?

다니카 : 무시하려구요.

치료자 : 흐리기를 해보면 어떨까?

다니카 : 좋아요.

치료자 : 시작하자. 어느 인형이 너지?

다니카 : 기린이요. 제가 키가 크니까요. 엘리는 호랑이예요. 난폭하니까요.

치료자 : 그럼 내가 엘리를 할게. 잊지 마, 내가 널 놀리면 흐리기 기법을 써야 해!

다니카 : 네. 해볼게요.

치료자 : 자, 기린의 이름은 뭐고 호랑이의 이름은 뭐지?

다니카 : 음, 짐깐만요. 내 이름은 로지고 호랑이 이름은 로리예요.

치료자 : 좋아. 내가 먼저 시작할게. 로지야, 너는 목이 길어서 엄청 괴상하게 보인다.

다니카 : 네 말 안들을 거야.

치료자 : 너, 애기구나. 애기, 애기, 애~기! 뭐 어쩔 건데? 선생님께 이를 거니? 너 진짜 얼간이구나!

다니카 : (다른 동물에게 말하는 척한다)

치료자 : (연기를 중지하며) 대니, 해보니까 어땠어?

다니카 : 긴장이 돼요. 뭘 어떻게 해야 할지 모르겠어요.

치료자 : 학교에서 일어나는 상황이랑 얼마나 비슷한데?

다니카 : 꽤 많아요.

치료자 : 마음속에 뭐가 스쳐 지나갔지?

다니카 : 쟤가 날 휘어잡을 거다. 다들 내가 얼마나 긴장하고 있는지 알게 될 거야.

치료자 : 좋아. 그러니까 이제 네가 통제권을 가져야 해. 흐리기 기법이 도움이 될 것 같니?

다니카 : 모르겠어요.

치료자 : 같이 해보자. 로리에게 흐리기 기법을 어떻게 사용할 수 있을까?

다니카 : 모르겠어요.

치료자 : 내가 도움이 될지 모르겠네. 흐리기에 대해 내가 아이디어를 줄게. 음, 내가 로지 역을 하면서 흐리기를 시도해볼게. 넌 호랑이가 되어 로지를 놀려봐.

다니카 : 좋아요. 재미있겠네요. 로지, 너 진짜 요상하다. 머리를 왜 안 감니? 되게 노란색이다.

치료자 : 충고 고마워. 내 머리는 진짜 노랗거든.

다니카 : 노랑이, 노랑이. 넌 진짜 충고가 필요해. 네 털은 또 왜 그리 칙칙하냐. 넌 또 체육 시간에 공을 무서워하지. 넌 겁쟁이 고양이야. 공을 무지 무지 무서워하는.

치료자 : 야, 너 진짜 나에게 관심이 많구나. 내가 공을 무서워한다고 생각하고 있구나. 나는 네가 그렇게 생각하는 줄 이미 알고 있었거든.

다니카 : 넌 공을 무서워 해. 겁쟁이 고양이야. 노랑 겁쟁이 고양이야.

치료자 : 날 너무도 잘 알고 있구나. (연기를 중지하고) 대니야, 내가 흐리기를 할 때 어땠어?

다니카 : 계속 놀리기가 힘들더라구요. 흐리기 할 때 제가 뭘 말해야 할지 생각날 것 같지 않아요.

치료자 : 네가 나중에 연습할 때 기억하기 좋게 카드에 적어보자. 그렇게 해보겠니?

이 대화가 가르쳐주는 것은 무엇인가? 첫째, 손 인형극 연습을 해보니 다니카가 지속적인 놀림에 대처하는 기술을 갖고 있지 않다는 것이 밝혀졌다. 흐리기 기법을 충분히 습득하지 못한 것이다. 따라서 치료자가 역할을 바꾸어 흐리기 기법의 모델이 되어 주었다. 둘째, 치료자는 다니카에게 효과적인 흐리기 기법을 문장으로 적어서 다니카가 갖고 다닐 수 있게 하였다. 셋째, 치료자는 다니카와 다시 역할을 바꾸어 다니카가 흐리기를 연습해보도록 하고 있다.

사회기술을 쌓는 또 다른 방법으로 관찰을 들 수 있다. 다니카에게 무시하기, 흐리기, 주장기술을 직접 가르친 뒤, 같은 반의 다른 아동들은 놀림을 어떻게 다루는지 관찰해보도록 시켰다. 다니카는 얼마나 많은 아이들이 놀림을 받는지, 그리고 그들이 어떻게 대처하는지 알게 되었다. 또한 각 전략마다 긍정적인 결과와 부정적인 결과가 있음을 깨달았다. 그런 뒤

어떻게 놀림당했나	어떻게 느꼈나	무엇이 마음속을 스치고 지나갔나	그것에 대처하기 위해 무엇을 했나	얼마나 효과 있었나 (끔＝끔찍했다 좋＝좋았다)

그림 12.6 : 다니카의 놀림일기

다니카는 자신의 관찰에 근거하여 어떤 방법이 가장 좋은 선택인지 결론지었다.

다니카는 새로 습득한 기술을 실험해볼 필요가 있었다. 따라서 치료자는 다니카에게 놀림을 당할 때마다 놀림일기를 써보라고 했다(그림 12.6 참조). 먼저 다니카에게 놀림을 당한 상황을 쓰라고 했다. 그런 뒤 감정, 사고, 대처 행동, 성공 여부를 기록하게 했다. 그런 다음 다니카는 대처기술을 적용하는 연습을 했고 성공의 정도를 기록했다.

인지적 자기 통제

두려움 반박하기(Talking Back to Fear)는 자기통제/자기지시 기법으로서, 불안감과 연관된 믿음을 반박하는 대처사고를 구성하도록 돕는다. 두려움 반박하기 기법은 비교적 간단한 접근법이므로 불안 아동을 돕는 첫 단계로 사용하면 좋다. 그림 12.7에는 두려움 반박하기 활동지가 제시되어 있다. 다음의 대화는 두려움을 반박하는 방법을 아동에게 설명하는 과정을 보여주고 있다.

> "오늘 함께 대화를 나누면서, 네가 가진 두려움에 대해 잘 알게 되었어. 걱정에 빠질 때면 너
> 는 선생님이 널 바보로 여길 거라고 생각하고, 또 네가 공부를 못하면 부모님께서 속상해하
> 실 거라고 생각하게 되는구나. 네가 얼마나 형편없는지 사람들이 모두 알게 될 것이라고 걱
> 정하지. 그런데 너의 두려움은 네가 할 수 있다는 생각에서 벗어나게 해. 두려움이 널 괴롭히
> 는 셈이야. 그래서 이제부터 네가 두려움을 어떻게 반박할 수 있는지 가르쳐주려고 해."

두려움 반박하기 기술은 몇 가지 단계를 포함하고 있다. 첫 번째 단계에서는 치료자가 대

나의 두려움은 나에게 _____ 라고 말한다.

아래에는 두려운 기분을 반박하는 데 도움이 되는 몇 가지 방법이 제시되어 있습니다. 이 방법들을 이용하여 자기 자신에게 말해보세요.

- 두려운 기분은 바람과 같다. 한 번 불어닥친 다음에는 가버린다.
- 누구나 두려움을 느낄 때가 있다. 이런 기분은 내가 인간이기 때문에 드는 것이다.
- 이런 기분은 새로 배운 기술을 사용하라는 신호일 뿐이다.
- 내가 할 수 있다는 것을 나는 안다. 내가 할 수 없다고 생각하는 주된 이유는 내가 두려움을 느끼기 때문이다. 나는 내 두려움이 지금 내게 이런 식으로 말을 하고 있다는 사실만 기억하면 된다.
- 냉정을 유지하라. 난 두려움에 반박할 수 있다.

두려움을 반박하기 위해 자신에게 어떤 말을 해줄 수 있을지 5개를 더 적어보세요.
1. _____
2. _____
3. _____
4. _____
5. _____

두려움을 반박할 수 있는 방법들을 모두 독서카드에 적으세요. 그리고 하루에 두 번씩 읽으세요.

그림 12.7 : 두려움 반박하기 활동지.

처문장을 가르치고 모델링을 한다. 두 번째 단계에서는 아동이 자신이 대처문장을 작성한다. 세 번째 단계에서는 아동이 작성한 대처문장을 독서카드에 적는다. 아동은 적은 것을 호주머니나 지갑에 넣어 불안해질 것 같은 상황에 갈 때 가지고 간다. 두려움 반박하기 활동지를 사용하면 이 절차를 체계적으로 따를 수 있다(그림 12.7 참조).

그림 12.8은 두려움 반박하기 활동지를 완성한 예를 보여주고 있다. 두려움에 찬 아동 내면의 목소리가 독후감 발표를 '망칠' 거라고 말한다. 이때 아동은 준비된 대처문장들 중에서 자신의 두려움을 잠재울 문장에 동그라미를 친다. 그런 뒤 두려움을 반박할 다섯 가지 방법을 더 적는다. 마지막으로 아동은 이 대처문장들을 독서카드에 옮겨 적는다. 이렇게 함으로써 아동은 충분한 대처기술을 갖추게 되는 것이다.

두려움 반박하기 기술은 다음에 소개할 경험적인/연극 활동을 진행할 토대가 된다. 가령 나의 두려움은 나에게 <u>독후감 발표를 마칠 거야</u>   라고 말한다.

아래에는 두려운 기분을 반박하는 데 도움이 되는 몇 가지 방법이 제시되어 있습니다. 이 방법들을 이용하여 자기 자신에게 말해보세요.

- 두려운 기분은 바람과 같다. 한 번 불어닥친 다음에는 가버린다.
- 누구나 두려움을 느낄 때가 있다. 이런 기분은 내가 인간이기 때문에 드는 것이다.
- 이런 기분은 새로 배운 기술을 사용하라는 신호일 뿐이다.
  <u>네가 할 수 있다는 것을 나는 안다. 네가 할 수 없다고 생각하는 주된 이유는 네가 두려움을 느끼기 때문이다. 나는 내 두려움이 지금 내게 이런 식으로 말을 하고 있다는 사실만 기억하면 된다.</u>
- 냉정을 유지하라. 난 두려움에 반박할 수 있다.

두려움을 반박하기 위해 자신에게 어떤 말을 해줄 수 있을지 5개를 더 적어보세요.

1. <u>두려움보다 내가 더 크다.</u>
2. <u>이것은 단지 두려움이 나에게 말하는 것일 뿐이다. 이 말을 들어줄 필요가 없다.</u>
3. <u>두려움은 앞으로 무슨 일이 일어날지 알지 못한다. 난 이겨낼 수 있다.</u>
4. <u>두려움에 맞닥뜨릴 때마다 나는 강해진다. 두려움에 맞설 수 있다.</u>
5. <u>두려움이 나를 괴롭히고 있다. 반박해야 한다. 두려움은 무너질 거다.</u>

두려움을 반박할 수 있는 방법들을 모두 독서카드에 적으세요. 그리고 하루에 두 번씩 읽으세요.

그림 12.8 ∶ 두려움 반박하기 활동지의 작성 예

손 인형극에서 치료자는 우선 아동에게 인형 2개를 고르게 한다. 한 인형은 아동의 적응적 혼잣말(self-talk)을, 다른 인형은 두려움이 말하는 것을 연기한다. 아동은 자신이 연기하고 싶은 역을 맡는다. 두려움 반박하기 기술에 익숙한 아동은 적응적 혼잣말 역할을 먼저 하도록 권할 수 있다. 기술이 갖추어지지 않은 아동은 치료자가 적응적 혼잣말을 하는 인형 역할을 연기한다. 이렇게 함으로써 어떻게 불안을 반박하는지 치료자가 모델이 되어주는 것이다.

이 활동을 처음 해보는 아동은 대처문장을 생각해내는 데 어려움을 보일 수 있다. 따라서 치료자는 아동에게 만들어놓은 대처카드를 사용할 수 있다고 알려준다. 대처자료를 쉽게 사용할 수 있게 되면 아동의 자신감이 높아진다. 더군다나 이 전략은 대처카드를 가지고 다니면 좋다는 생각을 강화해준다.

연습을 통해 아동이 기술을 잘 사용하게 되면 활동의 난이도를 높일 수 있다. 가령 치료자가 두려움의 목소리를 연기하고 있다면 재앙적 예측의 빈도와 강도를 높일 수 있다. 불안

을 야기하는 인지는 오랫 동안 사용되어온 믿음이기 때문에 쉽게 약화되지 않는다. 따라서 끈기를 가지고 아동에게 대처 혼잣말을 사용하라고 독려해야 한다.

어린 아동의 과도한 불안은 "만약 그렇게 되면 어쩌지(What if)" 질문으로 나타나곤 한다 (Lerner et al., 1999). 가령 '만약 시험 볼 때 공부한 것을 모두 까먹으면 어쩌나?' 하는 생각 이 머릿속에 퍼뜩 떠오를 수 있다. '끔찍한 만약이(Dreadful Iffy)'는 파국화 과정을 단순화해 서 아동이 끔찍한 예측을 반박할 수 있도록 가르치는 방법이다. '끔찍한 만약이 반박하기' 활동지(그림 12.9 참조)에는 자기감찰 요소와 변화기법이 내용 속에 포함되어 있다. 이 활동 지를 사용할 때 치료자는 먼저 아동에게 자신이 걱정하는 '만약' 질문을 적게 한다. 그런 뒤 다섯 가지 질문을 연속적으로 함으로써 '끔찍한 만약이 반박하기'에 도움이 되는 결론을 도 출한다.

치료자는 '끔찍한 만약이'를 다음과 같이 설명할 수 있다.

> "어린이들이 걱정할 때는 '만약 그렇게 되면 어쩌지(What if?)' 하는 생각을 한다. 예를 들 면 어떤 남자애가 파티에 가면서 '만약 다른 애들이 날 놀리면 어떻게 하지?'라며 걱정하는 거야. 또 다른 예는 어떤 여자애가 개학 전날 밤에 '만약 새 학기에 성적이 좋지 않으면 어쩌 지?'라고 생각하며 걱정하는 거야. 이런 걸 '끔찍한 만약이 생각'이라고 부른단다. 끔찍한 만 약이 생각을 할 때는 네가 두려워하는 것들을 피하고 싶어진단다. 그리고 최악의 상황이 일 어날 것이고 너는 그 상황을 이겨내기 힘들 거라고 예측하게 되지. 끔찍한 만약이가 하는 말 을 들으면 두려움이 더 심해진단다. 그러니까 끔찍한 만약이를 반박하는 방법을 배워서 물 리쳐야겠지?"

아동은 활동지의 첫 부분에 불안한 예측을 적는다. 치료자는 아동이 질문이나 근심, 예측 에 대해 최대한 구체적으로 적도록 돕는다. 또한 기록한 내용이 심리적으로 의미 있고 정서 강도에 적절한지 체크한다.

질문 혹은 검증 절차는 "내가 걱정하고 있는 일이 진짜 일어날 것이라고 얼마나 확신하 나?", "그런 일이 전에 일어난 적이 있었나?"의 두 가지 기본 질문으로 시작된다. 아동은 질 문 1에 대해 세 가지 답변(확신하지 않는다, 좀 확신한다, 매우 확신한다) 중의 하나를, 질문 2에 대해서는 두 가지 답변(예/아니요) 중에서 하나를 고른다. 질문 3은 질문 2에 대한 답변 과 관련해서 아동에게 과거의 대처 노력을 말해보게 하는 것이다. 만약 아동이 지금 걱정하 고 있는 상황이 전에 한 번도 일어난 적이 없다면, 아동은 질문 3을 건너뛰고 질문 4로 넘어 간다. 질문 4("전에 그런 일이 일어난 적이 없다면 지금 일어날 것이라고 생각하는 이유가 무엇인가요?")는 걱정의 근거를 묻는 질문이다. 이 질문에 대한 답을 토대로 치료자와 아동 여러분은 걱정할 때 '만약 나쁜 일이 일어나면 어떻게 하지?'라는 생각을 합니다. 때로는 최악의 상황이 일어 날 것이고, 자신이 그 상황을 이겨낼 수 없을 것이라고 추측할 때도 있지요. 이것을 **끔찍한 만약이 생각**이라고 부릅니다. 이 활동지를 이용하여 **끔찍한 만약이**를 반박해보세요!

내가 만약

_____

_____

_____면 어쩌나 하고 걱정할 때면 진짜로 두려워진다.

다음의 질문에 답변해 보세요 :

지금 걱정하고 있는 일이 진짜 일어날 것이라고 얼마나 확신하나요? 해당되는 것에 동그라미 표시를 하세요.

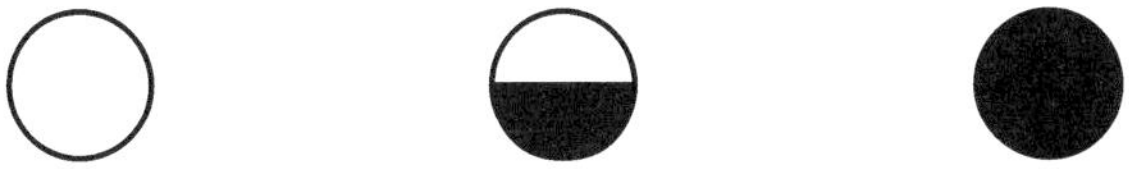

확신하지 않는다	어느 정도 확신한다	매우 확신한다

그런 일이 전에 일어난 적이 있었나요? 해당되는 것에 동그라미 표시를 하세요.

예　　　　　　　아니요

전에 그런 일이 일어난 적이 없다면 지금 일어날 것이라고 생각하는 이유는 무엇인가요?

_____

_____

전에 그런 일을 이겨낸 적이 있다면, 지금 두려운 상황이 진짜로 얼마나 끔찍한가요? 해당되는 것에 동그라미 표시를 하세요.

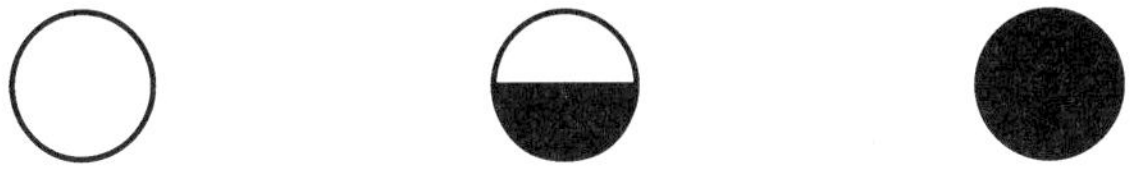

매우 끔찍함	어느 정도 끔찍함	전혀 끔찍하지 않음

위의 질문들에 잘 답했습니다. 끔찍한 만약이를 반박하기 위한 새로운 방법은 무엇일까요?

_____

_____

_____

그림 12.9 : 끔찍한 만약이 반박하기 활동지

은 근심에 근거가 있는지 여부를 평가하게 된다.

질문 5는 질문 3에 대한 답변과 관련된다. 질문 5("전에 그런 일을 이겨낸 적이 있다고 했는데, 그렇다면 지금 두려운 상황이 진짜 얼마나 끔찍한가요?")는 스크라테스식 질문으로서, 예상되는 재앙과 이전의 대처를 비교함으로써 부조화를 느끼게 하기 위한 것이다. 이 질문은 아동이 그때까지 간과했던 자신의 대처자원들을 현 상황에 적용하도록 돕는다.

질문 6은 요약질문으로서, 아동에게 이전 질문에 대한 답변을 깊이 생각해보라는 것이다. 답변을 검토한 뒤 아동은 결론을 내리게 된다. 이 결론을 카드에 적은 뒤 대처문장으로 사용할 수 있다. 끔찍한 만약이 활동지를 작성한 예는 그림 12.10에 제시되었다.

끔찍한 만약이의 재미 수준을 높이는 방법들이 몇 가지 있다. 첫째, 끔찍한 만약이 만화 캐릭터를 도입한다. 아동은 자신의 끔찍한 생각에 관해 얘기하면서 이 만화 캐릭터에 색칠하기를 할 수 있다. 둘째, 전체 기술을 '끔찍한 만약이 반박하기'라고 부르므로, 재앙적 예측을 할 때마다 만화 캐릭터에 ✕표를 하라고 아동에게 지시할 수 있다. 셋째, 종이봉투에 캐릭터를 붙인 손인형을 만들 수 있겠다. 치료자와 아동은 두려움 반박하기에서 제안한 인형극과 유사한 방식으로 끔찍한 만약이에게 반박하는 역할연기를 할 수 있다. 가령 인형극을 하기 위해서는 종이봉투 인형과 아동의 자화상이 그려진 인형이 필요하다. 아동이 원한다면 자화상 대신 영웅이나 대처 모델의 사진을 그리거나 붙이면 된다. 아동 인형과 끔찍한 만약이 인형은 서로 생생한 논쟁을 벌이게 되고, 아동 인형이 끔찍한 만약이에게 반박하는 연기를 펼치게 된다. 다음의 대화는 아동이 어떻게 끔찍한 만약이를 반박하는지 보여주고 있다.

치료자 : 인형을 아주 잘 만들었구나. 끔찍한 만약이를 반박하는 인형극을 해볼까?

루빈 : 네.

치료자 : 누구 역할을 맡고 싶니?

루빈 : 제 자신을 맡을게요.

치료자 : 그렇다면 난 끔찍한 만약이가 될게. 자, 네가 불안해할 때 끔찍한 만약이가 네게 말할 법한 것들을 내가 말하기 시작할 거야. 넌 네 인형을 이용해서 끔찍한 만약이를 반박해야 한다.

루빈 : 너 이제 죽었다, 끔찍한 만약이 인형!

치료자 : 좋았어. 하지만 넌 끔찍한 만약이 기술이랑 두려움 반박하기 기술을 써야 해.

루빈 : 좋아요.

치료자 : 연기할 준비가 됐니?

루빈 : 네, 인형극을 시작해요!

치료자 : 아, 안돼. 긴 나눗셈을 하러 학급 단상 위로 올라가야 해. 애들은 날 보고 웃을 거고 선생님은 내게 소리치실 거야. 다들 내가 바보라고 생각할 거야.

여러분은 걱정할 때 '만약 나쁜 일이 일어나면 어떻게 하지?'라는 생각을 합니다. 때로는 최악의 상황이 일어나 날 것이고, 자신이 그 상황을 이겨낼 수 없을 것이라고 추측할 때도 있지요. 이것을 **끔찍한 만약이 생각**이라고 부릅니다. 이 활동지를 이용하여 **끔찍한 만약이**를 반박해보세요!

내가 만약
<u>나와 엄마, 아빠 혹은 동생에게 나쁜 일이 일어난다</u>면 어쩌나 하고 걱정할 때면 진짜로 두려워진다.

다음의 질문에 답변해보세요.
지금 걱정하고 있는 일이 진짜 일어날 것이라고 얼마나 확신하나요? 해당되는 것에 동그라미 표시를 하세요.

확신하지 않는다   어느 정도 확신한다   매우 확신한다

그런 일이 전에 일어난 적이 있었나요? 해당되는 것에 동그라미 표시를 하세요.

예   아니요

전에 그런 일이 일어난 적이 없다면 지금 일어날 것이라고 생각하는 이유는 무엇인가요?
<u>그냥 계속 걱정하는 거예요. 걱정하게 되면 그 일이 일어날 거라고 생각하게 돼요.</u>
_____

전에 그런 일을 이겨낸 적이 있다면, 지금 두려운 상황이 진짜로 얼마나 끔찍한가요? 해당되는 것에 동그라미 표시를 하세요.

매우 끔찍함   어느 정도 끔찍함   전혀 끔찍하지 않음

위의 질문들에 잘 답했습니다. 끔찍한 만약이를 반박하기 위한 새로운 방법은 무엇일까요?
<u>사실 나쁜 일이 실제로 일어난 적이 없다. 내 걱정이 그렇게 말하고 있을 뿐이다. 엄마와 아빠에 대해 걱정하는 것은 내가 할 일이 아니다. 엄마, 아빠는 자신들을 스스로 돌볼 수 있다. 나 자신을 돌보기 위해 내가 할 수 있는 일들이 있다. 그리고 주위 사람들은 내가 필요로 할 때 도움을 줄 것이다.</u>

그림 12.10 : 끔찍한 만약이 반박하기 활동지 예

루빈 : 아니야. 그렇지 않아.

치료자: 너 그거 모르는구나. 다들 날 보고 웃을 거라는 걸 난 알거든. 다들 나랑은 놀고 싶어 하지 않을 거야. 너무 두려워서 반 애들 앞에서 토할 거 같아.

루빈 : 끔찍한 만약이, 입 닥쳐. 바보는 너야. 난 강해.

치료자 : 잠깐 여기서 멈춰보자. 끔찍한 만약이가 그런 걸 말할 때는 어떤 느낌이 드니?

루빈 : 나쁜 느낌요.

치료자: 무엇이 나쁜 느낌을 들게 하지?

루빈 : 끔찍한 만약이가 못됐거든요.

치료자 : 네가 정말 걱정할 때 네가 덜 걱정하도록 돕는 말을 생각해내는 것이 쉬우니?

루빈 : 그렇게 쉽진 않아요.

치료자 : 그래서 인형극을 하는 거란다. 네 기분이 좋아지도록 네 자신에게 할 수 있는 말들을 연습하는 기회인 거지. 끔찍한 만약이 활동지와 두려움 반박하기 활동지를 검토하고 도움이 될 만한 문장들을 카드에 적는 것이 어떻겠니?

루빈 : 카드를 가지고 다니면서 읽어도 돼요?

치료자 : 물론이지.

루빈과 치료자는 활동지를 검토한 뒤 몇몇 대처 문장을 카드에 옮겨 적는다. 그런 뒤 역할극을 더 연습한다.

예기불안(anticipatory anxiety)이 아동의 파국화와 관련이 있다. 불안한 아동은 아무런 객관적 위험이 없는데도 주관적으로 위험을 상상한다. 재앙을 예측하고는 그 예측이 완전히 신뢰로운 것인 양 행동한다. 몇몇 인지행동치료자들은 부정확한 재앙 예측을 '틀린 경고(false alarm)'라고 부른다(A. T. Beck et al., 1985; Craske & Barlow, 2001). 따라서 치료자는 아동이 '경고성' 예측을 의심의 눈으로 바라보도록 도울 필요가 있다.

행동실험

나이 든 아동과 청소년들에게는 행동실험(behavioral experiment)이 좋은 방법이다. 행동실험은 예측의 신뢰도를 검증할 수 있도록 설계된다. 가령 16세 된 니아는 자신이 걱정하지 않으면 나쁜 일이 일어날 것이라고 굳게 믿고 있다. 다음 대화는 이 믿음을 검증하기 위한 행동실험을 준비하는 방법을 보여주고 있다.

치료자 : 니아, 어떤 믿음을 검증해볼까?

니아 : 걱정하지 않으면 나쁜 일이 일어나리라고 생각하는 것이겠지요.

치료자 : 그래, 넌 걱정이 무엇을 막아준다고 생각하는 거니?

니아 : 나쁜 일이 일어나는 거요.

치료자 : 그러니까 우리가 무엇을 지켜봐야 하는 거지?

니아 : 나쁜 일이 일어나나 안 일어나나 하는 거요.

치료자 : 그걸 무언가에 연관시켜야 하는 거니?

니아 : 얼마나 내가 걱정하는지예요.

치료자 : 좋아. 우리 빈칸을 만들어보자. [그림 12.11 참조] 첫 번째 칸을 '얼마나 걱정하는가'라고 부를 거야. 이 칸엔 무엇을 적어야 할까?

니아 : 걱정을 1~10까지 점수 매길 수 있겠지요. 생각일기에서처럼요.

치료자 : 맞아. 무엇이 높은 거고 무엇이 낮은 거지?

니아 : 1은 그냥 약간의 걱정이고 10은 가장 많은 걱정요.

치료자 : 좋아. 네 걱정을 1~10점 척도로 점수 매기는 거야. 다음 칸은 '일어난 나쁜 일'이라고 부를 거야. 이 칸에는 1주일 동안 일어난 나쁜 일을 모두 적으렴. 마지막 칸은 '얼마나 나빴나?'라고 부를 거야. 왜냐하면 나쁜 일이 모두 다 같지는 않거든. 어떤 것은 정말 재앙 같고 어떤 것은 단지 성가신 일이겠지. 이걸 어떻게 적어야 할까?

니아 : 마찬가지로 척도로요. 1~10점?

치료자 : 좋아. 그러자꾸나. 자, 이제부터 몇 가지를 검증해볼 거야. 첫째, 너의 걱정이 나쁜 일이 생기는 것을 막을까? 둘째, 네가 걱정하는 정도가 일어난 일의 나쁜 정도에 영향을 미칠까? 그리고 네가 덜 걱정하면 상황이 악화될까?

니아 : 자신이 없네요.

치료자 : 알아. 그래서 우리가 함께 해보는 거야.

날짜	얼마나 걱정하는가 (걱정 수준)	일어난 나쁜 일	그 일이 얼마나 나빴는가?
월	5	없음	0
화	6	없음	0
수	7	없음	0
목	5	예측 못한 깜짝 시험	3
금	8	없음	0

그림 12.11 ： 니아의 실험

이 대화에서 무엇을 배울 수 있을까? 우선 치료자는 걱정이 나쁜 일을 막는 것과 관련이 있다는 니아의 생각을 구체적으로 검증하고자 했다. 둘째, 치료자는 걱정의 강도도 다루도록 과제를 만들었다. 그렇게 함으로써 니아는 강한 걱정이 끔찍한 결과를 막아줄 것인지 알아볼 수 있었다. 마지막으로, 걱정의 정도와 부정적 사건들을 나란히 기록함으로써 니아는 걱정과 나쁜 일이 생기지 않는 것은 아무런 관계가 없다는 것을 알 수 있었다.

일반적으로 불안한 아동, 특히 사회공포증 아동은 다른 사람들의 놀림이나 비판을 두려워한다. 그 두려움 때문에 이들의 사교행동은 극심하게 제한된다. 정서적 · 인지적 · 행동적 반응은 긴장되어 있고 경직되어 있다. 다음에는 부정적 평가에 대한 두려움을 감소시키는 방법과 비판이나 창피에 대처하는 법을 가르치는 방법이 제시되어 있다.

다른 사람의 비판과 평가를 두려워하는 아동들이 생각하는 방식을 보면 맹점이 많다. 첫째, 사회불안 성인들처럼 아동들도 사실과 의견을 혼동한다(Burns, 1980). 우울한 아동은 일반적으로 인정받기를 갈구하며 다른 사람의 의견을 의심 없이 받아들인다. 즉, 이들은 부지중에 자신의 능력을 의심하고, 이들의 정체성은 동료의 비판이나 의견에 의해 결정된다. 그러한 비판이란 것이 사실 무근인 경우가 많은 데도 말이다.

단지 그렇다고 해서(Just because) 기법은 생산적인 개입기법이다(Elliott, 1991). 이 기법은 합리적 분석을 크게 요하지 않으면서도 아동의 조망을 넓혀준다. 아동은 의견과 사실이 같다는 잘못된 신념의 정체를 발견하게 된다(예 : '단지 언니가 나를 바보라고 생각한다고 해서 내가 바보는 아니다.'). 아동은 우선 부정적 생각을 파악한 뒤(예 : '질과 수잔은 내가 어리다고 생각할 것이다.'), 그 부정적 자동사고에 '단지 ~하다고 해서' 어구를 집어넣으면 된다(예 : '질과 수잔이 나를 어리다고 생각한다고 해서 내가 실제로 어린 것은 아니다.').

'단지 그렇다고 해서' 기법을 적용한 후에 보다 세련된 합리적 분석을 도입할 수 있다. 다른 사람들의 평가가 중요하긴 하지만, 다른 사람의 의견이 나라는 사람을 절대적으로 정의하는 것은 아니다. 다음 대화에서 치료자가 15세 소녀 말라의 부정적 평가에 대한 두려움을 소크라테스식으로 평가하는 방식을 살펴보자.

말라 : 우리 반 여자애들은 정말 짜증나요. 저는 걔들이 무슨 생각을 하는지 항상 걱정해요.

치료자 : 그 아이들이 무슨 말을 하는데 네가 걱정하니?

말라 : 내가 말하는 거나 옷 입는 것을 놀릴까 봐 걱정해요.

치료자 : 그 아이들에 대해서 정말로 불편한 느낌을 갖고 있구나. 이런 감정을 느낄 때 마음속에 무엇이 스쳐 지나가니?

말라 : 제가 유행에 뒤처져 있다고 걔들은 생각해요. 내가 자기들보다 못하다는 거죠. 헤어스타일은 어때야 하고 행동은 어떻게 하는지 자기들은 알고 있다고 생각하는 거지요. 걔네들은 제가 항상 5분 전인

것처럼 생각하는 것 같아요.

치료자 : 너를 어떻게 비판할 것 같니?

말라 : 내 옷이 별로라거나 이상하게 행동한다거나 하는 식으로 생각할 거예요.

치료자 : 알겠다. 걔네들을 얼마나 잘 아는데?

말라 : 우리 반에 있다니까요.

치료자 : 걔네들이랑 같이 노니?

말라 : 아니요.

치료자 : 걔네들 집에 가본 적 있니?

말라 : 아니요, 한 번도 없어요.

치료자 : 걔네들이 네 집에 온 적은 있니?

말라 : 아니요.

치료자 : 걔네들이랑 파티나 영화 보러 간 적 있니?

말라 : 한 번도 없어요.

치료자 : 그래, 걔네들이 널 얼마나 잘 안다는 거니?

말라 : 잘 모르겠죠.

치료자 : 흠. 흥미롭구나. 그러니까 걔네들이 널 잘 모른다는 거지? 그런데도 너는 걔네들에게 많은 파워를 줘서 네가 누군지 규정짓게 하는 것 같구나. 어떻게 생각하니?

말라 : 모르겠어요.

치료자: 음, 우리 같이 생각해볼 문제인 것 같다. 내가 의아해하는 또 한 가지가 있는데, 그건 말이다. 걔네들이 패션과 행동의 전문가라고 누가 그러디?

말라 : 모르겠어요. 그냥 내가 걔네들을 전문가 취급하는 거겠죠.

치료자 : 알겠다. 그렇지만 걔네들이 너를 잘 모르는데 어떻게 너의 '멋짐'과 패션 전문가가 될 수 있는 거지?

이 예에서 말라는 다른 아이들의 눈을 통해 자신을 규정짓고 있는 것이 분명했다. 치료자는 그 아이들이 말라에 대해 매우 좁은 견해를 가지고 있다는 것을 말라가 인식하도록 도왔나. 사실 그 아이들은 말라를 전혀 알시 못했던 것이나! 둘째, 치료사는 '전문가의' 의견에 대한 근거를 평가하였다(예 : "걔네들이 패션과 행동의 전문가라고 누가 그러디?"). 마지막으로, 치료자는 소크라테스식 질문을 이용하여 모든 정보를 나란히 늘어놓았다(예 : "걔네들이 실은 널 모르는데 어떻게 너의 '멋짐'과 패션 전문가가 될 수 있는 거지?").

놀림과 비판은 모든 사람들이 자신을 좋아해야 한다는 아동의 기대 때문에 두 배로 더 고통스럽다. 아이들이 놀리면 아동들은 인기가 없다거나 모든 아이들로부터 자신이 거부당했다고 느끼기 십상이다. 한 마디로 과잉 일반화와 이분법적 사고에 사로잡혀 있는 것이다. 치료자는 아동이 자신을 좋아하는 아이들도 있고, 싫어하는 아이들도 있고, 또 어느 쪽이든 그리 강한 감정을 가지지 않는 아이들도 있다는 것을 깨닫도록 이끌어야 한다.

아동이 또래의 부정적인 반응에 대처하도록 돕는 방법은 다양하다. 다른 아이들이 놀릴 때 '아무도 나를 좋아하지 않아.'라는 잘못된 믿음으로 괴로워하는 아동을 위해서는, 일종의 증거 검증법을 사용하면 좋다. 가령 아동에게 3개의 목록을 만들라고 한다. 첫 번째 목록은 자신을 놀린 모든 아이들, 두 번째 목록은 친구로 생각될 수 있는 아이들의 이름, 세 번째는 중간쯤 위치하고 어느 쪽으로도 강한 감정을 가지고 있지 않은 아동들의 이름이다. 그런 뒤 아동은 세 목록을 비교하고 결론짓는다. 다음 대화는 이 과정을 보여준다.

앤디 : 아무도 날 좋아하지 않아요. 다들 내가 여자애처럼 공을 던지고 얼간이래요. 내가 운동을 하면 나를 보고 다들 웃어요. 난 친구가 없어요.

치료자 : 앤디, 새 기법을 이용해서 그 생각을 확인해볼까?

앤디 : 좋아요, 선생님.

치료자 : 이 종이를 받아. 그리고 칸을 3개 만들어보자. 첫 번째는 널 놀리는 애들이다. 이름을 모두 써봐.

앤디 : 어떤 색깔의 연필을 써야 하지요?

치료자 : 네가 쓰고 싶은 색 아무거나 써.

앤디 : 저는 녹색을 싫어하니까 그걸 사용할래요.

치료자 : 좋아, 그다음에는 너를 친절하게 대하는 아이들, 네가 친구로 생각하는 아이들을 모두 적어봐.

앤디 : 좋아요. 그 칸에는 제가 좋아하는 색깔을 사용할래요.

치료자 : 다음에는 알기는 하지만 같이 놀지는 않고 또 너를 놀리지도 않는 아이들을 적어.

앤디 : 별로 상관하지 않는 아이들이요?

치료자 : 맞아.

앤디 : 좋아요.

치료자 : 잘했어! 이제 이 목록들을 나란히 놓자. 어느 목록의 이름이 가장 많지?

앤디 : 친구들이요.

치료자 : 가장 이름이 적은 칸은?

앤디 : 못된 애들이요.

치료자 : 알겠어. 자, 네 친구의 수가 널 놀리는 아이들의 수보다 많다면, 아무도 너를 좋아하지 않는다는 게 어떻게 가능할까?

앤디 : 가능하지 않아요. 그냥 그렇게 느껴지는 때가 있다는 거죠.

치료자 : 그렇다는 걸 안단다. 그러니까 그렇게 느껴질 때 네 자신에게 뭐라고 말해줄 수 있겠니?

글상자 12.3 **인지 재구조화 요령**

- 아동이 대처카드를 만들도록 격려하라.
- 인지적 재구조화가 주춧돌이 되어 인형 리허설 놀이나 행동실험 같은 경험활동으로 이어지도록 받쳐주게 하라.
- 노는 것처럼 진행하라.
- 인지 재구조화를 단순하면서도 의미 있게 유지하라.

앤디 : 지금 나쁜 기분일지 모르지만 대부분의 다른 애들은 날 좋아한다.

치료자 : 이 세 번째 칸은 어때?

앤디 : 음, 대부분의 애들은 절 좋아해요. 어떤 애들은 어느 쪽도 상관하지 않구요, 단지 두 아이만 나를 놀려요.

치료자 : 그게 무엇을 뜻하지?

앤디 : 대부분의 애들은 나를 좋아한다.

치료자 : 그 새로운 생각들을 카드에 적어보자.

치료에서 이런 믿음을 다룰 때 나이 어린 아동들은 보다 구체적인 자극을 필요로 한다. 저자는 크리스틴 파데스키(Christine Padesky) 박사로부터 기발한 방법을 배웠다. 이것은 어린 아동과 함께 증거를 검증하는 것과 유사한 방법이다. 친구 게임(Friend Game)이라 불리는 활동인데, 이 게임에서 치료자는 종이에 얼굴 그림을 그린다. 행복한 얼굴은 친구를 뜻하고, 슬프거나 화난 얼굴은 친구가 아닌 사람을 뜻하며, 빈 종이는 중간인 사람을 뜻한다. 친구가 아닌 종이나 중간인 종이보다 친구 그림을 더 많이 만들 필요가 있다. 게임은 참가자가 번갈아가며 종이를 고르는 것으로 시작된다. 각 참가자는 친구가 그려진 종이, 친구 아닌 종이, 중간을 나타내는 종이를 쌓아 놓는다. 게임이 끝나면 각 참가자는 쌓여진 각 더미의 수를 세고, 그 양이 서로 다른 것을 보며 결론을 내려야 한다(예 : '설사 나를 좋아하지 않는 아이들이 몇 명 있더라도 나에게는 친구가 많지 않은가?'). 이것은 앞에 제시된 앤디와의 대화를 단순화시키고 즐겁게 만들었다.

글상자 12.3에 인지 재구조화의 핵심이 되는 사항을 정리했다.

노출

노출에 혹은 수행에 기반을 둔 치료는 아동에게 더 많은 자기통제와 자기결정의 기회를 제공해준다. 아동이 노출을 보는 시각이 중요한데, 노출을 자신에게 행해지는 어떤 것으로 보지 않고 자신을 실험의 협조자, 참여자로 지각해야 한다. Bentz, Michael, Dequervain 그리고 Wilhelm(2010)은 "불안장애를 다루기 위한 CBT 체제에서는 단순히 공포 증상의 경감만을 목표로 잡을 것이 아니라 불안의 발병 및 유지와 관련된 뇌 영역의 신경망을 지속적으로 변화시킬 수 있는 정서적 학습과정을 목표로 삼는다"(p. 223).

저자들은 노출치료의 열렬한 옹호자들이지만 노출기반 접근을 시도하기 앞서 특별히 고려해야 할 사항을 여기서 지적하지 않을 수 없다. 첫째, 아동이 불안과 우울을 모두 앓는다면 일반적으로 우선 우울을 치료할 것을 권한다. 노출 시도 전 우울을 걷어내면 노출훈련이 쉬워질 것이다. 노출치료에서 가장 미미한 불안 야기 자극이라도 직면하기 위해서는 자기 자신에 대한 자신감이 필요한데, 우울한 아동은 이러한 자기 자신감이 결여되어 있을 가능성이 크다. 두 번째, 우울한 아동의 비활동성, 소극적 태도, 비관주의 등이 노출을 어렵게 만든다.

노출에 기꺼이 참여하도록 아동을 격려하기

제8장에서 언급했듯이 노출은 아동과 가족에게 '판매하기'가 어려울 수 있다. 우리와 마찬가지로 아동과 청소년들도 기본적으로 쾌락추구적인 경향이 있어서 고통은 피하기 마련이다. 이 패턴은 정서 조절의 원천적인 형태일 것이다. 그러나 이 패턴이 과도해지면 역기능적 경험회피(experiential avoidance, EA)가 발생한다. Hayes, Wilson. Gifford, Follette 그리고 Strosahl(1996)은 EA를 "개인이 사적인 경험(예 : 신체감각, 정서, 사고, 기억 및 행동경향)과의 접촉에 머무르지 않으려 할 때 일어나는 현상으로서 이러한 사적인 경험을 야기하는 사건이나 맥락의 형태나 빈도를 바꾸려고 시도하는 것"이라고 정의했다(p. 58). 구체적으로 말하자면, 불안한 아동은 회피전략에 의존해서 고통을 경감시키려 하는 경향이 있다는 것이다. EA는 다양한 정신병리 상태와 관련이 있어서(Hayes et al., 1996), 불안 외에도 자해, 폭식, 우울 등의 형태로 나타난다.

아동이 부정적 정서를 피하지 않고 가까이 가도록 가르치는 것이 바로 EA를 줄이는 방법이다. 여기서 목표는 아동과 청소년이 받아들임과 변화전략의 균형을 잘 맞추면서 부정적 정서를 대하는 것이다(Ehrenreich, Goldstein, Wright, & Barlow, 2009; Linehan, 1993). 아동이 스트레스에 "예"라고 하도록(Say Yes to the Stress) 돕는 것이 열쇠다. 아동이 스트레스에 "예"라고 하게 되면 고통을 느낌에도 불구하고 대처하고 견뎌내는 것을 배우게 된다. 아동이 스트레스에 "예"라고 하도록 격려받으면, 노출과 실험을 향한 첫 발걸음을 뗄 수 있을 것이다. 설명, 비유, 준비활동 모두 기꺼이 노출에 임하도록 등을 밀어준다. 살레나는 12세 아시아계 미국 소녀인데 완벽주의와 불안 때문에 정상 생활이 어려웠다. 다음 대화에서 기꺼이 불안을 맞닥뜨릴 수 있도록 돕는 과정을 볼 수 있다.

치료자 : 지금까지 우리가 얘기한 내용을 토대로 너의 불안에 대해 정리 좀 해보자꾸나.

살레나 : 네

치료자 : 그래. 국어 과제가 있다고 했는데 그것에 대해 네가 느끼는 것은…

살레나 : 잘 못할까 봐 걱정이 돼요.

치료자 : 그래. 걱정이 되고… 그러면서 네 맘속을 스치고 지나가는 것은…

살레나 : "A를 유지하지 못할 거다. 사람들이 내가 얼마나 바보인지 알게 될 거다."

치료자 : 그리고 그런 생각과 느낌 때문에 과제를 미루게 되지.

살레나 : 네. 그래서 엄마와 아빠가 화를 내기 시작하죠.

치료자 : 알겠어. 그럼 네 걱정은 증폭되지.

살레나 : "엄청 화를 내실거야. 나 폭발할 것 같아!"

치료자 : 그래 걱정을 밀어내기 위해서 계속 과제를 미루고 미루면?

살레나 : 과제에 대해 생각하지 않는 동안에는 기분이 괜찮죠.

치료자 : 그렇지만 마감일이 다가오면?

살레나 : 패닉요! 공포발작!

치료자 : 그러고도 더 미루지.

살레나 : 일이 터지죠.

치료자 : 그 때문에 무얼 경험하지?

살레나 : 더욱 심한 패닉!

치료자 : 자, 이 불안을 잘 이해했다. 이제 대처계획을 세워볼까?

살레나 : 계획이 뭔데요?

치료자 : 스트레스에 "예스"라고 해야 돼.

살레나 : 패션에 관한 TV 프로그램 같네요. "이번 가을에는 갈색을 받아들이세요. 예스라고 말하세요."

치료자 : 걱정과 관련된 생각을 검증했던 것 기억해?

살레나 : 네. 그런 생각에 대꾸하고 '정신줄 꽉 잡아. 험한 롤러 코스터를 타게 되니까.'라고 저 자신에게 말했죠.

치료자 : 정답이야. 불안과 걱정을 학교생활 중에 경험하는 것이 지극히 정상이라는 것을 아니까 롤러코스터를 타게 되더라도 그러한 불안과 걱정을 밀어내지 말고 꼭 붙들어야지. 그리고 망칠지 모른다고

> 걱정하더라도 과제를 해. 그러면 그게 스트레스에 "예스"라고 말하는 거야.
>
> 살레나 : 그러니까 롤러코스터를 타야 한다, 과제를 시도해야 된다. 그런 거군요.

살레나는 매우 열심히 치료에 임한 아동이었다. 그럼에도 불구하고 이 대화를 보면 노출에 기꺼이 참여하도록 북돋기 위해 치료자가 노력한 것을 볼 수 있다. 첫째, 기능분석을 통해 치료논리(rationale)를 강화했다. 둘째 이전에 익힌 기술이 필수적이라는 것을 상기시켰다. 마지막으로 아동 자신이 결론을 구성하도록 도왔다(예 : "그러니까 롤러코스터를 타야 한다. 과제를 시도해야 된다. 그런 거군요.").

점진적 노출에서 아동과 협업하기

애덤은 지능이 높고 운동도 잘하고 사회기술도 좋은 9세 아동으로 엘리베이터 공포증을 겪고 있다. 그가 두려워하는 것은 엘리베이터가 추락하거나 층간에 걸려서 꼼짝도 못하게 되는 것이다. 애덤은 엘리베이터가 층간에 걸리면 숨이 막힐 것이라고 예측한다.

점진적인 수행기반 치료는 애덤에게 이완과 자기지시 기술을 가르치는 것으로 시작되었다. 그 결과 애덤은 자신의 생리적 각성을 조절하고 대처사고를 개발하는 법을 배웠다. 그 뒤 점진적 노출과 합리적 분석 기술을 진행할 수 있었다. 애덤은 엘리베이터 타기와 관련된 불안 수준과 사고 및 감정을 기록했다. 또한 엘리베이터 작동과 추락에 관한 정보를 수집했다. 자료를 수집한 다음 애덤은 엘리베이터가 추락할 수 있고 그러면 상해가 날 수 있지만, 그럴 가능성은 거의 없다고 결론지었다.

이제 애덤은 자신의 두려움에 더 많이 노출될 준비가 되었다. 치료자는 우선 애덤에게 엘리베이터에 얼마나 가까이 서 있을 것인지, 그리고 불안을 얼마나 오랫동안 견뎌낼 것인지 결정하라고 했다. 엘리베이터 접근 위계의 첫 단계로 애덤은 엘리베이터로부터 3.5m 정도 떨어진 곳에 섰다. 서 있는 동안 치료자는 애덤에게 불안을 유발하는 생각들(예 : "아, 안돼. 엘리베이터에 들어가야 하다니. 거기 갇히면 공기가 충분치 않아서 숨을 못 쉴 텐데. 시퍼렇게 되어 죽을 텐데.")을 들려줬다. 애덤은 성공적으로 위계의 몇 단계를 정복해 나갔고 그때마다 엘리베이터에 더 가까이 다가갔다. 얼마 안 있어 애덤은 엘리베이터 문 앞에 서게 되었고 안을 들여다보았다. 그런 뒤 놀랍게도 애덤은 자진해서 안으로 걸어 들어갔다. 처음에는 두려움에 떠는 모습이었다. 그러다가 치료자가 함께 엘리베이터를 점검했다. 애덤은 재빨리 엘리베이터의 '구조를 요청할 때 사용되는' 요소들(예 : 전화와 비상벨)을 파악했다. 그러자 그는 선언했다. "이제 탈 준비가 되었어요."

그다음 치료자와 애덤은 탑승 위계를 작성했다. 치료자와 단 둘이 타는 것이 애덤에게는 가장 쉬웠다(예 : "둘이라면 공기도 충분하고 혹시 갇히면 선생님이 저를 진정시켜주시거나 조처를 빨리 취하실 수 있을 테니까요."). 반쯤 찬 상태에서 타는 것은 좀 더 힘들었고, 만원 엘리베이터를 타는 것이 가장 큰 불안을 유발했다. 당연히 위계의 맨 아래 단계부터 시작했다.

애덤이 치료자와 협력해서 과업을 기획함으로써 노출치료의 통제권을 유지한 것은 중요하다. 또한 촉진기술을 활용해서 애덤이 노출치료의 효과를 누릴 수 있었다. 상상 '노출', 가령 엘리베이터에 관한 정보를 수집하는 것이나 엘리베이터에 관한 다큐멘터리를 감상하는 것 같은 것들이 실제적 노출을 수월케 했다.

개인에 맞는 사례 개념화에서 위계를 수행하고 노출을 포함하는 것이 중요하다는 것은 다음 예를 보면 알 수 있다. 사바나는 9살의 유럽계 미국 여아로 오염에 대한 심한 두려움을 특징으로 하는 심한 강박장애를 앓고 있었다. 사바나는 특히 자신의 신발에서 세균에 접촉할까 봐 두려워했다. 뜻은 좋았지만 준비가 미흡한 실습생이 즉시 노출 시행을 실시하고자 했다. 사바나는 극도로 동요되어 비명을 지르고 소리 지르고 당연하게도 그 과제에서 도망치려고 했다. 사바나는 너무 겁에 질려서 실습생에게 목 졸라 죽이겠다고 협박하면서 그의 넥타이를 잡아 당겼다.

무엇이 잘못된 걸까? 첫째로, 실습생은 노출이 필요하다는 것은 알았지만 노출의 치료 근거가 되는 학습심리학의 기본 원리를 이해하고 탄탄히 다지는 데는 실패했다. 둘째, 그는 학습이론에 기초한 인지행동 공식과 정보처리 원리를 적용하지 않았다. 셋째, 실습생은 치료 과정에서 절차들의 순서를 잘 배치하는 것이 중요하다는 것을 인식하지 못했기 때문에 심리교육을 빼먹었고 촉진전략을 미리 깔아주는 과정을 거치지 않았다. 마지막으로 실습생은 사바나를 공동대장으로 참여시키지 않아 협업이라는 중요한 원칙을 위반했다. 이 예는 치료전략과 속도를 이끌어주는 탄탄한 개념 이해를 무시하고 중재를 적용하면 아무리 강력한 중재라도 쓸모없게 되어버릴 수 있다는 것을 보여준다.

노출기회 만들기

아동을 위해 노출을 시도하는 것은 도전일 수 있다. 첫째, 대부분의 노출은 점진적 방식으로 수행되어야 한다는 점을 명심해야 한다. 둘째, 노출을 시도할 때 가능한 현실감 있게 하도록 한다. 노출을 처음 시도할 때는 극적인 요소가 들어가는 경우가 많다. 무대용 소품을 사용하거나 역할연기를 해볼 수 있다(Hope & Heimberg, 1993). 세 번째, 융통성과 기발함이 필요하다(Beidas, Benjamin, Puleo, Edmunds, & Kendall, 2010).

사회적으로 불안한 아동은 우스꽝스럽게 행동하는 것을 두려워한다. 따라서 이러한 아동들과 작업할 때 치료자는 우스꽝스럽게 행동하도록 독려해야 한다. 아동에게 또래 앞에서 우스꽝스러운 춤을 추거나 우스꽝스러운 노래를 부르라고 한다. 이때 또래의 반응은 물론 자신의 반응도 탐색해보라고 촉구한다. 우스꽝스러운 행동을 하기 전의 기대(예측)를 끌어낸 뒤 이후의 실제 경험과 비교한다. 아동들은 대부분 자신의 기대와 다른 경험을 하게 된다. 다음의 대화는 집단치료의 일부로, 이 과정을 잘 보여주고 있다.

닉 : 전 방방 뛰면서 춤추고 돌아다니고 싶지 않아요. 그건 철면피 같고, 이상해 보일 거예요.

치료자 : 무슨 일이 일어날 것 같아서 그러니?

닉 : 사람들이 절 미쳤다고 생각할 거예요.

치료자 : 그 생각을 한번 검증해볼까?

닉 : 싫어요.

치료자 : 다른 친구들은 어때? (나머지 아동들은 해보는 데 동의한다) 어떻게 생각하니, 닉아?

닉 : 모르겠어요.

치료자 : 넌 낸시, 클로이, 맷, 제레미가 다른 아이들의 놀림을 받고 싶어 한다고 생각하니?

닉 : 아니요.

치료자 : 쟤네들이 널 놀리고 싶어 한다고 생각하니?

닉 : 모르겠어요. 아마도 아닐 거예요.

치료자 : 그러니까, 쟤네들은 놀림받길 원하지 않고 또 너를 놀리고 싶은 생각도 없구나. 그렇다면 지금 우스꽝스러운 행동을 하는 것이 얼마나 안전할까?

닉 : 꽤 안전할 거 같아요.

치료자 : 한번 해볼 자신이 있니? 나도 우스꽝스러운 행동할 거다.

닉 : 좋아요.

(치료자와 아동들이 돌아다니면서 우스꽝스럽게 춤추고 노래한다.)

치료자 : 닉, 해보니까 어땠니?

닉 : 많이 이상한 기분이었어요.

치료자 : 더 얘기해본다면?

닉 : 모르겠어요. 음. 내가 바보처럼 보였을 거 같아요.

치료자 : 진짜 그랬는지 딴 애들에게 알아보고 싶니?

닉 : 쟤네들은 날 이상하다고 생각해요.

치료자 : 물어볼까?

닉 : 나 이상하다고 생각하니?

낸시 : 아니, 우리도 모두 했잖아.

제레미 : 널 보지도 않았다, 야.

클로이 : 넌 이상하다고 생각하지 않았어. 우리 모두 그냥 웃었잖아. 재미있어서.

치료자 : 어떻게 생각해?

닉 : 아무도 날 이상한 애로 생각하지 않았나 봐요.

치료자 : 다른 애들에게 물어보는 게 어땠어?

닉 : 무서웠어요.

치료자 : 우리 모두 무슨 일에 대해 얘기하거나 알아볼 때 드는 두려운 기분에 대해 얘기해보자.

이 예는 몇 가지 중요한 점들을 설명해주고 있다. 대화를 검토해보면 대화가 몇 단계로 진행되고 있음을 알 수 있다. 첫 번째 단계에서 치료자는 닉이 우스꽝스럽게 행동하는 것을 꺼려하는 것에 주목하고 작업했다. 단계 2에서는 실험을 시도했다. 단계 3은 실험을 다루고 소화하는 과정이다. 끝으로 단계 4에서는 부정적 평가에 대한 두려움에 도전했다.

저자들이 치료했던 사회불안 아동들은 수업시간에 소리 내어 읽는 것을 힘들어했다. 집단 형태로 치료를 진행하는 것 자체가 소리 내어 읽는 것에 대한 점진적 노출의 초석이다. 단지 집단원들 앞에서 소리 내어 읽으라고 하면 되는 것이다. 학교에서 집단치료를 실시할 때 치료를 교실에서 진행하는 것이 좋다. 교실 분위기가 현장감을 고조시켜주기 때문이다. 아동은 교실경험과 유사한 상황인 또래들 앞에서 소리 내어 읽게 되는 것이다. 교육기관의 외양, 소리, 냄새가 있는 곳에서 말이다.

다음 예를 생각해보자. 마크는 사회적으로 매우 불안한 10세 아동이다. 수업시간에 책을 읽는 것은 그에게 고문이나 다름없었다. 그는 학업기술을 갖추었음에도 불구하고 사회불안 때문에 능력을 의심받았고, 그 결과 부정적 평가에 대한 두려움이 불타올랐으며 자신감을 잃어버렸다.

집단치료 동안 치료자는 마크에게 적절히 눈맞춤을 하고 발성하는 방법을 가르쳤다. 그런 다음 그 기술들을 테스트했다. Kendall 등(1992)이 말한 대로 치료자는 '할 수 있다는 것을 보여주기(show that I can)' 활동을 시키면 좋겠다고 생각했다. 치료자는 집단에서 마크에게 여러 번 소리 내어 읽게 했다. 처음에는 마크가 쭈뼛거리면서 읽으며 부들부들 떨었고 목소리도 떨렸다. 치료자, 심지어는 다른 아동들조차도 이 고통에 처한 아이를 구해주고픈 충동에 저항하기 어려웠다. 그러나 그러한 구조는 마크가 자신을 약하다고 보는 지각을 강화할 뿐이었을 것이다.

계속 연습하면서 마크는 자신의 불안과 연관된 생각을 파악할 수 있게 되었다. 그런 뒤 이 믿음을 다른 아동들과 함께 검증해보았다(예 : "내가 바보 같다고들 생각했었니?"). 그 결과 다른 아이들은 그를 바보로 생각하지 않았다고 말해줌으로써 안심시켜주었다. 그러나 이것으로 충분하지 않았다. 치료자는 마크를 부정적 피드백의 가능성에 대비할 필요성을 느꼈다. 따라서 치료자는 "만약 누군가가 널 바보 같다고 생각한다면 어떻게 할래?"라고 마크에게 물었다. 마크가 이 가능성에 대처기술을 적용할 필요가 있었다. 또한 치료자는 그가 읽을 때 보인 작은 실수들을 지적하기도 했다. 여기서 마크는 자신을 자기파괴적 비판에 빠뜨리지 않고 치료자의 평가에 대처하는 법을 배우게 되었다. 그는 '난 완벽해야 하고 모든 걸 꽉 잡고 있어야 해. 안 그러면 바보야.'라는 이전 믿음 대신에, '나라고 항상 완벽할 순 없지. 정말 우수한 학생조차 잘못을 저지르게 마련이니까. 두 번 실수했다고 해서 내가 바보라는 뜻은 아니야.'라는 새로운 생각을 갖게 되었다.

노출을 위한 또 다른 아이디어는 가족 변인과 불안장애에 관한 연구(Chorpita & Barlow, 1998; Kendall et al., 1992; Morris, 1999)에 기초한다. 새로운 과제를 하거나 혹은 다른 사람들 앞에서 시연하는 것을 불안해하는 아동들, 그리고/혹은 지나치게 관여하는 완벽주의 부모를 가진 아동들에게는 치료 중에 주어진 과제를 완수하는 것 자체가 점진적 노출을 경험하는 것이다. 구슬로 목걸이를 만들거나 열쇠고리를 만드는 것은 이상적인 과제이다. 장난감 가게에서 쉽게 구할 수 있는 만들기 재료 세트(예 : 병에 색칠하는 세트, 액세서리 만드는 세트, 모형 등)는 이러한 노출훈련에 유용하다.

과제를 제시받은 아동은 치료 중에 과제를 끝마쳐야 한다. 아동이 과제를 두려워한다면 아동에게 무슨 일이 일어날지 예측해보라고 한다. 생각일기를 치료시간에 가지고 와서 언제라도 검토할 수 있게 옆에 둔다. 아동이 새로운 과제를 하는 것과 연관된 불안을 경험하거나 실수를 저지른다면, 그 순간을 놓치지 말고 생각일기에 적도록 한다. 아동이 과제를 해나가는 동안 치료자는 생각과 기분을 다루어줘야 한다. 다음 대화는 그 과정을 보여준다.

치료자 : 게리, 구슬로 열쇠고리를 만들어봐. 설명서대로 따라하면서 어떻게 만들지 연구해보도록 해. 난 널 지켜보면서 어떤 느낌이 들고 어떤 생각이 스치고 지나가는지 물어볼 거야. 준비됐니?

게리 : 네. 이 상어 열쇠고리가 마음에 들어요.

치료자 : 그래. 그거 근사하구나. 좋아, 시작해.

게리 : (상자를 열고 설명서를 읽기 시작한다. 과제를 시작하면서 난관에 봉착한다)

치료자 : 지금 스치고 지나가는 생각은?

게리 : 저 이거 못해요. 망치고 말 거예요. 선생님이 도와주시겠어요? 헷갈려요.

치료자 : 어떤 기분이니?

게리 : 초조해요.

치료자 : 1점에서 10점 척도로, 얼마나 초조해?

게리 : 아마 8점이요. 이것 좀 가르쳐 주시겠어요?

치료자 : 너 혼자 했으면 한다. 잘 버티면 뭔가 떠오를 거야.

게리 : (혼자 작업을 계속한다) 거의 다 해가요. 보세요. 마지막을 장식했죠. 까다로웠어요.

치료자 : 지금 어떤 기분이니?

게리 : 자랑스러워요.

치료자 : 마음속에 무엇이 스치고 지나가니?

게리 : "나 혼자 해냈어. 어려웠는데."

치료자 : 학교에서 벌어지는 일들과 이것이 얼마나 유사하지?

게리 : 꽤 유사해요.

치료자 : 1~10점 척도에서, 1은 완전히 다르다, 10은 똑같다라면 얼마나 유사하지?

게리 : 한 8점이요.

치료자 : 그러니까 꽤 유사한 거네. 이걸 해보니 새로운 과제를 하는 것에 대해 어떤 생각이 드니?

게리 : "평정을 유지한다면 난 할 수 있어요."

치료자 : 내가 널 도와주지 않은 건 어땠니?

게리 : 처음엔 좀 언짢았어요.

치료자 : 어떤 부분이?

게리 : 친절하시지 않다고 생각했어요.

치료자 : 내가 만약 너를 도와줬다면 그렇게 자랑스럽게 느꼈겠니?

게리 : 아마 아닐 테죠.

치료자 : 그래, 그러니까 그게 네 혼자 새로운 걸 시도하는 것에 대해 말해주는 게 뭐지?

게리 : 처음에는 끔찍하게 느껴지지만 계속 하면 나도 할 수 있다는 거요, 혼자서도요.

이 대화에서 무엇을 배울 수 있을까? 치료자는 게리가 불안해하고 치료자에게 도와줄 것을 요청하긴 했지만. 과제를 계속해나가도록 도왔다. 둘째, 치료자는 그 경험을 다루었다(예 : 과업을 완수한 뒤 생각과 사고를 파악했고, 실험장면과 게리가 처한 학교장면 간의 유사성을 끌어냈다). 마지막으로 치료자는 게리가 실험에 근거해서 자신에 대해 새로운 결론을 형성하도록 도와주었다.

만들기 과제도 아동의 불안에 영향을 미치는 부모 변인에 대한 점진적 노출을 제공한다. 완벽주의적이고 과잉 통제하는 부모는 뒤로 물러서서 아동 스스로 과제를 해내도록 내버려두지 않는다. 오히려 아동을 지도하려 들고, 아동의 과오를 고쳐주며 심지어는 과제를 대신해주기도 한다. 이러한 부모들에게 손 놓고 아동이 '망치도록' 그냥 내버려 두라고 하는 것은 고문이나 마찬가지다. 이렇게 되면 아동은 어떤 실패건 재앙으로 보기 시작한다. 항상 도움을 받기 때문에 대처능력에 관한 아동의 자신감은 약해진다.

치료자는 아동에게 만들기 과제가 아동이 스스로 해내야 하는 과제라고 말한다. 이때 모호한 지시를 주는 것이 바람직하다(예 : "자, 이제 만들기 시작해봐."). 이 모호성 덕분에 전형적인 가족 상호작용 패턴이 나타난다. 치료시간 중에 이러한 상호작용 패턴이 나타나면, 치료자는 이와 관련된 아동의 생각과 감정을 다룰 준비를 하도록 한다.

인지 치료자들은 노출에 재미 있는 측면을 포함하는 것이 좋은 전략이라는 것을 안다. Caron과 Robin(2010)은 강박장애로 진단된 내담자가 가장 좋아하는 스포츠 팀에 대한 기사를 다시 읽지 못하게 막은 경험을 발표했다. 또한 매우 혁신적인 행동실험을 시행했는데 그 실험에서 그들은 자신을 의심하는 강박사고를 겪는 아동이 다양한 사탕과 음료수를 시식하도록 했다. Mikulas와 Coffman(1989)은 어둠을 두려워하는 아동을 위해 재미있고 창의적인 다양한 실험을 제공했다. 우선 아동에게 불빛이 약한 침실로 들어가라고 지시했다. 그리고 옆방에서 부모님이 내는 동물 소리를 추측해 보라고 했다. 그 뒤 아동들은 손전등으로 벽을 비추고 동물의 손 그림자를 만드는 법을 배웠다.

어린 아동에게 노출 시행을 소개할 때는 단순하게 하는 것이 좋다. 빨간불, 파란불(Red Light, Green Light)은 동명의 아동게임을 변형시킨 치료기법이다. 아동들을 옆으로 길게 세운다. 이때 치료자는 가능한 아동들로부터 멀리 떨어져 서 있도록 한다. 그런 다음 치료자가 '빨간불' 혹은 '파란불'을 외친다. 치료자가 '파란불'을 외치면 아동은 자유로이 리더 쪽을 향해 앞으로 움직일 수 있다. 반대로 치료자가 '빨간불'을 외치면 아동들은 꼼짝 말고 그 자리에 얼어붙은 듯 서 있어야 한다. 심리학적으로 재구성된 게임에서 '빨간불'의 명령은 여러 목적을 지닌다. 아동이 '빨간불'에 자리에서 얼어붙듯 서 있으면 이 경험을 이용해서 불안의 효과에 대해 가르칠 수 있다. '얼어붙는' 것은 비유적으로 불안과 동반되는, 겁에 질려 몸이 굳어지고 정서적으로 마비되는 상태를 뜻한다. 아동에게 신체 구석구석을 살펴서 긴장의 징후를 찾아보라고 지시할 수 있다. 긴장의 위치를 파악하는 능력이 커지면 이완훈련이 손쉬워진다.

'빨간불'에 얼어붙는 것은 또한 점진적 노출의 첫걸음을 위한 기회이기도 하다. 아동이 '빨간불' 지시에 따라 얼어붙으면, 치료자는 불안을 야기하는 심상을 이끌어낸다. 치료자는 놀림받는 것, 부정적 평가, 창피함을 두려워하는 아동을 위해 아동이 비판에 노출되는 심상을 만든다. 가령 수업 중에 아동이 손을 든다, 선생님이 아동의 이름을 부른다, 그런데 아동이 답을 잊어버렸다고 상상하게 하는 것이다. 치료자가 불안을 야기하는 심상을 불러일으킬 때 아동은 대처기술을 적용해야 한다.

빨간불, 파란불 게임을 집단으로 시행할 때, 치료자는 대처기술을 잘 사용하지 못하는 아동을 위해 다른 아동들이 자문 역할을 해주도록 할 수 있다. 가령 치료자는 아동들에게 조니가 얼어붙은 자신에게 말해서 이완효과를 불러오는 말을 생각해보도록 할 수 있겠다. 사회적으로 불안한 아동에게는 빨간불, 파란불처럼 집단 상황에서 집중적 주목을 받도록 하는 것 자체가 불안을 유발할 수 있다. 이런 방식으로 치료자는 '여기-지금' 접근을 써서 불안을 다룰 수 있다. 그러한 과정을 이해하기 위해 다음 대화를 살펴보기 바란다.

치료자 : 파란불… 좋아, 모두 앞으로! 빨간불, 모두 정지(조니가 얼굴을 붉히고 어색해하는 것을 알아차린다). 조니, 네가 두려움을 어떻게 반박할지 생각해보자. 지금 마음을 스치고 지나가는 생각이 뭐지?

조니 : 아무 생각도 없는데요.

치료자 : 네 몸은 어떤 느낌이니?

조니 : 긴장되어 있어요.

치료자 : 긴장감에 집중하고 두려움이 어떤 말을 하는지 들어봐. 지금 마음속에 무엇이 스쳐 지나가니?

조니 : "이게 빨리 끝났으면 좋겠다."

치료자 : 그래, 그럴 줄 알았다. 주위를 둘러보니 다들 너를 지켜보고 있는데, 지금 네가 너 자신에게 뭐라고 말하고 있니?

조니 : "이거 창피하네."

치료자 : 창피한 느낌이 들 때는 마음속에 무엇이 스치고 지나가니?

조니 : "이거 바보 같네. 내가 얼간이처럼 보여."

치료자 : 잘했어. 이제 네 두려움이 말을 하는구나. 이제 네가 전에 배운 기술을 사용할 수 있는지 보자. 어떤 기술을 써볼까?

조니 : 잘 모르겠어요.

치료자 : 누가 조니를 도울 수 있을까?

빌리 : 두려움 반박하기를 해볼 수 있을 거 같은데요.

치료자 : 저 생각 어때?

조니 : 좋아요.

치료자 : '다른 아이들이 나를 얼간이라고 생각할 것이다.'라는 생각을 어떻게 반박할 수 있을까?

조니 : 잘 모르겠어요.

치료자 : 누가 조니를 도울 수 있겠니?

샐리 : 이렇게 말할 수 있을 거 같아요. "나는 얼간이가 아니다. 이 게임이 바보 같은 거다."(아동들이 웃는다)

치료자 : 그렇게 말할 수도 있겠지. 다른 것은 없을까?.

제니 : "다른 애들이 나를 얼간이로 생각하건 말건 무슨 상관이야? 지금은 내가 얼간이라고 생각할지 몰라도 나중엔 아닐지 몰라."라고 말할 수 있어요.

치료자 : 그것도 좋은 생각이다. 조니, 질문 하나 할게. 다른 애들이 널 도와주는 것에 대해 어떤 생각이 드니?

조니 : 모르겠어요.

치료자 : 얼마나 많은 애들이 널 도와주려 했지?

조니 : 거의 모든 애들이요.

치료자 : 얼마나 많은 애들이 널 보고 웃었지? 아니면 널 놀렸지?

조니 : 아무도 안 그랬어요.

치료자 : 그러니까, 네가 두려워했던 일이 일어난 거니?

조니 : 안 일어난 거 같아요.

치료자는 게임을 계속 빨리빨리 이끌어가야 한다. 한 아동에게 너무 긴 시간을 할애하면서 멈춰 있으면 안 된다. 다른 아동들이 지루해할 테고 그러면 게임은 강화력을 잃게 된다. 아동이 빨리 불안해하도록 해야 하고, 그런 뒤 치료자는 다른 아이들의 의견을 이용해서 아동의 고통을 조절하도록 도울 수 있을 것이다.

불안해 하는 아동들은 안심시켜주기를 갈구하는 것으로 악명 높다. 고통을 완화하고 싶어 하는 것은 당연하지만 치료자들은 이런 충동에 저항해야 한다. 오래 전, Bandura(1977)는 말로 하는 설득의 약한 효과에 대해 경고했다. 안심시키면 일시적으로 불안감을 감소시킬 수 있지만 장기적으로는 자신감을 저해한다.

케일럽은 15살의 유럽계 미국 환자였고 강박장애가 있었다. 그는 다른 사람이 혹시라도 만졌을지도 모르는 음식이나 음료수를 먹는 것에 대해 매우 불안해했다. 예를 들어, 그는 가족 스타일의 식사를 거절했다. 케일럽은 세균들이 격리되도록 그의 음식을 다른 사람들의 음식과 분리해서 따로 취급할 것을 요구했다.

만약 다른 이들과 나누어 먹으라고 콩이 큰 그릇에 담겨 제공되면, 케일럽의 콩이 별도의 그릇에 담겨 있을 때만 먹었다. 그는 큰 병에 담긴 탄산음료도 마실 수 없었다. 대신 개별 캔에 담긴 음료만 마셨다. 그런 케일럽을 위해 단순한 단계적 노출이 협력적으로 설계되었다. 다행히도, 그 병원에는 식당과 부엌이 있었다. 케일럽은 그가 병원 냉장고에 든 큰 병 콜라를 마시는 실험을 고안했다. 그는 머뭇거리며 컵에 콜라를 따르면서 애처로이 물었다. "밥 박사님, 괜찮은 거죠?" 하고 물었다. 이때 케일럽을 안심시키는 말을 하면 안 되는 것이다.

카일라는 15살의 유럽계 미국 여학생으로 부정적인 평가에 대한 심한 두려움과 사회적 불안을 겪고 있었다. 그녀는 무언가 멍청한 짓을 하거나 다른 사람들이 그녀를 멍청하게 볼까 봐 두려워했다. 그녀가 촉진적인 대처 기술을 많이 습득한 후에, 그녀와 치료자는 동네 서점에 가서 판매원에게 '바보를 위한 데이트 교본'을 어디서 찾을 수 있는지 물어보는 실험을 설계했다. 그녀는 이 치료적 모험을 SUD 척도상 7등급으로 매겼는데 그 이유는 그녀는 그 책 제목이 '바보 같다'고 생각했고, 판매원이 그러한 책을 필요로 하는 그녀를 비웃을 것이라고 예상했기 때문이다. 그녀는 이러한 예언을 기록했고, 실험을 완수했다. 그리고 그녀 자신뿐만 아니라 판매원의 반응도 분석한 뒤 그러한 자료에 근거해서 결론을 도출했다.

노출 노력에 대해 보상해주기

노출 시 아동의 노력에 대해 보상해주는 것이 중요하다. 사실, 저자들은 아동의 성취에 대해 난리 법석을 떤다!! 우리는 어린 아동에게 '용기의 배지'를 만들어주어 아동이 성취한 것을 요약해주고 확대시켜준다. 배지는 아동들에게 걱정을 극복하고 대처할 수 있는 능력이 있음을 상기시켜준다.

저자들이 용기의 배지를 만들 때는 4개의 질문을 적어넣는다. 첫 번째 질문은, "내가 가졌던 두려움이 무엇이었나?"이다. 치료자는 아동에게 자신이 처했던 두려움을 구체적으로 기록하라고 지시한다(예 : "함께 어울려 놀고 있는 아이들에게 나도 끼어도 되냐고 물어보기."). 구체적으로 적는 것이 중요한데, 이는 아동이 '배지'를 보고 자신의 성공을 정확하게

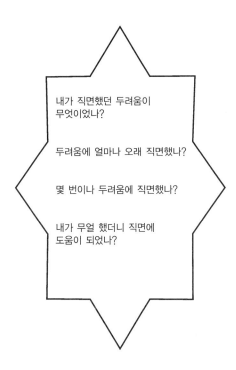

그림 12.12 : 용기의 배지 활동지

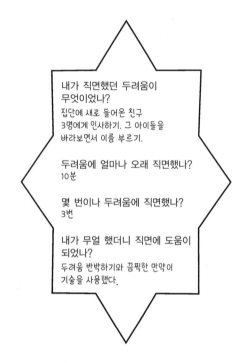

그림 12.13 : 용기의 배지 활동지 예

회상해내는 것이 목적이기 때문이다.

두 번째와 세 번째 질문은 아동들에게 얼마나 오래, 자주 두려움에 맞섰는가 하는 것이다. 이 질문들은 아동이 두려워하는 사건을 직면하고 견뎌내는 능력에 관한 구체적인 정보를 제공해준다. 저자들의 경험에 의하면 변화는 1차 함수로 나타나지 않는다. 이전의 회피 버릇이 마치 강한 자석같이 아동을 예전 행동패턴으로 끌어당기는 경우가 많다. 이런 일이 일어날 때 용기의 배지가 성공적인 대처와 연관된 긍정적인 기억을 되살려줄 것이다.

네 번째 질문은 아동들에게 두려움에 대처하기 위해 사용했던 방식을 나열해보도록 하는 것이다. 아동의 접근행동을 촉진한 특정 전략과 기술을 적게 한다. 노출을 시행한 후, 아동은 자신의 성공전략을 검토해볼 수 있다. 용기의 배지 활동지는 그림 12.12에, 완성된 배지의 예는 그림 12.13에 제시되어 있다

용기의 배지 효과를 증폭시킬 수 있는 방법이 몇 가지 있다. 가령 배지를 플라스틱 케이스에 집어넣어 일종의 수료증처럼 수여할 수 있을 것이다. 또 배지를 코팅한다면 오래 간직하면서 기억을 되새겨볼 수도 있고, 아동에게는 보상의 의미가 될 수도 있다. 또한 배지를 작게 만들고 핀을 꽂아 아동이 차고 다니게 할 수도 있다.

또 다른 기발한 아이디어로는, 아동의 대처에 관한 피드백을 사진으로 주는 것이다

> **글상자 12.4** **노출 요령**
>
> - 실험과 노출은 협력해서 설계해야 한다. 다시 말해 환자에게 일방적으로 통보하는 식이 아니라 '함께' 계획을 세워야 한다.
> - 노출의 목표는 자기통제와 자기효능감을 진작하는 것이다.
> - 점진적 접근법을 추천한다.
> - SUD 평가에 기반한 위계를 세우는 것이 필수다.
> - 점진적 노출을 가능한 한 현실감 있게 만들라.
> - 안심시켜주려는 충동을 억누르라.
> - 노출을 재미나고 흥미롭게 만드는 것은 좋은 전략이다.
> - 반드시 노출 노력에 대한 보상을 주라.

(Kearney & Albano, 2000). 아동이 두려운 활동을 시도하고 성공적으로 극복하는 사진을 찍으면 된다. 그런 다음 사진을 배지에 붙이거나 배지 곁에 둔다. 용기의 배지에 사진을 붙임으로써 아동은 말 그대로 자신이 대처하는 모습을 '볼 수' 있는 것이다.

글상자 12.4에 노출 시행 요령을 정리했다.

맺음말

불안한 아동이 자신을 진정시키고 두려움과 걱정을 통제하도록 돕는 것은 인내와 창의성을 요한다. 또한 아동과 청소년이 불안에 물러서지 않고 다가가도록 하는 것은 다양한 임상기술과 체계적 계획을 요한다. 이 장에서는 치료자들이 불안한 아동을 돕는 데 사용할 수 있는 다양한 방법들이 제시되었다. 불안한 아동은 단순히 걱정과 두려움에 관해 얘기를 나누는 것보다 직접 맞서는 것이 필요하다는 점을 치료자로서 명심해야 한다. 이 장에 제시된 아이디어와 전략들을 활용하여, 아동이 두려움에 직접 맞서고 나아가 자기효능감을 높일 수 있도록 돕기 바란다.

파괴적인 아동과 청소년의 치료

파괴적 장애의 공통 증상

파괴적인 아동은 불안하거나 우울한 아동들과는 다른 인상을 남긴다. 저자 중의 한 사람은 수련 초기에 일어났던 일을 결코 잊을 수 없다. 심한 행동문제를 가진 11세 소년이 타임아 웃 방에 나를 가두어 버렸던 것이다! 이런 파괴적인 아동들은 치료자에게 강한 분노감과 좌 절감, 불안감을 불러일으킬 수 있다.

품행장애

미국 보건성 장관(1999)에 의하면, 파괴적 장애(disruptive disorder)는 공격성, 지시를 따르 지 않는 행동, 저항, 반항성, 타인의 권리와 재산권 무시 등 같은 반사회적 행위의 특징을 보 인다. 품행장애(conduct disorder)는 일반적으로 아동이 지속적으로 타인의 권리를 침해하고 연령에 요구되는 사회규범과 법칙을 어기는 패턴을 보이는 경우이다(American Psychiatric Association, 2013; Kazdin, 1997). 이러한 위반은 공격성, 재산 파괴, 거짓말 및 두둑질, 규 칙의 심각한 위반의 네 가지 범주로 나뉜다. 구체적으로 말하면, 협박하기, 싸우기, 사람이 나 동물에게 잔인하게 굴기, 방화, 도둑질, 가출, 거짓말, 무단결석이 대표적인 행동이다 (American Psychiatric Association, 2013; Kazdin, 1997). 기물 파손, 조숙한 성행동, 물질 사 용, 학교로부터의 제적 등도 이 아동들에게 빈번히 일어난다(U.S. Surgeon General, 1999). 이런 아동들이 적의에 차 있고, 난폭하며, 과잉행동을 하고, 의심이 많다는 것은 놀랄 일이 아니다(Kazdin, 1997). Kazdin(1993, 1997)에 의하면, 품행장애 아동은 낮은 학업성취, 숙제 수행의 실패, 뒤떨어진 독서기술, 사회기술 결여, 높은 또래 거부 수준을 보인다.

샘은 그의 부모가 '구제 불능'이라고 묘사한 15세 소년이다. 공격적이고 난폭한 행동 때문에 학교에서 반복적으로 정학을 당했다. 가장 최근에 생긴 일로는, 나뭇가지를 꺾어 들고 휘두르면서 다른 소년들을 쫓아다닌 것을 들 수 있다. 본인 말로는 다른 아이들이 건방진 표정과 말로 자신을 화나게 했기 때문이라고 한다. 샘은 평균 수준의 지능을 가지고 있으나 공부에 신경을 쓰지 않는다. 숙제가 '순 엉터리'라며 때때로 교실에서 과제물을 찢기도 한다. 샘의 부모는 그가 반복적으로 돈을 훔치고 집안 규칙과 통금 시간을 완전히 무시한다고 보고한다. 샘은 차를 훔쳐 타고 달아난 전과도 있다. '규칙은 어기라고 있는 것이다.'고 믿으며 '날 가지고 놀지 마.' 하는 태도를 견지하려 애쓴다. 부모는 집안에서 샘이 상전이며 샘을 두려워한다고 고백했다. 교사들은 샘이 부담 없는 일에는 협조적이기도 하나, 대체로 불량배고 거짓말쟁이며 문제아로 보고 있다.

적대적 반항장애

적대적 반항장애(oppositional defiant disorder, ODD)는 부모나 교사 같은 권위적 인물에 대한 적대감, 반항, 거역이 특징이다(American Psychiatric Association, 2013; U. S. Surgeon General, 1999). 반항성장애의 구체적 증후들로서는 만성적 논쟁과 싸움, 성질 부리기, 짜증을 많이 냄, 원한/앙심을 품음, 말을 듣지 않음, 고집이 셈, 자신의 잘못에 대해 다른 사람을 탓함 등을 들 수 있다. 이러한 행동들이 적어도 6개월간 지속되어야 진단을 내릴 수 있다(American Psychiatric Association, 2013). 부가하자면, DSM-5(American Psychiatric Association, 2013)에서 아동의 나이에 따른 행동 빈도에 관한 사항도 다음과 같이 제시했다. 5세 이하 아동의 경우 6개월간 문제행동이 일어나는 날이 그렇지 않은 날보다 많아야 한다. 5세보다 나이가 많은 아동이라면 문제행동이 6개월간 일주일에 적어도 한 번 발생해야 한다.

이런 아동들은 '테플론(Teflon) 아동'이라 할 수 있다. 다시 말해, 테플론으로 코팅된 프라이팬에 음식물이 들러붙지 않듯 이들에게는 책임감이 붙지 않는다. 반항성장애의 어린 아동들은 좌절에 대한 인내 수준이 아주 낮고, 만족의 지연을 참지 못하며, 손발을 휘두르는 것을 자주 볼 수 있다(Kronenberger & Meyer, 1996). Kronenberger와 Meyer는 반항성장애의 나이 많은 아동들은 부모들에게 말대꾸하고, 수동-공격적 행동문제를 드러내며, 고집이 세고, 건드리기만 하면 화를 내고 따진다고 하였다.

루는 10세 아동으로, 부모들이 한계에 도달하게끔 군다. 학교에서는 말을 잘 듣고 협조적이며 근면하다. 그러나 집에서는 엄마가 명령하면 욕을 하고, 누나와 부모들에게 가운뎃손가락을 올리는 욕을 하며, 다양한 방법으로 권력을 쟁취하고 가족들 위에 군림한다. 루는 규칙이 공평하지 않으며 부당하게 그에게 짐을 지운다고 본다(예 : "왜 내가 이걸 해야 돼?"). 마지막으로 남을 탓함으로써 자신의 책임을 회피한다(예 : "어떻게 이게 내 잘못일 수 있어?").

주의력결핍 과잉행동장애

주의력결핍 과잉행동장애(attention-deficit/hyperactivity disorder, ADHD)의 핵심 진단기준은 주의집중 곤란, 충동성, 과잉행동이다(American Psychiatric Association, 2013; Cantwell, 1996). DSM-5에서의 중요한 변화는 증상이 12세 이전에 일어날 수 있다고 한 점이다. 한 아동을 두고 일차적으로 주의력결핍 유형인지, 과잉행동-충동성 유형인지, 혹은 이 둘이 합쳐진 복합형인지 세부 진단한다. 주의력결핍의 특징은 학업에서의 부주의한 실수, 놀 때나 공부할 때 주의 유지의 어려움, 과제 정리의 어려움, 물건을 자주 잃어버리기 등의 증상이다. 과잉행동은 가만히 앉아 있지 못하며, 부산하고, 말을 많이 하고, 마치 모터가 달린 것처럼 행동하는 것이 특징이다. 수업 중 아무 때나 불쑥 말하고, 차례를 기다리지 못하며, 다른 사람의 대화에 끼어드는 행동 등은 충동성을 반영한다.

Frick과 그의 동료들(Frick et al., 2003; Frick & Morris, 2004)은 파괴적 행동장애가 있는 아동은 종종 냉담하고 감정에 치우치지 않는 특성을 가진다고 밝혔다. 냉담하고 냉정한 아동은 범법행위 후 죄책감 부재, 제한된 정서, 부실한 감정 이입 능력, 타인 조정의 특징을 보인다. 게다가 이들은 스릴을 추구하고 처벌에 비교적 영향을 받지 않는다고 했다.

이 예를 살펴보자. 제임스는 품행장애 증상을 보이는 16세의 유럽계 미국 청소년이다. 그는 다른 학생들에게 가한 신체적 공격, 학교규칙 위반, 선생님들에 대한 언어적 공격, 학교와 지역 사회 재산 파괴, 절도 때문에 학교에서 자주 정학을 당했다. 집에서는 집안의 규칙을 잘 지키지 않고 어머니, 의붓 아버지와 잦은 말다툼을 벌였다. 17살이 되었을 때 제임스는 두 명의 다른 여학생들과의 사이에 아이 둘을 두었고 세 번째 여학생을 임신시켰다. 제임스는 다음과 같이 자신의 행동을 설명했다. "이 바보 같은 것들이 나랑 할 정도로 멍청하다면 그것들에게 무슨 일이 생기든 그 누가 신경쓰겠어요?'

많은 파괴적인 어린이들의 왜곡된 문제해결 노력에서 보이는 기지와 창의성은 놀랄 정도다. 예를 들어, 조나스는 품행장애 진단을 받은 15살의 유럽계 미국 청소년으로서 고등학교 축구 경기 중에 '쇼핑'했다고 쓰여 있었다. 조나스와 그의 친구들은 통상적으로 지역 경기장 관람석 아래에서 사냥을 했다. 위에 앉은 팬들이 떨어뜨린 지갑, 지폐, 동전, 휴대전화가 사냥감이었다.

10세 소녀 앨리스는 교사와 부모의 보고에 의하면 "가만히 앉아 있지를 못한다." 학교에서는 자기 자리를 벗어나기 일쑤고 주위 학생들과의 잡담을 중지할 수가 없다. 앨리스의 숙제는 늘 미완성이며 엉망이다. 책상은 마치 회오리바람이 휩쓴 듯 너저분하다. 숙제해야 한다는 것을 잊어버리거나, 해놓고도 어디다 두었는지 못 찾기 일쑤다. 치료자와의 면담시간에 앨리스는 윙하는 소리를 찾아 소파 밑으로 기어 들어갔다. 그녀의 엄마는 앨리스가 만화 캐릭터인 '태즈메이니아 데블'과 유사하다고 말한다. 한편 앨리스는 또래들이 그녀를 거부한다고 생각하기 때문에 슬픔과 외로움을 느낀다. 또래들이 자신을 '괴상'하게 여긴다고 믿는다.

문화적 맥락 및 성별 관련 쟁점들

미국에 거주하는 히스패닉계, 흑인, 인디언 원주민들에게서 반사회적 행동의 비율이 높다고 보고된 바 있다(Dishion, French, & Patterson, 1995). Ho, McCabe, Yeh, 그리고 Lau(2010)에 따르면 파괴적 행동장애의 유병률이 소수인종에게 높다. 게다가 이들 소수인종 청소년들은 다수인종보다 학교, 또래관계, 가족관계의 손상이 더 심각하다고 했다.

데이터의 확산 속도가 Gudiño, Lau, Yeh, McCabem 그리고 Hough(2008)의 개관연구에서 아프리카계 미국 청소년들이 소년원에 많이 들어가 있음을 밝혔다. 덧붙여서, 아프리카계 미국 청소년에 대한 학교의 징계가 더 엄하며 그들의 파괴적 행동에 대해 교사들이 다른 학생들의 문제행동보다 더 부정적으로 본다고 했다.

다른 연구들은 다른 결과들을 보여준다. Breslau 등(2006)은 파괴적 행동장애의 인종문화상 차이가 드러나고 있다고 지적했다. 덧붙이자면, 대규모 연구에서 행동장애의 유병률이 비히스패닉계 백인보다 소수인종에서 더 낮다는 결과를 보였다.

Dishion 등은 인종, 경제적 어려움, 제한된 고용, 또래관계, 양육태도, 고위험 지역에서의 생활 등이 각각 행동문제에 미치는 영향을 주의 깊게 평가해보길 권고한다. 또한 압제, 차별, 편견 등의 심리적 영향도 두드러진다. Dishon 등은 "인종과 관련하여 지각된 낙인은 사회적 정보처리, 특히 모호한 상황에서 적대적 귀인을 할 가능성을 높일 것이다(455쪽)"라고 기술했다.

Cartledge와 Feng(1996a)은 미국의 동남아시아 아동들이 언어 문제, 가난, 편견, 불확실성, 국가와 친구, 가족 및 사회적 지위의 상실 등 같은 그들만의 장애물에 부딪힌다고 했다(Rumbault, 1985, Cartledge & Feng, 1996a에서 재인용). 이들 아동들은 학업 중단의 위험에 처해 있는 것 같다(Dao, 1991, Cartledge & Feng, 1996a에서 재인용). Chin(1990, Cartledge & Feng, 1996a에서 재인용)은 중국 갱이 처음 생긴 것이 학교들에서 인종 간의 긴장이 높았던 것과 관련이 있다고 보고했다. "많은 아동들이 낯선 이국 사회의 압력으로부터 도피하려는 시도로서 비행과 약물 남용 같은 자기파괴적 행동에 탐닉한다"(Cartledge & Feng, 1996a, p. 106).

Gibbs(1998)는 "미국 흑인 청소년들의 품행장애 유병률은 알려진 바 없지만, 분명히 말할 수 있는 것은 학교장면에서 이들의 행동문제가 상당히 높은 비율을 보인다는 점이다."(p. 179)라고 했다. 교사들은 학생의 학업능력을 그들의 외양, 성별, 언어능력에 근거해서 판단하며 이 판단은 오랫동안 지속된다(Irvine, 1990, Cartledge and Middleton, 1996에서 재인용). Carledge와 Middleton(1996)은 여러 다른 연구를 인용하면서, 미국의 흑인 남아들이 학습문제와 행동문제 때문에 의뢰되는 비율이 실제 인구 비율보다 훨씬 높다고 보고했다. 흑인 학생들이 또래인 백인 학생들보다 정학당할 가능성이 2~5배나 높다(Irvine, 1990, Cartledge & Middleton, 1996에서 재인용). Carmen(1990, Cartledge & Middleton, 1996에서 재인용)은 흑인 아동들이 전체 학령 아동의 24%만을 차지하고 있지만, 품행장애 프로그램에서는 흑인 아동들이 52%나 된다고 했다. Cartledge와 Middleton은 다음과 같이 말했다. "학업을 시작하는 초기부터 그들은 교사들이 자신들의 외양, 말하는 방식, 생각하는 방식, 경험을 공유하는 방식, 기타 살아가는 방식을 낮추어 평가하는 경우가 많다는 것을 알게 된다. 학교에서 인정받지 못한 그들은 자신의 가치를 확인받기 위해 다른 환경에 눈을 돌리게 된다"(p. 149).

Cochran과 Cartledge(1996)는 미국의 히스패닉계 아동들이 파괴적 행동문제를 보일 위험을 높이는 요인들에 관해 다음과 같이 설명했다. "히스패닉계 아동들이 공격과 폭력에 몰두하는 이유는 가난, 부실한 학교교육, 도시의 주거조건, 심리적 고립이다"(p. 261). Ramirez(1998)는 반항성장애가 멕시코계 미국 아동들에게 두 번째로 빈번하게 주어지는 진단명이라고 보고했다.

성별 차이 또한 파괴적 장애에 있어 두드러진다. 사춘기 전에는 여아보다 남아의 반항성장애 비율이 더 높지만 사춘기 이후에는 성비가 같아진다(U. S. Surgeon General, 1999). 대부분의 연구에서는 여아보다 남아의 ADHD의 비율이 훨씬 높다고 보고한다. 그러나 Biederman 등(1999)은 여아의 비율을 최소한으로 잡아서 5:1이라고 하더라도, 100만 명의 여아들이 ADHD를 겪는다고 말한다. 또한 ADHD의 기본적 임상 양상의 경우 남아와 여아가 같기는 하지만 증상 표현에서는 차이가 난다고 주장했다. 그들의 연구에서 여아들은 남아들에 비해 주의력결핍, 정서 및 불안 증상을 더 많이 보였다. Biederman 등은 또한 ADHD 여아들의 물질남용 장애 위험이 다소 더 큰 것 같다고 했다. 마지막으로 Biederman 등은 여아들의 ADHD 유병률이 과소평가되고 있는지도 모른다고 결론지었다.

성별에 따라 품행장애의 증상 표현도 다소 달라진다. 매춘과 가출행동에 있어서는 소녀들이 더 많이 나타내는 경향이 있다(U. S. Surgeon General, 1999). Woodward와 Ferguson

(1999)은 8세 때 행동문제에서 상위 10%에 속했던 여아들이 하위 50%에 속했던 또래보다 18세 이전에 임신할 위험이 2.6배나 더 높았다고 보고했다. 마지막으로 우울장애와 품행장애의 공병을 겪은 십 대들은 대부분은 남아들인 반면, 불안장애과 품행장애의 공병을 겪은 십 대들은 3/4 이상이 여아들이었다(Lewinsohn, Ruhde, & Seeley, 1995, Stahl & Clarizio, 1999에서 재인용).

Johnson, Cartledge 그리고 Milburn(1996)은 한 고찰연구에서 여아들보다 남아들이 너 높은 공격성을 보인다고 지적했다. 이는 죄책감과 두려움이 여아들의 공격적 행동을 억제하기 때문이라고 주장했다. Crick과 Grotpeter(1995)는 여아들의 관계적 공격성(relational aggression)에 관해 설명한 바 있다. 관계적 공격성이란 '다른 아동의 우정이나 또래집단에 대한 소속감을 크게 손상하려는 의도를 가진 행동'을 말한다(Crick & Grotpeter, 1995, p. 711). 관계적 공격성이 높은 아동들은 놀이집단에서 또래들을 쫓아내고, 다른 아동을 통제하기 위한 방법으로 우정을 끊고, 소문을 퍼뜨려 헐뜯음으로써 또래들로부터 거부당하게 한다. Crick과 Grotpeter는 남아보다 여아들이 관계적 공격성을 더 많이 보인다고 보고했다. 또한 거부된 여아들은 서로의 또래관계를 파괴하기도 한다고 하였다.

파괴적 행동의 평가

Achenbach의 CBCL(Child Behavior Checklist, 아동행동평가척도)은 아동임상심리 분야에서 널리 쓰이는 도구다(Kronenberger & Meyer, 1996). 부모용(Achenbacj, 1991a), 교사용[TRF(Teacher Report Form); Achenbach, 1991b], 아동용(Achenbach, 1991c) 척도가 따로 있다. 아동이 나타내는 특정 행동의 정도를 0~2점 척도로 평가한다. 이 척도는 4~18세 아동에게 적합하다. 여러 정보 제공자들이 보고한 정보를 비교하는 것은 훌륭한 임상 전략이다(Kronenberger & Meyer, 1996). 가령 Kronenberger와 Meyer는 "문제를 잔뜩 표시한 TRF와 비교적 정상적인 CBCL 프로파일을 합쳐서 고려한다면, 그 아동이 구조화가 덜 되고 보다 개별화된 가정환경에서는 적절히 행동할지 모르나 학교에서는 무질서해지고 문제행동을 보인다는 것을 알 수 있다"(p. 27)고 말했다.

ECBI(Eyberg Child Behavior Inventory; Eyberg, 1974, 1992; Eyberg & Ross, 1978) 또한 아동의 파괴적 행동패턴을 평가하는 체크리스트이다. 이 척도는 부모가 7점 척도로 아동이 집에서 보이는 행동문제를 보고하게 되어 있다. 이 척도는 2~16세 아동에게 적합하다. 그러나 이 척도는 심각한 행동문제보다는 가벼운 문제에 더 초점이 맞추어져 있다(Kazdin, 1993). 교사용으로 ECBI를 변형한 척도도 있다. SESBI(Sutter-Eyberg Student Behavior Inventory; Sutter & Eyberg, 1984)는 ECBI와 같은 문항도 있고 학교장면에 해당하는 문항도 있다. Achenbach 척도의 해석과 유사하게, 두 정보 제공자의 보고를 비교하는 것이 유용하다.

CPRS(Conners Parent Rating Scales, 부모평정척도)과 CTRS(Conners Teacher Rating Scales, 교사평정척도; Conners, 1990)는 광범위하게 연구된 바 있으며, ADHD의 평가에 널리 쓰인다(Kronenberger & Meyer, 1996). 또한 길이가 다른 몇 가지 버전들이 있다. Conners 척도는 ADHD 증상을 중심으로 구성되어 있기 때문에, ADHD 증상을 깊게, 또 세밀하게 평가할 필요가 있다면 특히 유용하다(Kronenberger & Meyer, 1996).

기능 분석은 파괴적인 행동 문제를 보이는 아동들과 작업할 때 특히 유용하다. 행동의 선행사건과 결과를 정확히 파악하는 데 도움이 되기 때문이다. 이본느의 사례가 그 예이다. 이본느는 15세의 유럽계 미국 소녀로 양부모와 살고 있다. 치료받으러 왔을 때의 주호소는 양부모가 이본느더러 설거지를 하거나 부엌을 치우라고 할 때마다 '폭발'한다는 것이었다. 이본느가 화를 내며 공격적이 되곤 했는데 감정적으로 너무 괴로워지면 구역질을 보이고 심지어는 구토하기도 했다. 이본느는 친부모와 살 때 극심한 외상을 겪었다. 8세 때, 아버지가 어머니를 칼로 찔러 죽인 것을 목격했던 것이다. 당시 칼부림으로 인해 부엌 바닥과 그릇에 피가 튀었고 이본느의 아버지는 강제로 이본느더러 부엌을 닦으라고 시켰다.

이 사건에 대해 이야기하면서 이본느는 주방 일이 혐오스럽다고 순순히 인정했다. 청소용품의 냄새는 메스꺼웠고 주방일과 관련된 다른 감각경험은 침습적인 폭력적 이미지를 불러일으켰다. 겉보기에 불복종적인 것과 감정 '폭발'하는 것은 반항과 대항에 의한 것이 아니었던 것이다. 오히려 PTSD 진단받은 내담자들이 전형적으로 보이는 과잉각성이 작용한 탓으로 보였다. 그녀의 주된 목적은 회피나 도피였던 것이다.

벤저민은 14살의 유럽계 미국 남자 아이로, 적대적 반항장애로 진단받았다. 그의 부모님이 요구하거나 제한을 가할 때 그는 고집스럽게 반항하고 그들의 명령을 어겼다. 부모가 계속 요구하면, 그의 분노는 더욱 커져서 언어적 공격, 위협, 궁극적으로 신체적 공격(떠밀고 쳐내기)까지 보였다. 그렇게 되면 부모들은 기세가 꺾여 명령을 철회하곤 했다.

요구나 제한이 무엇이든지 이 불행한 일련의 사건들을 야기할 수 있었다. 벤저민이 이런 명령을 들으면 그의 삶이 불필요하게 침범당하는 것으로 여겼고 부모님이 '부당하게 그의 권리를 침해하려는' 것으로 해석했기 때문이다. 심한 분노 반응을 보이는 것은 그에게 개인적으로 만족스러운 경험이었고(예 : "그럼 기분이 좋아요.") 명령을 중지하는 데 효과적이었다. 분노와 공격행동은 긍정적 강화(긍정적 감정의 생성)와 부정적 강화(요구/제한의 제거)에 의해 증가되고 유지되었다.

치료적 접근

파괴적 아동은 자신의 책임을 회피하기 위해 별별 노력을 다한다. 애니메이션 '사우스 파크'에서 아이들이 '캐나다를 탓해' 노래를 부르는 장면 그대로 파괴적 아동은 언제나 다른 사람을 탓한다.

파괴적 행동장애는 여러 가지 행동문제를 보이므로 다중양식 치료 패키지가 가장 효과적이다. 그림 13.1은 파괴적 행동장애의 치료적 접근에 포함된 개념들과 순서를 보여주고 있다. 첫 번째 층부터 설명하자면, 우선 치료모형에 관한 교육으로 시작한다. 파괴적 아동과 청소년은 자신이 변해야겠다는 동기를 가지고 치료에 오는 것이 아니다. 오히려 다른 사람들이 변하기를 바란다(DiGiuseppe, Tafrate, & Eckhardt, 1994). 따라서 치료의 논리적 근거에 이들을 참여시키는 것이 매우 중요하다.

두 번째 층은 청소년과 그의 보호자들에게 기본적인 행동기술을 가르치는 것이다. 파괴적 행동의 특성이 무엇이냐에 따라 필요한 행동기술이 다를 것이다. 상황에 따라서는 사회

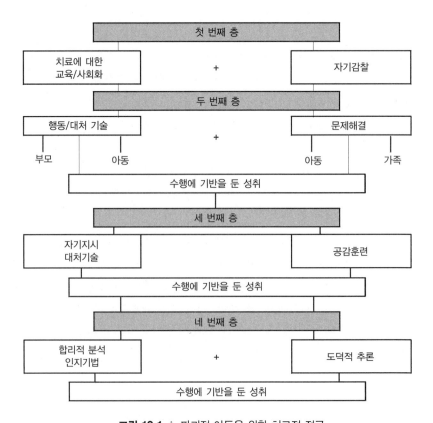

그림 13.1 ┆ 파괴적 아동을 위한 치료적 접근

기술훈련이나 이완훈련이 필요하다. 부모에게 가르치는 것은 주로 아동의 공격행동과 파괴행동을 진정시키기 위한 기본적인 관리전략이다. 제15장에 설명된 부모훈련 기법은 이 단계에 잘 들어맞는다. 두 번째 층에는 또한 가족 문제해결 훈련과 개인 문제해결 접근이 포함될 수 있다.

세 번째 층에는 보다 복잡한 기법들이 들어가 있다. 이 층에서는 파괴적 아동이 상황에 대해 다시 생각해보고, 도발적인 내적 대화를 부드러운 자기지시로 대체하도록 돕는 자기지시 기법을 가르친다. 또한 공격적으로 행동하는 파괴적 아동은 공감능력이 부족한 경우가 많기 때문에 공감훈련이 추가된다.

네 번째 층의 기법은 가장 복잡한 인지적 절차이다. 재귀인 같은 합리적 분석 절차는 다양한 대안을 모색하게 하며, 아동의 적대적 귀인편향을 줄여준다. 공격적 아동은 타인과의 도덕적 유대가 결여되어 있다는 연구 결과(Goldstein, Glick, Eeiner, Zimmerman, & Coultry, 1987)는 치료에 도덕적 추론능력을 증대시킬 필요성을 더해준다. 이 단계에서 아동이 해야 할 일은 도덕적 딜레마에 대해 판단을 내리고, 자신의 판단에 포함된 도덕적 논리에 대해 토론하는 것이다.

각 층에서 특정 기술 습득이 이루어진 다음에는 수행에 기반을 둔 성취가 따른다. 우울이나 불안의 치료와 마찬가지로, 부정적 정서가 각성되는 상황에서는 인지행동기법을 적용해야 한다(Robin & Hayes, 1993). 수행에 기반을 둔 연습과 활동, 숙제는 아동들에게 치료자에게 배운 것을 연습할 기회를 제공해준다.

파괴적 아동 및 청소년과의 관계 수립

파괴적 아동과 좋은 관계를 수립하는 것은 매우 중요하다. 치료적 관계는 신뢰와 이해, 존경 및 진솔성에 기초해야 한다. 파괴적 아동과 어떻게 그런 관계를 맺을 수 있을까?

Karver와 Caporino(2010)는 아동들과 효과적인 치료관계를 맺기 위한 구체적 요소를 제시하였다. 협력, 타당하다는 인정(validation), 목표 설정, 피드백, 신뢰 수립, 치료원리 소개는 치료연합체계를 구축하는 데 효과적이었다. Sommers-Flanagan, Richardson, 그리고 Sommers-Flanagan(2011)은 나루기 어려운 아동들과 작업하기 위해서 나음과 같은 사항을 제안했다. 어설픈 도움이나 통찰을 주기 위한 노력을 삼가라. 양가감정을 이해하고 수용한다는 것을 알리고 투명하게 행동하라. 그리고 놀 듯이 치료에 임하라.

로큰롤 태세를 취하라

파괴적 행동장애 진단을 받은 아동에게는 '로큰롤(rock-and-roll)' 태세를 취할 것을 권한다.

'록'은 아동의 경직된 인지적·행동적·정서적 패턴을 흔드는 것을 뜻한다. 때로는 아동과 '필요한 투쟁'에 임해야 할 수도 있다(Chu, Suveg, Creed, & Kendall, 2010). 또 어떤 때는 아동의 회피와 함께 굴러가야 한다. 이 절의 예를 보면서 로큰롤 태세의 필수사항들을 차차 이해하게 될 것이다.

한계를 설정하고 따르라

핵심은 한계 설정(limit setting)이다. 아동이 안전하다고 느끼기 위해서는 무엇을 하고 무엇을 하지 말아야 할지 알아야 한다. 그러나 치료자는 경직된 권위주의적 스타일에 빠지거나 지나치게 허용하는 스타일로 일탈하기 쉽다. 이는 파괴적 아동의 부모들에게서 흔히 볼 수 있는 역기능적 양육전략과 유사하니 재미있지 않은가?

아동에게 치료 장면에서의 한계와 경계를 분명히 하기 위해서는 치료자부터 자신의 한계를 알고 있어야 한다. 어떤 행동은 허용 가능하고 또 어떤 행동은 허용할 수 없는가? 가령 아동이 치료시간에 욕을 해도 괜찮은가? 아동이 욕을 해도 좋다면 아무 '나쁜' 말이나 해도 좋은가 아니면 어떤 말은 해서는 안 되는가? 아동이 발을 의자에 올려도 괜찮은가? 아동이 마약을 복용한 뒤 치료시간에 왔다면 그 시간에 아동을 받을 것인가? 이러한 사항들을 아동에게 분명히 하기 위해, 치료자는 먼저 자신의 머릿속에 분명한 한계를 그어야 한다.

치료자가 한계를 분명히 말한 다음에는 일관성 있게 실행에 옮겨야 한다. 일관성은 신뢰를 촉진한다. 만약 치료자가 선을 그어놓고 그것을 따르면, 아동에게 치료자의 언행이 의미 있고 일치된다는 메시지를 전달하는 것이다. 만약 치료자가 아동에게 "날 믿어."라는 말을 해야 한다면, 이는 한계를 제대로 따르고 있지 않고 있다는 증거라고 생각한다. 한계는 또한 치료자가 아동을 보살피고 있다는 뜻이기도 하다. 치료자가 융통성 있는 한계 설정을 통해 보살핌과 신뢰를 보여준다면 치료는 안전한 장소가 되는 것이다.

다음의 예를 생각해보자. 이 장의 저자(RDF)가 파괴적 행동장애로 입원한 청소년들의 치료집단을 운영하고 있었다. 이 집단의 규칙 중 하나는 누구도 자기나 남을 해치면 안 된다는 것이었다. 집단 중에 치료자는 한 소녀가 손에 빛나는 뭔가를 들고 자신을 찌르고 있는 것을 눈치 챘다. 치료자는 소녀에게 손에 무엇을 가지고 있는지 물었고, 그 아이는 피 묻은 클립을 보여주었다. 이 시점에서 치료는 다음과 같이 한계를 실행함으로써 그 아이에게(그리고 나머지 구성원들에게) 재확인했다. "다시 분명히 말해두지만 절대로 자해해서는 안 된다. 당장 지금 간호실로 가서 손목을 깨끗이 하고 밴드를 붙여라. 그런 뒤 집단에 돌아오거라. 그리고 나서 너한테 무슨 일이 있는지 함께 얘기해볼 것이다. 집단에서 자해하도록 내버려 두지 않겠다." 치료자는 권위적으로 한계를 그음으로써 치료자가 아동에 대해 걱정하고 돌보고 싶어 한다는 것을 알려주었다.

융통성 있게 굴라

융통성 또한 한계 설정에 있어서 중요하다. 융통성이 없다면 원치 않는 힘겨루기에 말려들게 되고 갈등을 증폭시킬 수 있다. 예를 하나 더 들자면, 이 장의 저자는 매우 파괴적이고 난폭한 십 대들의 집단을 운영하고 있었다. 소년법원에서 의뢰된 새로운 집단원이 치료시간에 들어왔다. 갱 경력과 폭행전과가 있는 소년이었다. 대부분의 공격적 청소년들처럼 그도 꽤 세력에 민감했고 통제적이었다. 치료 초기에 그는 다음과 같이 선언함으로써 치료자의 리더십에 도전했다. "문제가 생길 것 같은데요. 왜냐구요? 여기서는 내가 '짱'이거든요. 이제부터 당신 나한테 혼 좀 날 거예요." 분명히 치료자에게 겁을 주려 하고 있었다. 그리고 솔직히 그 아이는 성공했다! 치료자는 자신에게 "어떻게 하면 상황을 확대시키지 않으면서 한계를 그을 수 있을까?"라고 물었다. 치료자는 청소년들에게 다음과 같이 말했다. "난 지금 어려운 상황에 처해 있다. 넌 나를 겁나게 하고 있지만 그래도 난 내 일을 해야 한다." 다행히 집단 성원들이 다음과 같이 말하면서 반응해주었다. "겁내지 마세요, 선생님." 그 청소년은 뒤로 물러섰고 집단치료도 계속 진행될 수 있었다. 이러한 한계가 왜 효과가 있었을까? 첫째, 내가 생각하기에 그는 자기가 치료자를 겁줄 수 있다는 점을 확인할 필요가 있었다. 그래서 한번 도전하는 것으로 충분했다. 둘째, 내가 집단의 통제권을 놓지 않으리라는 것도 분명히 그가 알아야 할 필요가 있었다. 따라서 그가 날 겁나게 할 수 있었지만 그럼에도 불구하고 나는 나의 일을 해야만 했다. 셋째, 집단은 치료자가 세운 한계를 강화함으로써 치료자를 도와주었다.

당연한 말이지만, 파괴적 행동장애가 있다고 진단받은 대부분의 아동 및 청소년들은 치료에 참여하는 것을 꺼린다. 한마디로 치료에 협력하려는 동기와 열정이 부족하다. 심지어 치료를 일종의 처벌이라고 보는 아동들도 많다. 따라서 초기 작업에서 참여와 동기 증진에 초점을 맞춰야 한다.

ODD로 진단받은 12세의 유럽계 미국인 소년 브래들리의 예를 생각해보자. 브래들리는 폭력이 난무하고, 가난한 동네에 살았다. 그는 개인 IQ 검사에서 영재 범주를 훨씬 넘는 점수를 기록한 아주 똑똑한 아동이었다. 그는 종종 모비딕이나 율리시스 같은 책을 즐겨 읽었다. 하지만 그는 숙제를 완수하거나 학교 규칙을 따르는 것, 조금이라도 무시당하는 것을 싫어했다. 그는 정말로 대단한 욕설을 입에 달고 살았고 이는 또한 자부심의 원천이었다. 당연하게도, 심리 치료를 받으러 가야 한다는 것이 도무지 못마땅했다. 중요한 것은 이렇게 똑똑하지만 괴로워하는 탈선 아동을 치료 과정에 참여시키는 것이었다.

브래드 : 저는 욕의 제왕이에요!

치료자 : 나는 너희 교장 선생님이 그 말에 동의할 거라고 확신해! (둘 다 웃음) 그래서 정학을 당한 건가 봐?

브래드 : 교장선생님은 단지 유머 감각이 없을 뿐이에요. 하지만 선생님은 있네요.

치료자 : 네가 누구와, 어떤 상황에서 농담할 수 있다 없다를 구분할 수 있다면 얼마나 좋을까?

브래드 : 제가 그런 걸 잘 못하긴 하죠.

치료자 : 동의! 우리가 그것을 향상시키기 위해 노력한다면?

브래드 : 왜 제가 바뀌어야 하죠? 농담을 받아들이지 못한다면 (욕) 호지스 선생님인 거죠.

치료자 : 그러는 동안 넌 농구 팀에서 밀려났고 대학 진학 계획이 망쳐졌어.

브래드 : (욕) 그 놈이랑 저 때문에.

치료자 : 어떻게 우리가 네 대단한 욕설을 조절해서 농구도 다시 할 수 있게 되고 공부를 계속할 수 있을까?

브래드 : 불가능해요. 제가 해결해야 하는 문제긴 하죠. 호지스 선생님이 시답잖게 굴 때는 쓰레기, (욕), (욕) 으로 불러야 하는데…

치료자 : 알았어, 알았다니까. 확실하게 알아들었어! 너 한번 시작하면 멈출 수가 없구나.

브래드 : 그래요, 재미 있어요.

치료자 : 그렇겠지. 넌 일종의 욕 중독자야. 욕 마약주사 없이는 못 사는.

브래드 : 무슨 말이에요? 난 중독자가 아니에요!

치료자 : 그럼 중지할 수 있어?

브래드 : 물론이죠.

치료자 : 그렇다면 네 선택인 거니 아니면 입이 근질거려서 참을 수 없는 거니?

브래드 : (미소 지으며) 선생님은 본인이 똑똑하다고 생각하는군요.

치료자 : 좋은 점은 네가 욕이 아닌 단어를 굉장히 많이 구사할 수 있고 제대로 생각할 능력이 있다는 거야. 거기에 의존을 하면 돼. 내가 똑똑하기 하지만 네 도움이 필요한 부분이 있어. (웃음) 호지스 씨와 문제를 일으키지 않기 위해 네 자신의 똑똑함을 사용할 수 있게 내가 어떻게 도와줄 수 있을까?

치료자는 브래드의 충동성과 지나친 욕설을 조심스럽게 언급했다. 치료자는 브래드를 동요시키고자 일부러 극적인 표현('넌 일종의 욕 중독자야. 욕 마약주사 없이는 못사는.')으로 인지 변화를 주려고 했다. 마지막으로 그는 브래드가 욕 대신 어휘 구사를 잘하는 자신의 강점에 의지하도록 도와주었다.

사비에르는 16세의 히스패닉계 청소년으로, 전화기, 반지, 학용품 등을 반복적으로 훔쳤다. 게다가 방화하고, 학교를 빼먹고, 다양한 문제를 일으켜 여러 번 정학을 당했다. 그는 이웃집을 파손시키고 집 밖에 오줌을 쌌다. 당연히 그는 치료에 분개했고, 단지 형식적인 방식으로만 참여했다.

그가 보인 치료자와의 대인관계 방식은 다소 무시하는 듯했고 때로는 치료자가 그를 '바꾸어보라.'고 도전하는 듯했다.

> 치료자 : 자, 사비에르, 반의 학생들이 너를 불신하는 것에 대해 어떻게 느끼니?
>
> 사비에르 : 조금도 개의치 않아요. 그들은 먹이고 나는 사냥꾼인데요.
>
> 치료자 : 그게 자랑스러운가 봐.
>
> 사비에르 : 선생님이라면 안 그러시겠어요? 누가 사냥꾼이 되고 싶어 하지 않겠어요? 사냥 당한다면 거지 같았을 거야.
>
> 치료자 : 그럼 나는 뭘까?
>
> 사비에르 : 확실하진 않지만 난 선생님이 사냥꾼이라고 생각하진 않아요.
>
> 치료자 : 그러니까 네 생각에는 내가 먹잇감일지도 모른다는?
>
> 사비에르 : 아마도 … 아마도요 … 모르겠어요.
>
> 치료자 : 네게는 사람들이 2개의 박스 속에 있구나. 먹잇감과 사냥꾼. 그렇게 보는 게 어떤 건지 궁금하네.
>
> 사비에르 : 무슨 뜻이죠?
>
> 치료자 : 내 생각엔 그들이 동료 사냥꾼들일 때는 네가 편안할 거야 … 그렇지만 여기서는 네가 뭘 어찌해야 하는지 모르겠어서.
>
> 사비에르 : 요지가 뭐예요?
>
> 치료자 : 잠시만 … 재촉하지 말고 … 내개 잘 생각하고 있는 동안. 그래, 얼마나 외롭다고 느끼니?
>
> 사비에르 : 외롭다고요?
>
> 치료자 : 내 말이 네 관심을 끌었구나. 그래, 외로운. 사냥꾼이 되어야 한다는 것은 좀 외로운 일일 것 같아. 먹잇감을 살펴야 하고 다른 사냥꾼들을 경계해야 하잖아 … 스트레스가 많을 것 같아.

이 어려운 대화에서, 사비에르는 자랑스럽게 그의 포식자 역할을 발표했고 다른 이들을 먹잇감으로 선언했다. 치료자는 그의 이분법적 사고를 지적했다("네게는 두 종류의 사람이 있구나: 먹잇감과 사냥꾼). 사비에르에게 다가가기 위해서 치료자는 많은 사냥꾼들이 경험하는 고립에 대해서 언급했다.

투명하라 그리고 아동과 관련 있는 것을 찾으라

파괴적 행동장애를 진단받은 아동은 종종 어른들과 관계가 단절된다. 다시 말해 소외된다. 투명하고 진솔한 입장을 채택하는 것이 바람직하다(Friedberg & Gorman, 2007). 그들의 무심함과 거리두기는 정이 없는 것으로 보일 수 있다(Karver & Caparino, 2010). 아동이 자신이 원하거나 가치 있는 것을 여러분이 제공하는 것으로 볼 필요가 있다. 당연한 말이지만, 여러분이 그들에게 통찰력을 제공하거나 자기 이해력을 높이려 든다면, 그것은 단번에 실패하기 십상이다. 마치 그들의 생일에 선물로 양말을 주는 친척처럼 굴었기 때문이다. 아동의 관심을 유지하려면 그들이 무엇을 원하는지 이해할 필요가 있다. 스테이시는 16세의 유럽계 미국 소녀로 학교를 빼먹고, 상당한 양의 술을 마시고, 여러 파트너와 성관계를 자주 가지며, 반항적이다. 아래의 대화에서 치료자는 치료회기에 관련성을 담아보고자 한다.

> 스테이시 : 제가 이 남자들의 집에 가서 구강성교를 해준다 해서 엄마가 왜 상관해야 해요? 그리고 엄마는 상관 안 해요. 그녀가 상관할 일이 아니죠. 엄마는 제가 치료받으면 구강성교하는 걸 막을 거라고 생각하는 거예요?
>
> 치료자 : 단호하구나.
>
> 스테이시 : 뭐라고요?
>
> 치료자 : 너는 네가 원하는 것을 하기로 결심했다고 … 그런데 네가 원하는 게 뭔데?
>
> 스테이시 : 왜 (욕) 당신이 상관해? 당신이 우리 어머니를 위해 일하는데도 엄마는 신경도 안 써요.
>
> 치료자 : 음, 너의 어머니가 치료비를 내. 하지만 솔직히 말해서, 난 둘 다, 주로 너를 위해서 일한단다. 네가 뭘 원하는지 내가 관심이 없다고 생각하는 이유가 뭐지?
>
> 스테이시 : 선생님은 내가 원하는 걸 줄 수 없으니까요.
>
> 치료자 : 나도 동의해. 네가 원하는 걸 줄 수는 없지만 그래도 그게 뭔지 알고 싶어서.
>
> 스테이시 : 엄마가 제가 숨을 쉴 수 있게 해줬으면 좋겠어요. 엄마가 숨 막히게 굴어요! 엄마가 숨을 못쉬게 해서 (욕) 죽을 지경이에요.
>
> 치료자 : 그래서 엄마한테 널 놓아 달라고 가르치는 걸 도와주길 원하니?
>
> 스테이시 : 그렇게 할 수 있겠어요?
>
> 치료자 : 함께 그 목표를 이룰 수 있어. 하지만 일이 많을 거야.

이 대화에서, 치료자는 스테이시가 원하는 것을 알아내어 그녀의 관심을 불러일으켰다. 투명한 치료과정('네가 원하는 걸 줄 수는 없어.', '하지만 일이 많을 거야.')이 대화에 힘을 실어주었다. 스테이시는 독립성을 늘리겠다는 그녀의 목표가 치료의 초점이 될 수 있고 치료자가 그녀와 협력할 것이라는 것을 깨달았을 때 태도가 바뀌어 적극 참여하게 되었다.

어리고 까다로운 내담자와 작업할 때는 치료자 경력의 초기에 배운 전략을 사용한다. 내담자에게 호감이 갈 만한 무언가를 찾으려 노력하는 것인데, 이 전략 덕분에 내담자의 강점을 중심으로 내가 적극적으로 작업할 수 있게 된다. 아동이 능력이 많은가? 창의적인가? 유머러스한가?

이러한 내담자의 단단한 껍데기를 뚫을 경로를 찾는 것이 필수적이다. 조쉬는 ODD로 진단받은 15세의 유럽계 미국 소년이었다. 그는 치료를 받으러 오는 것에 분개했고 인지치료사를 포함한 대부분의 권위 있는 인물들이 성가시다고 여겼다. 처음 몇 번의 회기 동안에, 치료자는 조쉬가 영화를 사랑하고 그가 가장 좋아하는 영화는 '라이언 일병 구하기'라는 것을 알게 되었다. 아래 대화에서 액세스 경로가 열리는 것을 보라.

조쉬 : 전 '라이언 일병 구하기'를 정말 좋아해요. 열 번에서 열 다섯 번 정도 봤어요.

치료자 : 열번에서 열다섯 번! 그 영화 정말 좋아하는구나. 그 영화의 뭐가 좋아?

조쉬 : 인물들이 서로 잘 지내는 게 좋아요. 막장 상황에 처해도 똘똘 뭉쳤죠.

치료자 : 막장 상황에서도 함께 버티는 사람들.

조쉬 : 그냥 그 영화 좋았어요.

치료자 : 난 캐스팅도 마음에 들었어. 내가 좋아한 건 톰 행크스, 맷 데이먼, 벤 애플렉―

조쉬 : 잠깐! 뭐라구요? 벤 애플렉은 그 영화에 출연하지 않았어요.

치료자 : 정말? 나는 그가 뉴욕 시에서 온 그 키 큰 남자를 연기한 줄 알았어.

조쉬 : 아니, 그건 에드워드 번즈였어요. 아무것도 모르세요?

치료자 : 와, 오늘 너에게서 배웠어. 내가 모르는 것을 네가 알고 내가 틀렸다는 것을 보는 기분이 어때?

조쉬 : 좋아요. 내가 선생님보다 더 많이 알고 있어서 좋았어요.

치료자 : 네가 능력 있다고 느낀 것처럼 들리네 … 좋은 일이야. 만약 우리가 함께 네가 통제하고 힘을 발휘할 수 있는 좋은 방법을 더 많이 찾는다면?

글상자 13.1 **파괴적 행동장애 아동과 관계를 구축하기**

- 로큰롤 접근 방식을 채택하라. 때로 아동의 경직된 인지, 감정 및 행동패턴을 흔들라. 또 때로는 아동의 회피와 함께 구르라
- 투쟁이 필요하다면 기꺼이 참여하라.
- 한계를 설정하고 일관되게 적용하라. 그러면 신뢰가 커질 것이다.
- 유연성을 유지하라.
- 회기가 아동에게 잘 맞도록 관련성을 유지하고, 그가 원하는 무언가를 찾아 제공하라.
- 아동의 강점을 찾으라.

이 대화는 몇 가지 필수 사항을 보여준다. 첫 번째로 조쉬가 접근 지점으로 가는 길을 알려주었고 치료자는 따라 갔다. 그 후에 치료자는 영화에 대한 관심을 이용하여 조쉬가 스트레스 상황에서 함께 뭉치는 것을 가치 있다고 생각하는 등의 개인적인 정보를 더 많이 얻었다. 조쉬가 푸르르하며 치료자의 잘못을 고쳐주자 치료자는 잽싸게 그것을 주워 열쇠로 사용해서 통제력과 힘을 키우는 것에 대한 관심을 불러일으켰다.

글상자 13.1은 파괴적 아동과 관계를 구축할 때의 핵심 포인트를 요약해준다.

교육과 자기감찰

파괴적이고 공격적인 행동문제를 가진 아동들을 치료할 때는 치료의 근거와 초점에 대해 설명하는 것이 특히 중요한 문제다. 이런 아동들은 치료자를 동지로 보기보다 적으로 보기 십상이다. DiGiuseppe 등(1994)은 이런 아동들을 치료에 참여하게 하는 것이 어려운 이유로, 자신의 문제에 대해 남의 탓을 하는 경향을 들었다. 예를 들어, 14세 된 로미의 치료목적은 어머니가 자신을 못살게 구는 것을 그만두게 하는 것이었다. 그녀에게 있어, 자신의 반항적이고 도전적인 행동은 부차적인 것에 불과했다.

치료자는 먼저 교육단계로 행동의 ABC 모형을 제시한다(Barkley et al., 1999; Feindler & Guttman, 1994). ABC 모형에서 A는 선행사건(antecedents) 혹은 행동을 유발한 사건을 뜻한다. 그리고 B는 행동(behavior)을, C는 행동의 빈도를 높이거나 낮추는 결과(consequence)를 뜻한다. ABC 모형의 좋은 점은 그것이 매우 간단하다는 점이다. 거의 모든 사람이 A가 B 앞에 오고 C가 B 뒤에 온다는 것을 알고 있다. 그래서 '선행사건'이나 '결과' 같은 용어를 사용할 필요가 거의 없다. 그냥 '앞에 오는 것', '뒤따르는 것' 등의 어구를 사용하면 된다.

예컨대 문제를 바라보는 로미의 관점을 생각해보자. 첫 단계로 로미에게 못살게 구는 행동(B)이 무엇인지 정의해보라고 할 수 있다. 로미는 엄마의 잔소리, 소리 지르기, 외출 금지 등이라고 했다. 그런 뒤 어머니의 행동 뒤에 어떤 일이 일어나느냐고 묻는다(예 : 로미가 말을 듣지 않음, 그 결과 불쾌한 결과의 강도/빈도가 높아짐). 그런 다음 A에 대해 생각해보게 한다. 다시 말해 로미가 하는 행동 중에 어떤 것이 엄마의 '못살게 구는 행동'을 일으키는지 이야기해본다(예 : 통행금지 시간을 어김, 말을 듣지 않음). 이 모형을 통해 로미의 행동이 자신이 정의한 문제에 얼마나 기여하는지를 보여줄 수 있다. 이렇게 하면 로미가 자신의 행동패턴을 바꿈으로써 엄마의 문제행동을 줄일 수 있음을 깨닫도록 도울 수 있다.

Brondolo, DiGiuseppe, 그리고 Tafrate(1997)는 파괴적 아동들에게 치료를 소개하는 흥미로운 방법들을 내놓았다. 파괴적이고 공격적인 아동들은 터프하고 못된 행동을 하는 데 관심이 쏠려 있는 경우가 많다. 사실 위험한 주거지에서는 공격성이 능력일 수 있다(Howard,

Barton, Walsh, & Lerner, 1999). Dishion 등(1995)은 "공격적 아동들은 공격을 자주 당하는 세계에서 살고 있다. 따라서 그들이 갖고 있는 편견은 그러한 행동의 발생률을 반영한 것으로, 나름대로 정확하다 할 수 있다."(p. 437)고 말했다. 따라서 Brondolo 등(1997)은 치료를 소개할 때, 다른 사람들의 부적절한 행동을 참는 것이라기보다 스스로 더 큰 통제력을 갖게 된다는 것을 강조할 것을 권한다. 이 점을 보여주기 위해 무술훈련이나 스포츠를 활용하면 유용하다(Brondolo et al., 1997; Sommers-Flannagan & Sommers-Flannagan, 1995).

파괴적 아동들을 교육할 때는 경험중심의 활동을 시키는 것이 도움이 될 때가 많다. 예를 들어 드레이크는 충동적, 파괴적, 공격적인 13세 소년이다. 그는 이런 식으로 행동할 수밖에 없다고 믿는다. 다른 사람들이 그로 하여금 욕하고 싸우게 만든다는 것이다. 자, 이제 그의 치료자가 되었다고 가정해보자. 우선 종이를 구겨 공처럼 만든다. 그런 뒤 드레이크에게 "이 공 던져줄까?" 하고 묻고는 그에게 공을 던진다. 그가 공을 잡으면 묻는다. "네가 공을 잡도록 내가 그렇게 만든 거니?" 이 작은 실습은 상황이 특정 반응을 요구하더라도, 그것이 한 개인의 행동을 전적으로 결정할 수는 없다는 점을 보여준다. 간단히 말해 그는 다른 행동을 했을 수도 있었다는 말이다.

Vernon(1989a)은 입원 아동들에게 도움이 되는 창의적 활동을 제안하였다. 이 활동을 시작할 때 아동에게 한 가지 실험을 할 것이라고 말해준다. 치료자는 달걀을 들어 올린 뒤 묻는다. "이게 뭐지?" 두 번째 단계에서 치료자는 달걀을 그릇에다 두드릴 것이라고 말한 뒤 묻는다. "이제 어떤 일이 일어나지?" 세 번째 단계에서 치료자가 달걀을 깬 뒤 묻는다. "그릇을 봐. 어떤 일이 일어났는지 말해주겠니?" 아동은 달걀이 깨졌다고 얘기하기 마련이다. 마지막으로 치료자는 Vernon의 핵심질문을 던진다. "그런데 달걀이 스스로 깨지기로 결정한 거니?"

치료자들이 이 활동을 좋아하는 이유는 너무도 간단히 선택의 개념을 보여주기 때문이다. 이 실습을 한 뒤 아동에게 자기 자신과 달걀과의 차이가 무엇인지 물어본다. 얘기하다 보면 충동성이 이성을 압도하는 과정을 이해하게 된다. 아동이 생각 없이 반응할 때마다 이 활동을 상기시키면서 물어볼 수 있다. "너 지금 달걀인거니?"

자기감찰 기법은 자나 온도계, 교통 신호등, 라디오의 소리 조절 다이얼 등을 활용할 수 있다. 아동의 관심과 선호에 따라 적절한 척도기법을 선택하면 된다. 예를 들어 아동이 사동차 경기를 즐긴다면 분노 연료탱크 계기판(그림 13.2 참조)을 사용한다. 아동은 두꺼운 종이에 계기판을 그리고 가위로 바늘을 오린다. 그런 뒤 바늘을 걸쇠로 종이에 부착한다. 걸쇠를 사용해야 계기판 위에서 바늘이 위아래로 움직이게 할 수 있다.

또한 아동들은 파괴적 행동의 선행사건과 결과를 따져봐야 한다. 대부분의 청소년들은 자신의 행동과 관련된 선행사건과 그로 인한 결과를 나열하는 차트를 만들 줄 안다(Feindler

그림 13.2 ┆ 분노 연료탱크 계기판

& Ecton, 1986; Feindler & Guttman, 1994). 어린 아동들을 위해서는 이 과정을 좀 더 재미있게 만들 필요가 있다. 예를 들면 선행사건을 초인종으로 놓고, 이 초인종 소리가 아동을 문제행동을 하도록 만든다고 설명해준다. 초인종 활동지도 쉽게 만들어 사용할 수 있다(그림 13.3 참조).

초인종 비유는 다양하게 활용될 수 있기 때문에 좋다. 타부 게임 같은 보드게임에서 초인종을 가져와 활동지에 첨가할 수도 있다. 소리 효과가 아동들의 참여를 유도할 것이다! 또한 초인종 비유를 써서 후속 대처를 유도하면서 물어볼 수도 있다. "초인종을 어떻게 이길 수 있을까?" 세 번째, 분노 아동들에게는 분노의 '방아쇠'보다 초인종이 더 중립적인 단어인 것 같다. 마지막으로 아동 자신의 초인종을 파악할 수 있도록 질문에 행위동사를 사용한다(예 : "무엇이 너의 분노에 불을 질렀을까?", "무엇이 너의 분노에 기름을 부었니?").

아동이 분노를 느낄 때나 부모와 싸운 뒤 생각일기를 쓰라고 지시할 수도 있다. Feindler와 동료들(Feindler & Ecton, 1986; Feindler & Guttman, 1994)은 문제기록지(Hassle Logs)라 불리는 매우 편리한 자기감찰 도구를 개발했다. 말다툼 일지에서 아동은 생각, 감정, 행동에 관한 체크리스트에 표시하면 된다. 전형적인 상황과 반응을 나열하고 실제 일어난 일에 체크만 하면 된다. 따라서 반응을 글로 표현해야 하는 부담이 거의 없다.

치료자가 분노관리를 시행할 때 핵심은 아동으로 하여금 분노감정과 공격적, 파괴적 행동을 구분하도록 돕는 것이다. 아동에게 분노를 느끼는 것은 'OK(괜찮지만)', 분노를 느낄 때 자신이나 다른 사람을 해치는 것은 'Not OK(괜찮지 않다)'라는 것을 알게 해야 한다. 어린 아동에게는 매우 구체적인 방법을 써서 분노감정과 공격적 행동 간의 차이를 이해하도록 도와야 한다.

9세의 케이시는 공격적이고 파괴적인 행동으로 치료자에게 의뢰되었다. 치료자는 초기에 케이시에게 정서와 행동의 차이를 가르쳤다. 치료자는 케이시에게 자신의 화난 모습을 그림으로 그리게 했다. 그런 뒤 화가 났을 때 뭔가를 하는 모습을 그리라고 요청했다. 케이시는 다른 아이를 발로 차는 모습을 그렸다. 그런 뒤 치료자는 케이시에게 어느 그림이 'OK'인지 물었다. 그러자 케이시는 처음에 화난 감정과 화를 내는 행동 모두 'Not OK'라고

 부모에 대한 분노 초인종

 선생님에 대한 분노 초인종

 친구/또래에 대한 분노 초인종

 형제나 자매에 대한 분노 초인종

 다른 분노 초인종

그림 13.3 : 분노 초인종

저작권은 Guilford 출판사에 있으며, 이 자료의 복사 권한은 이 책의 구매자에게만 주어진다(자세한 내용은 판권 페이지 참조).
구매자는 www.guilford.com/friedberg-forms에서 이 자료의 더 큰 버전을 다운로드할 수 있다.
Friedberg와 McClure(2015)에서 인용됨.

했다. 그러나 감정은 허용할 수 있지만 행동은 허용되지 않는다는 것에 대해 치료자와 이야기를 나눈 뒤, 케이시는 감정과 행동을 구분할 수 있게 되었다. 그는 화난 얼굴 밑에는 'OK'

글상자 13.2 **심리교육과 자기감찰의 핵심 포인트**

- ABC 모델을 제시한다.
- 가르칠 것과 관련된 스포츠 및 무술 은유, 게임 및 연습을 활용하라.
- 생각일지와 행동 일지를 사용하라.

라고 쓰고, 발로 차는 그림 밑에는 'Not OK'라고 적었다.

글상자 13.2는 심리교육 및 자기감찰의 핵심 요소를 열거한다.

개인 문제해결

문제해결 역시 파괴적 아동과 청소년에게 소개하기 힘들다. 따라서 청소년이 문제해결에 대한 준비 태세를 갖추도록 하는 것이 중요하다. 입원한 청소년들을 위해 저자가 개발한 아이디어를 하나 소개하고자 한다(Friedberg, 1993). 첫 단계에서 치료자는 부드러운 플라스틱 공을 아동에게 던진다(반드시 부드러운 플라스틱 공이어야 한다!) 내담자가 공을 잡은 후 치료자가 묻는다. "공이 네게 오면 그걸 잡는 게 보통이지?" 그런 뒤 치료자는 아동에게 공을 잡는 것 말고 할 수 있는 다른 것들을 생각해보라고 지시한다(예 : 피하기, 손으로 공을 쳐내기 등). 아동이 공을 잡는 것 말고 다른 것을 해보도록 한 뒤 치료자는 아동과 함께 그 경험에 관해 이야기한다(예 : "다르게 하는 게 어땠니?").

왜 이 활동을 하는가? 이 활동은 여러 가지 목적을 달성하게 해준다. 첫째, 이 활동은 재미있다! 둘째, 아동은 이 활동에 놀랄 것이며, 왜 이 활동을 하는 건지 알아차릴 수 없을 것이다. 셋째, 이 활동은 대안을 생각해보는 경험적 활동이며, 따라서 문제해결을 준비시켜주는 역할을 한다.

파괴적 아동들과의 문제해결은 상당한 융통성을 요한다. 아동의 부적응적 문제해결은 사실은 상당히 강화적이다. 가령 대안적 문제해결 전략을 논의할 때 한 십 대가 말했다. "저기 선생님, 마약을 팔면 1주일에 500달러 버는데 왜 그걸 관두고 맥도날드에서 일해야 되죠? 선생님이 모는 차도 형편없던데요." 이런 청소년이 보다 생산적인 대안을 생각하도록 돕기 위해서는 각 대안의 강화 가치(reinforcement value)를 따져봐야 한다. 이 청소년에게는 분명히 마약밀매를 통한 즉각적인 현금이익이 범죄행위로 인한 결과보다 더 클 것이다.

이 문제를 수련생들에게 설명할 때는 간단한 비유를 든다. 당신이 다이어트를 시작한다고 상상해보라. 이 다이어트의 일환으로 당신은 당신이 그토록 좋아하는 도넛을 포기해야 한다. 당신은 도넛 대신 당근을 먹어야 한다(참고로 당근에 대한 불만이 있는 것은 아님!). 아마 당신은 '우욱! 도넛 대신 당근이라고? 농담하나?'라고 생각할 것이다. 만족도에 있어서 당근은 도넛 근처도 가지 못한다. 따라서 우리가 부적응적 전략을 생산적인 전략으로 바꾸고자 할 때, 도넛 대신 당근을 들이미는 것은 실패를 부른다.

파괴적 아동과 문제해결 작업을 할 때 또 다른 함정은 추상적으로 작업하는 것이다. 이런 아동들은 '현재'에 살고 있으며, '짧고 굵게 살라.'는 철학을 가지고 있다. 한번은 한 십 대 내담자에게 자기가 한 행동의 장래결과에 관해 생각해보라고 했다. 이 질문에 내담자는 "내가 왜 내 장래를 걱정해야 하는데요? 난 18세나 19세가 되기 전에 죽을 건데요. 그때쯤이면 내가 아는 애들은 대부분 죽거나 감옥에 있을 걸요."라고 답변했다. 이런 상황에서 치료자는 십 대 내담자의 문제해결법이 향상되면 즉각적 욕구 충족에도 도움을 줄 수 있다는 것을 깨닫도록 도와야 하는 것이다.

다음 예를 살펴보자. 16세 된 웨슬리는 가장 못되고 나쁘고 터프한 남자이길 고집했다. 이러한 태도를 바꾸어 봤자 아무 이익이 없을 것이라고 생각한다. 하지만 사실은 문제해결로부터 도움을 받을 수 있는 길이 있다. 다음은 이것을 보여주고 있다.

치료자 : 자 웨슬리, 네가 가지지 못한 것 중에 갖고 싶은 게 있니?

웨슬리 : 아니요. 별로 없어요.

치료자 : 아무것도? 정말?

웨슬리 : 음, 케이티라는 여자애랑 사귀고 싶기는 해요.

치료자 : 그래. 지금 얼마나 자주 만나고 있는데?

웨슬리 : 많이는 아니에요.

치료자 : 얼마나, 한 달에 두 번 정도?

웨슬리 : 그래요, 전혀 만나지 않고 있어요.

치료자 : 흠. 학교에서 네가 좋아하는 여자애들이 널 어떻게 보고 있다고 생각하니?

웨슬리 : 몰라요. 걔네들 머릿속을 볼 수는 없으니까요.

치료자 : 네가 곁에 가면 걔네들이 어떻게 행동하디?

웨슬리 : 절 무서워하는 것처럼요.

치료자 : 그래 알겠다. 학교에서 네가 가장 못되게 구는 남학생이라면서? 다들 네가 무서워서 달아나는 게 당연하겠지. 네가 사람들에게 그렇게 가르친 거지. 그래, 어떻게 이런 행동이 네가 원하는 걸 뭐든 갖게 해준다는 거지?

이 예에서 치료자는 웨슬리의 행동을 직접적 결과와 관련지었다. 그는 반 여자애들이 그를 좋아하길 원했지만, 사실 그의 행동으로는 여자애들을 멀리 쫓을 뿐이었다. 이 예에서 웨슬리는 자신에게 중요한 수제(예 : 여자진구 사귀기)를 골랐다. 지료자는 웨슬리의 행농이 이 부분에서 문제를 일으키고 있다는 것을 깨닫도록 도울 수 있었다.

문제해결에는 다섯 가지 기본 단계가 있다. 이 다섯 단계를 첫 글자를 따서 만들면 아동들에게 도움이 된다. 채널 바꾸기(Switching Channels)(Friedberg et al., 1992)에서 저자들은 문제해결 단계를 'COPE(대처)'라고 만들었다. 이때 'C'는 문제 파악하기(catching the problem)를 의미하며, 'O'는 대안 나열하기(listing the options)를 뜻한다. 'P'는 장·단기 결과 예측하기(predicting long-and short-term consequences)를 말하며, 'E'는 예상되는 결과를 평가하고 (evaluating the anticipated outcomes) 그것에 근거해서 행동을 취한다는 것을 의미한다. 저자들은 이 모델에 'R'을 더해서 아동을 'COPER(대처자)'로 만들고자 한다. 'R'은 COPE 단계를 따라 생산적인 행동을 시도한 데 따르는 자기보상(self-reward)을 뜻한다. 이 문제해결 단계들을 카드에 쓴 뒤 코팅을 해서 아동이 가지고 다니게 할 수 있다(Castro-Blance, 1999).

Kazdin(1996)은 다음과 같은 다섯 문장을 이용해서 친사회적 문제해결을 촉진시킨다. (1) '뭘 해야 하지?' (2) '모든 가능성을 다 따져 봐야해.' (3) '집중해야 해.' (4) '결정해야 해.' (5) '잘했어.' 혹은 '아, 실수했네'(Kazdin, 1996, p. 383). 보다시피 위에서 기술한 COPER와 비슷하다. Kazdin은 또한 '네 가지 연결시키기(Connect Four)' 게임을 통해 순차적 추리를 가르침으로써 문제해결을 점화하는 경험적 활동을 권한다. 저자들은 특히 Kazdin의 'super-solvers(만능 해결사)'(p. 384)를 좋아한다. 이것은 아동과 부모에게 실제로 직접 해보는(in vivo) 문제해결 숙제를 내준다.

'해체분석절차(Pick Apart Procedure)'는 대처력 프로그램(Coping Power Program)의 일부로서 아동에게 문제해결법을 가르치는 훌륭한 방법이다(Powell, Boxmeyer, & Lochman, 2008). Lockman, Wells, 그리고 Lenhart(2008)는 게임 수리공의 비유를 들어 아동에게 문제해결법을 가르친다. 게임이 왜 안 뜨는지 이유를 찾아내기 위해 다음과 같이 구체적인 해체분석 질문을 제시한다(p. 27): '전원이 들어와 있나?', '이 채널이 아닌 다른 채널로 맞춰져 있는 것은 아닌가?', '스크린은 작동이 되는가?' 아동들은 이러한 질문을 따라가면서 자신의 딜레마를 해결하는 방법을 찾거나 생성시키는 법을 배우게 된다.

글상자 13.3에 파괴적 아동들에게 문제해결법을 가르칠 때 염두에 둘 주요 사항을 정리했다.

글상자 13.3 ▎ **파괴적 아동들에게 문제해결법을 가르치는 요령**

- 융통성의 모델링 대상이 될 것
- 구체적인 내용만 다룰 것
- 문제해결법의 간단한 원리/실마리를 제시할 것

부모들에게 행동관리와 가족 문제해결 가르치기

이 절에서는 먼저 아동의 파괴적 행동장애와 관련된 가족의 상호작용 패턴을 기술하고, 이러한 상호작용을 교정하는 전략을 제시할 것이다. 가족관계가 손상되는 과정에 관한 논의로 시작하는 것이 중요한데, 그 이유는 손상 과정이 개입을 위한 이론적 근거를 형성하기 때문이다.

Barkley와 Robin(2014)은 가족관계가 손상되는 과정에 대하여 다음과 같이 설명하였다. 첫째, 아동의 고분고분한 행동에 대한 강화수준이 낮다는 것이다. 간단히 말해, 부모가 긍정적 행동을 무시하고 부정적 행동에만 지나치게 주의를 기울인다는 뜻이다. 사실 부정적인 것에만 주의를 기울이면 지칠 수밖에 없다. 따라서 부모는 지시를 따르지 않는 행동과 반항 때문에 좌절하고 초조해지게 된다. Barkley와 동료들은 부모/양육자들이 개별적 상황에 따라 일관성 없는 벌이나 부적절한 묵인의 순환에 빠진다는 것에 주목했다. 다시 말해, 아동의 반항에 대해 결과가 제대로 시행되지 않는 것이다. 그러다가 부모는 분노에 찬 위협을 사용하기에 이른다. 부모-자식 관계는 모욕, 경멸, 욕으로 손상되고 악화된다. 강압적인 과정이 뒤따르게 되고, 대인관계 갈등이 증폭되며, 모든 이의 자기존중감이 손상된다(Barkley & Robin, 2014).

Barkley와 Robin(2014)은 부모와 자식이 서로에 대해 앙심을 품고 그것에 집요하게 매달린다는 것에 주목한다. 이러한 부정적 감정은 가족성원들이 서로의 긍정적 행동을 보는 능력을 가로막는 정보처리의 벽(information-processing wall)이다. 예컨대 어떤 십 대 소녀가 어머니에 대해 앙심을 갖게 되고, 어머니를 '군림하는 마녀'로 본다. 그러면 그 소녀는 어머니의 보살피는 따뜻한 행동을 볼 수 없게 된다. 한편, 어머니에게 딸이 '반항적이고 통제가 전혀 안 되는 못된 아이'로 보이게 된다. 따라서 어머니도 마찬가지로 딸의 '착한' 행동을 보지 못하게 된다. 이것은 파괴적 아동의 가족들에게서 흔히 볼 수 있는 '전쟁 벙커' 마인드를 설명해준다.

이러한 요인들이 작용하면 부모들은 부모의 역할을 포기하기 시작한다(Barkley & Robin, 2014). 아동의 행동에 더 이상 신경 쓰지 않으며, '뭐 어쨌거나' 하는 태도를 취한다. Barkley는 부모의 이러한 묵인이 심각한 형태의 파괴적 행동을 증가시킬 수 있다고 했다.

가정에서 행동관리를 시작할 때 정적 강화의 수준을 높여야 하는 몇 가지 이유가 있다(Barkley & Robin, 2014). 첫째, 정적 강화의 수준을 높이면 긴장되고 적대적인 가족 분위기가 완화된다. 둘째, 부모가 처벌과 반응 대가 기법을 지나치게 사용해서 자녀들이 이러한 기법들에 둔해져 있을 것이다. 셋째, 정적 강화는 부모의 기존 방식을 상쇄하여 균형을 잡아주는 역할을 한다. 마지막으로, 처벌 기법, 강압, 욕하기의 과다 사용으로 인해 부모 자신들이 아동에게 혐오자극이 되어 있다. 따라서 자녀가 부모의 말을 잘 들으려 하지 않을 것이다. 정적 강화 기법은 부모들의 기존 양육 방식에 대한 평형추 역할을 한다.

부모의 권위를 다시 세우고 이러한 심각한, 적대적 분위기를 바꾸기 위해 Barkley와 Robin(2014)은 단순하면서도 세련된 개입을 제시한다. 그들이 추천하는 것은 부모가 자녀에게 자녀가 좋아하는 것을 하도록 명령하고, 명령을 따르는 행동을 보상해주라고 가르치는 것이다. 예컨대 만약 자녀가 초콜릿 케익을 좋아한다면 부모/양육자는 아이에게 "앤디, 가서 디저트로 커다란 케익 조각을 먹거라."라고 말한다. 그런 뒤 앤디가 협조하면 보상해준다(예 : "내가 시킨 대로 해줘서 고마워.")

이 기법의 장점은 가족의 분위기를 향상시킬 뿐 아니라, 부모에게 지시하고 또 지시를 따르는 행동을 강화해주는 연습의 기회를 제공해준다는 것이다. 또한 이 기법을 성공적으로 잘 사용하면 부모가 관리자로서의 기능을 재정립하게 된다. 강압과 처벌 없이도 부모가 집안의 진정한 권위임을 확인시켜줄 수 있다는 말이다.

이 과제가 단순명료하기는 해도 몇 가지 주의사항을 덧붙일 필요가 있다. 첫째, 부모들에게 지시하는 방법을 가르칠 필요가 있을 것이다. 기억하라. 부모들은 모호하고 간접적인 지시를 내린 이력을 가지고 치료소로 찾아온다는 것을. 따라서 치료자는 지시하는 방법의 본보기를 보여주고, 연습을 위해 함께 역할극을 하고, 연습에 대해 피드백을 해주고 교정해줄 필요가 있다. 또한 아동을 치료에 포함시켜 부모가 아동에게 지시하는 연습을 다시 하고 피드백을 해줄 필요가 있을지 모른다.

가령 한 부모가 다음과 같이 지시하는 연습을 시작했다고 하자. "조지, 너 백화점에 가는 거 좋아하지? 자, 친구들과 함께 가거라." 이 지시에 무슨 문제가 있는지 생각해보자. 첫째, 부모는 언제 조지가 갈 수 있을지 분명히 하지 않았다. 지금인가 아니면 오늘 밤 저녁식사 후인가? 혹시 내일인가? 둘째, 조지가 얼마나 오래 가 있어야 하는가? 1시간? 6시간? 하루 종일? 일단 그곳에 도착한 뒤 해야 할 일은? 하고 싶은 것은 아무거나 해도 되는가?

또 주의해야 할 것은 지시할 때 부모가 진솔해야 한다는 것이다. 부정직하게 혹은 빈정대며 지시하지 않도록 한다. 부모는 자신이 무슨 말을 하는지, 그 내용뿐만 아니라 어떻게 그것을 말하는지에도 주의를 기울여야 한다. 자세와 표정에도 신경을 써야 한다. 진솔하지 않은 지시는 실효를 거둘 수 없다.

자녀가 지시를 자발적으로 따랐을 때 칭찬해주는 것 또한 자녀의 긍정적 행동과 가족의 보상 수준을 늘리는 방법이다(Barkley & Robin, 2014). 치료자는 부모들에게 자녀가 나쁜 행동이나 반항을 보이지 않을 때를 찾아보라고 가르칠 수 있다. 부모는 자녀가 더 나은 행동을 하는 순간을 잡아보려 노력함으로써 관심의 대상을 옮기는 것이다. 이 기법은 가족의 이분법적 생각을 감소시켜준다(예 : 부모는 자녀가 항상 골이 나 있고 무례하다고 생각한다. 반면 자녀는 부모가 자신의 나쁜 면만 본다고 생각한다). 이 방법을 쓰면 각 가족 구성원이 서로에 대해 보다 넓은 조망을 가지게 된다.

Barkley와 Robin(2014)은 또한 가족 문제해결 훈련을 추천한다. 가족이 힘든 상태에서는 문제해결 과정이 매우 경직된다. 가족 문제해결의 목표는 이 경직된 패턴을 풀어주는 것이다. 우선, 가족 구성원들이 타협 가능한 문제와 불가능한 문제를 구분하도록 도와야 할 것이다. 지시하기와 마찬가지로, 간단하게 들리지만 실제로는 그렇지 않다. 부모들은 자기도 모르게 자녀에게 혼란스러운 메시지를 준다. 예를 들어 16세 소녀가 자기 침실에서 남자친구와 키스하다가 어머니에게 들켰다. 어머니는 "여기선 안 돼. 네가 집에서 그런 행동하는 것을 절대 허용할 수 없어."라고 선언했다. 어머니는 딸에게 성적인 행동이 타협 불가능한 문제라는 것을 알려주고 싶었다. 그러나 딸은 집에서만 아니라면 다른 곳에서는 해도 괜찮을 거라고 이해했다. 따라서 치료자는 부모와 자녀가 타협 가능한 문제와 그렇지 않은 문제를 구분할 수 있도록 도와주어야 한다.

Blos(1979, p. 147)는 문제 청소년들이 '목적은 옳지만 바르지 않은 행동을 하는' 경우가 많다는 것에 주목했다. 청소년들은 독립적인 사람이 되고 정체성을 확립하려는 노력의 일환으로 반항한다. 부모들은 청소년의 요구를 들어주지 않고, 그 결과 십 대들은 좌절한다. 가족문제 해결은 이러한 좌절을 둘러싼 갈등을 관리하는 데 도움이 된다.

Barkley의 접근방법은 상당히 설득력 있다. 그들의 접근방법에서 치료자는 부모와 자녀가 서로의 관점에서 문제를 들어보도록 돕는다. 이 과정은 경직된 패턴을 풀어주고 생산적인 문제해결을 용이하게 한다. 각자의 관점에서 문제를 듣는 것이 쉽지는 않다. 그러므로 치료자는 비교적 지시적인 역할을 취할 필요가 있다.

클레멘타인은 16세 소녀로 옷 때문에 어머니와 갈등 중이다. 어머니에 의하면, 클레멘타인은 노출이 심한 옷을 입어서 다른 사람들에게 '잘못된 메시지'를 주고 있다는 것이다. 어머니는 클레멘타인을 '눈을 부릅뜨고' 지켜보면서 학교에 입고 가는 옷들을 일일이 모니터했다. 사태가 중요한 국면을 맞은 것은 클레멘타인이 갈아입을 옷을 학교 사물함에 두고 다닌다는 것을 어머니에게 들킨 이후였다. 다음의 대화에서 어머니와 딸의 문제해결 과정이 어떻게 부드러워졌는지 보라.

치료자 : 어머님, 따님이 옷 입는 방식에 대해 어떤 점이 걱정되는지 말씀해주세요.

어머니 : 쟤는 아주 싸 보여요. 모든 사람한테 '싼 애'로 평판이 나든지 할 거예요.

클레멘타인 : 나도 내 앞가림 할 줄 안다구요. 제 걱정은 하실 필요 없으세요. 어차피 엄마 자신을 위해 그러신 거잖아요….

치료자 : 클레멘타인, 여기서 네 말을 중지시켜야겠다. 지금은 그냥 듣기만 해. 나중에 네 생각을 말할 기

회가 있을 거야. 협조해주겠니?

클레멘타인 : (마지못해) 네.

치료자 : 좋아. 자, 어머님, 클레멘타인이 좋지 않은 평판을 얻은 게 어떻다는 거죠?

어머니 : 그냥 그런 일이 일어나지 말았으면 해요. 아직 어린데. 쟤를 보호해주고 싶을 뿐이에요.

치료자 : 알겠습니다. 클레멘타인을 그렇게도 보호하고 싶은 이유가 무엇입니까?

어머니 : 내 딸이니까요.

치료자 : 잠깐만요. 잘 이해가 안 돼서 그러는데요, 딸이라는 점이 왜 어머님으로 하여금 그토록 보호해 주게끔 만드는 거지요?

어머니 : 사랑하니까요.

치료자 : 알겠습니다. 클레멘타인의 옷이 사람들에게 잘못된 인상을 주고, 위험한 상황에 빠뜨리게 될까 봐 걱정이 되시는 거군요. 그래서 따님을 보호해야겠다고 생각하시는 거구요. 그리고 그건 어머님이 클레멘타인을 사랑해서 그러신 거고, 따님에게 나쁜 일이 일어나지 말기를 바라기 때문인 거죠.

어머니 : 맞아요.

치료자 : 클레멘타인, 엄마의 말씀이 네게는 어떻게 들렸니?

클레멘타인 : 엄마는 내가 내 자신을 제대로 돌볼 줄 모르니까 대신 절 통제해야 한다고 생각하는 거예요. 정말 역겨워요.

치료자 : 잠깐. 네가 들은 말을 다시 생각해보거라. 엄마가 널 통제하려는 이유가 뭐라고?

클레멘타인 : 엄마가 날 사랑하기 때문이라네요.

치료자 : 엄마를 믿지 않는 것처럼 들리는구나. 뭐, 지금 엄마의 말을 믿을 필요는 없지. 그런데 내가 부탁 하나 할게. 엄마를 바라보면서 네가 들은 엄마의 말을 되풀이해보겠니?

클레켄타인 : 엄마는 나를 사랑하고, 내게 나쁜 일이 일어나지 말았으면 하고 바라기 때문에 나를 보호하고 싶다고 말했어요.

치료자 : 자, 클레멘타인, 엄마가 통제하고 싶어 하는 이유에 관한 네 생각은 무엇이지?

클레멘타인 : 엄마는 절 믿지 않으세요. 단지 제가 이런 식으로 옷을 입기 때문에 바보 짓을 할 거라고 생각하세요. 전 단지 이런 식으로 보이고 싶을 뿐인데. 그게 저인데도 엄마는 제가 엄마처럼 옷을 입지 않으면 그 꼴을 못 보세요.

치료자 : 엄마가 널 믿지 않으신다는 게 어떤 면에서 문제니?

클레멘타인 : 엄마가 날 바보라고, 내가 어린 아이라고 생각하는 것이 싫어요.

치료자 : 엄마에게 바라는 게 뭐지?

클레멘타인 : 엄마가 절 존중해주고 내가 바보가 아니라는 걸 이해해줬으면 좋겠어요. 저도 제 앞가림을 할 수 있는 사람으로 봐주었으면 해요.

치료자 : 그런 식으로 엄마가 널 본다면 그게 어떤 의미를 가지니?

> **글상자 13.4** **행동관리에 관해 부모를 교육하기**
>
> - 정적 강화를 증가시켜서 가족 분위기를 바꾸라.
> - 아동이 좋아하는 명령을 주라.
> - 부모가 명령을 내리고 강화를 주기 위해서는 연습이 필요하다.
> - 부모와 아동이 협상하도록 교육하라. 이유를 투명하게 알리라. 부모와 아동이 각자의 시각을 취해볼 수 있도록 도와주라.

클레멘타인 : 엄마가 절 좋아하고 인정한다는 의미요.

치료자 : 엄마가 너를 있는 그대로 봐주셨으면 좋겠고, 너를 인정해주시기를 원하는구나. 어머니, 어머니가 들으신 클레멘타인의 말을 되풀이해서 말씀해주실 수 있겠어요?

어머니 : 저 아이가 자기를 있는 그대로 봐주길 원한다는 걸 저도 알아요. 하지만 쟤를 보면 때론 두려워져요.

치료자 : 어머니, 클레멘타인의 말을 들으신 대로 클레멘타인에게 말씀해 주셨으면 좋겠습니다.

어머니 : 쟤는 제가 뒤로 물러나서 내가 자기를 좋아하고 인정한다는 걸 보여주기를 바라고 있습니다.

이 대화에서 치료자는 어머니와 클레멘타인의 동기가 구체적으로 드러나도록 도와주었다(예 : 어머니는 클레멘타인을 사랑한다, 클레멘타인은 엄마가 자신을 인정해주기를 바란다). 둘째, 진정한 동기가 수면 위로 떠오르면 각 가족성원이 보다 넓은 조망의 도움을 받을 수 있다. 그렇게 함으로써 그들은 자신의 주장에 덜 파묻히게 되고 문제해결 과정에 참여할 수 있게 된다.

글상자 13.4에는 부모에게 행동관리를 가르칠 때 유용한 요령을 요약했다.

시간 전망

시간 전망(time projection)은 아동이 자기 행위의 결과를 보는데, 또 자신의 충동을 조망해보는 데 도움을 준다. 치료자가 11세 소년 톰을 치료한다고 가정해보자. 그는 학교 식당에서 싸움을 벌여 3일간 정학을 당했다. 치료자는 이 사건이 일어나기 전 6회에 걸쳐 그를 만났다. 치료자는 시간 전망을 이용해서 청소년이 사건에 대해 조망을 가질 수 있도록 돕기로 결정했다.

치료자 : 톰, 스티브가 식당에서 새치기를 했을 때 1~10점 척도로 나타내면 얼마나 화가 났지?

톰 : 약 9점이었어요. 그래서 그 애를 밀었던 거예요.

치료자 : 좋아. 1시간 후는 얼마나 화가 나디?

톰 : 아마 7점이나 8점요.

치료자 : 네가 그 정도 화가 났어도 스티브를 떠밀고 때렸을까?

톰 : 아마 그랬을 걸요. 그 정도 화나는 것도 못 참아요. 뭔가 해야 해요.

치료자 : 6시간 후 저녁식사 무렵에는 얼마나 화난 기분이었니?

톰 : 모르겠어요. 5점쯤.

치료자 : 5점에서도 그 앨 떼밀고 때렸을까?

톰 : 글쎄요. 그랬을지도 몰라요.

치료자 : 알겠다. 그러니까 6시간 후 넌 네가 똑같은 행동을 했을지 잘 모르겠다는 거구나. 하루 지난 다음에는 어때? 오늘은 그 일 때문에 얼마나 화가 나 있니?

톰 : 아마 3점요. 그래도 아직도 기분이 나빠요.

치료자 : 지금 당장 그 애를 때리고 싶니?

톰 : 아니요. 그렇지만 그때는 때렸지요.

치료자 : 그랬지. 그렇지만 이걸 물어보자. 네 화난 기분과 때리고자 하는 충동이 하루 정도 간 거구나. 맞니?

톰 : 네.

치료자 : 정학이 얼마나 길지?

톰 : 3일요.

치료자 : 내가 맞는지 보자. 그러니까 하루 지속되는 분노감에 대한 대가로 3일간 정학이란 말이지?

톰 : 넵.

치료자 : 그래서 그게 너한테 도움이 된 것 같니?

이 대화가 무엇을 예시해주고 있는가? 첫째, 톰과 치료자가 시간대별로 톰의 분노를 좇았다는 것이다. 둘째, 톰의 분노 수준을 행동과 연결시켰다. 셋째, 치료자는 소크라테스식으로 톰을 이끌어서, 그의 분노가 짧은 시간 동안만 지속되는 데 충동적 행동을 해서 그 결과로 긴 시간 동안 벌을 받게 되었다는 것을 깨닫게 했다는 점이다.

사회기술 훈련

이 절에서는 파괴적 아동의 사회기술을 향상시키기 위해 이용할 수 있는 여러 가지 방법들

을 제시하고자 한다. 파괴적 아동들에게 사회기술 훈련을 사용하는 이유는 이들의 공격적
이고 적대적인 행동을 줄이고, 부적절한 방해 행동을 줄이며, 친사회적 행동을 늘리고 친구
사귀는 기술을 키워주기 위해서이다. 아동은 체험활동을 통해 추상적인 사회기술 원칙을
생생하게 배울 수 있다.

Cochran과 Cartledge(1996)는 사회기술 훈련용으로 조각 맞추기(jigsawing)라는 집단 활동
을 사용하라고 권한다. 조각 맞추기(Aronson, 1978, Cochran & Cartledge, 1996에서 재인용)
에서는 집단에게 프로젝트가 주어지는데, 이 프로젝트는 여러 부분으로 나뉘어져 있다. 각
아동은 자신이 맡은 부분의 전문가가 되어야 하며, 이 역할을 다른 아이들에게 가르쳐야 한
다. Cochran과 Cartledge가 제안한 조각 맞추기의 예로는 정원 꾸미기, 모래성 쌓기, 이야기
를 연기하기를 들 수 있다.

조각 맞추기 활동은 치료자에게 많은 기회를 제공한다. 예를 들어 아동들에게 모형을 만
드는 프로젝트를 준다. 아동 개개인에게 설명서의 일부를 전달해주며, 각 아동은 자신에게
주어진 부분의 전문가가 되어야 한다. 프로젝트를 완성하기 위해서는 상호작용하고 협조해
야 한다. 이때 서로 상호작용하는 방법은 본질적으로 실제 행동의 표본이다. 치료자는 적절
한 상호작용을 강조하기 위해 개입할 수도 있고, 부적절한 사회적 상호작용에 대해서는 교
정용 피드백을 줄 수도 있다.

연합 항아리(Joining Jar)라는 게임도 사회기술을 향상시키는 재미난 방법이다(Cartledge &
Feng, 1996a). 치료자는 집단치료실에 항아리를 하나 가져다 놓는다. 치료자가 집단원들을
관찰하다가 공감을 잘하거나, 경청하거나 직면에 대해 공격적이지 않은 방식으로 반응하는
아동이 있으면 항아리에 구슬을 넣는다. 구슬이 적정량 모이면 치료자는 집단원들에게 특
별 보상을 준다. 치료자는 또한 집단원들에게 구슬을 항아리에 넣게 함으로써 서로를 강화
하게 할 수 있다. 즉, 동료 중 상호작용을 잘하는 사람이 있으면 구슬을 넣게 하는 것이다.

많은 전문가들(Cartledge & Feng, 1996a, 1996b; Cartledge & Middleton, 1996; Cochran
& Cartledge, 1996)이 사회기술을 가르치는 방법으로 대중문학과 영화를 사용할 것을 주장
해왔다. 책과 영화, 음악 등은 문화적 반응성을 촉진시킬 수 있다. 독서능력이 떨어지는 십
대나 아동에게는 영화나 다큐멘터리가 나을 것이다.

긍정적 청소년 선택 훈련(Positive Adolescent Choices Training, PACT)은 획기적인 폭력예
방 프로그램으로서, 특히 12~15세 미국 흑인 청소년들에게 유용하다(Hammond & Yung,
1991). PACT는 인종과 문화적 주제에 특히 민감하다. 의사소통, 타협, 문제해결 기술들
을 청소년에게 가르칠 때 직접적 지시와 녹화된 모델링을 사용한다. 일반적으로 훈련은
10~12명의 집단을 대상으로 이루어진다. 청소년들은 긍정적 피드백 주기, 부정적 피드백
주기, 부정적 피드백 받기, 또래 압력에 저항하기, 문제 해결하기, 협상하기 등 여섯 가지 기

술을 배우게 된다. 역할극과 사이코드라마를 비디오로 보여줌으로써 또래 및 자기 모델링을 촉진시킨다. Hammond와 Yung(1991)이 주장하듯이, "소수인종 십 대 하위문화의 스타일과 특징을 가진 모델은 소수인종 십 대에게 더욱 설득력이 있다"(p. 365).

PACT에서 가르치는 기술과 흑인 청소년의 역할모델을 담은 비디오테이프는 비디오 시리즈로 구할 수도 있고 치료자 매뉴얼(Hammond, 1991)에도 나와 있다. 비디오테이프는 14~20분 동안 세 가지 기본기술을 보여준다. '주기(Givin' It)'에서 청소년들은 비판과 실망, 분노, 불쾌 감정을 침착하고 통제된 방식으로 표현하는 법을 배운다. 이것은 향상된 갈등해소법을 준비시켜준다. '받기(Takin' It)'에서는 다른 사람의 비판과 분노에 대해 생산적 방식으로 듣고, 이해하고 반응하는 법을 배운다. '작업하기(Workin' It Out)'에서는 협상하는 방법을 배운다. 여기서 청소년들은 경청하고, 문제를 파악하고, 대안적 해결책을 생각해내고, 타협하는 기술을 배우는 것이다.

공감훈련

공격적이고 폭력적인 아동은 타인에 대한 공감이 부족하다(Goldstein et al., 1987). 그들이 진정으로 공격하는 대상에 대해 공감한다면 공격하지 않았을 것이다. 저자가 한 유아원에 자문을 제공해줄 때 일어났던 일이다. 때리고 깨물고 발로 차는 아이가 있어서 교사들이 애를 먹고 있었다. 저자가 교실을 관찰하던 중 그 아동이 다른 학생이 쓰고 있던 크레용을 달라고 했다. 다른 아동이 크레용을 주지 않자 팔을 세게 깨물었다. 교사가 깨문 아동에게 달려가 단호하게 말했다 "깨물면 아파!" 그 아동은 교사를 의심스러운 표정으로 바라보더니 교실의 다른 쪽으로 가버렸다.

이 교사의 개입이 왜 효과가 없었을까? 못되게 행동하는 아동은 이미 '깨물면 아프다.'는 것을 알고 있었기 때문이다. 사실 그가 다른 아이를 깨문 이유는 바로 그것이다. 문제는 그가 다른 아이의 아픔을 개의치 않는 데 있다. 크레용에 대한 그의 욕구가 다른 사람들에 대한 염려를 밀어낸 것이다. 만약 교사가 행동에 대한 부정적 결과를 적용하고 그의 공감기술을 쌓는 작업을 했더라면 더 효과적이었을 것이다.

극심한 공감 부족은 품행장애를 진단받은 많은 청소년들의 특징이다. 피터는 15세 소년으로, 심각한 규칙 위반, 무단 결석, 재산 파괴, 가정과 학교에서의 심한 불복종으로 인해 클리닉에 의뢰되었다. 피터는 또한 여러 물질 사용 문제로 까다로운 내담자였다. 어떤 회기 초기에는 "잠깐, 박사님. 모르핀 해본 적 있나요? 정말 꼭 해봐야 해요. 무지 좋거든요!"라고 자랑했다. 그리고 나서 우리는 다음 대화를 시작했다.

피터 : 이것 좀 들어 보세요. (웃음) 동네 어떤 여자는 하루 종일 자는데 가끔 저와 제 부모님을 초대하거
　　든요. 그래서 갔는데, 지루하길래 화장실에 들어가 물건들을 이것저것 들춰봤어요. 그래서 모르핀이
　　든 병을 보고 알약을 하나 먹었어요.

치료자 : 자, 피터, 죽어가는 여성에게서 약을 훔친다니 네가 뭐가 되니?

피터 : (갑자기 심각하게) 글쎄, 저라면 그렇게 표현 안 할텐데요.

치료자 : 너라면 어떻게 말할래?

　피터는 이 숙어가는 여성에 대한 공감이 분명히 부족했고 그녀의 고통 생각이 그의 즉각
적 욕구보다 밑에 있다고 보았다. 그 치료자는 공감능력을 높이는 것을 궁극적인 목표로 삼
고 피터에게 책임을 지우고 그를 감정적으로 흔들기 위한 시도로 피터의 행동을 다소 냉혹
하지만 분명하게 보여주었다.

　공감훈련은 적극적일 필요가 있다. 공격적인 아동이 당연히 공감을 할 수 있다고 생각해
서는 안 된다. 따라서 공감훈련을 할 때는 일반적으로 점진적으로 접근하는 것이 효과적이
다. 공감능력이 가장 부족한 아동의 경우에는, 다양한 감정과 스트레스원(예 : 위협받기, 놀
림 당하기)을 경험하는 인물이 나오는 영화를 보거나 책을 읽게 함으로써 훈련을 시작할 수
있다. 공감이 부족한 아동은 실제 대상에게 반응하는 데 어려움을 겪을 수 있다. 가공의 인
물을 사용하면 실제에서 한 발짝 떨어지게 되므로 실제 인물보다 쉽게 반응할 수 있다. 따라
서 공감능력을 쌓기 위해 우선 이런 인물들을 대상으로 기술을 연습한다. 애완동물(개, 고양
이)을 첫 대상으로 사용하는 치료자들이 많다. 아동이 동물에게 잔인하지만 않다면 이것은
좋은 첫걸음이 될 수 있다.

　집단치료는 특히 공감훈련에 잘 맞는다. 또래집단은 실습할 기회를 제공하기 때문이다.
다음 예를 생각해보자. 집단치료 중 9세 소년 에디는 조쉬의 우는 모습을 보았다. 에디는 자
동적으로 그를 '울보'라고 불렀다. 집단은 당연히 조쉬와 에디와의 상호작용에 주의를 집중
하게 되었다. 치료자로서 이 순간을 어떻게 치료적으로 이용할 것인가?

　저자들은 먼저 에디를 데리고 작업할 것을 제안한다. 에디는 조쉬가 어떤 감정을 느꼈을
지 알아야 한다. 가령 치료자는 에디에게 "네가 조쉬를 울보라고 불렀을 때 조쉬가 어떤 표정
이었니?", "조쉬가 자신에게 어떤 말을 했을까?", "그 애가 뭘 했지?", "그 애가 어떻게 느꼈
으리라고 생각하니?" 등을 물어볼 수 있다. 또한 에디의 동기에 초점을 맞추어 "네가 조쉬를
놀렸을 때 그 애가 어떤 기분이 들길 바랐던 거니?", "조쉬가 그런 기분을 느끼는 것이 네게
뭘 가져다주는데?", "누가 널 놀린다면 넌 어떤 기분이겠니?" 등을 물어볼 수 있겠다. 마지
막으로, 에디가 어느 정도 조쉬를 공감하게 된다면 자신이 이해한 바를 조쉬에게 전달하기를
권한다(예 : "네가 이해한다는 걸 조쉬에게 보여주기 위해 무슨 말을 하면 좋을까?").

자기지시 접근법

치료자는 분노 아동들을 자기지시 접근에 대해 준비시킬 필요가 있다. 고의로 혹은 우연히 (On Purpose or By Accident) 활동은 자기지시 기법에 대해 준비시키는 방법으로, 분노 아동의 적대적 지각을 감소시켜준다. 이 도구는 열 가지 사건을 다루는데, 아동이 할 일은 각 사건이 '고의에 의해' 일어났는지 '우연히' 일어났는지 판정하는 것이다. 각각의 항목 뒤에는 두 가지 질문이 제시된다(그림 13.4). 첫 번째 질문은 아동들에게 어떤 사람이 어떤 것을 고의로 했는지 혹은 우연히 한 것인지 알아보는 다섯 가지 방법을 열거해보라고 한다. 이 질문을 통해 아동은 대인관계 상황을 해석하는 다양한 방식들을 발달시킨다. 마지막 질문인 "누가 고의로 어떤 일을 했는지 우연히 그 일이 일어난 건지 판단하는 법을 배우는 것이 왜 중요할까?"는 이 기법의 이론적 근거(rationale)를 강화한다.

이 도구를 잘 활용하려면, 우선 아동에게 각 항목을 읽은 다음 사건이 고의에 의해 일어났는지 우연히 일어났는지 판단해보라고 한다. 그런 뒤 판단할 때 어떤 것을 고려했는지 토론하도록 이끈다. 그렇게 함으로써 아동이 누군가의 행동이 고의적이었는지를 보다 정확히 판단하도록 도울 수 있게 된다. 아동이 이 연습을 끝낸 뒤 카드에 질문을 적도록 지시한다. 다른 사람들의 의도에 관해 성급하게 결론을 내리기 전에 이 질문을 자신에게 해보도록 지도해줄 수 있겠다.

비유는 자기지시 기법을 향상시켜준다. 분노 아동들을 치료할 때 유용한 비유로는 '싸움을 얼음 위에 놓기(Putting Fights On Ice)'가 있다. 아동이 싸움을 얼음 위에 둘 때, 아동들은 분노를 식히는 상상과 함께 자기통제 기술을 사용하게 되는 것이다. 이 기법과 그 이론적 근거에 관한 토론이 첫 번째 절차이다. 그런 뒤 아동이 얼음 위에 앉은 자신의 모습을 상상해보든지 그려보든지 하게 된다. '차갑게 식히기(cool down)' 문장을 만드는 연습을 하고, 이들 문장을 활동지나 카드에 기록한다. 그림 13.5에 활동지의 예가 제시되어 있다.

다음의 대화는 12세 소년을 대상으로 '싸움을 얼음 위에 놓기'를 어떻게 사용하는지 보여주고 있다.

치료자 : 자, 에릭. 화가 나서 싸우려고 할 때 어떤 느낌이 드니?

에릭 : 진짜 열 받아요, 속에 불이 붙는 것 같아요.

치료자 : 그렇구나. 열을 식히는 방법을 찾으면 도움이 될까?

에릭 : 그렇겠죠.

치료자 : 그래. 싸움을 하는 것은 너 자신을 열로 녹아내리게 하는 것과 같단다. 우리 함께 싸움을 얼음 위에 두는 법을 찾아보자. 여기 활동지가 있어(활동지를 제시하며). 네가 이 얼음 위에 앉아 있는 모습

다음의 각 사건들이 고의로 일어났는지 우연히 일어났는지 동그라미 하세요.

반 친구가 인사를 하지 않았다.	고의로	우연히
엄마가 설거지하라고 하셨다.	고의로	우연히
선생님이 다른 아이 이름으로 나를 부르셨다.	고의로	우연히
점심시간에 친구가 내 접시에 우유를 쏟았다.	고의로	우연히
친구가 내 생일날 선물을 주지 않았다.	고의로	우연히
누가 내 앞에서 새치기했다.	고의로	우연히
누가 주위를 보지 않고 걸어가다가 내 책상에 부딪쳤다.	고의로	우연히
누가 내 연필을 빌려가서는 돌려주지 않는다.	고의로	우연히
반 친구가 나를 놀리며 욕을 한다.	고의로	우연히
누가 이상한 표정으로 나를 본다.	고의로	우연히

누가 어떤 일을 고의로 그러는지 아니면 우연히 그런 것인지 알 수 있는 방법 다섯 가지를 나열하세요.

1. _____
2. _____
3. _____
4. _____
5. _____

누가 어떤 일을 고의로 한 것인지 아니면 우연히 그렇게 된 것인지 판단하는 방법을 배우는 것이 중요한 이유는 무엇일까요?

_____
_____
_____

그림 13.4 : 고의로 혹은 우연히

을 그려보렴. 재미있을 거야.

에릭 : (활동지에 그림을 그린다)

치료자 : 차갑게 식히기 위해 네 자신에게 어떤 말을 할 수 있을까?

에릭 : 아마도 '얼어붙어!', '중지!', '네가 뭘 하고 있는지 생각해봐!' 같은 말들이요.

치료자 : 좋아. 다섯 문장을 더 생각해낼 수 있을까?

당신이 얼음 위에 앉아 있는 모습을 그리세요.

쿨하고 멋진 색으로 얼음을 칠해보세요.

차갑게 식히기 문장을 쓰세요.

1. _____

2. _____

3. _____

4. _____

5. _____

다음번에 당신이 정말 화나서 폭발할 지경일 때 이 차가운 얼음에 당신이 앉아 있다는 상상을 하면서 차갑게 식히기 문장을 생각하세요.

그림 13.5 : 싸움을 얼음 위에 놓기

에릭 : 그러죠 뭐.

치료자 : 또 네가 진짜 화가 나고 싸움을 하려 할 때, 이 얼음 위에 앉는 모습을 상상해보길 바라. 마음속
　　　으로 그런 그림을 그릴 수 있겠니?

이 대화가 가르쳐주는 바는 무엇일까? 첫째, 치료자가 분노를 설명하기 위해 비유를 사용
했다는 점이다(예 : 열로 녹아내리는 것, 싸움을 얼음 위에 두기). 둘째, 자기지시 접근이 적

용되었다(예 : "차갑게 식히기 위해 어떤 말을 네 자신에게 할 수 있을까?", "이 얼음 위에 앉아 있는 모습을 상상해보길 바라."). 셋째, 치료자는 심상기법을 포함시켰다.

파괴적 아동은 단지 멈춰서 생각하지 않을 뿐이다! 이걸 그려(Picture This)(Friedberg, 1993)는 게임식 기법으로, 입원 청소년들이 덜 충동적이 되도록 돕는다. 이 게임은 집단으로 이루어지며 인기 잡지의 그림들을 활용한다. 그림들은 자극으로 가득 차 있고 여러 가지 일들이 벌어지고 있는 것들이 유용하다. 이 게임은 두 단계로 이루어진다. 첫 번째 단계에서는 그림을 약 5초간 보여주고, 10초간 기억나는 것을 모두 회상해서 적도록 한다. 아동들에게 목록을 나누어주고, 중복되지 않은 답변에 점수를 준다. 둘 이상의 아동이 같은 반응을 했으면 0점이다. 처리 깊이도 보상을 받는다. 아동들이 자극을 종합하거나 통합, 조합하면 보너스 점수를 얻는다. 가령 "소녀는 1점, 발코니에 앉은 소녀는 2점, 발코니에 앉아 강아지를 쓰다듬는 소녀는 3점을 얻는다."

두 번째 단계에서 자료 제시 시간은 15초로 늘어나고 아동들은 10초간 회상해서 기록한다. 두 번째 단계가 끝나면 아동들이 이 게임을 '멈추고 생각하는 과정'에 연결하도록 돕는다. 가령 아동들에게 다음과 같이 물어볼 수 있겠다. "어느 단계에서 많은 것을 봤니?", "중지하고 생각하는 게 어땠니?", "문제를 푸는 데 어떤 때가 더 쉬웠니? 중지하고 생각을 했을 때니 아니면 그냥 행동에 옮겼을 때니?" 그런 뒤, 중지하고 생각하는 것을 현재 문제에 연결시킨다. "언제 중지하고 생각하니?", "중지하고 생각하는 것이 네 문제를 더 잘 이해하도록 돕는 것 같니?"

가라사대(Simon Says)도 부담 없는 게임식 기법으로, 아동들에게 중지하고 생각하는 것의 이점을 일깨워준다. 알다시피 '가라사대' 게임에서는 아동들이 주의를 기울이고, 경청하고 자신의 행동을 억제해야 한다. 주의를 기울이지 않고 협조를 하지 않는다면 게임에서 잘 할 수 없다. 가라사대는 아동들에게 명령에 반응하는 것을 재미있게 가르친다. 게임을 할 때 다양한 형태의 지시를 사용할 수 있다. 가령 치료자는 "가라사대에서 말하는 대로 따라하는 게 어땠니?", "가라사대 게임을 잘하던데 어떻게 그렇게 잘 할 수 있었을까?", "뭘 어떻게 했기에 가라사대 게임을 잘했지?" 같은 질문을 할 수 있다. 또한 "어떻게 하던 일을 멈출 수가 있었지?", "게임에서 지지 않으려고 뭘 해야 했니?", 가라사대 게임을 할 때 필요한 기술들 중에서 학교나 집에서 해볼 수 있는 게 뭐가 있을까?"

아동에게 멈추고 생각하는 기술을 가르치는 길은 그 밖에도 많다. 호루라기를 이용해서 아동에게 멈출 것을 상기시킬 수도 있다. 가령 스포츠의 비유를 사용해서 "부모나 선생님들은 심판처럼 행동하는 경우가 많아. 파울을 하면 심판이 호루라기를 불고, 그러면 경기를 멈추어야 하잖니." 치료자와 아동이 여러 상황의 목록을 만들고 어떤 상황이 호루라기를 불어야 하는 파울 상황인지 정한다. 호루라기 대신 벌칙 깃발을 사용할 수도 있다. 이때 아동이 벌칙 깃발을 그리거나 색칠하게 하는 방법도 있다.

Brady와 Raines(2009)는 '~이다(is)'라는 인지와 '~해야 한다(ought)'라는 믿음 간에 커다란 차이가 있다고 강조했다. 파괴적 행동을 하는 아동들은 어떤 것들이 '~해야 한다'라는 강한 믿음을 가지고 있다. 세상 일이 이들의 요구에 따라 돌아가야 한다는 말이다. 세상과 타인들이 이에 협조하지 못하며 파괴적 아동은 그 좌절감을 받아들이기 어려워한다. Brady와 Raines의 구분에 따라 간단한 자기지시 연습이 고안되었다.

이 연습을 시작하는 첫 발걸음은 아동의 '해야 한다 규칙(ought rules)'을 찾는 것이다. 그런 뒤 아동과 치료자는 '해야 한다 규칙'을 '~이다 문장(is statements)'으로 바꾸기 위한 대화를 진행한다. 다음 대화는 그 방향을 가르쳐줄 것이다.

칼 : 숙제 때문에 화가 나요. 선생님들은 숙제를 내주면 안 돼요. 집에서의 제 시간은 제 것이니까요. 생각하면 생각할수록 무례한 처사예요.

치료자 : 선생님들과 학교가 어때야 한다 하는 진짜 강력한 규칙을 가지고 있구나. 사람들이 그 법칙을 깨면 넌 화가 치밀어 오르는구나.

칼 : 이보세요, 잘 맞추시네요.

치료자 : 네 규칙을 느슨하게 만들면 어떨까?

칼 : 왜요?

치료자 : 네 규칙이 너에게 도움이 되니?

칼 : 무슨 말인지 모르겠네요.

치료자 : 선생님들이 네가 생각하는 대로 일을 해야 한다고 생각하잖니. 그러면 문제를 일으키니 아니면 문제를 해결해주니?

칼 : 거참 멍충이 같은 질문이네. 이봐요, 답을 아시면서! 문제를 해결해주는 거라면 내가 여기 앉아 당신의 뭣 같은 얘길 듣고 있지 않겠지요.

치료자 : 네 규칙을 내가 깬 것 같구나. 사람들은 자기가 답을 아는 질문을 던지면 안 된다는 규칙.

칼 : 와, 이제 돈 값을 하네.

치료자 : 지금 네가 느끼는 건?

칼 : 화가 치밀어 오르네.

치료자 : 이 분노 감정 말야. 만족스러우니 아니면 짜증나니?

칼 : 짜증나죠.

치료자 : 그럴 거야. 내가 바보가 안 되게 만들어줬네? 능력 있네?

칼 : (웃으며) 이봐요, 그런 말을 하다니 믿기지 않아요.

치료자 : 네가 통제할 수 없는 것 때문에 네 자신을 짜증나게 만든 거지. 그냥 네 손이 미치지 않는 어떤

것이 이래야 한다(ought)라고 요구하고는 허물어지지 말고 그냥 그게 그런거다(is)라고 받아들이면 어떻게 될까?

칼 : 대체 그걸 어떻게 하는 건데요?

치료자 : 네 규칙 책을 다시 쓰는 것으로 시작할 수 있지. '해야 한다', '이래야 한다' 요구사항들을 '그런 것이다'는 식으로 바꾸어봐. 받아들이는 것은 동의한다는 뜻이 아니야. 단지 그에 대해 네가 경험하는 나쁜 감정을 줄여줄 뿐이야.

칼 : 네에? 그냥 같이 가라. 그럼 같이 잘 지내게 된다. 뭐 그런 뜻이에요?

치료자 : 응. 네가 그런 식으로 생각하고 싶다면.

칼 : 이봐요, 저더러 어쩌란 거예요?

치료자 : 뭘 하라고 얘기하는 게 아니야. 규칙을 좀 부드럽게 만들면 어떨까 물어보는 거야.

칼 : 무엇을 함으로써요?

치료자 : 원하면 규칙을 좀 다듬어서 '그래야 한다'가 아니라 '그런 것이다'에 집중해볼 수 있어.

칼 : 어떻게요?

치료자 : 네 첫 번째 규칙은 '선생님들이 숙제를 내면 안 된다.'이지.

칼 : 알아요. 그래서요?

치료자 : 그러니까, 그 규칙을 다시 쓴다면 그냥 '그렇다'이지. '선생님은 숙제를 내준다.' 2개를 나란히 두고 봐봐. (종이를 보여준다) 어떻게 생각해?

칼 : '안 된다'는 아웃. 그러면 이제 그만큼 많이 화가 나진 않겠죠.

치료자 : 맞아.

칼 : 이봐요! 이게 어떨지 잘 모르겠어요.

치료자 : 좋아. 네가 잘 모르겠다는 거 좋은 거야. 몇 개 더 시도해본 뒤 어떻게 되나 볼까?

치료자는 칼의 규칙을 끌어내는 것으로 시작해서 칼의 주의를 규칙의 결과로 향하게 했다(예 : "네 규칙이 너에게 도움이 되니?"). 그 뒤 치료자는 지금-여기 머무르면서 다른 사람들을 통제할 수 있는 칼의 역량에 대해 주의를 집중시켰다. 마지막으로 치료자는 인내심을 유지하면서 칼의 마음속에 칼 자신의 '그래야 한다.' 규칙의 효율성에 대한 의심을 조성하기 시작했다.

합리적 분석 기법

분노관리를 위한 합리적 분석 기법은 어린 아동보다는 청소년들에게 적합하다. 합리적 분석을 시행할 때는, 불안하고 우울한 아동들에게서와 마찬가지로 아동이 심한 동요 상태에 놓여 있지 않아야 한다.

첫 번째 기법은 재귀인 절차다. 분노 아동의 인지는 적대적 귀인을 포함하고 있음을 기억하자(Dodge, 1985). 따라서 아동에게 "이 분노 유발상황을 달리 어떻게 설명할 수 있을까?" 같은 질문을 해볼 수 있다. 다음의 예를 생각해보자. 제이크는 14세 소년인데, 학교에 있는 상담실로 치료자를 찾아왔다. 친구인 오마르가 욕을 했기 때문에 동요되어 있는 상태다. 제이크는 오마르가 자신을 시험하고 있고 놀리고 있어서, 남자다움이 의심받고 있는 처지라고 믿는다. 그리고 오마르에게 복수해야 한다고 믿는다.

제이크 : 점심시간에 혼을 내줘야겠어요. 날 무시할 수 없다는 걸 보여줘야 해요.

치료자 : 너무 분해서 그 애를 혼내줘서 네가 '사나이'란 걸 보여주고 싶구나!

제이크 : 맞아요.

치료자 : 지금 마음속에 무엇이 스쳐지나가고 있니?

제이크 : 나서지 않고는 못 배기겠어요. 다들 무슨 일이 벌어질지 기대하고 있는 중이란 말이에요. 내가 싸우지 않으면 다른 애들이 내가 오마르를 무서워한다고 생각할 거예요. 그렇게 되면 통제권을 잃게 될 거예요.

치료자 : 그 애랑 싸운다면 얼마나 통제권을 갖게 되는데?

제이크 : 많이요. 세게 때리기만 하면요.

치료자 : 그 아이가 널 진짜 화나게 했구나. 네 분노의 세기가 진짜 많이 올라갔구나.

제이크 : 맞아요.

치료자 : 그런데 오마르가 네 분노의 세기를 조절하고 있는 것 같이 들리는구나.

제이크 : 어떻게 해서요?

치료자 : 오마르를 이기면 네가 얼마나 통제권을 갖게 되는데?

제이크 : 전 지금 통제권을 잃었어요. 돌았다니까요. 그래서 아무도 저를 건드리지 않아요.

치료자 : 그렇다면 싸움이랑 이 싸움에 대한 대가를 치루는 것이 통제권을 잃게 만들 가능성이 있다는 거니?

제이크 : 어쩌면요. 하지만 전 사나이니까 해봐야 해요.

치료자 : 싸우지 않고서도 사나이일 수는 없니?

제이크 : 왜요?

치료자 : 네가 사나이라고 생각할 때 말이야, 얼마나 네가 멋있다고 생각하니?

제이크 : 진짜 멋있다고요.

치료자 : 그렇다면, 네 분노의 세기를 크게 올리는 게 그렇게 쉽다면 넌 얼마나 멋진 건데?

제이크 : (멈춤)

치료자 : 좀 헷갈리지?

이 대화가 무엇을 가르쳐주고 있는가? 우선 치료자가 (분노의) 세기 조절의 비유를 사용한 것이다. 이는 제이크로 하여금 오마르가 분노의 세기를 크게 올리고 있다는 것을 깨닫게 도와주었다. 둘째, 치료자는 싸움이 제이크를 사나이로 만들어준다는 믿음을 흔들어보고자 했다. 셋째, 치료자는 싸움이 멋지고 통제권의 의미를 가진다는 믿음에 대해 의심과 혼란을 야기하려 했다.

공격적인 아동들은 자신에게 일어난 일들을 설명하는 길이 하나밖에 없다고 확신하는 성향이 있다. 가령 집단치료 시간에 사이먼이라는 분노 청소년이, 한 친구가 고개를 뒤로하고 팔짱 끼고 자신을 보고 있는 것을 눈치 챘다. 그는 즉시 다음과 같이 생각했다. "이 친구가 날 시험하고 있어. 날 무시하고 있어." 사이먼은 자신이 찝쩍거림의 대상이 되고 있다고 믿었다. 이 시점에서 사이먼은 대안적 귀인을 생성해내야 한다. 다음의 대화를 검토하면서 재귀인 형성을 어떻게 도울지 확인해보기 바란다.

사이먼 : 쟤를 보세요. 내가 어떻게 할지 보려고 가만히 기다리고 있어요.

치료자 : 뭣 때문에 그 아이가 널 무시한다고 생각하는 거지?

사이먼 : 저, 잘 알거든요. 그 애가 내게 신호를 보내고 있어요.

치료자 : 어떤 신호?

사이먼 : 무시요!

치료자 : 알겠다. 그래, 그 애가 머리를 뒤로 젖히는 것이 네 사나이다움을 시험하는 것으로 보인다는 거지?

사이먼 : 맞아요.

치료자 : 그게 딴 걸 의미한다면?

사이먼 : 가령 뭐요?

치료자 : 글쎄. 그 애가 그냥 피곤하다든지. 만약 그냥 피곤한 거라면 넌 아무것도 아닌 걸로 네 자신을 흥분시키는 게 되지. 다른 이유를 찾으려면 용기가 필요한데 그렇게 용감해지고 싶니?

치료자는 재귀인을 용기의 행위로 재개념화했다(예 : 다른 이유를 찾으려면 용기가 필요한데 그렇게 용감해지고 싶니?).

이분법적 사고는 여러 파괴적 청소년의 특징이다. 이분법적인 범주를 사용해서 사고하며 다른 사람들을 '좋은 쪽' 아니면 '나쁜 쪽'으로 규정한다. 어떤 사람을 '완전 밥맛'으로 본다면 그 사람을 거역하는 것이 당연한 반응일 것이다. 따라서 연속선 기법을 이용하여 청소년이 이분법적 사고를 재고해보도록 돕는 것이 좋다.

　　미치의 예를 생각해보자. 그는 담임교사인 로빈슨 선생님과 갈등이 잦다. 미치는 로빈슨 선생님의 명령에 적대적이고 저항적이다. 로빈슨 선생님을 '완전 밥맛'으로 보기 때문이다. 미치가 그런 사람에게 복종하고 싶어 하지 않는다는 것은 분명하다. 따라서 치료자는 연속선 기법을 사용하여 미치로 하여금 로빈슨 선생님을 이분법적으로 보지 않도록 돕는다. 기본 절차는 차원의 양쪽 끝에다 아동이 범주명을 다는 것으로 시작된다(그림 13.6). 미치의 경우에는 한쪽에 '완전 밥맛'을 쓰고 반대쪽 끝에는 '완전 멋쟁이'라고 썼다. 그런 뒤 미치는 연속선의 양 끝을 정의해야 한다. 다음의 대화는 그 과정을 예시해주고 있다.

> **치료자** : 자, 미치, 누가 완전 밥맛이려면 뭘 갖추어야 하지?
>
> **미치** : 재수 없는 놈이어야죠. 내가 뭘 잘못할 때마다 자세히 적어놓지요. 내가 무슨 사고를 치나 감시하지요.
>
> **치료자** : 네 차를 가지고 하는 짓은 어때? 가령 네 차를 들이받은 뒤 내뺀다면?
>
> **미치** : 그건 진짜 밥맛 없는 짓이겠네요.
>
> **치료자** : 네가 가장 좋아하는 어떤 걸 훔치는 건 어때?
>
> **미치** : 네. 그것도 밥맛이네요.
>
> **치료자** : 이 밖에 밥맛이 갖추어야 할 점들은?
>
> **미치** : 우리 식구들에게 못되게 구는 거요. 내 개한테 잔인하게 구는 것두요.
>
> **치료자** : 자, 반대쪽 끝은 어때? 밥맛의 완전 반대에 있는 사람은 뭐 어떤 사람들이지?
>
> **미치** : 멋지죠.
>
> **치료자** : 더 말해봐. 어떤 사람이 멋질 때 뭘 보고 넌 그걸 알지?

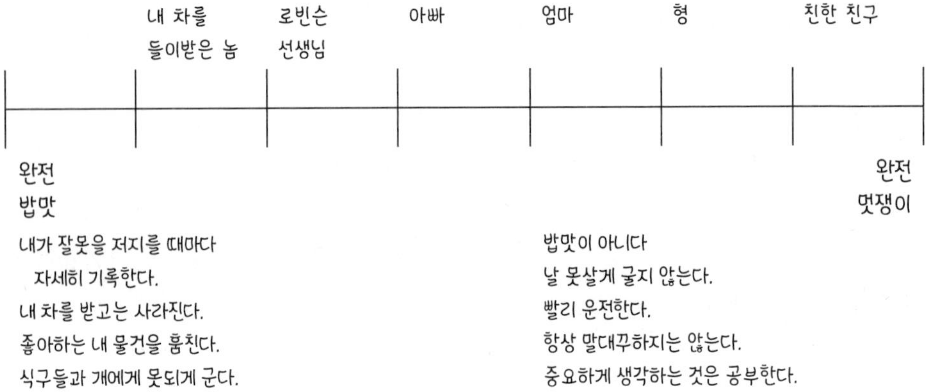

그림 13.6 ： 미치의 연속선

미치 : 날 성가시게 군 적이 없어요. 그냥 내 자신이게 내버려 두지요. 음악을 크게 틀고 빨리 차를 몰구요.

치료자 : 학교에서는 어떻게 행동하지? 공부하니? 선생님들에게 말대꾸하니?

미치 : 냉정하고 멋져요. 항상 말대꾸하는 건 아니구요. 자기가 중요하다고 생각하는 건 열심히 공부하지요.

치료자 : 알겠다. 자, 이제 이 선 위에 누구를 놓을지 보자. 너의 친한 친구는 어디에 위치할까? 그 아이는 끝에 얼마나 가까울까? 네 형은 어때? 아버지는? 어머니는? 네 차들 들이 받은 사람은? 로빈슨 선생님은? (그림 13.6 참조)

미치 : (도표를 완성한다)

치료자 : 연속선을 보니 '로빈슨 선생님은 완전 100% 밥맛'은 아닌 것처럼 보이네?

미치 : 맞아요. 그래도 끝에 있어요.

치료자 : 네 엄마와 아빠도 완전 밥맛이라고 생각하니?

미치 : (잠시 후) 아니요.

치료자 : 이 선상에서 로빈슨 선생님은 부모들에게 얼마나 가까이 위치해 있지?

미치 : 꽤 가깝게요.

치료자 : 그렇다면 뭘 뜻하지?

미치 : 어쩌면 그 사람은 밥맛이긴 하지만 완전 밥맛은 아니다.

치료자 : 방금 그 말이 선생님에 대한 너의 분노에 어떤 영향을 주니?

미치 : (잠시 후) 분노를 낮춰줘요.

로빈슨 선생님에 대한 관점이 부드러워지면서 미치의 분노는 감소되었다. 완전 밥맛이라는 심한 명칭이 약해졌다. 미치가 로빈슨 선생님에 대해 완전히 긍정적인 관점을 갖게 된 것은 아니다. 그렇지만 이 연습으로 인해 앞으로는 미치가 완전 밥맛으로 보지 않는 사람들을 존중해주고 협조적이 될 것이다.

도덕적 추론

Goldstein 등(1987)은 도덕적 추론을 분노관리 프로그램에 포함할 것을 권했다. 이들이 제안한 혁신적 접근법에서 치료자들은 노덕적 딜레마에 초점을 맞춘 토론집단을 이끈다. Goldstein과 동료들(1987)은 인지적 갈등 혹은 인지적 부조화(dissonance)를 일으킴으로써 변화를 일으킬 수 있다고 했다. Goldstein에 의하면, 아동들이 자신의 부조화를 해결하려 할 때는 다양한 형태의 도덕적 추론을 해본다고 한다. 요점은 아동이 낮은 수준의 미숙한 추론으로부터 고차원적이고 보다 세련된 추론으로 옮겨가도록 돕는 것이다. 그들의 글에서 Goldstein 등은 아동이나 청소년들이 토론할 만한 여러 가지 도덕적 딜레마를 제시하고 있다.

Sommers-Flannagan과 Sommers-Flannagan(1995)도 알코올 및 물질 사용, 성행위 절제/관여, 컨닝, 도둑질, 귀가 시간 위반 등을 둘러싼 도덕적 딜레마를 제시한다. 한편 양심(Scruple) 같은 보드게임도 도덕적·윤리적 딜레마를 제시한다. 보드게임의 이점은 토론에 놀이 같은 맛을 더해주는 것이다. 딜레마의 유형에 관계 없이 Goldstein 등(1987)은 여러 가지를 경고한 바 있다. 딜레마는 상당한 인지 갈등을 일으켜야만 한다. 아동이 지금까지 지녀온 도덕적 평형상태를 흔들 필요가 있다. 딜레마는 반드시 부조화를 만들어내야 하며, 아동에게 적절하며 흥미롭고 또한 생산적이어야 한다.

준비 단계에서 중요한 것은 토론 분위기를 만드는 것이다. 준비 단계에서는 네 가지 목표가 있다(Goldstein et al., 1987). 우선 아동들에게 딜레마를 토론하는 이유와 목적을 설명해야 한다(예 : 새로운 조망을 개발하고 실험해보기 위해). 둘째, 집단형태로 토론을 진행하면서, 아동들에게 정답이 없고 모든 사람이 차례로 이야기할 것이며 토론할 의무가 있다는 규칙들을 확실하게 알려준다. 셋째, 아동들에게 촉진자의 역할을 설명해주어야 한다. 촉진자인 치료자는 아동의 답변을 평가하지 않을 것이며 단지 토론에 집중하고 모든 사람이 집단 규칙을 지키고 이야기할 기회를 가지도록 할 것이라고 말해준다. Goldstein 등은 치료자가 때로 일부러 나쁜 입장을 대변하는 역할(Devil's advocate)을 하라고 권한다. 마지막으로, 치료자는 집단행동과 관련된 윤리적 규칙들을 열거한다. Goldstein 등(1987)은 서로 동의하지 않더라도 서로에게서 배울 것이 있다는 것을 알려주는 것이 중요하다고 하였다.

토론을 지도할 때 치료자는 아동이 보이는 도덕적 추론 단계를 평가한다. 그런 뒤 가장 낮은 수준의 아동과 그보다 한 단계 높은 수준의 아동이 함께 토론하게 한다. 불공평과 반대 증거를 지적해서 추론패턴의 균형을 깨는 것이 목적이다. 치료자가 시나리오를 바꾸고 가상의 정보를 첨가할 수도 있다.

Goldstein 등(1987)은 또한 무신경한 참여, 과잉활동 참여, 과소활동 참여를 다루는 다양한 방법을 제시했다. 공격적 아동은 토론 중에 대놓고 무시하기와 모욕 주기 행동을 보일 것이다. Goldstein 등은 이런 경우 직접적으로 접근하길 권한다. 다시 말해 치료자가 재빨리 개입해서 왜 토론을 중지시켰는지 지적하고, 아동들에게 개인적 특성보다 주제에 집중해 줄 것을 지시한다. 과잉활동 참여는 자기중심주의를 반영하는데, 이 또한 하지 못하게 해야 한다. 이런 아동은 토론이 전적으로 자신의 생각에만 초점을 맞추어 진행되길 원한다. 이러한 자기중심주의적 과잉참여를 줄이기 위해서는 다른 아동들의 관점을 요약해주고, 참여에 한계가 있음을 알려줄 필요가 있다. 과소활동 참여는 치료자에게 세 번째 딜레마다.

Goldstein 등은 다른 아동들에 비해 상대적으로 활동을 적게 하는 이유(예 : 불안, 내용을 이해하지 못함, 지루해짐)를 거론해볼 것을 권한다. 이 경우 공감, 부드러운 격려, 구조화 등이 도움이 된다.

노출/수행 성취

불안한 아동들과 마찬가지로, 화를 잘 내고 공격적인 아동들에게도 자신의 정서를 관리할 수 있다는 것은 보여줄 필요가 있다. DiGiuseppe 등(1994)은 분노와 불안은 둘 다 높은 수준의 자율신경계 각성을 수반하며, 개인이 행위를 취할 태세를 갖추게 한다고 주장했다. 여러 인지행동치료자들(Brondolo et al., 1997; DiGiuseppe et al., 1994; Feindler, 1991; Feindler & Ecton, 1986; Feindler & Guttman, 1994)은 분노한 아동들에게 경험을 통한 학습 기회를 만들어줄 것을 주장하고 있다. Brondolo 등(1997)은 "누구든지 분노경험을 인내하는 법을 배우게 되면, 도발에 대해 유연한 반응을 보이게 된다."(p. 86)고 하였다.

저자들의 경험에 따르면, 대부분의 공격적 아동들이 앞에서 제시한 기술들을 쉽게 습득한다. 그러나 오후 1시에 집단에서 분노관리 기법들을 습득했나 싶었는데, 오후 4시경 스태프나 동료들과 말다툼을 하는 것이 다반사였다. 이들이 기술을 획득하지 못해서가 아니었다. 자신이 화가 났을 때 기술을 적용하지 못해서였던 것이다.

안전과 효과 측면에서, 치료자들은 반드시 자기통제 기술의 습득과 적용이 끝난 후에 노출훈련을 실시하기 바란다. 아동이 자기통제 기술을 수행해야 하는 상황에 처하기 전에, 그 기술들을 먼저 익혀야 한다는 말이다. 또한 노출을 시도할 때는 점진적으로 할 것을 권한다. Brondolo 등(1997)은 "매우 파괴적이거나 충동적인 아동의 경우, 비교적 덜 불쾌한 것부터 시작하고 산만하지 않은 분위기에서 적은 수의 인원과 천천히 작업해 나가야 한다. 아니면 실제 도발이 아닌 상상을 이용한 도발을 사용할 수도 있다."(p. 88)라고 했다. Brondolo와 동료들은 극심하게 파괴적인 아동의 경우에는 노출과 관련된 적합한 행동규칙을 확립하는 데만도 1년이 걸릴 수도 있다고 했다. 마지막으로 그들은 치료자가 수행성취 전략을 시작하기 전에 주의 깊게 최악의 경우를 검토해보아야 한다고 하였다.

Feindler와 Guttman(1994)은 구조화되고 점진적인 노출에 기초한 몇 가지 활동과 연습들을 제시하고 있다. 비난의 원(Circle of Criticism, p. 184)에서는, 아동들을 둥글게 둘러앉게 한 후 자기 오른편에 앉은 사람을 비난하라고 지시한다. 이 활동에 대해 점진적 접근을 채택하고 싶다면 치료자가 비난을 제공해서 말의 강도를 통제할 수 있다. 비난을 적은 종이를 상자 안에 넣은 뒤 무작위로 뽑으라고 하면 된다. 이렇게 한다면 비난이 개인과 관계가 있거나 심하게 도발적이지 않을 것이다. 비난을 받은 사람에게는 흐리기(fogging) 기법(제8장 참조)을 사용하라고 지시한다. 아동들은 적절히 참여한 데 대해 보상이나 토큰을 받는다. 아동 들이 심한 비난을 견딜 수 있게 되면 치료자가 이전보다 심한 도발적 문구를 종이에 적는다. 이 훈련의 초기단계에서 흐리기에 쓰일 문구를 아동에게 미리 줄 수도 있다. 연습을 몇 번 한 뒤에는 흐리기 문구를 없애고 대신 아동 자신의 반응을 생각해내라고 지시한다.

Feindler와 Guttman(1994)은 또한 가시 기법(Barb technique)을 활용하고 있다(p. 195). 치 료자는 먼저 아동들에게 '가시'는 도발이나 스트레스원이라고 가르친다. 누군가가 네 분노 단추를 누르려 하는 것이라고 말해준다. 비난의 원 연습 때와 마찬가지로, 아동들에게 도발 적 문장의 가시(예 : 넌 왜 나를 존중해주지 않는 거니?)를 제시한다. 이러한 가시들은 부모, 양육자, 교사 등의 권위적 인물이 하는 도발적인 말과 유사하도록 고안될 수 있겠다. 치료자 는 아동에게 "이제부터 가시로 널 찌를 거야." 같은 경고를 주어서 이 활동에 대한 준비태세 를 갖추게 한다. 가시로 찌르는 사람은 보통 치료자이다. 아동은 자기통제 기법(예 : "진정 해, 통제권을 유지해." 같은 자기지시 문장)이나 사회기술(예 : 공감적 주장, 흐리기)을 써서 반응해야 한다. 비난의 원에서와 마찬가지로 아동이 사용할 수 있는 문장이나 대처기술 목 록을 미리 준비할 수 있다. 훈련을 통해 아동이 진전을 보임에 따라 점차로 미리 준비한 대 사 없이 실시한다.

입원한 분노 아동집단을 운영할 때 집단과정을 실제(in vivo)로 해보는 학습경험으로 활용 하면 좋다. 집단치료를 하는 동안, 집단규칙과 분노조절 기술을 적은 종이를 벽에 붙여 놓는 다. 예를 들어 누군가 자신에게 동의하지 않을 때 매우 기분 나빠하는 아동이 있었다. 치료 시간에 치료자는 그 아동에게 동의하지 않을 것이라고 말해주었다. 다른 아동들도 그 아동 이 말하는 것에 동의하지 않든지 아니면 아무 말도 하지 않도록 지시받았다. 처음에 아동은 극심하게 힘들어했고 동요를 보였다. 치료자는 일시 중단을 선언할 수밖에 없었다. 그리고 아동이 종이에 기술 쓰는 것을 도와주었다. 이때 벽에 붙인 기술과 규칙들을 참조할 것을 상 기시켜 주었다. 여러 번의 연습을 하고, 시간이 지나면서 아동은 자기통제 기술을 이용해서 의견 차이를 더 잘 참을 수 있게 되었다.

Brondolo 등(1997)은 이러한 점진적 노출을 시행할 때 유의할 점에 대해 언급했다. 가령 아동이 비난하거나 불찬성거나 기타의 도발적인 말을 연습할 때, 우선 말에서 정서적 억 양을 빼고 시작하라고 가르치라는 것이다. Brondolo 등이 지적한 대로, 단조로운 톤으로 말 하면 즉각적으로 반응하게 되기보다는 무엇이 화나게 하는지 생각할 시간을 가지게 된다. 이외에 치료자가 분노조절과 갈등해소를 연습하는 아동 곁에 앉으라는 조언도 도움이 된 다. 이렇게 하면 아동에게 치료자의 지지를 알리고, 아동이 절차를 수행하는 데 필요한 도 움을 주기도 쉬워진다. Brondolo 등은 또한 아동을 도발하기 전에 먼저 아동으로부터 허락 을 구하라고 권고한다. 이것은 매우 좋은 생각이라고 생각된다. 저자는 정신과 병원에서 일

> **글상자 13.5** **파괴적 아동과의 노출**
>
> - 기술 습득부터 시작하라. 그 뒤 기술 적용으로 진도를 나가라.
> - 자기통제 기술에의 점진적 노출을 실시하라. 도발 정도가 낮은 것부터 시작하라.
> - 낮은 수준에서 시작해서 천천히 진행하라.

할 때 정서적으로 센 말을 하기 전에 의례 "이렇게 너를 몰이세워도 될까?"로 시작하곤 했다. 이 때문에 스태프와 환자들은 저자의 별명을 "이렇게 너를 몰아세워도 될까? 선생님"으로 지어 불렀다. 마지막으로, 부드러운 자기지시를 덧붙여서 갈등해소를 촉진하는 것은 어린 내담자들에게 용기를 준다. Brondolo 등은 다음과 같이 말할 것을 제안하였다. "이렇게 내가 바로 네 곁에 앉아서 네 팔에 손을 얹고 이완을 유지하라고 상기시켜줄게. 어떻게 생각하니? 계속 호흡을 유지하고 자신을 진정시키도록 해. 이번 공격에 꼭 반응해야 하는 건 아니야."(p. 91)

글상자 13.5에 파괴적 행동문제를 보이는 아동들에게 노출을 실시할 때 염두에 두어야 할 사항을 요약했다

맺음말

위에서 볼 수 있듯, 파괴적 행동장애를 겪는 아동 및 청소년의 치료는 길고 느리며 신중한 과정이다. 따라서 아동에게 '긴 시간 동안 함께할 것임'을 알리는 것이 중요하다. 저자들은 치료자들이 다양한 치료전략을 구사하고 앞에서 언급된 다양한 기법들을 창의적으로 적용할 것을 권고하는 바이다.

14

자폐스펙트럼장애의 치료

자페스펙트럼장애(autism spectrum disorder, ASD, 이하 ASD)로 진단받은 어린이들은 '이상한 나라의 낯선 사람들'처럼 대인관계의 세계를 살아간다. 그들은 Heinlein(1961)의 소설에서 '지구 문화'를 이해하고 그에 적응하려 열심히 노력하는 화성인 Valentine Michael Smith와 같다. Smith는 지구상의 모든 것이 화성어로 번역될 수는 없기 때문에 이 적응이 어렵다는 것을 깨닫는다. 사실 이 같은 번역 문제는 정신 결점 이론 때문에 ASD로 진단받은 청소년이 어려움을 겪는다. 이 장은 ASD의 핵심 특징에 대한 기술과 평가 권장 사항으로 시작한다. 뒤로 가면서 CBT 중재를 설명하고 사례를 예시할 것이다.

ASD의 특징

ASD를 진단받은 아동은 여러 상황에서 지속적으로 사회적 손상뿐만 아니라 제한적이고 반복적인 패턴의 행동이나 관심을 보인다. 증상은 발달 초기에 나타나 현재 기능상 임상적으로 유의한 손상을 야기한다(DSM-5; American Psychiatric Association, 2013). DSM-5에서는 이전 DSM-IV에 있던 자폐증, 아스퍼거 장애 및 ASD에 달리 명시되지 않은 전반적 발달장애를 통합했다.

현대에 이르러 ASD는 주로 신경생물학적 장애로 본다(Faja & Dawson, 2015). 구체적으로 말하자면, 내측 측두엽, 안와 전두엽 및 편도체가 관련되어 있다. 이 영역은 종종 사회적 두뇌로 간주된다. 이 부위의 신경생물학적 이상은 세 가지 기본 증상군인 사회적 관계성, 의

사소통, 행동으로 나타난다.

사회적 관계성

스펙트럼으로 진단된 아동은 기이함과 유별남으로 인해 대인관계 장애를 맞닥뜨리게 된다. 이 아이들은 기본적인 사회생활조차도 힘들어한다. 그들은 눈 접촉, 표정, 제스처와 같은 기본기를 사용하여 다른 사람들과 관계 맺지 못한다. Bromfield(2010)는 ASD 아동이 경험하는 자녀의 사회적 어려움을 묘사하면서, 다음과 같은 말을 했다. "이 아이들은 연결과 우정의 조치를 원했다. 그러나 그들의 그러한 조치는 엉망이었다."(p. 122).

Wood와 Gadow(2010)는 ASD로 진단받은 어린이에게 영향을 주는 네 가지 주요 스트레스 요인을 확인했다. 첫째, 이 아동들은 특이한 일상에 투자하는 대신 완수하고 완료해야 하는 과제 요구에 포격당한다. 둘째, ASD로 진단받은 청소년은 사회적 어려움을 겪고 다른 사람들의 관점에 곤란해한다. 셋째, 기이하고 사회적으로 어색한 행동으로 인해 또래들은 이들 아동을 놀린다. 넷째, 예민한 감각은 보통의 상황을 매우 불편하게 만든다.

배제, 거부 및 방치는 또래집단이 또래집단 자체와 누가 그 집단에 속하는지 정의하는 방식이다. Laugeson, Frankel, Mogil, 그리고 Dillon(2009)은 다음과 같이 지적했다. "ASD 십대에게는 친구를 새로 사귀고 친구관계를 유지하는 방법을 배우는 것이 어려울 것이다. 왜냐하면 또래관계에서의 예의를 자연스럽게 전달받고 익히기 위해서는 또래와의 긍정적이고 지속적인 상호작용이 유지되어야 하고 친한 친구로부터 배워야 하기 때문이다"(p. 597).

스펙트럼으로 진단된 어린이는 사회 계급에 대해 무지하다. Attwood(2007a)는 ASD로 진단받은 아동은 자신을 아동이라기보다 성인으로 더 많이 간주한다고 결론지었다. 따라서, ASD 아동은 교실에서 교사의 역할을 맡을 수 있다. 제한을 두고, 규칙을 설정하고, 다른 사람들에게 책망하는 것은 할 수 있다는 말이다. 이들은 사회적 위계 질서를 받아들이지 않고 자신이 비합리적이라고 생각하는 규칙을 무시한다. 부인과 오만함은 이러한 대인관계의 어려움과 비순응적인 행동을 야기할 수 있다. Attwood(2007a)는 "이 아이들은 스스로를 너무 높은 곳에 있어서 이해하기 어렵다고 생각한다."(p. 314)라고 지적했다.

다음 예를 생각해보자. 앨런은 DSM-IV의 아스퍼거병 진단을 받은 11세의 남아다. 그는 스스로를, '숫자'와 사실만을 다루는 명민한 '수학자'와 '과학자'라고 생각했다. 국어시험에서 앨런은 객관식 문제에서 50점 만점에 50점을 받았다. 그러나 나머지 50점은 서술식 문항으로서, 학생들에게 '톰 소여의 모험' 책이 끝난 지 10년 후 톰 소여, 베키 대처 및 허클베리 핀에 어떤 일이 일어날지 상상해서 쓰라는 문제였다. 앨런은 추상적이고 가설적인 추론을 하라는 요구에 좌절감을 느꼈다. 이에 앨런은 "내가 뭔 놈의 빌어먹을 점장이라도 되나?"라고 썼다.

Laugeson(2013a, 2013b)은 스펙트럼 아동들이 '대화 독차지하기'를 한다고 지적했다. 구체적으로 말하자면, 집요하게 계속 말하거나 대화주제를 전환하려는 경향 때문에 돌아가며 말할 기회를 주지 않는다(Laugeson, Frankel, Gantman, Dillon, & Mogil, 2012). ASD로 진단받은 아동은 일반적으로 사회적 단서를 잘 파악하지 못한다. Lang, Regester, Lauderdale, Ashlaugh 그리고 Haring(2010)은 "ASD 사람들은 종종 사회기술과 다른 사람들의 생각과 의도를 인식하는 능력이 부족하다. 그 결과 사회적 상황에서 비정상적인 행동을 하여 낙인이 찍히거나, 당혹감, 조롱, 심지어 명백한 왕따 또는 괴롭힘의 희생자가 될 수 있다."(p. 61) 스펙트럼으로 진단받은 아동은 검열이 부족한 듯하다. 8세 소녀 에스미는 그녀가 생각하는 대로 걸러내지 않고 말했다. 저자(RDF)와 처음 만났을 때, 그녀는 "와, 늙고 대머리다!"라고 말했다. 아이들은 또한 사회 관례에 관해 자신만의 매우 엄격한 규칙을 세워놓고 있다. 카터의 엄격한 규칙은 다양한 문제행동과 사회적 어려움을 야기했다. 그는 사람들이 미국에 살고 있기 때문에 영어로 들리는 이름을 사용해야 한다고 믿었다. 예를 들어, 이름이 '후앙인 라틴계 남성 뒤에 앉은 적이 있는데 카터는 '존'이 아닌 다른 이름으로 부르는 것을 거부했다.

의사소통 손상

다수의 소통 손상은 스펙트럼으로 진단된 아동의 특징이다. 이러한 어려움은 종종 언어 지연이나 결여의 형태로 나타난다. 그러나 고기능성 자폐증(HFA)으로 진단받은 어린이는 정상적인 언어 발달을 거쳤음에도 불구하고 특이한 언어를 보인다. 스펙트럼에 있는 아이들은 대화를 유지하고, 상상력을 발휘하며, 가장 놀이를 하고, 유머 구사에 어려움을 겪는다. 특이한 시선 또한 스펙트럼 아동의 특징이다.

의사소통 손상은 사회적 관계를 손상시킨다. 스펙트럼으로 진단받은 어린이는 기발하고 기이하며 현학적인 방식으로 의사소통한다. 대화 상대에 맞춰 말하는 것은 그들에게 고통스러운 일이다. 더군다나 관련성, 공손함, 돌아가며 말하기 및 타인에 대한 반응성에서 다른 사람들에게 반응하는 것과 같은 예의는 안중에도 없다. 또한 신조어를 만들어 사용하기도 한다. ASD로 진단된 14세의 남아인 에이머스는 버지니아의 시골에서 살았던 할머니와 매우 가까웠다. 그는 자신이 분노가 폭발했던 상황을 설명하기 위해 '애플 플렉서스(apple plexus)'라는 단어를 발명했다. '애플 플렉서스'는 그의 할머니의 말 애포플렉틱(apoplectic)에서 멋대로 따온 것이다.

ASD로 진단된 사람은 비정형적인 리듬과 큰 소리가 특징인 비정상적인 음률로 말하기로 유명하다. 또한 이상하거나 괴상한 음성 내용이 일반적이다. 스펙트럼 아동은 사건에 대한 지나치게 세부적이고 상황적인 사항을 말하기도 한다. 세바스찬은 뉴욕 시에서 발생한 9.11

테러와 관련된 모든 세부 사항에 강박적으로 관심이 있었던 11세 소년이다. 누가 시키지도 않았는데도 그는 당시 특정 소방대들이 쌍둥이 빌딩으로 달려간 시각들과 소방차 및 비상 차량의 수를 나열할 수 있었다.

대화 주제를 바꾸는 것이 어려울 때가 많고 자신만의 주제 하나에 집착하는 경향이 있다. 화제가 순간적으로 바뀌더라도, ASD 아동들은 종종 자신이 집착하는 관심사와 관련된 사실이나 진술을 대화 도중에 내지른다. 그리고 자신이 상호 작용하는 사람들이 다른 주제로 옮겨갔다는 것을 의식하지 못하고 자신이 집착하는 주제에 대한 토론을 재개한다.

ASD 아동들은 정형화되고 반복적인 행동을 보일 수 있다. 이러한 행동으로 손을 퍼덕거리기, 머리카락 잡아 당기기, 빙빙 돌기, 흔들기, 머리 휘젓기, 손가락 물어 뜯기, 조명 응시, 목 뒤로 소리 내기, 긁기, 흔들기, 물건 핥기, 사람 냄새 맡기 등을 들 수 있는데, 이외에도 다양하다. 8세 니나는 매번 클리닉의 접수원에게 가까이 가서 오랫동안 냄새를 맡은 후 그 사람의 냄새에 대해 말하곤 했다.

행동장애

ASD로 진단받은 어린이는 지나치게 폭이 좁은 관심사와 강박적 일상행동 때문에 제약이 많다. Baron-Cohen과 Belmonte(2005)는 이 아동들이 똑같은 일상을 과도하게 필요로 하는 것이 주의 및 지각 과정 손상과 관련이 있다고 주장했다. 똑같은 일상은 이들의 자극 영역을 좁히는 방법이 될 수 있다는 것이다.

자폐스펙트럼에 속한 아동들은 종종 사회적 모방의 손상을 보인다(Baron-Cohen & Belmonte, 2005). 모방은 다른 사람들과 연결성을 수립하고 사회기술을 배우는 데 중요하다. ASD로 진단받은 어린이는 감정과 생각을 말로 해석하는 데 상당한 어려움을 나타낸다. 따라서 그들은 충동적이고 자신의 감정 표현을 조절할 줄 모른다. 실제로, 이 아동들은 '폭발'로 유명하다. ASD 아동들은 또한 공격을 수단으로 사용하여 물건을 얻고 지배를 주장하며 통제력을 발휘한다(Sofronoff, Attwood, Hinton, & Levin, 2007). ASD 아동의 발작이 심각했고 그 지속 기간도 길었던 과거 이력 때문에 또래와 교사 그리고 부모조차도 폭발을 피하기 위해 ASD 아동의 요구에 굴복함으로써 이러한 패턴이 본의 아니게 강화된다.

프레디는 아스퍼거 증후군으로 진단받은 9세 소년으로 좌절감을 느끼면 분노를 바로 폭발했다. 그는 사태가 자기 뜻대로 진행되지 않거나 자존심이 상했다고 인식할 때 특히 이러한 폭발에 취약했다. 치료실에서 체스 게임을 하는 동안 프레디가 '터지고'만 것은 특히 인상적인 사건이었다. 프레디는 자신을 '체스 천재(chess wiz)'라고 부르면서 치료자에게 게임을 같이 하자고 도전했다. 경기 초반에 룩을 잃자 프레디는 의자에서 즉시 일어나 여러 개의 체스 조각을 움켜 잡고 "이 *발 (F * ck this)!"이라고 소리를 질렀다. 그리고 그 조각들을 구석으로 내던졌다.

치료자로 나선 지 얼마 안 되어 나(Jesica M. McClure)는 아스퍼거 장애로 진단받은 사춘기 소녀와 작업한 적이 있다. 그녀는 감정을 적절히 식별하고 표출하는 데 어려움을 겪었으며 일상이 변경되거나 실망감에 직면하거나 슬픈 사건이 발생했을 때 유아처럼 성질을 부렸다. 이 발작은 당시 조부모의 죽음과 부모의 이혼에 맞닥뜨리면서 증가했다. 우리는 나의 출산 휴가가 시작되기 전까지 매주 만나 열심히 작업했다. 그녀는 내가 쉬는 3개월 동안 치료 담당이 바뀌게 되는 전환 과정에 대해 힘들어했고 많은 중재에도 불구하고 변화에 대해 상당히 화를 냈다. 나아이 마지막 회기 때, 아마 어머니가 시킨 것 같은데, 카드를 가져 왔다. 인사를 마친 후 그녀는 나에게 카드를 던지고 "뚱뚱이야, 축하해!"라고 소리를 질렀다.

이 아이들이 감정을 파악하고 표현하느라 겪는 전쟁, 같은 일상에의 요구, 열악한 자제력 때문에 부모들은 이들을 데리고 외출하기가 어렵다. 아이가 곧장 집에 갈 것이라고 기대하고 있는데 잠깐 들르겠다고 상점에 들어가는 것이 2시간짜리로 바뀔 수 있기 때문이다. 아침 식사를 준비하던 중 시나몬 시리얼이 다 떨어진 것을 알게 되면 설사 집안에 세 가지 다른 종류의 시리얼이 있더라도 울고불고 하며 아무것도 안 하겠다고 난리치는 일이 생긴다. 자폐증 아동은 종종 적대적 반항장애(ODD)의 추가 진단을 받을 만한 행동문제를 보이는데, Mayes 등(2012)은 이 행동문제가 자폐증 진단에 내재되어 있는지 또는 ODD의 개별 진단으로 간주되어야 하는지에 대한 명확한 설명이 필요하다고 강조한다. Farmer와 Aman(2011)은 자폐아에서 발견되는 공격 유형을 더 많이 탐구할 필요가 있다고 지적하고, ASD 아동은 다른 지적 및 발달 장애가 있는 아동에 비해 신체적·반응적 공격성이 더 높은 것으로 평가받았다고 했다. 또한 자폐증 아동의 경우 과민성이 높다는 보고(고기능성 자폐증의 경우 88%, 저기능 자폐증의 경우 84%)가 있어 ASD 아동에서 이러한 증상을 평가하는 것이 중요하다는 것을 보여주었다(Mayes, Calhoun, Murray, Ahuja, & Smith, 2011).

손상된 정보처리

ASD 아동들은 마음이론(theory of mind, TOM)의 손상이 특징이다(Baron-Cohen, 1995). TOM 기술을 사용해서 정서적 이해, 다른 사람의 입장 취해보기 및 메타인지가 가능한 것이다. TOM이 부족하면 경험을 축어적으로 해석하게 된다. 더욱이 내적 상태에 대한 인식 부족으로 인해 문제 사고와 감정을 파악하지 못하기 때문에 증상을 자기보고하기 어렵다(Wood & Gadow, 2010). ASD로 진단된 아동은 TOM 기술이 손상되어 있기 때문에 지나치게 축어적으로 해석하고, 고의적 원인과 우발적 원인을 혼동하며, 심한 자기중심주의를 보인다(Attwood, 2007a, 2007b). Sofronoff 등(2007)은 "아스퍼거 장애를 가진 사람들에게는 대인관계와 내면의 감정이 미지의 영역으로 보인다"(p. 1203)고 설명했다.

Gaus(2011)는 손상된 정보처리가 ASD의 특징이라고 강조했다. 왜곡된 정보처리는 대인 인식뿐만 아니라 자기 인식을 형성하게 된다. Gaus는 ASD 사람들은 '자신과 타인에 대한 독특한 인식'을 가지고 있으며, 이로 인해 "종종 다른 사람들에게 정떨어지게 하는 행동을 하게 되고 반복적인 거절과 조소가 야기된다."고 지적했다. 또한 정보처리 문제는 조직 문제와 자기주도적 행동의 문제를 야기한다.

Baron-Cohen과 Belmonte(2005)는 똑같은 일상만을 과도하게 고집하는 욕구는 손상된 주의력 및 지각 과정과 관련이 있다고 주장했다. 같은 일상은 예측 가능성을 보장하고 모호성을 줄여준다. 일상과 동일성 요구는 아동이 자극 분야를 좁힐 수 있는 방법일 수 있다. 즉, ASD로 진단받은 아동에게 세계란 복잡하고 익숙하지 않은 자극으로 가득 찬 어지러운 곳이기 때문에 내면의 평화, 질서 및 침착성을 유지하기 위해 하나의 좁은 영역에만 집중한다는 것이다.

Baron-Cohen과 Belmonte(2005)는 ASD로 진단받은 아동의 중앙 일관성(central coherence)이 약하다고 강조했다. 개별 부분들을 전체로 통합하는 데 어려움을 나타낸다는 말이다. 초점을 숲에다 맞추느냐 나무에 맞추느냐 하는 딜레마에 직면했을 때, 스펙트럼 아동들은 개별 나무에 주의를 보낸다. 스펙트럼 아동들은 사물, 규칙, 사람 및 개념의 일부분에만 초정밀 초점을 맞추고, 중요한 기본 개념과 원칙을 상대적으로 무시한다. Baron-Cohen과 Belmonte(2005)는 이처럼 약한 중앙 일관성으로 인해 ASD로 진단받은 아동이 세부사항과 연결된 기이하고 기발한 규칙을 만드는 것이라고 주장했다. 약한 중앙 일관성 때문에 스펙트럼 아동들은 맥락을 고려하지 못한다(Beaumont & Sofronoff, 2008a).

아스퍼거 장애로 진단된 10세 소년 그레고리의 사례를 보자. 그는 일반적으로 행동을 잘하는 학생으로 의도적으로 누군가를 괴롭히지 않으려고 노력했다. 그러나 그의 제한된 관점 탓으로 상호작용 상황에서 뉘앙스를 무시하곤 했다. 그레고리는 라틴어 수업을 싫어해서 수업에 참여하지 않겠다고 거부했다. 그는 좌절감을 나누거나 교사에게 라틴어 수업이 싫다고 말하고 싶지 않았다. 그로 인한 불편함이 견디기 어려웠고, 긴장을 풀어야 한다는 내적 압력을 경험했다. 선생님이 그를 참여시키고자 "그레고리, 라틴어로 물어보고 싶은 질문이 있니?"라고 했을 때 그레고리는 "네. '이 수업은 지겨워'라고 라틴어로 어떻게 말하죠?"라고 응답했다. 말할 필요도 없이 반 학생들은 웃음을 터뜨렸고 선생님은 기분 나빠했으며, 그레고리는 교장실로 불려갔다.

마티는 과학과 물리학을 좋아했다. 그는 종종 과학 관련 주제에 대해 거만하게 얘기했고 또래를 가르치려 들었다. 어느 날 오후 회기 때 마티는 부정적 또래 상호작용에 대해 혼란스러워 했다. 이 대화가 다음에 나와 있다.

마티 : 선생님, 오늘은 점심시간 때 안 좋았어요 .

치료자 : 무슨 일이 일어났니, 마티?

마티 : 다른 아이들이 나를 괴롭히고 놀리기 시작했거든요.

치료자 : 어떤 이유로?

마티 : 샌드위치를 만드는 것과 관련된 저의 물리학 이론을 얘기했어요.

치료자 : (미소지음) 샌드위치 만드는 물리학? 어떤 건데?

마티 : (화이트보드에 가서 그림을 그리기 시작) 음, 여기에 빵이 있어요. 이 빵이 기초, 파운데이션이니까 F라고 부를게요. 햄과 치즈를 넣는데 이건 에너지이 E라고 불러요. 왜냐히면 샌드위치 인에 넣으니까. Y는 양상추입니다. 나는 상추가 왜 샌드위치의 일부인지 궁금하기 때문에 Why, Y라고 부릅니다. 그리고 Q 제곱이 겨자입니다. 마지막으로 F 제곱이 마지막 빵입니다. 그것들을 모두 합쳐서 (보

글상자 14.1　ASD의 공통 특징

- ASD는 기본적으로 신경생물학적 문제다.
- 대인관계 문제가 주요 특징이다.
  - 대인관계의 기본인 눈 마주침, 표정, 제스처가 모두 문제다.
  - 사회적 위계를 모르는 경우가 많다.
  - 일상적 대화를 굉장히 힘들어한다.
  - 자기검열이 결여되어 있고 사회적 단서를 잘 인식하지 못한다.
  - 놀림이나 따돌림 대상이 되는 경우가 많다.
- 소통 손상이 있을 수 있다.
  - 언어 부재 혹은 지연
  - 종종 특이한 언어를 보인다.
  - 신조어나 기타 기이한 말이 나타난다.
  - 종종 이상한 응시
- 행동문제
  - 상동적 · 반복적 행동
  - 좁은 관심사
  - 공격, 반항 등의 문제
- 성보처리 문제
  - 마음이론의 손상
  - 축어적 해석을 보인다.
  - 자극영역을 좁히려는 노력을 보인다.
  - 중앙 일관성이 약하다는 것이 두드러진다.

드를 가리키면서) 방정식 A(샌드위치)는 $F \times E \times Y \times Q^2 \times F^2$의 함수입니다. 알아들으셨어요?

마티는 자신의 물리학에 열정을 갖고 있었고 남들이 물리학이나 그의 샌드위치 이론에 대한 열정이 부족하다는 것을 이해하지 못했다. 그는 사회적 맥락을 몰랐고 순진하게도 또래의 부정적인 반응을 예측할 수 없었다.

대인관계의 어려움으로 인해 스펙트럼 아동들은 특이한 관심과 상상 속으로 도피한다(Attwood, 2007a). Attwood는 "다른 문화와 세계에 대한 관심 때문에 지리학, 천문학 및 SF 소설에 대한 특별한 관심이 발달한다. 아동이 자신의 지식과 능력을 인정받는 분야랍시고 발견한 것이다."(p. 313).

글상자 14.1은 ASD의 핵심 특징을 요약한 것이다.

민족문화적 이슈

Dyches, Wilder, Sudweeks, Obiakor 및 Algozzine(2004)은 연구자들이 ASD의 인종적 · 민족적 차이를 거의 무시했다고 주장했다. Mandell 등(Mandell, Ittenbach, Levy, & Pinto-Martin, 2007; Mandell, Listerud, Levy, & Pinto-Martine, 2002)은 유럽계 미국인보다 아프리카계 미국인이 ASD로 진단받는 연령이 더 높았고 품행장애나 적응장애로 진단되는 경우가 더 많았다고 보고했다. 최근 연구에서 Mandell 등(2009)은 히스패닉과 아프리카계 미국 청소년이 유럽계 미국인보다 ASD로 진단될 가능성이 적음을 발견했다.

Zachor 등(2011)은 문화에 따른 자폐아 아동의 증상 차이를 연구하면서 이스라엘, 한국, 영국 및 미국 ASD 아동의 공병 증상을 살펴보았다. Zachor 등(2011)은 이 3개국과 미국 간 차이점보다 더 많은 유사점을 발견했고, 회피 증상, 분노발작(tantrum) 및 과식 증상에서 다음과 같은 차이점을 발견했다. 미국의 경우 한국에 비해 회피 증상이 더 높게 보고되었으며 미국이 이스라엘보다 분노발작과 과식 증상이 더 많이 보고되었다. Zachor 등(2011)은 각 문화권이 아동의 전형적인 행동을 바라보는 시각의 차이점을 이해하는 것이 중요하다고 지적한다. 예를 들어 회피 행동이 미국보다 한국에서 더 잘 받아들여지는 행동으로 간주되는지 여부를 살펴볼 필요가 있다는 것이다. ASD 유아들을 비교하는 연구에서 소수인종 아동들은 언어, 의사소통 및 대근육 운동기능에서 더 낮은 점수를 나타냈다(Tek & Landa, 2012).

문화와 ASD를 고려하면서 Mandell과 Novak(2005)은 문화 차이로 인한 증상 변이에 대해 생각해보는 것뿐만 아니라 문화적 신념이 가족에 어떤 방식으로 영향을 주어 진단에 대한 가족의 이해와 해석 그리고 치료 결정이 달라지는지도 고려해보아야 한다고 지적했다.

Attwood(2007a)는 ASD의 성차에 관해 논했다. 예를 들어 소녀들은 진단을 위장하는 방식으로 자신의 대인관계 문제에 대처한다고 지적했다. 구체적으로 기술하자면, 소녀들은 "사람 수가 많은 집단 속으로 사라져서 일부러 사회적 상호작용의 변두리에 머무는"(p. 311) 경향이 있다는 것이다. ASD 소녀들은 예의바르고 조용하다. 그리고 문제를 일으키는 행동을 하지 않는 경향이 있다.

평가 권고사항

ASD를 조기발견하며 조기치료로 이어질 수 있으므로 신뢰할 수 있는 평가도구를 선정하는 것이 중요하다. 잠재적 ASD 아동의 평가에는 다른 진단을 배제하고 중재 계획을 수립하는 데 필요한 정보를 얻는 여러 가지 조치가 포함된다. 아동 발달의 여러 측면은 종합적이고 다학문적인 평가의 일부로 평가하는 경우가 많은데, 공식적 측정과 평가자의 관찰 모두 동원된다. 평가 도구에는 행동, 언어, 인지 기능, 적응 기능 및 사회–정서 기능의 측정이 포함될 수 있다. 예를 들어 Achenbach의 아동행동평가척도(Achenbach, 1991a)와 같이 광범위하게 사용되는 행동 척도는 아동의 행동 기능에 대한 정보를 얻는 데 사용된다.

인지 평가는 일반적으로 6~16세 11개월 아동용인 WISC-IV(Wechsler Intelligence Scale for Children-IV; Wechsler, 2004) 또는 2세 6개월~7세 7개월용인 WPPSI-IV(Wechsler Preschool and Primary Scale of Intelligence-IV; Wechsler, 2012)를 사용한다. 더 어린 어린이들(1~42개월)의 경우 Bayley-III(Bayley Scales of Infant and Toddler Development-III; Bayley, 2005)를 사용하여 발달을 평가할 수 있다. Bayley-III는 나이와 기능 수준에 따라 실시 시간이 30~90분이 걸리며 지표 점수 및 하위척도 점수를 제공한다.

Mullen의 생애초기학습척도 (AGS Edition; Mullen, 1995)는 출생에서 5세 8개월까지의 발달을 평가한다. 척도 점수와 생애초기 학습지표를 제공한다. Mullen의 척도는 운동, 시각 수신, 정밀 운동, 표현 언어 및 수신 언어가 포함된다. 실시 시간은 아동의 나이에 따라 15~60분으로 추정된다.

적응 기능은 모든 연령대의 사람들이 사용할 수 있고 조사 인터뷰, 돌보미 양식 및 교사 양식을 포함하는 Vineland-II(Vineland Adaptive Behavior Scales, Second Edition; Sparrow, Cicchetti, & Balla, 2005)로 측정하는 경우가 많다. Vineland-II는 의사소통, 일상생활기술, 사회화 및 운동 기능 영역에서의 적응 기능 측정치를 제공하며 옵션으로 부적응 행동지표 (Maladaptive Behavior Index)를 포함한다.

자폐증 아동의 정확한 진단을 돕고 다른 발달지체 아동과 감별하기 위해 자폐증에 특화된 많은 척도 또한 개발되었다. 111개 문항의 ADI-R(Autism Diagnostic Interview-Revised, 자폐증 진단 면담-개정판; Lord, Rutter, & Le Couteur, 1994)은 ASD의 증상을 평가받는 아동의 부모 또는 돌보미를 대상으로 임상가가 실시하는 반구조적 진단 인터뷰이다. Le Couteur, Haden, Hammal, McConachie(2008)는 학령 직전 아동을 대상으로 ADI-R과 또 다른 보편적 표준 척도인 ADOS(Autisom Diagnostic Observation Schedule, 자폐아 진단 관찰 척도) 간 동등성 정도를 검토했다. ADOS는 "표준화된 반구조적 놀이 및 아동 활동 관찰 평가이며 실시 시간은 대개 약 40분이다(Le Couteur et al., 2008, p. 364). 두 가지 방법 모두 임상가가 평가 척도에 관한 집중적인 훈련을 받아야 한다. Le Couteur와 동료들(2008)은 이들 사이에 일치도가 높음을 보고했으며, 함께 사용하면 진단의 명확성이 향상됨을 발견했다.

CARS-2(Childhood Autism Rating Scale-2; Schopler, Van Bourgondien, Wellman, & Love, 2010)는 자폐아를 다른 발달장애가 있는 아동와 감별할 수 있도록 고안된 열 다섯 가지 항목의 행동 평가 척도이다. 항목은 부모 및 다른 출처로부터의 정보뿐만 아니라 임상가의 직접적 관찰에 근거한 7점 척도이다. CARS-2는 표준 양식, 'IQ가 80 이상이고 말이 유창하며 적어도 6세 이상인 아동을 위해 설계된', 높은 기능의 아동을 위한 양식 및 간병인 질문지를 임상가에게 제공해주어 정보를 수집하는 데 도움이 된다. CARS-2는 2세 이상 아동을 대상으로 설계되었으며 약 15분 만에 완료할 수 있다.

GARS-3(Gilliam Autism Rating Scale, 제3판; Gilliam, 2013)는 3~22세 사이의 자폐아를 식별할 수 있는 평가 척도이다. GARS-3는 표준 점수, 백분위 등수, 자폐증의 정도 및 자폐증의 확률을 제공한다. GARS-3는 6개의 하위 범주, 즉 제한적/반복적 행동, 사회적 상호 작용, 사회적 의사소통, 감정 반응, 인지적 스타일, 부적절한 말하기로 묶여지는 56개의 항목을 가진다.

글상자 14.2에서 ASD 평가도구 추천 목록을 나열했다.

글상자 14.2 **ASD 평가도구 추천 목록**

- Austism Diagnostic Observation Schedule
- Autism Diagnostic Interview – Revised
- Childhood Autism Rating Scale – 2
- Gilliam Autism Rating Scale, Third Edition
- Wechsler scales
- Bayley Scale of Infant and Toddler Development, Third Edition
- Mullen Scales of Early Learning: AGS Edition
- Vineland Adaptive Behavior Scales, Second Edition.

중재

일반적 중재 권장 사항

Wood, Fujii 그리고 Renno(2011)는 자폐증 진단을 받은 아동을 위한 CBT 기반 중재법을 개선하기 위해 매우 다양하고 유용한 제안을 했다. 그들은 해당 기술이 적용된 실제 맥락에서 기술훈련을 실시할 것을 권장했다. 습득한 기술을 실습하는 것이 중요하다는 것은 말할 필요도 없다(White et al., 2010). White 등은 임상가가 아동에게 구체적이고 세부적이며 이해할 수 있는 피드백을 제공해야 한다고 기록했다. 간단히 말해서, 아동의 기술 실습을 이끌어주기 위한 구체적인 지침이 필요하다. Wood 등은 소크라테스 방법을 사용하여 아이들이 기술을 암기하거나 그대로 따라하지 말고 내용을 소화할 수 있도록 도와야 한다고 했다. 또한 치료 노력에 대한 의미 있는 보상을 줘야 한다. Donoghue, Stallard 그리고 Kucia(2011)는 ASD를 가진 아동들과 작업하는 데 필요한 PRECISE 원칙을 개발했다. P는 아동과의 파트너십(partnership) 기술을 확립하는 것을 말하며 주의력, 시각 자료 및 컴퓨터와 같은 매체를 활용하는 일정이 포함되어 개인적 상호작용과 관련된 불안을 줄여주도록 한다. Stallard(2007)의 '생각하고 느끼고 행하라 프로그램(Think, Feel, and Do)'뿐만 아니라 Khanna와 Kendall(2008)의 대처캠프(Camp Cope-A-Lot)도 파트너십 기술을 위한 창의적인 프로그램이다. 대처캠프는 불안이 공존하는 경우에 특히 유용하다. 이 프로그램의 CD에는 정서교육, 이완 훈련, 자기감찰, 문제해결, 사회적 보상 및 노출 모듈이 포함되어 있다. PRECISE 원칙의 R은 올바른(right) 발달 수준에서 개입한다는 것을 의미하며, 점진적 목표를 사용하고 시각적 자료와 그래픽을 통합하며 부모를 임상 작업에 포함시키는 것이 특징이다. 구체적인 시각적 대처 전략은 매우 유용하다(Moree & Davis, 2008). E는 ASD로 진단된 아동에게 공감(empathy)을 전하는 것을 뜻한다. C는 치료에 창의성(creativity)을 발휘하는 것을 나타낸다. 창의적 은유는 스펙트럼 진단을 받은 어린이에게 유용할 수 있다. Harrington(2011)은 좌절감 감내를 가르치는 좋은 모델은 스트레스를 받은 스타트랙의 우주선 수석기술자 스코티라고 했다. 스코티는 "나는 할 수 없습니다. 우주선은 폭발할 것입니다!"라고 했다. Harrington은 스코티가 "당신은 물리 법칙을 바꿀 수 없다."고 선언했다고 지적했다. 그는 사람들이 현재와 다르게 행동해야 한다는 아동의 요구에 비유를 잘 적용했다. '사람들이 지금처럼 행동해서는 안 된다. 다르게 행동해야 한다.'는 "믿음에 도전하는 한 가지 방법은 사람들도 자연의 일부라는 것을 지적하는 것이다. 사람들은 실수하거나 부당하게 행동하는 경향이 있는데"(p. 11) 그건 자연스러운 일이라고 알려주는 것이다.

스펙트럼 아동은 직접 실행하면서 사실적으로 배우는 타입이라서 Donoghue와 동료(2010)는 CBT에서 전자 메일, 문자, TV 및 디지털 영화 제작을 사용한 개입을 추천했다. 그들에 따르면 인지 변화를 촉진하기 위해 행동 실험을 강조하는 것이 PRECISE 원칙의 조사(investigation) 및 실험 모듈(I)의 핵심이다. 이러한 행동실험은 아동에게 구체적인 규칙을 가르쳐서 상황에 따라 일반화할 수 있도록 돕는다. 드라마 연습(제9장 참조) 또한 이 PRECISE 원칙의 I에서 권장된다. S는 은유, 사회 관찰 및 비언어적 자료의 사용을 통해 자기발견과 자기효능감(self-discovery and efficacy)을 증가시키는 것을 의미한다. 치료를 재미있게 만드는 것은 즐거운(E : enjoyable) 치료의 핵심이다. 물론, 유머와 가벼운 마음은 재미를 더한다(Sze & Wood, 2007).

아동의 정서장애 치료를 위한 통합 프로토콜(Ehrenreich et al., 2009, Ehrenreich & Bilek, 2011)에 포함된 약어인 CLUES 또한 ASD 환자에게 도움이 될 수 있다. CLUES는 아동에게 처음부터 끝까지 대처과정을 안내하면서 그들이 어떻게 느끼는지 고려하고(Consider), 생각을 지켜보고(Look at), 탐정 사고 질문을 사용하고(Use), 두려움/감정을 피하지 않고 온전히 경험하고(Experience), 건강과 행복을 유지하라(Stay)고 가르친다. 깨어 있는 독자인 여러분은, C와 L이 자기감찰을 필요로 한다는 것을 알 것이다. 인지 재구조화는 U 기술의 핵심이다. 노출과 실험은 E의 핵심이며 재발 방지는 S와 관련된다. 이렇게 해서 아동들은 CLUES 기술을 적용하여 신속한 대처를 하게 된다.

아동의 특이한 관심사를 이용하면 유연한 CBT를 촉진할 수 있다(Moree & Davis, 2010). Attwood와 Scarpa(2013)는 '한 길 마음(one-track mind)'이 인지 유연성을 촉진시키는 데 유용하다고 시사했다. 그들은 ASD로 진단받은 아동들이 그들의 실수로부터 배우지 못하고 잘못된 전략을 계속 사용하는 경향이 있다. 즉, "목적지에 가기(즉, 해결책을 찾기) 위해 길을 바꾸어야 하는데 그걸 못하는 경향이 있다"(p. 33)고 설명했다. '한 길 마음'은 특히 관심사가 기차인 아동에게 적합하다. 기찻길 은유를 빌려 다른 문제해결 경로를 나타내는 궤적을 종이에 그리면 된다. 어리거나 추상적인 것을 이해하지 못하는 아동을 위해 치료자와 내담자는 말 그대로 트랙을 만들고 장난감 열차가 나르는 카드에 다양한 해결책을 쓸 수 있다.

ASD로 진단받은 아동에게 분노정서 조절과 공격행동 통제는 큰 문제다. 불안과 우울 치료를 위한 기술과 마찬가지로 일반적으로 제13장의 파괴적 행동을 치료하기 위해 설명한 절차를 적용하면 된다. 그러나 스펙트럼 아동들과 함께 작업할 때는 수정이 필요하다. 앞서 언급했듯이 ASD로 진단받은 많은 아동들은 불안과 공포에 시달린다. 이러한 경우에 제12장에서 설명한 대부분의 중재가 적용된다. 그러나 스펙트럼 아동들의 독특성으로 인해 약간의 수정이 필요할 수 있다. 가령 실생활 장면에서의 기술 실습을 강력히 권장한다. 구체적인 피드백과 아낌없는 보상은 좋은 전략이다. 또한 직접적 지시와 인지적 재구조화는 시각 자료, 그래픽, 약어, 전자 매체를 활용한 형태여야 한다. 아동의 특이한 관심사를 개입에 통

　　ASD로 진단받은 아동과의 CBT에 대한 일반적인 권장 사항

- 필요한 경우 실제 상황에서 기술을 연습시키라.
- 구체적인 피드백을 제공하라.
- 연습에 대한 보상을 주라.
- 시각적 자료, 미디어 및 전자 자원으로 접근 방식을 강화하라.
- 개인 맞춤으로 관심사를 활용하라.
- 개념을 구성하는 데 도움이 되도록 약어를 사용하라.
- 창의적인 치료 전달 방식(드라마, 영화 제작 등)을 고려해보라.
- 말하기보다는 활동에 집중하라.

합시키는 것은 아동의 집중을 높이는 좋은 아이디어이다. 자폐스펙트럼의 아동은 사고하는 사람이 아니라 행동하는 사람인 경우가 많으므로 활동 중심의 접근이 선호된다. 마지막으로, 드라마, 음악 및 영화를 활용하여 재미있고 즐거운 연습을 추가하는 것이 도움이 될 수 있다.

글상자 14.3은 ASD로 진단받은 아동 대상 CBT 중재에 대한 일반적인 권장 사항을 요약한 것이다.

심리교육

자폐스펙트럼 아동을 돌보는 가족을 위한 탁월한 심리교육 자료들이 있는데 특히 Autism Speaks(www.autismspeaks.org)와 NYU Child Study Centre(www.aboutourkids.org)는 풍부한 정보를 제공한다.

TOM 기술이 손상된 어린이의 경우 인지모형을 배우는 것이 어려울 수 있다. 경험적 연습을 하면 내용이 와닿게 된다. 화산 운동은 매력적인 옵션이다(Friedberg et al., 2009). 화산의 은유는 베이킹 소다와 식초로 하는 초등학교 과학 실험을 사용하여 억제되거나 분출하는 감정과 관련된 모든 실무율 과정에 대해 가르친다. 스트레스 원(식초)이 첨가되어 화산이 폭발할 때까지 플라스틱 산 속에 담긴 베이킹 소다는 휴면 상태다. 감정이 '과학의 법칙'에 따른다는 것을 강조하면 스펙트럼으로 진단받은 아동들이 흥미로워할 것이다.

자기감찰

White 등(2010)은 ASD 아동에게 자기감찰은 어려운 기술이라고 했다. 따라서 감정, 대인

관계 행동 및 인지에 대한 상당한 심리교육이 필요하다. Sofronoff 등(2007)은 독창적인 자기감찰 교육법을 개발했다. 로프가 바닥에 길게 놓여 있다. 아동더러 자신의 분노 수준을 나타내는 점에서 로프에 서보라고 했다. 우리는 특히 기법을 선호하는데 그 이유는 이 기법으로 아이들을 위한 기초개념 세우기에 시작될 수 있기 때문이다(예 : "밧줄 끝까지 가지 않도록 분노를 다룰 수 있는 방법을 찾아보자!").

'너무 많아, 너무 적어, 딱 좋아(Too Much, Too Little, Just Right)'(Weiss, Singer & Feigenbaum, 2006)라는 보드 게임은 스펙트럼 진단을 받은 아동에게 자기감찰을 가르치는, 재미있고 흥미로운 방법이다. 이 게임은 5~12세 사이의 아이들에게 적합하며, 아이들이 말로 표현, 몸짓, 표정을 조절할 수 있도록 도와준다. 게임을 하기 위해서 아이들은 3개의 메시지 세트(메시지, 행동, 강도 수준)를 선택한다. 메시지 세트에는 간단한 구두 진술(예 : "내 잘못이었어.")을 하라는 지시가 들어 있으며 액션 카드는 어린이들에게 비언어적 행동(예 : "당신이 누군가와 악수하고 있는 척하라.")을 하도록 한다. 강도 카드는 메시지를 전달하기 위해서 혹은 활동을 수행하기 위해서 얼마나 크게(너무 적어, 너무 많아, 딱 좋아) 액션을 취해야 할지를 알려준다. 그 후 치료자는 아이들에게 직접적이고 구체적인 피드백을 준다. '주니어 탐정 컴퓨터 게임(Junior Detective Computer Game)'(Beaumont, 2009, Beaumont & Sofronoff, 2008a, 2013)은 아이들이 사고와 감정을 해독하는 법을 배우도록 도와준다. 이 게임을 통해 아동들은 구두, 환경 및 비언어적인 단서에서 감정을 감지하도록 가르친다. 이후 집단회기에서 사회적 기술과 문제해결 전략을 실습하면 보강된다.

글상자 14.4는 심리교육과 자기감찰에 대한 제안점을 제공한다.

행동 개입

UCLA 또래(UCLA PEERS) 프로그램(Laugeson, 2013a, 2013b, Laugeson & Frankel, 2011, Laugeson et al., 2009)은 혁신적인 사회 기술 훈련을 제공한다. 이 프로그램에는 우정의 호혜성, 사회 관계망의 확대, 또래 에티켓 교습으로 악평 감소, 모임 기획 코칭, 괴롭힘, 놀림,

또래 갈등 대처에 대한 지침 등 다섯 가지 강력한 모듈이 포함되어 있다. 가장 강력하게는, PEERS가 또래의 압력과 거부에 시달리는 십 대 청소년에게 생태학적으로 유효한 사회적 기술 대안을 제공한다는 것이다. Laugeson(2013b)은 DVD와 휴대전화 앱으로 보강된 유용한 가이드에 요령들을 추려 넣었다.

Cooper와 Widdows(2008)는 십 대들의 대인관계를 촉진하기 위해 많은 연습으로 가득 찬, 매우 편리한 워크북을 저술했다. 매우 독창적인 연습을 하나 들어보자면, 십대더러 '우정 방정식'을 만들어보라는 것이다. 우정 방정식은 자녀가 대장 행세를 하고, 남을 비판하며, 지나치게 규칙에 연연하는 행동을 할 때 발생하는 사회적 비용에도 불구하고 어떤 장점이 있는지 재어보는 '결정 균형' 기술이다. 예를 들어, "규칙을 지켜야 한다고 우두머리 행세를 하거나 자기 뜻대로 일을 하고 다른 사람이 어떻게 하고 싶어 하는지 듣지 않는 것은 다른 사람이 화를 내고 주위에 있기를 원하지 않는 것과 같다"(Cooper & Widdows, 2008, p. 94).

게임은 일반적으로 아이들에게 사회적 기술과 정서조절을 가르치는 데 적합하다. 게임은 어린 내담자가 사회적 규칙, 관습 및 좌절 감내를 익히는 기회를 제공한다. 자폐증 진단을 받은 아동의 규칙은 특히 까다롭다. 규칙은 글자 하나하나에 주의해서 엄격하게 복종해야 하며 아니면 그냥 버려야 한다는 것이다. 이러한 절대주의적 입장이 또래와 어울려 놀 때 문제를 야기하는 것은 당연할 것이다.

'웅얼웅얼 뒤죽박죽'(Mumble Jumble)(Mitlin, 2008)은 아동의 대화기술을 촉진시키는 상호작용 보드 게임이다. 게임 매뉴얼은 9~16세 사이의 아동에게 적합하다. 웅얼웅얼 뒤죽박죽 게임은 아이들이 논리적인 대화를 진행하고 음성 톤, 신체 언어, 눈 맞추기, 제스처, 표정 같은 실용적인 사회기술을 연습하도록 도와준다. 게임 세트는 90개의 주제로 구성되어 있으며 각 주제와 관련된 문장들이 나열되어 있다. 치료자가 문장을 섞어놓으면 아동이 문장을 논리에 맞게 정렬한다. Mitlin은 아동이 배열한 순서에 즉각적인 피드백을 줄 것을 권고한다. 또한 대화와 관련된 느낌과 생각을 토의함으로써 게임 플레이가 보강될 수 있다고 제안한다.

인지 재구성(혹은 재구조화)

다른 개입 모듈과 마찬가지로, 아동의 특이한 관심사를 인지 구조 재구성에 통합하는 것이 좋다. 스펙트럼 아동들은 대처에 대한 간단한 신호나 단서가 필요한 경우가 많다. 부적응적 사고, 비생산적인 행동, 힘든 감정의 사슬을 흔들 수 있는, 기억이 잘될 단서가 가장 좋다. 리는 군대와 관련된 모든 것을 좋아했다. 문제해결법을 가르치는 방법으로, 우리는 분노, 불안 및 우울증에 대한 '전투 계획'을 수립했다. 제임스는 9세의 유럽계 미국인으로 소방관과 구조대원들에게 매료되었다. 이러한 관심사를 이용해서, 소방관이 되는 것과 관련된 다양한 은유와 연습을 사용했다. 예를 들어, 그는 끊임없이 경계해야 하며 마음이 풀어지면 안 된다고 생각했다. 그는 퇴근 후에는 이완과 즐거운 활동을 위해 시간을 할애한다는 생각에 잘 반응했다. 제임스는 '퇴근한 소방관'이라는 표지판을 만들어 대처단서로 사용했다.

또 다른 예로 아서는 영국 해군사에 매료되어 자신을 군사 전략의 '전문가'로 여긴 9세 유럽계 미국 아이다. 그러나 그는 좌절하거나 매일매일의 같은 일상생활이 붕괴되거나 감각이 예민 반응을 일으킬 때(예 : 백화점의 향수 냄새) 감정적 붕괴를 보이곤 했다. 아서와 치료자는 영국 해군 장교인 '나이젤 플러퍼너터 경'이라는 이름의 대처 모델을 만들어냈다. 아서는 심리적으로 힘들다는 신호를 탐지하자마자 플러퍼너터 경을 떠올리고 "플러퍼너터 경!" 하고 자신에게 말해주도록 배웠다.

대니얼은 12세의 아프리카계 미국 아동으로서 자폐증 진단을 받았고 격렬한 분노 폭발을 자주 겪었다. 그는 그냥 속이 '뒤집어져서' 또래 상대방에게 협박을 하고 때로는 싸움을 걸며 뒹굴었다. 대니얼은 전통적인 분노 관리법(제13장 참조)이 대단히 어렵다는 것을 깨달았다. 그러나 그는 (그의 치료사와 마찬가지로!) 축구와 뉴욕 자이언츠를 좋아했다. 저자(RDF)는 대니얼과 함께 모델링을 시도하기로 결정했고, 그가 일라이 매닝(자이언츠의 쿼터백)이 화가 날 때는 어떻게 하는지 알고 있느냐고 물었다. 다음 대화는 치료과정을 예시해준다.

치료자 : 대니얼, 일라이 매닝을 얼마나 좋아하고 있어?

대니얼 : 오, 사랑해요. 그 덕분에 승승장구하게 되었죠!

치료자 : 그는 대단해…. 얼마나 쿨하고 자기통제력이 있어 보이냐?

대니얼 : 아주요. 그래야죠. 그 사람, 쿼터백이잖아요!

치료자 : 그렇지.

대니얼 : 그는 필드의 전체를 봐야만 해요. 필드에서 무슨 일이 일어나는지 알고 있어야죠.

치료자 : 그래야지! 궁금한 게 있는데. 네가 화가 났을 때 만약 일라이와 너와 같은 상황에 있었다면 그가 어떻게 할지 상상할 수 있겠니?

대니얼 : 저처럼 폭발해서 날뛰는 행동은 하지 않겠죠.(웃음)

치료자 : 그래 우리는 그가 하지 않을 일을 알고 있는 셈이네. 왜 그가 폭발해서 날뛰는 행동을 하지 않을까?

대니얼 : 스포츠맨으로서 하면 안 되는 행동을 해서 벌칙을 받고 싶지 않겠지요.

치료자 : 그럼 아마 너도 벌칙을 안 받을 수 있겠는데?

대니얼 : 어떻게요?

치료자 : 일라이 무엇을 할 것인지 계속 상상해보자.

대니얼 : 어깨를 으쓱 올렸다 내리겠죠… 게임 계획에 계속 집중할테구요.

치료자 : 자신에게 무슨 말을 하지 않을까?

대니얼 : 모르겠는데요.

치료자 : 일라이에 대해 좀 더 생각해봐.

대니얼 : 음, 그들은 그를 '진정 일라이'라고 불러요. 어쩌면 일라이는 스스로에게 '진정해.'라고 말할지도….

치료자 : 그래 우리는 일라이가 하는 행동 몇 가지를 잡아냈어. 그리고 내가 방금 기술이리고 힐 민힌 길 생각해냈단다. 무슨(What) 행동을 일라이(Eli)가 할까(DO)의 약어가 뭐가 될지 봐. '우리는 행동한다(WE DO)'. 마치 너와 일라이가 이 일에 동료가 된 것 같아.

대니얼 : 와!

치료사는 대니얼이 자신이 겪고 있는 부정적인 결과를 이해하도록 돕기 위해 벌칙 아이디어를 사용했다. 대니얼은 또한 대장 노릇하는 것을 좋아했기에 쿼터백 비유가 아주 적절했다. 또한 대니얼과 그의 치료자는 간단한 자기 지시(예 : '진정해')와 약어(예 : WE DO)를 개발하였다.

자크는 스펙트럼으로 진단받은 12세의 유럽계 미국 아동으로, 그와 그의 가족이 '생각 벌레'라고 부르는 불안유발 반추에 시달렸다. 여러 전통적인 개입법을 써봤지만 거의 성공하지 못했다. 자크를 사전과 발음을 읽는 것을 좋아하는 자칭 '단어 전문가'였다. 자크과 치료자는 그의 관심사와 능력을 사용하여 괴로운 '벌레'로부터 거리를 확보하기로 했다. 저자(RDF)는 조용한 G(Silent G)라는 개입을 고안했다. 이 게임을 아래의 대화에서 제시하였다.

치료자 : 자크, 오늘은 너의 단어 힘을 이용해서 조금 다른 것을 시도해보자.

자크 : 좋아요. 잠재적으로 멋진 것 같은데.

치료자 : 믿어줘서 고마워. 머리에 지나가는 것들을 생각벌레(thought gnats)라고 네가 부르더라. 벌레에 대한 멋진 점 중 하나는 g의 소리가 안난다는 거지. 철자에는 있지만 소리는 안 나.

자크 : 네. 멋지고 매력적이라고 생각해요. 소리 안 나는 철자들이 또 있는데 know의 k와 영화 *Django*에서 *D*요. 장고가 다른 놈에게 "*D*는 묵음이야."라고 소리 지르죠.

치료자 : (도중에 중지시키며) 맞아. 생각벌레에 집중하고 생각을 조용한 g로 바꿀 수 있는지 보자. 생각이 거기 있다는 것을 알고 있지만 그걸 확인할 필요는 없지. 불안한 생각을 가질 수는 있지만 침묵하는 놈이라면 그 놈을 들을 필요가 없지.

자크 : 흠… 재미있네요.

치료자 : 네 생각벌레들 중 소리 없는 *g*에 대해 어떤 종류의 메시지를 전할 수 있을까?

자크 : … "벌레 걱정은 내 마음에 갇혀 있지만 *gnat*의 *g*나 *Django*의 *D*처럼 조용하게 만들 수 있다!"

치료자는 자크과 함께 장난스럽지만 잘 구조화된 자세를 취했다. 자크가 삼천포로 빠지지 않게 작업에 집중하는 것이 중요했다. 치료자는 매우 구체적이고 단순한 진술과 질문을 계속 구사했다(예 : "생각벌레들 중 소리 없는 *g*에 대해 어떤 종류의 메시지를 전할 수 있을까?").

공포 직면하기(Facing Your Fears)는 ASD(Reaven, Blakely-Smith, Culhane-Shelburne, & Hepburn, 2012; Reaven, Blakely-Smith, Leuthe, Moody, & Hepburn, 2012)로 진단받은 어린 내담자의 불안치료를 위한 독창적인 치료 패키지다. 이 프로그램은 Kendall 등의 대처하는 고양이(Coping Cat) 기술을 통합하여 스펙트럼 아동의 요구에 맞게 변형시켰다. 점진적 노출, 이완, 정서 조절 및 자기 통제는 원래 포함되었던 요소다. Reaven 등의 수정 버전에는 표준 워크시트 연습에 객관식 보기를 준 것, 치료에 대한 아동의 특수 관심사를 활용하는 것 및 비디오 모델링이 포함된다.

유령을 위한 마지막 정거장(Last Stop for the Ghost)은 이층 자기 방에서 혼자 놀고 있을 때 귀신이나 도깨비 같은 것에 대한 지속적인 두려움에 시달린 6세 소년과 저자(RDF)가 함께 시행한 자기학습(self-instructional) 절차를 일컫는다. 다른 스펙트럼 아동들과 마찬가지로, 찰리는 그의 동물인형과 장난감이 사람을 움직이게 한다고 믿었다. 그는 유령이 자기 방에 들어 와서 장난감에 생명을 주었다고 믿었다. 그는 겁에 질려서 계단을 뛰어 내려가면서 유령이 자신을 쫓아온다고 울었다.

찰리는 열차를 좋아해서 치료자와 함께 종이로 4량짜리 열차를 만들었다. 찰리는 엔지니어였기 때문에 엔진에 타고 2개의 객실과 승무원실을 뒤에 두었다. 그런 뒤 우리는 찰리의 방에 나온다는 유령 그림을 그린 다음 그의 장난감을 무서운 존재로 바꾸었다. 이어서 우리는 기차를 운전하고 다양한 역에서 정차하는 척했다. 한 역에서 우리는 유령을 승객으로 태웠다. 멀어서 안전하리라고 찰리가 생각한 역에서 유령을 내려주기로 정하고 게임이 계속되었다. 찰리는 열차를 타고 클리닉 주위를 돌아다니다가 뒷문에 유령을 남겨 뒀다. 우리는 거기서 큰소리로 "유령을 위한 마지막 정거장!"이라고 외쳤다.

이 활동은 여러 장점을 지닌다. 첫째, 이 활동은 공예품 만들기와 자기지시와 관련된 것이었고 또한 경험적이었다. 기차를 활용해서 잘 와닿았다. 둘째, 자기지시, '유령을 위한 마지막 정거장'은 매우 간단했다. 셋째, 어린 찰리가 재미있어 했다.

글상자 14.5에서 행동 및 인지 재구조화 모듈과 관련된 기본 사항을 요약했다.

글상자 14.5　**행동 및 인지 중재에 대한 제안**

- 사회기술을 실생활에서 활용할 수 있도록, 생태학적으로 타당한 절차를 시행하라.
- 게임은 어린 환자에게 좋다.
- Cooper 및 Widdows(2008)와 같은 워크북은 선택사항이다.
- 특정 대응 단서를 사용하라.
- 필요할 때 배운 것이 잘 떠오르도록 암기기술을 고려하라.

행동 실험 : 믿을만한 이유

앞서 언급했듯이, 스펙트럼으로 진단된 아동은 축어적이고 작은 것까지 다 챙긴다. 그래서 새로운 대안과 결론을 믿을만한 이유가 필요하다. 실험과 체험 학습은 이러한 구체적 유형의 데이터베이스를 제공한다.

　게임을 통해 다른 사람들이 리더 노릇을 하게 두도록 스펙트럼 아동이 실습할 수 있는 행동실험을 할 수 있다. 티아는 9세 유럽계 미국 소녀로, 다른 사람들의 아이디어를 따르는 것을 괴로워했던 '작은 독재자'였다. 집단 프로젝트에서 티아는 항상 리더 역할을 맡았고 자기 뜻대로 이끌었다. 티아는 다른 사람들의 작업을 자기가 다시 하고 그들의 발표를 중단시키고 자신의 생각을 말하곤 했다. 반 친구들이 티아를 집단 프로젝트에 넣고 싶어 하지 않았던 것은 당연한 일이다. 티아가 한 집단에 배당되면 그 집단의 반 친구들은 티아를 빼달라고 교사에게 집단으로 항의했다.

　자기감시, 행동 과제, 재구조화를 거친 후 티아와 저자(RDF)는 티아가 리더가 아닌 상황도 인내할 수 있도록 행동 실험을 고안했다. 특히 재미있고 생산적인 것은 티아가 은행원이 될 수 없다는 규칙을 정한 뒤 독점(Monopoly) 게임을 진행한 것이다.

> **치료자** : 티아, 우리 독점 게임 해볼까?
>
> **티아** : 야호~ 제가 은행원 할 거예요!
>
> **치료자** : 글쎄다. 잘 들어봐. 나는 네가 은행원이 되고 싶다는 것을 알지만, 오늘은 내가 은행을 맡을게.
>
> **티아** : 안 돼요! (머리를 탁자에 찧으며) 나는 항상 은행가예요! 내가 은행가가 아니라면 재미없어!
>
> **치료자** : 네가 화를 내기 때문에 이것이 좋다는 거야.
>
> **티아** : 좋은 게 뭔데요?
>
> **치료자** : 네 감정을 담당해주는 기술을 연습할 수가 있거든.
>
> **티아** : 제가 연습하면 나중에 은행원이 될 수 있어요?

치료자 : 당분간은 내가 은행가인 걸로 해보자.

티아 : 몇 번요?

치료자 : 너는 어떻게 생각해?

티아 : 한 번이나 두 번 후?

치료자 : 5~7번은 어때?

티아 : 그러면 게임 거의 끝나요!

치료자 : 지금 티아가 1~10의 척도로 얼마나 화가 나 있니?

티아 : 활활 타올라요. 불길이 머리에서 새어나오고 있어요!

치료자 : 그럼 대처 기술을 좀 연습해보자. 네 마음속에 무엇이 지나가고 있니?

티아 : 바보 같은 짓이에요! 선생님이 의도적으로 나를 화나게 하고 있잖아요. 잠자는 곰을 쿡쿡 건드리고 있어요. 내가 은행가가 되어야 한다는 것을 알면서!

치료자 : 그래서 내가 규칙을 어기는 게 있니?

티아 : 내가 은행가를 해야 한다는 규칙요.

치료자 : 만약 내가 규칙을 어기면?

티아 : 재미없어요!

치료자 : 몇 가지 추측을 해보고 어떤 것이 맞는지 한번 보는 것은 어때?

티아 : 어떤 거요?

치료자 : 국어시간에 팀 과제를 할 때 팀원들이 네 아이디어를 채택하지 않을 때 한 것들?

티아 : 일단 항복하고 어떤지 한번 볼게요.

치료자 : 그래. 항복한다는 것은 네가 재미있어 하지 않을 것이라는 뜻이니?

티아 : (마지 못해) 아니요.

치료자 : 그래서, 네가 은행원 하는 것을 포기하면 게임이 재미없다는 것을 뜻하는 것은 아니다?

티아와 저자는 몇 가지 다른 가설을 생각해냈다. 그다음 저자가 은행원 역할을 하면서 수차례 게임을 했다. 저자는 티아의 즐거움 수준을 빈번하게 체크했고 평점이 점차 증가하는 것을 보았다. 저자는 티아의 가설 중 어느 것이 은행가가 아니었음에도 불구하고 즐거움을 가장 잘 예측했는지 평가하는 것을 도왔다.

Notbohm과 Zysk(2004)는 ASD로 진단된 아동을 가르치고 양육하는 데 매우 강력한 자원을 제공했다. 특히 그들은 일반 보드 게임을 적용하여 아동의 유연성을 높이기 위한 몇 가지 권장 사항을 제시했다. 예를 들어, 철자 게임(Scrabble)에서 2음절로 제한하고, 언제든지 편지를 교환하게 하고, 점수는 적지 말 것을 제안했다.

대처력(Coping Power) 프로그램(Lochman, Wells, & Lenhart, 2008, Wells, Lochman, &

Lenhart, 2008)의 몇몇 게임은 ASD 아동에게 유용하다. 첫째, 입장을 달리하도록 돕기 위해 Lochman 등은 다른 사람들이 생각하고 기대하는 것에 대한 대답을 아이들이 찾게 하는 가족논쟁(Family Feud) 스타일 게임(Lochman, Boxmeyer, & Powell, 2009)을 개발했다.

Lochman 등 (2009)은 '뜨거운 감자(hot-potato)' 게임에서 물건을 서로 패스하면서 아이들이 팀원과의 유사점과 차이점 하나씩을 지적하게 했다. 이 활동으로 비슷하면서 동시에 다르기도 한 사람들과 통할 수 있음을 깨닫기 때문에 공동체 의식을 형성하게 된다. 이 활동은 또한 아동의 실무율 사고를 줄여준다.

집단 응집성, 자발성 및 유연성을 구축하는 데 도움이 되는 흥미롭고 매력적인 집단 게임이 몇 가지 있다. Rooyakers(1998)가 제공하는 풍부한 자원에서 고른 다음의 세 가지 대안을 소개한다. 이름 게임(name game)에서는 아동더러 이름을 말하라고 하면서 다양한 방식으로 (큰 소리, 부드러운 소리 등) 말해보라고 요청한다. 더 어려운 버전에서는 이름을 말하고 움직임을 추가하는 것이다. 리더는 팀원들이 선택한 것들 간의 유사점을 알린다.

인사말(Greetings)은 위의 게임들보다 더 어려운 게임인데 구성원들이 인사말(예 : 안녕, 안녕하세요, 또 보자, 요즘 어때?)을 연습하고 제스처를 추가하는 게임이다. 아동이 사회기술을 연습할 때 추가하면 좋을 게임이다.

집단 사진(Group photo)은 세 번째로 선호하는 게임이다. 이 게임에서 구성원들은 떼 지어 포즈를 취한다. Rooyakers는 아이들에게 추운 날 외투 없이 밖에 있는 척하라고 제안한다. 저자(RDF)가 가장 좋아하는 지시는 아이들에게 무서운 영화를 보고 있거나, 생일 파티에 참석하거나, 학년 말 마지막 날에 학교를 그만두거나, 롤러 코스터를 타는 것처럼 행동해보라는 것이다. 선호도나 정보공개 승인 여부에 따라 사진을 찍는 척하거나 실제로 찍거나 할 수 있다. 실제로 사진을 찍게 되면 지속적인 단서와 경험의 기념품이 생긴다.

ASD로 진단받은 아동들이 눈을 마주치도록 돕기 위해 행동 실험을 사용할 수 있다. Hirschfield-Becker 등(2008)은 아이들이 서로 다른 눈 색깔을 가진 사람의 수를 세도록 요청하는 설문 조사 실험을 권장했다. Harrington(2011)은 좌절 감내를 '불편감을 자초하기'에 의해 증가할 수 있다고 지적했다. 게임 가게에서 가장 긴 줄을 택해 서 있는 것과 같은 좌절 상황을 적극적으로 추구해야 한다고 제안했다.

스펙트럼으로 진단받은 아동은 일반적으로 감각과민으로 인한 감정 폭발을 종종 겪게 된다. 우리는 이 감각 감도가 높은 혐오 민감성과 관련이 있다고 본다. 혐오 민감성은 심박수, 혈압 및 호흡수 증가를 비롯한 생리적 과잉각성과 연관된다(Olatunji & Sawchuck, 2005). 사실 혐오 민감성은 아이들이 자극과 접촉하지 않도록 보호하는 기능이 있다. ASD로 진단받은 아동들은 종종 특이 혐오 반응을 경험한다. 예를 들어 롤랜드는 12세 소년으로 붉은 머리 사람들을 혐오한다. 붉은 머리카락을 가진 어떤 소년이 교실에 들어오는 것을 본 롤랜드는 소리를 지르며 무방비 상태의 소년에게 돌격했다. 이선은 8세의 아프리카계 미국 소년인데 안면 사마귀에 대해 극단적 혐오감을 품었다. 안면 사마귀를 보면 말 그대로 구역질을 했고, 꿱꿱대며 토하려 들었고 어떤 때는 실제로 토했다. 불행히도, 아버지의 얼굴 왼쪽에 얼굴 사마귀가 있었고 이선이 왼쪽 얼굴을 보지 않도록 주의해야 했다.

이사벨은 9세의 라틴계 소녀인데 진공청소기 소리에 예민했다. 진공청소기가 켜지면, 비명을 지르며, 머리카락을 뜯고, 피부를 쑤셨다. 그리고 진공청소기를 끄겠다고 버둥거렸다. 이사벨의 혐오감을 줄이고 고통을 감내하도록 도와줄 위계를 개발했다. 연속되는 단계마다 대처 기술을 적용하게 했다.

11세의 유럽계 미국인 소년 스탠리는 생선 냄새를 혐오했다. 집에서 가족은 생선 요리를 피함으로써 그의 과민성에 맞춰줄 수 있었지만 식당이나 슈퍼마켓 같은 공공 장소에서는 그의 혐오감을 쉽게 억누를 수 없다. 그의 어머니는 시장에서 신선한 생선을 파는 카운터 근처에서 일어난 엄청난 감정 폭발에 대해 말해주었다. 스탠리는 꿱꿱거리며 구역질했고 회를 즐기려던 다른 손님들은 당연히 기분 나빠했다. 이사벨의 치료와 마찬가지로 스탠리의 혐오감을 줄이기 위해 제12장의 기본 원칙에 따라 위계를 개발했고 그대로 시행했다.

Attwood(2013)는 스펙트럼 아동들이 겪은 애정의 어려움이 감각 기능 장애와 관련이 있다는 가설을 세웠다. 그는 이 어린 내담자들이 너무 많은 애정을 요구하거나 애정으로부터 도망갔을 수 있다고 주장했다. 두 패턴 모두 감각 및 감정 조절의 손상을 반영한다. Attwood는 터치나 등 두드림, 감각 과민, 이마의 부드러운 키스가 감각 과민 탓에 혐오감으로 느낄 것이라고 설명했다. 더욱이, 강한 향수를 뿌린 사람이 아이를 안을 때 후각 과민이 발동할 수 있다.

Attwood는 점진적 노출로 매우 잘 짜인 5회기 프로토콜을 사용해서 애정 표현과 애정의 즐거움을 향상시킨다. 예를 들어, 초기 회기에서 어린 내담자는 애정을 표현하는 사람들의 그림을 수집해보라고 권유받는다. 후속 회기에서는 다른 사람들을 칭찬하고 애정을 표현하

글상자 14.6　　**행동 실험의 권장 사항**

- 점진적 접근을 사용할 것을 기억하라.
- 재미있고 흥미로운 실험을 창출하려 노력하라.
- 실험을 잘 소화시키라.
- 즉흥적 연극 연습을 활용해보라.

는 방법의 목록을 만드는 일지를 작성하는 과제가 주어진다.

글상자 14.6에는 행동 실험에 관한 권장 사항이 나와 있다.

맺음말

ASD 진단을 받은 아동들과 함께 CBT를 적용하려면 기본적으로 CBT를 잘 알고 있어야 하고 여러 가지 복잡한 문제를 해결할 수 있는 유연성이 필요하다. 그래픽, 컴퓨터 및 기타 손 도구를 사용하여 절차를 수행하는 것이 좋다. 기술 수준을 기능 수준과 맞추는 것은 필수다. 이전 장들에 제시된 기술을 사용하면 부정적인 감정 및 행동 문제를 조절하는 데 도움이 될 것이다.

부모와의 협력

아동을 위한 심리치료는 성인들을 포함하지 않고는 불가능하다. 따라서 CBT에서 부모 참여에 대한 관심이 커지고 있다(Peris & Piacentini, 2014). 경험적 연구 결과(혹은 임상장면에서의 경험이나 경험적 연구 결과)에 일반적으로 부모참여는 치료효과를 증진한다. 최근 연구에서도 불안(Bogels & Brechman-Toussaint, 2006)과 우울(Retifo & Bogels, 2009) 치료에서 가족참여의 역할을 강조했다.

부모와 기타 양육자는 여러 가지 치료적 역할을 한다. 치료에서 부모는 코치, 자문, 치료 조력자로 일할 수 있다. 또한 행동관리기술을 배워 더 나은 수반관리자가 될 수 있다. 마지막으로 제16장에서 다룰 인지행동 가족치료에서 부모와 기타 양육자들은 공동 내담자가 된다. 펜실베이니아주립대학교 밀턴허시메디컬센터에서 저자(RDF)는 부모가 회기에 참여하지 않는 경우를 거의 본 적이 없다.

아동의 환경에 효과적으로 영향을 미치기 위해서는 부모와 치료자가 함께 치료를 이끌어가야 한다. 부모와 치료자가 동일한 계획을 갖고 함께 노력하지 않으면 아동은 혼란에 빠지며, 그 결과 개입의 효과도 감소된다. 따라서 부모가 자녀의 행동을 지도하는 데 도움이 되는 개입방법들을 포함시키는 것이 중요하다.

부모와의 협력 시 사용되는 첫 번째 전략은 교육이다. 치료자는 부모들에게 기본적이고 일반적인 지식을 제공해야 한다. 이러한 지식에 포함되는 것으로는 발달수준에 따른 적절한 행동에 대한 지식, 행동 발생의 선행조건과 결과에 관한 인식 등이다. 부모교육의 방법으로는 토의, 독서, 모델링 등이 있다. 부모에게 인지치료나 아동발달에 관한 도서를 소개하거나 브로슈어 같은 자료를 제공하는 것도 도움이 된다. 가령 우울한 청소년의 부모에게는 Seligman(2007)의 자녀에게 줄 최상의 선물은 낙관적인 인생관이다(The Optimistic Child)를, 반항적 아동의 부모에게는 캐즈딘 방법(Kazdin, 2008), OCD 아동의 가족에게는 March의 (2007) *Talking Back to OCD*(OCD에게 말대꾸하기)를 권유하면 좋다. 가정에서 행동수정 전략을 실시하는 부모에게는 행동개입이나 숙제에 관한 지침을 소개하는 유인물도 도움이 된다.

어떤 때는 교육을 시작할 때 왜 부모들이 치료 과정에 관여해야 하는지에 대한 대화로 시작해야 한다. 치료 시간에 부모님들을 모실 계획이라고 알리면 어떤 부모들은 놀란다. "우리 아이의 시간을 가져가고 싶지 않다", "이건 아이의 약속이다. 앗아가면 안 되죠." 등의 말을 한다. 치료자로서 다음과 같은 메시지를 부모에게 전달하는 것이 중요하다. 치료과정에서 부모를 포함시키는 것은 누구를 탓해서가 아니고 아이의 행동문제를 해결하는 데 핵심되는 부분이기 때문이라는 내용이다. 이미 자신이 뭔가 잘못해서 아이들이 겪고 있는 문제들을 야기한 것이 아닌가 생각하고 있는 부모라면 양육방식을 바꾸라는 말을 들을 때 부모 탓을 하는 것이라고 해석할 수 있다. 이러한 오해의 소지에 대해서는 직접 소통하는 것이 최선이다. 예를 들어 부모에게 다음과 같이 말할 수 있다.

> "아이의 특성 때문에 몇 가지 다른 육아 전략을 제안하려고 합니다. 그렇다고 해서 당신이 하고 있는 행동이 나쁘거나 잘못되었다는 뜻은 아닙니다. 사실 당신은 보편적이고 다른 아이였다면 효과적이었을 보편적인 전략을 사용해 왔지만, 이 시점에 당신의 아이와는 잘 매치가 안 됩니다. 이 치료시간에 참여하시면 제가 아이에게 어떻게 전략을 사용하는지 관찰하실 수 있고, 이후 치료실에서 연습할 기회를 갖게 되실 겁니다. 그러면 아이가 어떻게 반응하는지를 제가 볼 수 있지요. 이렇게 하면 자녀의 변화가 빨라지고 자녀의 반응에 따라 필요하다면 치료방법을 수정하도록 저를 돕게 되는 것입니다."

문화적 맥락과 관련된 이슈

다음에 요약된 문화적 변인 중 어떤 것이 해당된다고 해서 이 장에 제시한 특정 양육기법을 사용하면 안 된다는 뜻은 아니며 단지 치료전략에 관한 부모의 시각이나 다양한 훈육기술을 사용하고자 하는 동기에 영향을 미칠 수 있다는 것을 뜻한다(Forehand & Kotchick, 1996).

따라서 치료자는 각 내담자의 문화적 가치와 규준을 평가하고 이러한 가치들이 행동에 대한 기대와 어떻게 상호 작용하는지 주의 깊게 살펴보아야 한다.

아프리카계 미국인 가정

아프리카계 미국인 가족과 함께 작업할 때 기억해야 할 중요한 것은, 확장된 가족망(예 : 조부모, 숙모와 삼촌, 형제, 기타 친족, 이웃, 교회 신자)이 종종 아동 양육에 관여한다는 것이다(Forehand & Kotchick, 1996). 이러한 지지망을 인식하고 그 강점을 활용함으로써 이들을 치료에 포함시킬 수 있다. Hines와 Boyd-Franklin(2005)은 아프리카계 미국인 가정과 작업할 때 다음과 같이 권고한다고 했다. 가족의 강점, 전문 용어의 최소화, 지시적 치료접근을 채택하는 것, 어른들의 성에 직위를 붙여 부르는 것(박사님, 목사님 등)에 방점을 찍으라는 것이다. 또한 인송 문제를 대놓고 분명하게 다루라는 것도 좋은 중고이다. Coard, Wallace, Stevenson과 Brotman(2004)은 BPSS(Black Parenting Strengths and Strategies, 흑인부모의 강점과 전략) 프로그램을 만들었다. BPSS는 전통적인 행동치료적 부모훈련 프로토콜을 확장해서 적개심, 편견, 차별에 대처하는 능력을 개발하는 것에도 중점을 두었다.

히스패닉계 미국인 가정

히스패닉계의 양육 또한 전통적으로 확대 가족과 기타 사회적 지지망에 많이 의존한다(Forehand & Kotchick, 1996). 많은 히스패닉계 가족들에게 가족주의는 핵심적인 것이다. Yasui와 Dishion(2007)이 요약한 것처럼 "가족주의는 가족의 지원을 통해 가족의 화합을 유지하는 것과 가족이 필요로 하는 것 때문에 개인적인 욕구를 희생하는 것의 중요성을 강조한다." *respeto*(역자 주 : '존경'이라는 뜻의 스페인어)의 문화적 가치는 부모 권위에 대한 절대적 존경심을 반영한다. Yasui와 Dishion은 많은 히스패닉계 젊은이들이 권위를 따르도록 장려되고 있으며, 이 때문에 눈을 못마주치거나 소극적으로 보일 수도 있다고 말했다. 그러한 모습으로 인해 관심이나 참여성의 부족으로 교사들이 오해할 수 있다. 그러나 히스패닉계 문화는 일반적으로 다소 관대한 양육 스타일을 보인다. 따라서 히스패닉 문화의 부모들이 가지는 기대는 엄격한 규칙과 복종을 더 강조하는 문화에서의 부모 기대와는 다를 수 있다.

Martinez와 Eddy(2005)는 문화적응(acculturation)이 부모/자녀 상호 작용을 형성할 것이라고 강조했다. 예를 들어, 그들은 *respeto*가 미국에서의 삶에 적응하는 젊은 층에서 감소할 것이라고 설명했다. Garcia-Preto(2005)는 임상가들에게 히스패닉계 가족과 삭업할 때는 *personalismo*(역자 주 : '인격주의'라는 뜻의 스페인어)의 역할을 인정하라고 조언했다(p. 149). Garcia-Preto에 따르면 자부심, 존엄성, 그리고 권위에 대한 존경이 personalismo의 개념 안에 내재되어 있다. Martinez와 Eddy(2005)는 문화에 맞게 수정한 부모 관리 훈련 프로그램을 개발했다. 그들은 문화에 따른 수정을 가하면서도 사회적 학습 이론 모델에 충실했다. 좀 더 구체적으로 말하자면, 그들은 문화적응 스트레스와 전통적인 히스패닉계 가족의 가치들에 대한 주제를 프로그램에 포함했다.

아시아계 미국인 가정

양육에 관한 아시아계 미국인의 문화적 믿음은 학업성취, 근면, 그리고 부모의 권위를 강조한다(Forehand & Kotchick, 1996). 따라서 모든 부모들은 교사 노릇을 하고, 성공을 위한 목표에 아이들이 초점을 맞추도록 지도한다. Yasui와 Dishion(2007)은 권위주의적인 육아 관행이 아시아계 미국인 부모들 사이에 팽배해 있다고 말했다. 그들은 중국, 일본, 한국의 문화에서 유교적 윤리는 많은 양육 관행의 근간이 되고 있다고 지적했다. 예를 들어, Yasui와 Dishion은 *guan*이 아이의 행동을 지속적으로 감찰하고 고치는 것을 포함하고 있고, *chiao shin*은 아이들이 올바른 일을 하고 학업을 성취하도록 훈련시키는 것을 말한다고 했다. 가족 의식, 감정의 자기 통제, 집단주의, 겸양 그리고 효도와 같은 가치는 계속적으로 강화된다. Lee와 Mock(2005)는 아시아계 미국인 가정을 치료할 때 '사교적 품위'를 강조했다. 이들에 따르면, 이러한 우아함에는 음료수를 제공하고, 노인들이 코트를 거는 것을 돕고, 담소하는 것이 포함되어 있다고 한다. 전문가 자격 증명에 관한 질문에 직접적으로 대답하는 것은 신뢰성을 확립하는 데 중요하다.

인디언계 미국인 가정

인디언계 미국인의 양육 방식은 개별 부족에 따라 다르다. 많은 경우 아동 양육에 대한 공동의 책임을 강조하고 협력적이고 비경쟁적인 접근을 적용한다(Forehand & Kotchick, 1996). 따라서 최소한의 처벌만 사용되며, 일반적으로 두려움, 당황, 수치심과 같은 감정을 유도하는 방법과 설득을 활용한다(Forehand & Kotchick, 1996).

행동에 대한 현실적 기대 수립하기

부모들은 자녀에게 너무 많이 기대하거나 혹은 너무 적게 기대하는 경우가 많다. 이것은 부모와 자녀 간에 갈등을 초래한다. 자녀의 행동에 대해 부모들이 불평하는 것을 들어보면, 부분적으로 자녀에 대한 비현실적 기대와 관련된 것을 볼 수 있다. 5세 아동 린다의 어머니는 린다가 '자기 방을 깨끗하게 정리해야 한다는 것을 알면서도 그렇게 하지 못한다.'고 불평한다. 이럴 경우에는 린다의 어머니에게 5세 아동이 할 수 있는 일들에 대해 현실적인 기대를 갖도록 하고, 아동에게 효과적으로 지시하는 방법을 교육하는 것이 좋은 전략이다. 미키의 아버지는 '정서적 완벽주의자'다. 그는 미키를 포함하여 모든 사람들이 절대로 슬픔을 느껴서는 안 된다고 믿고 있다. 따라서 미키가 우울한 기분을 보일 때마다 미키에게 지나치게 엄한 경고를 주었다.

바람직한 행동과 기대되는 행동을 잘 구분하지 못하는 부모들도 많다. 예컨대 형제들끼리 싸우지 않고 오랜 시간 함께 노는 것은 바람직하다. 그러나 우리는 아이들이 그렇게 하리라고 기대하지 않는다. 그렇게 기대하는 것이 합리적이지 않기 때문이다. 부모가 비현실적인 기대를 갖게 되면 억지로 밀어붙이지만 결국 실패하고 마는 좌절을 반복해서 경험하게 된다. 15세 선의 아버지는 "도대체 그럴 이유가 없는데도 선이 여동생을 놀린다."고 말한다. 선의 아버지에게 이 세상의 그 누구도 100% 완벽하게 행동할 수 없음을 상기시킨다면, 아들의 행동에 대해 좀 더 현실적인 기대를 가지도록 도울 수 있을 것이다. 우리는 또한 부모님들에게 비록 어떤 행동이 예상되지만(선이 여동생을 놀리는 것), 그 경우 그에 대한 합당한 결과(벌)를 줄 수 있다는 점을 상기시킨다. 선이 여동생을 매일 괴롭히지는 않고, 또 그 행동이 100% 멈추지는 않을 것이라는 사실을 아버지가 인정한다면, 가족이 덜 힘들어할 것이다. 이때도 선의 아버지는 놀리는 행동의 심각도에 따라 구두로 행동을 교정해주거나 다른 적절한 벌을 내릴 수 있다.

자녀의 어떤 행동이 합리적인지에 대해 부모와 토의할 때 고려해야 할 몇 가지 점들은 다음과 같다. 먼저 문제영역에 있어서 자녀가 갖고 있는 기술 수준과 이전 수행을 고려해야 한다. 예를 들어, 브래들리는 10세가 되기까지 스스로 책임지는 기회를 거의 갖지 못했다. 그의 어머니는 10세 소년에게 도시락 싸기를 거들도록 기대하는 것은 합리적이라고 분명히 말했다. 그럼에도 불구하고, 그녀는 한 번도 브래들리에게 도시락 싸는 법을 가르쳐주지 않았다. 그래서 치료자는 부모에게 브래들리에게 도시락 싸는 방법을 가르쳐주라고 하였다. 그런 다음 브래들리에게 도시락 싸는 과제를 완수했을 때와 그렇지 못했을 때 받게 될 결과를 설명해주라고 하였다. 따라서 우리는 브래들리 부모의 기대가 실제로 '합당한지' 고려하기 이전에, 그들이 브래들리에게 우선 도시락 싸는 단계를 가르쳐주고, 도시락 싸기를 완수할 때와 완수하지 못했을 때의 결과를 설명해주어야 한다고 지적해주었다.

아동과 달리 청소년 내담자의 경우에는 현실적 기대에 관한 나름의 이슈가 있다. 부모들(때로는 치료자들)은 종종 청소년기와 성인기를 혼동한다. 따라서 청소년기가 성인기로 이행해가는 과도기란 것을 잊어버린다. 가령 어떤 부모는 청소년기의 자녀가 절대로 실수하지 않을 것이라든지 혹은 항상 부모님이 바라는 행동을 할 것이라 기대한다(Barkley & Robin, 2014). 15세 달린의 아버지는 "숙제를 먼저 하고 나서 TV를 보거나 전화를 걸어야 한다는 것을 잘 알고 있는데도 말이지요."라고 호소한다. 16세 데릭의 어머니는 "속도를 위반해서는 안 된다는 걸 잘 알고 있는 우리 아들이 교통위반 고지서를 받았다는 것을 믿을 수가 없어요!"라고 말한다. 청소년들은 자율성을 배우고 있는 과정에 있기 때문에 때로는 불가피하게 잘못된 선택을 할 수도 있다. 부모는 이런 잘못된 선택에 따르는 결과를 알도록 도와줄 필요는 있지만, 청소년 자녀들이 불완전하고 잘못된 결정을 할 수도 있다는 점을 이해해주어야 한다.

청소년 자녀를 둔 부모들이 보통 갖고 있는 잘못된 기대의 유형에는 다음과 같은 것들도 있다. 청소년 자녀가 문제행동이나 비행행동을 보일 때 부모들은 그러한 바람직하지 않은 행동이 항상 일어날 것이라 기대한다. 그리고 자신의 십 대 자녀가 부모를 화나게 하려고 일부러 그런 행동을 하는 것이라 생각하기 시작한다(Barkley & Robin, 2014). 안드레가 귀가 시간을 계속해서 어기는 것에 대해 그의 어머니는 "나는 안드레가 내 신경을 건드리려고 일부러 그런다는 걸 잘 알고 있어요."라고 말했다. 치료 중에 이 문제를 직면시키자, 안드레의 친구들은 대부분 귀가 시간이 안드레보다 1시간 늦은 것으로 밝혀졌다. 그리고 그가 귀가 시간을 어겼던 것은 어머니의 신경을 건드리려고 그랬다기보다 친구들과 어울리고 싶었기 때문인 것으로 드러났다.

치료자가 문화적 관습이나 기대를 이해하는 것은 부모훈련이나 개입 시 도움이 된다. 양육방식은 대체로 문화들 간에 공통점이 더 많지만, 어떤 양육방식의 경우에는 문화에 따라 차이가 있다.

부모의 문제 정의 돕기

치료자는 아동이 나타내는 문제의 빈도와 정도, 지속기간을 평가함으로써 부모의 기대가 현실적인지 통찰을 얻을 수 있다. 예컨대 대부분의 행동들은 대개 중간 수준에서부터 낮은 수준의 빈도로 발생하며, 빈도가 높을 경우에만 문제행동으로 간주된다. 7세 테일러를 예로 들어보자. 어머니는 테일러가 "항상 운다."고 말한다. 원하는 것을 가질 수 없을 때 일주일에 4~5회 우는 것과 하루에 4~5번 우는 것은 문제가 매우 다를 것이다. 치료자는 어머니가 이 문제의 심각성을 평가하는 것을 돕기 위해 그림 15.1에 제시된 것과 비슷한 빈도차트를 작성하게 했다. 어머니가 직접 수집한 데이터는 테일러의 우는 행동이 예상보다 덜 빈번하게 발생하고 있음을 객관적으로 보여주고 있다. 차트는 문제의 유형을 파악하는 데도 도움을 준다. 8세 크레이그의 부모는 빈도차트를 작성한 후, 아들의 문제행동이 좋아하는 TV 프로그램과 간식시간이 끝나고 1시간 후에 자주 발생하는 경향이 있음을 발견하였다. 단순히 크레이그의 일과표를 바꾸자 문제행동이 감소되었다.

행동의 정도는 문제를 정의할 때 적용되는 또 다른 주관적 측면이다. 치료자와 부모는 아동의 행동이 얼마나 심한지를 평가하기 위한 평정척도를 협력해서 만들 수 있다. 9세 브라이언의 부모는 브라이언이 6세 동생과 심하게 싸우는 문제(예 : "한 방에 있을 때 싸우지 않는 때가 없을 정도예요. 브라이언은 너무 공격적이에요.") 때문에 고민을 하고 있었다. 따라서 치료자는 브라이언에게 필요한 개입이 무엇인지 결정하고, 또 미래에 일어날 행동변화를 측정하기 위한 기초선을 마련하고자 공격성의 심각성을 평가하기로 하였다. 치료자가 할 일은 부모의 주관적 지각이 객관적 자료와 얼마나 일치하는지를 알아보는 것이다. 브라이언의 경우에는 5점 척도로 행동의 심각성을 평가하였다. 5점 척도에서 1점은 말다툼, 2점은 고함치기였으며, 점수가 높아질수록 행동도 심각해져서 5점은 때리고 발로 차는 행동을 의미하였다. 심각성을 파악하는 것은 부모의 개입(3점 이상인 경우)과 아동의 독립적인 문제해결(1~2점인 경우)을 위한 지침을 수립하는 데 도움이 된다.

문제행동의 지속기간도 고려해야 할 중요한 부분이다. 2분간 지속되는 떼쓰기는 30분간 지속되는 떼쓰기와 다르게 다루어져야 한다. 15세 된 캐스린의 부모는 캐스린이 쓰레기를 버리는 데 10분이 걸리는 것과 10일이 걸리는 것에 다르게 반응해야 할 것이다. 이번 장에서는 바람직한 행동을 증가시키고 바람직하지 않은 행동을 감소시키기 위한 구체적인 전략들에 대해 살펴볼 것이다.

Anastopoulos(1998)은 ADHD 아동의 부모에게는 일반적인 행동관리 원리를 먼저 가르친 다음에 보다 구체적인 행동기법을 훈련시켜야 한다고 했다. 부모들에게 기본적 행동원

	월요일	화요일	수요일	목요일	금요일	토요일	일요일
오전 7시	√		√√√√√				
오전 8시		√√		√√			
오전 9시							
오전 10시			√				√
오전 11시							
오후 12시							
오후 1시							
오후 2시							
오후 3시		√√√√	√				√√√√
오후 4시							
오후 5시							
오후 6시			√				

그림 15.1 : 테일러의 빈도차트

리를 교육시킬 때는 유인물이나 토론, 모델링, 가정에서 겪는 문제들의 예를 활용하는 것이 좋다. ABC 모형은 자녀의 행동(Behavior)이 선행사건(Antecedent)과 결과(Consequence)를 '변화시킴으로써' 수정될 수 있다는 것을 보여준다(Anastopoulos, 1998). 아동의 행동은 긍정적인 결과를 얻거나 바람직하지 않은 상황을 회피하기 위한 목적으로 일어남을 기억하라(Anastopoulos, 1998).

부모에게 ABC 모형을 설명할 때는 아래의 예와 비슷한 방식으로 하면 된다. 정보를 언어적·시각적으로 제시한다면 보다 잘 기억하게 할 수 있다. 다음의 대화는 지침으로 사용될 수 있다.

> 치료자 : 방금 메건의 떼쓰는 행동을 가장 큰 문제로 본다고 말씀하셨지요. 그래서 앞으로 이 문제에 초점을 맞추는 데 동의하셨구요. 앞으로 메건의 떼쓰는 행동에 대해서 얘기할 때 ABC 모형을 사용하면 도움이 될 거예요. A는 행동(B)이 일어나기 전에 일어난 사건을 의미한답니다. 일반적으로 A는 B를 유발시키는 사건으로, B의 발생 원인이라 할 수 있습니다. 때로는 부모가 자녀에게 지시를 하거나 명령을 하는 것이 선행사건이 되기도 합니다. 접수면접 중에 어머님께서는 메건이 떼쓰는 행동을 보이는 때에 대해 말씀하시면서 선행사건의 몇 가지 예를 들어 주셨어요. 어떤 유형의 선행사건인지 지금 생각나시는 게 있나요?
>
> 어머니 : 그러니까 선행사건은 내가 메건에게 뭔가를 하라고 하거나 혹은 다른 아이들과 공동으로 써야 한다고 말할 때 같은 때가 아닌가 해요.
>
> 치료자 : 맞아요. 바로 그런 것들이 선행사건이랍니다(ABC 활동지의 A 칸에다 적는다). 이제 행동 B를 일으키는 것이 무엇인지를 파악했으니, 한 단계 앞으로 나아간 것입니다. 때론 선행사건을 확인하기가 힘들어서 마치 행동이 '갑자기 툭 튀어나온' 것으로 보일 때가 있지요. 그러나 어머니께서는 메건의 떼쓰기를 유발하는 요인을 벌써 파악하셨어요. 또한 어머니께서는 원인을 알 수 없는 떼쓰기의 몇 가지 예도 말씀해주셨는데, 원인이 무엇인지 생각해보면 행동을 이해할 수 있을 뿐만 아니라 행동을 변화시키는 데도 도움이 될 거예요. 아까도 말씀드렸듯이, ABC에서 B는 행동을 의미한답니다. 우리는 떼쓰기를 행동으로 간주한다고 했는데, 구체적으로 어떤 행동들을 말하는 것인지는 아직 얘기해보지 않았어요.
>
> 어머니 : 고함치고, 울고, 바닥에 눕고, 걷지 않으려고 하는 행동이요(활동지의 B 칸에 적는다).
>
> 치료자 : 좋습니다. C는 결과를 의미한답니다. 이것은 행동이 일어난 후에 따라오는 것으로, 행동이 더 자주 일어나게 하기도 하고 혹은 덜 일어나게 하기도 합니다.
>
> 어머니 : (웃는다) 말하자면 메건이 원하는 대로 해주는 것을 말하나요?
>
> 치료자 : 그것도 하나의 결과입니다. 다른 것들도 생각해볼까요?
>
> 어머니 : 항상 메건이 원하는 대로 해주지는 않지요. 때로는 벌을 주기도 해요. 자기 방으로 가라고 하거

글상자 15.1 **현실적 행동 정의하기**

- 부모가 원하는 행동에 대한 현실적인 기대치를 가지도록 부모를 도와주라.
- 문제 행동의 빈도, 강도, 지속 시간을 측정하라.
- 부모에게 기능 분석의 기초를 가르치라.

나, 자전거를 치워 버리거나, 엉덩이를 때릴 때도 있어요(활동지의 C 칸에 적는다).

치료자 : 결과가 다양하군요. 만약 메건이 자신의 행동에 대해 어떤 결과가 따라올지 알지 못한다면 어떻게 될까요?

어머니 : 때로는 그 아이의 뜻대로 해주지 않을 경우 더 화를 내고 발작을 할 때도 있어요. 그 아이는 언제든지 자신이 원하는 대로 될 거라고 생각하는 것 같아요. 그래서 그렇게 되지 않을 때는 더 화를 내는 것이구요.

치료자 : 우리가 하려고 하는 것은 행동 뒤에 따르는 결과를 분명하게 해주자는 거예요. 그래야 메건이 어떤 행동을 했을 때 어떤 결과가 따른다는 것을 알 수 있을 테니까요. 메건의 행동에 대한 ABC를 이해하는 것은 그 아이의 행동 변화에 필요한 시도를 하는 데 도움을 줄 거예요.

이 대화에서 치료자는 어머니에게 메건의 행동과 관련된 ABC 틀을 분명하게 제시했다. 그렇게 함으로써 메건의 어머니가 ABC 모형에 포함된 행동의 원리를 이해하도록 했다. 또한 어머니가 행동의 결과와 관련된 자신의 반응에 주의를 기울이고, 나아가 행동을 유발하는 선행사건을 예측할 수 있도록 도와주었다.

글상자 15.1에 현실적 행동 정의의 핵심을 정리했다.

부모가 자녀의 바람직한 행동을 증가시킬 수 있도록 도와주기 : "우리 아이가 올바른 행동을 하길 바랄 뿐이에요."

부모들은 보통 자녀가 '착한(good)' 행동을 더 많이 하기를 바란다고 말한다. 치료자는 이번 장에 소개된 기법들을 통해 부모들에게 '예방적으로' 자녀의 바람직한 행동을 증가시키는 방법을 안내하고자 한다. 일반적으로 바람직한 행동을 증가시키기 위한 기법들이 부정적 행동을 감소시키는 기법보다 먼저 적용된다. 우선 부모들이 자녀의 적절한 행동을 놓치지 않도록 교육해야 한다.

강화

전문가들이 부모교육이나 훈련을 할 때는 대개 자녀의 '착한' 행동을 강화하는 방법부터 가르친다(Barkley et al., 1999; Becker, 1971; Forehand & McMahon, 2003). 강화는 행동의 빈도를 증가시키기 위해 행동이 일어난 후에 주어지는 모든 것을 포함하는 다소 '포괄적인' 용어이다. 강화는 일반적으로 표적행동(target behavior)을 증가시키는 신속한 결과를 가져오는 기본적 행동전략이다. 따라서 강화는 행동을 증가시키기 위한 일차적 방법으로 사용되며, 여러 방식으로 시행된다. 강화 또는 보상에는 긍정적인 것(예 : 칭찬, 안아주기, 장난감, 놀이시간)을 제공하는 것과 부정적인 것(예 : 심부름하기)을 제거하는 것이 포함된다.

자녀에게 강화를 자주 사용하지 않는 부모들이 많다. 아동의 행동은 문제를 일으키거나 바람직하지 않을 때만 눈에 띈다. 자녀가 적절한 행동을 할 때 그냥 내버려 두는 것은 본질적으로 긍정적 행동을 무시하는 것임을 이해해야 한다. 어떤 부모들은 자녀가 바람직한 행동을 할 때 끼어들면 그 행동을 멈출까 봐 강화를 주지 않는다고 보고한다. 다른 부모들은 아동에게 강화를 줄 경우 자녀가 지속적인 관심을 요구하게 될 거라고 생각한다(Forehand & McMahon, 1981). 또 어떤 부모들은 칭찬을 아껴야 하며, 아동이 정말로 뛰어난 좋은 행동을 할 때만 칭찬이 아닌 다른 형태의 강화를 사용해야 한다고 생각한다(Webster-Stratton & Hancock, 1998).

강화는 정적 강화와 부적 강화의 두 가지 형태로 나뉜다. 정적 강화와 부적 강화는 박사과정 학생들에게조차 혼동되는 개념이기 때문에, 부모들에게는 말할 것도 없다. 따라서 부모교육을 할 때 단순한 전략이 필요하다. 첫째, 모든 강화는 바람직한 행동을 증가시키는 것임을 강조한다. 정적(+)이란 표현은 바람직한 행동의 발생률을 증가시키기 위해 무엇인가가 첨가됨을 의미한다. 반면 부적(−)이란 표현은 바람직한 행동의 발생률을 증가시키기 위해 무엇인가를 빼거나 제거하는 것을 말한다. (+) 기호와 (−) 기호는 이러한 설명을 위해 좋은 단서가 되어준다. 사람들은 보통 (+)는 무엇인가를 첨가하거나 긍정적인 것을 의미하며, (−)는 무엇인가를 빼거나 부정적인 의미를 갖고 있다고 인식하고 있다. 따라서 부호는 각각 강화의 다른 측면을 의미하지만, 그 결과는 모두 바람직한 결과를 증가시키는 것이란 점이 강조되어야 한다. 예를 들어보자. 만약 카렌이 자기 방을 청소하면 포옹과 함께 칭찬을 듣고, TV 시청시간도 15분 연장되며, 특별 간식을 먹는다. 이는 모두 정적 강화의 예들이다. 그러나 카렌은 방을 청소하는 행동에 대해 부적 강화(예 : 방이 지저분하고 게으르다고 야단치는 아버지의 잔소리가 **멈추는** 것)로 보상을 받을 수도 있다.

자녀가 "엄마, 아빠 절 좀 봐주세요!"라고 말하는 것을 듣지 못한 부모는 없을 것이다. 관심은 실로 부모들이 가장 간과하기 쉬운 강화자(reinforcer)이다. 자녀들은 부모의 관심에 목

말라 있다. 따라서 자녀에게 관심을 보이는 것은 바람직한 행동을 증가시키기 위해 부모가 할 수 있는 매우 효과적인 방법인 것이다. 미소와 포옹, 칭찬 등 다독거려주기 등은 모두 아동에게 긍정적 관심을 보여주는 방법이다. 9세 테리가 블록으로 집짓기 하는 모습을 단순히 지켜봐주고 잘한다고 말해주는 것만으로도 부모의 관심을 전달해주며 테리에게는 강화가 된다. 부모가 보이는 관심의 힘은 매우 커서, 행동이 유지되고 미래에 더 자주 일어날 가능성을 증가시킬 수 있기 때문에, 부모는 부적절한 행동에 대해 주의를 기울여서(예 : 부적절한 행동에 대한 장광설, 부모가 전화 통화를 중지하고 아동에게 조용히 하라고 자꾸 말하는 것) 원치 않는 효과가 나는 상황을 알고 있어야 한다.

놀이시간(조건부로 제공되지 않는 시간)

Greenspan과 Greenspan(1985, 1989)은 그들이 저술한 자녀 양육서에서 훌륭한 제안을 했다. 주로 어린 아동들의 부모를 겨냥한 그들의 양육서는 방바닥에서 노는 시간의 가치를 강조하고 있다. 방바닥에서 노는 시간(floor time)이란 부모나 양육자가 방바닥에 앉아 아동의 주도에 따라 함께 놀아주는 시간을 말한다. 어린 아동의 부모들은 적어도 매일 10분 이상 자녀와 함께 방바닥에서 노는 시간을 갖는 것이 좋다.

부모가 자녀와 함께 노는 시간을 가지면 아동은 강화를 받게 되고 부모와 아동의 관계도 견고해진다. 놀이를 통한 상호작용은 아동의 긍정적 행동을 강화해주고, 아동의 기술과 장점에 초점을 맞춤으로써 자존감을 증진시키는 풍부한 환경을 제공해준다. 아동은 부모가 자기를 소중하게 여긴다는 느낌을 갖게 된다. 이것은 아동을 유순하게 만들며 다른 상황으로 일반화되는 것을 돕는다. 또한 놀이시간을 문제해결을 연습하고 모델링하는 기회로 활용할 수 있다. 10세 조엘은 자신의 실수에 대해 매우 비판적이다. 조엘과 보드 게임을 하는 동안 그의 아버지는 지속적으로 긍정적 대처방법의 본보기를 보여주었다. 예컨대 조엘의 아버지는 자신이 다섯 칸을 물러야 하는 카드를 뽑았을 때 "오 저런, 다음번에는 더 좋은 카드를 뽑아야겠네."라고 말했다.

놀이는 아동 세계의 기본이다. 부모는 아동이 놀이를 주도하게 함으로써 자녀의 긍정적 행동을 관찰하고 관심을 보여주는 좋은 기회를 갖게 된다. 반면 자녀가 보이는 약간 부적절한 행동은 무시할 수 있게 된다(Anastopoulos, 1998). 그러나 때로는 부모가 놀이를 통제하고, 너무 지시적이며, 놀이를 주도하는 함정에 빠지기 쉽다. 따라서 부모에게 지시하는 역할보다 설명해주는 역할을 하도록 가르치는 것이 도움이 된다(예 : "집을 만들자." 대신 "너는 지금 푸른색의 블록으로 탑을 쌓고 있구나."). 부모는 아동과 놀이를 할 때 가능한 설명을 많이 하고 질문을 덜 하도록 해야 한다(Webster-Stratton & Hancok, 1998). 8세 코니의 어머니는 질문(예 : "그 인형들은 집 안에서 무엇을 하고 있니?", "차 속에 있는 여자 인형은 어디로 가는 거지?", "소풍이 끝나면 그들은 무엇을 할까?") 대신 설명(예 : "인형들이 집 안에 앉아 있구나.", "작은 여자 아이가 드라이브를 하고 있네.", "그들은 함께 소풍을 왔네.")을 하도록 교육을 받았다. 아동의 놀이를 관찰만 하고 직접 참여하지 않는 것도 부모들이 흔히 저지르는 실수다. 7세 된 메리루는 인형놀이를 하는 동안 어머니가 곁에 앉아서 바라보고만 있자 금방 싫증을 내며 어머니의 관심을 끄는 행동을 했다. 또 다른 예로 11세 된 빈스의 아버지는 아들과 함께 모형 비행기를 조립하는 동안 너무 지시적인 모습을 보였다. 빈스는 곧 흥미를 잃고 반항적인 행동을 보였다.

자녀와의 놀이 시 부모는 사건과 행동에 대해 설명해주고 적절한 행동을 칭찬해주되, 위험하거나 파괴적인 행동이 아닌 한 부정적인 행동은 무시하는 것이 좋다(Eyberg & Boggs, 1998). 아동에게 놀이를 주도하게 함으로써 반항하는 기회를 최소화할 수 있다. 간혹 부모가 놀이를 주도해야 할 때는 "우리 치울까?"라고 말하는 대신 "이 차를 선반 위에 놓으면 좋겠네."라고 구체적으로 지시하는 것이 좋다. 아동이 무시할 수 없는 행동을 하거나, 부모 말고 다른 것에서 강화를 받을 때, 혹은 행동이 쉽게 소멸되지 않을 때는 보다 지시적인 입장을 취하도록 한다(Eyberg & Boggs, 1998).

치료시간 중에 부모와 아동이 놀이를 하게 하면, 치료자는 부모를 관찰하고 기법의 사용을 가르칠 수 있는 기회를 갖게 된다. 8세 된 블레이크의 아버지는 아들과 놀이를 할 때마다 싸움으로 끝난다고 말했다. 치료자는 치료시간 중에 블레이크가 아버지와 함께 캔디랜드 게임하는 것을 관찰했다. 블레이크가 "내가 또 지고 있어요. 나는 항상 지기만 하는 실패자예요."라고 말하자, 그의 아버지는 블레이크에게 그런 식으로 말하지 말라고 반응했다. 그런 다음 아버지는 블레이크에게 왜 자신을 그렇게 깎아 내려서는 안 되는지 일장연설을 했다. 아버지의 의도는 좋은 것이었다. 아버지는 블레이크가 자신에게 지나친 비판을 하지 않기를 원했다. 그러나 그의 방식은 자신과 아들에게 좌절과 짜증만을 가져다줄 뿐이었다. 치료자는 블레이크의 아버지에게 상담을 해주고, 자녀의 행동에 강화와 관심, 본보기를 보여주는 방법을 가르쳐주었다. 그러자 블레이크와 그의 아버지는 게임을 좀 더 즐길 수 있게 되었다. 다음 주에 블레이크와 아버지는 다시 게임을 했다. 이번에는 블레이크의 아버지가 졌다. 그러자 아버지는 미소를 띠며 "너와 게임을 해서 재미있었어. 다음번에는 내가 이길 거야."라고 말하며, 설교 대신에 긍정적으로 대처하는 모습을 본보기로 보여주었다.

십 대 자녀와 함께 조건부로 제공되지 않는 시간을 보내는 것은 매우 추천할만하다 (Barkley et al., 1999). 부모는 청소년 자녀에게 좋아하는 것을 선택하게 한다. 그런 다음 긍정적 관찰자로 참여한다. 질문을 하거나 지시를 하거나 교정을 해주어서는 절대 안 된다! 주 목표는 상호작용하는 것이지 비판하는 것이 아니다. 컴퓨터 게임, 공예활동, 요리, 운동, 카드게임, 보드게임 등은 모두 부모와 자녀가 함께 할 수 있는 활동이다. 14세 된 니콜라스는 어머니와 함께 과자를 만들고 싶었다. 그의 어머니는 요리법과 재료들을 구해다주었다. 처음에 어머니가 "여기에서는 내가 할게."라 말하며 활동을 통제하려고 하였다. 그러나 나중에는 어머니가 자신을 자제하며 "니콜라스야, 요리법에 무엇을 먼저 하라고 적혀 있니?", "정말 잘 섞고 있구나."라고 말하게 되었다.

선택 제공하기

부모가 아동에게 줄 수 있는 또 다른 형태의 보상은 아동에게 선택을 제공하는 것이다. 선택하기는 아동과 청소년들에게 매우 풍부한 경험이다. 그는 꾸물거리며 자주 어머니 시야에서 사라지곤 하는 5세 남자아이다. 그의 어머니는 선택을 보상으로 사용하는 방법을 배웠다(예 : 조야. 내가 불렀을 때 와주었고 함께 걸을 때도 잘 따라왔으니까, 집 앞마당에서 놀 것인지 뒷마당에서 놀 것인지 선택하게 해줄게."). 8세 타비타는 음식점에서 쉽게 산만해지고 참을성이 없어지곤 했다. 그녀의 아버지는 타비타의 긍정적 행동을 증가시키기 위해 선택을 사용하기로 했다(예 : 타비타, 나한테 기어오르고 징징거리지 않고 잘 기다렸으니까, 가서 네가 앉고 싶은 테이블을 골라보도록 하렴."). 또 16세 모우는 차를 타고 가는 동안 10세 동생과 자주 싸우곤 했다. 그의 어머니와 아버지는 그를 '붙잡고' 동생과 사이좋게 지내라고 하였다. 그런 다음 모우가 싸움을 멈추자 다음과 같이 말했다. "모우야, 네가 놀리거나 고함치지 않고 동생에게 말했으니까, 네가 듣고 싶은 라디오 방송국을 선택하도록 하렴. 할머니 집에 도착할 때까지 그 방송을 들을게."

부모의 강화 증가 돕기

강화 빈도의 증가는 빠르고 효과적인 행동변화를 가져온다. 먼저 치료자와 부모는 두세 가지 표적행동을 정한다. 예컨대 아동이 동생과 자주 싸운다면 싸우지 않는 상호작용에 대해 강화를 주기로 한다. 일단 표적행동을 결정한 후에는 사용 가능한 강화자 목록을 만든다. 그런 다음 부모에게 아동의 행동에 대한 강화 빈도를 높이라고 요구한다. 아동의 특정 행동에 대해 한 번만 강화해주면 다시 그 행동을 하게 될 가능성은 불확실하다. 따라서 부모는 확실히 변화가 일어날 때까지 여러 번에 걸쳐 같은 행동에 강화를 제공해야 한다(Patterson, 1976). 강화를 효과적으로 사용하기 위해서는 특정 행동이 일어난 직후에 강화를 제공해야 한다(Webster-Stratton & Hancock, 1998). 밤에 달톤을 재울 때마다 어머니는 달톤의 착한 행동들을 칭찬해주었다. 그러나 낮 시간에 즉각적인 강화가 부족했기 때문에, 달톤은 자신이 실제로 했던 착한 행동과 어머니의 '침대 머리맡' 칭찬을 연결시키지 못했다.

치료자에게 자녀가 칭찬받을 만한 행동을 전혀 하지 않는다고 보고하는 부모는 하나의 도전이다. 이것은 흔히 부모가 느끼는 좌절감을 반영하며, 자녀의 긍정적 행동에 대한 관심 부족에서 비롯된다. 이럴 때는 부모에게 아동들이 항상 '나쁜' 행동만을 하는 것이 아니며, 바람직한 행동을 찾아서 보상해주는 것이 중요함을 상기시켜주면 좋다. 노력하면 처벌을 사용할 필요성이 점차 감소되며, 아동과 부모 간의 갈등도 줄고 보다 부드러운 상호작용을 할 수 있게 된다. 일반적으로 부정적 피드백을 하는 빈도만큼 긍정적 피드백을 증가시키는 것이 좋다(Barkley, 2013; Barkley & Robin, 2014). 사실 이것은 매우 상식적이다. 부모가 자녀의 긍정적 행동에 대한 강화 빈도를 늘리게 되면, 처벌에는 상대적으로 시간과 에너지를 덜 사용하게 된다. 부모가 긍정적 행동을 강화할 때는 문제행동이 덜 일어나게 된다. 좀 더 구체적으로 말해서, 부모는 아동과 함께 있을 때 최소한 한 시간에 몇 번씩 어떤 형태로든 강화해주어야 한다. 부모들에게 강화란 것이 쳐다보고 웃는 것처럼 간단한 일임을 상기시켜주면, 긴 안목을 갖고 강화라는 과제를 수행해 나가는 데 도움이 될 것이다.

그러나 이 과제가 너무 벅차다고 느끼는 부모에게는 좀 더 점진적인 접근이 요구된다. 치료자는 부모가 자녀의 행동에 관심을 기울이는 연습을 시작할 구체적인 시간대(예 : 저녁 식사 15분 후)를 선택하라고 지시한다. 일단 연습을 통해 기본 기술을 발전시키게 되면 그러한 기술을 일반화시킬 수 있게 된다. 예를 들어보자. 그레이스의 부모는 그레이스의 반항적 행동을 감소시키길 원했다. 그레이스는 부모의 요구에 늘 "싫어요!"로 반응하곤 했다. 치료자가 부모에게 그레이스의 어떤 점을 칭찬해주었는지 물어보자 부모는 간신히 몇 가지 예를 들어주었다. "지난주에 받아쓰기 시험을 잘 보았다고 칭찬해주었어요. 그리고 주말에 사촌이 놀러 왔을 때 그레이스가 사이좋게 놀아서 좋았다고 말해주었어요." 이런 것들은 그레이스에게 강화를 줄 수 있는 적절한 기회이다. 그러나 그레이스의 부모가 강화를 사용했던 예를 떠올리기 어려워했던 점과, 강화가 매우 드물게 제공되고 있다는 점은 강화의 증가가 필요함을 잘 보여준다. 따라서 일단 치료자는 긍정적으로 말하려고 애쓰는 부모의 노력을 칭찬해주었다. 그러나 하루에 몇 차례씩 그레이스에게 칭찬해주는 것이 중요함을 강조했다. 그리고 치료자는 부모의 연습을 돕는 구조를 만들어주기 위해, 강화를 사용할 때마다 기록하는 숙제를 내주었다. 부모의 칭찬 증가가 목표인 경우 치료회기 중 치료자가 상호작용하면서 칭찬을 제공하는 것을 부모가 관찰하면 도움이 된다. 이러한 치료자의 모델링은 칭찬이 어떻게 아이와의 전형적인 상호 작용에 통합될 수 있는지, 그리고 어떻게 그것이 행동에 긍정적인 영향을 미칠 수 있는지를 보여준다. 논쟁적이고 반항적인 9세 아동 도미닉을 위해 치료자가 칭찬사용의 모델링을 하고 있었다. 치료자는 "잘 참고 기다려줘서 고마워.", "질문에 그렇게 공손하게 대답해주니 좋구나.", "그렇게 상냥하게 말해줘서 고맙다는 말을 하고 싶어." 같은 문장을 사용했다. 도미닉의 부모는 그렇게 작은(그렇지만 바람직한) 행동에 대해서 칭찬할 생각은 해본 적이 없다고 했다. 또한 회기 중 도미닉이 평소보다 훨씬 존경을 담아 치료자의 질문에 답하고 치료자가 말하는 것에 반응하는 하는 모습을 지켜보며 놀라워했다.

부모에게 다양한 강화 방법 가르치기

행동형성(shaping)이란 강화를 이용하여 바람직한 행동을 향해 점진적으로 나아갈 수 있게 하는 것을 말한다. 이 과정의 각 단계는 바람직한 전체 행동을 향한 하위목표와 같다. 처음에는 단순한 행동(예 : 세탁이 끝난 옷가지를 세탁기에서 꺼내 침실로 가져오기)이 일관성 있게 나타날 때까지 계속 강화한다. 그런 다음 좀 더 높은 수준의 행동에 강화를 제공한다 (예 : 옷 개기기, 개긴 세탁 물을 옷장 서랍에 넣기). 부모들에게 단순한 행동부터 시작하도록 하기 위해 단순한 행동부터 강화를 시작하라는 '숙제'를 내준다. 아동이 단순한 행동을 할 수 있게 되면 좀 더 높은 수준의 행동에 강화를 해주라고 한다. 차별강화를 실시하는 것도 부모들에게 가르친다. 그리고 보다 복잡한 행동을 하거나 높은 수준의 행동을 연속적으로 할 때는 단순하고 낮은 수준의 행동을 했을 때보다 강화를 더 많이 해주도록 한다.

부모들에게 다양한 구체적인 강화자를 사용하라고 가르치면 아동이 한 강화자에 습관화되지 않도록 예방할 수 있어서 효과적이다. 칭찬과 신체적 강화, 아동이 좋아하는 활동, 물질적 보상 등은 모두 부모가 사용할 수 있는 강화자이다. 11세 린에게 단순히 "잘했어!"라고 말하는 것은 부모가 어떤 행동을 칭찬하는 것인지 알려주지 못한다. 린은 부모가 어떤 행동을 칭찬하는 것인지 알 수 없기 때문이다. 따라서 "네가 코트를 걸어주니 좋구나."같이 말하는 것이 미래의 유순한 행동을 증가시키는 데 도움이 된다. 부모와 함께 잠재적인 강화자들을 살펴보는 것이 좋다. 자녀를 강화하기 위해 말하거나 해줄 수 있는 것들을 목록으로 만들면 좋다.

언어적 보상은 무비판적이며 즉각적이어야 한다. 강화는 순수하게 제공되어야 하며, 비판과 함께 제시되어서는 안 된다. 따라서 강화를 준 후에 '그런데'가 따라와서는 안 된다(예 : "접시를 깨끗이 비워서 참 좋구나. 그런데 설거지통에 갖다 놓았더라면 더 좋았을 걸."). 칭찬은 아동 개인을 평가하는 것이 아니라 부모가 좋아하는 행동을 묘사해주는 것이어야 한다. 부모가 평가 없이 행동에 대한 칭찬을 해야, 아동이 칭찬받거나 받지 않는 것을 자신이 거부되거나 수용되는 것으로 잘못 해석하는 일이 없게 된다(예 : "낙엽을 참 잘 쓸어 모았구나." 대 "낙엽을 쓸어 모으다니 참 착한 어린이구나.").

부모들이 이 기술을 연습하도록 촉구하는 것은 매우 중요하다. 겉보기에 이 기술은 너무 간단해서 어린이의 행동을 크게 바꿀 수 없는 것으로 보일 수 있다. 또 한번 회기 내 모델링과 다양한 유형의 강화 시행은 가족에게 효과를 예시해주며 부모들이 주의 깊게 아이들에 대응할 수 있도록 도와준다. 부모들이 실제보다 아이를 더 많이 강화해주거나 칭찬하고 있다고 여기는 경우가 많다. 실제 칭찬하는 빈도와 방식에 대해서 주의를 기울여 살펴보면 강화효과를 증진시키는 방법을 파악해낼 수 있다. 치료회기 동안 크리스틴이 어려운 과제를 완수하는 동안 강화해주는 연습을 해본 크리스틴의 어머니는 다음과 같이 말했다. "지금까지 제가 칭찬을 잘 해주었다고 생각했는데 이제 보니 제가 그저 '근사해', '좋아' 하는 말만 해주고 뭐가 좋은 건지 거의 말하지 않았더라구요. 그리고 보통 크리스틴이 하던 일을 끝낼 때까지 기다렸다가 나중에만 칭찬하고 있더라구요."그녀에게 내가 좋아하는 것을 말하지 않는다. 크리스틴의 어머니는 "과제하는 동안 가만히 앉아있네."와 같은 진술을 추가하는 것이 크리스틴을 격려해주고 특정 행동(까다로운 과제를 할 때도 계속 앉아 있는 행동)을 강화하는 데 효과적이라는 것을 깨달았다.

긍정적 보상을 꺼려하는 부모 돕기

자녀의 행동을 잘 다루지 못하는 어떤 부모들은 정적 강화의 사용을 꺼리며 그것의 가치에 대해서도 회의적인 태도를 갖고 있다. 이런 부모들은 자녀의 잘못된 행동에 대해 새롭거나 더 가혹한 처벌을 줄 수 있는 방법이 무엇인지 배우기 위해 치료자를 찾아온다. 이때 치료자는 잘못된 행동을 더 강하게 처벌하려는 부모의 계획에 가담하지 않아야 한다. 그렇다면 정적 강화의 수준을 높이는 것이 효과적인 개입이라고 생각하는 치료자와 다른 관점을 가진 부모를 어떻게 대할 것인가?

다음의 몇 가지 방법을 시도해볼 수 있겠다. 첫째, 부모에게 자신이 진정으로 원하는 것이 무엇인지 물어본다. 부모가 원하는 것의 핵심은 자녀가 부모·말을 잘 듣고 부모가 원하는 대로 행동하는 것이다. 이것은 "현재 당신은 자녀가 말을 듣게 하는 데 있어서 얼마나 효과적입니까?", "잔소리를 하거나 야단치거나 벌 주는 사람의 말을 잘 듣는 것이 아동에게 얼마나 쉬운 일일까요?", "당신이라면 이렇게 하는 사람들의 말을 잘 듣습니까?" 등의 질문으로 유도한다. 둘째, 정적 강화가 가정의 분위기를 밝게 할 수 있음을 가르치는 것이다(Barkley et al., 1999; Becker, 1971; Forehand & McMahon, 2003). 제13장에서도 언급했듯이, 치료자를 찾아오는 가정은 대부분 정서적으로 긴장감이 맴돌고 적대적이며 갈등적인 분위기를 갖고 있다. 정적 강화는 이런 압도적인 분위기를 깨는 데 도움이 된다. 셋째, 처벌이 효과적이지 않으며 부정적 결과에 습관화될 수 있음을 알게 함으로써, 정적 강화의 사용에 대한 부모의 동기를 높이는 것이다. 결국 부모가 점점 더 강한 처벌 방식을 찾게 되는 이유도 바로 습관화 때문일 것이다.

소크라테스식 질문법은 이런 상황에서 매우 유용하다. 다음의 예를 살펴보자. 예에서 아버지는 정적 강화를 허황된 잠꼬대 같은 것으로 생각한다. 그는 정적 강화를 마치 아동에게 어떤 행동을 하도록 하기 위해 '뇌물을 주는' 것처럼 생각한다.

아버지 : 도대체 내가 왜 우리 아이한테 뇌물을 줘야 하는지 모르겠어요. 왜 당근을 개 앞에 놓아줘야만 뭘 하는 건가요? 걔는 아무 대가 없이 우리가 요구하는 것을 해야 해요. 제기랄, 만약 내가 그렇게 행동했더라면 우리 아버지는 내 엉덩이를 걷어찼을 거예요!

치료자 : 아버님 말씀을 이해합니다. 토미는 아버님이 정해주신 행동규칙을 따르지 않고 있어요. 심지어 아들로서 아버지를 어떻게 대해야 하는지도 모르죠. 정말 속상하실 거예요.

아버지 : 맞아요. 착한 행동에 대해서 매일 크리스마스처럼 선물을 주라는 것은 도대체 말도 안 돼요.

치료자 : 그렇게 생각하실 수 있어요. 잠시 제 말씀을 들어보세요. 그동안 아버님께서 사용했던 처벌이 얼마나 효과적이었던가요?

아버지 : 별로 효과가 없었어요. 우리 애는 별로 개의치 않는 것 같아요. 그의 행동에 아무런 영향을 주지 못해요.

치료자 : 그렇군요. 아버님께서는 아드님이 정말로 달라지길 원하시죠, 그렇죠?

아버지 : 뭔가 하긴 해야 할 것 같아요.

치료자 : 저도 동의해요. 제가 한 가지 여쭤볼게요. 혹시 제가 방금 설명해 드린 정적 강화를 한 번이라도 써보신 적이 있으신가요?

아버지 : 아니요. 잘 아시잖아요.

치료자 : 제가 잘 이해하고 있는지 도와주세요. 아버님께서는 뭔가 달라지길 원하고 계세요. 그러나 현재 사용하고 있는 방법은 효과가 없어요. 아버님은 정적 강화를 한 번도 시도해본 적이 없으세요. 그렇다면 정적 강화가 효과가 없다는 것을 어떻게 확신하실 수 있을까요?

이 대화에서 치료자는 정적 강화의 사용을 꺼려하는 아버지를 적극적으로 다루고 있다. 치료자는 설교하는 대신 소크라테스식 대화법을 적용하여 아버지로 하여금 자신의 입장을 검토해보도록 하고 있다.

글상자 15.2   정적 강화 증대를 위한 추천 사항

- 부모에게 정적 · 부적 강화의 기초를 가르치라.
- 부모가 아이와 함께 놀면서, 아이가 이끄는 대로 시간을 보내도록 격려하라.
- 부모는 선택지를 아이에게 주면서 골라보라고 함으로써 보상을 제공할 수도 있다.
- 보다 큰 목적을 향한 점진적인 작은 전진에 보상을 제공하도록 부모를 일깨우라.
- 다양한 물리적 · 언어적 · 구체적 보상물을 주도록 격려하라.
- 정적 강화를 주는 것을 주저하는 부모가 변화하도록 작업하라.

부모가 아이의 문제행동 패턴에 실망할 수도 있다. Friedberg 등(2009)은 부모와 작업할 때 스포츠팬 비유를 활용하라고 한다. 진정한 팬이라면 잘 못하거나 패배나 슬럼프도 참는다. 마찬가지로, Friedberg 등(2009)은 "아이들은 결국 부모에게 실망스러운 짓을 하거나 화를 돋울 행동을 하기 마련이다. 그럼에도 불구하고 부모는 아이의 팬으로 남을 것이다. 아이의 성공을 격려하고 실수를 받아들이며 결코 포기하지 않을 것이다"(p. 59).

글상자 15.2에 정적 강화를 증대하기 위한 추천사항을 정리했다.

부모에게 명령/지시하는 방법 가르치기

부모들은 자녀에게 해야 할 것과 하지 말아야 할 것에 대해 이야기하는 데 많은 시간을 쓰고 있다. 지시하기는 자주 간과되는 기본 양육과제이다(Barkley, 2013). 부모들에게 보다 효과적인 지시방법을 가르침으로써, 명령의 수와 빈도를 감소시킬 뿐만 아니라 아동이 부모의 지시에 따르는 빈도도 증가시킬 수 있다(Barkley, 2013). Barkley(2013)는 부모가 먼저 자녀에게 주고 있는 지시에 관심을 갖고 앞으로 집행할 지시만 하라고 권고한다. 그는 부모가 집행도 하지 않을 지시를 계속할 경우, 지시를 따르지 않으면 결국 요구된 행동으로부터 벗어날 수 있다는 것을 가르침으로써 자녀의 따르지 않는 행동을 증가시킨다고 주장한다. 5세 애비는 식사할 때마다 음식을 먹지 않고 가지고 노는 행동을 하곤 한다. 애비의 부모는 "한 번만 더 그러면 네 방에 가라고 할 거야."라며 몇 차례 엄하게 경고를 한다. 애비는 "싫어! 싫어!"라고 반응한다. 애비의 부모는 "싫으면 말을 들어."라고 경고한다. 몇 분 후 똑같은 일이 반복된다. 마침내 애비는 방으로 보내지고, 화가 난 애비는 떼를 쓰기 시작한다. 이것은 많은 부모들이 경험하는 사이클이다. 치료자는 부모들에게 이 사이클을 정지시키는 방법을 가르쳐주어야 한다.

먼저 부모들에게 명령이란 자녀에게 지시하는 것이지 요청하는 것이 아님을 가르칠 필요가 있다(Barkley, 2013). 요청이나 질문은 선택의 여지를 갖고 있다(예 : 네 방 좀 치워줄래? – "싫어요!"). 따라서 부모가 "싫어요."란 답변을 받아들일 준비가 되어 있지 않는 한, 아동에게 무엇을 하도록 요청해서는 안 된다("지금 장난감들을 치우도록 해."라고 말하는 것이 "장남감을 치우겠니?"라고 말하는 것보다 훨씬 효과적이다). Forehand와 McMahon(2003)은 많은 부모들이 이 둘 간의 차이를 구분하지 못하기 때문에 지시하기에 어려움을 갖는 것이라 하였다. 전화벨이 울릴 때 어른들은 "전화 좀 받아줄래?"라고 말하곤 한다. 이것은 질문의 형태로 전달되지만, 진정한 의도는 상대방이 전화를 받아달라는 것이다.

또 부모들은 자녀에게 간청하는 일이 없도록 유의해야 한다. 매리 앤과 캐시의 아버지는 종종 "제발 나를 봐서 싸움 좀 멈춰줄래?"라며 간청한다. 간청은 자녀에게 지시에 따르지 않는 선택을 할 수도 있다는 메시지를 전달한다. 당장은 자녀가 명령에 따르기를 거부한다 하더라도 간청하지 않으면 명령을 거부할 가능성을 감소시킨다. 명령을 따르지 않는 행동은 이 장의 후반에서 언급될 구체적 결과를 통해 다루어야 한다.

마지막으로 자녀와 함께 끝까지 과제를 완수할 의사가 없는 한, 지시할 때 "우리~하자." 로 표현하는 것을 삼가야 한다(Forehand & McMahon, 2003). 부모가 "우리 블록들을 치우자."라고 말할 때, 이것은 아동이 블록들을 치우는 동안 부모가 도와준다는 의도를 말하는 것이다. 부모가 시작만 같이 하고 가버린 다음 아동이 혼자서 나머지를 하게 한다는 의미가 아니다. 따라서 이런 표현은 자녀이 오해를 기쳐올 뿐만 아니라, 자녀에게 끝까시 완수하시 못하는 행동을 본보기로 보여주게 된다.

지시는 구체적이어야 하며 완수하길 기대하는 기간을 포함하고 있어야 한다(예 : "에릭, 저녁식사 전까지 옷을 치우도록 해."). 한 번에 한 가지 지시만 하면 따를 확률이 증가한다. 여러 가지 과제를 한꺼번에 제시하거나 지시를 연속적으로 하면 잊어버리기 쉽다. 게다가 모든 지시가 완수되어야만 성공하게 되므로 성공할 여지도 적다(Forehand & McMahon, 2003). 또한 몇 가지 지시를 동시에 하면 아동이 감당하지 못한다. 한 번에 한 가지씩 지시하면 소화하기도 쉽고 부담이 적으며 따르기도 쉽다. 긴 설명과 함께 지시를 하는 것도 부모들이 자주 범하는 실수이다. 이것도 따르지 않는 행동을 초래하기 쉬운데, 그 이유는 부모가 말을 끝낼 쯤 아동은 앞의 지시를 잊어버리기 때문이다(Forehand & McMahon, 2003). 아동이 지시를 따랐을 때에는 즉각적으로, 구체적으로 칭찬해주어야 한다. 지시에 주의를 기울이고 따르는 데 어려움이 있는 아동에게는 알아들었는지 확인하기 위해 아동에게 지시를 한 번 말해보라고 한다(Anastopoulos, 1998).

제13장에서 언급되었듯이, 부모의 모호하고 불명료한 지시는 따르는 데 방해가 된다. 다음의 예를 생각해보자. 스탠은 12세 소년으로 ADHD로 어려움을 겪고 있다. 그의 방은 마치 폭탄을 맞은 듯 보인다. 온갖 물건들이 여기저기 널려져 있다. 어머니가 스탠에게 "방을 치워!"라고 명령한다. 스탠은 한 시간 동안 카펫이 보일 때까지 바닥에 널려져 있는 물건들을 치운다. 그는 방바닥에 있는 물건들을 모두 책상 위로 가져간다. 결국 그의 책상은 산더미처럼 쌓인 물건들로 덮여버렸다. 어머니가 돌아와서 격노한다. "넌 어쩜 이럴 수가 있니?"라고 소리친다. 어머니와 스탠은 큰소리를 내며 싸우게 된다. 어머니는 스탠이 어머니의 지시를 따르지 않은 것에 격분했다. 그러나 스탠은 어머니가 무엇 때문에 그렇게 화가 나셨는지 이해가 되지 않고 혼란스러웠다.

자, 여기에서 무슨 일이 있어났는지 생각해보자. 모호하게 주어진 지시는 서로 다른 기대를 갖게 한다. 스탠에게 있어서 치운다는 것은 방바닥에 있는 모든 물건들을 없애는 것을 의미하였다. 반면 어머니는 다른 기대를 갖고 있었다. 그녀는 스탠의 방이 완전히 정돈되고 깨끗해지길 기대했던 것이다. 하지만 이런 그녀의 기대는 지시를 통해 스탠에게 전달되지 못했다.

그렇다면 스탠의 어머니가 다르게 해볼 수 있는 것은 무엇일까? 첫째, 자신의 요구를 명료하고 구체적으로 전달할 필요가 있다(예 : "스탠, 바닥 위에 있는 옷가지들을 주워서 세탁통에 가져다 넣으렴."). 둘째, 어머니는 아들이 하길 원하는 전체 과제를 성취 가능한 작은 과제들로 나누어 제시할 필요가 있다. "방을 치워라."와 같이 모호한 지시를 전달하는 대신, 과제를 작은 하위 목표들로 나누어 전달한다(예 : "옷들을 줍고, 장난감들을 제자리에 놓고, 책들은 책꽂이에 꽂아라."). 셋째, 주의집중 문제나 행동문제를 갖고 있는 아동의 경우에는 한 번에 한 가지 지시만 하도록 하며, 지시를 따를 경우에는 그 노력에 대해 강화해준다. 따라서 어머니는 스탠에게 먼저 옷가지를 주워서 세탁통에 갖다 넣으라고 말해야 한다. 그리곤 스탠이 지시대로 했는지 확인하고 강화를 준 후에 새로운 지시를 내리도록 해야 한다.

지시를 하고 결과를 제공하는 행동을 치료자가 본보기로 보여줄 수 있다(Barkley, 2013). 부모들은 엄하면서도 차분한 목소리로 구체적인 지시를 전달하는 치료자의 모습을 관찰한다. 아동이 지시를 잘 따르면 적절한 강화를 제공하는 방법을 보여준다. 아동이 지시를 따르지 않을 경우, 치료자는 타임아웃이나 반응대가 같은 전략을 사용하는 모습을 보여준다. 어떻든 치료자는 거론되고 있는 전략을 본보기로 보여주는 기회를 잡아야 한다. 또한 자녀에게 적절하게 요구하고 보상을 주는 부모들에게는 강화를 해주는 것이 좋다.

이러한 기법들이 부모들에게 새롭게 느껴지는 것처럼, 자녀들도 적응 기간을 필요로 한다. 어떤 아동은 부모의 한계를 테스트하는 하나의 방식으로 부모가 사용하는 새로운 전략에 처음에는 저항을 보일 수도 있다. 이러한 가능성을 부모에게 미리 경고하는 것은 자녀의 저항에 부딪혔을 때 일관성을 유지하기 위한 계획을 세우고 문제를 해결하는 데 도움이 된다. 알렌의 어머니는 더러운 옷가지들을 치우라는 지시에 아들이 저항할 것이라고 예측했다. 따라서 이에 대한 계획을 세운 후 아들에게 지시를 따르지 않을 경우 받게 될 결과를 알려주었다. "만약 네가 좋아하는 TV 프로그램이 시작될 때까지 옷가지들이 치워져 있지 않을 경우에는 그 프로그램을 볼 수 없을 거야. 그러나 모든 옷가지들을 주워서 세탁통에 갖다 넣으면 그 프로그램을 볼 수 있지."

이러한 변화들은 연습을 필요로 하는데, 감정이 고조되면 다시 예전의 의사 소통 패턴으로 돌아가기 십상이기 때문이다. 따라서 우리는 가족들과 연습의 중요성에 대해 이야기하고 부모들이 언제 그러한 연습을 아이와의 상호작용에 도입할지에 대한 구체적인 계획을 짜야 한다. 우선 가벼운 상호작용 동안 명령을 연습할 기회를 가져야 한다. 이 장에서 논의한 다른 기법과 마찬가지로 회기 내 연습과 모델링이 유용하다. 회기 중 부모는 아이에게 지시 내리기나 명령하기를 연습할 수 있고, 그렇게 하는 동안 자신의 패턴을 깨닫기도 한다.

저자(Jessica M. McClure)는 부모들이 회기 중 지시를 연습할 때 사용하는 질문의 수가 많을 것을 깨닫고 놀라는 것을 보곤한다. 사실 부모들은 지시할 때 "앉을 수 있겠니?", "블록을 네가 치워줄래?" 하는 식의 질문을 사용한다. 이 패턴을 알아차리게 되면 이를 의식하게 되고 자기감찰이 증가하는데 이 때문에 집에서 쓰던 방식을 쉽게 수정할 수 있게 된다("앉아 봐." 혹은 "지금 블록을 치워야 해"). 그 결과 아동의 복종이 개선된다.

아동의 행동과 부모의 결과 연결하기 : 유관성 관리

캐롤의 어머니는 캐롤의 가장 큰 문제가 자기에게 맡겨진 집안일을 하지 않고 어머니의 지시에 따르지 않는 것이라고 말한다. 캐롤이 지시를 따를 때 강화를 제공하면 좋다고 하자, 캐롤의 어머니는 "걔는 당연히 집안일을 돕고 가족들에게 도움을 주길 원해야 하는 것 아닌가요."라고 말한다. 이것이 맞는 말이긴 하지만, 캐롤처럼 내재적 동기를 갖고 있지 않은 경우에는 외부로부터 동기가 부여되어야 한다.

유관성 관리(contingency management)는 강화의 원리를 구체적으로 활용하는 것이다. 그 목적은 아동이 특정 지시를 따르는 데 필요한 동기를 외부에서 제공하는 것이다(Anastopoulos, 1998). 유관성 관리는 표적행동에 대해 계획에 따라 정적 강화를 제공하는 과정을 포함한다. 따라서 아동은 특정 행동에 대해 일정 수의 반응에 따라 혹은 일정 시간 간격에 따라 보상을 받게 된다.

부모는 먼저 어떤 행동을 유관성 관리 계획에 포함시킬 것인지를 결정한다. 숙제 끝내기를 강화하거나 혹은 식사 후 설거지하는 행동을 강화할 수도 있다. 어떤 행동이 선택되든, 부모는 자녀에게 이 계획에 대해 설명해주어야 한다. 그래야 부모의 기대가 자녀에게 명확하게 전달된다. 부모가 기대하는 것을 시각적으로 나열하거나 붙여놓으면 도움이 된다. Anastopulos(1998)는 권리(right)와 특권(privilege) 간의 차이에 대해 부모와 얘기해볼 것을 권고한다. 이 대화는 특히 부모가 자녀의 특권을 마치 권리처럼 취급하고 있는지 알아보는 데 도움이 된다. 예를 들어보자. 14세 소녀 로라의 어머니는 딸의 특권을 대부분 빼앗았다고 믿고 있다. 이 어머니는 딸에게 반드시 있어야 하는 것(예 : 음식, 옷, 교육)과 없어도 되는 것(예 : 인터넷, 전화)이 무엇인지 물어봄으로써, 로렌의 행동과 관계없이 항상 제공되어 왔던 특권들을 확인할 수 있었다.

유관성 차트를 냉장고나 벽에 붙여놓으면 시각적으로 아동에게 도움이 된다. 나이 어린 아동의 경우에는 기대되는 행동이 그려진 그림을 사용하여 차트에 의미를 더하고 이해하기 쉽게 만들 수 있다. 또한 강화자도 명료하게 확인할 수 있도록 해야 한다. 강화자를 선정하고 결정하는 과정에 가능한 아동을 많이 참여시키는 게 좋다. 강화자는 아동에게 미리 알려주어야 하는데, 그래야 자신이 무엇을 얻기 위해 노력하는지 알게 된다.

점수나 토큰을 사용하면 보상을 받기까지 얼마나 남았는지 확인하는 데 유용하다. 각각의 특권과 보상에 대해 점수가 배정된다. 행동이 완수되면 아동은 정해진 점수를 받는다. 특정 보상을 받을 점수가 모이면 아동은 점수를 보상과 교환할 수 있다. 8세 알렉스는 포켓몬 카드와 새로운 닌텐도 게임을 갖고 싶었다. 알렉스는 유관성 관리 계획에 따라 장난감을 정리하고, 식사 후에 그릇을 닦고, 목욕을 할 때마다 점수를 얻었다. 주말이 되면 점수가 충분히 모여서 알렉스가 원하는 포켓몬 카드를 받을 수 있었다. 알렉스는 좋은 행동을 계속 하면 월말쯤에 닌텐도 게임을 받을 수 있다는 것을 알고 있었다.

처음에는 변화시키기 쉬운 행동을 선택하는 것이 좋다. 그리고 표적행동이 완수되었을 때 아동이 선택한 중간 정도의 강도를 가진 강화자로 강화를 해준다(Barkley & Robin, 2014). 9세 아론은 일주일에 네 번 침대를 정리하면 금요일 밤에 그가 좋아하는 아이스크림 가게로 데려가는 보상을 받았다. 이러한 계획은 매우 성공적이었는데, 이 성공은 부분적으로 일관성 있게 계획을 실행한 부모 덕분이었다. 즉, 목표를 달성하기 전에는 아동에게 절대로 보상을 해서는 안 된다. 아동이 주어진 과제를 완수하지 않았는데도 보상을 해주면, 그것이 활동이든 음식이든 혹은 비디오이든, 아동은 유관성 관리 계획을 따라야 할 동기를 갖지 못하게 된다. 따라서 결국 계획이 실패하게 된다. 아론의 부모는 아론이 한 주간 동안 네 번 침대를 정리해야 하는 목표를 달성하지 않으면 절대로 아이스크림 가게에 데려가지 않도록 노력했다.

유관성 관리 계획은 다양한 형태로 이루어질 수 있다. 계획의 구체적인 내용은 아동의 인지적 성숙도와 가족들의 욕구와 잘 맞아야 한다. 아동은 보통 바람직한 행동을 완수할 때 어떤 형태로든 보상을 받는다. 단기적으로는 작은 보상을, 장기간의 향상에 대해서는 큰 보상을 받는다. 린지는 매일 저녁 식사 후에 자기가 좋아하는 후식을 선택하는 특권을 얻었다. 만일 일주일 내내 목표를 달성하면 주말에 극장이나 햄버거 가게에 갔다. 한 달 동안 계속 성공하면 새로운 컴퓨터 게임을 선물로 받았다. 표적행동이 일어나면 즉각적으로 점수나 스티커, 동전, 토큰으로 보상을 받았다. 일정 수의 점수나 스티커, 토큰이 모아지면 더 큰 보상(예 : 100점이 되면 장난감, 30점이 되면 아이스크림 간식)으로 교환하는 선택을 할 수 있다. 나이 어린 아동들은 스티커를 좋아한다. 스티커는 시각적으로 매력적이며 그 자체가 강화력을 갖고 있다. 어린 아동들은 스티커를 차트에 붙이고, 냉장고 같은 공공장소에 붙이길 좋아한다. 청소년들은 스티커를 유치하다고 보기 때문에 점수 체제가 더 도움이 된다. Barkley와 Robin(2014)은 점수 계산을 위한 '출납기록부'의 사용을 권고한다. 바람직한 행동을 성취하는 것이 얼마나 어려운지의 정도에 따라, 점수의 양을 달리하여 보상하도록 한다. 모인 점수는 구체적인 강화자로 교환될 수 있다.

처음에는 점수를 단지 상으로 주는 것이 좋다. 즉, 바람직한 행동을 하면 점수나 스티커 등을 얻을 것이다. 바람직하지 않은 행동은 무시하거나 이 장의 뒷부분에서 소개될 다른 전략들을 사용하여 다루면 된다. 부모들은 점수를 너무 빨리 '빼앗는' 경향이 있다. 이렇게 하면 결국 아동은 '빚을 지고' 부모에게 꾸어야 하는 상태가 되므로 좋지 않다. 테디의 아버지는 아들에게 코트를 바닥에 벗어 놓으면 1분에 5점씩 감점하겠다고 말했다. 10분간의 떼쓰기가 끝난 후 테디는 55점을 잃었고, 부모에게 35점을 꿔와야 되었다! 테디가 0 상태로 되돌아가기 위해서는 하루 반나절 동안 완벽한 행동을 해야만 한다. 아동을 이런 위치에 놓이게 하는 것은 동기를 상실하게 만들고 좌절을 경험하게 하기 때문에 행동을 변화시키는 데효과가 없다. 따라서 아동이 유관성 관리 계획을 통해 성공 경험과 기쁨을 느낄 수 있도록 하는 것이 좋다. 그렇게 하기 위해서는 아동이 보상을 얻을 수 있도록 하고 가능한 잃지 않도록 해야 한다. 이 전략이 자리를 잡게 된 후 아동이 특정 규칙을 어겼을 때는 처벌로 점수를 빼앗을 수 있다(Anastopoulos, 1998; Barkley & Robin, 2014). 이것을 '반응 대가(response cost)'라고 한다. Barkley와 Robin(2014)은 아동이 규칙을 위반했을 때 그에 맞는 적절한 처벌을 제공해야 한다고 강조하고 있다. 가령 일상적인 일들에 대한 지시를 따르지 않을 때는 점수를 빼앗는 것으로 처벌하는 것이 적절하다. 그러나 귀가 시간을 지키지 않는 것을 포함한 좀 더 심각한 위반은 외출금지 같은 보다 심각한 처벌이 필요하다. 17세 패트리샤는 저녁식사 후 자기가 먹은 그릇을 씻지 않아 10점을 잃었다. 전화도 없이 정해진 귀가 시간보다 30분 늦게 들어왔을 때는 그 벌로 다음날 저녁 외출이 금지되었다.

자녀와 부모 간의 행동계약(behavioral contract)도 효과적이다(Barkley & Robin, 2014). 행동계약에는 자녀가 수행해야 할 행동뿐 아니라, 그 행동이 수행되지 않을 경우에 따르게 되는 결과가 분명하게 기술되어 있다. 16세 크리스틴과 부모는 다음과 같은 계약에 따르기로 동의하였다. "크리스틴은 학교가 끝난 후 곧장 집에 돌아온다. 단 일이 생겨 그럴 수 없을 때는 반드시 어머니에게 전화를 건다. 이것을 실천하지 못할 때는 주말 저녁에 외출을 할 수 없다." 그런 다음 이 계약서를 크리스틴의 방이나 냉장고에 붙여 놓는다.

유관성 관리 시 부모문제

부모의 믿음이 유관성 관리에 방해가 되기도 한다. 예를 들어보자. 제레미의 어머니는 "좋은 부모란 자녀가 원하는 모든 것을 해줘야 한다."고 생각한다. 따라서 아들 제레미의 바람직한 행동에 대해 너무도 많은 보상을 해줘야 했고, 그것이 힘들어졌다. 이럴 때 치료자는 인지치료 도구를 이용하여 부모의 신념(예 : "이렇게 생각하는 증거가 무엇인가?", "이런 신념의 장점과 단점은 무엇인가?", "자녀에게 한계를 그으면서도 좋은 부모가 될 수 있는가?")을 평가할 필요가 있다.

부모의 과잉보호와 지나친 관여도 유관성 관리 프로그램을 시행하는 방식에 영향을 미친 다(Chorpita & Barlow, 1998; Kendall et al., 1991; Silverman & Kurtines, 1996). Chorpita와 Barlow(1998)는 과잉보호를 "아동이 좋지 않은 경험을 하지 않도록 아동의 환경을 통제하려 는 부모의 지나친 관여"로 정의하고 있다(p. 12). 부모들은 좋은 부모란 아동을 불편으로부 터 구제하는 것을 의미한다고 생각한다. 사실 이런 부모들은 자녀들을 '지나치게 도와주려 고' 한다. 가령 14세 지미의 아버지는 아들이 과학숙제를 하다 불안해지면 대신 완성시켜주 곤 한다. 그의 아버지는 '이것이 바로 아버지가 필요한 이유다.'라고 생각한다. 지미의 아버 지에게는 자신도 모르게 아들이 불안에 대처하고 자기개념을 키울 수 있는 기회를 박탈하고 있음을 알려줄 필요가 있다. 지미의 아버지에게 도움이 되는 소크라테스식 질문은 "어떻게 하면 아들에게 어려운 일을 해낼 수 있는 자신감을 키워줄 수 있을까요?"이다.

유관성 관리에 방해가 되는 또 다른 문제로 부모의 실천 부족, 무관심, 일관성 없는 태도 등이 있다. 어떤 부모들은 '왜 내가 이것을 해야 하나? 아이가 스스로 자신의 행동을 관리하 도록 해야지!'라고 생각한다. 또 어떤 부모들은 "점수를 기록하고 스티커를 모으는 것은 나 한테 너무 벅찬 일이야!"라고 말한다. 부모들의 이런 생각을 다루기 위해서는 인내심이 필 요하다. 그리고 부드러운 스크라테스식 접근이 요구된다. 예를 들어보자. 12세 소녀 맬로리 의 부모는 딸에게 유관성 관리 계획을 실시하기로 마음먹었다. 그러나 맬로리의 부모는 맬 로리에게 보상을 해주었는지, 아닌지에 대해 아무런 기록을 하지 않았다. 당연히 그들의 유 관성 계획은 참담한 실패로 끝나고 말았다. 치료자로서 어떻게 해야 할까?

이럴 경우에는 기본으로 돌아가는 것이 좋다. 첫째, 부모의 일관성 없는 태도와 관련된 신념을 다뤄줘야 한다(예 : "맬로리에게 행동이 중요하다는 것을 어떻게 가르칠 수 있을까 요? "어떻게 하면 아이가 좋아지고 있다는 것을 알게 할 수 있을까요?", "맬로리의 행동이 중요하다는 것을 상기시켜줄 수 있는 쉬운 방법으로 무엇이 있을까요?"…). 둘째, 기록하는

글상자 15.3 ▶ 명령이나 요청 시의 요령

부모에게 다음과 같이 가르치라 :

- 요구가 아닌 지침사항으로 명령을 내리라.
- 애원이나 "∼하자" 식 명령을 자제하라.
- 한 번에 하나씩 구체적으로 명령하라.
- 유관성 계약에서 명확히 정의된 행동을 겨냥하라.
- 변화를 겨냥해서 처음에는 덜 어려운 행동을 선택하여, 아동이 성공을 맛보게 하라.

과정을 쉽게 단순화시킨다. 체크 표시를 하거나 스티커를 이용하게 한다. 쓰는 것이 어렵다면 단추나 돌, 종이클립, 토큰 등을 사용하게 한다. 가령 맬로리가 해야 할 집안일을 할 때마다 편지봉투에다 클립을 하나씩 집어넣는 것이다. 그런 다음 주말에 모든 클립의 수를 센다. 치료자는 치료시간 중에 가족들에게 연습을 시킨다. 그렇게 함으로써 유관성 관리 프로그램을 실시하는 데 시간이 그렇게 많이 드는 게 아니라는 것을 보여줄 수 있다.

글상자 15.3에 명령 시의 요령을 제시했다.

자녀의 바람직하지 않은 행동 지도 돕기

관심, 차별 강화, 효과적인 지시와 유관성 관리 계획 등을 이용하면 자녀의 바람직한 행동을 증가시킬 수 있다. 이러한 방법들은 문제행동이 시작되지 않도록 예방해준다. 그러나 많은 부모들이 잘 알고 있듯이, 이것만으로는 충분하지 않다! 따라서 치료자는 부모들이 자녀의 바람직하지 않은 행동에 대비할 수 있도록 도와주어야 한다. 이것이 바로 훈육의 '방어적' 역할이다. 이번 절에서는 바람직하지 않은 행동, 외현화 문제, 지시에 따르지 않는 문제 등을 다루는 기법들을 소개할 것이다.

무시하기/소거

앞에서도 언급된 바와 같이, 부모의 관심은 강력한 강화자이다. 그러나 불행히도 부모들은 자기도 모르는 사이에 자녀의 바람직하지 않은 행동을 강화하고 있다. 예를 들어보자. 아동들은 때때로 어른의 관심을 받기 위해 문제행동을 한다. 부모가 그런 행동에 관심을 보이면 문제행동이 강화를 받게 된다. 무시하기(ignoring)는 관심을 억제하거나 철수하는 양육기법이다. 부모들에게 바람직한 행동에는 강화를 해주되 바람직하지 않은 행동은 무시하라고 가르치는 것은 강력한 전략이다.

무시하기란 모든 관심을 제거하는 것을 말한다. 부모는 아동과 눈도 맞추지 말아야 한다. 자녀의 행동, 말싸움, 투덜거림에 어떠한 반응도 해서는 안 된다. 예를 들어보자. 실라의 어머니는 딸의 투덜거림을 무시하려고 한다. 그녀는 마치 아무 일도 일어나지 않는 것처럼 실라를 쳐다보지도 않고 대꾸도 하지 않았다. 그러니 실라가 조르기를 멈추자, 어머니는 곧 실라를 쳐다보고 미소를 지었다. 그리고 좋아진 행동에 대해 칭찬을 해주었다.

파괴적 행동을 하는 아동들은 심하게 관심을 구하는 아이들로 보일 수 있다. 말대꾸, 화내며 말하기, 놀리기, 불평하기 등은 모두 잠재적으로 관심을 구하는 행동들이다. 7세 워렌은 어머니가 전화를 받는 동안 어머니를 귀찮게 하였다. 어머니가 보기에 워렌은 어머니가 중요한 전화를 받고 있을 때일수록 더 심한 행동을 하는 것 같았다. 어머니가 전화를 받고 있는 동안 워렌은 고양이 꼬리를 잡아당기거나, TV 소리를 크게 하거나, 스파게티 가락을 들고 동생을 쫓아 다니거나, 큰 소리로 어머니를 부르는 등의 행동을 지속적으로 보였다. 이런 행동에 어머니가 관심을 기울이면 기울일수록, 행동의 강도와 빈도, 지속기간이 더욱 증가되었다.

부모에게 자녀의 관심 끌기 행동을 무시하라고 가르칠 때, 치료자는 다음의 몇 가지 사항을 염두에 두어야 한다. 첫째, 부모는 먼저 자녀의 행동이 무시되어도 되는 행동인지 확인해야 한다. 위험하거나 파괴적인 행동은 절대로 무시하면 안 된다. 이런 경우에는 다른 양육전략이 적용되어야 한다. 둘째, 행동을 소거시키려면 그 행동이 어떤 강도로 일어나건 모두 무시할 수 있어야 한다. 태미의 어머니는 태미의 고함치고 떼쓰는 행동이 최고조에 달할 때까지 철저하게 무시했다. 그러다 마지막 순간에 참지 못하고 "태미, 너 때문에 엄마 귀가 먹겠다. 제발 좀 그만해!"라고 말했다. 태미의 어머니는 방금 태미에게 고함치는 행동을 더 크게 하면 어머니의 관심을 받을 수 있음을 가르친 것이다. 셋째, 부모들이 소거발작(extinction burst)에 대비하도록 해야 한다(Spiegler & Guevremont, 1998). 소거발작이란 문제행동을 무시하기 시작하면 행동이 오히려 더 나빠지는 것을 말한다. 예를 들어보자. 7세 프랭크는 부모가 그의 떼쓰는 행동을 무시하자, 더 심하게 귀가 찢어질 정도로 소리를 질러댔다. 따라서 그의 부모는 프랭크가 가라앉을 때까지 최강도 발작을 견뎌내야 했다.

타임아웃

타임아웃(time-out)은 가장 많이 쓰이면서도 잘못 사용되고 있는 양육 기법이다. 적절하고 일관되게 사용될 경우, 타임아웃은 여러 가지 긍정적 결과를 가져다준다. 그러나 잘못 사용될 경우에는 문제행동을 증가시킬 뿐 아니라, 부모와 아동, 그리고 치료자를 좌절시킬 수도 있다. 타임아웃을 언제, 어떻게 사용할지 검토하기, 역할연기, 모델링을 통한 연습 등은 타임아웃을 실시할 때 도움이 되는 방법들이다. 자녀가 타임아웃 절차에 따르지 않거나 저항할 때는 다른 방식으로 문제를 해결하는 것이 바람직하다. 자녀의 행동관리를 위해 타임아웃을 이용하고자 하는 부모들에게는 이에 대한 교육을 제공하는 것이 좋다.

타임아웃이란 강화가 제공되는 상황으로부터 아동을 분리시키는 것을 말한다. 사실 Spiegler와 Guevremont(1998)은 타임아웃을 "일반화된 강화자들로부터 잠깐 분리시키는 것"이라 했다(p. 141). 강화의 제거는 일시적이며 학습을 위한 도구로 사용되는 것이다. 잠깐 동안의 제거 후에 아동은 원래 상황으로 복귀된다. 아동이 적절한 행동을 보이면 자신이 좋아하는 바람직한 활동을 계속 할 수 있는데, 이것이 바로 강화이다. 만일 부적절한 행동을 다시 보이면, 다시 분리되며 따라서 그 행동에 대해 처벌을 받게 된다. 때로는 이미 타임아웃을 쓰고 있으며 써본 적이 있다고 말하는 부모들도 있을 것이다. 그렇다 해도 치료자는 부모가 타임아웃을 제대로 쓰고 있다고 가정하지 말아야 한다. 실제로 부모들이 말하는 '타임아웃'은 이 개입방법의 기본원리에 어긋날 때가 많다.

어떤 부모는 다음과 같이 말한다. "저는 타임아웃을 믿지 않아요. 이미 써보았지만 효과가 없어요. 우리 애들은 타임아웃을 시켜도 말대꾸하고, 화내고 소리치며, 욕설하고 불평해요." 이런 행동은 쉽게 무시되지 않으며, 관심을 증가시키고, 때로는 처벌(타임아웃)을 회피하게 하는 역할을 한다. 따라서 잘못하면 아동이 처벌을 피하도록 도와주게 되며, 아동이 원하는 관심을 제공해주게 된다. 부모가 타임아웃에 대해 자녀와 언쟁을 하면 할수록, 자녀를 타임아웃에 응하도록 하는 데 더 많은 시간이 길린다. 부모는 결국 싸움에 지쳐 포기하고, 아동이 처벌을 피할 수 있도록 허용하게 된다. 그러나 타임아웃이 적절하게 사용되면, 아동 스스로 자신의 행동을 변화시키게 된다.

자녀에게 어떤 제약으로 타임아웃을 줄 것인지 결정할 때 부모는 자신의 원칙을 고수해야 한다. 일단 결정이 이루어지면 끝까지 실천을 해야 한다. 특히 초반에 아동이 저항할 때는 엄격한 제약과 일관성으로 대해야 한다. 치료자는 자녀의 행동이 좋아지기 전에 더 나빠질 수도 있다는 것에 대해 부모들을 준비시켜야 한다. 행동주의 기본원리와 '항복'의 결과에 대해 안내함으로써 부모의 협력과 일관성 있는 시행을 증가시킬 수 있다.

타임아웃의 첫 단계는 부모들이 표적행동을 정하는 것이다. 다음 단계는 타임아웃 의자나 방을 지정하는 것이다. 타임아웃 장소에는 주의를 산만하게 하는 요소를 최소화해야 하며, 어떤 강화자도 제공되어서는 안 된다. 다음 단계는 아동에게 타임아웃 절차에 대해 설명하는 것이다. 타임아웃의 시간을 정할 때는 아동의 연령을 고려해야 한다. 일반적으로 아동의 연령이 한 살 많아질 때마다 1분씩 증가하는 것이 적합하다(예 : 7세 아동에게는 7분). 아동이 바람직하지 않은 행동 때문에 타임아웃을 사용하기로 결정하면, 부모는 아동에게 "타임아웃 방으로 가서 5분 동안 있어."라고 말한다. 부모가 타임아웃 방이나 의자로 아동을 데려다줄 수도 있다. 아동이 정해진 시간 동안 타임아웃 의자에 앉아 있으면, 타임아웃이 해제되고 아동은 자리에서 일어날 수 있다. 만약 부모의 지시에 따르지 않아 타임아웃이 사용되었다면, 아동은 부모의 지시를 완수해야 한다. 그렇지 않을 때는 다시 타임아웃 방으로 보내야 한다.

5세 비키는 종종 허락 없이 타임아웃 의자를 이탈하곤 했다. 비키의 어머니는 이런 행동을 어떻게 다루어야 할지 몰라 당황했다. 치료자는 어머니에게 비키를 즉각 타임아웃 의자로 되돌려 보내고, 다시 일어나면 2분 동안 더 앉아 있어야 한다고 말하라고 했다. 비키가 자리에서 일어나면 어머니는 즉각 비키를 다시 의자로 데려다주었다. 비키가 다시 의자를 이탈하려 하면, 어머니가 비키 곁에 앉아 있거나 필요하면 비키를 무릎 위에 앉히도록 지시했다. 비키를 안고 있는 동안 가능한 어떠한 강화도 주지 않도록 하는 것이 중요하다. 따라서 어머니는 비키에게 말을 해서도 안 되고, 노래를 불러주어도 안 되며, 고함치거나 껴안아 주어도 안 된다. 비키가 타임아웃 의자에 앉아 있도록 붙잡고 있기만 해야 한다. 이렇게 하면 비키는 타임아웃 의자를 이탈해도 처벌을 피할 수 없으며 실제로 처벌을 연장시킬 뿐이라는 것을 배우게 된다. 몇 차례의 시도 후, 비키는 혼자서 타임아웃 의자에 앉아 있을 수 있게 되었다.

Spiegler와 Guevremont(1998)는 타임아웃에 관한 몇 가지 중요한 점들을 다음과 같이 정리하였다. 첫째, 아동에게 타임아웃을 받게 된 이유와 타임아웃 받게 될 시간을 말해주어야 한다. 둘째, 타임아웃은 짧게 시행해야 한다. 셋째, 타임아웃을 실시하는 동안 부모는 절대로 어떠한 강화도 제공하지 말아야 한다. 넷째, 타임아웃이 끝날 때까지 아동이 타임아웃 의자나 방에 머물러 있도록 해야 한다. 만약 아동이 소리를 지르거나 자리를 이탈할 경우에는 "네가 자리에 앉아서 조용해져야 타임아웃이 시작된다."라고 분명하게 말해준다. 다섯째, 아동이 적절하게 행동할 때 타임아웃을 해제하도록 한다. 마지막으로, 타임아웃이 다른 불유쾌한 책임을 회피하게 함으로써 이차적 이득을 제공해서는 안 된다. 8세 베스는 신발을 벗지 않겠다고 해서 타임아웃을 받게 되었다. 베스의 어머니는 타임아웃 절차를 정확하게 실시하였고, 타임아웃이 끝난 후 베스 스스로 신발을 벗도록 하였다.

5세 에디의 어머니는 에디가 보이는 분노와 공격성 때문에 힘들다고 보고했다. 그녀는 에디가 어머니의 관심을 끌기 위해 보이는 몇 가지 문제행동을 나열하였다. 에디의 어머니는 그런 행동들을 다루기 위해 타임아웃을 써보았지만 효과가 없었다고 했다. 집에서 타임아웃을 사용할 때, 어머니가 타임아웃 의자에 보내면 에디는 화를 내며 울었다. 그러면 어머니는 에디 곁에 앉거나 무릎 위에 앉히고 노래를 불러주었다고 했다. 에디의 어머니는 비록 효과적인 전략을 선택하여 적절한 순간에 적용하였지만, 그에게 많은 관심을 보여줌으로써 에디의 행동을 부적절하게 강화해주었다. 치료자는 어머니에게 에디가 적절한 행동을 보일 때만 강화를 사용하라고 말해주었다. 그리고 타임아웃이 실시되는 동안에는 모든 강화를 제거하는 것이 중요함을 알려주었다. 그런 다음 치료자는 역할연기를 통해 어머니에게 '새로운' 타임아웃에 에디를 적응시키는 연습을 시켰다. 또한 치료자는 에디의 어머니에게 새로운 전략에 어머니와 아동이 적응하는 데 시간이 걸릴 수 있음을 말해주었다. 처음에는 어머니의 관심을 받으려고 에디의 떼쓰기 반응이 더 심해졌다. 그러나 에디는 곧 떼쓰기 대신 적절한 행동이 그에게 어머니와의 좋은 시간을 가져다준다는 것을 배우게 되었다.

보상과 특권 제거하기

보상과 특권 제거하기는 아동의 바람직하지 않은 행동을 감소시키기 위해 자주 사용되는 방법이다. 타임아웃과 마찬가지로, 많은 부모들이 자녀의 행동을 관리하기 위해 보상과 특권 제거하기를 사용하고 있다. 그러나 치료자는 부모들이 이 전략을 보다 효과적으로 사용할 수 있도록 도와줄 필요가 있다.

보상과 특권 제거하기를 적용할 때는 그것이 부적절한 행동의 가치와 잘 연결되도록 해야 한다. 예컨대 9세 빌리는 집으로 돌아오라는 어머니의 지시를 무시했다. 그는 자전거를 타고 동네를 돌아다니느라 '바빴다.' 여기서 빌리의 행동에 대한 적절한 결과는 자전거 타기를 하루 동안 금지시키는 것이다. 다른 예를 들어보자. 15세 테레사는 친구들과 몇 시간씩 전화를 함으로써 전화 사용 특권의 한계에 도전했다. 당연한 결과는 무엇인가? 하루 동안 전화 사용 특권을 제거하는 것이다. 이것은 바람직하지 못한 행동과 직접적으로 연관된 처벌이라 할 수 있다.

앞에서도 언급했듯이, 선택하기는 아동에게 제공할 수 있는 중요한 보상이며 특권이다. 가정의 행정부로서 부모는 보상을 제거할 수도, 또 제공할 수도 있다. 때로는 선택하기 같은 보상을 제거하는 것이 자전거 타기나 전화 걸기 같은 직접적인 특권을 제거하는 것보다 훨씬 더 강력하다. 예컨대 부모와 함께 외식을 하러 가는 길에 차 뒤에서 재닛과 밥이 말다툼하며 소리치고 욕설을 퍼붓고 있다. 부모가 경고를 해도 이들의 말싸움은 더 심해졌고 그치지 않았다. 부모는 이들에게 "싸움을 멈추라고 했는데도 무시했기 때문에 너희 둘 모두에게 식당 선택의 기회를 주지 않겠다."라고 말했다.

부모는 자녀에게 특권이나 보상이 얼마나 오랫동안 제거되는지 구체적으로 알려주는 것이 중요하다. 다음의 몇 가지 지침이 도움이 될 것이다. 첫째, 무엇이든 너무 긴 기간 동안 제거하는 것은 그리 효과적이지 않다(예 : "내년 겨울까지 썰매를 탈 수 없어!"). 아동은 썰매에 대해 잊어버리게 될 것이며 썰매를 타지 않는 것에 익숙해질 것이다. 둘째, 일상생활의 특권을 빼앗는 것이 주요한 생활사건과 관련된 보상(예 : 생일파티나 졸업기념 파티 참석, 중요한 운동경기 참관 등)을 빼앗는 것보다 좋다. 여기에서 한 가지 일화를 소개하고자 한다. 비버의 부모인 워드와 준은 아들에게 몸에 좋은 시금치를 먹이고 싶었다. 비버는 먹지 않겠다고 했고, 부모는 다음에도 시금치를 먹지 않으면 미식축구 경기에 데려가지 않을 거라고 경고했다. 축구 경기 전날 저녁, 그의 부모가 어떤 음식을 준비했겠는가? 바로 시금치였다! 그러나 비버의 부모는 자신들을 코너에 몰아갔던 것이다. 결국 워드와 준은 이 불가능한 유관성을 성공시키지 못했다.

부모들은 '큰' 보상을 제거하려고 시도하는 경우가 많다. 저자들의 경험에 의하면, 이것은 자녀의 부적절한 행동과 연결된 부모의 높은 정서수준 때문이다. 이런 경우에는 이 책의 앞부분에서 제시한 인지기법을 적용하여 부모의 정서문제를 해소해야 한다. 다음의 예를 살펴보자. 10세 엘리는 낮은 점수를 받은 성적표를 부모에게 보여주지 않았다. 그리고 학교생활을 열심히 하지도 않았다. 당황하고 다급해진 부모는 엘리에게 생일파티를 취소하겠다고 위협했다. 이 가족에게 치료자가 어떻게 개입하는 것이 좋을까?

첫째, 부모가 갖고 있는 신념 혹은 생각을 알아본다(예 : "엘리를 그냥 두면 안 되겠어. 엘리에게 큰 벌을 주고 부모의 권위를 되찾아야 해."). 둘째, 인지행동 기술을 사용하여 부모가 자신의 신념을 평가하도록 돕는다(예 : "장점과 단점이 무엇인가?", "다르게 볼 수는 없는가?", "엘리의 생일파티를 취소하고 나서 2주 후에 기분이 어떨 것인가?", "엘리에게 가르치고자 하는 것이 무엇인가?", "심한 처벌만이 엘리가 부모에게 정직하도록 가르치고 부모로서 권위를 갖는 데 효과적인 방법인가?").

외출금지(grounding)는 타임아웃, 보상과 특권 제거하기를 모두 포함하는 양육전략이다. 외출금지는 강화를 제거하거나, 혹은 자녀가 좋아하는 활동을 못하게 하는 것을 말한다(Barkley & Robin, 2014). Barkley와 동료들은 외출금지를 잘못 사용할 때 부모들이 함정에 빠지기 쉽다고 경고했다. 가령 자녀에게 일주일 동안 외출금지를 시킨 후에, 어떤 특별 행사에 참여하는 것을 허락할 수 있다. 또는 아동이 집 밖에는 나갈 수 없지만 TV를 보거나 게임, 인터넷을 하도록 허용하는 경우가 있다. 또 부모가 외출금지를 시켰지만 감독을 할 수 없는 경우도 있다. 때로는 부모가 한 번에 일주일씩 외출금지를 시키기로 정해서, 아동이 며칠 사이에 여러 주 동안 외출금지를 받게 되는 경우도 생긴다. 따라서 Barkley와 동료들은 외출금지를 시킬 때 짧게 할 것을 권고한다. 몇 시간에서 시작하여 가장 긴 경우도 2일을 넘지 않도록 한다. 이 처벌에는 모든 특권을 제거하는 것과 더불어 집안일을 거들게 하는 것도 추가될 수 있다. 다른 처벌과 마찬가지로, 부모는 상황을 어떻게 처리할 것인지 미리 계획함으로써 자신의 분노가 과잉반응으로 나가지 않도록 유의해야 한다(Barkley & Robin, 2014).

글상자 15.4에서 부모에게 어떻게 타임아웃을 가르칠 것인지 요약했다.

글상자 15.4 **바람직하지 않은 행동을 감소시키기 위한 제안**

- 어떤 문제행동이 무시되어야 하는지 혹은 타임아웃으로 대처해야 하는지 파악하라.
- 타임아웃 장소를 지정하라.
- 타임아웃 절차를 아동에게 설명하라.
- 타임아웃은 짧게 실시한다.
- 결과(예 : 타임아웃)가 잘못된 행동 때문임을 확실히 알려준다.
- 보상이나 특권이 얼마나 오랜 시간 제거되는지 알려준다.
- 큰 보상이나 특권의 제거를 자제하라.

맺음말

부모-자녀 관계는 아동과 청소년의 심리적 문제의 발생과 유지에 영향을 미친다. 따라서 부모가 아동의 치료에 참여하는 것은 매우 당연한 요소이다. 부모들은 아동이 속해 있는 환경 속에서 강화를 제공하는 입장에 있다. 따라서 치료자는 부모들에게 정보를 제공하고 자녀의 문제행동을 파악하는 방법을 알려준 후, 정적 강화와 지지를 제공하는 방법을 가르쳐서 치료 효과가 일반화될 수 있게 해야 한다. 그렇게 함으로써 아동의 바람직한 행동을 증가시킬 수 있다. 또한 부모들은 치료실 밖에서 자녀가 나타내는 행동들을 잘 관찰하여 치료자에게 전달해야 한다. 부모들은 자녀의 이익을 위해 최선을 다해 노력한다. 그들이 어떤 훈육/양육전략을 사용하든, 목적은 아동의 행동을 개선하는 데 있다. 이번 장에 제시된 전략들을 부모들에게 전달함으로써 그러한 목적을 달성하기 위한 구체적인 방법들을 제공할 수 있다. 그럼에도 부모에게 전략을 가르치는 것은 단지 개입의 일부일 뿐이다. 회기 중 부모의 모델링을 위해 치료자가 기법 사용의 모델이 되고, 회기 중 관찰 후 부모의 전략 사용에 대한 피드백을 주면 집에서도 치료자가 이끄는 방식대로 기법이 잘 적용될 가능성이 커질 것이다.

16

{ 인지행동 가족치료 }

저명한 가족치료자 Salvador Minuchin은 "환자가 치료를 찾는 것은 자신이 구성한 현실이 제대로 작동하지 않기 때문이다."라고 말했다(Minuchin & Fishman, 1981, p. 71). Pantalone, Iwamasa와 Martell(2010)은 유럽 중심의 관습이 개인을 가족치료로부터 분리시킨다고 주장했다. 가족 체계의 영향은 개인의 신념을 행동으로 만든다. Dattilio(1997)는 인지행동 가족치료에서의 네 가지 핵심 가정을 서술했다. 첫째, 가족들 간에는 자신의 정서적 요구를 충족시키기 위해 현상유지와 안정을 추구하며 가족의 항상성(homeostasis)을 유지하려는 공동의 노력이 존재한다. 둘째, 각 구성원의 인지와 행동은 이러한 항상성 균형에 영향을 미친다. 셋째, 가족구성원 각자의 인지와 행동이 항상성을 위협할 때는 문제가 일어난다. 마지막으로, 인지행동 전략을 통한 개입은 문제를 교정하는 데 효과적인 방법이다.

가족구성원들이 갖고 있는 가정들(assumptions)은 즉시 서로 부딪히며 튀어나간다. 이러한 역동적 상호작용은 가족도식(family schema)에 의해 걸러진다. Dattilio(2010)는 가족도식을 "일상적인 딜레마와 상호작용 같은 가족 현상에 대해 공동으로 갖고 있는 신념으로, 문화적 · 정치적 · 영성적 쟁점들과 같은 가족 밖의 현상에도 적용된다."라고 기술했다(p. 59). 우리는 가족들과 작업할 때 각 부모가 갖고 있는 자신의 원가족 도식을 살펴보아야 한다는 조언을 듣는다. 이러한 맥락에서 Minuchin과 Fishman(1981)은 푸에르토리코 문화의 콰드로(cuadro) 개념에 대해 논하였다. 콰드로는 정신적으로 구성된 그림 또는 이미지를 말한다. Minuchin과 Fishman은 "가정마다 고유한 역사로부터 파생된 그림 또는 이미지를 갖고 있으며, 이것이 사회적 유기체로서 그 가정이 갖고 있는 정체성을 규정한다."(p. 73). 이러한 도

어머니의 도식	아버지의 도식	자녀의 조절된 신념
부정적인 감정을 절대 표현해서는 안 된다.	아이들은 얌전히 부모 말을 들어야 한다.	아이들은 눈에 보이지 않으며 무력하다.

그림 16.1 : 필립스 가족의 도식

식 또는 콰드로는 가족 구성원들 간의 상호작용에 비례하여 발달한다(Dattilio, 1997). 부부는 자신의 고유한 핵심신념을 조합하여 가족도식을 형성한다. 그 후 자녀는 가족도식에 동화되며 또는 가족도식이 자녀의 신념을 조절한다. 구조적 가족치료자와 인지행동 가족치료자는 모두 이러한 정신적 구성개념들이 근거가 미약한 신화라는 데 동의한다. 그림 16.1과 16.2는 이러한 핵심신념들이 상호작용하는 방식을 보여준다.

그림 16.1에서 필립스 여사는 '부정적인 감정을 절대 표현해서는 안 된다.'라는 도식을 갖고 있다. 그녀는 부정적인 감정을 보이거나 표현해서는 안 되는 엄격한 양육방식의 가족 배경을 갖고 있다. 실제로 그녀는 부정적인 감정을 표현하면 부모가 좋아하지 않으며 약하다는 신호로 본다고 말했다. 필립스 여사의 부모는 교육을 많이 받은 사람들로 대도시에 살았다. 그녀는 "나의 부모님은 금욕주의자예요. 어려움에 부딪혀도 참고 견뎌내는 그런 분들이시죠?"라고 설명했다. 필립스 씨는 농촌 지역에서 성장했으며, 양부모 모두 고등학교 졸업자로 종교적이며 정치적으로도 보수적인 사람들이었다. 필립스 씨의 가정에서는 부모의 권위에 절대복종이 요구되었다. 심리적인 자율성이나 다른 의견은 장려되지 않았다. 그는 '아이들은 얌전히 부모 말을 들어야 한다.'라는 도식을 갖게 되었다. 그의 아들 제레미는 언어 표현을 잘하고 자기주장이 강한 14세 소년으로 현재 심한 우울 증상을 겪고 있다. 그는 가정 안에서 발언권을 갖고 자유롭게 자신의 생각과 감정을 공유할 수 있기를 원한다. 그의 부모는 한편으로는 제레미의 표현력을 인식하고 있지만, 반면에 그를 너무 관대하게 대하여 '나쁜 부모'가 될까 봐 두려워하고 있었다. 제레미의 표현력과 자기주장성은 자주 용인되지 않아서 그에게 '아이들은 눈에 보이지 않으며 무력하다.'는 생각을 갖게 하였다.

그림 16.2에 제시된 두 번째 예에서, 로저스 여사는 자녀의 독립을 밀어붙이는 가정에서

어머니의 도식	아버지의 도식	자녀의 조절된 신념
부모의 역할은 독립을 증진시키는 것이다.	좋은 아버지는 자녀에게 나쁜 일이 생기지 않도록 보호한다.	나는 혼자서는 아무것도 할 수 없다.

그림 16.2 : 로저스 가족의 도식

자라났다. 그녀는 "부모님은 우리 형제들이 빨리 커서 둥지를 떠날 수 있기를 원하셨다."
라고 말했다. 그녀는 장애나 실패에 직면했을 때 부모님이 "이 문제를 해결하고 앞으로 나
아갈 계획이 무엇인지"를 묻는 적이 많았다고 하였다. 로저스 여사는 "나의 부모님은 자녀
의 사소한 일까지 관리하는 헬리콥터 부모와는 정반대셨다!"라고 실토했다. 따라서 그녀는
'부모의 역할은 독립을 증진하는 것이다.'라는 도식을 내면화시켰다. 로저스 씨는 매우 다른
가족환경에서 성장했다. 그의 부모는 매우 관대하며 또한 과보호적이었다. 그의 부모는 자
녀가 부정적인 감정으로부터 자유롭고 편안한 삶을 살도록 노력했다. 실제로 그의 부모는
모든 형태의 갈등을 회피하였다. 로저스 씨는 "나의 부모님은 나를 밀어붙인 적이 없었다.
부모님은 나에게 화를 내지도 않았고 서로에게 화를 내는 일도 없었다. 가정생활은 디즈니
영화 같았다. 그들은 모든 것이 좋은 결과를 가져오도록 최선을 다했다."고 말했다. 로저스
씨는 '좋은 아버지는 자녀에게 나쁜 일이 생기지 않도록 보호한다.'는 도식을 갖고 있었다.
당연히 로저스 부부는 13세 된 딸 다니엘라의 양육에 관해 서로 생각이 달랐다. 로저스 여사
는 다니엘라가 너무 불안해하며 심리적 불편에 대처하기 위해 여동생 칼리나 다른 사람들에
게 지나치게 의존한다고 여겼다. 다니엘라는 대부분의 과제를 회피하였고, 부모나 여동생,
애완견과 헤어질 때 상당한 고통을 겪었으며, 새로운 집단이나 팀에 가담하는 것도 주저하
였다. 그녀는 '나는 혼자서는 아무것도 할 수 없다.'는 도식을 갖고 있었다.

인지행동 가족치료 기법

심리교육

개인 및 집단 CBT와 마찬가지로 인지행동 가족치료는 심리교육을 포함하며, 이때 비유
를 사용하면 도움이 된다(Dattilio, 1998, 2001; Dattilio & Eptstein, 2005; Greco & Eifert,
2004). Dattilio(1998)는 서로 공격하지만 외부의 위협에 대항하여 맹렬하게 가족을 보호하
는 가정의 경향성을 설명하기 위해 이리 떼 비유를 제안했다. Friedberg(2006)는 가족이 자
신의 과보호적 행동을 이해하도록 돕기 위해 새 차 비유를 사용하였다. 어떤 부모는 16세 된
딸이 세상의 위험에 매우 취약하다는 걱정을 갖고 있었다. 따라서 부모는 딸의 활동과 또래
접촉을 제한하였다. 치료자는 부모가 딸을 마치 새로 신 고급 승용차처럼 취급하며 긁히거
나 상처가 생길까 봐 걱정하여, 결국 차고 안에 숨겨놓고 혼잡한 곳에서는 절대로 운전하지
않는 것 같다고 말해주었다.

자기모니터링

치료자는 각 가족의 생리적 · 인지적 · 정서적 · 행동적 및 대인관계 패턴을 파악하려고 한
다. Dattilio(2000, 2002)는 지각의 원(Circle Of Perception, COP) 활동을 개발했다. 이것은
기초선 정보와 미래 회기를 위한 추진력을 제공하는 데 효과적인 방법이다. 각 가족 구성원
은 종이에 가족체계를 나타내는 도형을 그린다. 이때 각 구성원을 원으로 나타내고 그 위에
이름을 적는다. 그런 다음 치료자는 구성원들이 서로 얼마나 가까운지에 따라 원을 배열하
라고 지시한다. 이것이 끝나면 구성원들은 서로에게 자신이 그린 도형을 설명한다. 이 활동
의 두 번째 부분에서 구성원들에게 두 번째 종이를 나누어주고 자신이 희망하는 가족을 그
림으로 나타내도록 한다. 이 활동은 가족들이 현재 자신의 가족시스템을 어떻게 생각하는
지와 아울러 가족이 어떻게 달라졌으면 좋은지를 생각해보도록 돕는다.

　일상적 생각기록지(DTR)는 인지행동 가족치료에서 자주 사용되는 자기모니터링 도구이
다. 9세의 재키와 그녀의 부모가 작성한 그림 16.3의 생각기록지를 살펴보자. 재키는 분리
불안을 겪고 있는데, 각 가족구성원은 이 상황을 유사하게 바라보고 있는 것으로 보인다. 재
키와 부모님은 모두 재키가 스스로 대처할 수 없다고 믿고 있다. 가족 구성원들은 독립성이
재앙(예 : 대처하지 못하는 것)을 가져온다고 지각하는 것으로 보인다. 따라서 이 가족을 치
료하는 동안 인지재구성과 수행획득 단계에서 독립성을 위험으로 지각하는 것을 감소시켜
야 할 것이다.

　가족구성원이 각자 서로 다르게 평가하는 상황은 어떨까? 그림 16.4의 예시를 살펴보자.
적대적 반항장애(ODD)로 진단받은 12세 소년 다니엘은 최근에 밤 10시 이후에 친구들을
집에 초대하여 규칙을 어겼다. 그는 또한 자주 부모의 지시에 따르지 않는다. 그의 어머니는
우울감을 느끼며, 자신의 아들을 통제할 수 없다고 생각한다. 따라서 다니엘을 매우 비판적
으로 대하며, 남편이 자신을 '무능하다.'고 볼 것이라고 예측한다. 반면 다니엘의 아버지는

	어머니	아버지	재키
상황	재키는 부모로부터 분리될 때 불안해한다.	재키는 부모로부터 분리될 때 불안해한다.	재키는 부모로부터 분리될 때 불안해한다.
감정	걱정함(9)	걱정함(9)	걱정함(9)
생각	나한테서 떨어질 수 없다면 성공할 수 없을 거야. 그 아이는 나 없이는 대처할 수 없어.	그 아이는 영원히 고투할 거야. 스스로 해낼 수 없어.	나는 스스로 해낼 수 없어.

그림 16.3 : 재키와 가족의 생각기록지

가족구성원	상황	감정	생각
어머니	다니엘이 규칙을 어기고 부모의 명령에 순종하지 않았다.	우울함(8)	다니엘은 통제 불가능해. 나는 엄마로서 엉망이야. 남편은 내가 무능하다고 생각할 거야.
아버지		화남(9)	이 집에는 도대체 나밖에 없어. 일을 제대로 바로잡을 수 있는 사람은 나뿐이야. 다니엘은 엉망이고 마누라는 무능해.
다니엘		우울함(8)	도대체 누가 관심이 있어? 나는 나쁜 행동을 하지 않는 한 투명인간이야. 그들이 있는 그대로의 내 모습은 바르록 할 수 있는 방법이 없어. 내 힘으로는 할 수 없어.

그림 16.4 : 다니엘과 가족의 생각기록지

지각된 요구와 압력에 대해 분노감을 갖고 있다. 그는 가족 구성원 중에서 유능한 사람은 자신뿐이라고 생각하고 있다. 그의 입장에서 볼 때 다니엘은 우울감을 느끼면서 무력감과 거부당하고 있다는 인지를 갖고 있다는 점에서 어머니와 유사하다. 인지행동 가족치료의 어려운 점은 이 세 관점을 모두 다뤄야 한다는 것이다.

이러한 두 가지 DTR의 예는 자기모니터링이 임상적으로 유용하다는 것을 보여준다. 가족구성원들의 개인적 생각을 드러나게 함으로써 각 구성원이 다른 구성원들을 더 잘 이해할 수 있게 된다. 또한 비합리적인 것처럼 보였던 행동을 더 잘 이해할 수 있게 된다. 예컨대 다니엘은 자신이 잘못된 행동을 하지 않는 한 부모가 자신을 '존재하지 않는' 것처럼 본다는 것을 알게 되었다. 이로 인해 다니엘의 반항적 행동을 좀 더 잘 이해하게 되었다.

인지재구성과 문제해결

가족치료에서 자주 사용되는 재정의(reframing) 기법은 인지재구성과 매우 비슷하다. Goldenberg와 Goldenberg(2012)는 재정의가 "일어난 사건의 의미를 동일하게 타당한 새로운 상황에 적용함으로써 그것의 의미를 변화시킨다."라고 정의했다(p. 294). 인지행동 가족치료에서 인지재구성과 문제해결은 개인에 대한 인지적 개입과는 약간 다르다. 가족치료에서 인지재구성을 시도할 때는 인지 변화가 시스템에 영향을 미치는 방식을 고려해야 한다. 다른 가족구성원들은 새로운 관점에 어떻게 반응할 것인가? 그들이 새로운 관점에 강화를 제공할 것인가? 무시할 것인가? 적극적으로 방해할 것인가?

알렉스와 그의 가족은 또 다른 흥미로운 예를 보여준다. 알렉스는 11세 남아로 최근에 우울증 진단을 받고 아동병동에 입원하였다. 그는 불쾌한 기분에 압도되면 '나는 쓸모없어.',

가족구성원	감정	생각
어머니	우울함(8)	아무것도 변한 게 없어. 우리는 다시 원점으로 돌아왔고, 이 문제는 끝없이 계속될 거야
아버지	우울함(9)	이 아이는 여전해. 제멋대로고 고집 세고 가족에게 도움이 될 일은 간단한 것조차도 하려고 하질 않아. 알렉스는 통제 불능이고 내가 걔를 도울 수 있는 방법은 아무 것도 없어.
다니엘	우울함(8)	감자튀김을 먼저 먹든 치즈버거를 먼저 먹든 도대체 무슨 차이가 있단 말이야? 엄마 아빠는 왜 이것에 신경을 쓰냐고? 그들은 무슨 일이든 나를 혼낼 준비를 하고 있어. 내가 어떻게 바른 행동을 할 수가 있겠어?

그림 16.5 : 점심식사 중의 '붕괴'에 관한 알렉스와 가족의 생각기록지

'나는 간단한 것도 할 수 없어.', '나는 절대로 부모님의 기대만큼 할 수 없어.'와 같은 자기비판적 생각으로 자신을 괴롭힌다. 병동에 잠시 입원한 후에 상태가 안정되자 알렉스는 퇴원하였다. 그의 부모는 입원한 동안의 진전에 대해 기뻐하였다. 퇴원 후에 가족은 축하 오찬을 위해 알렉스가 좋아하는 식당에 가기로 결정했다. 알렉스는 그가 좋아하는 음식(치즈버거와 감자튀김)을 주문했다. 음식이 도착하자 알렉스는 감자튀김을 게걸스럽게 먹기 시작했다. 그러자 알렉스의 아버지는 "알렉스, 감자튀김으로 배를 채우지 말고 버거를 먼저 먹어야지."라며 알렉스를 꾸짖었다. 알렉스는 항의했지만 어머니와 아버지는 모두 이 쟁점을 밀어붙였다("알렉스, 버거를 먼저 먹고 감자튀김을 나중에 먹는 것이 신사다운 행동이란다."). 대화는 점차 본격적인 언쟁으로 발전했다. 클리닉이 식당 가까운 곳에 있었기 때문에 부모는 극도로 흥분하여 치료자에게 전화를 걸어 긴급 만남을 요청하였다. 치료자는 가족들에게 바로 생각기록지를 작성하도록 요청하였다(그림 16.5 참조). 생각기록지를 검토한 후에 치료자는 다음과 같이 대화를 이어나갔다.

치료자 : 퇴원한 후 첫날부터 잘 보내시지 못해 안타깝네요. 상황을 개선하기 위해 무엇을 할 수 있는지 한번 생각해보죠. 전화로 가족 모두 생각기록지를 작성하시라고 부탁드렸었죠. 제가 볼 수 있을까요? (화이트보드에 적는다) 식당에서 점심식사를 할 때 세 분이 서로 다른 생각을 하셨지만 모두 우울한 기분이었다고 적으셨네요. 어머님께서는 "아무것도 변한 게 없어. 우리는 다시 원점으로 돌아왔고, 이 문제는 끝없이 계속될 거야."라고 생각하셨네요. 아버님께서는 "이 아이는 여전해. 제멋대로고 고집 세고 가족에게 도움이 될 일은 간단한 것조차도 하려고 하질 않아. 알렉스는 통제 불능이고 내가 걔를 도울 수 있는 방법은 아무것도 없어."라고 생각하셨네요. 알렉스는 "감자튀김을 먼저 먹든 치즈

버거를 먼저 먹든 도대체 무슨 차이가 있단 말이야? 엄마 아빠는 왜 이것에 신경을 쓰냐고? 그들은 무슨 일이든 나를 혼낼 준비를 하고 있어. 내가 어떻게 바른 행동을 할 수가 있겠어?"라고 생각했구나. 모두들 화이트보드를 보세요. 여기에 [그림 16.5] 적힌 생각들을 보니 마음속에 무엇이 스쳐지나가나요?

알렉스 : 우린 엉망이에요.

어머니 : 알렉스!

아버지 : 말 조심해, 아들!

치료자 : 좋아요. 지금은 모든 것이 원시적 수준에 있네요. 듣기 거북하거나 짜증이 나더라도 다른 사람의 솔직한 표현을 판단하거나 비판하지 않기로 약속하실 수 있나요? (모두 고개를 끄덕인다) 이 생각 기록지를 보니 어떤 기분이 드나요?

알렉스 : 엄청 우울해요.

치료자 : 그럼 어머님과 아버님은요?

아버지 : 당연히 우리도 우울하지요.

어머니 : 저는 울고 싶어요.

치료자 : 그럼 여러분이 이미 배운 기술을 가지고 이런 생각들을 좀 더 자세히 바라보도록 하지요. 어머님께서는 상황이 절대로 변하지 않을 거라 생각하세요. 아버님도 알렉스를 변화시킬 수 없다고 생각하시네요. 그리고 알렉스, 너는 부모님 마음에 들게 할 수 없다고 생각하고 있어. 자, 세 분이 모두 갖고 있는 공통점은 무엇일까요?

어머니 : 우린 모두 희망이 없다고 느끼고 있고 상황을 변화시킬 수 없다고 생각하고 있어요.

치료자 : 맞습니다! 세 분이 모두 같은 생각을 갖고 있다는 점에 대해 어떻게 생각하시나요?

아버지 : 우울하네요.

알렉스 : 하지만 적어도 우리가 공통점을 갖고 있긴 하네요!

가족이 모두 정서적 혼란 상태에서 치료를 만나러 왔기 때문에 치료자는 많은 구조를 제공하였다. 치료자는 모든 사람의 생각일기를 말 그대로 생생하게 적었으며 기본적인 진행 규칙을 정하였다. 또한 가족 모두의 생각을 요약하여 서로 투명하게 알 수 있게 하였다. 아마도 이것이 알렉스의 유연성과 조망능력(예 : "하지만 적어도 우리가 공통점을 갖고 있긴 하네요!")을 증진하는 데 도움이 되었을 것이다. 그다음에는 어떻게 되었는지 살펴보자.

치료자 : 그렇다면 여러분이 공통점을 갖고 있고 심지어 이 시점에서 웃음을 공유할 수 있다는 점에 대해서는 어떻게 생각하시나요?

어머니 : 기분이 조금 나아졌어요. 제가 생각했던 것보다 그렇게 암울하진 않은 것 같아요.

아버지 : 다소 기분 전환이 되긴 했지만 그것이 문제를 해결해주진 않아요.

치료자 : 아버님 덕분에 우리가 다시 제자리로 돌아왔네요!(웃는다) 그럼 여러분 모두가 희망이 없고 무력감을 느낀다고 적은 생각들을 살펴봅시다(화이트보드를 가리킨다). 여러분이 완전히 희망이 없고 무력감을 느낀다는 생각을 증명하는 사실은 무엇인가요?

아버지 : 글쎄요, 한 가지는 알렉스가 퇴원한 지 4시간 만에 우리가 다시 여기에 와 있다는 점이겠지요.

치료자 : 좋아요. 그 밖에 다른 것은요?

어머니 : 남편과 알렉스가 여전히 서로 으르렁댄다는 점이요.

아버지 : 알렉스가 식당에서 울고불고 난리였지요.

알렉스 : 아빠가 날 열 받게 했잖아요.

아버지 : (침착하려 애쓰며) 그리고 욕도 하고 무례하게 굴었고요.

치료자 : (화이트보드에 적으며)[그림 16.6] 좋아요, 여러분 모두가 무력감을 느끼고 희망이 없다는 것을 증명하는 그 밖의 사실이 있나요? 알렉스, 너는 아직 아무 말을 하지 않았는데 너는 어때?

알렉스 : 아빠는 여전히 사사건건 나에게 잔소리를 해대요.

치료자 : 어머님은 여기에 덧붙일 것이 있으신가요?

어머니 : 갈등과 긴장이 너무 심해요. 그것 때문에 요통이 있어요.

치료자 : 알겠어요, 여기 목록에다 갈등과 긴장이 너무 심하고 요통이 있다는 것을 적을게요. 목록에 추가할 다른 것이 있나요? 좋아요, 여러분이 생각하시는 것을 모두 적은 것 같네요. 그럼 다음 칸으로 가보지요. 여러분이 무력하고 희망이 없다는 것을 의심하게 만드는 사실은 무엇일까요?

아버지 : 없어요. 그렇기 때문에 우리가 여기에 와 있는 거지요. 그렇지 않나요?

알렉스 : (냉소적으로) 말씀 잘하셨어요, 아빠…. 낙관적인 것과는 거리가 멀게 말이죠.

어머니 : 두 사람은 제발 서로 비난하기를 멈췄으면 좋겠어요.

치료자 : 알렉스, 네 생각에는 뭐가 빠진 것 같니?

알렉스 : 글쎄요, 한 가지는 제가 더 이상 자해를 하지 않는다는 것이요.

치료자 : 훌륭하구나, 알렉스…. 이것을 목록에 올리는 데 모두 동의하시지요?

어머니와 아버지 : 네.

어머니 : 최소한 우리가 대화를 하고 있네요.

치료자 : 지난 몇 주 동안 달라진 게 또 무엇이 있나요?

어머니 : 알렉스가 형제들과 잘 지냈고, 병원에 있는 동안 나에게 사랑스럽고 속 깊은 편지를 썼어요.

아버지 : 난 그걸 몰랐네요.

치료자 : 아버님, 만약 아버님께서 무력하고 희망이 없으시다면 무슨 일이 일어날까요?

아버지 : 모르겠어요.

치료자 : 아버님은 새로운 정보에 얼마나 개방적이신가요?

우리가 희망이 없고 무력하다는 것을 증명하는 사실	증명하는 사실에 대한 대안적 설명	우리가 희망이 없고 무력하다는 것을 의심하게 하는 사실
퇴원한 지 얼마 되지 않아 치료를 받으러 돌아왔다.	아마도 너무 많은 변화가 빨리 일어날 것이라 기대했었나 보다. 집으로 돌아와 '자유를 되찾은' 것에 대해 흥분함.	알렉스가 더 이상 자해를 하지 않는다. 가족구성원들이 서로 대화를 한다. 알렉스가 병동에 있는 동안 어머니에게 편지를 썼다.
알렉스와 아버지가 여전히 다투고 있다.	아버지도 '업 됐었다.'	
알렉스가 울고 소리 지른다.	화가 난 것에 대한 반응일 뿐이다.	알렉스는 형제들과는 잘 지낸다.
알렉스가 욕설을 하며 불손하게 행동한다.	화가 난 것에 대한 반응일 뿐이다.	아버지가 새로운 정보에 좀 더 마음을 열었다.
아버지는 여전히 알렉스에게 사사건건 잔소리를 한다.	아버지는 '최선을 다하고 있으며' 자신의 관심을 '이상한' 방식으로 보여준다.	
가정 내에 긴장이 많다.	스트레스의 신호일 뿐이다.	
어머니는 요통을 갖고 있다..	스트레스의 신호일 뿐이다.	

그림 16.6 : 알렉스와 가족의 증거 검증

아버지 : 약간요.

치료자 : 만약 상황이 무력하고 희망이 없다면 새로운 정보에 마음을 여실 건가요?

아버지 : 아마도 그러지 않을 것 같네요.

치료자 : 어머님, 그리고 알렉스. 아버님께서 새로운 정보에 마음을 여시고 심지어 생각과 감정에 대해 이야기를 하신다면 그건 얼마나 달라지시는 걸까요?

어머니 : 엄청난 변화이지요. 정말 신선할 거예요.

알렉스 : 변화예요, 정말로.

치료자 : 그럼 여러분 모두에게 물어볼게요. 만약 아버님이 달라지신다면 여러분은 얼마나 무력하고 희망이 없을까요?

어머니 : 아마도 제가 생각했던 것만큼 없진 않겠죠.

치료자 : 자, 그럼 그 점을 염두에 두고 이 칸으로 옮겨보죠. 여기에 적힌 사실을 다시 보고, 각각의 사실에 대한 대안적 설명이 무엇인지 자문해보는 거예요. 여러분이 무력하고 희망이 없다는 것 말고, 퇴원한 지 얼마 안되어 클리닉을 다시 방문하게 된 이유로 무엇이 있을까요?

어머니 : 아마도 우리가 너무 많은 것이 빨리 일어나길 기대했었나 봐요.

치료자 : 좋아요, 다른 가능성은요?

알렉스 : 제 경우에는 집에 돌아와 외식하러 간 것에 대해 너무 흥분했었어요. 저는 그저 엄마랑 아빠와 함께 있는 것, 그리고 감자튀김을 먹을 수 있다는 자유가 좋았어요.

아버지 : 그걸 내가 몰랐었네!

치료자 : 좋아요! 여러분 모두 오늘 새로운 것을 알게 되었어요. 아버님과 알렉스가 여전히 다투는 것에 대한 대안적 설명에 대해서는 어떻게 생각하시나요?

아버지 : 아마도 내가 약간 업 되었었고 또 지나쳤던 것 같아요. 신은 우리를 버리지 않았어요. 내가 인내하고 용서하고 이해하도록 노력해야 할 일이 좀 더 많은 것 같아요. 하지만 노력하고 있어요.

치료자 : 알렉스가 울고 소리 지르는 것에 대해서는 어떻게 설명할 수 있을까요?

어머니와 아버지 : 걔는 그저 화가 났었던 것 같아요.

알렉스 : 화가 났었어요!

치료자 : 우리가 진전을 보이고 있다고 생각해요. 몇 가지만 더 살펴보도록 하지요. 알렉스가 예의 없고 욕하는 것에 대해서는 어떻게 설명할 수 있을까요?

아버지 : 알렉스가 화가 났기 때문으로 볼 수 있을 것 같아요.

치료자 : 알렉스, 아빠와 엄마가 이렇게 말씀하시는 것을 들으니 기분이 어떠니?

알렉스 : 좋아요…. 기분이 좋아졌어요.

치료자 : 알렉스, 아빠가 너에게 야단치는 것에 대해서는 어떻게 다르게 설명할 수 있을까?

알렉스 : 아빠는 그저 최선을 다하려는 것뿐이에요. 아빠는 모든 것에 엄격해야 나를 훌륭한 사람으로 만들 수 있다고 생각해요. 이상하긴 하지만 아빠가 야단치는 것은 그만큼 나에 대해 관심이 있다는 것을 보여줘요.

아버지 : 알렉스, 정말 똑똑하고 성숙하구나. 내가 널 야단치는 건 네가 하는 일에 관심이 있기 때문이야.

치료자 : 아버님, 오늘 오시기 전에는 성숙해진 알렉스를 칭찬하실 가능성이 얼마나 있다고 생각하셨나요?

아버지 : 거의 생각하지 못했지요.

치료자 : 아버님께서는 열심히 노력하시고 또 달라지고 계세요. 마지막 두 가지 사실, 많은 긴장과 요통에 대해서 살펴보도록 하지요.

어머니 : 그것에 대해 좀 더 생각해보니 그것이 우리가 희망이 없고 무력하다는 것을 의미하는 것 같지는 않아요. 그런 내가 스트레스를 받을 때 허리가 열을 받는다는 것을 의미하는 것 같아요. 단지 긴장이 있다고 해서 우리가 희망이 없고 무력하다는 것을 의미하는 것은 아니라고 생각해요.

치료자 : 여러분은 모두 열심히 하고 계세요. 이제 마지막으로 힘든 게 한 가지 남았어요. 여기의 세 칸을 모두 보세요. 여러분이 무력하고 희망이 없다는 것을 증명하는 사실과 여러분이 무력하고 희망이 없다는 생각을 증명하지 않는 사실, 그리고 증명하는 사실에 대한 대안적 설명이에요. 이 정보를 보니 어떠세요?

알렉스 : 볼 게 많네요.

어머니 : 우리가 너무 성급히 결론을 내린 것 같네요. 일이 잘 풀리지 않을 때는 우리가 무력하고 희망이 없다는 느낌으로 후퇴하는 것 같아요.

치료자 : 그것을 적어볼게요. 아버님과 알렉스는 어머니의 결론에 대해 어떻게 생각하세요?

알렉스 : 좋은 것 같아요.

아버지 : 우리가 그런 식으로 반응할 때는 다른 것들을 무시해요. 그것들을 잊어버리고 정서적으로 폭발하게 돼요.

치료자 : 여러분의 결론에다 이것을 추가할게요. 알렉스는 추가할 게 더 있니?

알렉스 : 우리는 감정적이 되면 비난할 사람을 찾게 되고 서로 비난하게 되는 것 같아요.

치료자 : 그럼 이 모든 것을 함께 정리해봅시다. 이것이 여러분 모두가 생각하신 거예요. 우리는 성급하게 결론내리고 쉽게 우리 자신이 무력하고 희망이 없다고 생각하지요. 우리가 감정 폭발로 반응할 때는 다른 것을 무시하고, 감정적이 되면 서로를 비난하게 되지요. 이것이 정확한가요?

어머니 : 그게 바로 우리예요(아버지와 알렉스도 고개를 끄덕이며 동의한다).

치료자 : 이것이 여러분이 무력하고 희망이 없다는 것을 의미하나요?(모든 가족구성원들이 아니라고 고개를 흔든다). 그렇다면 제가 결론에다 이것을 추가할게요. 하지만 이것이 우리가 무력하고 희망이 없다는 것을 의미하지 않는다. 이것이 여러분의 기분을 얼마나 달라지게 만드나요?

아버지 : 마치 우리가 불을 진화한 것 같아요.

이 긴 대화는 가족들과 인지재구성을 할 때 기억해야 할 중요한 몇 가지 점을 강조하고 있다. 첫째, 인지기법을 부정적인 정서각성의 맥락에서 적용하는 것이 좋은 전략이라는 점을 기억하는 것이 중요하다. 둘째, 치료자는 모든 가족구성원에게 부지런히 확인하였으며 어려운 과정 내내 협력적인 자세를 유지하였다. 셋째, 치료자는 치료시간 중에 알렉스가 농담을 했을 때 일어난 기분 변화를 알아차렸다. 치료자는 가족과 함께 증거검증을 체계적으로 진행하였다. 그는 화이트보드를 이용하여 모든 가족들이 데이터를 보면서 안내된 발견에 참여할 수 있도록 하였다. 마지막으로, 이 과정은 정서적으로 힘이 들기 때문에 치료자는 가족의 노력에 정적 강화를 제시하면서 반복적으로 격려해주었다(예 : "이 가족은 함께 노력하고 있네요."). 일단 결론이 내려지자 치료자는 모든 가족구성원이 결론에 기여했는지, 또 결론이 정확한지에 대해 평가하는 기회를 제공하였다.

인지재구성을 가족에게 실시할 때 확대되어야 할 것이 몇 가지 있다. Greco와 Eifert (2004)는 가족 문제를 제삼자의 관점에서 보도록 함으로써 객관화할 것을 강조했다. 이렇게 하면 가족구성원들 모두 문제로부터 거리를 두게 된다. 예컨대 문제를 빈 의자에 놓는데, 치료자는 화이트보드나 포스터 용지를 의자 위에 올려놓는다. 그리고 문제의 요소들과 가

글상자 16.1 **가족과 함께하는 인지재구성을 위한 팁**

- 가족과 함께하는 인지재구성은 체계적 인식을 포함한다.
- 치료 시간 중의 기분 변화에 주의를 기울인다.
- 가능하다면 화이트보드를 사용하여 인지재구성의 과정을 추적한다.
- 균형 잡히고 조직화된, 그리고 유연한 체계적 접근을 유지한다.

족들의 지각을 포스터보드에 적는다. 그런 다음 가족구성원들은 문제를 다루고 해결방안을 찾는다.

Friedberg(2006)는 Greco와 Eifert의 활동에 근거하여 **수용의 창**(window of acceptability)이라는 기법을 개발하였다. 이 활동에서 가족구성원들은 자신의 가족이 갖고 있는 수용의 창이 얼마나 큰지에 대한 지각을 그림으로 나타낸다. 예를 들어 만약 가족이 다양한 생각과 감정, 행동을 비교적 수용한다고 지각한다면 그 창이 클 것이다. 반면 만약 가족이 생각과 감정, 행동에 대해 비판적이고 판단적이며 거부한다고 지각한다면 창이 상대적으로 더 작을 것이다. 치료자는 구성원들이 서로 자신의 창을 공유하도록 격려한다. 그리고 지각의 공통점과 차이점을 비교한다. 이 활동의 후반부에서는 수용되는 행동을 창문 안쪽에 놓고 수용되지 않는 행동을 창 바깥쪽에 놓도록 한다. 글상자 16.1은 가족에게 인지재구성을 실시할 때 기억해야 할 팁을 제시하고 있다.

행동시연

행동시연(behavioral enactments)은 경험을 위한 기회인데, 실험이나 노출과 유사하다(제8장 참조). 시연은 가족의 갈등을 치료시간으로 가져와 가족구성원들이 갈등을 어떻게 다루는지를 나타낼 수 있도록 하는 방법이다(Goldenberg & Goldenberg, 2012, p. 292). 행동시연에서 치료자는 병리적인 가족 상호작용 패턴을 관찰하는 특권과 그들의 행동패턴을 재형성할 수 있는 기회를 갖게 된다. Minuchin과 Fishman(1981)은 "가족구성원들이 상호작용을 시연할 때, 행동을 통제하는 일반적인 규칙들이 가정에서의 일상적 상호작용 중에 나타나는 것과 유사한 정서적 강도로 나타난다(p. 80). 간단히 말해 시연은 가족에게 실시간으로 개입할 수 있게 해준다. 시연은 암묵적인 인지와 정서, 대인관계 행동을 명시적으로 만든다. 행동시연은 가족의 상호작용 패턴을 드러나게 하며 가족 드라마를 보여주는 무대를 제공해준다. 보드게임, 즉흥연기, 공예품, 전자게임 등은 잠재적 가족실험으로 적합하다.

가족치료에서 간단한 실험으로 부모와 자녀가 함께 색칠하기를 하게 할 수 있다. 치료자는 부모에게 과제를 제시한다. 이 과제는 자녀에게 특정 그림의 일부를 색칠하도록(예 : 꽃잎을 분홍색으로 칠하기) 지시한 후에 완성하면 강화를 제공하는 것이다. 이 실험은 부모가 실제로 자녀에게 지시하고 결과를 전달하는 방식에 대한 직접적인 지식을 치료자에게 제공한다. 또한 부모가 자녀에게 명령하고 강화하는 행동을 직접 연습하는 기회를 제공한다.

Ruby와 Ruby(2009)는 가리키고 다른 이름으로 말하기(Point and Un-Tell)라는 즉흥연기 활동에 대해 기술했다. 가족치료에 적합한 이 게임에서는 한 사람이 한 대상(예 : 펜)을 가리키면 다른 사람이 그 대상의 실제 명칭이 아닌 다른 명칭(예 : 스파게티)으로 답한다. Ruby와 Ruby는 이 게임이 비판, 멸시, 억제와 같은 특징적 상호작용 패턴을 드러낼 수 있다고 하였다.

또 다른 간단한 실험을 적용한 사례를 살펴보자. 잭슨 씨의 가족은 높은 수준의 갈등을 나타냈다. 잭슨 씨는 모든 것을 고치고 해결해야 한다는 정신을 갖고 있는 엔지니어였다. 그는 "나는 일을 신속하게 처리합니다."라고 말했다. 성과와 결과, 효율성은 그에게 가장 중요한 미덕이었다. 그는 생각과 감정을 처리해야 할 필요성을 전혀 생각하지 못했다. 과제는 '규칙대로' 수행되었으며, 규칙은 반드시 따라야 하는 것이었다. 잭슨 씨의 부인은 유치원 교사로, 애정이 매우 많고 사람들의 정서적 안녕감을 중요하게 생각하는 사람이었다. 그녀는 "나는 우리 가정의 심장이고, 남편은 두뇌예요."라고 하였다. 자녀양육과 훈육에 관해 이 부부가 상당한 불일치를 보인 것은 놀라운 일이 아니었다.

13세 소년 마커스는 장남이었다. 그는 학업과 스포츠, 교회활동, 친구들 사이에서의 인기 등 모든 면에서 뛰어난 모습을 보였다. 그는 '할 수 있다는 태도'를 갖고 있었으며, 부정적인 감정을 표현하는 일이 거의 없었다. 그리고 규칙을 의무적으로 지켰으며, 여러 가지 새로운 활동에도 기꺼이 참여하였다. 확인된 환자(identified patient)인 9세 소년 헨리는 양호한 수준의 능력을 갖고 있었으나 그리 뛰어난 편은 아니었다. 그는 수줍어하고 내성적이며 겁이 많았다. 그는 많은 신체화 호소 증상을 보였으며, 보이스카웃에 가기보다는 집에서 컴퓨터 게임을 하곤 했다. 따라서 헨리는 운동을 잘하지 못했다. 그는 "아빠와 나는 사사건건 충돌해요."라고 인정했다. 아버지가 그에게 집안일을 시키면 헨리는 의도적으로 아빠에게 반항했고, 이것은 아빠를 짜증나게 만들었다. 헨리는 "아빠가 마커스와 같은 아들 하나만 있었으면 한다는 것을 알고 있어요. 아빠는 나를 마마보이로 생각해요. 아빠가 하라는 것을 왜 내가 해야 해요?"라고 말했다.

치료자는 가정의 균형을 동요시킬 수 있는 행동시연을 해보기로 결정했다. 치료시간 중에 치료자는 한 게임을 소개했다. 치료자는 가족을 두 팀으로 나누었다. 엄마와 마커스가 한 팀이 되었고, 헨리와 아빠가 다른 팀을 구성하였다. 다음의 대화가 이어졌다.

헨리 : 이건 어색해요.

치료자 : 헨리, 뭣 때문에 이것이 어색할까?

헨리 : 보통은 아빠와 마커스가 팀을 이뤄요. 나는 대개는 아빠와 같은 팀에 있지 않아요.

치료자 : 그것이 바로 이 게임을 하는 이유란다. 모든 사람이 서로의 팀에 들어가는 연습을 해보았으면 해.

마커스 : 무슨 게임을 하는데요?

치료자 : 닌텐도 게임인 마리오카트를 위로 하는 거야. 한번 해보자.

헨리 : 앗싸, 난 그 게임이 좋아요.

마커스 : 그 게임은 별로야.

아버지 : 나는 전자게임을 잘하지 못해. 그런 게임은 나를 어지럽게 만들어.

어머니 : 마커스, 너도, 아빠도 이미 팀을 이루었어. 그냥 한번 해보자.

헨리 : 괜찮아요. 아빠 제가 도와드릴게요(아버지가 어깨를 으쓱한다).

치료자 : 아버님, 헨리가 하는 말을 들으니 어떠세요?

아버지 : 무슨 말씀을 하시는지 모르겠네요. 무엇을 듣는다고요?

치료자 : 헨리, 네가 방금 아빠에게 했던 말을 다시 말해보렴.

헨리 : 아빠 제가 "괜찮아요. 아빠 제가 도와드릴게요."라고 말했어요.

치료자 : 아버님, 헨리 말을 들으시니 어떠세요?

아버지 : 잘 모르겠어요. 헨리가 이 게임에 대해 자신감을 갖고 있는 건 좋다고 생각해요, 아마도요.

치료자 : 확실하지 않으신 것 같네요.

아버지 : 음. 아니에요. 좋아요.

어머니 : 여보, 헨리가 당신을 돕는 것을 그냥 기분 좋게 느끼게 하지 그래요?

아버지 : 좋다고! 자 게임 시작하자. 난 단지 이 게임이 뭐가 좋은지 모르겠어.

치료자 : 아버님, 제가 질문을 하나 드려도 될까요?

아버지 : 그러시죠.

치료자 : 헨리가 이 게임을 좋아하는 것을 이해하지 못한다는 것에 대해 어떻게 생각하시나요?

아버지 : 잘 모르겠어요. 저는 그저 이상하단 느낌이 들어요.

치료자 : 어떤 면에서 이상하신데요?

아버지 : 모르겠어요. 어떻게 헨리가 이런 걸 좋아할 수 있죠? 저는 이 게임에 대해 아무것도 몰라요. 이건 달라요. 그것뿐이에요.

치료자 : 아버님이 이 게임에 대해 아무것도 모른다는 사실과 이것이 다르다는 의미는…?

아버지 : 저는 헨리를 어떻게 이해해야 할지 모르겠어요.

어머니 : 한번 해보지 그래요?

아버지 : 나도 그러려고 생각하고 있었어.

헨리 : 아빠 해보세요. 재미있을 거예요.

마커스 : 아니야. 재미없을 거야. 이 게임은 별로야.

헨리 : 닥쳐, 마커스.

아버지 : 그만 해라, 얘들아!

치료자 : 잠시 뒤로 물러나 지금 무슨 일이 일어나고 있는지 살펴보도록 하지요. 마커스, 지금 네 마음속
에 무엇이 스쳐지나가니?

마커스 : 나는 아빠가 무슨 생각을 하고 있는지 알아요. 아빠는 축구가 하키 또는 농구 같은 진짜 게임을
하고 싶은 거예요. 아빠는 그런 게임을 이해해요.

치료자 : 그리고 너도 그러고 싶은 거지.

마커스 : 그럼요. 그런 스포츠는 쿨해요.

치료자 : 질문을 드릴게요. 만약 두 분이 단지 농구, 하키, 또는 축구만 한다면 헨리가 빛날 수 있는 여지
가 얼마나 있을까요?

어머니 : 전혀 없을 거예요. 정말로요.

치료자 : 그리고 마커스, 헨리가 조금이라도 빛나게 하려면 어떻게 해야 할까?

마커스 : 저는 혼란스러워요.

헨리 : 예, 저는 마리오카트를 하면 빛날 수 있어요.

치료자 : 아버님, 이 점에 대해 어떻게 생각하세요?

아버지 : 이것은 마치 찬물 샤워 같아요. 나는 헨리를 빛나게 해야 한다는 생각을 해본 적이 없었어요.

실험은 거의 즉각적으로 가족들에게 강한 반응을 불러 일으켰다. 치료자는 헨리와 아버
지의 상호작용을 재빨리 알아차렸다(예 : "아버님, 헨리가 하는 말을 들으니 어떠세요?",
"헨리가 이 게임을 좋아한다는 것을 이해하지 못한다는 것에 대해 어떻게 생각하시나요?",
"아버님이 이 게임에 대해 아무것도 모른다는 사실과 이것이 다르다는 의미는…?"). 실험
은 다양한 자동적 사고를 촉발시켰다. 또한 마커스와 아버지가 전형적인 형태를 유지하려
고 하는 가족 패턴이 드러났다. 따라서 치료자는 그 순간에 머물면서 소크라테스식 질문을
하였다("치료자 : 질문을 드릴게요. 만약 두 분이 단지 농구, 하키 또는 축구만 한다면 헨리
가 빛날 수 있는 여지가 얼마나 있을까요?", "헨리가 빛나게 하려면 어떻게 해야 할까요?").
시연은 이전에는 당연하게 여겨졌던 자동적인 가족 과정에 투명성을 더해주었다. 치료자는
헨리의 아버지가 이제는 명백해진 가족 패턴으로부터 새로운 결론을 이끌어내도록 도와주
었다(예 : "이것은 마치 찬물 샤워 같아요. 나는 헨리를 빛나게 해야 한다는 생각을 해본 적
이 없었어요."). 가족들은 헨리와 함께 게임을 계속하였고, 아버지는 헨리와 한 팀이 된 것

을 처음에 기대했던 것보다 더 즐겼다. 치료자는 다음 주 동안 헨리와 마커스가 각각 두 가지 활동을 이끄는 숙제를 가족에게 내주었다.

가족공예(family craft making)는 가족들이 문제를 해결하는 방식을 엿볼 수 있는 행동실험이다. 가족공예는 지시를 주고받고, 역할을 배정하며, 좌절을 감내하고, 불완전함을 수용하는 것을 포함한다(Friedberg, 2006; Friedberg et al., 2009). 인지행동 가족치료자는 예리한 눈으로 가족구성원들의 생각과 감정에 초점을 맞추며 이러한 순간들을 다룬다.

한 가족의 예를 살펴보자. 미시는 14세 소녀로 통제감 상실에 대한 강한 불안으로 고통받고 있었다. 미시의 어머니 사라 블런트 여사는 매우 통제적이며 과보호적인 사람이었다. 그녀는 매우 침투적(intrusive)이었으며, 미시는 "엄마는 내 사생활에 지나치게 간섭해요. 심지어 내가 어떻게 스포츠 브래지어를 사야 하는지 이야기해요. 정말 당황스러워요."라며 불평했다. 미시의 아버지인 제리 블런트 씨는 매우 자유방임적이었다. 미시는 "아빠는 쿨하지만 약간 자신감이 없어요. 하지만 아빠는 나의 공간을 침범하지 않고 내 방식대로 하게 내버려두세요."라고 말했다. 블런트 여사의 과잉통제 행동은 치료시간 중에도 매우 분명하게 드러났는데, 미시의 헤어밴드 위치를 바꾸어 주거나 "똑바로 앉아.", "치료시간에는 분명하게 말해."와 같은 명령을 하였다. 미시는 모든 것을 통제해야 하고 그렇지 않으면 위험한 일이 생길 거라는 다급한 느낌을 갖게 되었다.

미시는 부모와 함께 심리교육과 자기모니터링, 그리고 인지모듈을 완수하였고 이제 가족공예로 행동실험을 할 차례가 되었다. 치료자는 블런트 여사에게 관찰자 역할을 배정하여 과제를 관찰하고 자신의 생각과 감정을 기록하도록 하였다. 미시에게는 아버지와 함께 과제를 완수하는 역할을 배정하였다. 다음의 대화는 중요한 치료적 순간들을 보여준다.

미시 : 이 활동이 좋아요. 우리가 뭔가를 만들 수 있고 엄마의 입을 다물 수 있게 하니까요(아버지와 미시가 함께 웃는다).

어머니 : 미시, 잘해라!

미시 : 어, 엄마가 규칙을 깼네요. 선생님, 엄마가 말해도 되나요?

치료자 : 이 실험은 잘되고 있어요. 시작한 지 몇 분 되지도 않았는데 미시와 어머니는 벌써 통제 싸움을 벌이고 있어요.

미시 : 이런! 선생님한테 딱 걸렸네요, 엄마.

어머니 : 미시, 그만해. 너는 너무 경쟁적이야.

치료자 : 좋아요, 어머니. 지금 마음속에 무엇이 스치고 있는지 적어보세요. 그리고 아버님도 현재 마음속에 스치는 것을 적어보세요.

여기에서 치료자는 곧 닥칠 통제싸움에 대한 어머니와 아버지의 생각과 감정을 즉시적으로 다루었다. 이제 무슨 일이 일어나는지 살펴보자.

치료자 : 어머님의 마음속에 무엇이 스치고 지나갔나요?

어머니 : 미시가 버릇없다고요. 이런 행동은 내가 엄마로서 별로라는 생각이 들게 만들어요. 나는 미시를 바로잡아주어야 해요. 그렇지 않으면 미시가 어른들에게 무례하게 구는 버릇을 갖게 될 것이고, 학교에서도 문제를 일으킬 거예요.

치료자 : 그리한 강한 감정을 불러일으킬 만하네요. 아버님은 어떠세요?

아버지 : 잘 모르겠어요. 나는 미시 엄마가 미시를 조금 자유롭게 해주어야 한다고 생각해요. 미시는 그저 전형적인 14살짜리예요. 아시다시피…지독하죠. 때로는 상황이 흘러가게 그냥 내버려 두어야 해요.

미시 : 아빠!!! 너무해요!

치료자 : 좋습니다. 지금까지 일어난 일을 제가 정리해볼게요. 어머님께서는 미시의 실제 모습 또는 지각하신 버릇없는 행동에 대해 불안하며 그것을 바로잡아 주어야 한다는 압력을 느끼고 계시네요. 왜냐하면 미시의 버릇없는 행동이 엄마로서 별로라는 생각을 갖게 하고, 또 미시가 나쁜 습관을 갖게 될 수도 있기 때문이죠. 어머님은 그런 일이 일어나지 않도록 하고 싶으신 거예요. 아버님께서는 전형적인 14살짜리로서 미시가 실수를 할 수 있도록 조금 더 자유롭게 해주려 하시네요.

아버지 : 정확하게 보신 것 같네요.

어머니 : 맞는 것 같아요. 미시 너는 어떠니?

치료자 : 좋은 질문입니다. 미시, 이 활동에 대해 네 마음속에 무엇이 스쳐 지나가니?

미시 : 음. 나는 엄마가 제 생활에 간섭하지 않았으면 좋겠어요. 엄마는 통제광이에요.

어머니 : 내가 통제광인 이유는 네가 통제 불능이고 모든 면에서 제멋대로이기 때문이야.

치료자 : 좋습니다. 이것이 우리의 실험에서 어떻게 나타날지 한번 보도록 하지요. 아버님이 지시문을 읽어주세요. 미시는 팔찌를 만들고, 어머니는 관찰자 역할을 하면서 생각과 감정을 기록하세요(가족들이 다시 과제를 시작한다).

아버지 : 좋아. 지시문에 따르면 팔찌를 만들기 위해 먼저 이 고무줄을 $5^{3}/_{4}$인치만큼 잘라내야 해. 이제 이 지시대로 해보렴.

미시 : 나는 이렇게 작은 선들이 있는 줄자가 싫어요. 어떤 게 $^{3}/_{4}$ 표시지? 흠, 이건가 보네.

어머니 : (눈의 띄게 안절부절 하지 못하며) 걔한테 보여줘요. 걔는

치료자 : (어머니를 막으며) 어머님의 역할에서는 말씀을 하시면 안 됩니다. 생각하고 느끼신 것을 단지 적으시는 겁니다.

미시 : 여기네요! 이게 맞는 것 같아요.

아버지 : 좋아. 다음 단계는 6개의 장식과 4개의 파랑 구슬, 5개의 초록 구슬, 3개의 끼움용 수정, 4개의

빨강 구슬을 꺼낸 다음 그것들을 줄에 끼우는…

미시 : (아버지의 말을 막으며) 나는 초록색이 싫어요. 대신 파랑, 빨강 구슬을 사용해도 되나요? 이 색깔들은 우리 학교 색깔이에요.

아버지 : 그러렴. 네가 그렇게 하고 싶다면 안 될 게 뭐가 있겠니?

어머니 : (더욱 안절부절하고 펜을 종이에 대고 두드리며) 오, 맙소사. 지시를 따라야죠. 걔한테 지시대로 하라고 해요!

미시 : 엄마! 진정해요. 맙소사(아버지는 화가 난 듯 얼굴을 붉힌다).

치료자 : 어머님, 지금 어머님의 마음속에 스쳐지나가는 것을 적어보세요. 아버님과 미시도 마찬가지고요.

미시 : 엄마는 제정신이 아니에요. 이건 한낱 팔찌에 불과해요.

치료자 : 아버님은 어떠신가요?

아버지 : 미시 엄마는 내가 모자란다고 생각해요. 내가 미시한테 너무 끌려 다닌다고요. 그리고 미시가 나를 갖고 놀고 나를 봉으로 여긴다고 생각해요.

치료자 : 어머님은 무엇을 적으셨나요?

어머니 : 이건 좀 당황스럽네요. 나는 남편이 약골이라고 적었어요! 남편은 미시에게 그까짓 팔찌를 만들라는 지시조차 할 수 없어요. 지켜보기가 너무 힘들어요. 만약 내가 미시를 돕는다면 이미 모든 걸 다 하고 벌써 다음으로 나아갔을 거예요.

치료자 : 이제 여러분 각자의 마음속을 스치고 지나간 것들을 좀 더 자세히 살펴봅시다. 아버님은 이런 생각들이 마음속에 스치고 지나갈 때 어떤 기분이 드셨나요?

아버지 : 낙담스럽고 슬펐어요. 아내가 나를 부족하고 봉이라고 보지 않았으면 해요.

치료자 : 어머님이 생각하는 것에 관한 아버님의 추측이 따끔했는데요, 어머님은 이런 생각이 마음속을 스칠 때 어떤 기분이 드시는지요?

어머니 : 화가 나고 지긋지긋해요. 나는 모든 일이 이루어지도록 책임을 져야 해요.

치료자 : 어머님께서 얼마나 피곤하실지 이해가 가네요. 하지만 어머님은 남편을 약골이고 모자란다고 보시나요?

어머니 : 아니에요. 실제로는 그렇지 않아요. 그건 그저 화가 나서 한 말이에요. 남편은 단지 평화를 유지하길 원해요.

치료자 : 어떻게 하면 분노가 어머님의 목소리를 뺏어가지 않게 할 수 있을까요?

어머니 : 무슨 말씀을 하시는지 잘 모르겠어요.

치료자 : 만약 어머님께서 실제로는 아버님을 약하고 모자란다고 생각하지 않으신다면 뭣 때문에 그렇게 화가 나시나요?

어머니 : 이런 일들은 내가 통제할 수가 없어요.

치료자 : 좋아요. 어머님이 통제하실 수 없다는 게 뜨거운 생각이군요. 그게 뭣 때문에 그렇게 나쁜가요?

어머니 : (눈물이 핑 돌며) 모든 것을 바르게 잘하는 게 제 일이에요.

아버지 : 여보, 당신은 모든 일을 잘 하고 있어. 단지 당신은 너무 열심히 해.

미시 : 예, 엄마. 대부분의 경우에는 별 문제가 없어요. 만약 일이 어긋나도 내가 해결할 수 있고요. 상황이 완벽하지 않아도 나는 망가지지 않아요.

치료자 : 어머님, 아버님과 미시로부터 이런 말을 들으니 어떠신가요?

어머니 : (눈물을 글썽이며) 혼란스러워요. 저는 게으르고 싶지 않아요. 내가 할 수 있는 한 좋은 아내와 엄마가 되고 싶어요.

미시 : 엄마, 완벽하시 않아도 돼요. 괜찮아요.

아버지 : 당신은 지금 이대로도 괜찮아. 당신이 완벽하지 않아도 우리는 사랑한다고.

치료자 : 미시, 그리고 아버님, 어머님께 이런 피드백을 드리는 것이 어떠신가요?

미시 : 좋아요. 엄마도 우리처럼 인간적이라는 것을 보여주고 있어요.

아버지 : 난 좀 헷갈려요. 이것을 아내에게 말하는 것은 기분 좋지만 아내가 너무 압력을 느낀다니 기분이 좋지 않네요.

치료자 : 어머님, 이 말씀에 대해서는 어떻게 생각하세요?

어머니 : 아마도 미시는 내가 생각했던 것만큼 약하지 않은가 보네요. 아마도 일이 계획대로 되지 않을 때 나보다 더 잘 해결할 수 있을지도 모르겠어요.

미시 : 엄마, 난 할 수 있어. 나는 약하지 않아.

치료자 : 좋아요, 이 모든 것을 적어보도록 하지요. 그리고 다시 활동으로 돌아가 계획대로 완성되지 않은 불완전한 팔찌를 만들어봅시다. 어떻게 생각하시나요?

미시 : 엄마, 그렇게 해볼래요?

어머니 : 힘이 들겠지만…. 해볼게.

미시와 어머니는 거의 즉각적으로 통제 싸움에 휘말렸다. 미시의 어머니는 재빨리 자신의 자동적 사고(예 : "미시가 버릇없다고요. 이것은 엄마로서 나를 좋지 않게 인식하게 해요. 나는 걔를 바로잡아주어야 해요. 그렇지 않으면 걔는 어른들에게 무례하게 구는 버릇을 갖게 될 것이고 학교에서도 문제를 일으킬 거예요.")를 파악했다. 다행스럽게 실험은 빠르고 걱노한 행동을 일으켰고, 치료자는 그 과정을 요약히였다. 미시의 어머니는 점점 더 동요하였다. 이에 따라 가족구성원 각자의 뜨거운 인지가 불타올랐다. 치료자는 소크라테스식 질문을 하는 도중에 너무 추상적인 질문을 던지는 실수를 범하였다(예 : "어떻게 하면 분노가 어머님의 목소리를 뺏어가지 않게 할 수 있을까요?"). 그러나 치료자는 보다 구체적인 질문(예 : "만약 어머님께서 실제로는 아버님을 약하고 모자란다고 생각하지 않으신다면 뭣 때문에 그렇게 화가 나시나요?")으로 정정하였다. 치료자는 어머니의 가정을 검증하기 위해 미시와 아버지의 실제적(in-vivo)인 반응을 데이터로 사용하였다(예 : "미시, 그리고 아버님, 어머니에게 이런 피드백을 드리는 것이 어떠신가요?", "어머님, 이 말씀에 대해서는 어떻게 생각하세요?").

또 다른 가족 사례를 살펴보자. 테일러는 14세의 우울한 소녀로, 싱글맘인 엄마가 자기를 잘 알지 못하며 공통점도 거의 없다고 믿고 있었다. 치료자는 테일러와 어머니에게 '너를 알아보자(Getting to Know You)'라는 행동실험을 해보도록 안내했다. 이 실험에서 각 가족구성원은 답이 한 쌍이 되게 해야 한다. 답이 한 쌍이 되게 만들려면 다른 사람에 대해 알아야 한다. 예를 들어 한 라운드에서 테일러의 어머니에게 질문이 주어졌다(예 : "테일러가 가장 좋아하는 색은 무엇인가요?"). 테일러는 자기가 좋아하는 색을 적었고 어머니가 그것을 알아맞혀야 했다. 다음 라운드에서는 어머니가 좋아하는 색을 테일러가 알아맞혀야 했다. 다른 사람에 대해 가장 많이 알거나 다른 사람이 쓴 것을 가장 많이 알아맞히는 사람이 승자가 된다. 다음의 대화는 이 과정을 보여준다.

치료자 : 테일러, 너는 엄마가 너를 잘 알지 못하신다고 생각하고 있어. 이 생각이 맞는지 알아보는 간단하고 재미있는 게임 해보지 않을래?

테일러 : 좋은 것 같네요.

치료자 : 어머님은 어떠세요?

어머니 : 좋아요.

치료자 : 이렇게 하시면 됩니다. 제가 어머님께 테일러에 관한 질문을 하나 드릴 거예요. 테일러가 종이에다 답을 적으면 어머님이 답을 말씀하시는 겁니다. 그런 다음 순서를 바꿔서 제가 테일러에게 어머님에 관한 질문을 할 거예요. 가장 많이 맞히는 사람이 이기는 겁니다. 처음에는 쉬운 질문으로 시작하지만 점차 어려운 질문으로 나아갈 거예요. 이 게임에 관해 어떻게 생각하세요?

테일러 : 좋아요.

어머니 : 좋습니다.

치료자 : 첫 번째 질문은 테일러에 관한 것인데 어머님께 드릴게요. 테일러는 답을 종이에 적고 엄마가 답을 말씀하실 때까지 소리 내어 말해서는 안 돼. 엄마가 답을 말씀하신 후에는 답을 바꿀 수 없어. 알겠지? 자 그럼 첫 번째 질문입니다. 어머님, 테일러가 가장 좋아하는 색은 무엇인가요? 테일러가 답을 다 쓸 때까지 기다리신 후에 말씀해주세요.

어머니 : 쉬운 질문이네요…. 검은색이에요.

치료자 : 테일러, 뭐라고 썼니?

테일러 : 검은색이요.

치료자 : 그럼 어머님께 1점 드릴게요. 테일러, 엄마가 가장 좋아하는 색은 무엇이지? 엄마가 다 쓰실 때

까지는 답을 말하지 않도록 기억하고. 좋아. 테일러, 무슨 색이지?

테일러 : 핑크라고 생각해요.

치료자 : 어머님, 맞나요?

어머니 : 저는 핑크가 좋아요. 예, 핑크는 제가 가장 좋아하는 색이에요. 테일러가 맞혔네요.

치료자 : 점수는 1대 1입니다. 두 번째 질문을 할게요. 어머님, 테일러가 가장 좋아하는 음식은 무엇인가요?

어머니 : 프레첼로 만든 핫도그요.

치료사 : 테일러, 이게 맞니?

테일러 : 넵. 저는 이게 제일 좋아서 몰에 갈 때마다 사먹어요.

치료자 : 어머님이 2대 1로 앞서고 있어요. 테일러, 엄마가 가장 좋아하는 음식은 뭐지?

테일러 : 잘 모르겠어요. 그 점에 대해서는 별로 관심을 가지지 않았어요. 아마도 스크램블 에그요?

치료자 : 어머님, 이게 맞나요?

어머니 : 아니에요. 불행히도, 제가 여러 종류의 음식들을 좋아해서 테일러가 잘 모르는 것 같아요. 하지만 저는 치킨 마르살라를 좋아해요.

치료자 : 그럼 맞히지 못했네요. 어머님이 2대 1로 이기고 계십니다. 그런데 테일러, 엄마가 방금 하신 것 눈치 챘니?

테일러 : 아니요. 무슨 말씀이신데요?

치료자 : 엄마께서 네가 모르는 것을 약간 너그럽게 봐주셨단다. 그 점에 대해 어떻게 생각하니?

테일러 : 모르겠어요.

치료자 : 그것 참 흥미롭구나. 그 점에 대해서는 나중에 다시 얘기해보자. 이제 가장 어려운 질문을 할텐데, 준비되셨나요?

치료자는 소크라테스식 질문법을 실시하기 위한 기초 작업을 시작하였다. 테일러의 어머니는 테일러가 맞추지 못한 이유에 대해 약간의 데이터를 제공하였다. 치료자는 이후에 치료시간 중에 어머니와 테일러의 서로에 대한 이해 차이에 주의를 기울일 것이다.

치료자 : 이제는 좀 더 어려운 질문입니다. 어머님, 테일러를 가장 행복하게 만드는 것은 무엇인가요?

어머니 : 친구와 함께 있는 거요. 밖에 나가 놀거나 아니면 문자로 소통하든지요.

치료자 : 테일러, 뭐라고 적었니?

테일러 : 친구랑 노는 것이요.

치료자 : 그럼 3대 1로 어머님이 이기고 계십니다. 테일러, 무엇이 엄마를 가장 행복하게 만들까?

테일러 : 엄마가 원하시는 대로 제가 잘하는 것이요. 숙제도 하고, 치어리더 반에도 들고, 일종의 엄마 복

제가 되는 것이요.

치료자 : 어머님은 뭐라고 쓰셨나요?

어머니 : (웃는다) 가족들이 저녁식사나 집안일을 함께하면서 시간을 보내는 것이라고요.

테일러 : 약간 맞는 것 같은데요.

치료자 : (웃는다) 정말? 뭣 때문에 그렇게 생각하지?

테일러 : 그러니까, 엄마가 원하는 것을 얻는 거잖아요.

어머니 : 테일러, 그건 아니지. 나는 단지 함께하고 싶은 거란다.

치료자 : 좋아요. 아직 3대 1입니다. 네 번째 질문은 약간 더 어렵습니다. 어머님, 테일러를 가장 화나게 하는 것은 무엇일까요?

어머니 : 제가 테일러를 제한하는 것이요. 테일러는 저를 고약한 잔소리꾼으로 생각해요. 걔는 자기 멋대로 하고 싶어 해요. 그리고 내가 관여하거나 제약을 걸면 화를 내요.

치료자 : 테일러?

테일러 : 아니거든요, 엄마! 엄마는 내가 멍청한 아기라고 생각해요. 엄마는 내가 좋은 선택을 할 수 없다고 여겨요. 그건 불공평해요. 엄마는 내가 성장하고 있다는 것을 증명할 기회를 주질 않아요.

치료자 : 좋아요. 어머님께 점수를 드릴 수가 없네요. 그럼 테일러, 엄마를 가장 화나게 하는 것은 무엇일까?

테일러 : 내가 엄마랑 똑같지 않은 것이요.

어머니 : 테일러, 어떻게 그렇게 말할 수 있니? 그게 사실이 아니란 걸 너도 알고 있어. 나는 제가 나랑 똑같기를 원하지 않아.

치료자 : 뭐라고 말씀하시려 했는데요?

어머니 : 제가 하려고 했던 말은 테일러가 자신을 경시하고 심지어 스스로를 방해할 때 화가 난다는 것이었어요. 저는 테일러가 나와 아빠를 차단시킬 때 화가 나요.

치료자 : 와우! 두 사람 모두 서로를 화나게 하는 것이 무엇인지에 대해 완전히 잘못 생각하고 있었군요. 이 점을 뒤집어서 다시 생각해보도록 하지요. 어머님, 테일러가 어머님께서 자신을 아기로 보고 그녀가 성장하고 있다는 것을 증명하기를 원치 않으신다고 생각하는 것을 듣고 마음속에 무엇이 스쳐 지나가나요?

어머니 : 어렵네요. 왜냐하면 테일러는 때때로 버릇없는 아이처럼 행동하거든요. 저는 걔에 대해 걱정이 많아요. 저는 테일러가 해로운 선택을 하길 원치 않아요. 나는 테일러가 자신이 될 수 있는 최고가 되었으면 해요.

치료자 : 그리고 만약에 내버려 두면요?

어머니 : 그렇게 되지 않을까 봐 두려워요.

테일러 : (냉소적으로) 좋아요, 엄마! 정말 고마워요! 지지해주셔서 감사해요.

치료자 : 테일러, 지금 기분이 어떠니?

테일러 : 화가 나요. 왜냐면 엄마가 나를 스스로 아무것도 할 수 없는 버릇없는 아기로 보고 있잖아요.

치료자 : 어머님, 정말 이렇게 테일러를 보고 계신 건가요?

어머니 : 아니에요. 테일러는 영리하고 매우 성숙하기도 해요. 저는 단지 걔에 대해, 걔가 뭘 하는지, 누구랑 나가 노는지에 대해 걱정할 뿐이에요.

치료자 : 뭣 때문에 그렇게 걱정을 많이 하시나요?

어머니 : 테일러는 소중한 아이에요. 저는 걔를 사랑해요(눈물이 핑 돈다).

치료자 : 테일러, 엄마의 말씀에 대해 어떻게 생각하니?

테일러 : 엄마는 걱정이 너무 많으세요!

치료자 : 그 이유는?

테일러 : (주저하며) 저를 사랑하기 때문이죠.

치료자 : 이 활동 전에 너는 엄마가 사랑과 걱정에 이끌려 너를 엄마의 복제로 만들려고 한다고 생각했었지?

테일러 : 엄마의 복제가 되길 원했죠.

치료자 : 이 실험이 그 생각을 지지했니, 혹은 그렇지 않았니?

테일러 : 아닌 것 같네요. 엄마는 아마도 제가 엄마의 복제가 되길 원하지 않는 것 같아요.

치료자 : 그럼 이제 결론을 적어보자. 그리고 이 게임의 점수를 살펴보자. 점수는 3대 1로 엄마가 이기셨어. 이 게임을 시작하기 전에 너는 엄마가 너를 이해하지 못하고 네가 진정 어떤 사람인지 알지 못한다고 생각했어. 만약 엄마가 너를 이해하지 못했거나 너를 잘 몰랐다면, 어떻게 엄마가 너보다 더 많은 점수를 받으셨을까?

테일러 : 모르겠어요.

치료자 : 좀 헷갈리지, 그렇지?

테일러 : 매우 헷갈려요.

치료자 : 좋아! 그럼 네가 생각했던 것보다 엄마가 너를 더 잘 알고 있다고 보는 건 타당한 것으로 보이니?

테일러 : 아마도요.

치료자는 이 활동을 편하게 느끼도록 돕기 위해 위협적이지 않은 질문으로 시작했다. 테일러가 답을 맞히지 못한 것에 대해 어머니가 표면적인 이유를 댔을 때 치료자는 즉시적으로 반응하였다(예 : "불행히도, 제가 여러 종류의 음식들을 좋아해서 테일러가 잘 모르는 것 같아요."). 게임 도중에 좀 더 자극적인 질문이 나오자 정서의 강도도 증가하였다. 따라서 치료자는 테일러와 어머니의 자동적 사고를 다루기 위해 소크라테스식 질문법을 시작하였

> **글상자 16.2** **가족에게 실시하는 실험을 위한 팁**
>
> - 가족 행동실험은 개입을 실시간으로 할 수 있게 해준다.
> - 보드게임, 공예, 즉흥연기, 전자게임이 실험의 역할을 할 수 있다.
> - 가족실험은 정서를 불러일으킬 수 있다.
> - 치료자는 직접적이고 명쾌하게 실험을 진행해야 한다.

다(예 : "테일러가 어머님께서 자신을 아기로 본다고 생각하는 것을 듣고 마음속에 무엇이 스쳐 지나가나요?", "그리고 만약에 내버려 두면요?"). 치료자는 또한 어머니가 테일러를 부족하다고 생각하고 자신의 복제로 만들려고 한다는 테일러의 신념을 검증했다. 마지막으로, 치료자는 테일러와 함께 시연에서 얻어진 결론을 종합하였다(예 : "만약 엄마가 너를 이해하지 못했거나 너를 잘 몰랐다면, 어떻게 엄마가 너보다 더 많은 점수를 받으셨을까?"). 글상자 16.2는 가족에게 실시하는 실험을 위한 팁을 요약하고 있다.

맺음말

아동과 청소년은 가정이라는 맥락 속에서 살고 있다. 심리교육, 자기모니터링, 인지재구성, 노출/실험과 같은 모듈식 CBT 기법들은 가족치료에 매우 적합하다. 가족 인지행동치료 안에 이러한 기법들을 통합하는 것은 치료성과를 일반화시킬 수 있는 좋은 방법이다. CBT를 가족들에게 적용하는 것은 CBT 접근의 적용 가능성을 확장시키고 다양한 임상장면에 대한 적합성을 증진시켜준다.

에필로그

Bennett-Levy(2006)는 자기성찰이 임상적 지혜를 촉진한다고 하였다. 그에 따르면, 자기성찰이란 치료자가 자신의 생각과 감정, 행동을 관리하는 것을 의미한다. 이 책의 마지막 부분에서 우리는 자기성찰을 통해 치료자로서의 유능감과 임상적 지혜를 향상시킬 수 있는 방안을 제공하고자 한다. 먼저 유능감과 임상적 지혜를 설명한 다음, CBT 실제와 임상적 지혜의 향상을 위한 여러 가지 팁을 제공할 것이다.

Rector와 Cassin(2010)은 "CBT 임상가의 전문성에 있어서 임상적 판단력, 내담자의 요구와 피드백에 맞추어 개입을 수정하는 능력, 그리고 치료적 장애 및 지연 요인들에 대해 협상하는 능력이 중요하다"(p. 154)고 역설했다. 프로토콜과 매뉴얼, 지침서, 교재, 논문 등도 모두 훌륭하지만, 진정한 임상적 지혜야말로 앞을 알 수 없는 임상장면에서 임상가를 안내해준다. 때로는 참고문헌이 우리를 돕지 못한다. 임상적 지혜는 치료적 무력감을 예방해준다. 지혜는 현존하는 참고문헌이 특정 이슈에 대해 침묵을 지킬 때, 혹은 당신 앞에 앉아 있는 내담자에게 일반화될 수 없을 때 효력을 발생하기 시작한다. Stricker와 Trierweiler(2006)는 "임상가는 사용 가능한 확실한 과학적 지식을 넘어서길 항상 요구받는다."(p. 39)라고 말했다.

우리의 이해력은 필연적으로 한계를 갖는다. 이러한 한계에 직면할 때 임상가는 짜여진 틀에서 벗어나 자신의 임상적 지혜에 의존해야 한다. 하지만 어떻게 그렇게 하는가? 임상가는 무엇보다 과학적 성신과 태도를 유지해야 한다. 다음으로 우리는 이론을 순환시키고 훌륭한 CBT를 유지하며, 인지모델을 모델링하기를 권고한다. 유연성을 유지하는 것이 중요하다. 선행연구를 염두에 두되 그것에 의해 제약을 받지 않도록 해야 한다. 내담자의 역경을 존중해야 한다. 그리고 변화란 힘겹게 얻어지며 때로는 더디다는 것을 받아들여야 한다. 임상가는 영화배우 척 노리스처럼 세상에서 싸움을 가장 잘하는 사람이 아니라는 것을 기억해야 한다. 마지막으로 CBT 조련사가 되기를 열망하라.

과학적 정신과 태도를 유지하라

가설검증 접근은 과학적 태도의 핵심이다. 임상실무에서 과학적 태도를 유지하는 것은 지속적인 전문성 발달을 촉진한다. Stricker와 Trierweiler(2006)는 "치료실 안에서 임상가는 셜록 홈즈가 되며, 박식하고 영리한 관찰자, 능숙한 논리학자가 된다고 하였다"(p. 41). 협력적 경험주의와 안내된 발견의 기본 개념(제3장 참조)은 과학적 태도를 갖도록 도와준다. 과학적 태도는 관찰한 것과 기대하는 것을 비교하며, 불일치하는 데이터에 근거하여 진지하게 가설을 수정하는 것을 포함한다.

경제성(parsimony)은 과학적 태도의 또 다른 핵심적 특성이다. 특별하고 기이한 설명보다는 평범한 설명과 단순한 개입이 더 좋다. 경제성은 혼란스럽고 모호한 것으로는 개념과 실무를 더 설득력 있고 의미 있게 만들지 못한다고 강조한다. 임상가의 품위는 아동과 가족들이 CBT가 접근 가능하며 효과적이고 이해할 수 있다고 느낄 때 비로소 달성된다. 품위는 CBT가 아동과 청소년, 가족들에게 즉각적으로 접근 가능할 때 실현된다.

비판적 사고는 과학적 태도의 기반이다. Meltzoff(1998)는 비판적 사고를 "개인이 어떤 쟁점에 대해 생각하고 분석하며, 그 쟁점을 모든 측면에서 바라보고, 가능한 자신의 편향으로부터 자유로운 합리적 판단을 보장할만한 충분한 증거가 있는지를 가늠하는 기술(p. ix)"이라고 정의했다. 비판적 사고는 경험주의를 가능하게 해주며 임상적 지혜의 토대를 세워준다.

이론을 순환시키라

유명한 메소드 연기자인 알 파치노는 "즉흥적으로 연기하려면 많은 것을 알아야 한다."고 하였다. 임상적 지혜, 즉흥성에 대한 자신감, 치료적 창의성은 공통된 기반을 필요로 한다. Shirk, Jungbluth 그리고 Karver(2012)는 유능한 CBT 치료자는 멀티태스킹 전문가라고 하였다. 즉, 치료시간 중의 구조와 내용, 과정에서 일어나는 모든 변화에 동시적으로 주의를 기울이며 반응할 수 있어야 한다는 것이다. 그렇게 해야 창의성과 융통성이 분출한다. Shirk 등(2012)은 "이러한 능력은 절차에 대한 높은 수준의 친숙성에서 비롯된다. 이것은 치료자로 하여금 임상적 과정의 다른 측면에도 충분히 주의집중 하도록 해주며, 따라서 진행 중에 있는 치료적 절차와 내담자의 경험을 유연하게 통합할 수 있게 한다"(p. 491)고 하였다.

따라서 Betan과 Binder(2010)는 임상가에게 이론을 순환시키라고 독려한다. 구체적으로 이들은 이것을 "이론을 자기 자신의 것으로 만드는 것… 이론의 주요개념, 병리에 대한 설명, 변화의 기제에 익숙해져서 독특한 임상적 맥락에 대해 자동적으로 생각하고 접근할 수 있게 되는 것"(p. 144)이라고 설명했다. 많이 아는 것은 임상적 지혜에 필수적이다. 일관된 이론적 기초지식을 중시하고 따르라는 것은 필요불가결한 조언이다. 이론적 개념에 매달리고 내담자를 돌볼 때 그 개념들에 생명을 불어넣어야 한다. 내담자의 개별성을 인정하는 견고한 이론적 논리를 세우는 것은 임상가로 하여금 예기치 않는 상황에 대한 혁신적 개입과 창의적 반응을 가능하게 해준다. 이러한 접근은 치료를 개별 아동과 가족에게 의미 있게 맞출 수 있게 하며 과자를 찍어내는 것과 같은 치료계획 및 개입을 예방해준다.

능숙한 CBT를 유지하라

Waller(2009)는 치료할 때 표류(drift)에 저항하는 것이 중요하다고 말했다. Newman(2010)은 치료자들이 CBT 사례개념화와 기법적용을 연습함으로써 능숙한 상태를 유지하는 것이 중요하다고 하였다. 인지행동치료자로서 능숙한 상태를 유지하고 표류를 예방하기 위한 한 가지 방법은 인지치료척도(Young & Beck, 1980)를 가지고 스스로를 평가하는 것이다. 자문과 수퍼비전의 기회를 구하는 것도 능숙한 CBT 상태를 유지하는 데 도움을 줄 것이다. 학회와 워크숍에 참석하는 것은 능숙한 상태를 유지하는 또 다른 전략이다. 어떤 기술을 배우는 것은 첫 단계에 불과하다. 운동이나 악기를 배울 때와 마찬가지로 배운 지식을 유지하기 위해서는 지속적인 연습이 필요하다.

인지모델을 모델링하라

Rosenbaum과 Ronen(1998)은 CBT가 삶의 철학이라고 단언하였다. Reilly(2000)도 "인지모델을 진심으로 믿는 인지치료자는 일상생활에서 그 모델을 활용한다."(p. 34)고 강조했다. 자기 자신에게 CBT를 적용하면서 결과적으로 인지모델을 모델링하는 것은 몇 가지 중요한 혜택을 가져다준다.

첫째, CBT를 자신에게 적용하는 것은 어린 내담자와 그들의 가족들을 향한 공감을 발달시킨다. 예컨대 생각기록지를 작성하거나 새로운 결론을 만드는 데 상당한 노력이 필요하다는 것을 직접 알게 된다. 둘째, 인지행동 기법을 개인적으로 철저하게 경험해봄으로써 그 기법의 구석구석에 더욱 익숙해진다. 셋째, 모델을 모델링하는 것은 치료에서 필요한 적절한 자기개방과 필수적인 투명성을 촉진해준다. 많은 전문가들은 CBT의 자기연습이 임상적 기술의 수준을 향상시켜주었다고 보고하였다(Bennett-Levy, 2003; Bennett-Levy et al., 2001; Sudak, Beck, & Wright, 2003).

검비를 기억하라 : 치료적 미덕으로서의 유연성

검비는 1950년대 찰흙인형으로, 이후의 여러 코미디 촌극에서 희극적으로 생명을 얻게 되었다. 검비는 찰흙으로 만들어졌기 때문에 유연할 수밖에 없다. 망치를 갖고 있을 때는 모든 것이 못처럼 보인다는 격언을 기억하라. 편협한 초점은 유연성을 제한한다. 문제를 바라보고 개입을 설계할 때 한 가지 방식만을 고집하는 것을 피하라. 확실성이 항상 좋은 것은 아니며 임상적 시야를 흐리게 할 수도 있다. 탁월한 인지치료자인 Christine Padesky(1993)는 "치료자가 자신이 어디를 향해 가고 있는지 모르는 것은 좋은 일이다. 그렇다! 자신이 어디로 가고 있는지를 너무 확신하다 보면 앞만 보다가 더 좋은 곳으로 안내할 수 있는 우회도로를 놓칠 수 있기 때문이다."(p. 3)라고 말했다.

치료는 창의적인 행위이다(Mooney & Padesky, 2000). 내담자와 치료자 사이의 협력적 공간에서, 한때는 무력감과 경직성이 만연했던 공간에서 행동변화와 유연성이 모습을 드러낸다. 실제로 새로운 학습을 촉진하여 낡은 습관을 바꾸는 기회는 인지치료자에게 보상과 흥분을 제공한다. 치료적 성장에 파트너로 참여하는 것은 진정한 특권이다. 내담자가 습득한 기술을 자신의 스트레스와 도전에 성공적으로 적용하는 모습을 목격하는 것은 실로 황홀하다.

이 교재에 소개된 기법들은 정적(static)이라기보다는 역동적인(dynamic) 것들이다. Rector와 Cassin(2010)은 CBT에서 필요한 기본적 메타역량(metacompetency) 중의 하나는 "내담자의 명시적 및 암묵적 피드백에 응하여 개입을 조정하며 치료시간 중에 발생하는 정서적 변화에 반응하는 능력"이라고 설명했다. Overholser(2010b)는 치료자란 내담자 위에서 일하는 것이 아니라 내담자와 함께 일하는 것이라고 친절하게 조언하였다. 치료자는 모델을 내담자에게 맞추어야 하는 것이지 내담자가 모델에 맞추도록 강요해서는 안 된다는 점을 기억하라. 임상에서는 접근에 대한 충실성과 특정 상황 및 맥락에 대한 민첩한 유연성 간의 균형을 이루는 것이 권고된다(Kendall & Beidas, 2007 ; Kendall et al., 2008).

경험적 · 이론적 선행연구에 의존하되, 그것에 제한되지 않도록 하라

이것은 어려운 변증법적 방식이다. 현존하는 문헌에 능숙한 것은 분명 임상가에게 중요한 일이다. Meltzoff(1984)는 다음과 같이 말했다.

임상심리 전문가가 이 분야의 발전에 대해 잘 알고 있지 않으면 책임감 있게 기능할 수 없고 지속적으로 발달할 수도 없다. 그러기 위해서는 심리학 및 관련 분야에서의 선행연구를 읽고 비판적으로 평가하며, 진실과 사실, 그리고 일시적인 것을 변별하기 위해 무수한 경쟁적 주장과 설명들을 지적으로 걸러낼 수 있어야 한다(pp. 204-205).

저자 중의 한 명은 1980년대 중반 샌디에이고에 있는 캘리포니아 전문대학원의 박사과정 학생이었는데, 그때 임상심리학 교육과정과 실습경험, 학위논문 외에 인문학 강좌를 매년 한 과목씩 들어야 하는 규정에 발끈하며 화가 났었다. 그것이 나의 임상기술 발달이나 학업에 중요하다고 생각하지 않았다. Julian Meltzoff는 "가부장주의적이라는 말을 들을 위험을 무릅쓰고 말하면, 학생들이 원하는 것이 지혜 속에는 존재하지 않을 수도 있다"(1984, p. 207). 솔직히 말해 그 당시의 내 생각은 확실히 지혜 속에 존재하지 않았다. 시간과 경험, 더 많은 지식, 임상적 성숙은 과학과 임상 간의 본질적인 긴장에 대한 나의 평가를 깊게 해주었다.

심리학과 정신의학은 많은 것을 제공해주었으나 필연적으로 한계가 있다. 우리는 아동과 청소년을 위한 CBT 접근이 이 분야 밖의 경험에 의해 풍부해진다고 믿는다. 철학과 종교, 인류학, 사회학, 문학, 역사, 커뮤니케이션 분야에서 기술하고 있는 인간에 대한 폭넓은 지식 기반을 갖는 것은 임상가의 CBT 접근을 풍부하게 해준다.

예를 들어 유대교의 신년절 의식 중에 저자 중의 한 명(RDF)은 아브라함이 자신의 아들인 이삭을 제물로 바치라는 신의 목소리를 들었다는 것을 설명하는 설교를 들었던 기억을 갖고 있다. 랍비는 흥미로운 질문을 던졌다. "아브라함은 그것이 자신의 머릿속에서 나온 환각이나 살인사고가 아니라 신의 목소리라는 것을 어떻게 알았을까요?" 실제로 진짜 생각과 가짜 생각의 개념은 그 후 나의 임상적 업무에 도움을 주었다. 나는 나의 청소년 내담자들이 그들의 인지왜곡을 수정하도록 돕기 위해 진짜 생각/가짜 생각의 비유를 자주 사용한다.

내담자의 역경을 존중하라

모든 심리치료의 핵심은 사람들이 피하고자 하는 것을 직면하고 생산적인 문제해결을 촉진하는 내안적 행동패턴을 발달시키도록 돕는 것이다. 그러나 개인적이고 고통스러운 역경을 뒤집는 것은 어려운 일이다. 사람들은 대부분 단순히 회피하는 것을 선호한다. 실제로 경험적 회피는 모든 형태의 심리치료에서 중심이다(Hayes et al., 1999). 심리치료에 와서 자신의 역경을 낯선 사람과 공유하는 것은 개인적 승리를 향한 첫 단계이다. 따라서 우리는 이 여정이 힘겹다는 점을 인정해야 한다.

Fugard(1981)의 희곡 *A Lesson from Aloes*에서 알로에는 생존에 대한 비유이다. Fugard는 알

로에가 척박한 환경에서 자라기 때문에 위험을 견디고 견고해지는 것이라고 설명했다. 뿐만 아니라 알로에는 다른 환경에서는 꽃을 피우지 않는다. 알로에는 냉혹한 현실이 힘들긴 하지만 우리에게 건설적인 대처전략을 갖도록 만든다는 교훈을 준다. 디즈니 영화 뮬란에는 역경에도 불구하고 견디는 것의 고결함을 전달해주는 비유가 들어 있다. 중국의 황제는 "역경 속에서 피어나는 꽃이 모든 꽃 중에서 가장 귀하고 아름답다."고 설명한다. 우리는 우리가 돌보는 아동들이 이처럼 귀하고 아름다운 꽃으로 피어나도록 도와야 하는 책임을 갖고 있다.

지시와 인내심 사이의 균형을 이루도록 하라

Watkins(2010)은 "심리치료의 핵심에는 불굴의 정신, 무한한 가능성과 잠재력, 잠재력을 끌어내고 영혼의 해방을 가능하게 하는 힘에 대한 견고하고 단호한 축복이 자리하고 있다."(p. 198)고 역설했다. 인지행동치료자는 내담자에 의한 자기주도적(self-directed) 변화가 가능하다고 믿는다. 변화는 절대적이지 않으며 시간에 걸쳐 점차적으로 일어난다. 치료자의 인내심은 간과된 임상적 미덕의 하나이다.

비트 시인인 앨런 긴즈버그에 관한 영화 '하울'의 대사가 여기에 딱 들어맞는다(Epstein, Friedman, Walker, & Redleaf, 2010). "의미는 천천히 사진을 현상하는 것처럼 진화한다." 이러한 인내심은 사진을 즉석에서 현상하는 디지털 시대에서 길을 잃을 수 있다. Overholser, Braden 그리고 Fisher(2010)는 적응을 촉진할 때 균형이 중요한 역할을 한다고 강조했다. 지시와 인내심은 섬세하게 배치되어야 한다. 실제로 어린 내담자가 떠밀리거나 압박을 받지 않도록 적절한 페이스를 유지하는 것은 작업동맹을 강화시켜준다(Creed & Kendall, 2005; Shirk et al. 2012; Shirk & Karver, 2006). 지시와 인내심을 나란히 놓는 것이 좋은 계획이다.

치료자는 척 노리스가 아니라는 것을 기억하라 : 불가능한 일을 할 수는 없다

슈퍼영웅을 연기한 영화배우이며 무술 전문가, 피트니스 전도사이며 대중스타인 척 노리스는 웃음거리의 대상이다. 사람들은 척 노리스를 불가능한 일을 할 수 있는 인물로 묘사한다. 척 노리스는 한계를 모른다 하더라도 인지행동 임상가는 자신의 한계를 정확히 알아야 한다. 변화를 만들어낼 수 없다는 것을 깨닫는 것은 치료자 자신의 안녕을 유지하고 임상적 경계를 유지함에 있어서 중요하다. 변화를 만드는 사람은 내담자이며, 치료자는 기껏해야 그 과정에 기여하는 사람이다.

CBT의 '조련사'가 되라

아동과 청소년을 위한 CBT 역량을 획득하는 것은 말을 다루는 조련사가 되는 것과 유사하다. Nicholas Evans(1995)에 따르면, 말을 다루는 조련사는 말을 정확히 이해하며 부드러운 코칭으로 말을 훈련시키는 사람이다. 실제로 아동을 위한 적절한 CBT는 포괄적인 이해와 부드러운 코칭이다.

이제 나가서 실천하라!

참고문헌

Abramson, L. Y., Seligman, M. E. P., & Teasdale, J. D. (1978). Learned helplessness in humans: Critique and reformulation. *Journal of Abnormal Psychology, 87*, 49–74.

Achenbach, T. M. (1991a). *Integrative guide to the 1991 CBCL, YSR, and TRF profiles*. Burlington: University of Vermont, Department of Psychiatry.

Achenbach, T. M. (1991b). *Manual for the Child Behavior Checklist/4–18 and 1991 profile*. Burlington: University of Vermont, Department of Psychiatry.

Achenbach, T. M. (1991c). *Manual for the Teacher's Report Form and 1991 profile*. Burlington: University of Vermont, Department of Psychiatry.

Achenbach, T. M., McConaughy, S. H., & Howell, C. T. (1987). Child/adolescent behavioral and emotional problems: Implications of cross-informant correlations for situational specificity. *Psychological Bulletin, 101*, 212–232.

Alford, B. A., & Beck, A. T. (1997). *The integrative power of cognitive therapy*. New York: Guilford Press.

Allen, J. (1998). Personality assessment with American Indians and Alaska Natives: Instrument considerations and service delivery style. *Journal of Personality Assessment, 70*, 17–42.

American Psychiatric Association. (2013). *Diagnostic and statistical manual of mental disorders* (5th ed.). Arlington, VA: Author.

Anastopoulos, A. D. (1998). A training program for children with attention-deficit/hyperactivity disorder. In J. M. Briesmeister & C. E. Schaefer (Eds.), *Handbook of parent training: Parents as co-therapists for children's behavior problems* (2nd ed., pp. 27–60). New York: Wiley.

Anderson, E. R., & Mayes, L. C. (2010). Race/ethnicity and internalizing disorders in youth: A review. *Clinical Psychology Review, 30*, 338–348.

Asarnow, J. R., Jaycox, L. H., Duan, N., LaBorde, A. P., Rea, M. M., Murray, P., et al. (2005). Effectiveness of a quality improvement intervention for adolescent depression in primary care clinics: A randomized controlled trial. *Journal of the American Medical Association, 293*, 311–319.

Attwood, T. (2007a). Asperger's disorder: Exploring the schizoid spectrum. In A.

Freeman & M. Reinecke (Eds.), *Personality disorders in childhood and adolescence* (pp. 299–340). New York: Wiley.

Attwood, T. (2013). Expressing and enjoying love and affection: A cognitive-behavioral program for children and adolescents with high functioning ASD. In A. Scarpa, S. W. White, & T. Attwood (Eds.), *CBT for children and adolescents with high-functioning autism spectrum disorders* (pp. 259–277). New York: Guilford Press.

Attwood, T. (2007b). *The complete guide to Asperger's syndrome*. London: Jessica Kingsley.

Attwood, T., & Scarpa, A. (2013). Modifications of cognitive-behavioral therapy for children and adolescents with high functioning ASD and their common difficulties. In A. Scarpa, S. W. White, & T. Attwood (Eds.), *CBT for children and adolescents with high functioning autism spectrum disorders* (pp. 27–44). New York: Guilford Press.

Balis, T., & Postolache, T. T. (2008). Ethnic differences in adolescent suicide in the United States. *International Journal of Child Health and Human Development, 1*, 281–296.

Bandura, A. (1977). *Social learning theory*. Englewood Cliffs, NJ: Prentice-Hall.

Bandura, A. (1986). *Social foundations of thought and action: A social-cognitive theory*. Englewood Cliffs, NJ: Prentice-Hall.

Barkley, R. A. (2013). *Defiant children* (3rd ed.). New York: Guilford Press.

Barkley, R. A., Edwards, G. H., & Robin, A. L. (1999). *Defiant teens*. New York: Guilford Press.

Barkley, R. A., & Robin, A. L. (2014). *Defiant teens* (2nd ed.). New York: Guilford Press.

Barlow, D. H. (1994, November). *The scientist–practitioner and practice guidelines in a managed care environment*. Address presented at the annual meeting of the Association for Advancement of Behavior Therapy, San Diego, CA.

Baron-Cohen, S. (1995). *Mindblindness: An essay on autism and theory of mind*. Cambridge, MA: MIT Press/Bradford Books.

Baron-Cohen, S., & Belmonte, M. K. (2005). Autism: A window onto the development of the social and the analytic brain. *Annual Review of Neuroscience, 28*, 109–126.

Bayley, N. (2005). *Bayley Scales of Infant and Toddler Development* (3rd ed.). San Diego, CA: Harcourt Assessment.

Baylor, B. (1976). *Hawk, I am your brother*. New York: Scribners.

Beal, D., Kopec, A. M., & DiGiuseppe, R. (1996). Disputing patients' irrational beliefs. *Journal of Rational-Emotive and Cognitive-Behavioral Therapy, 14*, 215–229.

Beaumont, R. (2009). *Secret Agent Society: Solving the mystery of social encounters-computer game*. Queensland, Australia: Social Skills Training Program.

Beaumont, R., & Sofronoff, K. (2008a). A multi-component social skills intervention for children with Asperger syndrome. *Journal of Child Psychology and Psychiatry, 49*, 743–753.

Beaumont, R. B., & Sofronoff, K. (2008b). A new computerised advanced theory of mind measure for children with Asperger syndrome: The ATOMIC. *Journal of Autism and Developmental Disorders, 38*, 249–260.

Beaumont, R., & Sofronoff, K. (2013). Multimodal interventions for social skills training in students with high functioning ASD: The Secret Agent Society. In A. Scarpa, S. W. White, & T. Attwood (Eds.), *CBT for children and adolescents with high-functioning autism spectrum disorders* (pp. 173–198). New York: Guilford Press.

Beck, A. T. (1976). *Cognitive therapy and the emotional disorders.* New York: International Universities Press.

Beck, A. T. (1978). *Beck Hopelessness Scale.* San Antonio, TX: Psychological Corporation.

Beck, A. T. (1985). Cognitive therapy, behavior therapy, psychoanalysis, and pharmacotherapy: A cognitive continuum. In M. J. Mahoney & A. Freeman (Eds.), *Cognition and psychotherapy* (pp. 325–347). New York: Plenum Press.

Beck, A. T. (1990). *Beck Anxiety Inventory.* San Antonio, TX: Psychological Corporation.

Beck, A. T. (1993). Cognitive therapy: Past, present, and future. *Journal of Consulting and Clinical Psychology, 61*, 194–198.

Beck, A. T. (1996). *Beck Depression Inventory–II.* San Antonio, TX: Psychological Corporation.

Beck, A. T., & Clark, D. A. (1988). Anxiety and depression: An information processing perspective. *Anxiety Research, 1*, 23–36.

Beck, A. T., Davis, D. D., & Freeman, A. (Eds.). (2015). *Cognitive therapy of personality disorders* (3rd ed.). New York: Guilford Press.

Beck, A. T., & Dozois, D. J. (2011). Cognitive therapy: Current status and future directions. *Annual Review of Medicine, 62*, 397–409.

Beck, A. T., Emery, G., & Greenberg, R. L. (1985). *Anxiety disorders and phobias: A cognitive perspective.* New York: Plenum Press.

Beck, A. T., Rush, A. J., Shaw, B. F., & Emery, G. (1979). *Cognitive therapy of depression.* New York: Guilford Press.

Beck, J. S. (2011). *Cognitive behavior therapy: Basics and beyond* (2nd ed.). New York: Guilford Press.

Beck, J. S., Beck, A. T., Jolly, J. B., & Steer, R. A. (2005). *Beck Youth Inventories for children and adolescents* (2nd ed.). San Antonio, TX: Psychological Corporation.

Becker, W. C. (1971). *Parents are teachers.* Champaign, IL: Research Press.

Bedore, B. (2004). *101 improv games for children and adults.* Alameda, CA: Hunter House

Beidas, R. S., Benjamin, C. L., Puleo, C. M., Edmunds, J. M., & Kendall, P. C. (2010). Flexible applications of the Coping Cat Program for anxious youth. *Cognitive and Behavioral Practice, 17*, 142–153.

Beidas, R. S., Suarez, L., Simpson, D., Read, K., Wei, C., Connolly, S., et al. (2012). Contextual factors and anxiety in minority and European American youth presenting for treatment across two urban university clinics. *Journal of Anxiety Disorders, 26*, 544–554.

Beidel, D. C., & Turner, S. M. (1998). *Shy children, phobic adults.* Washington, DC: American Psychological Association.

Beidel, D. C., Turner, S. M., & Morris, T. L. (1995). A new inventory to assess childhood social anxiety and phobia: The Social Phobia and Anxiety Inventory for Children. *Psychological Assessment, 7*, 73–79.

Beidel, D. C., Turner, S. M., & Trager, K. N. (1994). Test anxiety and childhood anxiety disorders in African American and white school children. *Journal of Anxiety Disorders, 8,* 169–179.

Bellak, L. (1993). *The TAT, CAT, and SAT in clinical use.* Needham Heights, MA: Allyn & Bacon.

Bellak, L., & Bellak, S. (1949). *The Children's Apperception Test.* New York: C.P.S.

Bell-Dolan, D., & Wessler, A. E. (1994). Attributional style of anxious children: Extensions from cognitive theory and research on adult anxiety. *Journal of Anxiety Disorders, 8,* 79–96.

Bennett-Levy, J. (2003). Mechanisms of change in cognitive therapy: The case of automatic thought records and behavioral experiments. *Behavioural and Cognitive Psychotherapy, 31,* 261–277.

Bennett-Levy, J. (2006). Therapist skills: A cognitive model of their acquisition and refinement. *Behaviour and Cognitive Psychotherapy, 34,* 57–78.

Bennett-Levy, J., Turner, F., Beaty, T., Smith, M., Patterson, B., & Farmer, S. (2001). The value of self-practice of cognitive therapy technique and self-reflection in the training of cognitive therapists. *Behavioural and Cognitive Psychotherapy, 10,* 19–30.

Bentz, D., Michael, T., de Quervain, D. J.-F., & Wilhelm, F. H. (2010). Enhancing exposure therapy for anxiety disorders with glucocorticoids: From basic mechanisms of emotional learning to clinical applications. *Journal of Anxiety Disorders, 24,* 223–230.

Bernal, M. E., Saenz, D. S., & Knight, G. P. (1991). Ethnic identity and adaptation of Mexican-American youths in school settings. *Hispanic Journal of Behavioral Sciences, 13,* 135–154.

Berg, B. (1986). *The assertiveness game.* Dayton, OH: Cognitive Counseling Resources.

Berg, B. (1989). *The anger control game.* Dayton, OH: Cognitive Counseling Resources.

Berg, B. (1990a). *The anxiety management game.* Dayton, OH: Cognitive Counseling Resources.

Berg, B. (1990b). *The depression management game.* Dayton, OH: Cognitive Counseling Resources.

Berg, B. (1990c). *The self-control game.* Dayton, OH: Cognitive Counseling Resources.

Bernard, M. E., & Joyce, M. R. (1984). *Rational-emotive therapy with children and adolescents.* New York: Wiley.

Berry, J. (1995). *Feeling scared.* New York: Scholastic Press.

Berry, J. (1996). *Feeling sad.* New York: Scholastic Press.

Betan, E. J., & Binder, J. F. (2010). Clinical expertise in psychotherapy: How expert therapists use theory in generating case conceptualizations and interventions. *Journal of Contemporary Psychotherapy, 40,* 141–152.

Beutler, L. E., Brown, M. T., Crothers, L., Booker, K., & Seabrook, M. K. (1996). The dilemma of factitious demographic distinctions in psychological research. *Journal of Consulting and Clinical Psychology, 64,* 892–902.

Biederman, J., Faraone, S. V., Mick, E., Williamson, S., Wilens, T. E., Spencer, T. S., et al. (1999). Clinical correlates of ADHD in females: Findings from a large group of girls ascertained from pediatric and psychiatric referral sources. *Journal of the American Academy of Child and Adolescent Psychiatry, 38,* 966–975.

Bieling, P. J., & Kuyken, W. (2003). Is cognitive case formulation science or science fiction? *Clinical Psychology: Science and Practice, 10,* 52–69.

Birleson, P. (1981). The validity of depressive disorder in childhood and the development of a self-rating scale: A research report. *Journal of Child Psychology and Psychiatry and Allied Disciplines, 22,* 73–88.

Birmaher, B., Ryan, N. D., Williamson, D. E., Brent, D. A., Kaufman, J., Dahl, R. E., et al. (1996). Childhood and adolescent depression: A review of the past 10 years, Part 1. *Journal of the American Academy of Child and Adolescent Psychiatry, 35,* 1427–1439.

Blos, P. (1979). *The adolescent passage: Development issues.* New York: International Universities Press.

Bode, J. (1989). *New kids on the block: Oral histories of immigrant teens.* New York: Franklin Waters.

Bogels, S. M., & Brechman-Toussaint, M. L. (2006). The development of anxiety disorders in childhood: An integrative review. *Clinical Psychology Review, 26,* 834–856.

Bose-Deakins, J. E., & Floyd, R. G. (2004). A review of the Beck Youth Inventories of emotional and social impairment. *Journal of School Psychology, 42,* 333–340.

Bouchard, S., Mendlowitz, S. L., Coles, M. E., & Franklin, M. (2005). Considerations in the use of exposure with children. *Cognitive and Behavioral Practice, 11,* 56–65.

Brady, A., & Raines, D. (2010). Dynamic hierarchies: A control system paradigm for exposure therapy. *The Cognitive Behaviour Therapist, 2,* 51–62.

Brandell, J. R. (1986). Using children's autogenic stories to assess therapeutic progress. *Journal of the American Academy of Child and Adolescent Psychiatry, 3,* 285–292.

Brehm, J. W. (1966). *A theory of psychological reactance.* New York: Academic Press.

Brems, C. M. (1993). *A comprehensive guide to child psychotherapy.* Boston: Allyn & Bacon.

Brent, D. A., & Birmaher, B. (2002). Adolescent depression. *New England Journal of Medicine, 347,* 667–671.

Breslau, J., Aguilar-Gaxiola, S., Kendler, K. S., Su, M., Williams, D., & Kessler, R. C. (2006). Specifying race–ethnic differences in risk for psychiatric disorder in a U.S. national sample. *Psychological Medicine, 36,* 57–68.

Bridge, J. A., Goldstein, T. R., & Brent, D. A. (2006). Adolescent suicide and suicidal behavior. *Journal of Child Psychology and Psychiatry, 47,* 372–394.

Brody, M. (2007). Holy franchise!: Batman and trauma. In L. C. Rubin (Ed.), *Using superheroes in counseling and play therapy* (pp. 105–120). New York: Springer.

Bromfield, R. (2010). *Doing therapy with children and adolescents with Asperper's syndrome.* New York: Wiley.

Brondolo, E., DiGiuseppe, R., & Tafrate, R. C. (1997). Exposure-based treatment for anger problems: Focus on the feeling. *Cognitive and Behavioral Practice, 4,* 75–98.

Bukowski, W. M., Laursen, B., & Hoza, B. (2010). The snowball effect: Friendship moderates escalations in depressed affect among avoidant and excluded children. *Development and Psychopathology, 22,* 749–757.

Bunting, E. (1994). *Smoky night.* San Diego, CA: Harcourt, Brace.

Burns, D. D. (1980). *Feeling good: The new mood therapy.* New York: Signet.

Burns, D. D. (1989). *The feeling good handbook*. New York: William Morrow.

Burns, E. F. (2008). *Nobody's perfect: A story for children about perfectionism*. Washington, DC: Magination Press.

Burns, E. F. (2014). *Ten turtles on Tuesday: A story for children about obsessive compulsive disorder*. Washington, DC: Magination Press.

Butcher, J. N., Williams, C. L., Graham, J. R., Archer, R. P., Tellegen, A., Ben-Porath, J. S., et al. (1992). *MMPI-A: Manual for administration, scoring, and interpretation*. Minneapolis: University of Minnesota Press.

Callow, G., & Benson, G. (1990). Metaphor technique (storytelling) as a treatment option. *Educational and Child Psychology, 7*, 54–60.

Campbell, J. M. (2005). Diagnostic assessment of Asperger's disorder: A review of five third-party rating scales. *Journal of Autism and Developmental Disorders, 35*, 25–35.

Canino, I. A., & Spurlock, J. (2000). *Culturally diverse children and adolescents: Assessment, diagnosis, and treatment* (2nd ed.). New York: Guilford Press.

Cantwell, D. P. (1996). Attention deficit disorder: A review of the past 10 years. *Journal of the American Academy of Child and Adolescent Psychiatry, 35*, 978–987.

Card, N. A., Stucky, B. D., Sawalani, G. M., & Little, T. D. (2008). Direct and indirect aggression during childhood and adolescence: A meta-analytic review of gender differences, intercorrelations, and relations to maladjustment. *Child Development, 79*, 1185–1229.

Cardemil, E. V., & Battle, C. L. (2003). Guess who's coming to therapy: Getting comfortable with conversation about race and ethnicity in psychotherapy. *Professional Psychology: Research and Practice, 3*, 278–286.

Carey, T. A. (2011). Exposure and reorganization: The what and how of effective psychotherapy. *Clinical Psychological Review, 31*, 236–248.

Caron, A., & Robin, J. (2010). Engagement of adolescents in cognitive–behavioral therapy for obsessive–compulsive disorder. In D. Castro-Blanco & M. S. Karver (Eds.), *Elusive alliance: Treatment engagement stvvrategies with high risk adolescents* (pp. 159–184). Washington, DC: American Psychological Association.

Carter, M. M., Sbrocco, T., & Carter, C. (1996). African-Americans and anxiety disorders research: Development of a testable theoretical framework. *Psychotherapy, 33*, 449–463.

Cartledge, G. C., & Feng, H. (1996a). Asian Americans. In G. C. Cartledge & J. F. Milburn (Eds.), *Cultural diversity and social skills instruction: Understanding ethnic and gender differences* (pp. 87–132). Champaign, IL: Research Press.

Cartledge, G. C., & Feng, H. (1996b). The relationship of culture and social behavior. In G. C. Cartledge & J. F. Milburn (Eds.), *Cultural diversity and social skills instruction: Understanding ethnic and gender differences* (pp. 13–44). Champaign, IL: Research Press.

Cartledge, G. C., & Middleton, M. B. (1996). African-Americans. In G. C. Cartledge & J. F. Milburn (Eds.), *Cultural diversity and social skills instruction: Understanding ethnic and gender differences* (pp. 133–203). Champaign, IL: Research Press.

Cartledge, G. C., & Milburn, J. F. (Eds.). (1996). *Cultural diversity and social skills instruction: Understanding ethnic and gender differences*. Champaign, IL: Research Press.

Castellanos, D., & Hunter, T. (1999). Anxiety disorders in children and adolescents. *Southern Medical Journal, 92*, 946–954.

Castro-Blanco, D. (1999, November). *STAND-UP: Cognitive-behavioral intervention for high-risk adolescents*. Workshop presented at the annual meeting of the Association for Advancement of Behavior Therapy, Toronto, Canada.

Centers for Disease Control and Prevention. (2008). WISQARS nonfatal injury reports. Available at *www.cdc.gov/ncipc/wisqars/nonfatal/definitions.html#self-harm*.

Céspedes, Y. M., & Huey, S. J., Jr. (2008). Depression in Latino adolescents: A cultural discrepancy perspective. *Cultural Diversity and Ethnic Minority Psychology, 14*, 168–172.

Choi, H., & Park, C. G. (2006). Understanding adolescent depression in ethnocultural context: Updated with empirical findings. *Advances in Nursing Science, 29*, E1–E12.

Chorney, D. B., Detweiler, M. F., Morris, T. L., & Kuhn, B. R. (2008). The interplay of sleep disturbance, anxiety, and depression in children. *Journal of Pediatric Psychology, 33*, 339–348.

Chorpita, B. F., & Barlow, D. H. (1998). The development of anxiety: The role of control in the early environment. *Psychological Bulletin, 124*, 3–21.

Chorpita, B. F., Tracey, S. A., Brown, T. A., Collica, T. J., & Barlow, D. H. (1997). Assessment of worry in children and adolescents: An adaptation of the Penn State Worry Questionnaire, *Behaviour Research and Therapy, 35*, 569–581.

Chu, B. C., Suveg, C., Creed, T. A., & Kendall, P. C. (2010). Involvement shifts, alliance ruptures, and managing engagement over therapy. In D. Castro-Blanco & M. S. Karver (Eds.), *Elusive alliance: Treatment engagement strategies with high risk adolescents* (pp. 95–122). Washington, DC: American Psychological Association.

Clark, D. A., Beck, A. T., & Alford, B. A. (1999). *Scientific foundations of cognitive theory and therapy of depression*. New York: Wiley.

Clark, D. M., & Beck, A. T. (1988). Cognitive approaches. In C. G. Last & M. Hersen (Eds.), *Handbook of anxiety disorders* (pp. 362–385). Elmsford, NY: Pergamon Press.

Clark, M. S., Jansen, K. L., & Cloy, A. (2012). Treatment of childhood and adolescent depression. *American Family Physician, 85*, 442–448.

Coard, S. I., Wallace, S. A., Stevenson, H. C., & Brotman, L. M. (2004). Toward culturally relevant preventive interventions: The consideration of racial socialization in parent training with African-American families. *Journal of Child and Family Studies, 13*, 277–293.

Cochran, L. L., & Cartledge, G. (1996). Hispanic Americans. In G. C. Cartledge & J. F. Milburn (Eds.), *Cultural diversity and social skills training: Understanding ethnic and gender differences* (pp. 245–296). Champaign, IL: Research Press.

Conners, C. K. (1990). *Conners Rating Scales manual*. North Tonawanda, NY: MultiHealth Systems.

Conners, C. K. (2000). *Conners Rating Scales–Revised: Technical manual*. North Tonawanda, NY: MultiHealth Systems.

Cooper, B., & Widdows, N. (2008). *The social success workbook for teens*. Oakland, CA: New Harbinger.

Cosby, B. (1997). *The meanest thing to say*. New York: Scholastic Press.

Costantino, G., & Malgady, R. G. (1996). Culturally sensitive treatment: *Cuento* and hero/heroine modeling therapies for Hispanic children and adolescents. In E. D. Hibbs & P. S. Jensen (Eds.), *Psychosocial treatment for child and adolescent disorders: Empirically-based strategies for clinical practice* (pp. 639–669). Washington, DC: American Psychological Association.

Costantino, G., Malgady, R. G., & Rogler, L. H. (1994). Storytelling through pictures: Cultural sensitive psychotherapy for Hispanic children and adolescents. *Journal of Clinical Child Psychology, 23*, 13–20.

Costello, E. J., Erkanli, A., & Angold, A. (2006). Is there an epidemic of child or adolescent depression? *Journal of Child Psychology and Psychiatry, 47*, 1263–1271.

Craske, M. G., & Barlow, D. H. (2001). Panic disorder and agoraphobia. In D. H. Barlow (Ed.), *Clinical handbook of psychological disorders: A step-by-step treatment manual* (3rd ed., pp. 1–59). New York: Guilford Press.

Craske, M. G., & Barlow, D. H. (2008). Panic disorder and agoraphobia. In D. H. Barlow (Ed.), *Clinical handbook of psychological disorders* (4th ed., pp. 1–64). New York: Guilford Press.

Creed, T. A., & Kendall, P. C. (2005). Therapist alliance building within a cognitive behavioral treatment for anxiety in youth. *Journal of Consulting and Clinical Psychology, 73*, 498–505.

Crick, N. R., & Grotpeter, J. K. (1995). Relational aggression, gender, and social-psychological adjustment. *Child Development, 66*, 710–722.

Cuellar, I. (1998). Cross-cultural psychological assessment of Hispanic Americans. *Journal of Personality Assessment, 70*, 71–86.

Daleiden, E. L., Vasey, M. V., & Brown, L. M. (1999). Internalizing disorders. In W. K. Silverman & T. H. Ollendick (Eds.), *Developmental issues in the clinical treatment of children* (pp. 261–278). Boston: Allyn & Bacon.

Dattilio, F. M. (1997). Family therapy. In R. L. Leahy (Ed.), *Practicing cognitive therapy: A guide to interventions* (pp. 409–450). New York: Jason Aronson.

Dattilio, F. M. (1998). Cognitive-behavioral family therapy. In F. M. Dattilio & A. Freeman (Eds.), *Cognitive-behavioral strategies in crisis intervention* (2nd ed., pp. 316–338). New York: Guilford Press.

Dattilio, F. M. (2000). Families in crisis. In F. M. Dattilio & A. Freeman (Eds.), *Cognitive-behavioral strategies in crisis intervention* (2nd ed., pp. 316–338). New York: Guilford Press.

Dattilio, F. M. (2001). Cognitive-behavior family therapy: Contemporary myths and misconceptions. *Contemporary Family Therapy, 23*, 3–18.

Dattilio, F. M. (2002). Homework assignments in couple and family therapy. *Journal of Clinical Psychology, 58*, 535–547.

Dattilio, F. M. (2010). *Cognitive-behavioral therapy with couples and families.* New York: Guilford Press.

Dattilio, F. M., & Epstein, N. B. (2005). Introduction to the special section: The role of cognitive–behavioral interventions in couple and family therapy. *Journal of Marital and Family Therapy, 31*, 7–13.

Dattilio, F. M., & Padesky, C. A. (1990). *Cognitive therapy with couples.* Sarasota, FL: Professional Resource Exchange.

Davis, N. (1989). The use of therapeutic stories in the treatment of abused children. *Journal of Strategic and Systemic Therapies, 8*, 18–23.

Deblinger, E. (1997, November). *Therapeutic interventions for sexually abused children and their non-offending parents*. Workshop presented at the annual meeting of the Association for Advancement of Behavior Therapy, Miami, FL.

DeRoos, Y., & Allen-Measures, P. (1998). Application of Rasch analysis: Exploring differences in depression between African-American and white children. *Journal of Social Service Research, 23*, 93–107.

DiGiuseppe, R., Tafrate, R., & Eckhardt, C. (1994). Critical issues in the treatment of anger. *Cognitive and Behavioral Practice, 1*, 111–132.

Dimidjian, S., Barrera, M., Jr., Martell, C., Muñoz, R. F., & Lewinsohn, P. M. (2011). The origins and current status of behavioral activation treatments for depression. *Annual Review of Clinical Psychology, 7*, 1–38.

Dishion, T. J., French, D. C., & Patterson, G. R. (1995). The development and ecology of antisocial behavior. In D. Cicchetti & D. J. Cohen (Eds.), *Developmental psychopathology: Vol. 2. Risk, disorder, and adaptation* (pp. 421–471). New York: Wiley.

Dodge, K. A. (1985). Attributional bias in aggressive children. In P. C. Kendall (Ed.), *Advances in cognitive-behavioral research and therapy* (Vol. 4, pp. 73–110). New York: Academic Press.

Donoghue, K., Stallard, P., & Kucia, J. (2011). The clinical practice of cognitive behavioural therapy for children and young people with a diagnosis of Asperger's syndrome. *Clinical Child Psychology and Psychiatry, 16*, 89–102.

Dorgan, B. L. (2010). The tragedy of Native American youth suicide. *Psychological Services, 7*, 213–218.

Dyches, T. T., Wilder, L. K., Sudweeks, R. R., Obiakov, F. E., & Algozzine, B. (2004). Multicultural issues in autism. *Journal of Autism and Developmental Disorders, 34*, 211–222.

D'Zurilla, T. J. (1986). *Problem-solving therapy: A social competence approach to clinical intervention*. New York: Springer.

Ehrenreich-May, J., & Bilek, E. L. (2011). Universal prevention of anxiety and depression in a recreational camp setting: An initial open trial. *Child and Youth Care Forum, 40*, 435–455.

Ehrenreich-May, J., & Bilek, E. L. (2012). The development of a transdiagnostic cognitive behavioral group intervention for childhood anxiety disorders and co-occurring depression symptoms. *Cognitive and Behavioral Practice, 19*, 41–55.

Ehrenreich, J. T., Goldstein, C. R., Wright, L. R., & Barlow, D. H. (2009). Development of a unified protocol for the treatment of emotional disorders in youth. *Child and Family Behavior Therapy, 31*, 20–37.

Eisen, A. R., & Silverman, W. K. (1993). Should I relax or change my thoughts?: A preliminary examination of cognitive therapy, relaxation, and their combination with overanxious children. *Journal of Cognitive Psychotherapy, 1*, 265–279.

Elliott, J. (1991). Defusing conceptual fusions: The "just because" technique. *Journal of Cognitive Psychotherapy, 5*, 227–229.

Ellis, A. (1962). *Reason and emotion in psychotherapy*. New York: Lyle Stuart.

Ellis, A. (1979). Rational-emotive therapy as a new theory of personality and therapy. In A. Ellis & J. M. Whiteley (Eds.), *Theoretical and empirical foundations of rational-emotive therapy* (pp. 1–6). New York: Brooks/Cole.

Epstein, R., Friedman, J., Walker, C., & Redleaf, E. (Producers & Directors). (2010). *Howl* [Motion picture]. United States: Werc Werk Works, Telling Pictures, RabbitBandini Productions, Radiant Cool.

Evans, N. (1996). *The horse whisperer.* New York: Dell.

Exner, J. E., Jr. (1986). *The Rorschach: A comprehensive system: Vol. 1. Basic foundations* (2nd ed.). New York: Wiley.

Eyberg, S. (1974). *Eyberg Child Behavior Inventory.* (Available from S. Eyberg, Department of Clinical and Health Psychology, Box 100165 HSC, University of Florida, Gainesville, FL 32610)

Eyberg, S. (1992). Parent and teacher behavior inventories for the assessment of conduct problem behaviors in children. In L. VandeCreek, S. Knapp, & T. L. Jackson (Eds.), *Innovations in clinical practice: A source book* (Vol. 11, pp. 261–266). Sarasota, FL: Professional Resource Press.

Eyberg, S. M., & Boggs, S. R. (1998). Parent–child interaction therapy. A psychosocial intervention for the treatment of young conduct-disordered children. In J. M. Briesmeister & C. E. Schaefer (Eds.), *Handbook of parent training: Parents as co-therapists for children's behavior problems* (2nd ed., pp. 61–97). New York: Wiley.

Eyberg, S. M., & Ross, A. W. (1978). Assessment of child behavior problems: The validation of a new inventory. *Journal of Clinical Child Psychology, 7,* 113–116.

Faja, S., & Dawson, G. (2015). Reduced delay of gratification and effortful control among young children with autism spectrum disorders. *Autism, 19,* 91–101.

Farmer, C. A., & Aman, M. (2011). Aggressive behavior in a sample of children with autism spectrum disorders. *Research in Autism Spectrum Disorders, 5,* 317–323.

Feindler, E. L. (1991). Cognitive strategies in anger control interventions for children and adolescents. In P. C. Kendall (Ed.), *Child and adolescent therapy: Cognitive and behavioral procedures* (pp. 66–97). New York: Guilford Press.

Feindler, E. L., & Ecton, R. B. (1986). *Adolescent anger control: Cognitive-behavioral techniques.* New York: Pergamon Press.

Feindler, E. L., & Guttman, J. (1994). Cognitive-behavioral anger control training. In C. W. LeCroy (Ed.), *Handbook of child and adolescent treatment manuals* (pp. 170–199). New York: Lexington Books.

Fennell, M. J. V. (1989). Depression. In K. Hawton, P. M. Salkovskis, J. Kirk, & D. M. Clark (Eds.), *Cognitive-behavior therapy for psychiatric problems: A practical guide* (pp. 169–234). Oxford, UK: Oxford Medical.

Fiske, S. T., & Taylor, S. E. (1991). *Social cognition.* New York: McGraw-Hill.

Forehand, R. L., & Kotchick, B. A. (1996). Cultural diversity: A wake-up call for parent training. *Behavior Therapy, 27,* 187–206.

Forehand, R. L., & McMahon, R. J. (2003). *Helping the noncompliant child: Family-based treatment for oppositional behavior* (2nd ed.). New York: Guilford Press.

Fox, M. G., & Sokol, L. (2011). *Think confident, be confident for teens: A cognitive therapy guide to overcoming self-doubt and creating unshakable self-esteem.* Oakland, CA: New Harbinger.

Francis, G., & Gragg, R. A. (1995, November). *Assessment and treatment of obsessive-compulsive disorder in children and adolescents.* Workshop presented at the annual meeting of the Association for Advancement of Behavior Therapy, Washington, DC.

Frappier, M. (2009). Being nice is overrated: House and Socrates on the necessity of conflict. In H. Jacoby (Ed.), *House and philosophy: Everybody lies* (pp. 98–111). New York: Wiley.

Freeman, A., & Dattilio, F. M. (1992). Cognitive therapy in the year 2000. In A. Freeman & F. M. Dattilio (Eds.), *Comprehensive case book of cognitive therapy* (pp. 375–379). New York: Plenum Press.

Frey, D., & Fitzgerald, T. (2000). *Chart your course*. Dayton, OH: Mandalay.

Frick, P. J., Cornell, A. H., Bodin, S. D., Dane, H. E., Barry, C. T., & Loney, B. R. (2003). Callous–unemotional traits and developmental pathways to severe conduct problems. *Developmental Psychology, 39*, 246–260.

Frick, P. J., & Morris, A. S. (2004). Temperament and developmental pathways to conduct problems. *Journal of Clinical Child and Adolescent Psychology, 33*, 54–68.

Friedberg, R. D. (1993). Inpatient cognitive therapy: Games cognitive therapists play. *Behavior Therapist, 16*, 41–42.

Friedberg, R. D. (1994). Storytelling and cognitive therapy with children. *Journal of Cognitive Therapy, 8*, 209–217.

Friedberg, R. D. (1995). Confessions of a cognitive therapist. *Behavior Therapist, 18*, 120–121.

Friedberg, R. D. (2006). *A cognitive-behavioral approach to family therapy*. New York: Guilford Press.

Friedberg, R. D. (in press). Chasing Janus: Opening perceptual doors and windows through Socratic dialogues with children. In C. A. Padesky & H. Kennerley (Eds.), *The Oxford guide to Socratic methods in cognitive behavioral therapy*. Oxford, UK: Oxford University Press.

Friedberg, R. D., & Brelsford, G. M. (2011). Core principles in cognitive therapy with youth. *Child and Adolescent Psychiatric Clinics of North America, 20*, 369–378.

Friedberg, R. D., & Crosby, L. E. (2001). *Therapeutic exercises for children: A professional guide*. Sarasota, FL: Professional Resource Press.

Friedberg, R. D., & Dalenberg, C. J. (1991). Attributional processes in young children: Theoretical, methodological, and clinical considerations. *Journal of Rational-Emotive and Cognitive-Behavioral Therapy, 9*, 173–183.

Friedberg, R. D., & Gorman, A. A. (2007). Integrating psychotherapeutic processes with cognitive behavioral procedures. *Journal of Contemporary Psychotherapy, 37*, 185–193.

Friedberg, R. D., Friedberg, B. A., & Friedberg, R. J. (2001). *Therapeutic exercises for children: Guided self-discovery through cognitive-behavioral techniques*. Sarasota, FL: Professional Resource Press.

Friedberg, R. D., Mason, C. A., & Fidaleo, R. A. (1992). *Switching channels: A cognitive behavioral work journal for adolescents*. Sarasota, FL: Psychological Assessment Resources.

Friedberg, R. D., McClure, J. M., & Hillwig-Garcia, J. (2009). *Cognitive therapy techniques for children and adolescents: Tools for enhancing practice*. New York: Guilford Press.

Fristad, M. A., Emery, B. L., & Beck, S. J. (1997). Use and abuse of the Children's Depression Inventory. *Journal of Consulting and Clinical Psychology, 65*, 699–702.

Fugard, A. (1981). *A lesson from Aloes*. New York: Theatre Communications Group.

Garcia-Preto, N. (2005). Latino families: An overview. In M. McGoldrick, J. Giorano, & N. Garcia-Preto (Eds.), *Ethnicity and family therapy* (3rd ed., pp. 153–165). New York: Guilford Press.

Gardner, R. A. (1970). The mutual storytelling technique: Use in the treatment of a child with post-traumatic neurosis. *American Journal of Psychotherapy, 24*, 419–439.

Gardner, R. A. (1971). *Therapeutic communication with children: The mutual storytelling technique*. New York: Science House.

Gardner, R. A. (1972). Once upon a time there was a doorknob and everybody used to make him all dirty with fingerprints. *Psychology Today, 10*, 67–71, 91.

Gardner, R. A. (1975). Techniques for involving the child with MBD in meaningful psychotherapy. *Journal of Learning Disabilities, 8*, 16–26.

Gardner, R. A. (1986). *The psychotherapeutic techniques of Richard Gardner*. Cresskill, NJ: Creative Therapeutics.

Gaus, V. L. (2011). Adult Asperger syndrome and the utility of cognitive-behavioral therapy. *Journal of Contemporary Psychotherapy, 41*, 47–56.

Gaylord-Harden, N. K., Elmore, C. A., Campbell, C. L., & Wethington, A. (2011). An examination of the tripartite model of depressive and anxiety symptoms in African American youth: Stressors and coping strategies as common and specific correlates. *Journal of Clinical Child and Adolescent Psychology, 40*, 360–374.

Gibbs, J. T. (1998). African-American adolescents. In J. T. Gibbs, L. N. Huang, & Associates (Eds.), *Children of color: Psychological interventions with culturally diverse youth* (pp. 143–170). San Francisco: Jossey-Bass.

Gillham, J. E., Reivich, K. J., Jaycox, L. J., & Seligman, M. E. P. (1995). Prevention of depressive symptoms in school children: Two-year follow-up. *Psychological Science, 6*, 343–351.

Gilliam, J. E. (2001). *Gilliam Asperger Disorder Scale*. Austin, TX: PRO-ED.

Gilliam, J. E. (2013). *Gilliam Autism Rating Scale* (3rd ed.). Austin, TX: PRO-ED.

Ginsburg, G. S., Becker, K. D., Kingery, J. N., & Nichols, T. (2008). Transporting CBT for childhood anxiety disorders into inner-city school-based mental health clinics. *Cognitive and Behavioral Practice, 15*, 148–158.

Ginsburg, G. S., & Silverman, W. K. (1996). Phobic and anxiety disorders in Hispanic and Caucasian youth. *Journal of Anxiety Disorders, 10*, 517–528.

Gluhoski, V. L. (1995). Misconceptions of cognitive therapy. *Psychotherapy, 31*, 594–600.

Godin, J., & Oughourlian, J. M. (1994). The transitional gap in metaphor and therapy: The essence of the story. In J. K. Zeig (Ed.), *Ericksonian methods: The essence of the story* (pp. 182–191). New York: Brunner/Mazel.

Goldenberg, H., & Goldenberg, I. H. (2012). *Family therapy: An overview*. San Francisco: Cengage.

Goldfried, M. R., & Davison, G. R. (1976). *Clinical behavior therapy*. New York: Holt, Rinehart & Winston.

Goldstein, A. (1973). Behavior therapy. In R. Corsini (Ed.), *Current psychotherapies* (pp. 207–250). Itasca, IL: Peacock.

Goldstein, A. P., Glick, B., Reiner, S., Zimmerman, D., & Coultry, T. M. (1987).

Aggression replacement training: A comprehensive intervention for aggressive youth. Champaign, IL: Research Press.

Goldston, D. B., Molock, S. D., Whitbeck, L. B., Murakami, J. L., Zayas, L. H., & Hall, G. C. N. (2008). Cultural considerations in adolescent suicide prevention and psychosocial treatment. *American Psychologist, 63*, 14.

Goncalves, O. F. (1994). Cognitive narrative psychotherapy: The hermeneutic construction of alternative meanings. In M. J. Mahoney (Ed.), *Cognitive and constructive psychotherapies theory, research, and practice* (pp. 139–162). New York: Springer.

Goodman, W. K., Price, L. H., Rasmussen, S. A., Mazure, C., Fleishmann, R. L., Hill, C. L., et al. (1989). The Yale–Brown Obsessive–Compulsive Scale. *Archives of General Psychiatry, 46*, 1006–1016.

Goodyer, I. M., Herbert, J., Secher, S. M., & Pearson, J. (1997). Short-term outcome of major depression: Part I. Co-morbidity and severity at presentation as predictors of persistent disorder. *Journal of the American Academy of Child and Adolescent Psychiatry, 36*, 179–187.

Gotlib, I. H., & Hammen, C. L. (1992). *Psychological aspects of depression*. New York: Wiley.

Greco, L. A., & Eifert, G. H. (2004). Treating parent–adolescent conflict: Is acceptance the missing link for an integrative family therapy? *Cognitive and Behavioral Practice, 11*, 305–314.

Greenberg, L. (1993). The three little pigs: A new story for families recovering from violence and intimidation. *Journal of Systemic Therapies, 12*, 39–40.

Greenberger, D., & Padesky, C. A. (1995). *Mind over mood: Changing how you feel by changing the way you think*. New York: Guilford Press.

Groves, S. A., Stanley, B. H., & Sher, L. (2007). Ethnicity and the relationship between adolescent alcohol use and suicidal behavior. *International Journal of Adolescent Medicine and Health, 19*, 19–25.

Gudiño, O. G., Lau, A. S., Yeh, M., McCabe, K. M., & Hough, R. L. (2008). Understanding racial/ethnic disparities in youth mental health services: Do disparities vary by problem type? *Journal of Emotional and Behavioral Disorders, 20*, 1–14.

Guidano, V. F., & Liotti, G. (1983). *Cognitive processes and emotional disorders: A structural approach to psychotherapy*. New York: Guilford Press.

Guidano, V. F., & Liotti, G. (1985). A constructionalist foundation for cognitive therapy. In M. J. Mahoney & A. Freeman (Eds.), *Cognition and psychotherapy* (pp. 101–142). New York: Plenum Press.

Hammen, C. (1988). Self-cognitions, stressful events, and the prediction of depression in children of depressed mothers. *Journal of Abnormal Child Psychology, 16*, 347–360.

Hammen, C., & Goodman-Brown, T. (1990). Self-schemas and vulnerability to specific life stress in children at risk for depression. *Cognitive Therapy and Research, 14*, 215–227.

Hammen, C., & Zupan, B. A. (1984). Self-schemas, depression, and the processing of personal information in children. *Journal of Experimental Child Psychology, 37*, 598–608.

Hammond, W. R. (1991). *Dealing with anger: Givin' it, takin' it, workin' it out*. Champaign, IL: Research Press.

Hammond, W. R., & Yung, B. R. (1991). Preventing violence in at-risk African-American youth. *Journal of Health Care for the Poor and Underserved, 2,* 359–373.

Hannesdottir, D. K., & Ollendick, T. H. (2007). The role of emotion regulation in the treatment of anxiety disorders. *Clinical Child and Family Psychology Review, 10,* 275–293.

Harper, G. W., & Iwamasa, G. Y. (2000). Cognitive-behavioral therapy with ethnic minority adolescents: Therapist perspectives. *Cognitive and Behavioral Practice, 7,* 37–54.

Harrington, N. (2011). Frustration intolerance: Therapy issues and strategies. *Journal of Rational-Emotive and Cognitive-Behavior Therapy, 29,* 4–16.

Hart, K. J., & Morgan, J. R. (1993). Cognitive-behavioral procedures with children: Historical context and current status. In A. J. Finch, W. M. Nelson, & E. S. Ott (Eds.), *Cognitive-behavioral procedures with children and adolescents* (pp. 1–24). Boston: Allyn & Bacon.

Hays, P. A. (2009). Integrating evidence-based practice, cognitive-behavior therapy, and multicultural therapy: Ten steps for culturally competent practice. *Professional Psychology:Research and Practice, 4,* 354–360.

Hayes, S. C., Strosahl, K. D., & Wilson, K. G. (1999). *Acceptance and commitment therapy.* New York: Guilford Press.

Hayes, S. C., Wilson, K. G., Gifford, E. V., Follette, V. M., & Strosahl, K. (1996). Experiential avoidance and behavioral disorders: A functional dimensional approach to diagnosis and treatment. *Journal of Consulting and Clinical Psychology, 64,* 1152–1168.

Hays, P. A. (1995). Multicultural applications of cognitive-behavior therapy. *Professional Psychology: Research and Practice, 26,* 309–315.

Hays, P. A. (2001). *Addressing cultural complexities in practice: A framework for clinicians and counselors.* Washington, DC: American Psychological Association.

Hays, P. A. (2009). Integrating evidence-based practice, cognitive-behavior therapy, and multicultural therapy: Ten steps for culturally competent practice. *Professional Psychology: Research and Practice, 40,* 354–360.

Heinlein, R. A. (1961). *Stranger in a strange land.* New York: Putnam.

Hicks, D., Ginsburg, G., Lumpkin, P. W., Serafini, L., Bravo, I., Ferguson, C., et al. (1996, November). *Phobic and anxiety disorders in Hispanic and white youth.* Poster presented at the annual meeting of the Association for Advancement of Behavior Therapy, New York.

Hines, P. M., & Boyd-Franklin, N. (2005). African-American families. In M. McGoldrick, J. Giorano, & N. Garcia-Preto (Eds.), *Ethnicity and family therapy* (3rd ed., pp. 87–100). New York: Guilford Press.

Hirshfeld-Becker, D. R., Masek, B., Henin, A., Blakely, L. R., Rettew, D. C., Dufton, L., et al. (2008). *Cognitive Behavioral Intervention with Young Anxious Children, 16,* 113–125.

Ho, J. K., McCabe, K. M., Yeh, M., & Lau, A. S. (2010). Evidence-based treatments for conduct problems among ethnic minorities. In R. C. Murrihy, A. D. Kidman, & T. H. Ollendick (Eds.), *Clinical handbook of assessing and treating conduct problems* (pp. 455–488). New York: Springer.

Ho, M. K. (1992). *Minority children and adolescents in therapy.* Newbury Park, CA: Sage.

Hoffman, M. (1991). *Amazing grace*. New York: Dial.

Hope, D. A., & Heimberg, R. G. (1993). Social phobia and social anxiety. In D. H. Barlow (Ed.), *Clinical handbook of psychological disorders* (pp. 99–136). New York: Guilford Press.

Howard, K. A., Barton, C. E., Walsh, M. E., & Lerner, R. M. (1999). Social and contextual issues in interventions with children and families. In S. W. Russ & T. H. Ollendick (Eds.), *Handbook of psychotherapies with children and families* (pp. 45–66). New York: Plenum Press.

Huebner, D. (2006). *What to do when you worry too much: A kid's guide to overcoming anxiety*. Washington, DC: Magination Press.

Huebner, D. (2007a). *What to do when you dread your bed: A kid's guide to overcoming problems with sleep*. Washington, DC: Magination Press.

Huebner, D. (2007b). *What to do when your brain gets stuck: A kid's guide to overcoming OCD*. Washington, DC: Magination Press.

Huebner, D. (2007c). *What to do when your temper flares: A kid's guide to overcoming problems with anger*. Washington, DC: Magination Press.

Huey, S. J., & Polo, A. J. (2008). Evidence-based psychosocial treatment for ethnic minority youth. *Journal of Clinical Child and Adolescent Psychology, 37*, 262–301.

Huppert, J. D., & Baker-Morissette, S. L. (2003). Beyond the manual: The insider's guide to panic control treatment. *Cognitive and Behavioral Practice, 10*, 2–13.

Ingram, R. E., & Kendall, P. C. (1986). Cognitive clinical psychology: Implications of an information-processing perspective. In R. E. Ingram (Ed.), *Information processing approaches to clinical psychology* (pp. 3–21). Orlando, FL: Academic Press.

Jacobson, E. (1938). *Progressive relaxation*. Chicago: University of Chicago Press.

Jaycox, L. H., Reivich, K. J., Gillham, J., & Seligman, M. E. P. (1994). Prevention of depressive symptoms in school children. *Behavior Research and Therapy, 32*, 801–816.

Johnson, C. T., Cartledge, G., & Milburn, J. F. (1996). Social skills and the culture of gender. In G. Cartledge & J. F. Milburn (Eds.), *Cultural diversity and social skills instruction: Understanding ethnic and gender differences* (pp. 297–352). Champaign, IL: Research Press.

Johnson, M. E. (1993). A culturally sensitive approach to therapy with children. In C. M. Brems, *A comprehensive guide to child psychotherapy* (pp. 68–93). Boston: Allyn & Bacon.

Joiner, T. (2005). *Why people die from suicide*. Cambridge, MA: Harvard University Press.

Jolly, J. B. (1993). A multi-method test of the cognitive content-specificity hypothesis in young adolescents. *Journal of Anxiety Disorders, 7*, 223–233.

Jolly, J. B., & Dykman, R. A. (1994). Using self-report data to differentiate anxious and depressive symptoms in adolescents: Cognitive content specificity and global distress. *Cognitive Therapy and Research, 18*, 25–37.

Jolly, J. B., & Kramer, T. A. (1994). The hierarchical arrangement of internalizing cognitions. *Cognitive Therapy and Research, 18*, 1–14.

Kagan, J. (1986). Rates of change in psychological processes. *Journal of Applied Developmental Psychology, 7*, 125–130.

Karnezi, H., & Tierney, K. (2009). A novel intervention to address fears in children with Asperger syndrome: A pilot study of the cognitive behaviour drama (CBD) model. *Behaviour Change, 26*, 271–282.

Karver, M. S., & Caparino, M. S. (2010). The use of empirically supported strategies for building a therapeutic relationship with an adolescent with oppositional defiant disorder. *Cognitive and Behavioral Practice, 17*, 222–232.

Kashani, J. H., & Orvaschel, H. (1990). A community study of anxiety in children and adolescents. *American Journal of Psychiatry, 147*, 313–318.

Kaslow, N. J., & Racusin, G. R. (1990). Childhood depression: Current status and future directions. In A. S. Bellack, M. Hersen, & A. E. Kazdin (Eds.), *International handbook of behavior modification and therapy* (pp. 649–667). New York: Plenum Press.

Kaufman, A. S., & Kaufman, N. L. (1993). *Manual for the Kaufman Adolescent and Adult Intelligence Test (KAIT)*. Circle Pines, MN: American Guidance Service.

Kaufman, A. S., & Kaufman, N. L. (2004). *Manual for the Kaufman Assessment Battery for Children–Second Edition (K-ABC-II)*. Circle Pines, MN: American Guidance Service.

Kaufman, A. S., & Lichtenberger, A. S. (2000). *Essentials of WISC-III and WPPSI-R assessment*. New York: Wiley.

Kazantzis, N., Deane, F. P., Ronan, K. R., & L'Abate, L. (Eds.). (2005). *Using homework assignments in CBT*. New York: Routledge.

Kazdin, A. E. (1993). Conduct disorder. In T. O. Ollendick & M. Hersen (Eds.), *Handbook of child and adolescent assessment* (pp. 292–310). Boston: Allyn & Bacon.

Kazdin, A. E. (1994). Antisocial behavior and conduct disorder. In L. W. Craighead, W. E. Craighead, A. E. Kazdin, & M. J. Mahoney (Eds.), *Cognitive and behavioral interventions* (pp. 267–299). Boston: Allyn & Bacon.

Kazdin, A. E. (1996). Problem-solving and parent management in treating aggressive and anti-social behavior. In E. D. Hibbs & P. S. Jensen (Eds.), *Psychosocial treatments for child and adolescent disorders: Empirically-based strategies for clinical practice* (pp. 377–408). Washington, DC: American Psychological Association.

Kazdin, A. E. (1997). Practitioner review: Psychosocial treatments for conduct disorder in children. *Journal of Child Psychology and Psychiatry, 38*, 161–178.

Kazdin, A. E. (2008). *The Kazdin method for parenting the defiant child*. Boston: Houghton Mifflin.

Kazdin, A. E., Rodgers, A., & Colbus, D. (1986). The Hopelessness Scale for Children: Psychometric characteristics and concurrent validity. *Journal of Consulting and Clinical Psychology, 54*, 241–245.

Kearney, C. A., & Albano, A. M. (2000). *Therapist's guide for school refusal behavior*. San Antonio, TX: Psychological Corporation.

Kendall, P. C. (1990). *The coping cat workbook*. Ardmore, PA: Workbook.

Kendall, P. C. (1992). *Stop and think workbook* (2nd ed.). Ardmore, PA: Workbook.

Kendall, P. C., & Beidas, R. S. (2007). Smoothing the trail for dissemination of evidence-based practices for youth: Flexibility within fidelity. *Professional Psychology: Research and Practice, 38*, 13–20.

Kendall, P. C., Chansky, T. E., Friedman, F. M., & Siqueland, L. (1991). Treating anxiety disorders in children and adolescents. In P. C. Kendall (Ed.), *Child and adolescent therapy: Cognitive-behavioral procedures* (pp. 131–164). New York: Guilford Press.

Kendall, P. C., Chansky, T. E., Kane, M. T., Kim, R. S., Kortlander, E., Ronan, K. R., et al. (1992). *Anxiety disorders in youth: Cognitive-behavioral interventions.* Boston: Allyn & Bacon.

Kendall, P. C., Chu, B., Gifford, A., Hayes, C., & Nauta, M. (1998). Breathing life into a manual. *Cognitive and Behavioral Practice, 5,* 89–104.

Kendall, P. C., Flannery-Schroeder, E., Panichelli-Mindell, S. M., Southam-Gerow, M., Henin, A., & Warman, M. (1997). Therapy for youths with anxiety disorders: A second randomized clinical trial. *Journal of Consulting and Clinical Psychology, 65,* 366–380.

Kendall, P. C., Gosch, E., Furr, J., & Sood, E. (2008). Flexibility within fidelity. *Journal of the American Academy of Child and Adolescent Psychiatry, 47,* 987–993.

Kendall, P. C., & Hedtke, K. A. (2006). *The Coping Cat workbook* (2nd ed.). Ardmore, PA: Workbook.

Kendall, P. C., & MacDonald, J. P. (1993). Cognition in the psychopathology of youth and implications for treatment. In K. S. Dobson & P. C. Kendall (Eds.), *Psychopathology and cognition* (pp. 387–427). San Diego, CA: Academic Press.

Kendall, P. C., & Treadwell, K. R. H. (1996). Cognitive-behavioral treatment for childhood anxiety disorders. In E. D. Hibbs & P. S. Jensen (Eds.), *Psychosocial treatments for child and adolescent disorders: Empirically-based strategies for clinical practice* (pp. 23–42). Washington, DC: American Psychological Association.

Kershaw, C. J. (1994). Restorying the mind: Using therapeutic narrative in psychotherapy. In J. K. Zeig (Ed.), *Ericksonian methods: The essence of the story* (pp. 192–206). New York: Brunner/Mazel.

Kestenbaum, C. J. (1985). The creative process in child psychotherapy. *American Journal of Psychotherapy, 39,* 479–489.

Kessler, R. C., & Wang, P. C. (2002). Epidemiology of depression. In I. Gotlib & C. L. Hammen (Eds.), *Handbook of depression* (pp. 5–22). New York: Guilford Press.

Kessler, R. C., Avenevoli, S., McLaughlin, K. A., Green, J. G., Lakoma, M. D., Petuhova, M., et al. (2012). Life-time co-morbidity of DSM-IV disorders in the NCS-R Adolescent Supplement (NCS-A). *Psychological Medicine, 42,* 1997–2010.

Khanna, M. S., & Kendall, P. C. (2008). Computer-assisted CBT for child anxiety: The Coping Cat CD-ROM. *Cognitive and Behavioral Practice, 15,* 159–165.

Kimball, W., Nelson, W. M., & Politano, P. M. (1993). The role of developmental variables in cognitive-behavioral interventions with children. In A. J. Finch, W. M. Nelson, & E. S. Ott (Eds.), *Cognitive-behavioral procedures with children and adolescents* (pp. 25–67). Boston: Allyn & Bacon.

Klonsky, E. D., & Muehlenkamp, J. J. (2007). Self-injury: A research review for the practitioner. *Journal of Clinical Psychology, 63,* 1045–1056.

Knell, S. M. (1993). *Cognitive-behavior play therapy.* Northvale, NJ: Jason Aronson.

Koeppen, A. S. (1974). Relaxation training for children. *Journal of Elementary School Guidance and Counseling, 9,* 14–21.

Kottman, T., & Stiles, K. (1990). The mutual storytelling technique: An Adlerian application in child therapy. *Individual Psychology, 46*, 148–156.

Kovacs, M. (2010). *The Children's Depression Inventory-2 manual.* North Tonawanda, NY: Multi-Health Systems.

Kovacs, M., Feinberg, T. L., Crouse-Novak, M., Paulauskas, S. L., & Finkelstein, R. (1984). Depressive disorders in childhood: Part 2. Longitudinal prospective study of characteristics and recovery. *Archives of General Psychiatry, 41*, 229–237.

Krackow, E., & Rudolph, K. D. (2008). Life stress and the accuracy of cognitive appraisals in depressed youth. *Journal of Clinical Child and Adolescent Psychology, 37*, 376–385.

Kronenberger, W. G., & Meyer, R. G. (1996). *The child clinician's handbook.* Needham Heights, MA: Allyn & Bacon.

LaFramboise, T. D., & Low, K. G. (1998). American Indian children and adolescents. In J. T. Gibbs, L. N. Huang, & Associates (Eds.), *Children of color: Psychological interventions with culturally diverse youth* (pp. 112–142). San Francisco: Jossey-Bass.

Lamb-Shapiro, J. (2000). *The bear who lost his sleep.* Plainview, NY: Childswork/Childsplay.

Lamb-Shapiro, J. (2001). *The hyena who lost her laugh.* Plainview, NY: Childswork/Childsplay.

Lang, R., Regester, A., Lauderdale, S., Ashbaugh, K., & Haring, A. (2010). Treatment of anxiety in autism spectrum disorders using cognitive behavior therapy: A systematic review. *Developmental Neurorehabilitation, 13*, 53–63.

Laugeson, E. A. (2013a). *The PEERS curriculum for school-based professionals.* New York: Routledge

Laugeson, E. A. (2013b). The science of making friends: *Helping socially challenged teens and young adults.* San Francisco: Jossey-Bass.

Laugeson, E. A., & Frankel, F. (2011). *Social skills for teenagers with developmental and autism spectrum disorders: The PEERS treatment manual.* New York: Routledge.

Laugeson, E. A., Frankel, F., Gantman, A., Dillon, A. R., & Mogil, C. (2012). Evidence-based social skills training for adolescents with autism spectrum disorders: The UCLA PEERS program. *Journal of Autism and Developmental Disorders, 42*, 1025–1036.

Laugeson, E. A., Frankel, F., Mogil, C., & Dillon, A. R. (2009). Parent-assisted social skills training to improve friendships in teens with autism spectrum disorders. *Journal of Autism and Developmental Disorders, 39*, 596–606.

Laurent, J., & Stark, K. D. (1993). Testing the cognitive content-specificity hypothesis with anxious and depressed youngsters. *Journal of Abnormal Psychology, 102*, 226–237.

Lawson, D. M. (1987). Using therapeutic stories in the counseling process. *Elementary School Guidance and Counseling, 22*, 134–142.

Lazarus, A. A. (1984). *In the mind's eye: The power of imagery for personal enrichment.* New York: Guilford Press.

Leahy, R. L. T. (2008). The therapeutic relationship in cognitive behavioral therapy. *Behavioural and Cognitive Psychotherapy, 36*, 769–777.

LeCroy, C. W. (1994). Social skills training. In C. W. LeCroy (Ed.), *Handbook of child and adolescent treatment manuals* (pp. 126–169). New York: Lexington Books.

LeCouteur, A., Haden, G., Hammal, D., & McConoachie, H. (2008). Diagnosing autism spectrum disorders in preschool children using two standardized assessment instruments: The ADI-R and the ADOS. *Journal of Autism and Developmental Disorders, 38*, 363–371.

Lee, E., & Mock, M. R. (2005). Asian families: An overview. In M. McGoldrick, J. Giordano, & N. Garcia-Preto (Eds.), *Ethnicity and family therapy* (3rd ed., pp. 87–100). New York: Guilford Press.

Lee, J. W., & Cartledge, G. (1996). Native Americans. In G. Cartledge & J. F. Milburn (Eds.), *Cultural diversity and social skills instruction: Understanding ethnic and gender differences* (pp. 205–244). Champaign, IL: Research Press.

Lerner, J., Safren, S. A., Henin, A., Warman, M., Heimberg, R. G., & Kendall, P. C. (1999). Differentiating anxious and depressive self-statements in youth: Factor structure of the Negative Affect Self-Statement Questionnaire among youth referred to an anxiety disorders clinic. *Journal of Clinical Child Psychology, 28*, 82–93.

Leve, R. M. (1995). *Child and adolescent psychotherapy: Process and integration.* Boston: Allyn & Bacon.

Lewinsohn, P. M., Clarke, G. N., Rohde, P., Hops, H., & Seeley, J. R. (1996). A course in coping: A cognitive-behavioral approach to the treatment of adolescent depression. In E. D. Hibbs & P. S. Jensen (Eds.), *Psychosocial treatments for child and adolescent disorders: Empirically-based strategies for clinical practice* (pp. 105–135). Washington, DC: American Psychological Association.

Linehan, M. M. (1993). *Cognitive-behavioral treatment for borderline personality disorder.* New York: Guilford Press.

Liotti, G. (1987). The resistance to change of cognitive structures: A counter proposal to psychoanalytic metapsychology. *Journal of Cognitive Psychotherapy, 1*, 87–104.

Livesay, H. (2007). Making a place for the angry hero on the team. In L. C. Rubin (Ed.), *Using superheroes in counseling and play therapy* (pp. 121–142). New York: Springer.

Lochman, J. E., Boxmeyer, C., & Powell, N. (2009). The role of play within cognitive behavioral therapy for aggressive children: The Coping Power Program. In A. A. Drewes (Ed.), *Blending play therapy with cognitive behavioral therapy* (pp. 165–178). New York: Wiley.

Lochman, J. E., Wells, K. C., & Lenhart, L. (2008). *Coping Power child component.* New York: Oxford University Press.

Lord, B. B (1984). *In the year of the boar and Jackie Robinson.* Baltimore: Harper-Collins.

Lord, C., Rutter, M., & Le Couteur, A. (1994). Autism Diagnostic Interview—Revised: A revised version of a diagnostic interview for caregivers of individuals with possible pervasive developmental disorders. *Journal of Autism and Developmental Disorders, 24*, 659–685.

Mandell, D. S., & Novak, M. (2005). The role of culture in families' treatment decisions for children with autism spectrum disorders. *Mental Retardation and Developmental Disabilities Research Reviews, 11*, 110–115.

Mandell, D. S., Ittenbach, R. F., Levy, S. E., & Pinto-Martin, J. A. (2007). Disparities in diagnoses received prior to diagnosis of autism spectrum disorder. *Journal of Autism and Developmental Disorders, 37,* 1795–1802.

Mandell, D. S., Listerud, J., Levy, S. E., & Pinto-Martin, J. A. (2002). Race differences in the age at diagnosis among Medicaid-eligible children with autism. *Journal of the American Academy of Child and Adolescent Psychiatry, 41,* 1447–1453.

Mandell, D. S., Wiggins, L. D., Carpenter, L. A., Daniels, J., DiGuiseppi, C., Durkin, M. S., et al. (2009). Racial/ethnic disparities in the identification of children with autism spectrum disorders. *American Journal of Public Health, 99,* 493–498.

March, J. (1997). *MASC: Multidimensional Anxiety Scale for Children technical manual.* New York: Multi-Health Systems.

March, J. S. (with C. Benton). (2007). *Talking back to OCD.* New York: Guilford Press.

Mathews, A., & MacLeod, C. (1985). Selective processing of threat cues in anxiety states. *Behaviour Research and Therapy, 23,* 563–569.

Martinez, C. R., & Eddy, J. M. (2005). Effects of culturally adapted parent management training on Latino youth behavioral health outcomes. *Journal of Counselling and Clinical Psychology, 73,* 841–851.

Martinez, W., Polo, A. J., & Carter, J. S. (2012). Family orientation, language, and anxiety among low-income Latino youth. *Journal of Anxiety Disorders, 26,* 517–525.

Masters, J. C., Burish, T. G., Hollon, S. D., & Rimm, D. C. (1987). *Behavior therapy: Techniques and empirical findings* (2nd ed.). San Diego, CA: Harcourt Brace Jovanovich.

Maxwell, M. A., & Cole, D. A. (2009). Weight change and appetite disturbance as symptoms of adolescent depression: Toward an integrative biopsychosocial model. *Clinical Psychology Review, 29,* 260–273.

Mayer, M. (1999). *Shibumi and the kitemaker.* Tarrytown, NY: Marshall Cavendish.

Mayes, S. D., Calhoun, S. L., Murray, M. J., Ahuja, M., & Smith, L. A. (2011). Anxiety, depression, and irritability in children with autism relative to children with other neuropsychiatric disorders and typical development. *Research in Autism Spectrum Disorders, 5,* 474–485.

Mayes, S. D., Calhoun, S. L., Aggarwal, R., Baker, C., Mathapati, S., Anderson, R., et al. (2012). Explosive, oppositional, and aggressive behavior in children with autism compared to other clinical disorders and typical development. *Research in Autism Spectrum Disorder, 6,* 1–10.

McArthur, D., & Roberts, G. (1982). *Roberts Apperception Test for Children: Manual.* Los Angeles: Western Psychological Services.

McCarty, C. A., & Weisz, J. R. (2007). Effects of psychotherapy for depression in children and adolescents: What we can (and can't) learn from meta-analysis and component profiling. *Journal of the American Academy of Child and Adolescent Psychiatry, 46,* 879–886.

McCauley, E., Schloredt, K., Gudmundsen, G., Martell, C., & Dimidjian, S. (2011). Expanding behavioral activation to depressed adolescents: Lessons learned in treatment development. *Cognitive and Behavioral Practice, 18,* 371–383.

McInerney, D. (2008). *Improv techniques for writers.* Paper presented at the

Romance Writers of America annual conference. Available at *www.rwana-tional.org/galleries/08handouts/McInerney-denise-improve-handout.pdf.*

McLaughlin, K. A., Hilt, L. M., & Nolen-Hoeksema, S. (2007). Racial/ethnic differences in internalizing and externalizing symptoms in adolescents. *Journal of Abnormal Child Psychology, 35,* 801–816.

Meichenbaum, D. H. (1985). *Stress inoculation training.* New York: Pergamon Press.

Meltzoff, J. (1998). *Critical thinking about research: Psychology and related fields.* Washington, DC: American Psychological Association.

Messer, S. C., Kempton, T., Van Hasselt, V. B., Null, J. A., & Bukstein, O. G. (1994). Cognitive distortions and adolescent affective disorder: Validity of the CNCEQ in an inpatient sample. *Behavior Modification, 18,* 339–351.

Mikolajczyk, R. T., Bredehorst, M., Khelaifat, N., Maier, C., & Maxwell, A. E. (2007). Correlates of depressive symptoms among Latino and non-Latino white adolescents: Findings from the 2003 California Health Interview Survey. *BMC Public Health, 21,* 7–21.

Mikulas, W. L., & Coffman, M. G. (1989). Home-based treatment of children's fear of the dark. In C. E. Schaefer & J. M. Briesmeister (Eds.), *Handbook of parent training: Parents as co-therapists for children's behavior problems* (pp. 179–202). New York: Wiley.

Miller, W. R., & Rollnick, S. (2013). *Motivational interviewing: Helping people change* (3rd ed.). New York: Guilford Press.

Mills, J. C., Crowley, R. J., & Ryan, M. O. (1986). *Therapeutic metaphors for children and the child within.* New York: Brunner/Mazel.

Minuchin, S., & Fishman, H. C. (1981). *Family therapy techniques.* Cambridge, MA: Harvard University Press.

Mischel, W. (1981). Metacognition and the rules of delay. In J. H. Flavell & L. Ross (Eds.), *Social cognitive development: Frontiers and possible futures* (pp. 240–271). Cambridge, UK: Cambridge University Press.

Mitlin, M. (2008). *Mumble Jumble: A social conversation game.* Los Angeles: Creative Therapy Store.

Mooney, K. A., & Padesky, C. A. (2000). Applying client creativity to recurrent problems: Constructing possibilities and tolerating doubt. *Journal of Cognitive Psychotherapy, 14,* 149–161.

Moree, B., & Davis, T. E. (2010). Cognitive-behavioral therapy for anxiety in children diagnosed with autism spectrum disorders: Modification trends. *Research in Autism Spectrum Disorders, 4,* 346–354.

Morris, R. J., & Kratochwill, T. R. (1998). Childhood fears and phobias. In R. J. Morris & T. R. Kratochwill (Eds.), *The practice of child therapy* (3rd ed., pp. 91–132). Boston: Allyn & Bacon.

Morris, T. L. (1999, November). *The development of social anxiety: Current knowledge and future directions.* Paper presented at the annual meeting of the Association for Advancement of Behavior Therapy, Toronto, Canada.

Mullen, E. (1995). *Mullen Scales of Early Learning.* Circle Pines, MN: American Guidance Service.

Munn, A. E., Sullivan, M. A., & Romero, R. T. (1999, November). *The use of the Revised Children's Manifest Anxiety Scale (RCMAS) with Caucasian and highly acculturated Native American children.* Poster presented at the annual meeting of the Association for Advancement of Behavior Therapy, Toronto, Canada.

Muris, P., Merckelbach, H., Van Brakel, A., & Mayer, B. (1999). The revised version of the Screen for Child Anxiety Related Emotional Disorder (SCARED): Further evidence for its reliability and validity. *Anxiety, Stress, and Coping, 12,* 411–425.

Murray, H. (1943). *Thematic Apperception Test.* Cambridge, MA: Harvard University Press.

Myers, W. D. (1975). *Fast Sam, cool Clyde, and stuff.* New York: Viking Press.

Myers, W. D. (1981). *Hoops.* New York: Dell.

Myers, W. D. (1988). *Scorpions.* Cambridge, MA: Harper & Row.

Nagata, D. K. (1998). The assessment and treatment of Japanese American children and adolescents. In J. T. Gibbs, L. N. Huang, & Associates (Eds.), *Children of color: Psychological interventions with culturally diverse youth* (pp. 215–239). San Francisco: Jossey-Bass.

Nass, M. (2000). *The lion who lost his roar.* Plainview, NY: Childswork/Childsplay.

Neal, A. M., Lilly, R. S., & Zakis, S. (1993). What are African-American children afraid of? *Journal of Anxiety Disorders, 1,* 129–139.

Nettles, S. M., & Pleck, J. H. (1994). Risk, resilience, and development: The multiple ecologies of black adolescents in the United States. In R. J. Haggerty, L. R. Sherrod, N. Garmezy, & M. Rulter (Eds.), *Stress and resilience in children and adolescents* (pp. 147–181). New York: Cambridge University Press.

Newman, C. F. (2010). Competency in conducting cognitive–behavioral therapy: Foundational, functional, and supervisory aspects. *Psychotherapy: Theory, Research, Practice, Training, 47,* 12.

Nock, M. K. (2010). Self-injury. *Annual Review of Clinical Psychology, 6,* 339–363.

Nock, M. K. (2012). Future directions for the study of suicide and self-injury. *Journal of Clinical Child and Adolescent Psychology, 41,* 255–259.

Nock, M. K., Joiner, T. E., Gordon, K. H., Lloyd-Richardson, E., & Prinstein, M. J. (2006). Non-suicidal self-injury among adolescents: Diagnostic correlates and relation to suicide attempts. *Psychiatry Research, 144,* 65–72.

Nock, M. K., & Prinstein, M. J. (2004). A functional approach to the assessment of self-mutilative behavior. *Journal of Consulting and Clinical Psychology, 72,* 885–890.

Nock, M. K., Prinstein, M. J., & Sterba, S. K. (2009). Revealing the form and function of self-injurious thoughts and behaviors: A real-time ecological assessment study among adolescents and young adults. *Journal of Abnormal Psychology, 118,* 816–827.

Nock, M. K., Teper, R., & Hollander, M. (2007). Psychological treatment of self-injury among adolescents. *Journal of Clinical Psychology, 63,* 1081–1089.

Nolan, C. (Director). (2005). *Batman begins* [Motion picture]. United States: Warner Brothers.

Nolan, C. (Director). (2008). *The dark knight* [Motion picture]. United States: Warner Brothers.

Nolan, C. (Director). (2012). *The dark knight rises* [Motion picture]. United States: Warner Brothers.

Nolen-Hoeksema, S., & Girgus, J. (1995). Explanatory style, achievement, depression, and gender differences in childhood and early adolescence. In G. M. Buchanan & M. E. P. Seligman (Eds.), *Explanatory style* (pp. 57–70). Hillsdale, NJ: Erlbaum.

Nolen-Hoeksema, S., Girgus, J. S., & Seligman, M. E. P. (1996). Predictors and consequences of childhood depressive symptoms: A 5-year longitudinal study. *Journal of Abnormal Psychology, 101*, 405–422.

Notbohm, E., & Zysk, V. (2004). *1001 great ideas for teaching and raising children with autism spectrum disorders.* Arlington, TX: Future Horizons.

Olantunji, B. O., & Sawchuck, C. N. (2005). Disgust: Characteristic features, social manifestations and clinical implications. *Journal of Social and Clinical Psychology, 24*, 932–962.

Ollendick, T. H. (1983). Reliability and validity of the Revised Fear Schedule for Children (FSSC-R). *Behaviour Research and Therapy, 21*, 685–692.

Ollendick, T. H., & Cerny, J. A. (1981). *Clinical behavior therapy with children.* New York: Plenum Press.

Ollendick, T. H., King, N. J., & Frary, R. B. (1989). Fears in children and adolescents: Reliability and generalizability across gender, age, and nationality. *Behaviour Research and Therapy, 27*, 19–26.

Ougrin, D., Tranah, T., Leigh, E., Taylor, L., & Asarnow, J. R. (2012). Practitioner Review: Self-harm in adolescents. *Journal of Child Psychology and Psychiatry, 53*, 337–350.

Overholser, J. C. (1993a). Elements of the Socratic method: Part 1. Systematic questioning. *Psychotherapy, 30*, 67–74.

Overholser, J. C. (1993b). Elements of the Socratic method: Part 2. Inductive reasoning. *Psychotherapy, 30*, 75–85.

Overholser, J. C. (1994). Elements of the Socratic method: Part 3. University definitions. *Psychotherapy, 31*, 286–293.

Overholser, J. C. (2010a). Clinical expertise: A preliminary attempt to clarify its core elements. *Journal of Contemporary Psychotherapy, 40*, 131–139.

Overholser, J. C. (2010b). Psychotherapy according to the Socratic method: Integrating ancient philosophy with contemporary cognitive therapy. *Journal of Cognitive Psychotherapy, 24*, 354–363.

Overholser, J. C., Braden, A., & Fisher, L. (2010). You've got to believe: Core beliefs that underlie effective psychotherapy. *Journal of Contemporary Psychotherapy, 40*, 185–194.

Padesky, C. A. (1986, September). *Cognitive therapy approaches for treating depression and anxiety in children.* Paper presented at the Second International Conference on Cognitive Psychotherapy, Umea, Sweden.

Padesky, C. A. (1988, September–May). *Intensive training series in cognitive therapy.* Workshop series presented at Newport Beach, CA.

Padesky, C. A. (1993, September). *Socratic questioning: Changing minds or guiding discovery?* Keynote address delivered at the European Congress of Behavioral and Cognitive Therapies, London.

Padesky, C. A. (1994). Schema change processes in cognitive therapy. *Clinical Psychology and Psychotherapy, 1*, 267–278.

Padesky, C. A., & Greenberger, D. (1995). *Clinician's guide to mind over mood.* New York: Guilford Press.

Pantalone, D. W., Iwamasa, G. Y., & Martell, C. R. (2010). Cognitive-behavioral therapy with diverse populations. In K. S. Dobson (Ed.), *Handbook of cognitive-behavioral therapies* (3rd ed., pp. 445–464). New York: Guilford Press.

Parker, T., & Shaiman, M. (1999). *Blame Canada* [song]. United States: Famous

Music Corporation/WB Music (ASCAP), Ensign Music Corporation/ Warner–Tamerlane Publishing Corporation (BMI).

Patterson, G. R. (1976). *Living with children: New methods for parents and teachers– revised.* Champaign, IL: Research Press.

Peris, T. S., & Piacentini, J. (2014). Addressing barriers to change in the treatment of childhood obsessive-compulsive disorder. *Journal of Rational-Emotive and Cognitive Behavior Therapy, 32*, 331–343.

Persons, J. B. (1989). *Cognitive therapy in practice.* New York: Norton.

Persons, J. B., & Tompkins, M. A. (2007). Cognitive-behavioral case formulation. In T. D. Eells (Ed.), *Handbook of case formulation* (2nd ed., pp. 290–316). New York: Guilford Press.

Pina, A. A., & Silverman, W. K. (2004). Clinical phenomenology, somatic symptoms, and distress in Hispanic/Latino and European American youths with anxiety disorders. *Journal of Clinical Child and Adolescent Psychology, 33*, 227–236.

Pitts, P. (1988). *Racing the sun.* New York: Avon Books.

Podell, J. L., Mychailsyzn, M. P., Edmunds, J. M., Puleo, C. M., & Kendall, P. C. (2010). The Coping Cat Program for anxious youth: The FEAR plan comes to life. *Cognitive and Behavioral Practice, 17*, 132–141.

Powell, N., Boxmeyer, C. L., & Lochman, J. E. (2008). Social problem-solving skills training: Sample module from the Coping Power Program. In C. W. LeCroy (Ed.), *Handbook of evidence-based treatment manuals for children and adolescents* (pp. 11–42). Oxford, UK: Oxford University Press.

Poznanski, E. O., Grossman, J. A., Buchsbaum, Y., Bonegas, M., Freeman, L., & Gibbons, R. (1984). Preliminary studies of the reliability and validity of the Children's Depression Rating Scale. *Journal of the American Academy of Child Psychiatry, 23*, 191–197.

Pretzer, J. L., & Beck, A. T. (1996). A cognitive theory of personality disorders. In J. F. Clarkin & M. F. Lenzenweger (Eds.), *Major theories of personality disorder* (pp. 36–105). New York: Guilford Press.

Quiggle, N. L., Garber, J., Panak, W. F., & Dodge, K. A. (1992). Social information processing in aggressive and depressed children. *Child Development, 63*, 1305–1320.

Ramirez, O. (1998). Mexican-American children and adolescents. In J. T. Gibbs, L. N. Huang, & Associates (Eds.), *Children of color: Psychological interventions with culturally diverse youth* (pp. 215–239). San Francisco: Jossey-Bass.

Reaven, J. (2011). The treatment of anxiety symptoms in youth with high functioning autism disorders: Developmental considerations for parents. *Brain Research, 1380*, 255–263.

Reaven, J., Blakely-Smith, A., Culhane-Shelburne, K., & Hepburn, S. (2012). Group cognitive therapy for children with high functioning autism spectrum disorders and anxiety: a randomized trial. *Journal of Child Psychology and Psychiatry, 53*, 410–419.

Reaven, J., Blakely-Smith, A., Leuthe, E., Moody, E., & Hepburn, S. (2012). Facing your fears in adolescence: Cognitive behavioral therapy for high functioning autism spectrum disorders and anxiety. *Autism Research and Treatment.*

Rector, N. A., & Cassin, S. E. (2010). Clinical experience in cognitive behavioural therapy: Definition and pathways to acquisition. *Journal of Contemporary Psychotherapy, 40*, 153–161.

Reeves, G. M., Postolache, T. T., & Snitker, S. (2008). Childhood obesity and depression: Connection between these growing problems in growing children. *International Journal of Child Health and Human Development, 1*, 103–114.

Reilly, C. E. (2000). The role of emotion in cognitive therapy, cognitive therapists, and supervision. *Cognitive and Behavioral Practice, 7*, 343–345.

Reinecke, M. A., Ryan, N. E., & DuBois, D. L. (1998). Cognitive-behavioral therapy of depression and depressive symptoms during adolescence: A review and meta-analysis. *Journal of the American Academy of Child and Adolescent Psychiatry, 37*, 26–34.

Restifo, K., & Bogels, S. (2009). Family processes in the development of youth depression: Translating the evidence to treatment. *Clinical Psychology Review, 29*, 294–316.

Reynolds, C. R., & Kamphaus, R. W. (2004). *Behavioral Assessment System for Children-2*. Circle Pines, MN: American Guidance Service.

Reynolds, C. R., & Richmond, B. O. (1985). *Revised Children's Manifest Anxiety Scale*. Los Angeles: Western Psychological Services.

Reynolds C. R., & Richmond B. O. (2008). *Revised Children's Manifest Anxiety Scale–second edition manual*. Torrance, CA: Western Psychological Services.

Reynolds, W. M., Anderson, G., & Bartell, N. (1985). Measuring depression in children: A multimethod assessment investigation. *Journal of Abnormal Child Psychology, 13*, 513–526.

Reynolds, W. M. (1987). *Suicidal Ideation Questionnaire*. Odessa, FL: Psychological Assessment Resources.

Reynolds, W. M. (1988). *Suicidal Ideation Questionnaire: A professional manual*. Odessa, FL: Psychological Assessment Resources.

Richard, D. C. S., Lauterbach, D., & Gloster, A. T. (2007). Description, mechanisms of action, and assessment. In D. C. S. Richard & D. Lauterbach (Eds.), *Handbook of exposure therapies* (pp. 1–28). New York: Academic Press

Robertie, K., Weidenbenner, R., Barrett, L., & Poole, R. P. (2007). A super milieu: Using superheroes in the residential treatment of adolescents with sexual behavior problems. In L. C. Rubin (Ed.), *Using superheroes in counseling and play therapy* (pp. 143–168). New York: Springer.

Roberts, R. E. (1992). Manifestation of depressive symptoms among adolescents: A comparison of Mexican Americans with the majority and other minority populations. *Journal of Nervous and Mental Disease, 180*, 627–633.

Roberts, R. E. (2000). Depression and suicidal behaviors among adolescents: The role of ethnicity. In I. Cuellar & F. A. Paniqua (Eds.), *Handbook of multicultural mental health* (pp. 359–388). San Diego, CA: Academic Press.

Robins, C. J., & Hayes, A. M. (1993). An appraisal of cognitive therapy. *Journal of Consulting and Clinical Psychology, 61*, 205–214.

Ronen, T. (1997). *Cognitive developmental therapy for children*. New York: Wiley.

Ronen, T. (1998). Linking developmental and emotional elements into child and family cognitive-behavioral therapy. In P. Graham (Ed.), *Cognitive-behaviour therapy for children and families* (pp. 1–17). Cambridge, UK: Cambridge University Press.

Rood, L., Roelofs, J., Bögels, S. M., Nolen-Hoeksema, S., & Schouten, E. (2009). The influence of emotion-focused rumination and distraction on depressive symptoms in non-clinical youth: A meta-analytic review. *Clinical Psychology Review, 29*, 607–616.

Rooyackers, P. (1998). *Drama games for children*. Alameda, CA: Hunter House.

Rosenbaum, M., & Ronen, T. (1998). Clinical supervision from the standpoint of cognitive-behavior therapy. *Psychotherapy: Theory, Research, Practice, Training, 35*, 220–230.

Rotter, J. B. (1982). *The development and application of social learning theory*. New York: Praeger.

Ruby, J. R., & Ruby, N. C. (2009). Improvisational acting exercises and their potential use in family counseling. *Journal of Creativity in Mental Health, 4*, 152–160.

Russell, R. L., Van den Brock, P., Adams, S., Rosenberger, K., & Essig, T. (1993). Analyzing narratives in psychotherapy: A formal framework and empirical analyses. *Journal of Narrative and Life History, 3*, 337–360.

Rutter, J. G., & Friedberg, R. D. (1999). Guidelines for the effective use of Socratic dialogue in cognitive therapy. In L. VandeCreek, S. Knapp, & T. L. Jackson (Eds.), *Innovations in clinical practice: A sourcebook* (Vol. 17, pp. 481–490). Sarasota, FL: Professional Resource Press.

Sanders, D. E., Merrell, K. W., & Cobb, H. C. (1999). Internalizing symptoms and affect of children with emotional and behavioral disorders: A comparative study with an urban African-American sample. *Psychology in the Schools, 36*, 187–197.

Sanders-Phillips, K. (2009). Racial discrimination: A continuum of violence exposure for children of color. *Clinical Child and Family Psychology Review, 12*, 174–195.

Santiango, D. (1983). *Famous all over town*. New York: Simon & Schuster.

Saps, M., Seshadri, R., Sztainberg, M., Schaffer, G., Marshall, B. M., & Di Lorenzo, C. (2009). A prospective school-based study of abdominal pain and other common somatic complaints in children. *Journal of Pediatrics, 154*, 322–326.

Schopler, E., Van Bourgondien, M. E., Wellman, G. J., & Love, S. R. (2010). *Childhood Autism Rating Scale* (2nd ed.). Los Angeles: Western Psychological Services.

Schwartz, J. A. J., Gladstone, T. R. G., & Kaslow, N. J. (1998). Depressive disorders. In T. H. Ollendick & M. Hersen (Eds.), *Handbook of child psychopathology* (3rd ed., pp. 269–289). New York: Plenum Press.

Seligman, M. E. P. (2007). *The optimistic child* (2nd ed.). New York: Mariner Books.

Seligman, M. E. P., Reivich, K., Jaycox, L., & Gillham, J. (1995). *The optimistic child*. Boston: Houghton Mifflin.

Shirk, S. R. (1999). Integrated child psychotherapy: Treatment ingredients in search of a recipe. In S. W. Russ & T. H. Ollendick (Eds.), *Handbook of psychotherapies with children and families* (pp. 369–385). New York: Plenum Press.

Shirk, S. R., & Karver, M. (2006). Process issues in cognitive behavioral therapy with youth. In P. C. Kendall (Ed.), *Child and adolescent therapy: Cognitive and behavioral procedures* (3rd ed., pp. 465–491). New York: Guilford Press.

Shirk, S., Jungbluth, N., & Karver, M. (2012). Change processes and active components. In P. C. Kendall (Ed.), *Child and adolescent therapy: Cognitive behavioral procedures* (pp. 471–498). New York: Guilford Press.

Silverman, W. K., & Kurtines, W. M. (1996). *Anxiety and phobic disorders: A pragmatic approach*. New York: Plenum Press.

Silverman, W. K., & Kurtines, W. M. (1997). Theory in child psychosocial treatment research: Have it or had it? *Journal of Abnormal Child Psychology, 25,* 359–366.

Silverman, W. K., LaGreca, A. M., & Wasserstein, S. (1995). What do children worry about?: Worries and their relation to anxiety. *Child Development, 66,* 671–686.

Silverman, W. K., & Ollendick, T. H. (Eds.). (1999). *Developmental issues in the clinical treatment of children*. Boston. Allyn & Bacon.

Silverman, W. K., Pina, A. A., & Viswesvaran, C. (2008). Evidence-based psychosocial treatments for phobic and anxiety disorders in children and adolescents. *Journal of Clinical Child and Adolescent Psychology, 37,* 105–130.

Skovholt, T. M., & Starkey, M. T. (2010). The three legs of the practitioner's learning stool: Practice, research/theory and personal wisdom. *Journal of Contemporary Psychotherapy, 40,* 125–130.

Sofronoff, K., Attwood, T., Hinton, S., & Levin, I. (2007). A randomized controlled trial of a cognitive behavioural intervention for anger management in children diagnosed with Asperger syndrome. *Journal of Autism and Developmental Disorders, 37,* 1203–1214.

Sokoloff, R. M., & Lubin, B. (1983). Depressive mood in adolescent, emotionally disturbed females: Reliability and validity of an adjective checklist (C-DACL). *Journal of Abnormal Child Psychology, 11,* 531–536.

Sommers-Flanagan, J., Richardson, B. G., & Sommers-Flanagan, R. (2011). A multi-theoretical, evidence-based approach for understanding and managing adolescent resistance to psychotherapy. *Journal of Contemporary Psychotherapy, 41,* 69–80.

Sommers-Flanagan, J., & Sommers-Flanagan, R. (1995). Psychotherapeutic techniques with treatment-resistant adolescents. *Psychotherapy, 32,* 131–140.

Sparrow, S. S. Cicchetti, D. V., & Balla, D. A. (2005). *Vineland Adaptive Behavior Scales (2nd ed.) (Vineland II): Survey Interview Form/Cargiver Rating Form*. Livonia, MN: Pearson.

Speier, P. L., Sherak, D. L., Hirsch, S., & Cantwell, D. P. (1995). Depression in children and adolescents. In E. E. Beckham & W. R. Leber (Eds.), *Handbook of depression* (2nd ed., pp. 467–493). New York: Guilford Press.

Spiegler, M. D., & Guevremont, D. C. (1995). *Contemporary behavior therapy*. Pacific Grove, CA: Brooks/Cole.

Spiegler, M. D., & Guevremont, D. C. (1998). *Contemporary behavior therapy* (3rd ed.). Pacific Grove, CA: Brooks/Cole.

Stahl, N. D., & Clarizio, H. F. (1999). Conduct disorder and co-morbidity. *Psychology in the Schools, 36,* 41–50.

Stallard, P. C. (2002). *Think good, feel good: A cognitive behavioural workbook for children and young people*. Chichester, UK: Wiley.

Stanek, M. (1989). *I speak English for my mom*. Niles, IL: Whitman.

Stanley, B., & Brown, G. K. (2012). Safety planning intervention: A brief intervention to mitigate risk. *Cognitive and Behavioral Practice, 19,* 256–264.

Stark, K. D., Rouse, L. W., & Livingstone, R. (1991). Treatment of depression during childhood and adolescence: Cognitive-behavior procedures for individual and family. In P. C. Kendall (Ed.), *Child and adolescent therapy: Cognitive-behavioral procedures* (pp. 165–206). New York: Guilford Press.

Steer, R. G., Kumar, G. T., Beck, A. T., & Beck, J. S. (2005). Dimensionality of the Beck Youth Inventories with child psychiatric outpatients. *Journal of Psychopathology and Behavioral Assessment, 27*, 123–131.

Stirtzinger, R. M. (1983). Storytelling: A creative therapeutic technique. *Canadian Journal of Psychiatry, 28*, 561–565.

Stricker, G., & Trierweiler, S. J. (2006). The local clinical scientist: A bridge between science and practice. *Training and Education in Professional Psychology, 5*, 37–46.

Storch, E. A., Murphy, T. K., Adkins, J. W., Lewin, A. B., Geffken, G. R., Johns, N. B., et al. (2006). The Children's Yale–Brown Obsessive–Compulsive Scale: Psychometric properties of child and parent-report formats. *Journal of Anxiety Disorders, 20*, 1055–1070.

Storch, E. A., Murphy, T. K., Geffken, G. R., Soto, O., Sajid, M., Allen, P., et al. (2004). Psychometric evaluation of the Children's Yale–Brown Obsessive-Compulsive Scale, *Psychiatry Research, 129*, 91–98.

Sudak, D., Beck, J. S., & Wright, J. (2003). Cognitive behavioral therapy: A blueprint for attaining and assessing psychiatry resident competency. *Academic Psychiatry, 27*, 154–159.

Sue, S. (1998). In search of cultural competence in psychotherapy and counseling. *American Psychologist, 53*, 440–448.

Sutter, J., & Eyberg, S. (1984). *Sutter–Eyberg Student Behavior Inventory.* (Available from S. Eyberg, Department of Clinical and Health Psychology, Box 100165 HSC, University of Florida, Gainesville, FL 32610)

Swanson, J. M., Sandman, C. A., Deutsch, C. K., & Baren, M. (1983). Methylphenidate hydrochloride given with and before breakfast: I. Behavioral, cognitive, and electrophysiological effects. *Pediatrics, 72*, 49–55.

Sze, K. M., & Wood, J. J. (2007). Cognitive-behavioral treatment of co-morbid anxiety disorders and social difficulties in children with high functioning autism: A case report. *Journal of Contemporary Psychotherapy, 37*, 133–144.

Taylor, L., & Ingram, R. E. (1999). Cognitive reactivity and depressotypic information processing in children of depressed mothers. *Journal of Abnormal Psychology, 108*, 202–210.

Tek, S., & Landa, R. J. (2012). Differences in autism symptoms between minority and non-minority toddlers. *Journal of Autism and Developmental Disorders, 42*, 1967–1973.

Tharp, R. G. (1991). Cultural diversity and treatment of children. *Journal of Consulting and Clinical Psychology, 59*, 799–812.

Thompson, M., Kaslow, N. J., Weiss, B., & Nolen-Hoeksema, S. (1998). Children's Attributional Style Questionnaire—Revised. *Psychological Assessment, 10*, 166–190.

Thompson, T. L. (2003). *Worry wart Wes.* Citrus Heights, CA: Savor Publishing House.

Thompson, T. L. (2007). *Busy body Bonita.* Citrus Heights, CA: Savor Publishing House.

Tischler, C. L., Reiss, N. S., & Rhodes, A. R. (2007). Suicidal behavior in children younger than twelve: A diagnostic challenge for emergency department personnel. *Academic Emergency Medicine, 14*, 810–818.

Tiwari, S., Kendall, P. C., Hoff, A. L., Harrison, J. P., & Fizur, P. (2013). Characteristics of exposure sessions as predictors of treatment response in anxious youth. *Journal of Clinical Child and Adolescent Psychology, 42*, 34–43.

Tompkins, M. A., & Martinez, K. A. (2009). *My anxious mind: A teen's guide to managing anxiety and panic*. Washington, DC: Magination Press.

Trad, P. V., & Raine, M. J. (1995). The little girl who wouldn't walk: Exploring the narratives of preschoolers through previewing. *Journal of Psychotherapy Practice and Research, 4*, 224–236.

Treadwell, K. R. H., Flannery-Schroeder, E. D., & Kendall, P. C. (1995). Ethnicity and gender in relation to adaptive functioning, diagnostic status, and treatment outcome in children from an anxiety clinic. *Journal of Anxiety Disorders, 9*, 373–384.

Treatment for Adolescents with Depression Study (TADS) Team. (2003). Treatment for adolescents with depression study: Rationale, design, and methods. *Journal of the American Academy of Child and Adolescent Psychiatry, 42*, 531–542.

Treatment for Adolescents with Depression Study (TADS) Team. (2004). Fluoxetine, cognitive behavioral therapy, and their combination of for adolescents with depression. *Journal of the American Medical Association, 292*, 807–820.

Treatment for Adolescents with Depression Study (TADS) Team. (2005). The treatment for adolescents with depression study (TADS): Demographic and clinical characteristics. *Journal of the American Academy of Child and Adolescent Psychiatry, 44*, 28–40.

Treatment for Adolescents with Depression Study (TADS) Team. (2007). Treatment for adolescents with depression study: Long-term effectiveness and safety outcomes. *Archives of General Psychiatry, 64*, 1132–1143.

Tryon, W. W., & Misurell, J. R. (2008). Dissonance induction and reduction: A possible principle and connectionist mechanism for why therapies are effective. *Clinical Psychology Review, 28*, 1297–1309.

Tsubakiyama, M. H. (1999). *Mei-Mei loves the morning*. Morton Grove, IL: Whitman.

Turner, J. E., & Cole, D. A. (1994). Developmental differences in cognitive diatheses for child depression. *Journal of Abnormal Child Psychology, 22*, 15–32.

Twenge, J. M., & Nolen-Hoeksema, S. (2002). Age, gender, race, socioeconomic status, and birth cohort difference on the Children's Depression Inventory: A meta-analysis. *Journal of Abnormal Psychology, 111*, 578–588.

U.S. Surgeon General. (1999). Mental health: A report of the Surgeon General [online]. Available at *www.surgeongeneral.gove./library/mentalhealth*.

Vasey, M. W. (1993). Development and cognition in childhood anxiety. In T. H. Ollendick & R. J. Prinz (Eds.), *Advances in clinical child psychology* (Vol. 15, pp. 1–39). New York: Plenum Press.

Vernon, A. (1989a). *Thinking, feeling, and behaving: An emotional educational curriculum for children (grades 1–6)*. Champaign, IL: Research Press.

Vernon, A. (1989b). *Thinking, feeling, and behaving: An emotional education curriculum for children (grades 7–12)*. Champaign, IL: Research Press.

Vernon, A. (1998). *The Passport Program: A journey through emotional, social, cognitive, and self-development (grades 1–5)*. Champaign, IL: Research Press.

Vernon, A. (2002). *What works when with children and adolescents*. Champaign, IL: Research Press.

Viorst, J. (1972). *Alexander and the terrible, horrible, no good, very bad day*. New York: Atheneum.

Wagner, A. P. (2000). *Up and down the worry hill*. Rochester, NY: Lighthouse Press.

Warfield, J. R. (1999). Behavioral strategies for helping hospitalized children. In L. VandeCreek, S. Knapp, & T. L. Jackson (Eds.), *Innovations in clinical practice: A source book* (Vol. 17, pp. 169–182). Sarasota, FL: Professional Resource Press.

Wallenstein, M. B., & Nock, M. K. (2007). Physical exercise for the treatment of non-suicidal self-injury: Evidence from a single case study. *American Journal of Psychiatry, 164*, 350–351.

Waller, G. (2009). Evidence-based treatment and therapist drift. *Behaviour Research and Therapy, 47*, 119–127.

Walsh, B. (2007). Clinical assessment of self-injury: A practical guide. *Journal of Clinical Psychology, 63*, 1057–1068.

Watkins, C. E., Jr. (2010). The hope, promise, and possibility of psychotherapy. *Journal of Contemporary Psychotherapy, 40*, 185–194.

Webster-Stratton, C., & Hancock, L. (1998). Training for parents of young children with conduct problems: Content, methods, and therapeutic processes. In J. M. Briesmeister & C. E. Schaefer (Eds.), *Handbook of parent training: Parents as co-therapists for children's behavior problems* (2nd ed., pp. 98–152). New York: Wiley.

Weems, C. F., & Silverman, W. K. (2013). Anxiety disorders. In T. P. Beauchaine & S. P. Hinshaw (Eds.), *Child and adolescent psychopathology* (2nd ed., pp. 513–542). New York: Wiley.

Weierbach, J., & Phillips-Hershey, E. (2008). *Mind over basketball*. Washington, DC: Magination Press.

Weiss, C., Singer, S., & Feigenbaum, L. (2006). *Too much, too little, just right*. Torrance, CA: Creative Therapy Store.

Wellman, H. M., Hollander, M., & Schult, C. A. (1996). Young children's understanding of thought bubbles and of thought. *Child Development, 67*, 768–788.

Wells, K. C., Lochman, J. E., & Lenhart, L. (2008). *Coping Power parent component*. New York: Oxford University Press.

Wenzel, A., Brown, C. K., & Beck, A. T. (2008). *Cognitive therapy for suicidal individuals: Scientific and clinical applications*. Washington, DC: American Psychological Association.

Weschler, D. (2004). *Weschler Intelligence Scale for Children–Fourth edition*. San Antonio, TX: Psychological Corporation.

Weschler, D. (2012). *Weschler Preschool and Primary Scale of Intelligence: Technical and interpretative manual*. (4th ed.). San Antonio, TX: Psychological Corporation.

Wexler, D. B. (1991). *The PRISM workbook: A program for innovative self-management*. New York: Norton.

White, S. W., Albano, A. M., Johnson, C. R., Kasari, C., Ollendick, T., Klin, A., et al. (2010). Development of a cognitive-behavioral intervention program to treat anxiety and social deficits in teens with high-functioning autism. *Clinical Child and Family Psychology Review, 13*, 77–90.

Wiener, D. J. (1994). *Rehearsals for growth*. New York: Norton.

Wolpe, J. (1958). *Psychotherapy by reciprocal inhibition*. Stanford, CA: Stanford University Press.

Wood, J. J., & Gadow, K. D. (2010). Exploring the nature and function of anxiety in youth with autism spectrum disorders. *Clinical Psychology: Science and Practice, 17*, 281–292.

Wood, J. J., Fujii, C., & Renno, P. (2011). Cognitive behavior therapy in high functioning autism: Review and recommendations for treatment development. In B. Reichow, P. Doehring, D. V. Cicchetti, & F. R. Volkmar (Eds.), *Evidence-based practices and treatments for children with autism* (pp. 197–230). New York: Springer.

Woodward, L. J., & Ferguson, D. M. (1999). Early conduct problems and later risk of teenage pregnancy in girls. *Development and Psychopathology, 11*, 127–141.

Wright, J. H., & Davis, D. D. (1994). The therapeutic relationship in cognitive-behavioral therapy: Patient perceptions and therapist responses. *Cognitive and Behavioral Practice, 1*, 47–70.

Yasui, M., & Dishion, T. J. (2007). The ethnic context of child and adolescent problem behavior: Implications for child and family interventions. *Clinical Child and Family Psychology Review, 10*, 137–179.

Young, J. E. (1990). *Cognitive therapy for personality disorders: A schema-focused approach*. Sarasota, FL: Professional Resource Exchange.

Young, J. E., & Beck, A. T. (1980). *Cognitive Therapy Scale*. Unpublished manuscript, University of Pennsylvania, Philadelphia, PA.

Young, J. E., Weinberger, A., & Beck, A. T. (2001). Cognitive therapy for depression. In D. H. Barlow (Ed.), *Clinical handbook of psychological disorders: A step-by-step treatment manual* (3rd ed., pp. 264–308). New York: Guilford Press.

Zachor, D., Yang, D. W., Itzchak, D. B., Furniss, F., Pegg, E., Matson, J. L., et al. (2011). Cross-cultural differences in co-morbid symptoms of children with autism spectrum disorders: An international examination between Israel, the United Kingdom, and the United States of America. *Development and Neurorehabilitation, 14*, 215–220.

Zayas, L. H., & Solari, F. (1994). Early childhood socialization in Hispanic families: Context, culture, and practice implications. *Professional Psychology: Research and Practice, 25*, 200–206.

Zupan, B. A., Hammen, C., & Jaenicke, C. (1987). The effects of current mood and prior depressive history on self-schematic processing in children. *Journal of Experimental Child Psychology, 43*, 149–158.

찾아보기

저자 소개 |

Robert D. Friedberg 박사는 미국 팔로알토대학교 임상심리학 전공 교수로 재직 중이며, 아동과 청소년의 불안을 치료하고 연구하는 센터의 디렉터를 맡고 있다. 미국 펜실베이니아주립대학교 의과대학에서 아동과 청소년을 위한 CBT 클리닉의 디렉터를 역임하였다. 벡 인지행동치료 연구소의 겸임교수로 활동하였으며, ACT(Academy of Cognitive Therapy)의 창설회원이다. Jessica M. McClure, Jolene Hillwig Garcia와 함께 아동과 청소년을 위한 인지치료 기법(*Cognitive Therapy Techniques for Children and Adolescents: Tools for Enhancing Practice*)을 저술하였다.

Jessica M. McClure 박사는 미국 신시내티 아동병원의 행동의학 및 임상심리학과 디렉터를 맡고 있다. 불안, 우울 및 행동장애를 갖고 있는 아동·청소년을 위한 CBT에 관해 많은 발표와 저술활동을 해오고 있다.

역자 소개

정현희

이화여자대학교 교육심리학과 졸업

이화여자대학교 대학원 석사(심리학)

미국 뉴저지주립대학교 대학원 박사(학교심리학)

서울대학교병원 소아정신과 임상심리사, 삼성생명사회정신건강연구소 선임연구원 역임

현재 계명대학교 교육학과 교수

김미리혜

고려대학교 심리학과 졸업

고려대학교 대학원 석사(심리학)

미국 뉴욕주립대학교(올버니캠퍼스) 대학원 박사(임상심리학)

뉴욕 주 스트레스 및 불안장애센터 심리치료실장, 서울 인지치료 상담센터 부소장 역임

현재 덕성여자대학교 심리학과 교수